채소 재배 대백과

장광진 옮김 | 정영호·홍규현 감수

Green Home

이타기 토시타카 [板木 利隆]

1929년 시마네현 출생. 1950년 지바농업전문학교(현 지바대학 원예학부) 졸업. 지바대학 조수, 가나가와현 원예시험장 장장, 가나가와현 농업총합연구소 소장, 전농농업기술센터 기술주관을 지냄. 현재 이타기기술사무소 소장, JA전농 촉탁, 이바라기현립 농업대학교 비상근 강사. 농학박사.
저서 『시설원예·장치와 재배기술』, 『시설원예에 있어서의 환경제어기술』, 『양액재배의 실용기술』, 『채소재배-재배방법 상담』, 『교정(校庭)의 작물』, 『도해 알기 쉬운 채소재배』, 『일러스트 알기 쉬운 가정채원』, 『이럴 때는 어떻게 할까, 채소재배백과』, 『부모와 아이가 함께 즐기는 채소재배』 그밖에 연구논문, 공동 편저, 공동 집필서 등 다수.

KATEISAIEN DAIHYAKKA
Copyright TOSHITAKA ITAGI 2001
Originally published in Japan in 2001 by IE NO HIKARI ASSOCIATION
Korean translation rights arranged through
TOHAN CORPORATION, TOKYO and BESTUN KOREA AGENCY, Seoul.

Korean translation rights ⓒ 2004
by Donghak Publishing Co.

이 책의 한국어판 저작권은
TOHAN CORPORATION, TOKYO와
BESTUN KOREA AGENCY를 통해
IE NO HIKARI ASSOCIATION과의 독점계약으로
도서출판 동학사(그린홈)에 있습니다.
저작권법에 의해 한국 내에서 보호를 받는 저작물이므로
무단전재나 복제, 광전자 매체 수록 등을 금합니다.

채소재배 대백과

지은이 | 이타기 토시타카
옮긴이 | 장광진
펴낸이 | 유재영
펴낸곳 | 동학사

1판 1쇄 | 2004년 3월 12일
1판 7쇄 | 2014년 2월 11일
출판등록 | 1987년 11월 27일 제10-149

주소 | 121-884 서울 마포구 토정로 53(합정동)
전화 | 324-6130, 324-6131 · 팩스 | 324-6135
E-메일 | dhsbook@hanmail.net
홈페이지 | www.donghaksa.co.kr
　　　　　www.green-home.co.kr

ISBN 89-7190-139-X 13520
● 잘못된 책은 바꾸어 드립니다.

Green Home 은 자연과 함께 하는 건강한 삶, 반려동물과의 감성교류, 내 몸을 위한 치유 등 지친 현대인의 생활에 활력을 주고 마음을 힐링시키는 자연주의 라이프를 추구합니다.

이 책의 특징과 사용법

이 책은 가정에서 채소를 재배하려는 사람들을 위하여 재배의 방법과 주의점을 그림으로 알기 쉽게 정리하였다. 가정에서의 텃밭재배는 정확한 방법만 알면 결코 어려운 일이 아니다. 그런데 많은 사람들이 실패하는 이유는 작업시기, 비료의 양과 주는 시기 등이 잘못되었기 때문이다. 그래서 이 책에서는 전체의 재배력을 만들어놓고, 그 가운데 주요 포인트를 이해하기 쉽게 따로 설명하였다. 또한 〈채소재배의 기초지식〉에서는 채소재배의 기본에 대해 설명하였으므로 텃밭재배를 처음 시작하는 사람은 먼저 이 부분부터 읽는 것이 좋다. 내용의 이해를 돕기 위한 용어 해설과 채소색인을 첨부하였으므로 참고하면 더욱 좋을 것이다.

채소를 재배할 때의 주의점, 재배에 알맞은 장소와 최적의 조건을 실었다. 또한 〈재배력〉에는 재배방법과 함께 재배시기에 따른 작업 스케줄 및 일정을 표시하였다.

같은 채소에도 여러 품종이 있으므로 각 채소의 다양한 품종을 소개하였다. 아울러 품종의 차이를 쉽게 알 수 있도록 사진을 실었다. 서로 비교해 보면 이해하기 쉬울 것이다.

〈모기르기〉, 〈밭 일구기〉에서 〈가지고르기〉, 〈순지르기〉, 〈수확〉까지 채소재배의 순서를 되도록 알기 쉽게 그림을 중심으로 설명하였다. 비료에 대해서는 ○큰술, ○줌 등으로 양을 정확하고 알기 쉽게 표시하였다. 또한, 특히 실패하기 쉬운 작업에 대해서는 〈성공 포인트〉에서 강조해서 설명하여 재배를 시작하기 전에 점검하도록 하였다.

화학비료	1큰술=약 12g	석회	1큰술=약 20g
깻묵	1큰술=약 10g	과인산석회	1큰술=약 12g
유기배합비료	1큰술=약 12g	(완숙)퇴비	1줌=약 100~130g
· 작은술 = 큰술의 반			

전체 작업순서 중에서 설명이 안 된 부분, 의문이 생기는 부분에 대하여 Q&A 형식으로 설명하였다. 특히, 텃밭재배를 할 때 발생하기 쉬운 병해충 등의 문제, 미묘한 수확시기 등을 놓쳐서 일어나는 생리장해, 품질 문제 등에 대하여 설명하였다.

내 손으로 재배하는 푸른 생명력

　'채소를 직접 길러서 먹는다'는 의미가 점점 더 중요시되고 있다. 사람들이 매일 먹는 채소의 50%는 외식이나 점심식사에 먹고 있다. 슈퍼에 진열된 신선한 채소도 수입된 것이 많아서 어디에서 재배된 것인지도 모른 채 채소를 먹는 경우가 점차 많아지고 있다. 이러한 때에 손수 가꾼 채소는, 흙을 접하고 땀 흘리며 일하는 즐거움과 더불어 매일 자라나는 식물체의 생장을 보는 기쁨과 함께 가족의 건강을 지키는 안전한 식탁을 마련할 수 있다는 데 더 큰 의미가 있다.

　최근 도시에서도 단지 화초를 가꾸는 것 이외에 정원의 작은 공간이나 베란다를 이용하여, 또는 주말농장이나 농가의 밭을 임대하여 채소재배를 즐기는 사람들이 늘어나고 있다. 한편, 농촌지역에서도 예전에는 전업농가 경영으로 작물을 특화하는 것에만 중점을 두었으나, 최근에는 생활에 여유가 생기면서 내 가족이 먹을 채소를 직접 재배하는 것에 관심이 높아졌다.

　그리고 도시와 농촌 모두 주요 채소뿐만 아니라 토종 채소, 새롭고 진귀한 채소들을 함께 재배하거나 다양한 자재를 이용하여 채소재배에 색다른 즐거움을 느끼고 있다. 이야기거리가 풍부하고, 같은 관심거리를 가진 사람들과의 교류도 활발해져서 새로운 채소의 재배방법, 요리법 개발, 지역 특산물의 육성 등 지역 활성화에도 공헌하는 사례가 많아지고 있다.

　이 책은 가능한 많고 다양한 채소를 소개하고 있고, 많은 그림으로도 설명하고 있다. 아울러 채소를 처음 재배하는 사람에게는 알기 쉽고 구체적인 설명으로, 경험 있는 사람들에게는 다시 한번 재배의 핵심을 짚어주고 자주 일어나는 문제점에 대처할 수 있게 하였다. 또한 새로운 채소나 기능성 채소도 새롭게 시도하여 좋

은 결과를 얻을 수 있도록 하였다. 최근에는 품종은 물론 재배관리에 사용하는 자재도 많이 변하였기 때문에 자재 종류 및 사용 방법을 소개하였고, 문제되는 병해충 방제법에 대해서도 설명하였다.

설명이 구체적인 만큼 지역이나 토양조건이 달라서 차이가 날 수도 있지만, 재배 경험이 많은 사람의 경우에는 각각의 토양에 맞는 보다 좋은 방법을 찾을 수도 있을 것이다. 그러나 자신만의 노하우와 더불어 이 책이 보다 나은 자신의 재배법을 찾는데 도움이 되었으면 하는 바람이다.

지금은 '재배하는 사람' = '먹는 사람' 이었던 시대와는 달리, 재배하는 사람과 먹는 사람 사이에 다듬는 사람, 운반하는 사람, 파는 사람, 가공하는 사람 등 다양한 사람이 많이 개입되어 있는데도 불구하고, 서로 전혀 만나지도 않고 정보도 충분히 교류하지 않고 있다. 이것이 오늘날 식품을 비롯한 많은 분야에서 사회문제를 일으키는 주요 원인이며, 이러한 흐름을 바꾸는 것이 새로운 세기의 커다란 과제라 할 것이다. '채소를 직접 재배하는 가정 텃밭' 은 작은 일일지 모르지만, 이 과제를 해결하는 하나의 출발점이 될 수 있다고 생각한다. 그리고 이 책이 흐름의 변화에 작은 기여를 할 수있다면 더한층 기쁠 것이다.

이타기 토시타카 [板本利隆]

가정 채소재배 대백과
차례

- 이 책의 특징과 사용법　3
- 내 손으로 재배하는 푸른 생명력　4

part 1　채소재배 방법 114종

열매 채소류

가지	16
강낭콩	22
고추	26
김치참외	28
까치콩	32
날개콩	34
누에콩(잠두)	36
동아	40

딸기	44
땅콩	50
멜론	54
불수과(하야토우리)	58
수박	60
수세미	64
십육동부	68
여주	70
오이	74
오크라	80
옥수수	84
완두	88
자바완두	92
주키니	94
참깨	96
토마토	100
표주박	106
풋콩	108
피망	112
호박	118

피망

오크라

완두

잎줄기 채소류

갓	122
겨자채	126
경수채	130
공심채	134
꽃부추	138
다채	140
두릅	144
로켓샐러드	148
루바브	150
리크	154
마늘	158
말라바시금치	162
머위	166
모로헤이야	170
무순	174
미나리	176
방울다다기양배추	178
배추	182

소송채

쑥갓

파

배추상추	186
부추	188
브로콜리	192
상추	196
셀러리	198
소백채	202
소송채	204
수송나물	208
수프셀러리	212
시금치	216
신선초	220
싹기름채소	224
쑥갓	228
아스파라거스	232
아티초크	238
양배추	242
양상추	248
양파	252
양하	256
에샬롯	260
엔다이브	262

염교

부추

치커리

염교	266
유채	270
잎양상추	274
죽순배추	276
쪽파	280
차조기(자소)	284
채심	288
청경채	292
치커리	296
카이란(개람)	300
컬리플라워	304
컴프리	308
케일	310
콜라비	312
크레송	316
트레비소	320
파	324
파드득나물	330
파슬리	334
홍채태	338

아티초크

컴프리

유채

뿌리 채소류

감자	340
고구마	346
당근	350
래디시	354
마	358
무	362
비트	368
생강	370
순무	374
올방게	378
우엉	380
중국무	384
토란	386
호스래디시	390

무

고구마

토란

허브류 및 기타

- 라벤더 ……………………………… 392
- 로즈마리 …………………………… 394
- 민트 ………………………………… 396
- 바질 ………………………………… 398
- 산마늘 ……………………………… 400
- 산초나무 …………………………… 402
- 석잠풀 ……………………………… 404
- 식용국화 …………………………… 406
- 여뀌 ………………………………… 408
- 허브의 효능 ………………………… 409
- 차이브 ……………………………… 410
- 타라곤 ……………………………… 412
- 타임 ………………………………… 414
- 펜넬 ………………………………… 416
- 허브의 이용 ………………………… 418

로즈마리

차이브

페퍼민트

part 2 채소재배의 기초지식

채소의 선택방법 및 채소재배 포인트 ·············· 420
채소 선택의 4가지 포인트 ·············· 422
채소 품종 선택의 포인트 ·············· 423
채소 종류와 재배방법의 난이도 ·············· 424
밭 조건에 따른 채소 선택의 포인트 ·············· 426
밭의 이용계획 ·············· 429
이어짓기장해 ·············· 430
돌려짓기를 생각한 재배계획 ·············· 431
5~10㎡ 미니 텃밭의 재배 사례 ·············· 432
30~50㎡ 중간 규모 3구획 텃밭의 재배 사례 ·············· 433
100㎡ 이상 대규모 텃밭의 재배 사례 ·············· 434
흙 만들기 ·············· 438
퇴비 만들기 ·············· 442
비료 ·············· 444

펜넬

산마늘

식용국화

모종의 선택방법과 사용방법 ·············· 446
씨뿌리기 · 옮겨심기 ·············· 448
거름주기 ·············· 453
솎아내기 · 가지고르기 · 잎따기 ·············· 456
추위막이 · 더위막이 · 바람막이 ·············· 458
수확 ·············· 460
채소의 건강진단(병해충에 의한 것 제외) ·············· 462
병해충 방제 ·············· 466
농약 사용을 줄이는 방법 ·············· 476
농약의 올바른 사용방법 ·············· 480
재배도구 · 자재(기계) ·············· 482
용기재배 ·············· 486
상토 만드는 방법 ·············· 488
씨뿌리기 · 아주심기 ·············· 489
베란다재배에서 중요한 점 ·············· 490
웃거름을 잘 주는 방법 ·············· 491
지주세우기 · 보온 ·············· 492
상토의 재사용, 간단한 수경재배 ·············· 493
주요 채소에 들어 있는 영양성분 ·············· 494
병해충 방제방법 ·············· 496

- ■ 용어해설　497
- ■ 채소색인　503
- ■ 종묘회사　504

part 1

채소 재배방법 114종

가정 채소재배 대백과

가지

Eggplant

나물로 먹거나 구워 먹어도 좋다. 절임·튀김·볶음으로도 이용하며, 그밖에 여러 가지 용도로 쓰이는 채소. 토종 품종도 많다.

| 가지과 | 원산지＝남미, 인도 동부 |

재배특성

- 생육 적정온도는 밤에는 15~18℃. 10℃ 이하에서는 생장이 눈에 띄게 나빠진다. 낮에는 28~30℃에서 잘 자란다.
- 열매채소류 중에서는 높은 온도를 좋아하는 편이므로 일찍 심지 않는다.
- 여름 더위에는 비교적 강하며 늦가을까지 수확이 가능하다.
- 열매의 착색은 햇빛에 민감하여 햇빛이 부족하면 착색불량이 되므로 겹치는 잎을 따주어 열매에 햇빛이 충분히 비치도록 한다.

재배력

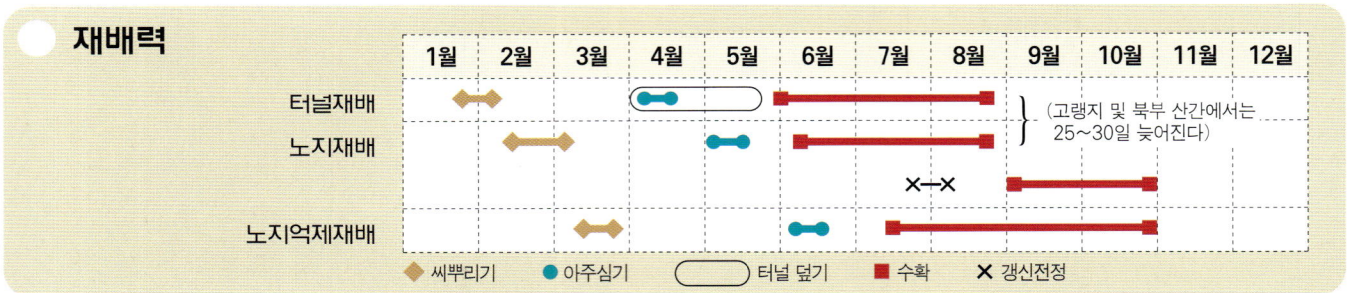

(고랭지 및 북부 산간에서는 25~30일 늦어진다)

◆ 씨뿌리기   ● 아주심기   ⬭ 터널 덮기   ■ 수확   ✕ 갱신전정

품종

열매모양은 원형·타원형·곤봉형·원통형 등이고, 크기도 크고 긴 것, 크고 둥근 것부터 작고 둥근 것까지 다양하다. 우리나라의 재배품종으로는 신흑산호·가락장가지·흑진주가 있다.

일본에서는 크고 둥근 모양의 천양2호·용마·흑제 등과 긴 모양의 흑양 등이 주가 되지만, 지방품종으로 물가지, 둥근 가지, 작고 둥근 가지 등도 인기가 있다.

천양2호

흑양

연한 피단가지

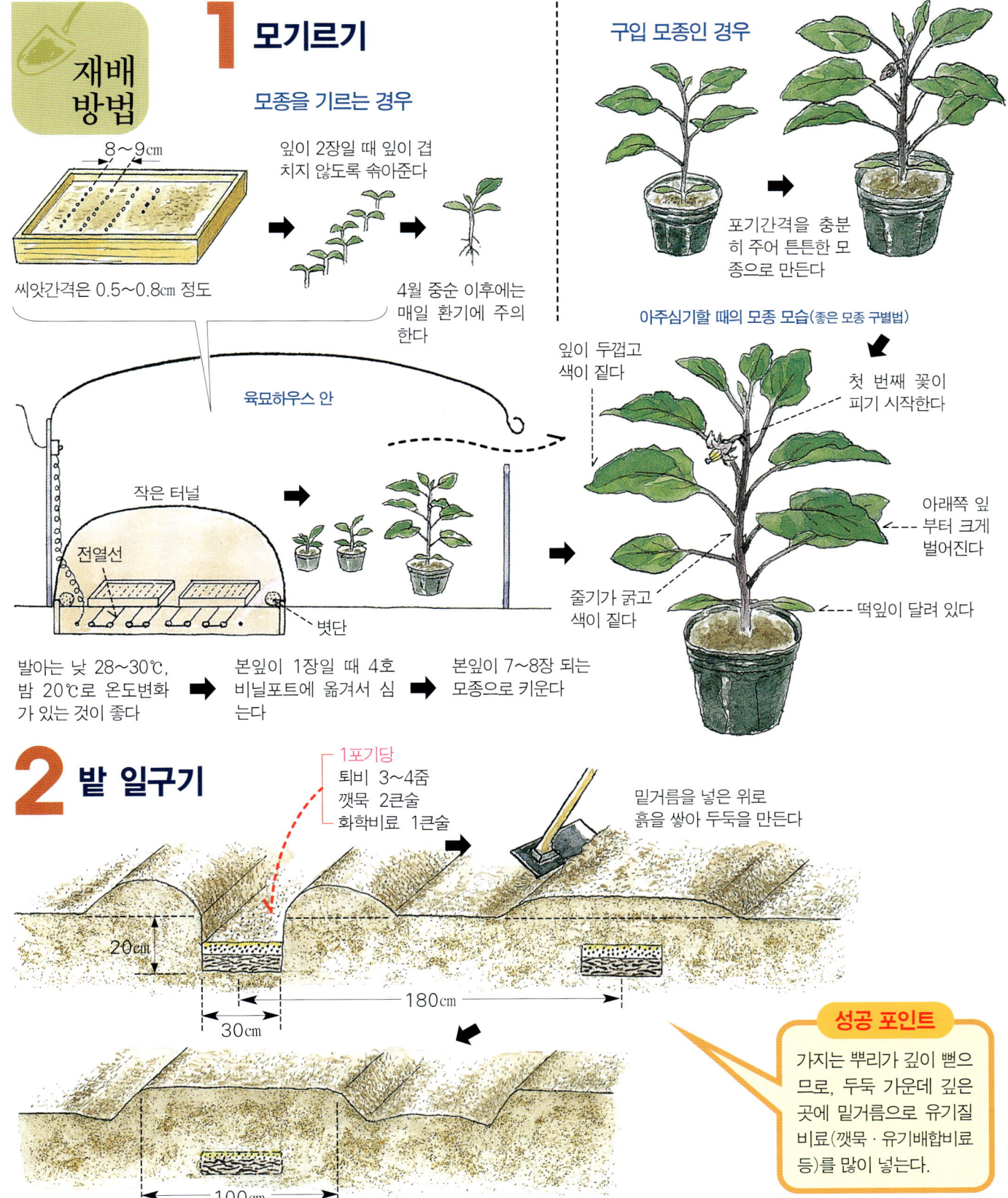

3 아주심기

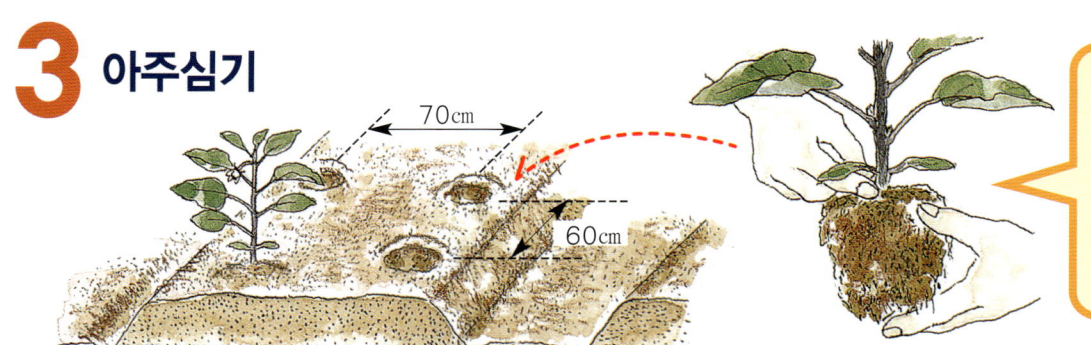

성공 포인트
일찍 심는 것은 피한다. 5월 초가 지나서 충분히 따뜻해지면 밭에 심는다. 비닐멀칭을 해주어 지온이 높아지면 잘 자란다.

4 지주세우기 · 유인 · 가지고르기

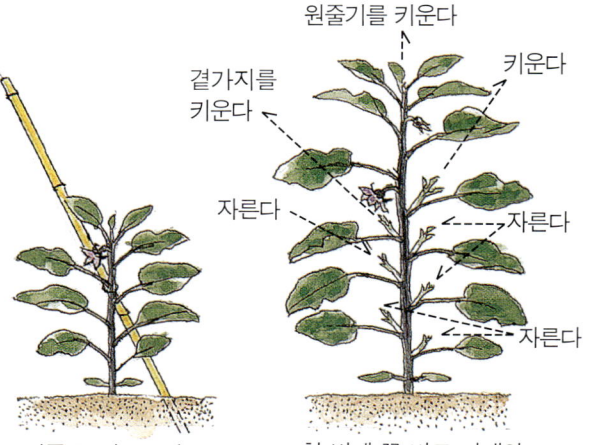

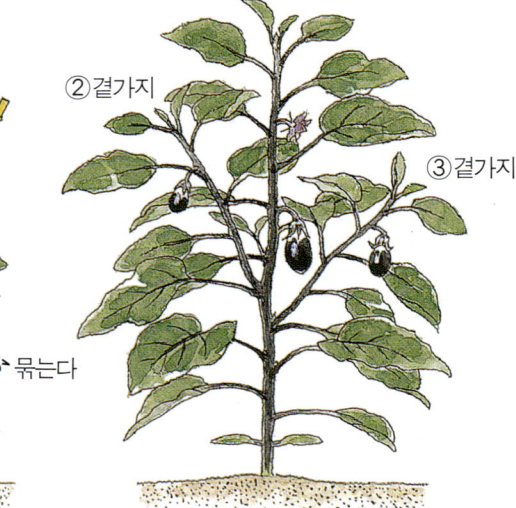

- 지주를 비스듬히 세운다
- 첫 번째 꽃 바로 아래와 그 밑에 있는 튼튼한 곁가지를 키운다
- 지주를 교차시켜서 하나 더 세운다
- 3줄기로 가지고르기가 완성된 모습

5 웃거름 · 중간갈이

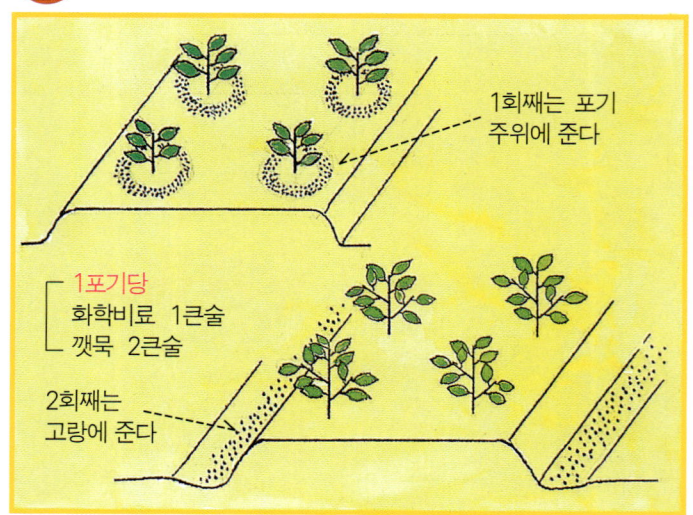

성공 포인트
비료가 떨어지지 않도록 15~20일에 한 번 정도 웃거름을 준다. 통로의 굳어진 흙을 부드럽게 만들어 공기가 통하도록 해주는 것도 중요하다.

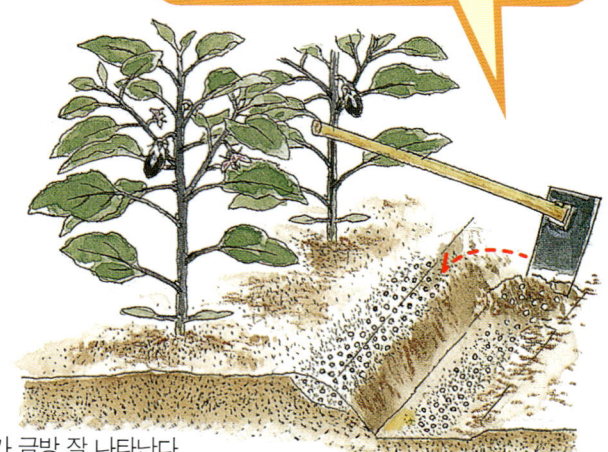

뿌리가 뻗는 바로 앞에 비료를 주면 효과가 금방 잘 나타난다

6 해충 방제

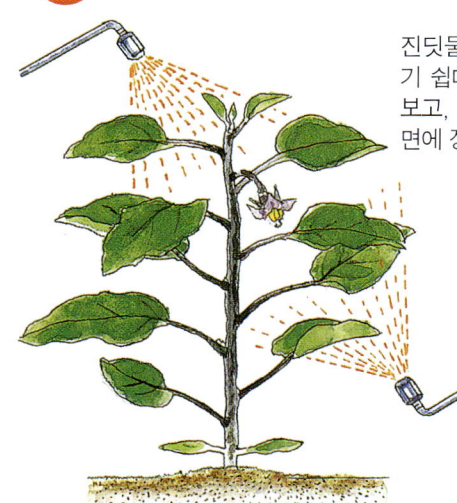

진딧물·응애류 등이 생기기 쉽다. 잎의 색을 잘 살펴보고, 발생 초기에 잎 앞뒷면에 정성들여 약을 뿌린다

건강진단의 기준

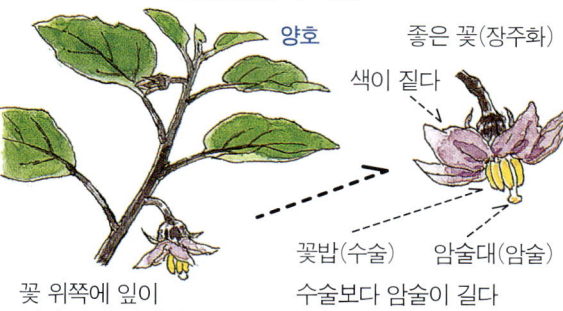

양호
- 꽃 위쪽에 잎이 여러 장 달려 있다
- 좋은 꽃(장주화)
- 색이 짙다
- 꽃밥(수술) / 암술대(암술)
- 수술보다 암술이 길다

불량
- 꽃이 꼭대기에 달려 있다
- 나쁜 꽃(단주화)
- 색이 흐리다
- 꽃밥 안에 짧은 암술대가 있다.
- 수술보다 암술이 짧다

> **성공 포인트**
> 가을이 되어 낮과 밤의 일교차가 생기면 가지의 맛이 좋다. 7월 하순경 갱신전정을 하고 웃거름을 준다.

7 갱신전정(고침다듬질)

지상부분

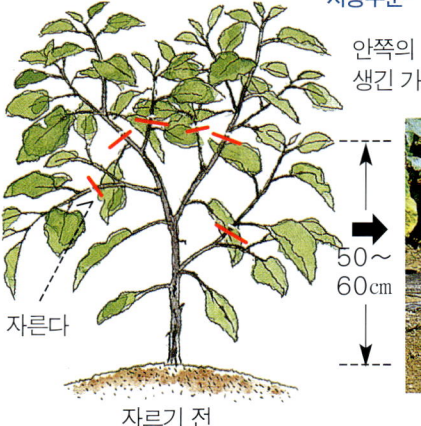

안쪽의 혼잡한 가지, 병해충이 생긴 가지와 잎을 제거한다

자른다 / 50~60cm / 자르기 전 / 자른 후

지하부분

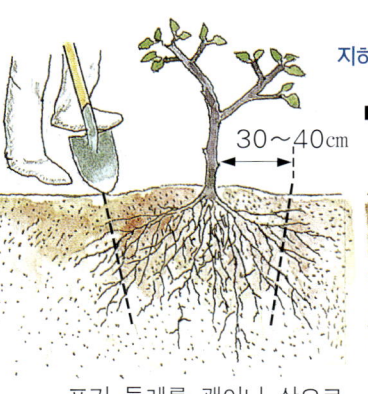
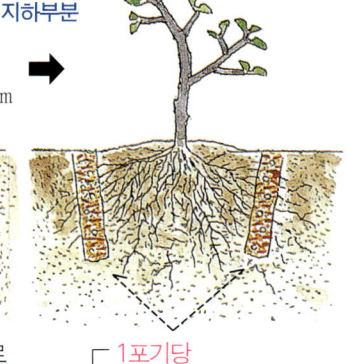

30~40cm

포기 둘레를 괭이나 삽으로 깊이 갈면서 비료를 준다

1포기당
- 완숙퇴비 3줌
- 화학비료 2큰술

8 수확

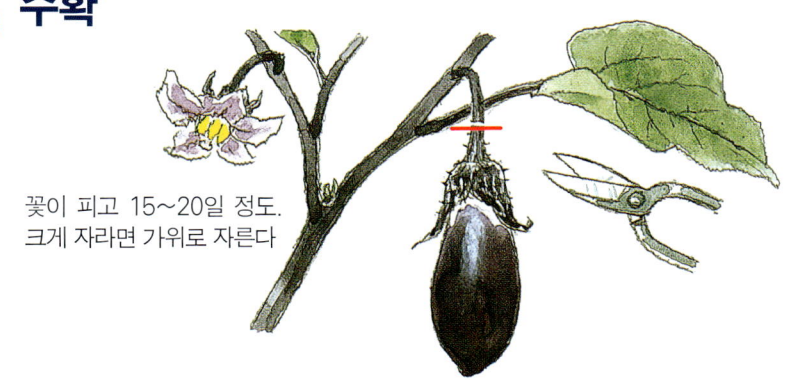

꽃이 피고 15~20일 정도. 크게 자라면 가위로 자른다

> **성공 포인트**
> 꽃 모양과 색, 달리는 위치 등 건강상태에 주의하고, 잎자람새가 나빠지면 작을 때 수확하여 줄기의 부담을 덜어 준다. 그리고 웃거름을 주면 건강이 빨리 회복된다.

『이럴 때에는 어떻게 하나?』 Q&A 이것을 알고 싶다

Q 벌레가 잎을 갉아먹는다

A 무당벌레붙이가 대량으로 발생하면 약을 뿌린다

초여름인 5월 말부터 6~7월에 걸쳐 가지 잎을 먹는 것은 무당벌레다. 잘 살펴보면 잎의 뒷면에 육질의 돌기를 가진 길이 3~5㎜의 유충이나, 반구형으로 적갈색 바탕에 흑점이 많은 길이 6~7㎜의 성충이 있다.

이것이 해충인 무당벌레붙이(큰이십팔점박이벌레붙이)로 꽈리나 감자에도 일찍부터 붙어서 알을 낳는다.

낳은 알은 1주일이면 유충이 되어 잎을 먹으며, 20일 정도면 번데기가 된다. 그 후 성충이 되는데 유충과 성충 모두 가지에 피해를 준다.

대책으로는 우선 발생 초기라면 보는 대로 잡는다. 그러나 대량으로 발생했을 때는 농약을 쓴다. 이럴 경우에는 메프 유제 1,000배액 등을 뿌려 방제한다.

그러나 칠성무당벌레는 진딧물을 잡아먹는 이로운 곤충이기도 하다.

무당벌레붙이(유충과 성충)

Q 수확기에 갑자기 시들어 말라죽는다

A 풋마름병은 접목을 이용한다

수확기가 되어 갑자기 시들어 마른 것은 풋마름병 때문으로 치명적인 병해다. 노지재배에서 수확기에 접어들어 기온이 30℃ 이상 되면 발생한다. 물빠짐이 나쁜 다습지역은 피해가 나타나기 쉬우므로 두둑을 높게 하여 재배하는 것이 좋은 예방법이다.

가장 확실한 방법은 3~4년간 가지과 작물의 이어짓기를 피하는 것이다. 풋마름병은 토마토에서도 생긴다. 다만, 가지의 경우는 일찍부터 접목을 이용하는 방법이 있어서 대목으로 병에 강한 적가지·톨범비거·토레로·대태랑 등을 이용하고, 여기에 가지의 접순을 접목한다. 최근에는 이러한 접목묘가 판매되고 있으므로 이용하면 좋다.

접목 방법은 가지와 대목으로 쓸 가지를 같은 날 씨를 뿌린다. 본잎이 4~5장 되었을 때 대목은 본잎을 2장 남기고 줄기를 자른 후 접순 가지를 삽목한다. 뿌리를 내리기까지 7~8일 걸리는데, 그동안 야간의 보온(26~28℃)과 낮의 볕가림에 세심한 관리가 필요하다.

접목 방법

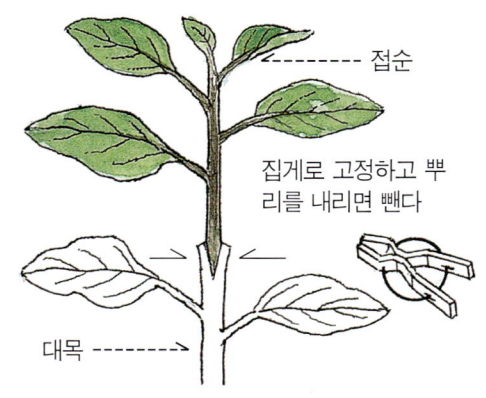

접순 — 집게로 고정하고 뿌리를 내리면 뺀다

대목

가지의 쪼개접이 완성된 모종

 **순멎음하거나 열매가 꼭지부분부터 갈색으로 변한다**

잎이나 열매를 보면 알 수 있는 차먼지응애의 피해

차먼지응애의 피해 가지

　장마가 끝날 무렵부터 순멎음하거나 열매가 꼭지부분부터 갈색으로 변하는 것은 차먼지응애의 피해다.

　차먼지응애는 그 이름으로 알 수 있듯이 차나무에 붙는 응애지만 요즘에는 가지에도 피해를 주어 가지재배에서 중요한 해충의 하나가 되었다. 몸길이 0.2mm의 아주 작은 응애로 눈으로 찾아내는 것은 어렵지만 잎이나 열매를 보면 금방 그 피해라는 것을 알 수 있다.

　번식력이 왕성한 해충으로, 장마가 끝날 무렵부터 피해를 주어 곧 전체로 퍼진다. 하우스재배의 경우는 매년 발생하며, 거베라 등 많은 식물에 피해를 준다.

　대책으로는 부프로페진 수화제 등의 살충제를 정해진 농도로 뿌려준다. 이 때 잎응애의 약제를 함께 뿌려주어 한꺼번에 방제하는 것도 효과적이다.

 **장마가 끝날 무렵 잎이 누렇게 변하여 떨어진다**

물주기를 잘하고 약제 종류를 바꾸어 방제한다

　7월에 장마가 끝나고 공기가 건조해지면 계속되는 수확으로 잎자람새가 약해진 포기에 이런 증상이 나타난다. 심하면 잎이 누렇게 변할 뿐만 아니라 하나하나 낙엽이 되어 떨어져서 수확이 중단된다.

　이 때 잎 뒷면을 유심히 살펴보면 몸길이 0.3~0.4mm의 아주 작은 적색 응애가 돌아다니는 것을 알 수 있다.

　대책으로는 발생 초기에 주의해서 빨리 지노멘 수화제, 펜부탄 수화제를 규정 농도로 뿌려준다. 이 때 아래쪽의 잎 뒷면에도 약물이 잘 닿도록 충분히 잘 뿌려준다.

　세대 경신이 빠른 응애류는 번식이 빠르며, 또한 약제에 강한 것이 남아서 약에 대한 저항성이 생기기 쉽다는 특징이 있으므로, 약을 뿌릴 때 계속 같은 약제를 사용하지 말고 종류를 바꿔가면서 3~4일 간격으로 연속 방제하는 것이 효과적이다.

　응애는 건조한 것을 좋아하므로 물이 부족하지 않도록 주의한다. 지면에 짚이나 풀을 깔아주어서 건조하지 않도록 하는 것도 예방에 큰 도움이 된다.

강낭콩

Kidney bean

중국에서 전래된 작물. 단기간 재배하는 작물로 1년에 여러 번 재배할 수 있다. 영양도 풍부하다.

콩과　원산지＝중남미

재배특성

- 콩류 중에서 고온을 좋아하는 것으로 생육 적정온도가 20℃ 정도이며, 서리에 매우 약하다. 고온(25℃ 이상)에서는 꽃가루의 임성(稔性, 수정하여 열매를 맺는 성질)이 저하되어 콩이 잘 안 달린다.
- 생육기간이 짧으므로 몇 번이나 나누어 씨를 뿌릴 수 있다. 다른 채소와의 사이짓기로도 적합하다.
- 토양 수분에 비교적 민감하므로 물빠짐과 건조 방지에 유의한다.

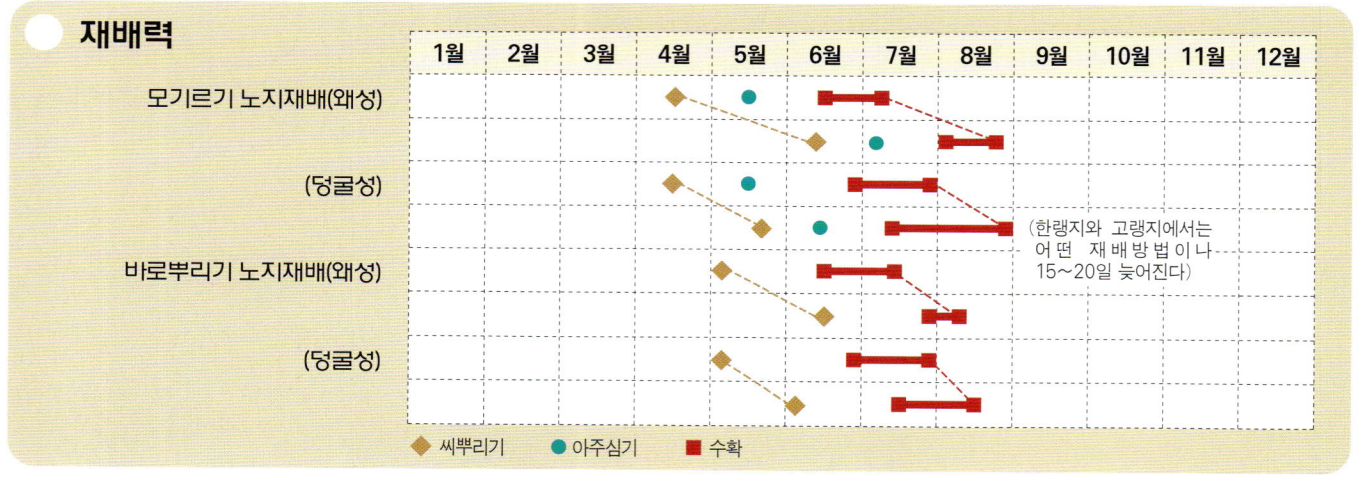

품종

덩굴이 있는 덩굴성과 덩굴이 없는 왜성 품종으로 나뉜다. 우리나라에서 덩굴이 있는 품종은 꼬투리가 길며 두몰콩·두벌콩·하지양대·서리강낭콩 등이 있다. 덩굴이 없는 품종은 붉은강낭콩·5월녹색 등이 있다. 일본에는 덩굴이 있는 모로코·그린나·무자, 덩굴이 없는 얼론 등의 품종이 있다.

그린나

모로코

무자

 재배 방법

1 모기르기

씨를 일찍 뿌린 경우에 발아부터 모기르기 중반까지 비닐터널로 보온한다. 발아까지는 낮에도 밀폐시키고, 발아되면 밤에만 덮어준다

3호 비닐포트에 씨를 3개 심는다

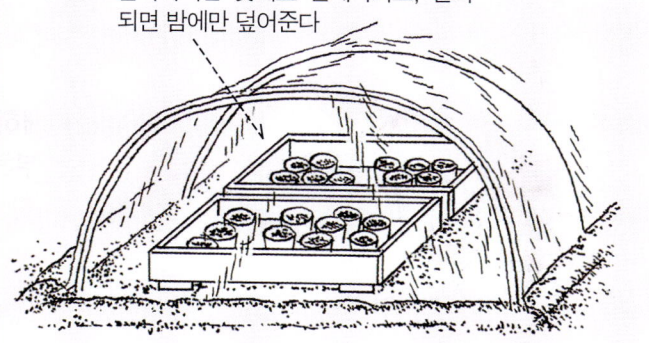

솎을 때 떡잎과 본잎이 뒤틀린 것은 바이러스 감염의 우려가 있으므로 제거한다

본잎이 2장이 되면 솎아서 2포기로 한다

본잎이 4장일 때 2포기째로 밭에 심는다

2 밭 일구기

씨뿌리기 보름 전에 밭을 준비한다

산성에 조금 약하므로 반드시 석회를 뿌려둔다

골 깊이 1m당

10cm / 15cm / 4~5cm
깻묵 3큰술
화학비료 2큰술
퇴비 5~6줌
흙을 덮는다

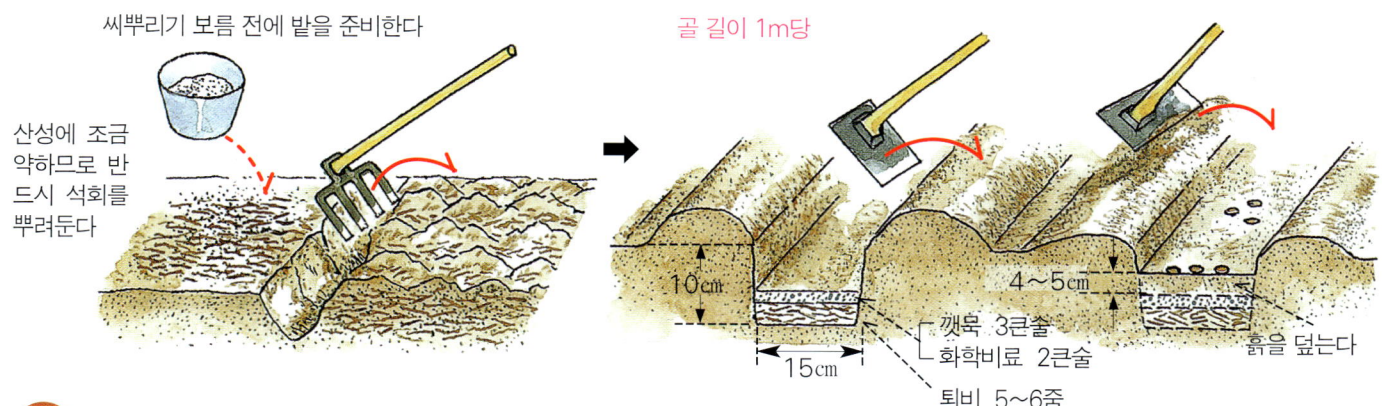

3 아주심기 · 씨뿌리기

모기르기의 경우 덩굴이 있는 품종일 경우 아주심기 거리

바로뿌리기의 경우
두둑간격 · 포기간격은 모기르기의 경우와 같다

30cm / 90cm / 4~5cm / 30cm

덩굴 없는 품종은 모기르기나 바로뿌리기 모두 두둑폭 60cm, 포기간격 25cm로 한다. 두둑은 높게 만들어 물이 잘 빠지게 한다

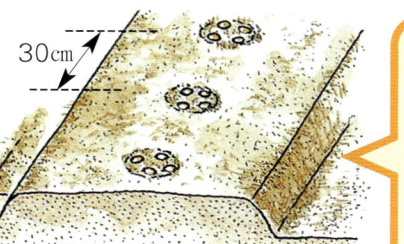
3cm
한 곳에 씨를 4~5개 뿌리고 3cm 두께로 흙을 덮은 후 손바닥으로 가볍게 누른다

성공 포인트
품종 특성에 맞는 두둑간격, 포기간격을 정한다. 뿌리는 지나친 습기에 약하므로 물이 잘 빠지도록 두둑을 조금 높게 만든다.

4 지주세우기 · 유인

덩굴 있는 품종의 경우(덩굴이 없으면 그냥 두어도 된다)

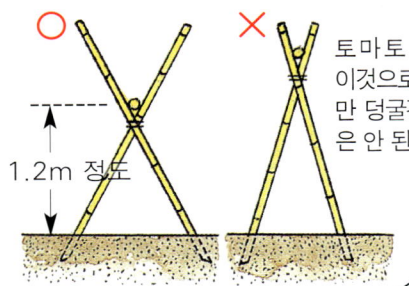

1.2m 정도

토마토 등은 이것으로 되지만 덩굴강낭콩은 안 된다

덩굴이 길게 자라므로 토마토나 오이보다 지주를 낮은 위치에서 교차시키고, 경사를 완만하게 하여 손이 닿기 쉽게 한다

성공 포인트

덩굴이 있는 품종은 빨리 지주를 세워서 덩굴이 감기게 한다. 늦어지면 서로 엉켜서 감당할 수 없게 된다. 지주는 낮은 곳에서 교차시켜 끝쪽까지 손이 닿기 쉽도록 한다.

지주에 50㎝ 간격으로 가로로 끈을 묶어서 곁가지가 감기기 쉽게 한다

5 웃거름

1회째
작물의 키가 20㎝ 정도 되면 포기 주위에 화학비료를 주고 제초양괭이로 가볍게 갈아준다

1포기당 화학비료 1큰술

2회째
1회째 주고 20일 지나서 통로쪽에 화학비료를 흩뿌리고 괭이로 통로의 흙과 섞어 올려 두둑을 만든다. 잎의 색이 좋고 성장이 왕성하면 주지 않아도 된다

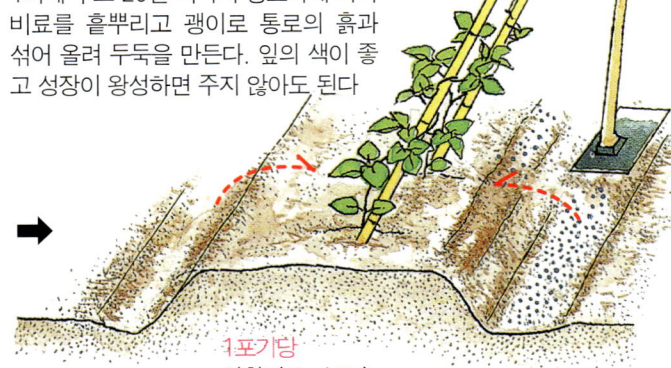

1포기당 화학비료 1큰술

6 수확

꽃 피고 10~15일 되어 강낭콩 알이 굵어지는 것이 보일 때 수확한다

덩굴 없는 품종

강낭콩 알이 덩굴 없는 품종보다 굵어져도 맛이 떨어지지 않으므로 수확기간이 길다

덩굴 있는 품종

'이럴 때에는 어떻게 하나?' Q&A 이것을 알고 싶다

열매 채소류 · 강낭콩

잎이 오그라들고 누렇게 변한다

바이러스 · 진딧물 · 응애 등의 피해

어린 본잎의 수가 점점 늘어나기 시작하며 순조롭게 자라던 강낭콩의 잎 가장자리가 갑자기 말리듯이 오그라들 때가 있다.

이런 증상은 진딧물 피해인 경우가 많으며, 잎을 뒤집어 보면 진딧물이 많은 것을 볼 수 있다. 적을 때는 손으로 잡지만, 때를 놓치면 마라치온 · 디디브이피 · 아세페이트 수화제 등을 규정 농도로 뿌려서 방제한다.

다른 작물과 마찬가지로 진딧물은 바이러스 병을 옮기므로 그대로 두면 포기 전체가 오그라들고 생육에 해를 준다.

장마가 끝날 무렵부터 강낭콩의 큰 잎이 점점 하얗게 되고 광택을 잃어 황색으로 변하며, 마침내는 잎이 떨어지는 증상이 나타날 수 있다. 이때 잎 뒷면을 보면 응애가 기생하는 경우가 종종 있다.

나타나는 것을 주의해서 살펴보다 증상이 가벼울 때 응애약을 뿌린다. 응애는 세대교체가 빠르고 한번 약을 뿌려서는 방제가 어려우므로 3~4일 간격으로 3~4회 계속 뿌려주는 것이 중요하다. 약제로는 디코폴 수화제와 유제, 밀베멕틴 유제, 싸이헥사틴 수화제 등의 규정농도액을 이용한다. 응애 방제에서는 같은 약제를 계속해서 사용하지 말고, 효과가 없는 듯하면 다른 약제로 바꿔서 사용해야 한다.

콩과 채소에도 비료가 필요할까?

어린 꼬투리를 많이 수확하려면 비료를 조금 준다

콩과 식물은 뿌리에 기생하는 뿌리혹박테리아의 활동으로 공기 중의 질소성분을 고정하여 영양을 공급한다. 그래서 일반 채소재배에 가장 필요한 질소성분을 너무 많이 주지 않아도 된다.

그러나 강낭콩의 생육이 매우 빠르고, 초기 생육을 돕는 것에 따라 조기에 많은 수의 열매를 맺을 수 있다. 콩류라고 해도 어린 꼬투리를 이용하기 때문에 다른 콩류보다 비료가 많이 필요하며, 특히 초기 생육을 돕고 빨리 비료 효과가 나타나도록 해주는 것이 중요하다.

앞 작물을 재배할 때 준 비료가 많이 남아 있으면 밑거름을 줄 필요가 없지만, 보통 밭이라면 씨를 뿌릴 때 약간의 퇴비와 깻묵을 넣어준다. 주는 양이 적기 때문에 밭 전체를 갈아 넣어주는 것은 비효율적이다. 씨뿌리기 직전에 씨 뿌릴 구멍을 조금 깊게 파서 비료를 넣어준 후 2~3cm 정도 흙을 덮고 씨를 뿌리는 것이 효과적이다.

웃거름은 작물의 키가 20cm일 때 빨리 주는데 1포기당 1큰술 정도이고, 20일 정도 지나서 생육을 보아가며 1회 더 준다. 다음에는 더 줄 필요가 없다.

고추

Red pepper

매운맛용이며, 옛날부터 더위와 추위를 물리치거나 방부·살균용으로 두루 사용되었다. 초(椒, 후추)와 비슷하나 매운맛이 있다 하여 한자로 고초(苦椒)라고도 한다.

가지과   원산지 = 열대 아메리카

재배특성

- 피망과 비슷한 고온성으로 적정온도가 25~30℃. 충분히 따뜻해지면 재배한다. 생육 후기에는 저온을 잘 견디어 늦가을까지 생육한다.
- 뿌리는 피망보다 가늘며, 습기가 많은 것에 약하므로 물이 잘 빠지는 토양에 적합하다.
- 잎과 어린 열매는 조림이나 볶음으로, 말린 고추는 향신료로 폭넓게 사용한다.

재배력

품종

지방에 따라 여러 품종이 생겨났으며, 주로 산지의 이름을 따서 영양·천안·음성·청송·임실·제천·정선 고추 등으로 불린다. 이용방법에 따라서는 크게 건과용과 풋고추용으로 나뉘는데, 건과용은 신미종으로 성숙과를 이용하며 분말용으로 쓰인다. 풋고추용으로는 감미종, 청과용, 채식용, 서양고추류가 있다. 참조은·마니따·진미·신명·부자·금상·사계·여명·포청천·강력금당·금당·세계·천하통일·왕대박·두배나·청양·다보탑·삼성초·조은홍·부강·만석군·한고을·대봉·두레 등의 이름으로 판매된다.

일본에는 산홍·복건감장·태장·일광 등이 있다.

산홍

복건감장

태장

일광

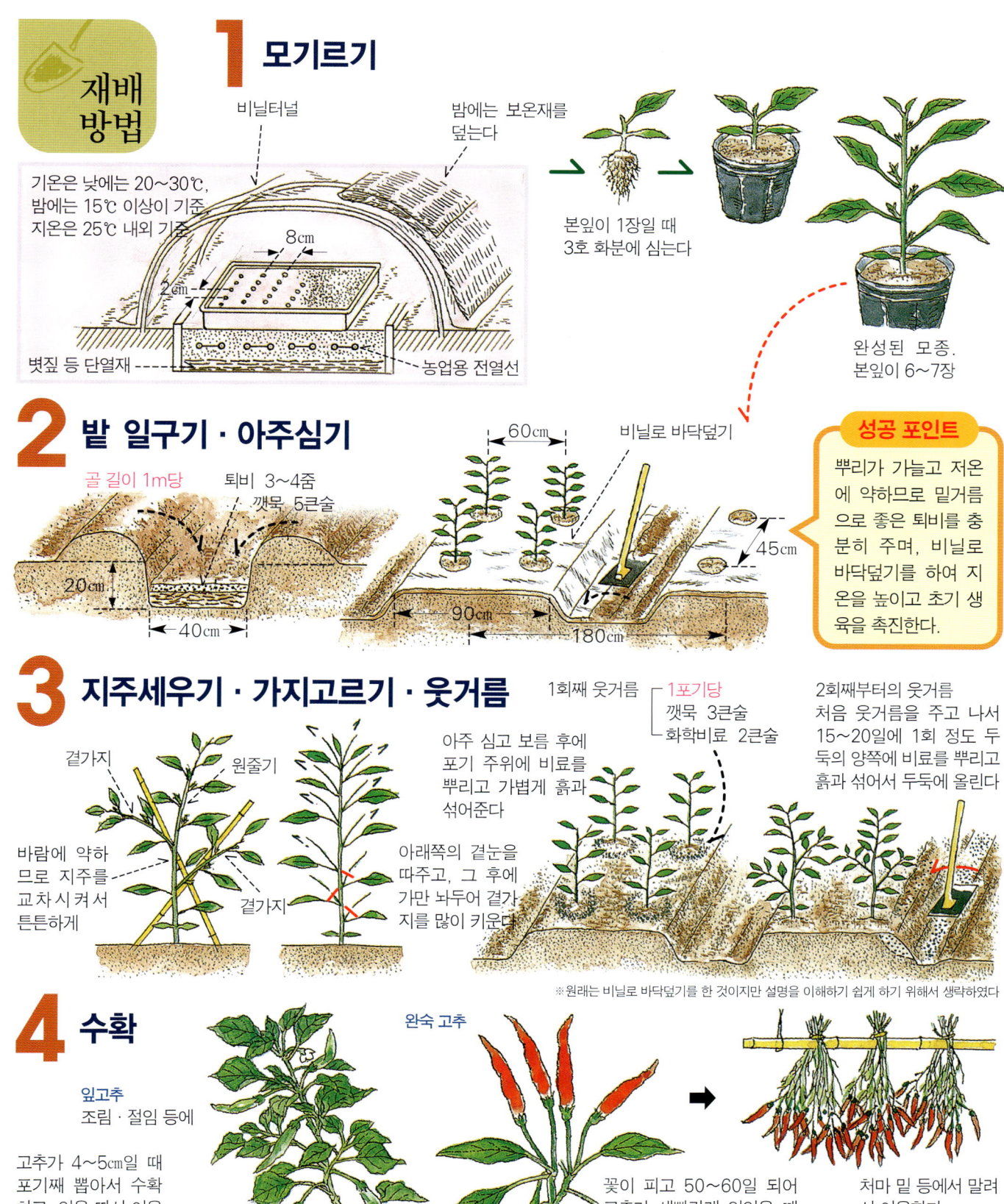

김치참외

Oriental pickling melon

여름에 절임으로 이용하며, 특유의 상큼한 맛과 향이 있다.

박과　원산지=아시아 동부

재배특성

- 고온성으로 여름의 더위에 강하고 강한 빛을 좋아하며 건조에도 강하다. 저온에는 약하여 15℃ 이하에서 생육이 나빠진다.
- 토질에 대한 적응폭이 넓어서 사질토부터 점질토까지 어떠한 토질에서나 잘 자란다. 물이 잘 빠지면 지하수위가 높은 밭에서도 재배할 수 있다.
- 추운 지방이나 고랭지에서는 온도가 낮아 노지재배를 하기 어렵다.

재배력

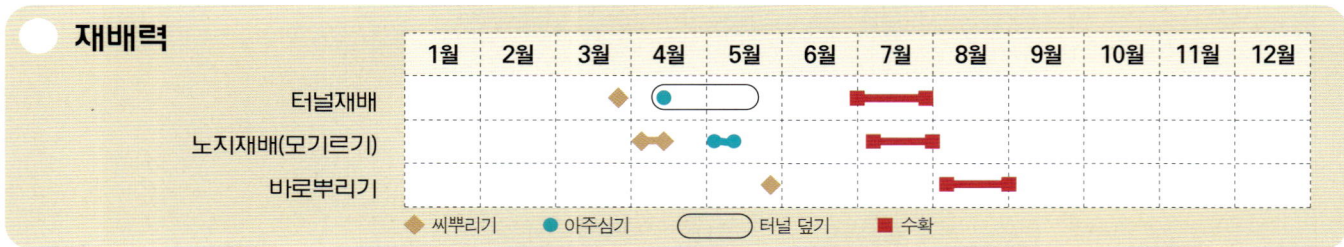

품종

동경조생월과 · 동경대월과 · 초월 · 계대백과 등이 있으며 지역에 따라 다르다. 청과용(절임 등)과 가공용(통조림 등)이 있는데, 일본의 경우 2등분해서 소금으로 가절임하여 그늘에서 말린 후 지게미나 된장으로 본절임을 하거나, 둥근 모양 그대로 설탕절임을 한다.

사누키백과

청대장호과

김치참외꽃

재배 방법

1 모기르기

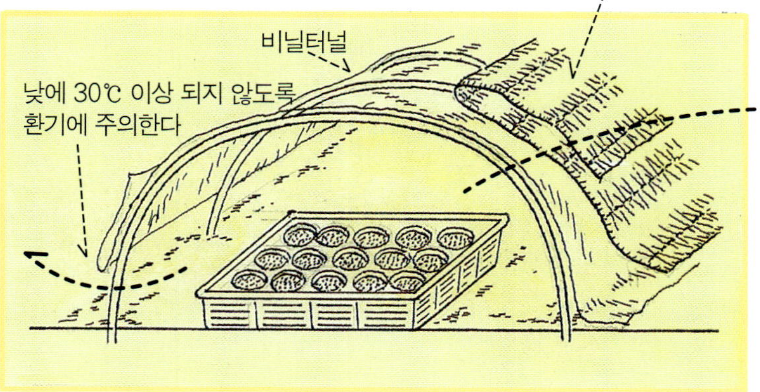

- 밤에는 거적 등으로 보온하여 터널 안을 15~16℃ 이상으로 유지한다
- 낮에 30℃ 이상 되지 않도록 환기에 주의한다
- 비닐터널
- 3호 비닐포트에 씨를 3~4개 뿌린다
- 본잎이 1장 나오면 1포기 솎기한다
- 본잎이 4~5장인 모종으로 키운다

2 밭 일구기 · 아주심기

성공 포인트
저온에 약하기 때문에 추운 지방이나 고랭지에서는 터널재배로 생장을 빠르게 한다.

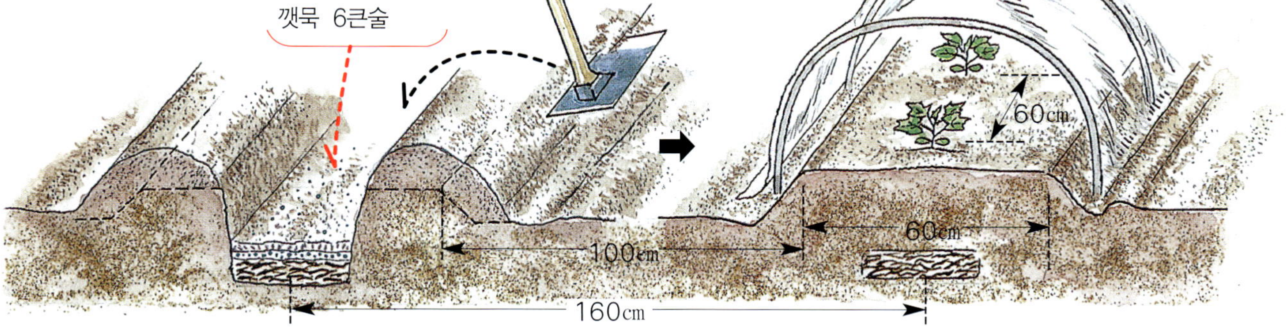

골 길이 1m당
- 퇴비 5~6줌
- 화학비료 8큰술
- 깻묵 6큰술

60cm · 100cm · 160cm · 60cm

3 순지르기(어미덩굴)

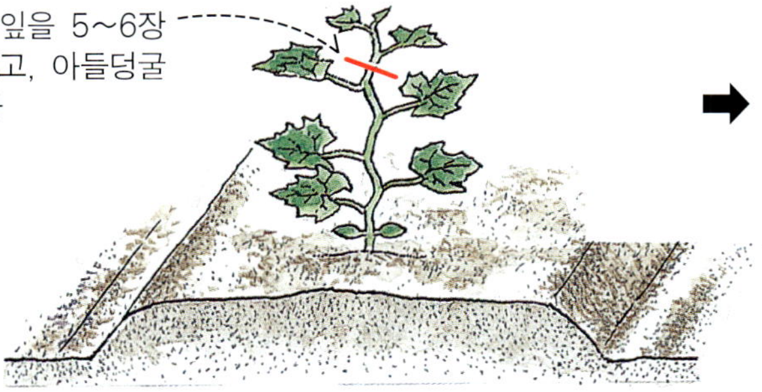

어미덩굴은 본잎을 5~6장 남기고 순지르고, 아들덩굴 4줄기를 키운다

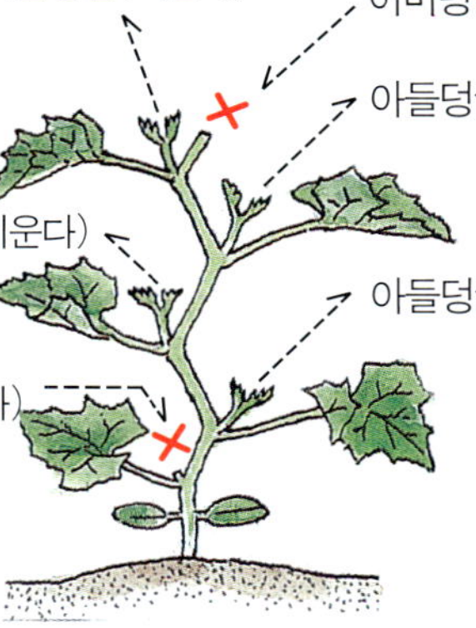

- 아들덩굴(키운다)
- 어미덩굴(순지르기)
- 아들덩굴(키운다)
- 아들덩굴(키운다)
- 아들덩굴(키운다)
- 아들덩굴(약하므로 따버린다)

열매 채소류 · 김치참외

'이럴 때에는 어떻게 하나?' Q&A 이것을 알고 싶다

Q 김치참외 재배방법의 기본은?

A 모기르기 · 가지고르기 · 거름주기를 적절히 잘한다

모종은 파는 것이 거의 없으므로 좋은 씨앗을 구입한다. 4월 상순경에 3호 비닐포트에 씨앗을 직접 뿌리고 비닐터널로 덮어 보온하며 기른다. 본잎이 4~5장 되면 밭에 옮겨 심는다.

옮겨 심을 때 두둑간격을 160㎝로 조금 넓게 하고, 아들덩굴 2개를 양쪽으로 나누어 배치하므로 포기간격은 60㎝ 정도로 조금 좁게 한다. 김치참외는 손자덩굴에 열매가 달리므로 가지고르기를 조심해서 해야 한다.

밑거름으로 퇴비를 가능하면 많이 주고 깻묵 · 화학비료, 그리고 경우에 따라 말린 소똥도 준다. 손자덩굴을 많이 만들어서 손자덩굴에 달린 김치참외를 크게 키워야 하므로 마지막까지 비료가 부족하지 않도록 하는 것이 중요하다. 웃거름은 두둑의 양쪽에 주고 잎자람새가 약할 때, 손자덩굴을 순지르기할 때에 화학비료를 덩굴 사이에 점점이 주어 비료가 부족하지 않도록 기른다.

Q 덩굴만 자라고 열매는 적다

A 가지고르기를 잘하여 좋은 손자덩굴이 나오게 한다

김치참외도 다른 박과류와 같이 자웅이화로, 암꽃이 잘 달리게 하려면 가지고르기를 잘해야 한다. 김치참외는 손자덩굴 1~2마디에 암꽃이 달리므로 손자덩굴이 열매가 달리는 가지가 된다. 이 손자덩굴을 잘 기르는 것이 중요하다.

그러기 위해서 우선 어미덩굴은 본잎이 5~6장이면 순지르기하는데, 튼튼한 아들덩굴 4줄기를 남기고 나머지는 밑동에서 제거한다. 아들덩굴도 10마디 정도에서 순지르기하여 손자덩굴의 발생을 돕는다. 이렇게 하여 손자덩굴이 가능한 각 마디에서 많이 나오게 해야 한다.

손자덩굴은 모두 본잎을 2장 남기고 끝을 빨리 순질러주어 암꽃의 발육을 돕는다.

주의해서 가지고르기를 하고 거름을 주며 잘 가꾸면 1포기에서 10여 개의 열매를 수확할 수 있다.

> **칼럼**
>
> ### 수확시기를 잘 판단한다
>
> 품종에 따라 차이는 있지만 청과용은 꽃이 피고 15~20일 정도 지나면 열매가 200g 전후가 되는데, 그 때 수확하는 것이 좋다. 시기를 놓치면 열매가 옅은 초록색이 되고 광택이 없어진다.

까치콩

Hyacinth bean

꽃의 모양과 색이 등나무와 비슷하여 일본에서는 후지콩이라고도 한다.

콩과　원산지=아시아, 아프리카 열대지방

재배특성

- 고온성으로 재배 적정온도는 23~25℃. 저온에서는 강낭콩보다 생육이 어려우므로 충분히 따뜻해지면 재배한다.
- 고온이나 여름의 건조에는 강낭콩보다 강해서 기르기 쉬우며 꼬투리도 비교적 잘 달린다.
- 덩굴이 잘 자라서 3~5m까지 크지만, 30~50cm밖에 자라지 않는 덩굴 없는 품종도 있다.

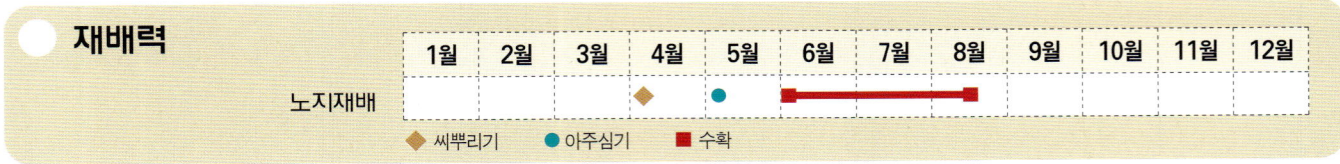

재배력

	1월	2월	3월	4월	5월	6월	7월	8월	9월	10월	11월	12월
노지재배				◆	●	■■■■■■■						

● 씨뿌리기　● 아주심기　■ 수확

품종

강낭콩이라고 부르기도 하는데, 본래 강낭콩과는 다른 종류이다. 우리나라에서는 일본 품종을 도입해서 재배하는데, 일본 품종에는 천석두·녹대협·백화등두 이외에 개량종인 적화조생·백화조생 등이 있다.

적화조생

백화조생

까치콩꽃

날개콩

Winged bean

꼬투리 단면이 사각형이고, 4장의 날개모양 주름을 가진 특이한 콩. 영양가가 높고 땅 속 부분도 먹을 수 있어 용도가 다양하다.

콩과 | 원산지=파푸아뉴기니·동아프리카

재배특성

- 고온성이며 서리에 약하므로 충분히 따뜻해지면 재배한다.
- 강낭콩과 같이 바로뿌리기와 모기르기 모두 괜찮지만, 늦게 씨를 뿌리면 장일조건 때문에 꽃이 잘 안 달린다.
- 온난지에서는 뿌리도 굵어서 식용으로 이용할 수 있다.

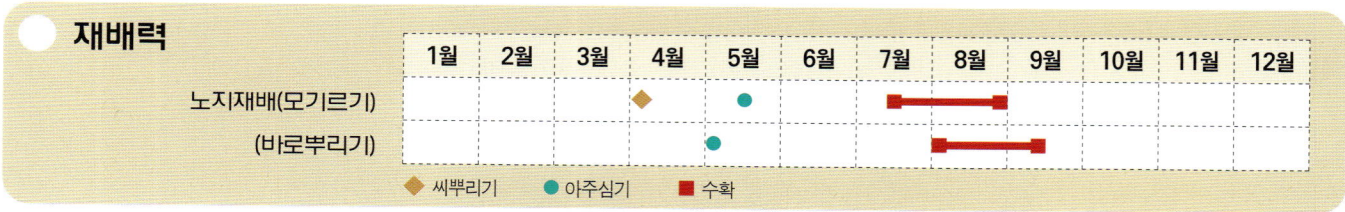

품종

열대 아시아 각지에서 폭넓게 재배되는데, 한국에는 최근에 들어와 남부지방에서 재배되고 있지만 아직 품종은 분화되어 있지 않다. 꼬투리의 길이는 10~15㎝가 일반적이지만 꼬투리가 짧은 단협계도 있다.

날개콩

날개콩꽃

누에콩(잠두)

Broad bean

수확기는 5~6월이며, 재배기간이 짧고 가장 계절 감각이 있는 채소. 단백질·칼슘이 많은 영양 채소이다.

콩과　　**원산지=아프리카 북부**

재배특성

- 생육 적정온도는 15~20℃이지만, 어린 모종은 추위에 강하여 5℃ 이상이면 생육하고 0℃가 되어도 한해를 입지 않는다. 그러나 열매가 찬 꼬투리는 저온에 약하여 0℃면 떨어지거나 생육장해를 입는다.
- 바이러스병에 걸리기 쉬우므로 진딧물 방제에 신경 쓴다. 꼬투리가 큰 품종은 발아가 잘 안 되므로 모기르기하여 재배하는 것이 좋다.

재배력

	1월	2월	3월	4월	5월	6월	7월	8월	9월	10월	11월	12월
노지재배(온난지)					■—■					◆	●	
(한랭지)						■—■				◆	●	

◆ 씨뿌리기　● 아주심기　■ 수확

품종

분포적지가 온대지방으로 한정되어 있어 품종의 분화는 많지 않다. 성숙해서 수확하는 종실용과 미숙해서 수확하는 청실용이 있다. 청실용은 채소용으로 콩이 크며, 조생종이 여기에 속한다. 유럽에서는 채소용, 주식대용, 녹비용, 사료용으로 쓰인다. 우리나라에서는 주로 일본 품종을 수입하여 이용하는데, 일본의 주요 품종으로는 능서일촌 이외에 개량종인 인덕일촌·타월일촌 등이 있다.

능서일촌

인덕일촌

타월일촌

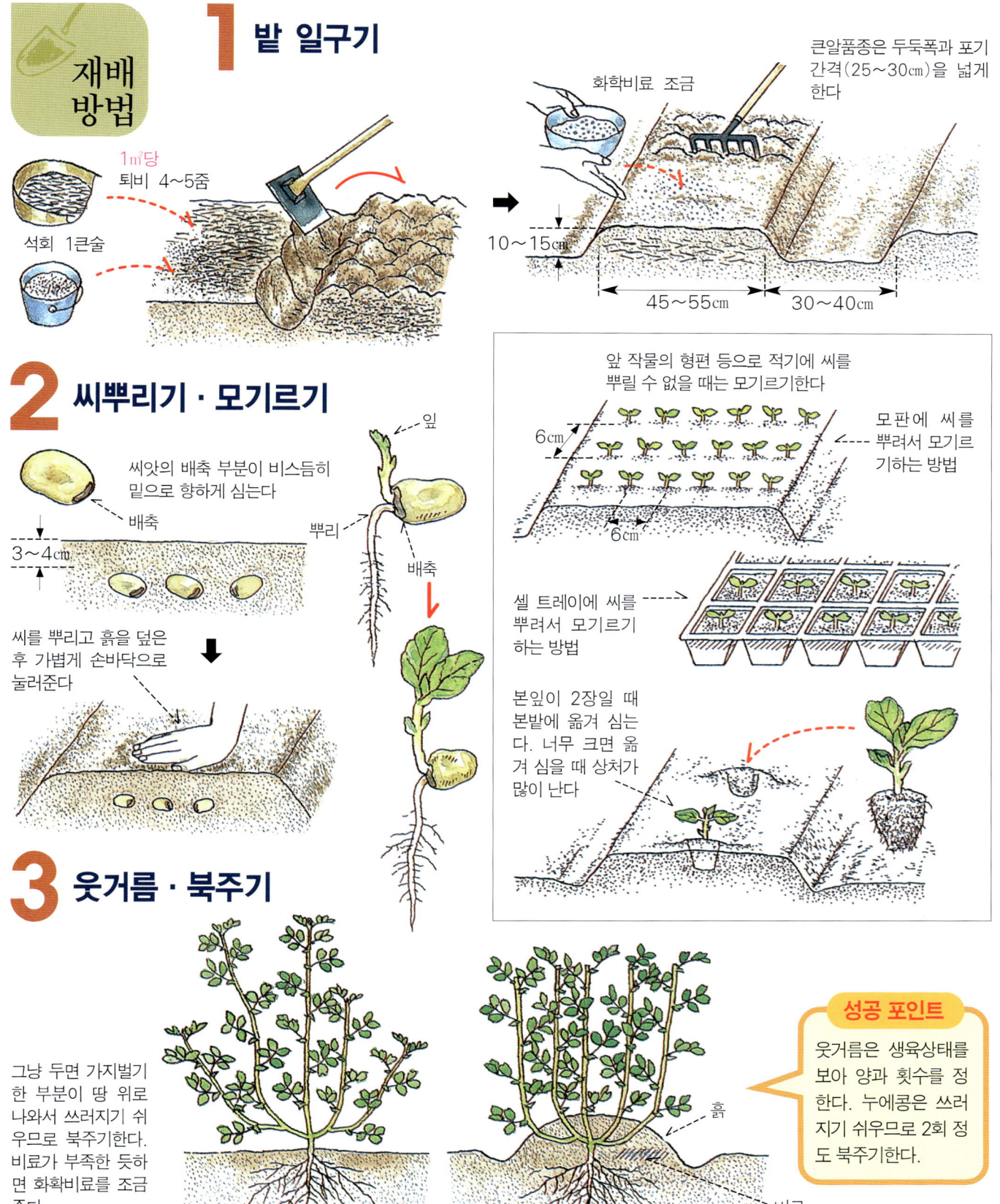

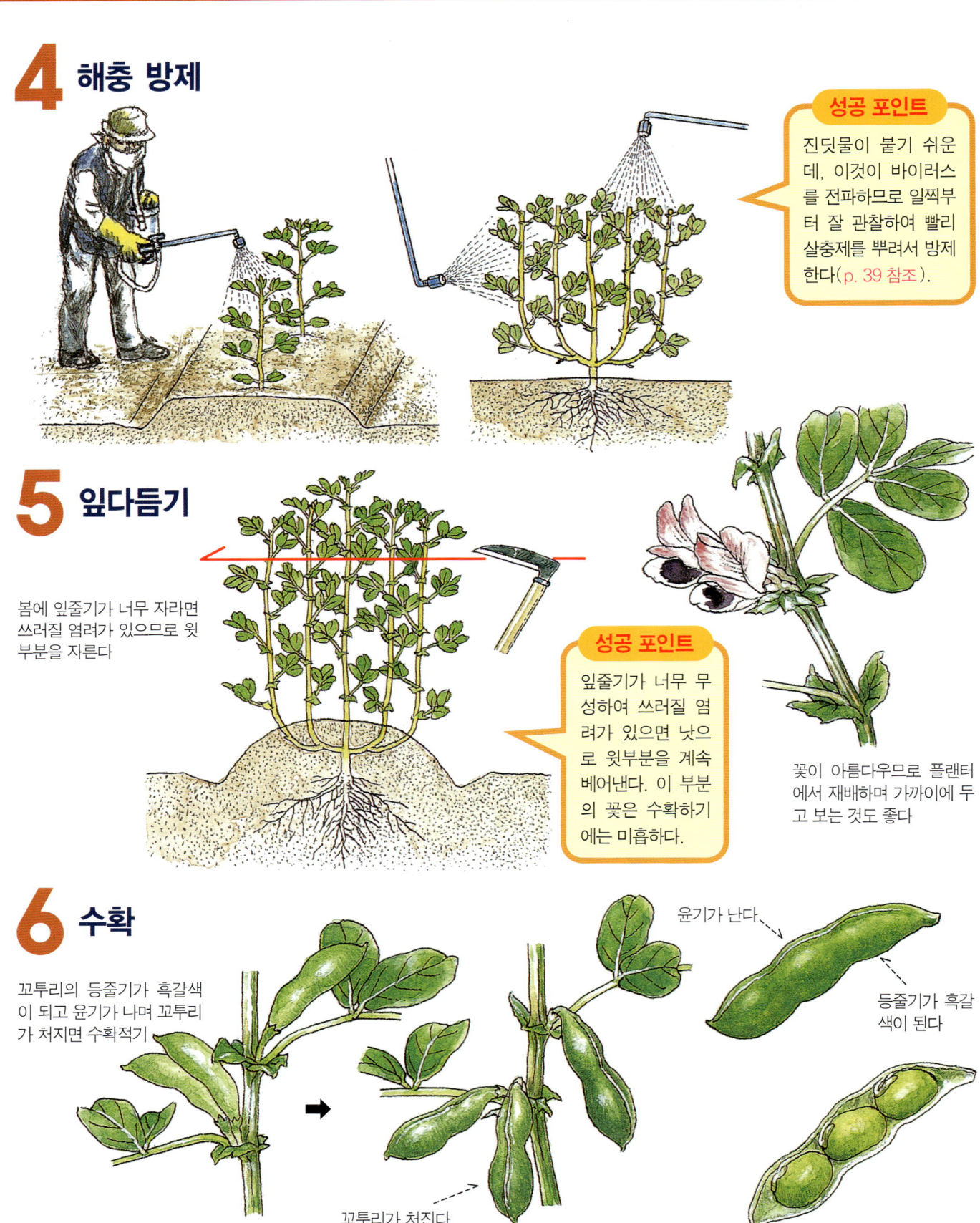

'이럴 때에는 어떻게 하나?' Q&A 이것을 알고 싶다

Q 고르게 잘 발아시키려면?
A 씨를 너무 깊이 심지 말고, 건조하지 않도록 한다

누에콩의 씨는 크기 때문에 발아에 산소와 수분이 많이 필요하다. 그래서 크기와 관계없이 잘 발아하지 않아 실패하는 경우가 있다. 특히 큰알 품종은 실패하는 예가 많다.

깊게 심으면 산소가 부족하기 쉬우므로 잘 발아시키려면 깊게 심지 않는다. 씨앗의 배축이 비스듬히 밑으로 향하게 하여 흙에 밀어 넣고, 씨앗의 끝부분이 땅 위로 살짝 보일 정도로 얕게 심는다.

화분에서 모기르기할 경우에는 이렇게 얕게 심으면 씨가 마르기 쉬우므로 물을 신경 써서 잘 준다.

Q 잎이 오그라들고 큰 콩이 달리지 않는다
A 진딧물 방제가 제일이며 반사멀칭도 효과적이다

주요 원인은 바이러스병이다. 이 병은 진딧물이 옮기므로 진딧물을 방제하는 것이 제일 중요하다.

가을부터 생기지만 특히 잘 생기는 것은, 기온이 올라가기 시작하는 3월 이후에 가지벌기하여 포기 밑동이 무성해질 때부터다.

어린 줄기나 꼬투리에 초록색이나 검은 자주색 진딧물이 모여 있고, 즙을 빨아먹기 때문에 생장이 점점 나빠진다.

방제법으로는 씨뿌리기 전 파종골에 침투성 살충제인 카보 입제를 뿌린다.

또한 진딧물은 반짝반짝 반사하는 빛을 싫어하므로, 은색 또는 은색 줄무늬 필름을 두둑에 깔아두면 날아들지 않아 바이러스의 발병을 줄이는 효과가 있다.

두둑 전체가 아니라 두둑을 따라 알루미늄 흡착필름이라는 반사광용 테이프를 2~3단 붙여도 꽤 효과가 있다.

그리고 이른 봄에 포기 밑 부근의 무성한 부분을 잘 살펴보고, 잎 뒷면에 진딧물이 보이면 빨리 마라치온 유제, 메프 유제 등을 규정농도로 뿌려서 방제한다.

그밖에 씨앗 전염에 의한 바이러스병이 일찍 생기므로 심하게 오그라든 포기를 보면 빨리 뽑아버린다.

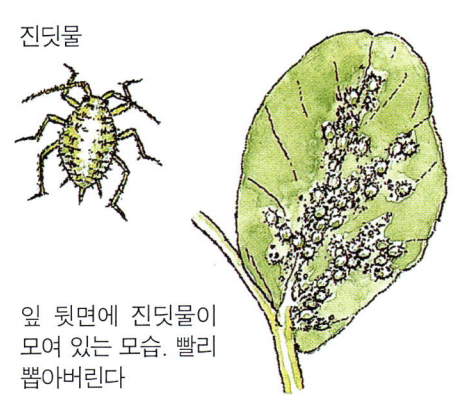

진딧물

잎 뒷면에 진딧물이 모여 있는 모습. 빨리 뽑아버린다

동아

White gourd

여름에 수확하지만 겨울부터 이른 봄까지 저장할 수 있으므로 동과라고도 한다. 담백한 맛으로 각종 요리에 사용된다.

박과　원산지 = 동남아시아

재배특성

- 고온성 채소로 생육 적정온도는 25~30℃이고, 박과 중에서 생육기간이 긴 편이므로 온난한 남부 지방에 적당하다.
- 내서성·내한성이 강하다. 토질에 대한 적응폭이 넓고 건강해서 기르기 쉽다.
- 암꽃이 달리는 것이 적으므로 가지고르기를 적절히 하여 잎과 줄기가 너무 무성하지 않도록 기른다.

품종

조생·만생종과 열매 모양 등이 다른 품종이 있으나 숫자는 적다. 조생동아, 작은 동아, 긴 동아, 둥근 동아 등이 있다. 일반적으로 조생종은 작고, 만생종은 크고 긴 타원형이다.

우리나라에 들여와 심기 시작한 것은 3세기경으로, 고려시대에 중국을 거쳐서 들어온 것으로 추측된다.

긴 동아

둥근 동아

동아꽃

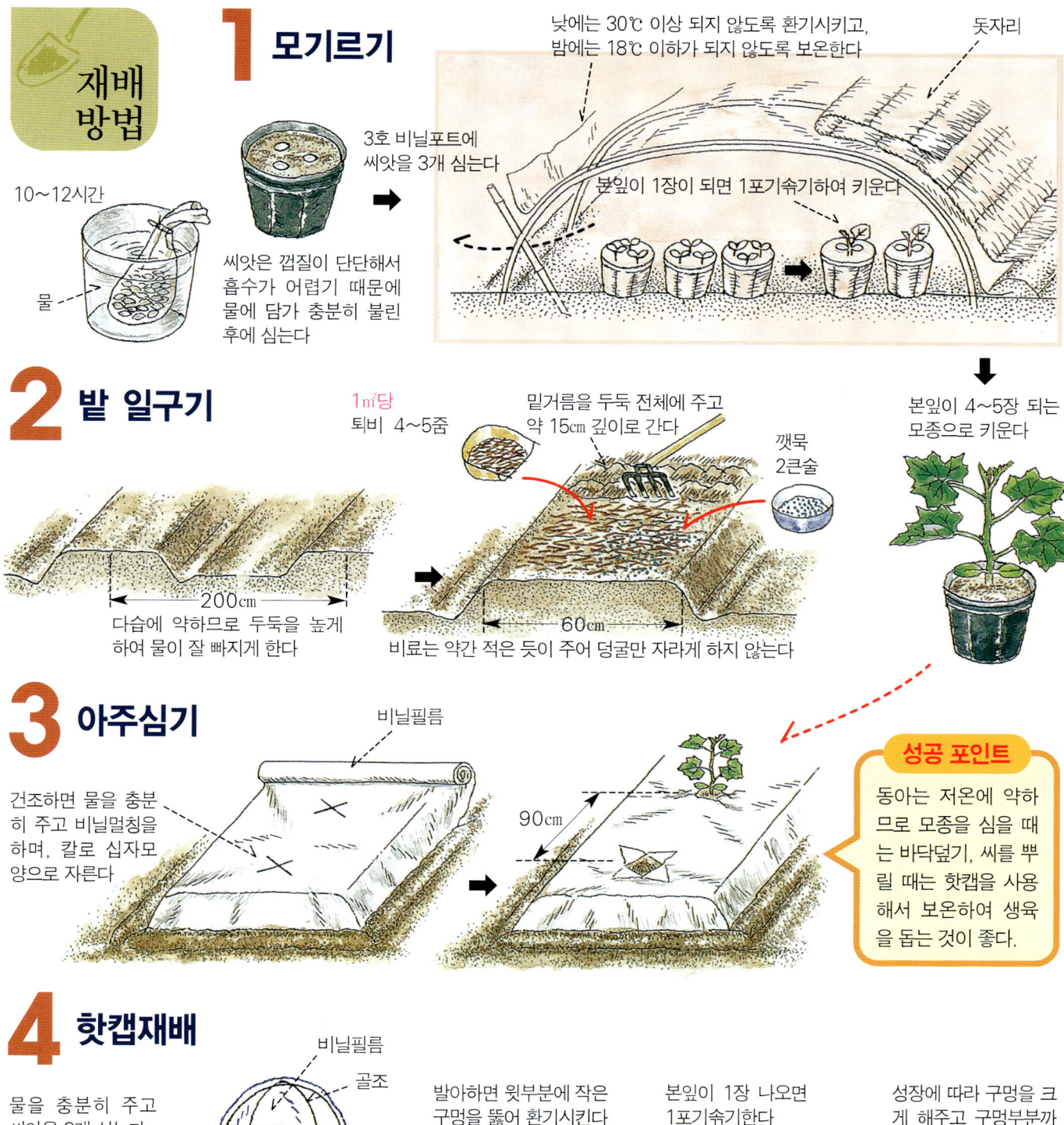

5 가지고르기

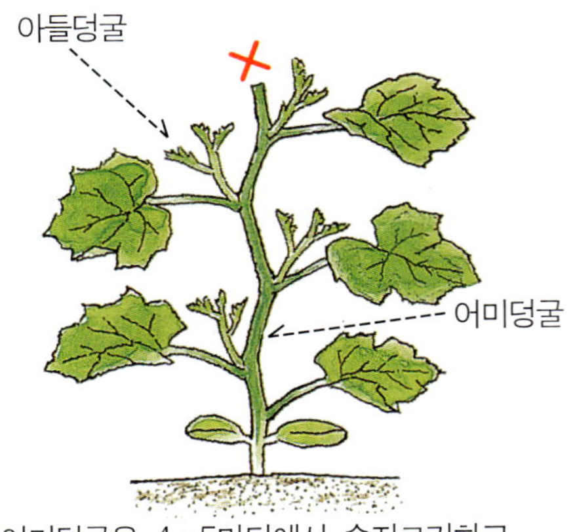

- 아들덩굴
- 어미덩굴
- 손자덩굴
- 열매

아들덩굴 4줄기는 순지르지 않고 키운다. 손자덩굴은 아들덩굴에 열매가 달릴 때까지는 밑에서 제거한다. 열매가 달리면 그냥 둔다

어미덩굴은 4~5마디에서 순지르기하고, 세력이 좋은 아들덩굴을 4줄기 키운다

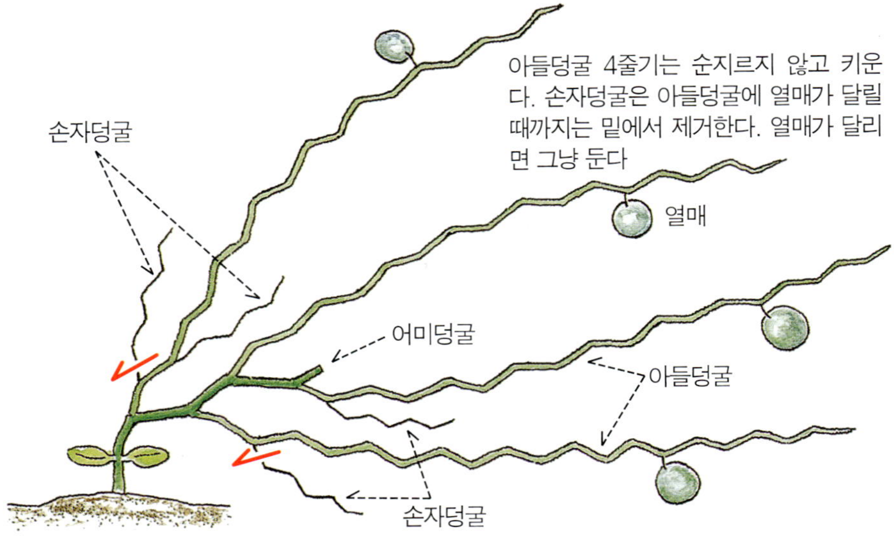

6 웃거름·짚 깔기

웃거름 / **짚 깔기**

1포기당 화학비료 2큰술

열매가 탁구공 크기 정도로 크면 웃거름을 준다

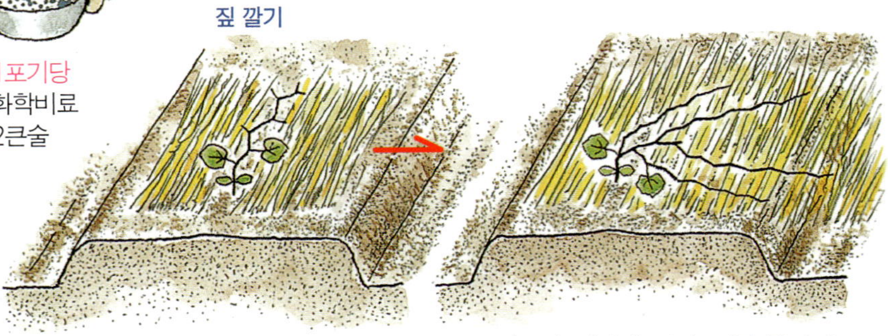

우선 포기 주변만 짚을 깐다

덩굴이 자람에 따라 덩굴 끝까지 짚을 더 깔아준다

7 수확

- 어린 수확 : 꽃이 피고 25~30일
- 완숙 수확 : 꽃이 피고 45~50일  
- 열매 표면의 흰 털이 떨어지고 열매가 단단해지면 수확적기다

성공 포인트

열매가 달릴 때까지는 손자덩굴의 정리에 신경 쓰고, 비료는 약간 적은 듯이 주어 덩굴이 너무 자라지 않도록 한다. 열매가 크기 시작하면 웃거름을 준다.

'이럴 때에는 어떻게 하나?' Q&A 이것을 알고 싶다

Q 옮겨심기 후 생육이 좋지 않다

A 밭을 빨리 준비하여 두둑을 미리 만들고, 물을 주어 바닥덮기한다

옮겨심기하고 자라지 않는 주요 원인은, 옮겨 심을 때 뿌리에 상처가 심하게 생기거나 땅의 온도가 떨어져서 뿌리가 잘 자라지 않기 때문이다.

동아는 원래 건강한 작물로 건조에도 강해서 잘 생장하지만, 저온에 약하고 특히 뿌리가 끊어지면 재생이 잘 안 되는 성질이 있다.

옮겨 심을 때 땅의 온도가 16~17℃ 이상 되어야 하므로 기온이 충분히 올라가면 심을 수 있도록 모종을 길러서 준비하는 것이 중요하다. 밭을 빨리 준비하여 두둑을 미리 만들고, 물을 충분히 주어서 바닥덮기하는 것이 가장 확실하다. 기온이 낮을 때 옮겨 심는 경우에는 핫캡이나 터널로 보온한다.

밭에 직접 씨를 뿌릴 경우에는 핫캡을 씌워서 땅의 온도를 높이고 발아를 촉진하며, 발아 후 온도를 높여서 초기 생육이 빠르게 한다.

Q 수확적기를 알기 어렵다

A 열매의 성장이 끝나고 열매 표면의 흰 털이 떨어질 때가 적기

요리 목적으로 어린 동아를 수확할 때는 보통 꽃이 피고 25~30일이면 수확하지만, 더 빨리 길이 7~8㎝의 어린 열매를 수확하여 생으로 먹을 수도 있다. 각자의 기호에 따라 수확한다.

일반 요리에는 완숙열매를 이용하는데, 이것은 꽃이 피고 45~50일의 성장이 끝나 열매 표면을 덮고 있던 백색 털이 떨어져 없어졌을 때다. 이 때가 되면 열매 껍질이 단단하고 각종 요리에서 특유의 풍미를 낸다. 과육이나 껍질을 끓여서 차처럼 마시거나 동아정과·동아장아찌 등으로 만들어 먹을 수 있으며, 그밖에 각종 생선요리나 무침·김치 등에 이용한다.

완숙열매는 저장성이 높기 때문에 10℃ 정도의 그늘에 두기만 해도 겨울부터 봄까지 이용할 수 있다.

칼럼

덩굴의 웃자람에 주의한다

동아는 덩굴이 매우 잘 뻗는다. 그래서 잎줄기가 연약해지고 열매달림이 나빠지는 경우가 종종 있다. 그것을 막기 위해서는 두둑간격 200㎝, 포기간격 90㎝ 정도로 넓게 하며, 어미덩굴을 4~5마디에서 순지르기해준다.

딸기

Strawberry

모든 연령층에서 인기가 있으며, 생식용 소비로는 세계 제일. 비타민C가 풍부하며 향기, 단맛, 새콤한 맛을 두루 가지고 있다.

| 장미과 | 원산지＝남아메리카・북아메리카 |

재배특성

- 여러해살이로 재배기간이 길어서 모기르기부터 수확까지 1년 이상, 모종부터 재배해도 8개월 이상 걸린다.
- 꽃눈은 약간 저온이며 일조시간이 짧은 가을에 분화한다. 겨울에는 휴면하여 생장을 멈추고, 일정 저온기간을 지나면 휴면에서 깨어 생장한다.
- 추위에 강하지만 피어 있는 꽃은 0℃가 되면 한해를 입어 말라죽는다.
- 뿌리가 영양과잉이 되기 쉬우므로 비료를 줄 때 조심한다.

재배력

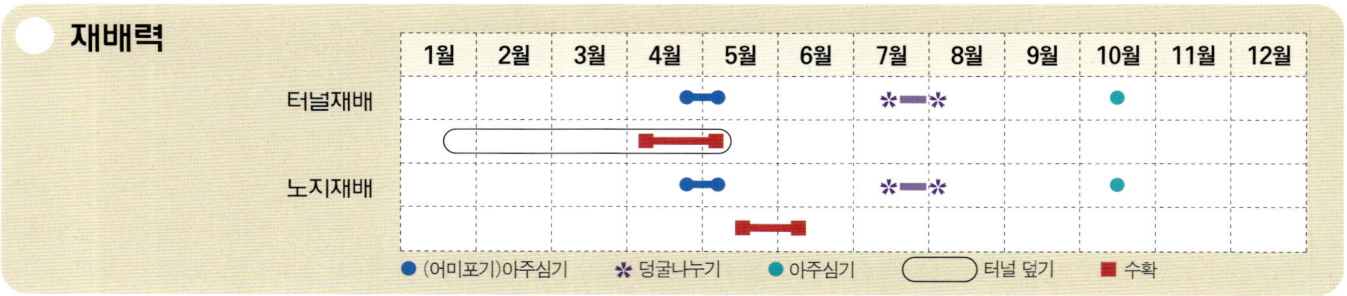

품종

품종 개량이 많이 이루어져 형질과 생육 특성이 다른 품종이 많은데, 일반적으로 노지재배에는 보교조생이나 다나가 기르기 쉽다. 촉성재배에 많이 쓰는 여봉은 바닥덮기나 터널재배로 좋은 결과를 얻을 수 있으며, 수홍・여홍・미홍도 육성 재배되고 있다. 썸머베리 등의 사철딸기도 있다.

여봉

풍향

재배방법

1 모기르기

건강한 모종을 찾는 방법

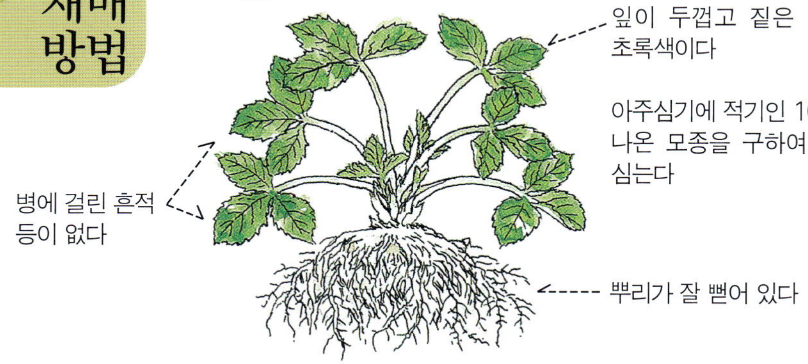

- 잎이 두껍고 짙은 초록색이다
- 아주심기에 적기인 10월에 나온 모종을 구하여 밭에 심는다
- 병에 걸린 흔적 등이 없다
- 뿌리가 잘 뻗어 있다

성공 포인트
딸기 재배의 성패는 대부분 모종에 달려 있다. 잎이 튼튼하고 윤기가 나며, 뿌리가 잘 뻗은 모종을 구입한다.

모종을 직접 기르기

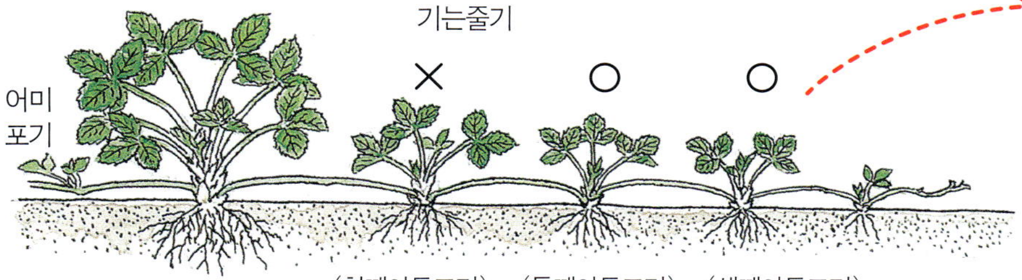

- 어미포기
- 기는줄기 × ○ ○
- (첫째아들포기) (둘째아들포기) (셋째아들포기)
- 수확이 끝난 건강한 포기를 어미로 한다
- 첫째아들포기는 어미포기의 병해충에 감염돼 있을 위험이 있으므로 피하고, 둘째·셋째 아들포기를 사용한다

한쪽은 2cm로 하고 다른 쪽은 짧게 자른다

모판에 옮겨 심는다. 한여름에는 물을 충분히 준다

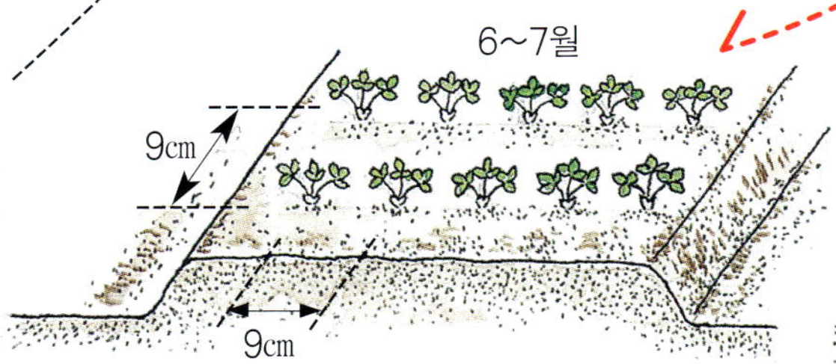

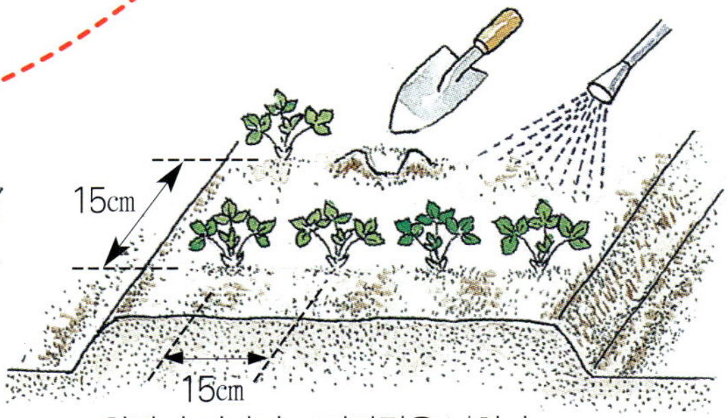

6~7월
9cm / 9cm
15cm / 15cm
한달이 지나면 포기간격을 넓힌다

2 밭 일구기

이전의 작물은 가능한 빨리 정리하며, 밭 전체에 석회를 뿌려 15~20cm 깊이로 잘 갈아주고 두둑을 만든다

1㎡당
- 깻묵 2큰술
- 화학비료 1큰술
- 완숙퇴비 4~5줌

두둑 만들기, 밑거름 넣기

15cm
60cm / 60cm
비료를 갈아 넣고 두둑을 잘 만든다

성공 포인트
딸기 뿌리는 비료 피해를 입기 쉬우므로 밑거름을 반드시 아주심기 보름 전에 주고, 15cm 깊이로 잘 갈아서 섞어둔다.

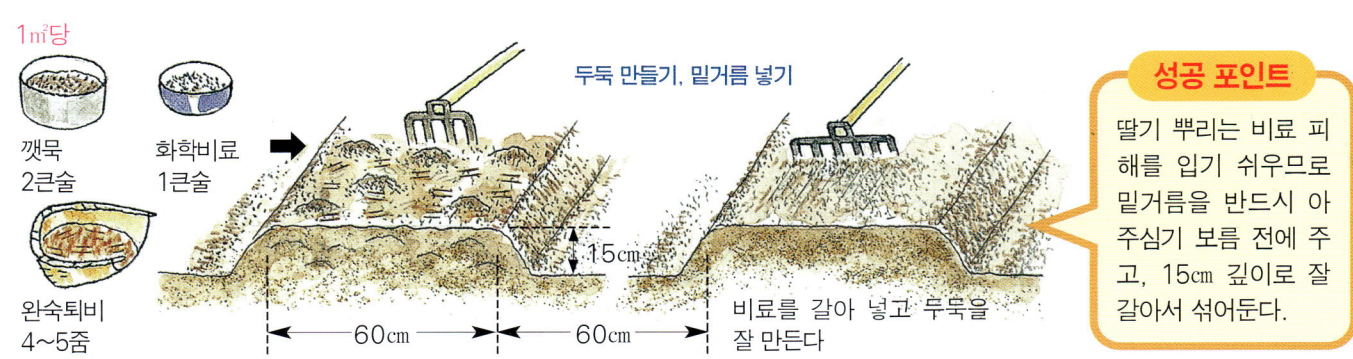

3 아주심기

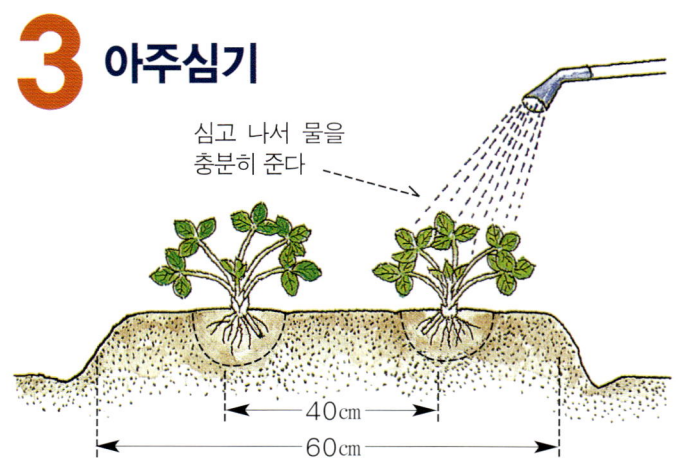

심고 나서 물을 충분히 준다

40cm
60cm

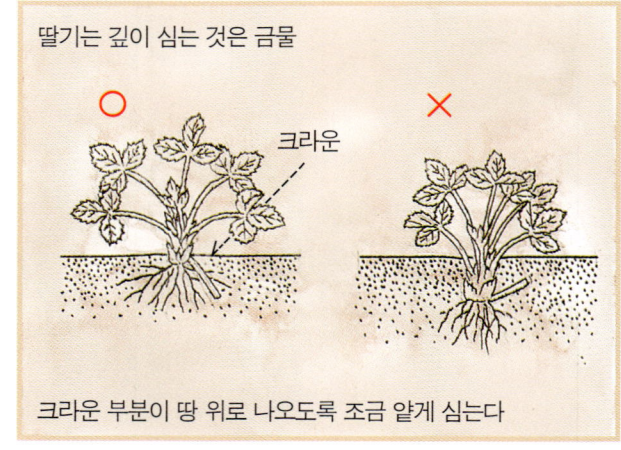

딸기는 깊이 심는 것은 금물

○   크라운   ×

크라운 부분이 땅 위로 나오도록 조금 얕게 심는다

4 웃거름

성공 포인트
뿌리가 자라는 끝부분에 적당량의 비료를 주어 봄의 빠른 생장에 대비한다.

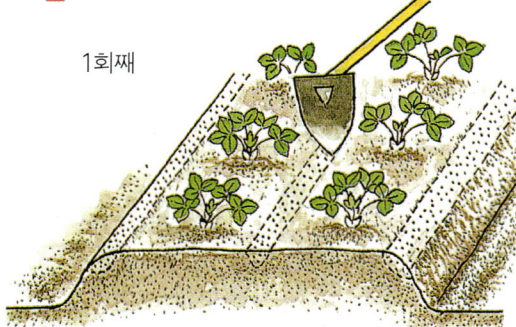

1회째

2회째

1포기당
화학비료 1작은술
깻묵 2작은술

뿌리를 내리고 왕성하게 생육을 시작한 11월 상·중순경 포기 밑에서 10~15cm 떨어진 곳에 비료를 주고 가볍게 흙과 섞는다

월동하고 2월 상·중순경(바닥덮기 전) 두둑 가장자리에 비료를 흩뿌리고 통로의 흙으로 덮는다

5 바닥덮기·터널 덮기

2월 상·중순경이 되면 비닐필름으로 지면을 덮는다

성공 포인트
흑색 비닐로 바닥덮기하면 지온이 올라간다. 잡초를 억제하고 토양의 수분을 유지하며, 흙이 튀어서 딸기가 더러워지는 것을 막는다.

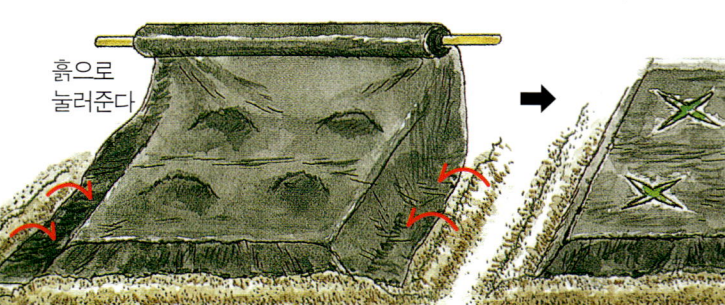

흙으로 눌러준다

비닐터널은 2월 상순경 덮기 시작한다. 보름 정도 밀폐시키고, 딸기가 자라기 시작하면 옆쪽의 아랫부분을 조금 열어서 환기시킨다. 밤에는 닫아준다

흑색 비닐필름으로 딸기 두둑을 푹 덮고 사면을 흙으로 잘 눌러준다. 흑색에 은색 줄무늬를 이용하면 더 효과적이다

딸기가 있는 곳을 면도칼을 이용해 십자(+)로 잘라 열어주어 딸기가 비닐 위로 나오게 한다

6 관리

월동 후 왕성하게 생육하기 시작하면 밑부분의 잎을 따준다

봄이 되어 덩굴이 뻗기 시작하면 잘라낸다

따준다

잘라낸다

> **성공 포인트**
> 불필요한 잎이나 덩굴을 제거하여 포기 밑 주변을 잘 정리하고 건강하게 생육하도록 돕는다.

꽃이 일찍 피어 화분매개곤충이 없을 때에는 붓으로 꽃가루를 암술머리에 묻혀주면 모양이 좋은 열매가 된다

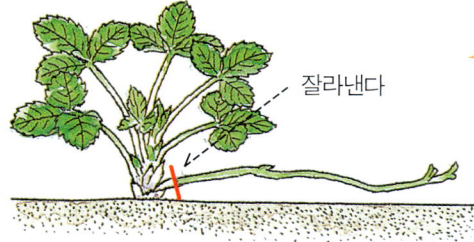

7 병해충 방제

잎에 반점이 생기거나 잎 뒷면에 응애가 붙어 왠지 기력이 나빠지면 약을 뿌려 방제한다

썩거나 변형된 딸기는 빨리 없앤다

바이러스에 감염되지 않은 건강한 모종으로 기른다

건강한 잎   바이러스에 감염된 잎

3장의 작은 잎이 바르게 펼쳐져 있는 것이 정상이다. 직접 기른 모종에서 어미포기를 고를 때 주의한다

8 수확

익으면 수확

많이 따면 잼을 만든다

분홍색의 예쁜 꽃이 피는 '핑크팬더'. 열매와 꽃을 모두 즐기는 플랜터용 품종

열매 채소류 · 딸기

'이럴 때에는 어떻게 하나?' Q&A 이것을 알고 싶다

 **모종을 구할 때는?**

병이 없는 좋은 모종을 고른다

새로 딸기를 재배하려고 할 때, 또는 오랫동안 집에서 기르던 딸기의 수확이 좋지 않을 때는 새롭게 세력이 좋은 모종을 구입할 필요가 있다.

특히 최근에 정단배양이라는 방법으로 바이러스가 없는 좋은 모종을 생산하므로 새롭게 도입하면 재배 실적이 훨씬 좋아진다.

따라서 초보자는 아는 사람으로부터 덩굴을 분양받기보다, 전문가의 덩굴을 얻어서 유지하고 3년에 한번 정도 바꾸어주는 것이 좋다.

좋은 모종으로 기르려면, 어미포기 하나에서 50~70개나 나오는 덩굴을 7월 하순~8월 상순경에 새로 만든 모판에 옮겨 심고, 비료와 물을 주며 잘 관리한다.

9월 중순경에는 모종삽을 이용하여 포기 주변의 뿌리를 끊어주고, 웃거름을 주어서 모종을 기른다.

처음에 덩굴을 모판에 옮겨 심을 때의 포기간격은 9×9cm 정도가 좋지만 최종 간격은 15×15cm 정도로 해서 혼잡하지 않도록 한다. 이렇게 기른 모종을 10월 중순경 본밭에 아주심기하면 매년 좋은 딸기를 수확할 수 있다.

 **오래된 잎은 없애는 것이 좋을까?**

병해충이 발생하므로 없앤다

딸기 잎은 다른 채소에 비해 아주 천천히 늘어나며, 잎의 수도 생육 전반기인 3월경까지 겨우 15장 정도이다.

딸기의 잎을 잘 보면, 원래의 잎은 점점 작아지고 윤기도 없어져서 노화된 모습이 나타난다. 나중에 나온 젊은 잎만 못해지고 역할을 다한 듯하다.

사실 이런 잎은 동화기능이 떨어져서 그대로 두면 병해충 발생의 원인이 되므로 새잎이 자람에 따라 차례로 잎이 달린 부분을 따준다.

그러면 새로 자라는 잎도 빨리 전개된다. 잎따기는 모판에서 2회 정도 하고, 본밭에서 월동 전과 월동 후 왕성하게 자라기 전에 한 번씩 더 해준다.

지나치게 자주 잎을 따주어 동화기능이 좋은 잎까지 너무 따면 해가 되므로 주의한다. 병든 잎은 따서 말린 후에 태워버려 다음해에 병해의 전염원이 되지 않도록 한다.

딸기의 바닥덮기

Q&A 비료를 주는 방법은?

너무 많이 주지 않도록 주의한다

딸기를 본밭에서 재배하는 기간은 약 9개월로 채소 중에서 긴 편이다. 그래서 비료가 많이 필요할 것 같지만 식물체가 작고, 수량도 1포기에 200g 내외로 적으며, 월동하여 성장도 느리므로 비료가 많이 필요하지 않다.

월동에 대비하여 뿌리를 튼튼하게 키우기 위한 밑거름과 1회째의 웃거름, 그리고 이른 봄의 성장을 돕기 위해 2회째 웃거름을 주는 것만으로 충분하다.

딸기 뿌리는 비료에 매우 약하므로 직접 뿌리에 닿거나 너무 많이 주지 않도록 주의한다.

우선 밑거름은 p.45의 그림과 같이 퇴비와 깻묵·화학비료를 두둑 전체에 깊이 15cm 정도로 잘 갈아서 넣어준다. 이 작업은 늦어도 아주심기 보름 전에는 마쳐서 비료가 분해되기 시작하도록 한다.

웃거름은 1회째는 11월 상순~중순, 2회째는 2월 상순~중순에 준다.

1회 때는 1포기당 화학비료 1작은술, 깻묵 2작은술을 주는데, 두둑 양쪽의 뿌리가 잘리지 않을 부분에 간단하게 구멍을 파서 넣어주고 흙을 덮는다.

Q&A 딸기를 재배할 때 바닥을 덮는 비닐필름은 어떤 색이 좋을까?

흑색 비닐필름을 많이 쓴다

얇은 비닐필름에도 여러 종류와 색이 있다.

폴리에틸렌이나 염화비닐, 여기에 투명이나 불투명, 그리고 각종 물감으로 염색된 백색·흑색·청색·적색·초록색 등으로 다양하다. 이밖에 알루미늄 가루를 첨가하거나 얇게 증착시킨 반사필름 등도 있다.

각 특성이 크게 다르므로 바닥덮기의 목적에 따라 선택해야 한다.

딸기에는 흑색이 제일 좋다. 그 이유는, 장기간의 생육에서 문제가 되는 잡초를 억제할 수 있고, 겨울에 햇빛 흡수율이 높기 때문이다. 그러나 땅 표면에 굴곡이 심하면 기껏 높여놓은 비닐의 열이 토양에 충분히 전해지지 않으므로, 가능한 빈 틈이 없도록 밀착시키고 흙의 표면을 평평하게 만들어 덮는다.

덧붙여서 투명필름은 굴곡이 있고 공기층이 큰 쪽이 지온상승 효과가 잘 나타나며, 사용할 때의 주의점도 흑색과 매우 다르다.

땅콩

Peanut

완숙콩은 채소류가 아니지만, 미숙열매일 때 수확하여 삶은 땅콩은 채소 같다. 텃밭재배로 즐긴다.

콩과　　원산지 = 남미 안데스 동쪽 산기슭

재배특성

- 일조량이 많고 고온일 때 잘 자란다. 한랭지는 재배에 부적합하다.
- 씨방이 자라서 땅 속에 들어가 열매를 맺는 특성이 있으므로, 진흙이 많고 습기가 많은 곳에서는 작황이 좋지 않지만 보통 밭이라면 쉽게 재배할 수 있다.
- 석회가 부족하면 빈 꼬투리가 생기기 쉬우므로 반드시 석회를 넣어준다.
- 장마 후 계속 건조하면 8월 상순부터 10일 간격으로 2~3회 물을 주면 좋다.

재배력

	1월	2월	3월	4월	5월	6월	7월	8월	9월	10월	11월	12월
보통재배					◆——	——◆			■——	——■		
바닥덮기재배					◆——	——◆			■——	——■		

◆ 씨뿌리기　■ 수확

품종

　　잎자람새는 포복성·반직립성·직립성이 있고, 익는 시기는 조생종부터 만생종까지 있다. 또한 꼬투리의 크기에 따라 대·중·소립종으로 나누는데 주로 대립종이 재배된다. 우리나라에서 육성 장려되고 있는 조숙, 대립, 다수확성 품종은 새들땅콩·대광땅콩·신풍땅콩 등이다.

　　일본의 주요 품종에는 조생종인 향노향, 중생종인 나카테유타카, 만생종인 천엽반립이 있으며 재배는 어렵지 않다.

나카테유타카

천엽반립

다치마사리

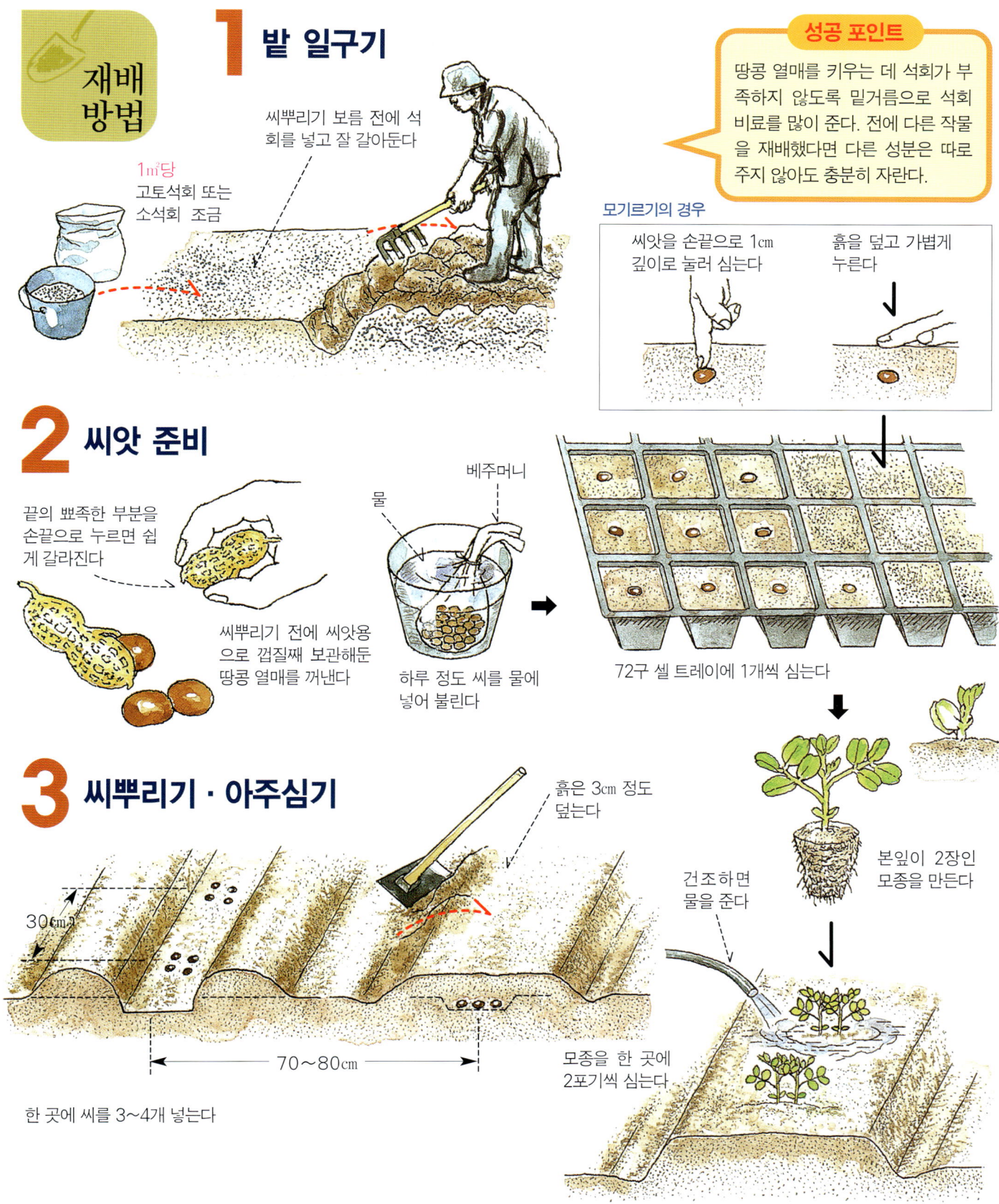

4 웃거름

곁가지가 자라기 시작하면 화학비료를 조금 주는데, 가능하면 칼륨 성분이 많은 것을 준다. 질소를 너무 많이 주면 줄기만 무성하고 꼬투리는 잘 안 달리므로 주의한다

- 원줄기
- 작은 곁가지
- 화학비료 조금

포기 옆에 비료를 흩뿌리고 나뭇가지 등으로 흙과 섞는다

5 북주기

작물의 키가 30~40cm로 자랐을 때

직립성 품종의 경우
포기 밑에 약 15cm 정도 범위로 흙을 북주기한다

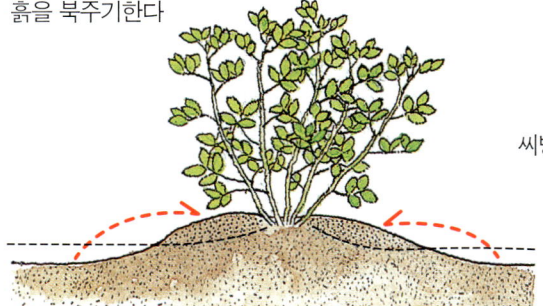

포복성 품종의 경우
가지벌기한 가지 주변에 조금 넓게 북주기한다

꽃이 피고 며칠이 지나면 씨방자루가 지면을 향해서 자라 땅 속으로 파고든다. 그리고 4~5일이면 씨방이 커지기 시작한다

- 씨방자루
- 씨방(꼬투리)

성공 포인트
꽃이 피고 씨방자루가 땅 속을 향해 자라므로 흙 속으로 들어가기 쉽게 북주기를 잘한다.

땅 속에서 꼬투리가 큰 상태

6 수확·이용

미숙열매 수확
꼬투리가 대체로 컸을 때

열매를 꼬투리째 삶아서 땅콩을 꺼내 먹는다

완숙열매 수확
꼬투리에 그물무늬가 뚜렷하고 굵어졌을 때

며칠 밭에 펼쳐서 잘 말린다

꼬투리째 말려서 필요할 때 꺼내어 땅콩을 사용한다

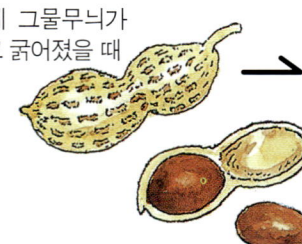

'이럴 때에는 어떻게 하나?' Q&A 이것을 알고 싶다

Q 어린 꼬투리는 언제 수확할까?

A 완숙 땅콩을 수확하기 20일 전에 수확

땅콩은 완숙열매를 이용하는 것이 일반적이지만 땅콩이 덜 익었을 때 수확해서 채소로도 먹는다.

이 경우에 완숙된 것을 수확하기 20일 전에 수확한다. 익는 시기는 매년 차이가 있으므로 이 때가 되면 시험적으로 파보고서 수확시기를 결정한다.

수확적기는 꼬투리 모양이 대강 완숙에 가까우며, 안쪽의 땅콩이 아직 충분히 크지 않고 부드러울 때다.

Q 수확 후의 처리방법은?

A 잘 말린 후 잎줄기에서 꼬투리를 딴다

잎이 조금 황색으로 변할 때 뽑아서 밭에서 잘 건조시킨 후 꼬투리를 딴다.

이 때 꼬투리를 하나씩 손으로 따려면 많은 노력이 들기 때문에, 대량인 경우에는 그림과 같이 튼튼한 용기에 대나무를 고정시키고 꼬투리를 세게 내리치듯이 하면 능률적으로 작업할 수 있다.

그리고 맑은 날 2~3일 말려서 저장하며, 필요할 때 꼬투리를 갈라서 땅콩을 꺼내 이용한다.

다음해에 씨앗으로 쓸 경우에도 꼬투리째 저장하고, 씨를 심기 전에 꼬투리에서 꺼낸다.

대나무를 고정시킨 용기에 꼬투리를 내리친다

멜론

Melon

외국에서 들어온 열매채소. 비타민A가 많고 여러 가지 품종이 있다.

박과   원산지=동아프리카

재배 특성

- 채소 가운데 가장 고온성으로 적정온도는 낮 28~30℃, 밤 18~20℃이다. 15℃ 이하에서는 생육이 어렵다. 모종과 본밭 모두 비닐필름으로 보온하면 작황이 안정된다.
- 햇빛을 좋아하므로 해가 잘 드는 곳이 아니면 재배하기 어렵다.
- 꽃이 피는 날 인공수분하여 목표하는 부위에 확실히 열매가 달리게 할 필요가 있다.
- 당도를 충분히 높이기 위해서는 수확기까지 잎이 건강해야 한다.

품종

재래종부터 하우스멜론·온실멜론까지 많은 품종이 있지만 재배하기 쉽고 맛이 좋은 개량 잡종 멜론이 많이 재배된다. 네트가 굵은 온실멜론은 얼스호마래춘추1·모네조춘추811·얼스세이누춘계II 등이 있고, 하우스멜론은 슈퍼VIP·로란-L·러브콜 등이 우리나라에서 재배되고 있다.

일본에는 프린스PF6호·아리스 등과 황색종인 금태랑·금명 등이 있다.

프린스PF6호

아리스

얼스나이트 춘추계

금태랑

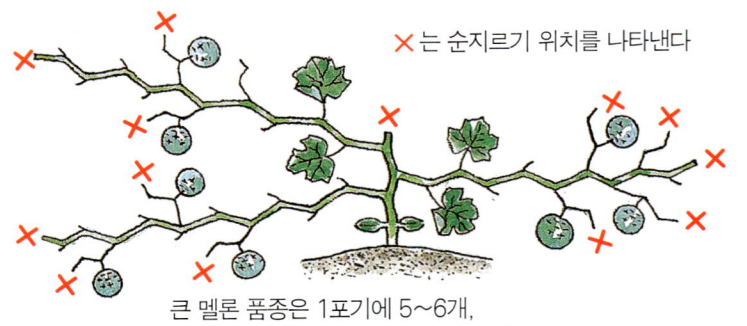

✕는 순지르기 위치를 나타낸다

순지르기 · 가지고르기

지주를 세우는 경우

큰 멜론 품종은 1포기에 5~6개, 작은 멜론 품종은 1포기에 7~8개 달리도록
◎ 화분매개곤충이 적을 때는 수박(p.62)에 준하여 인공수분을 한다

원줄기는 본잎이 22~25장일 때 순지른다

어미덩굴의 12~15마디에서 나온 아들덩굴의 제1마디에 열매가 달린다

달걀 크기 정도로 크면 모양이 좋은 열매 하나만 남기고 열매솎기한다

5 유인 · 웃거름 · 짚 깔기

덩굴은 1줄기 · 2줄기씩 교대로 갈라놓는다

덩굴 수 2줄기
1줄기
2줄기
1줄기

1회째 웃거름
첫 번째 열매가 달걀 크기로 컸을 때

1포기당
화학비료 2큰술
깻묵 4큰술

1회째 웃거름

짚 깔기

덩굴 끝부분에 2회째 웃거름을 주고 볏짚을 덮어준다

2회째 웃거름
1회째 웃거름을 주고 15~20일 후
1회 때와 같은 양

2회째 웃거름   1회째 웃거름   1회째 웃거름   2회째 웃거름

성공 포인트
품질이 고르고 좋은 열매를 수확하기 위해서는 지주를 세워주고 열매를 1포기에 1~2개로 제한하여 잘 키운다.

6 수확

수박에 준해서 인공수분한 후 개화일을 적은 라벨을 달아둔다

개화일을 적은 라벨의 날짜를 보고 수확적기를 판단한다

꽃이 피고 40~45일 되었을 때 1~2개 시험적으로 따보고 다른 열매를 수확한다

성공 포인트
당도가 높은 열매를 수확하기까지의 날짜는 품종과 재배기간에 따라 다르다. 사전에 잘 조사하여 시기를 놓치지 말고 수확한다.

> '이럴 때에는 어떻게 하나?' **Q&A** 이것을 알고 싶다

네트멜론은 언제, 어떤 모양의 것을 남기고 열매솎기할까?

인공교배 약 1주일 후에 전체 모양이 갖춰진 것을 남긴다

멜론의 재배시기는 기온이 상당히 높을 때이므로 멜론이 점차 커져서 인공교배 후 6~7일이 되면 달걀 크기로 생장한다.

이 때가 되면 잘 자라는 것, 모양이 좋은 것이 구분된다. 필요한 수만 남기고 나머지는 솎아준다. 이 크기 이상으로 자랄 때까지 그냥 놔두면 열매들끼리 서로 영양을 빼앗겨 좋은 열매로 크지 않는다.

모양은 달걀모양처럼 조금 길쭉하고 전체 모양이 갖춰진 것, 배꼽부분이 작은 것을 남긴다.

공모양인 것을 남기면 그 시점에서의 모양은 좋지만 나중에 성장이 나빠지고 작은 열매밖에 안 되므로 주의한다.

잎에 백색가루 같은 병해가 생기고 꺼칠하다

장마가 끝나고 많아지는 흰가루병으로 조기에 약제방제한다

흰가루병으로 장마가 끝나면 많이 발생한다. 처음에는 옅은 황색으로 얇게 하얀 가루를 바른 것 같은 원형의 병반이지만 차츰 하얀 가루가 진해져서 전체가 하얀 가루로 덮이며, 줄기에도 나타나고 잎이 시들어버린다.

멜론을 비롯하여 각종 박과 식물의 큰 문제로, 특히 멜론은 흰가루병이 나타나면 당도가 높아지지 않아 치명적이다. 발견하는 대로 빨리 지노멘 수화제, 포리옥신 수화제를 규정농도로 뿌려준다.

농약에 의존하지 않고 저항성 품종을 이용하는 것이 안전성 면에서 가장 좋은 방법이다. 그러나 어디에서나 저항성 품종을 판매하는 것은 아니다. 전문 종묘상이나 농협 등에서 품종의 특성을 조사하여 적당한 저항성 품종의 모종을 구하는데, 구할 수 없으면 씨앗을 주문하여 직접 모종을 기르지 않으면 안 된다.

저항성 품종으로는 네트형에 안데스·얼스나이트·나일·선라이즈, 무네트형으로 프린스 PF·리조트(황색)·금명(황색) 등이 있다.

터널 덮기는 호흡을 맞춘 두 사람이 공동작업한다

불수과(하야토우리)

Chayote

지게미·쌀겨·소금 등 어떤 절임에도 좋다. 열매 하나에 1개 있는 큰 씨앗은 버터구이로 한다. 태양의 민족 아스테크 족으로부터 전해지는 작물.

박과　원산지=열대 아메리카

재배 특성

- 고온성으로 22~25℃ 이상이 아니면 생육이 잘 안 된다.
- 생육기간이 6~8개월로 길고 단일성이라서 초가을이 아니면 개화·결실이 안 되므로 온난지가 아니면 기르기 어렵다. 제주도 등 남부지방이 적당하다.
- 열매는 300~500g으로 크고 딱딱하며, 열매 끝에 큰 씨앗이 1개만 들어 있는 특이한 작물이다.
- 따뜻한 지역에서 겨울에 시들지 않으면 포기나누기로 증식할 수도 있다.

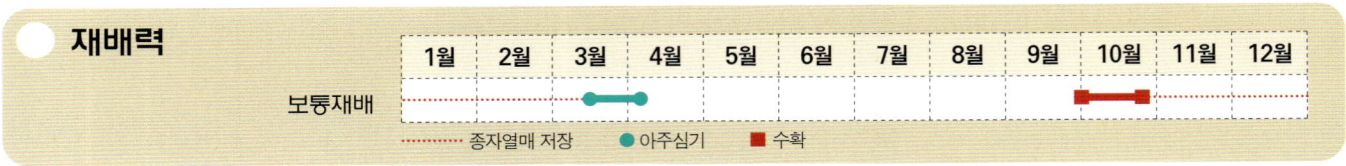

품종

진한 초록색에서 백색까지 열매의 색이 여러 가지지만 크게 나누면 백색종과 초록색종이다. 우리나라에 도입된 것은 거의 백색종이고 아직 품종으로 등록된 것은 없다.

재배 방법

1 종자열매 준비

열매 하나에 1개의 큰 씨앗이 들어 있다. 열매째 저장한다

씨앗

저장 방법

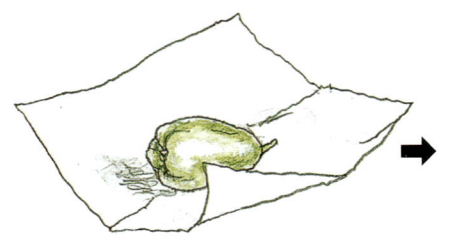

(가을)
다음해에 키우려면 가을부터 준비가 필요하다. 10~11월에 수확한 잘 익은 열매를 종자열매로 한다

상자에 충전재로 왕겨를 넣고 열매를 묻은 후 차고 어두운 곳에 두는 것이 제일 좋지만, 신문지로 싸서 같은 장소에 두어도 좋다. 저장성이 높아서 썩을 염려는 별로 없다

2 밭 일구기 · 아주심기

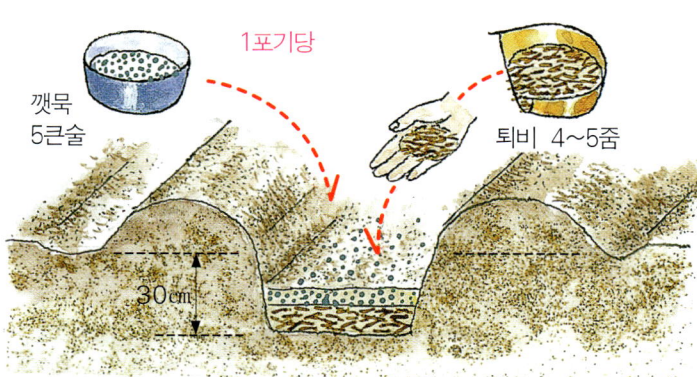

1포기의 덩굴이 넓게 퍼지므로 아주심기 간격은 4×4m~5×5m 정도로 한다. 가정에서는 1포기만 심어도 충분하다

성공 포인트
알찬 종자열매를 구해서 저장을 잘하고, 싹이 나온 열매는 깊이 심지 않는다. 꽃은 손자덩굴에 달리므로 순지르기하여 손자덩굴이 많이 생기게 한다.

싹이 7~8cm 정도 크고 늦서리의 걱정이 없을 때 열매가 반 정도 땅 위에 나오도록 심는다

3 웃거름 · 지주세우기

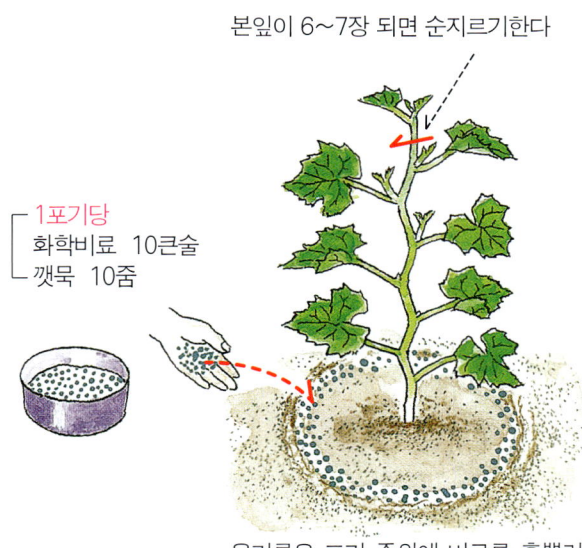

웃거름은 포기 주위에 비료를 흩뿌려 주고 흙과 섞는다. 덩굴이 무성하게 자랄 때 한번만 줘도 된다

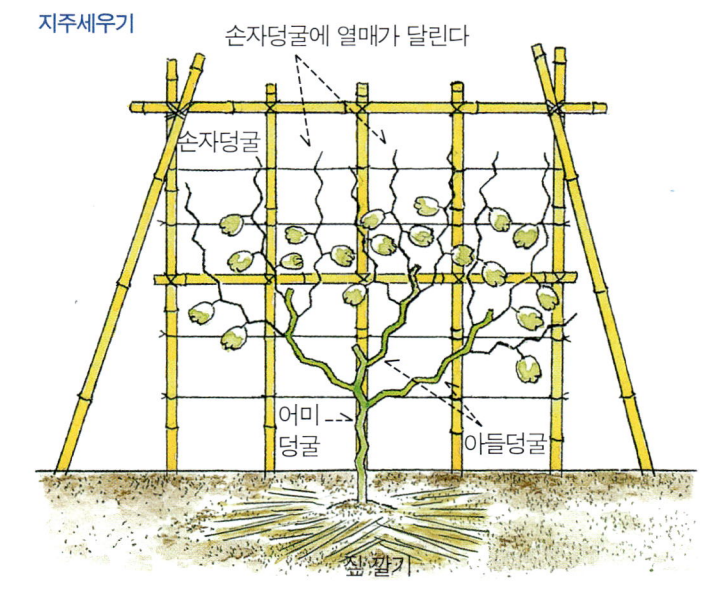

4 수확 · 이용

가을이 되면 열매가 큰 것부터 차례로 수확한다. 1포기당 100~200개 수확한다. 된장이나 지게미 · 쌀겨 · 소금 등의 각종 절임이나 구이 이외에 무와 같이 조림에 이용한다. 이밖에 서양식으로 과육을 얇게 썰어서 그냥 샐러드로 하거나, 큰 씨앗을 꺼내 버터구이를 해도 맛있다

수박

Water melon

과당·포도당이 많으며, 여름의 폭염으로 지친 신체의 피로를 풀어주는 대표적인 여름과일이다.

박과　원산지=남아프리카

재배특성

- 채소 가운데 가장 강한 빛을 좋아하고 생육 적정온도도 밤 15℃ 이상, 낮 28~30℃로 높기 때문에 햇빛이 잘 드는 장소를 택해야 한다.
- 사질에서 점토질이 많은 곳까지 토양의 적응폭이 넓다.
- 이어짓기하면 큰 피해를 주는 덩굴쪼김병에 걸리기 쉬우므로 4~5년 이상 이어짓기하지 않는다.
- 박과 등의 대목에 접목하면 병에 대한 저항력이 생겨서 이어짓기도 가능하다.

재배력

	1월	2월	3월	4월	5월	6월	7월	8월	9월	10월	11월	12월
핫캡재배			◆	△△△			▬▬					
노지조숙재배				◆	●			▬▬				

(고랭지나 추운 지방에서는 어떤 재배유형이나 15~20일 늦어진다)

◆ 씨뿌리기　● 아주심기　△△△ 핫캡 덮기　▬ 수확

품종

과육의 색은 적색·황색이 있다. 겉모습에 따라서는 둥근 모양과 긴 원형, 겉껍질도 선이 있는 것과 없는 것, 흑색 등 다양하다. 우리나라에는 노지재배용으로 달·온동네·소슬샘·대상·무등골단·천금 등이 있다. 일본에는 호옥·고다마와 흑색의 다히치 등이 있다.

호옥

고다마

다히치

5 웃거름 · 짚 깔기

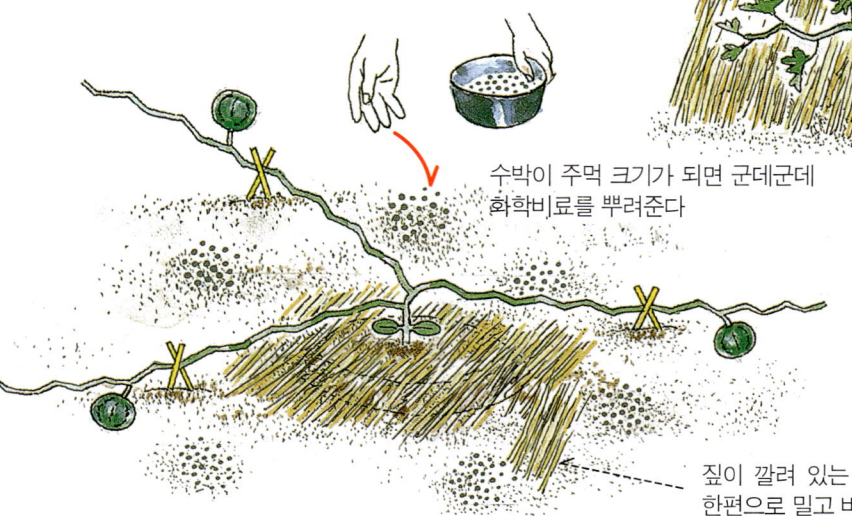

수박이 주먹 크기가 되면 군데군데 화학비료를 뿌려준다

기온이 높아지고 덩굴이 자라기 시작하면 2~3회로 나누어 짚을 깐다. 비닐로 바닥덮기하는 경우에도 비닐 위에 얇게 짚이나 잡초 등을 깔아주어 온도가 너무 올라가는 것을 막는다

짚이 깔려 있는 경우는 약간 한편으로 밀고 비료를 준다

6 인공수분

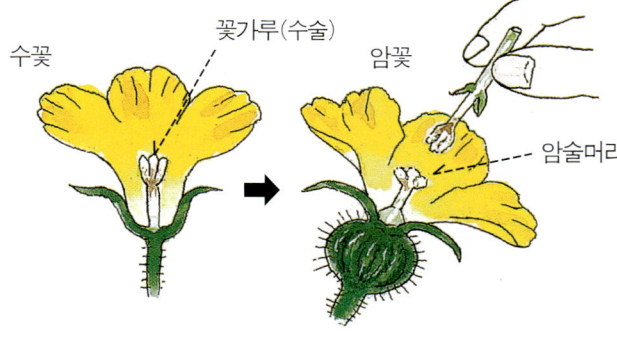

꽃이 핀 날 아침에 8~9시경까지 수꽃의 꽃받침을 제거하고 꽃가루를 노출시켜서 암꽃의 암술머리에 가볍게 문질러 바른다

성공 포인트

아침에 늦어도 8~9시까지는 인공수분한다. 꽃가루가 나오는 것을 확인하고, 암술머리가 상처 나지 않도록 주의한다.

개화일을 적은 라벨을 단다. 대나무 기둥의 끝에 달아두면 보기 쉽다

7 수확

꽃이 피고 50~55일 정도 되면 시험적으로 따서 먹어본다. 잘 익었으면 같은 날짜의 것은 잘 익은 것이다

교배일 라벨 표시가 없는 경우에는 다음과 같이 겉모양이나 두드려서 나는 소리로 판단하여 수확한다
· 모양 : 윗부분이 탱탱하다. 배꼽이 함몰되고 주변이 탱탱하다
· 색의 광택 : 덜 익은 열매의 광택이 없어지고 광택이 흐려진다
· 촉감 : 꼭지부분을 손가락으로 누르면 탄력이 느껴진다
· 두드렸을 때의 소리 : 손가락 끝의 볼록한 부분으로 두드리면 탁음을 낸다
· 덩굴손 : 열매가 달린 마디에서 나온 덩굴손이 마른다

'이럴 때에는 어떻게 하나?' Q&A 이것을 알고 싶다

덩굴만 자라고 열매가 열리지 않는다

성기게 심고 질소과다를 주의하며, 인공수분으로 열매가 확실히 달리게 한다

가장 큰 영향을 미치는 것이 기후조건이다. 특히 꽃이 필 때까지 1주일 정도 일조량이 부족하면 꽃의 자질이 나빠지고 건강한 꽃가루가 적어지기 때문이다.

이러한 조건에서도 포기간격을 충분히 여유 있게 심고 밑거름을 잘 주면 인공수분으로 상당히 높은 착과율을 얻을 수 있다. 열매달림을 확실하게 하기 위해서는, 우선 2.2×1.2m 정도로 성기게 심고 아들덩굴을 3줄기로 해서 혼잡하지 않게 한다. 그리고 밑거름으로 퇴비와 완숙된 닭똥을 소량 넣고 비료, 특히 질소성분이 많지 않도록 주며, 첫 번째 열매가 탁구공 크기 정도로 되면 첫 번째 웃거름을 준다.

인공수분은 꽃이 핀 날 아침 9시까지 하고, 가능하면 장마 시작 전에 열매가 달리도록 비닐터널 등을 치고 일찍 해주면 열매달림이 안정된다.

열매가 비대할 때 갑자기 시들어 마른다

덩굴쪼김병에 걸렸기 때문이다

수박에게 가장 무서운 병해가 덩굴쪼김병이다. 장마가 끝날 때 가장 발병하기 쉬우며, 처음에는 갑자기 물 부족처럼 시들고 2~3일이면 푸른 상태로 말라버린다.

이 병원균은 홀씨나 괭이실 형태로 흙 속에서 월동한다. 수박 줄기 등과 함께 흙 속에 있으면 3~4년 이상 생존하므로 이어짓기하는 밭에서는 상당히 발생의 위험성이 높다. 따라서 같은 밭에서 4~5년간은 수박을 재배하지 않는다.

덩굴쪼김병은 같은 박과에서도 박·호박·수세미 등에는 발병하지 않으므로 이것들을 대목으로 하여 접목하면 같은 밭에서도 이어짓기가 가능하다.

최근에는 이런 접목묘가 일반화되어 원예점 등에도 접목묘가 나와 있다. 가격이 조금 비싸도 접목묘를 구입하도록 한다.

돌려짓기가 어렵고 접목묘도 없이 수박을 재배하고 싶을 때에는 수박이나 오이를 심은 적이 없는 밭의 흙을 사용하며, 화분에 덩굴이 올라갈 지주를 만들어서 재배할 수밖에 없다. 열매는 작지만 당도가 높아 의외로 맛있는 수박을 수확할 수도 있다.

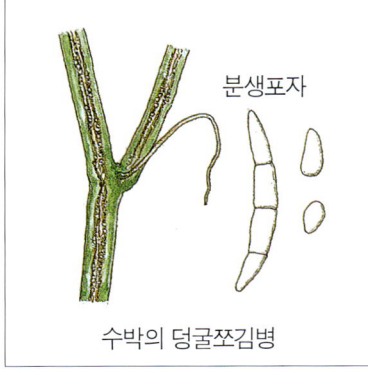

수박의 덩굴쪼김병 / 분생포자

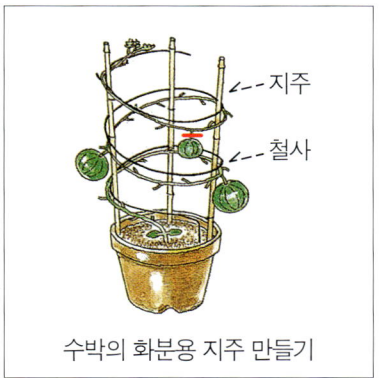

수박의 화분용 지주 만들기 / 지주 / 철사

수세미

Sponge gourd

선반형 지주로 그늘을 만든다. 익은 열매의 섬유질은 스폰지, 액즙은 담이나 기침을 멈추는 약이나 천연화장수로 쓰이며, 어린 열매는 채소로 이용된다.

박과　**원산지=인도 열대지방**

재배특성

- 생육 적정온도는 20~30℃. 여름의 고온과 강한 햇빛에도 잘 자란다.
- 토양 수분이 풍부한 밭에서 잘 자라지만 습기가 많은 것에 약하므로 두둑을 높게 하여 재배한다.
- 덩굴은 왕성하게 성장하여 5~8m까지도 자란다. 가지벌기도 잘하므로 튼튼한 선반형 지주를 만들어 덩굴을 유인한다.

재배력

	1월	2월	3월	4월	5월	6월	7월	8월	9월	10월	11월	12월
노지재배(모기르기)				◆	●		■━━━■					
(바로뿌리기)					◆			■━━━■				

● 씨뿌리기　● 아주심기　■ 수확

품종

우리나라에서 육성된 품종은 없으며, 일본 도입종을 이용하여 재배한다. 일본에는 짧은 수세미로는 달마·학수 등이, 긴 수세미는 육척수세미·삼척수세미·태수세미 등이 있다.

섬유용이나 관상용으로 쓰이는 것이 많은데, 어린 열매는 모두 식용한다. 일본의 도카도수세미는 같은 속의 다른 종으로, 주름이 발달하여 단면이 10각으로 보이는 데서 이름이 유래했으며 식용으로 쓰이는 경우가 많다.

태수세미

도카도수세미

수세미꽃

열매 채소류 · 수세미

재배방법

1 모기르기

2 밭 일구기

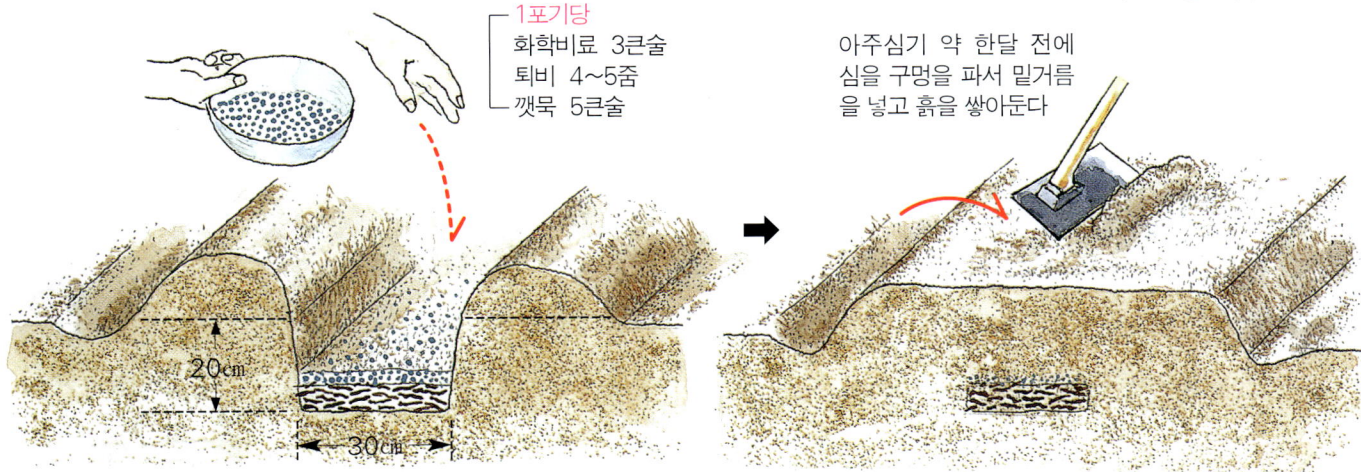

3 아주심기

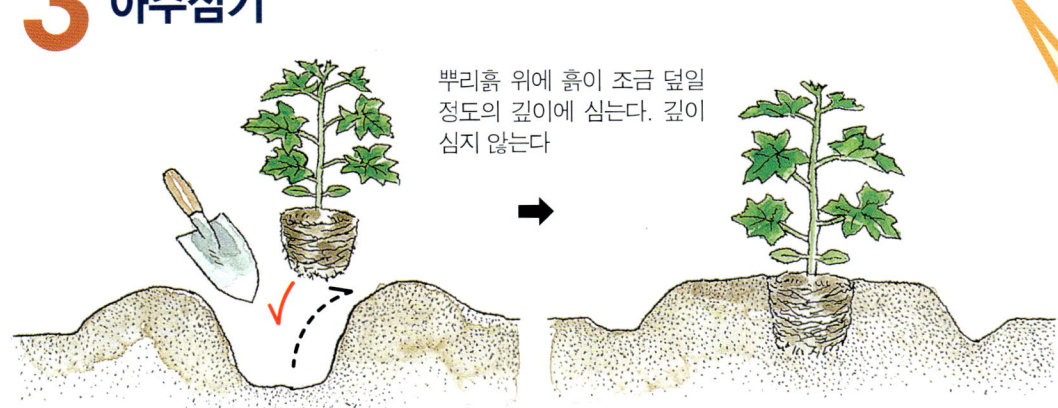

성공 포인트

식용으로 어린 열매를 수확할 목적이라면 특히 좋은 퇴비를 많이 주어 맛좋은 열매를 많이 수확한다.

물이 잘 안 빠지는 밭에서는 가능하면 두둑을 높게 하여 물이 괴는 곳이 없도록 한다

4 지주세우기

덩굴이 늘어지지 않도록 군데군데 살짝 묶어준다

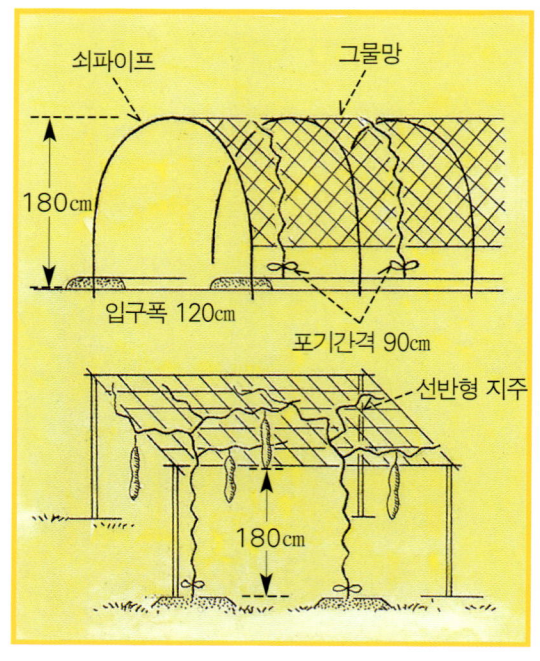

덩굴이 전체 길이 6~8m까지 자라고 가지벌기도 왕성하므로 지주는 바람에 견딜 수 있도록 튼튼하게 세운다

쇠파이프 / 그물망 / 180cm / 입구폭 120cm / 포기간격 90cm / 선반형 지주 / 180cm

5 웃거름

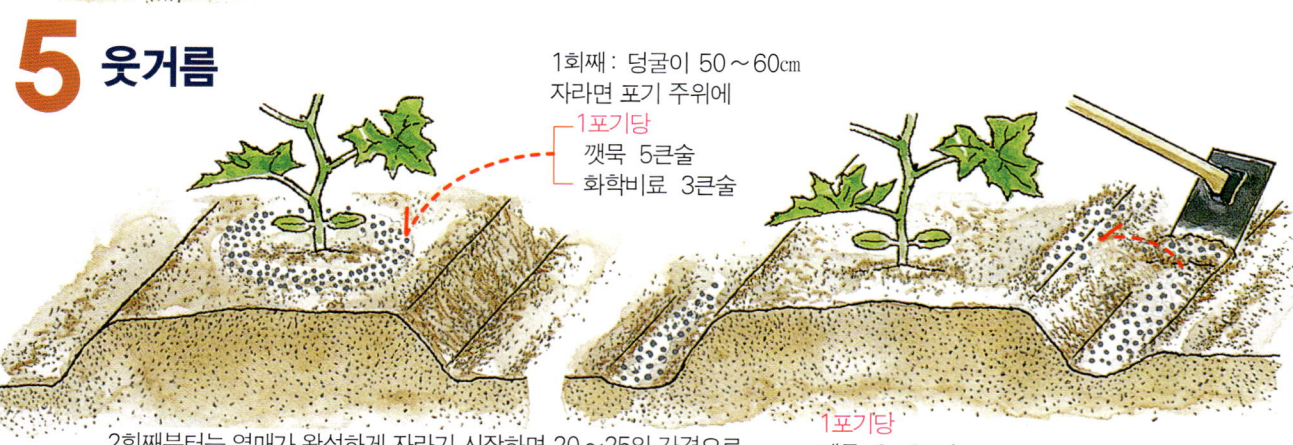

1회째: 덩굴이 50~60cm 자라면 포기 주위에
1포기당
깻묵 5큰술
화학비료 3큰술

2회째부터는 열매가 왕성하게 자라기 시작하면 20~25일 간격으로

1포기당
깻묵 6~8큰술

6 수확과 이용

식용한다

꽃이 피고 40~50일이 지나 열매꼭지가 갈색으로 되면 수확한다

초기에는 꽃이 피고 14~15일, 한여름에는 7~8일 자란 어린 열매를 수확한다

비닐 / 무거운 돌 / 물

섬유질을 수확한다

짧은 수세미 / 긴 수세미

수조를 만들어서 물에 담그고, 15~20일이 지나 겉껍질이 썩으면 꺼내어 껍질을 벗긴다. 손바닥에 내리친 후 흔들어서 안의 씨를 빼내고 햇볕에 잘 말린다

# '이럴 때에는 어떻게 하나?' Q&A 이것을 알고 싶다

수세미의 물을 받는 방법, 화장수 만드는 방법은?

비닐로 입구를 막은 병에 액즙을 받는다

수세미 수확이 거의 끝나고 잎줄기가 아직 건강한 8~9월 중순경에 지면으로부터 40~50㎝의 높이에서 줄기를 자르고, 자른 부분에서 흘러나오는 액즙을 적당한 병에 받는다.

이 때 병은 오른쪽 그림과 같이 구멍을 파서 지면보다 낮게 두어 액즙을 받기 쉽게 한다. 또한 병에 빗물이나 이물질이 들어가지 않도록 비닐 등으로 입구를 막는다.

화장수는 수세미 물에 3.5%의 글리세린과 방부제로 1%의 안식향산, 그리고 좋아하는 향료를 혼합하여 만든다.

자세한 것은 화장수를 만드는 데 들어가는 약품을 구입할 때 약국 등에서 상담하거나 전문서적을 참고한다.

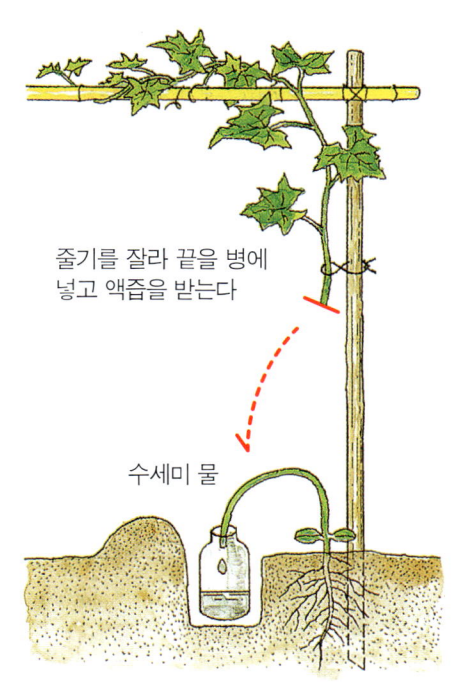

줄기를 잘라 끝을 병에 넣고 액즙을 받는다

수세미 물

수세미 조리법은?

어린 열매를 이용하며, 구이·조림·맑은국 등에 사용한다

꽃이 핀 지 7~15일 내외(시기, 생육 상태에 따라 다르다)의 아직 씨앗과 섬유질이 발달하지 않은 어린 열매를 이용한다. 얇은 껍질을 벗겨서 적당한 크기로 잘라 초된장을 끼얹거나 가지·토란 등과 함께 기름에 볶아 먹는다.

그밖에 구이·조림·맑은국 등의 재료로도 이용한다.

일본 가고시마(鹿兒島)에서는 초된장을 이용하여 요리하는데, 방법은 다음과 같다.

우선 아주 어리고 부드러운 수세미를 골라 얇은 껍질을 살짝 벗긴다. 이 때 꽉 쥐면 검은 자국이 생기므로 주의한다. 냄비에 물을 끓이고 수세미를 3㎝ 정도 두께로 잘라서 데친다. 파랗게 데쳐지면 소쿠리에 건져두며, 물기가 빠지면 그릇에 담아 초된장을 뿌린다.

십육동부

Asparagus bean

어릴 때 꼬투리가 위쪽을 향하는 특성이 있다. 건강하여 기르기 쉬우며, 어린 꼬투리는 강낭콩같이 이용한다.

콩과　**원산지=아시아, 아프리카 열대**

재배특성

- 콩류 중에서 가장 고온과 건조에 강하고 한여름에도 열매가 잘 맺혀 기르기 쉽다. 뿌리는 굵고 깊이 뻗어 토양의 건조에도 잘 견딘다.
- 일반적으로 밭에 직접 씨를 뿌리지만 조기재배는 모기르기해서 밭에 옮겨 심는다.
- 꼬투리 길이가 40~60㎝, 덩굴은 3m 이상 되므로 지주를 높게 세워 재배한다.

재배력

	1월	2월	3월	4월	5월	6월	7월	8월	9월	10월	11월	12월
노지재배(모기르기)				◆	●	■━━━━■						
(바로뿌리기)					◆		■━━━━■					

◆ 씨뿌리기　● 아주심기　■ 수확

품종

꼬투리 길이, 색 등이 다른 2~3품종이 있지만 품종의 분화는 잘 나타나지 않는다.

흑십육동부

십육동부꽃

재배 방법

1 모기르기

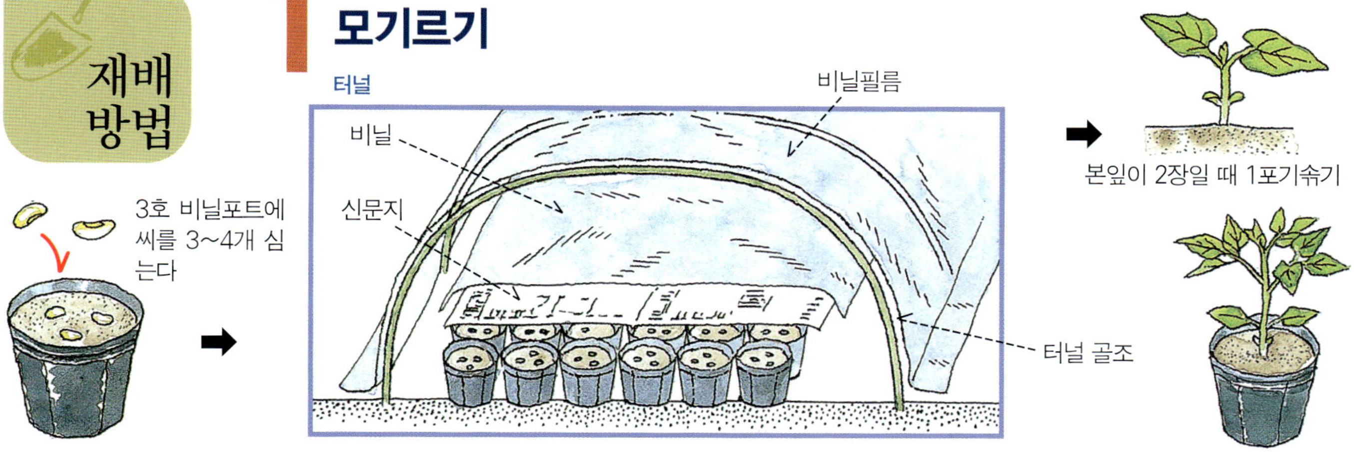

3호 비닐포트에 씨를 3~4개 심는다

터널, 비닐, 신문지, 비닐필름, 터널 골조

본잎이 2장일 때 1포기솎기

본잎이 3~4장인 모종으로 만든다

2 아주심기 · 씨뿌리기

밑거름으로 두둑 전체에 퇴비 · 화학비료를 조금 뿌리고, 15cm 깊이로 갈아서 모종을 옮겨 심는다

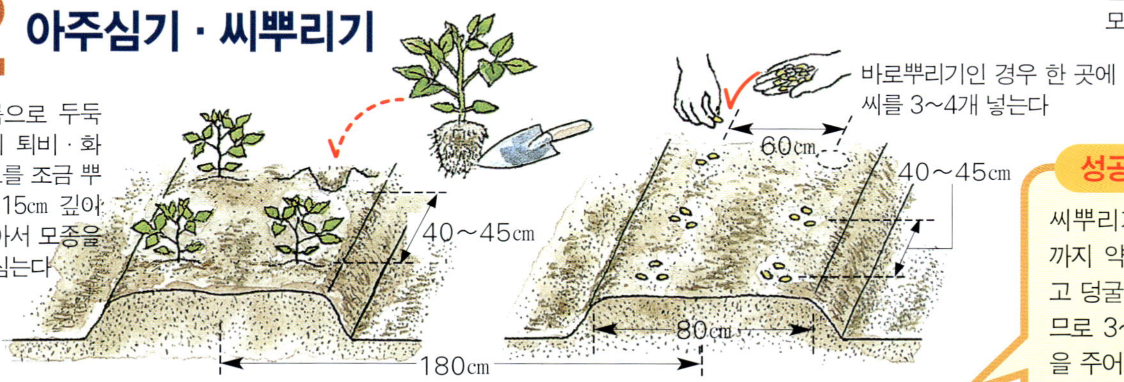

바로뿌리기인 경우 한 곳에 씨를 3~4개 넣는다

40~45cm, 60cm, 80cm, 180cm

성공 포인트

씨뿌리기에서 수확까지 약 2개월 걸리고 덩굴이 길게 자라므로 3~4회 웃거름을 주어 부드러운 꼬투리를 많이 만든다.

3 지주세우기 · 웃거름

덩굴이 3m 내외로 자라므로 지주는 가능하면 긴 것(2~2.5m)을 이용한다

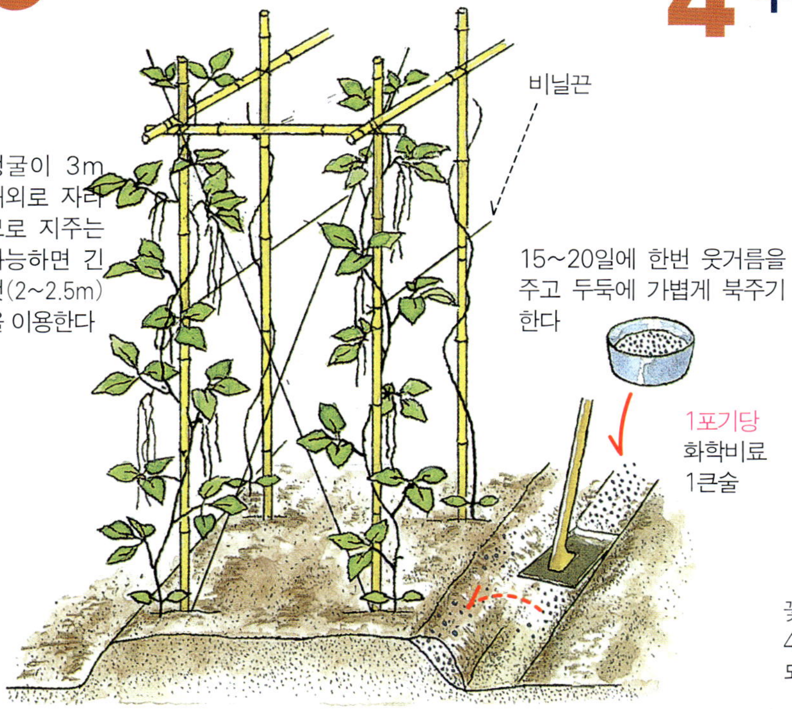

비닐끈

15~20일에 한번 웃거름을 주고 두둑에 가볍게 북주기 한다

1포기당 화학비료 1큰술

4 수확

1줄기의 열매꼭지에 2~4개의 꼬투리가 달린다

꽃이 피고 10일 정도 되어 40~60cm 길이의 꼬투리가 되면 가위로 잘라 수확한다

열매 채소류 · 십육동부

여주

Balsam pear

특유의 쓴맛과 오도독오도독 씹히는 느낌이 특징. 비타민이 풍부하고 카로틴·미네랄·섬유질도 많으며, 여름을 타는 사람에게 좋다.

박과　원산지=동아시아, 아시아 열대지방

재배특성

- 고온성이라 노지에서 자연스럽게 발아시키면 한여름이 지나서 한창 수확하게 되므로, 한여름에 많이 수확하려면 모종을 온도를 높여서 길러 재배시기를 앞당긴다.
- 처음에는 생육이 완만하지만 여름으로 접어들면서 왕성하게 생장하여 가을까지 계속 수확한다.
- 줄기는 가는 덩굴성으로 잘 자라며, 덩굴손이라 다른 것에 잘 감긴다.

재배력

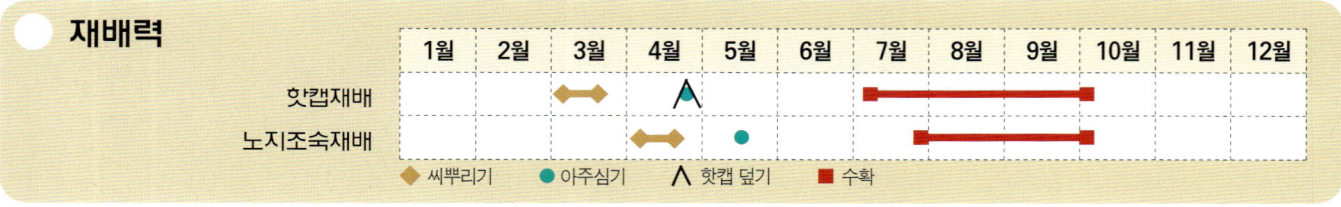

	1월	2월	3월	4월	5월	6월	7월	8월	9월	10월	11월	12월
핫캡재배			◆—◆	∧			■—————————■					
노지조숙재배				◆—◆	●		■————————■					

◆ 씨뿌리기　● 아주심기　∧ 핫캡 덮기　■ 수확

품종

여주의 길이가 10~15cm인 짧은 종류와 25~30cm인 긴 종류가 있으며, 색깔도 초록색과 백색이 있다. 우리나라에서는 일본 도입종을 이용하여 재배하며, 일본 품종으로는 사츠마대장여주, 고야, 짧은 백여주 등이 있다.

사츠마대장여주

백여주

여러 종류의 여주

재배 방법

1 모기르기

씨앗 껍질이 딱딱하므로 상처를 내어 하루 밤낮을 물속에 담가 충분히 불려서 심는다

3호 비닐포트에 씨를 3개씩 뿌린다

흙은 1.5cm 정도 두께로 덮는다

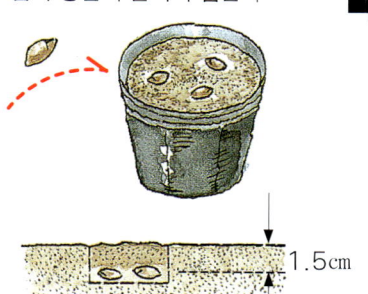

1.5cm

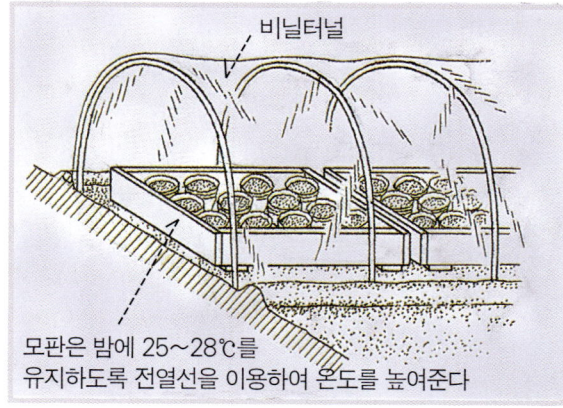

모판은 밤에 25~28℃를 유지하도록 전열선을 이용하여 온도를 높여준다

낮에는 30℃ 이상 되지 않도록 환기에 힘쓴다.

본잎이 1장이면 1포기솎기

모종은 본잎이 3~4장이 되도록 만들어 밭에 심는다

2 밭 일구기

1포기당
퇴비 4~5줌
깻묵 1큰술

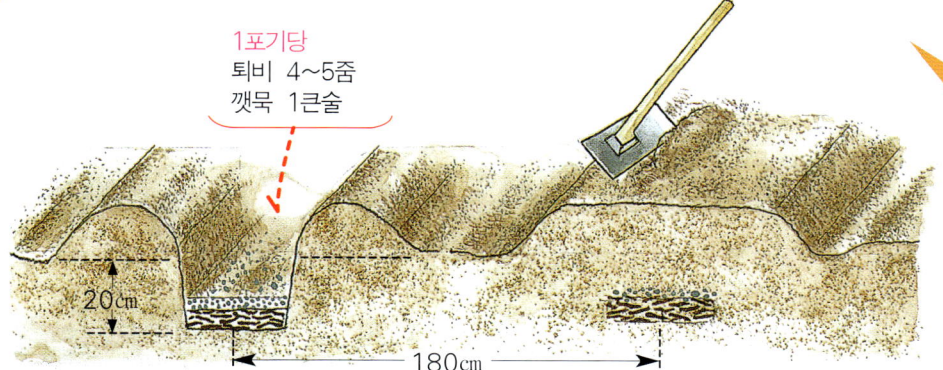

20cm
180cm

성공 포인트

씨앗은 발아가 잘 안 되므로 껍질에 상처를 내서 심는다. 어린 모종일 때는 저온에 약하므로 모판의 온도를 높이고, 보온에 주의하여 좋은 모종으로 기른다.

3 아주심기

포기 주위에 물을 준다

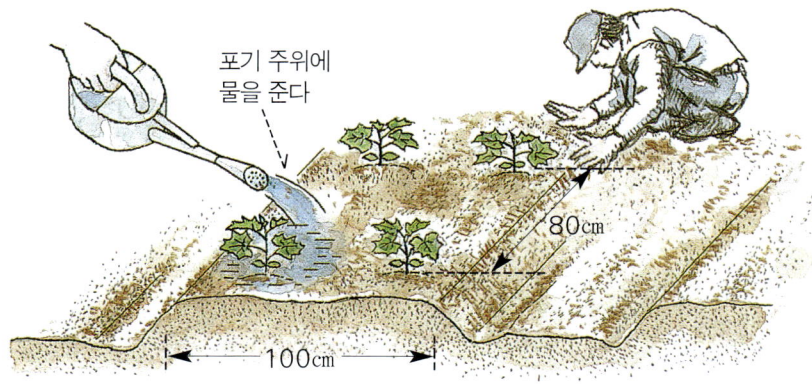

80cm
100cm

덩굴이 왕성하게 뻗어 나가므로 포기간격을 충분히 두고 심는다

4 지주세우기 · 유인

덩굴은 덩굴손을 뻗어서 잘 타고 올라가므로 처음에 한두 번만 묶어주고, 나중에는 덩굴이 뻗을 방향을 정해서 줄기를 배치해주기만 하면 된다

태풍 시기를 지나므로 지주를 튼튼히 세운다. 비닐끈을 가로로 2~3단 묶어둔다

성공 포인트
덩굴은 잘 크고 사방으로 휘어 감기므로 혼잡하지 않도록 적당히 방향을 정해준다.

비닐끈

울타리

울타리를 이용하여 감기게 해도 좋다

5 웃거름

1회째 웃거름 : 화학비료를 포기 주위에 조금 뿌린다

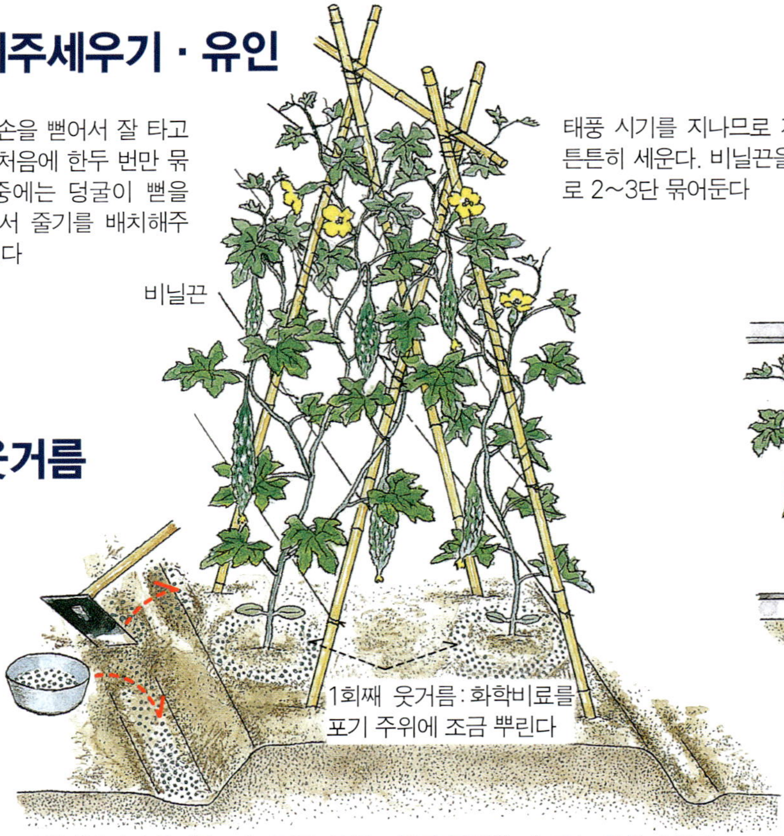

2회째부터의 웃거름 : 어미덩굴이 50㎝ 정도 자랐을 때, 또는 한창 수확에 접어들었을 때 2~3회 통로 쪽에 준다

두둑 길이 1m당
- 깻묵 3큰술
- 화학비료 3큰술

6 수확 · 이용방법

초록색종은 열매가 초록색으로 착색되면, 백색종은 표면의 돌기가 충분히 부풀면 수확한다

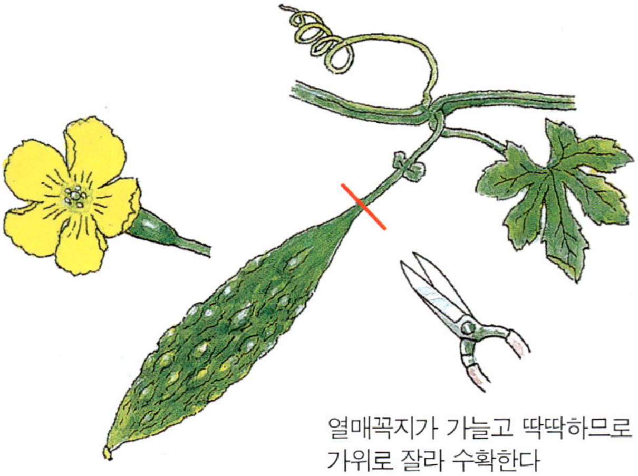

열매꼭지가 가늘고 딱딱하므로 가위로 잘라 수확한다

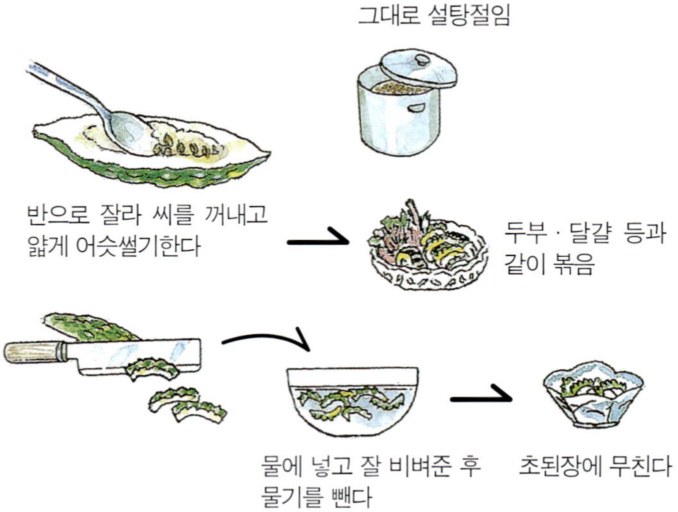

그대로 설탕절임

반으로 잘라 씨를 꺼내고 얇게 어슷썰기한다

두부 · 달걀 등과 같이 볶음

물에 넣고 잘 비벼준 후 물기를 뺀다

초된장에 무친다

'이럴 때에는 어떻게 하나?' Q&A 이것을 알고 싶다

Q 모기르기의 포인트는?

A 씨앗을 물에 충분히 불리고 발아 후에도 보온에 힘쓴다

씨앗은 우선 껍질 일부를 펜치 등으로 상처를 내어 물을 흡수하기 쉽도록 하며, 하루 동안 물에 담가 충분히 불린 후 모종상자에 줄뿌림한다.

고온성이므로 발아에 28~30℃가 필요하며, 발아 후에도 밤에 18℃ 이상 되도록 보온한다.

발아 후 떡잎이 완전히 벌어지고 본잎이 나오면 뿌리가 끊어지지 않도록 조심스럽게 파내어 3호 비닐포트에 심고, 보온에 힘쓰면서 본잎이 3~4장인 모종으로 길러서 본밭에 심는다.

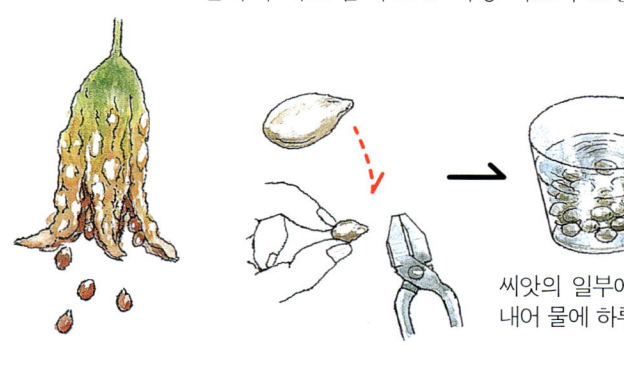

씨앗의 일부에 상처를 내어 물에 하루 불린다

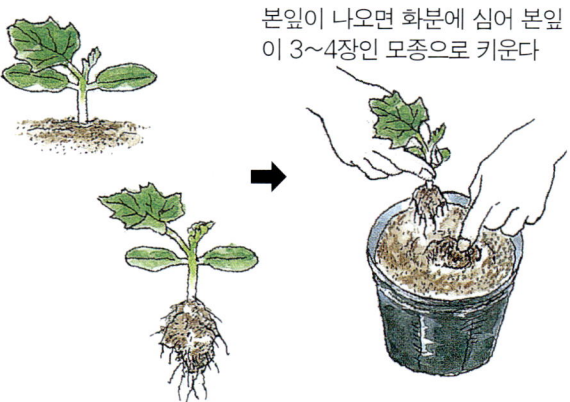

본잎이 나오면 화분에 심어 본잎이 3~4장인 모종으로 키운다

Q 수확시기의 기준은?

A 열매가 초록색 또는 백색이 선명할 때 빨리 수확한다

여주의 암꽃은 오이 등에 비하면 아주 작아서 깜박하면 꽃이 핀 것을 놓치기 쉽다.

그러나 꽃이 피고 약 15~20일이 지나 열매의 모양이 갖춰지면 언제라도 수확할 수 있다. 여주가 어려도 충분히 이용할 수 있으므로 색이 초록색 또는 백색이 선명할 때 빨리 수확한다.

수확이 늦으면 얼마 안 있어 황색 또는 붉은 빛이 도는 황색으로 변하며, 완숙되면 열매껍질이 터져 안에서 빨갛게 익은 씨앗이 나온다. 과육은 별로 없지만 씨앗도 먹을 수 있으므로 맛을 본다.

여주 등 덩굴성 식물은 울타리를 이용해서 재배해도 좋다

오이

Cucumber

산뜻한 초록색과 싱싱한 향미가 특징. 직접 기른다면 어린 오이부터 큰 오이까지 쓰임새가 다양하다.

박과 원산지=인도

재배특성

- 온도와 습도에 민감하며, 특히 어린 모종일 때에는 밤에 18℃ 이상 되도록 한다. 밭에 수분이 부족하면 생육이 나빠지기 쉽다.
- 뿌리의 산소요구량이 채소 중에서 가장 많은 편으로, 토양의 공극량이 크면 잘 자란다.
- 잎줄기 조직이 약하고, 바람이 불면 꺾이기 쉬우므로 지주세우기와 유인에 신경 쓴다. 바람이 강한 밭에는 바람막이 벽을 세우는 것이 좋다.

재배력

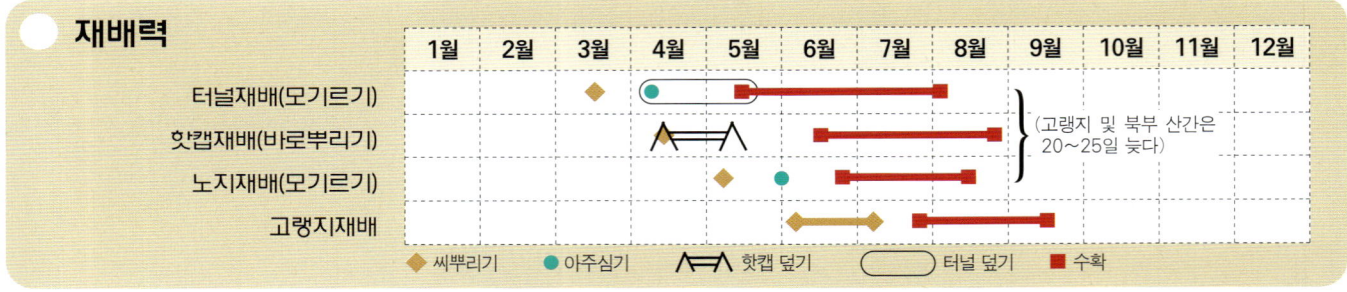

품종

판매되고 있는 오이의 모양·색 등은 획일적이지만 실제로는 다양한 품종이 있다. 일반적으로 색에 따라 흑침계와 백침계로 나뉜다. 우리나라에서 재배되는 주요 품종으로는 입추반백·새농흑진주·여름삼척·백광다다기·신흑진주·청강 등이 있다.

일본에는 대표적인 품종으로 남극1호·북성·리퀘스트 등이 있고, 그밖에 씹는 느낌이 좋은 사치나리·사천·나츠스즈미도 있다.

사치나리

사천

나츠스즈미

재배 방법

1 모기르기

어릴 때에는 터널 안에서 키운다. 밤에는 15℃ 이상, 어린모일 때에는 18℃ 이상이 좋다

3호 비닐포트에 씨앗을 3개 넣는다

비닐터널

발아할 때까지 밀폐하고 발아하면 환기시켜서, 30℃ 이상 되지 않도록 한다

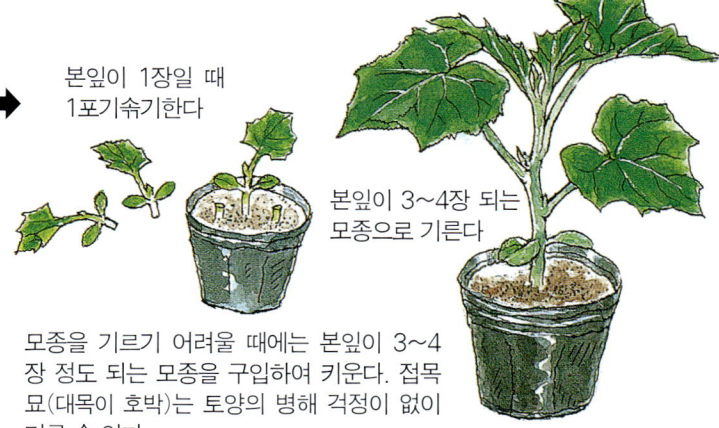

밤에는 거적 등을 덮어서 보온에 힘쓴다

추운 지방에서는 농업용 전열선으로 온도를 높인다

본잎이 1장일 때 1포기솎기한다

본잎이 3~4장 되는 모종으로 기른다

모종을 기르기 어려울 때에는 본잎이 3~4장 정도 되는 모종을 구입하여 키운다. 접목묘(대목이 호박)는 토양의 병해 걱정이 없이 기를 수 있다

2 밭 일구기

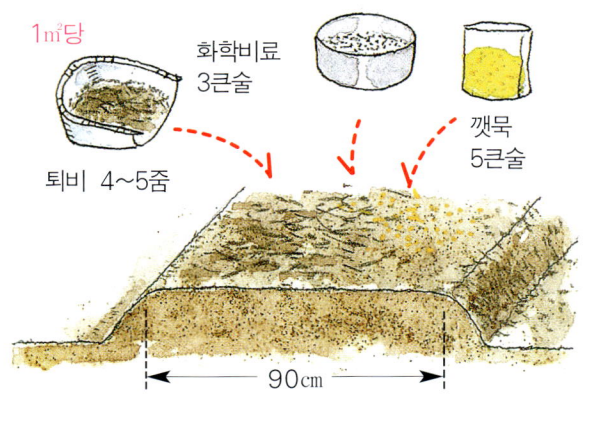

1㎥당
화학비료 3큰술
깻묵 5큰술
퇴비 4~5줌

90㎝

폭 90㎝ 정도의 약간 높은 두둑을 만들어 밑거름을 전체에 뿌린 후 괭이로 15~20㎝ 정도 깊이로 간다

15~20㎝

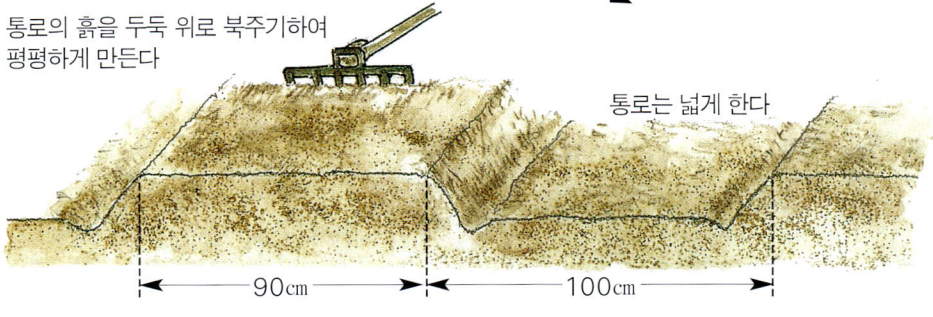

통로의 흙을 두둑 위로 북주기하여 평평하게 만든다

통로는 넓게 한다

90㎝   100㎝

성공 포인트

오이 뿌리는 비교적 땅 표면 가까이에 얕게 뻗으므로 밑거름도 얕게 전체에 섞듯이 넣어주는 것이 좋다.

3 지주세우기

접목묘는 접목 부분이 땅 속에 들어가지 않도록 얕게 심는다

4 아주심기

5 유인 · 순지르기

아들덩굴은 본잎 2장을 남기고 위쪽에서 순지르기한다

성공 포인트

어미덩굴은 지주로 유인하고, 5~6마디 이상에서 나온 아들덩굴 · 손자덩굴은 본잎을 2장 남기고 그 위에서 순지르기한다.

암꽃이 달리는 방법
- 어미덩굴 여기저기
- 아들덩굴 제1마디에
- 손자덩굴 제1마디에

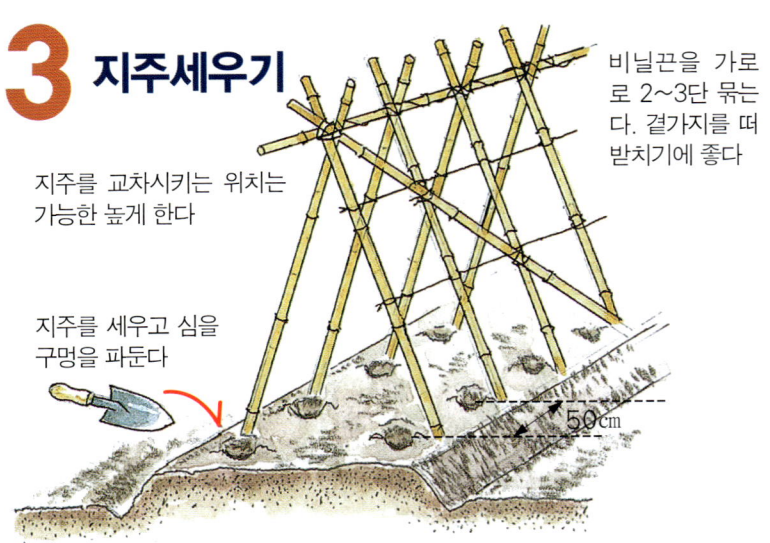

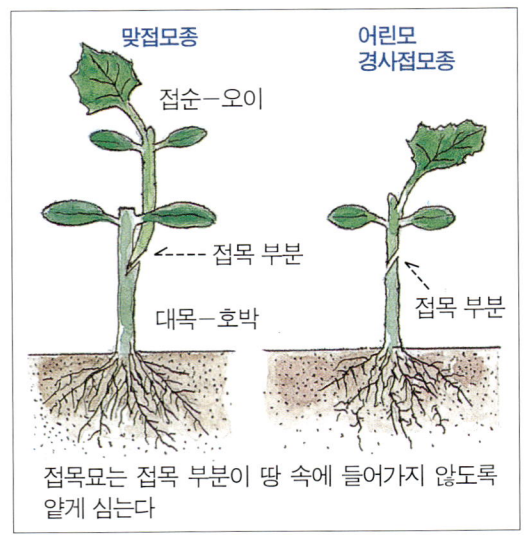

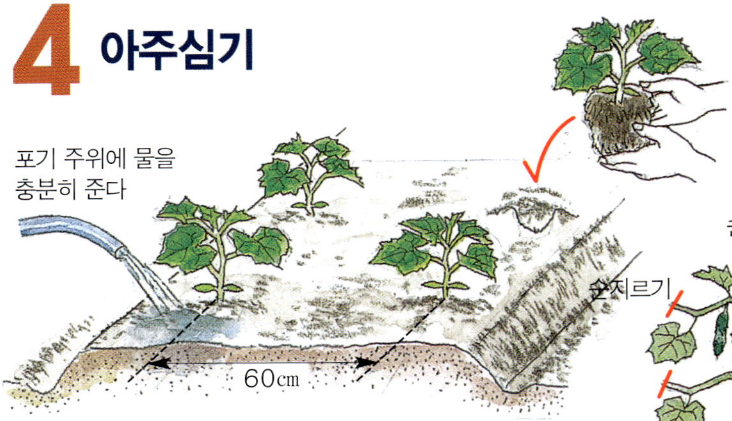

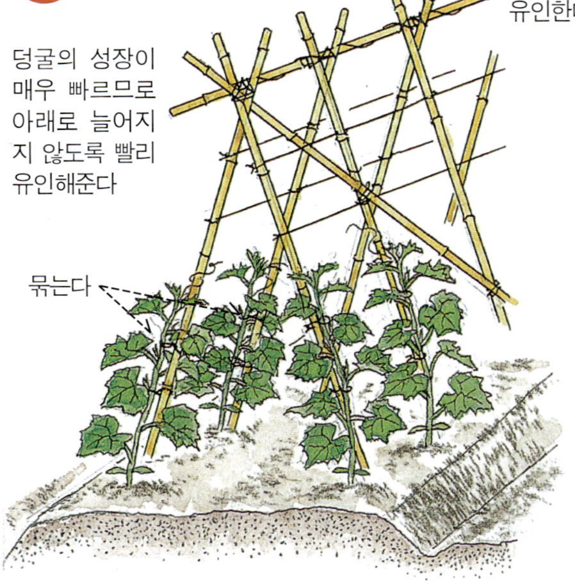

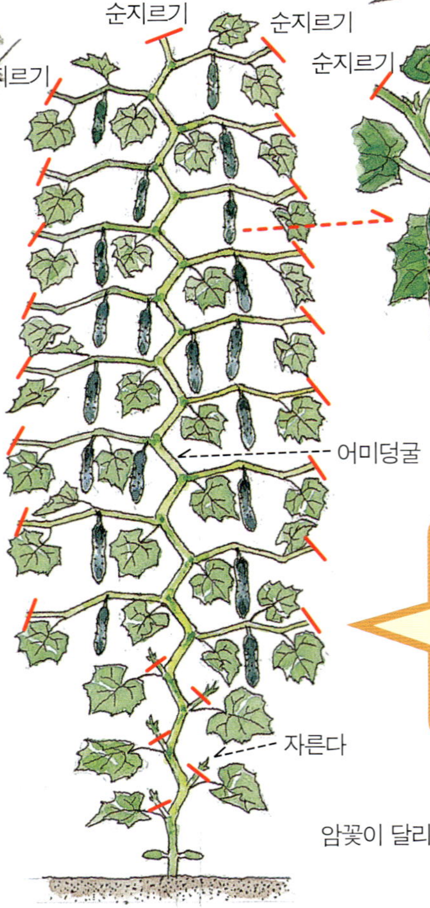

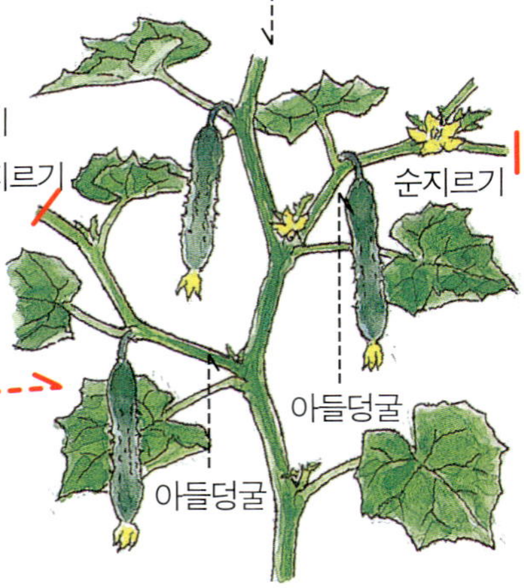

6 웃거름

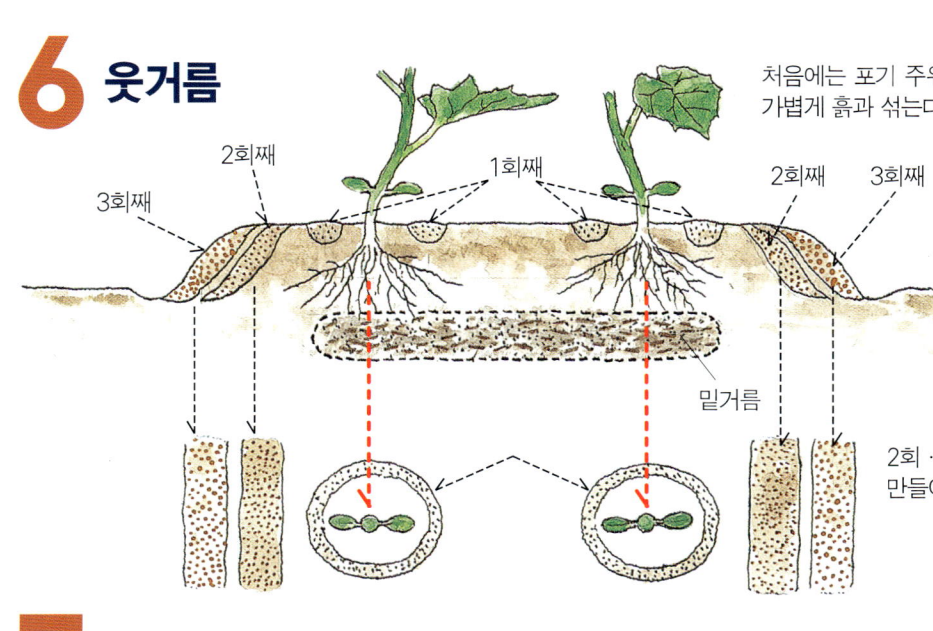

7 병해충 방제

8 수확

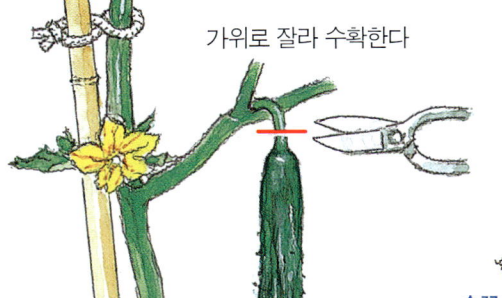

성공 포인트
오이는 여러 가지 크기로 이용할 수 있으므로, 특히 잎자람새가 약할 때는 조기수확하여 빨리 세력을 회복시킨다.

꽃오이 (꽃이 잘 달릴 때) 꽃이 피어 있는 것

수꽃

애오이 (잎자람새가 약할 때) 길이 10~12㎝ 정도

보통 크기 길이 22~23㎝, 100~120g 정도

이럴 때에는 어떻게 하나? Q&A 이것을 알고 싶다

교배하지 않아도 오이가 열릴까?

재배하면서 교배할 필요가 전혀 없다

오이는 수꽃과 암꽃이 있어 씨방을 가진 암꽃이 열매가 된다. 품종에 따라서는 암꽃이 일찍 피기 시작하고 수꽃이 아주 적은 것도 있지만, 일반적으로는 수꽃이 먼저 피고 나중에 암꽃이 핀다.

또한 암꽃은 꽃가루가 전혀 닿지 않아도 꽃가루가 닿은 것과 같은 속도로 열매가 자라는 성질이 있다.

그러므로 같은 자웅이화인 수박·호박·멜론 등과는 달리 전혀 교배할 필요가 없다. 꽃가루를 바르지 않아도 보통 품종이라면 지름 7~8cm, 길이 30~40cm는 자란다.

단, 그 안에는 씨가 없으므로 씨앗을 받으려면 인공적으로 교배를 해야 한다.

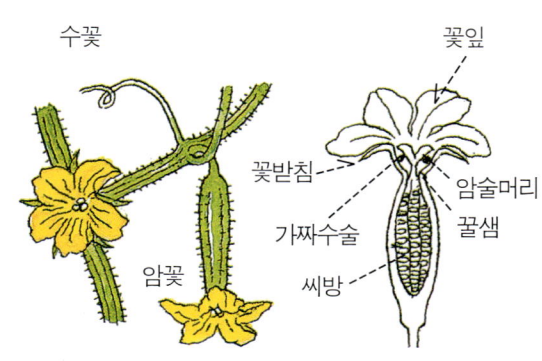

잎에 황갈색 병반이 생겼다

역병·탄저병 등이 원인. 초기 방제가 가장 중요하다

밭에 심어서 점차 자라기 시작하면서 아래쪽 잎에 황갈색 병반이 나타날 때가 있다. 잎맥과 잎맥 사이를 뒤덮듯이 지름 1~2cm의 다각형 병반이 나타나는 것은 '역병', 지름 1~1.5cm 정도의 원형 병반이 나타나는 것은 '탄저병', 잎의 주변에 작게 나타나는 것은 '반점세균병' 이다. 비료 부족으로 영양실조일 때, 빽빽해서 통풍이 나쁠 때, 또는 장마철 등에 나타나기 쉽다. 모두 오이에게는 최대의 적으로 치명적인 피해를 주는 것도 있다.

대책으로, 발견하는 대로 빨리 타로닐, 만코지 수화제 등을 규정농도로 잎의 앞뒷면에 잘 뿌린다. 비가 그친 후 뿌리는 것이 가장 효과적이다. 이 때 병반이 집중적으로 많이 생긴 잎은 따버리고 약을 뿌린다.

또한 반점세균병에는 폴리카바메이트 수화제, 가스신-보르도 수화제 등이 효과적이다. 병이 심하면 약을 뿌려도 완전 방제는 불가능하므로, 반점이 생기기 시작하면 2~3일 간격으로 집중적으로 뿌려주어 병해를 막는다.

모종을 아주심기한 후 뿌리가 내려 자라기 시작하면 처음 약을 뿌려주고, 그 후 발생상황을 보아가며 1~2주에 한 번 정도 뿌려주지 않으면 완전 방제는 어렵다.

Q 굽은 오이와 끝이 굵은 오이가 늘어난다

A 속효성 화학비료 등을 이용하여 하루빨리 잎자람새를 회복시킨다

오이는 수확을 시작하여 얼마간은 모양과 색이 좋은 정상 오이를 많이 수확하지만 점차 굽은 오이와 끝이 굵거나 가는 오이가 많아진다.

굽은 오이는 외견상 모양이 좋지 않을 뿐 먹는 것에는 문제가 없다. 정상 오이는 최적기인 6월경에 꽃이 피어 보통 12~15일이면 100~120g의 오이가 되는데, 끝이 굵은 오이는 대개 20일 이상 지나고 대부분은 끝부분에 씨가 많이 발달하여 아래쪽이 굵다. 그래서 품질도 나쁘다.

대책으로는 하루빨리 잎자람새를 회복시켜준다. 절반만 굵은 오이는 가능한 모두 제거하고 속효성 화학비료를 주며, 건조하면 물을 충분히 준다. 통로 부분의 흙이 밟아서 딱딱해져 있으면 괭이로 얕게 갈아서 부드럽게 해준다.

이 때 병에 걸린 잎을 따주는 것도 중요하다. 곁가지에서 새로 나오는 잎이 역할을 대신하게 하는 것이다. 어느 경우든 모두 오이를 따내고 일시적으로 수확을 멈추며, 건강을 회복한 후 다시 수확한다. 칼륨이 부족한 경우에 이런 증상이 나타나기 쉬우므로 웃거름을 줄 때에 각 성분이 균형을 잘 이루도록 준다.

Q 여름에 씨를 뿌렸는데 자라지 않는다

A 뿌리혹선충의 피해. 예방은 퇴비와 충분한 물주기

오이 재배에서 가장 기르기 쉬운 것은 5월에 모종을 아주심기한 것과 4~5월에 씨를 뿌려서 텐트재배한 것이다. 다음으로 5~6월에 밭에 직접 씨를 뿌린 것이다. 이에 비하여 가장 기르기 어려운 것이 7월에 씨를 뿌려 여름에 재배하는 것이다. 발아하여 본잎이 1~2장 되고 점점 자라야 할 때에 생육이 멈추어 결국 시들어 죽는 경우가 많다.

뿌리혹선충(선충의 하나)이 뿌리에 기생하는 것이 하나의 원인이다. 뿌리를 뽑아보아 작은 혹이 달리고 가는 뿌리가 갈색으로 변했다면 이 피해다. 퇴비나 물이 부족하거나 너무 건조하면 피해를 입기 쉽다. 또한 온도가 높으면 증상이 더 심해진다.

토양이 건조하면 물을 주어 생장을 촉진시키지만 더 이상 자라지 않으면 재배를 포기한다.

근본적인 대책으로는 포스치아제이트 입제로 토양을 소독하는 것이 가장 효과적이지만 토양가스가 생기므로 문제가 될 수 있다. 근처에 집이 없다면 밭 전체를 비닐을 덮어 소독한다. 소독제는 판매점에서 사정을 설명하고 구입하며 설명서를 잘 읽고 사용한다.

그 밖의 대책으로 매리골드와 같이 재배하면 선충의 종류에 따라서는 거의 없어진다. 또한 퇴비를 많이 주는 것도 좋다. 더욱이 같은 시기라도 좋은 토양에서 자란 모종을 심으면 피해를 크게 줄일 수 있다.

오크라

Okra

섬유질, 무기질, 비타민A · B_1 · B_2 · C가 많고 영양가가 풍부하다. 이집트 · 인도에서는 옛날부터 중요한 채소. 쓰임새도 다양하다.

| 아욱과 | 원산지=아프리카 북동부 |

재배특성

- 고온성으로 빛을 좋아하여 한여름에 잘 자란다. 꽃은 서리가 내릴 때까지 계속 피므로 관상용으로도 좋다.
- 내한성은 약하며, 특히 10℃ 이하가 되면 전혀 자라지 않는다. 건조에 강한데 토양에 습기가 많아도 의외로 잘 견디는 특징이 있다.
- 오크라의 표면 전체에 거친 털이 있으며, 수확이 늦어지면 섬유질이 발달하고 맛이 많이 떨어진다.

재배력

	1월	2월	3월	4월	5월	6월	7월	8월	9월	10월	11월	12월
노지재배(따뜻한 지역 · 중간지역)				◆	●		▬▬▬▬▬▬▬▬▬					
터널재배(고랭지 · 한랭지)			◆		●	⟨ ⟩	▬▬▬▬▬▬▬▬▬					
노지재배(고랭지 · 한랭지)				◆	●		▬▬▬▬▬▬▬					

◆ 씨뿌리기　● 아주심기　⟨ ⟩ 터널 덮기　▬ 수확

품종

단면이 5각 · 다각 · 원형인 열매가 있다. 일반적으로 5각이며, 진한 초록색으로 윤기가 나고 돌기가 없는 것이 좋다. 우리나라는 일본 품종을 도입하여 이용하고 있으며, 일본 품종으로는 얼리파이브 · 그린스타 · 레디핑거 · 블루스카이 등이 있다.

얼리파이브

그린스타

블루스카이

열매 채소류 · 오크라

재배방법

1 모기르기

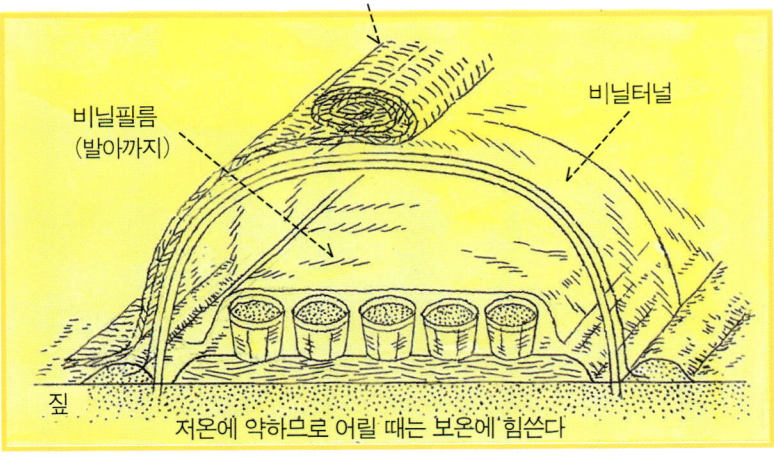

3호 비닐포트에 씨를 3~4개 심는다

추운 밤에는 거적 등을 덮어서 보온한다

비닐필름 (발아까지)

비닐터널

짚

저온에 약하므로 어릴 때는 보온에 힘쓴다

본잎이 2장일 때 2포기로 한다

본잎이 3~4장일 때 1포기를 남겨 본잎이 5~6장인 모종으로 기른다

2 밭 일구기

1포기당
깻묵 5큰술
퇴비 4~5줌
화학비료 3큰술

20cm
30cm

구멍을 파서 비료를 넣고 두둑을 만든다

바깥 기온이 충분히 따뜻해지면 밭에 옮겨 심는다

3 아주심기

터널재배인 경우에는 비닐필름으로 덮어 따뜻하게 해둔다

비닐터널

아주심기 며칠 전까지 두둑을 만들고, 비닐필름으로 바닥덮기하여 지온을 높여둔다

비닐멀칭
심을 구멍

60cm
50cm
90cm
180cm

성공 포인트

저온에 약하므로 아주 심기의 적기를 지키며, 빨리 심은 경우에는 땅의 온도와 기온을 높이는 보온관리를 게을리 하지 않는다.

플랜터에서는 한 곳에 2포기씩 심어 수확을 높인다

81

4 웃거름·중간갈이

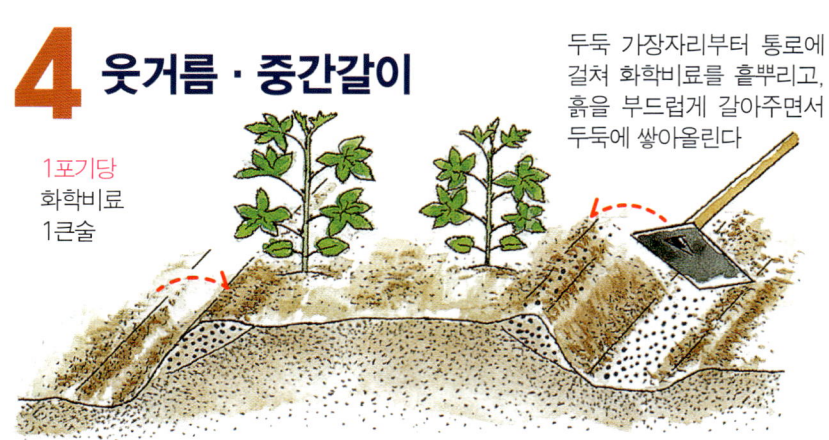

1포기당 화학비료 1큰술

두둑 가장자리부터 통로에 걸쳐 화학비료를 흩뿌리고, 흙을 부드럽게 갈아주면서 두둑에 쌓아올린다

아주심기 20일 후. 이후 15～20일에 한번 정도 웃거름한다

꽃이 꼭대기 부근에 피는 것은 영양부족 때문이다. 꼬투리를 과감하게 따주고 웃거름을 준다

5 잎따기

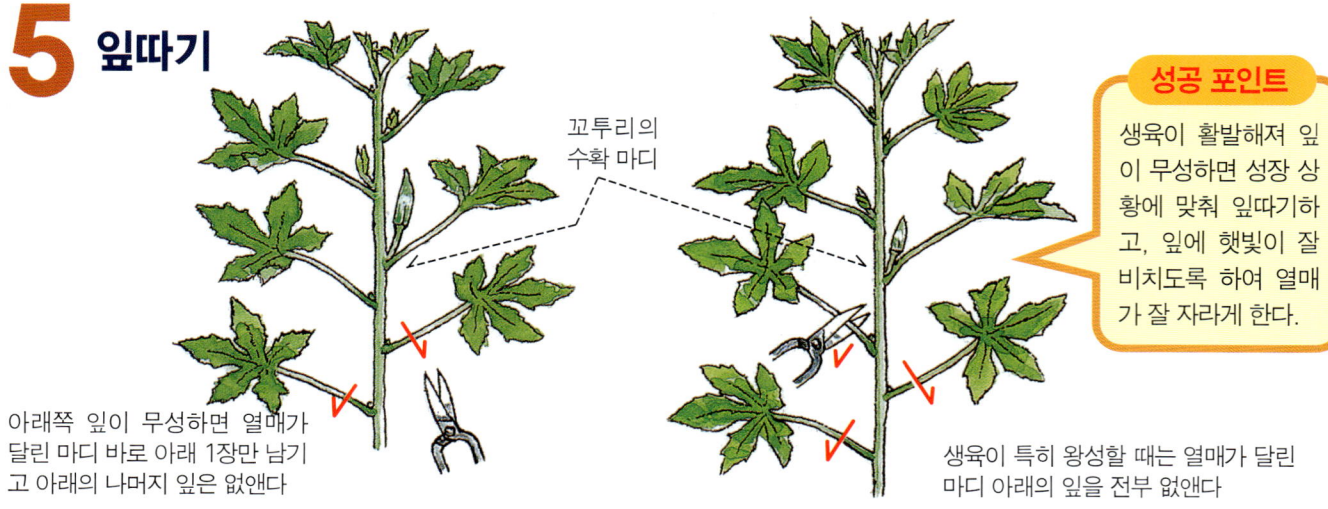

꼬투리의 수확 마디

아래쪽 잎이 무성하면 열매가 달린 마디 바로 아래 1장만 남기고 아래의 나머지 잎은 없앤다

생육이 특히 왕성할 때는 열매가 달린 마디 아래의 잎을 전부 없앤다

성공 포인트
생육이 활발해져 잎이 무성하면 성장 상황에 맞춰 잎따기하고, 잎에 햇빛이 잘 비치도록 하여 열매가 잘 자라게 한다.

6 짚 깔기

햇빛이 강하여 토양이 건조할 때는 포기 밑에 짚을 깔아준다

7 수확·이용

꽃이 피고 7～10일 정도 되고, 길이 6～7㎝일 때가 가장 맛있는 수확적기

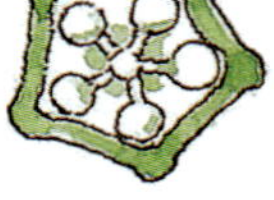

단면은 보기 좋은 오각형

열매꼭지가 딱딱하므로 반드시 가위로 자른다

성공 포인트
어린 꼬투리의 생장이 매우 빠르고 초록색이어서 잎의 그늘에 가려 빠트리기 쉽다. 적기를 놓치지 않고 수확한다.

> '이럴 때에는 어떻게 하나?' Q&A 이것을 알고 싶다

Q 밭에 심으면 아래 잎이 떨어진다

A 저온을 피하여 적기에 재배한다

오크라는 아프리카가 원산지로 고온을 좋아하는 성질이 있으므로, 충분히 따뜻해진 후 심으면 실패하지 않지만 서리를 맞으면 말라죽는다. 밭에 심으면 차츰 생육이 둔해지고 잎이 대부분 떨어진다는 이야기를 자주 듣는데, 이것은 저온으로 인한 피해다.

그러나 너무 늦게 씨를 뿌리면 한여름에 접어들 때까지 성장이 덜 되고, 꽃도 적게 달린다. 특히 오크라는 초기 생육이 늦어서 씨를 늦게 뿌리면 수확기간이 짧아져 수확이 기대에 못 미친다.

늦게 심으면 좋은 수확을 기대하지 못하는 이유 중의 하나가 네마토다(선충류)에 약하기 때문이다. 고온 건조기에 접어들면 네마토다가 뿌리에 기생하며 뿌리혹을 많이 만들어서 전혀 자라지 않는 경우가 있다.

적기 재배, 적온 관리가 매우 중요하다.

Q 열매 표면에 작은 돌기가 생기는 원인은? 먹어도 괜찮은지?

A 비료 부족 때문으로 먹는 데는 지장이 없다

햇빛 부족과 저온이 주요 원인으로, 오크라의 열매에 깨나 쌀알 정도의 작은 돌기가 생기는 것이 있다. 이것은 비료 부족(특히 질소)이나 토양에 습기가 많아서 생긴다. 식물의 생리장해 중 하나로 먹어도 된다.

이런 증상이 나타나면 웃거름을 주고, 뿌리를 상하게 하지 않는 범위에서 포기 주위의 흙을 가볍게 갈아주어 뿌리에 산소를 공급한다. 포기간격이 좁아서 잎이 겹쳐지고 햇빛이 잘 안 비치면 열매 밑의 잎 1장만 남기고 아래쪽 잎을 제거한다.

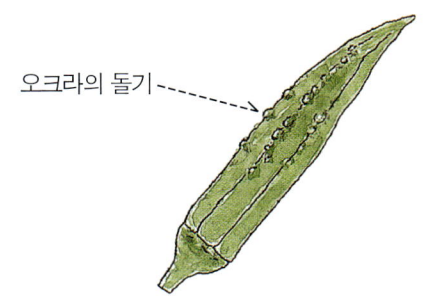

오크라의 돌기

웃거름과 중간갈이를 해주어 뿌리에 산소를 공급한다

옥수수

Corn

금방 땄을 때의 맛이 최고로, 여름에 가정 텃밭의 주요 작물. 비타민 B_1·B_2와 리놀산이 풍부한 건강식이다.

벼과　원산지=멕시코부터 아메리카 북부

재배특성

- 온도가 높고 일조량이 많은 것을 좋아한다. 정상적인 수정을 위한 적정온도는 12℃ 이상 35℃ 이하. 뿌리는 병해충에 강하므로 돌려짓기 작물로 좋다.
- 비료 흡수력이 채소 중에서 가장 강하므로 보통의 비옥한 밭에서는 지난해의 남은 성분으로도 잘 자라지만, 최근의 식용종은 잎자람새가 강하지 않으므로 생육 전반에 걸쳐 웃거름이 필요하다.

품종

당도가 높은 스위트콘(단옥수수, 감미종)의 품종 개량이 빠른 속도로 이루어져, 최근에는 슈퍼스위트(초당옥수수)에서 더 나아가 달고 황색 알갱이에 백색 알갱이가 섞인 바이컬러(Bi-Color) 품종으로 진행되어왔다. 피터콘 시리즈와 칵테일의 여러 품종이 있으며, 바이컬러 품종에서 발전한 황색·백색·보라색의 3색 알갱이를 가진 옥수수도 나왔다. 우리나라의 경우 찰옥수수 계통은 찰옥1호·두메찰·연농1호가 있고, 단옥수수 계통은 금단옥이 있다.

허니

칵테일

위드콘

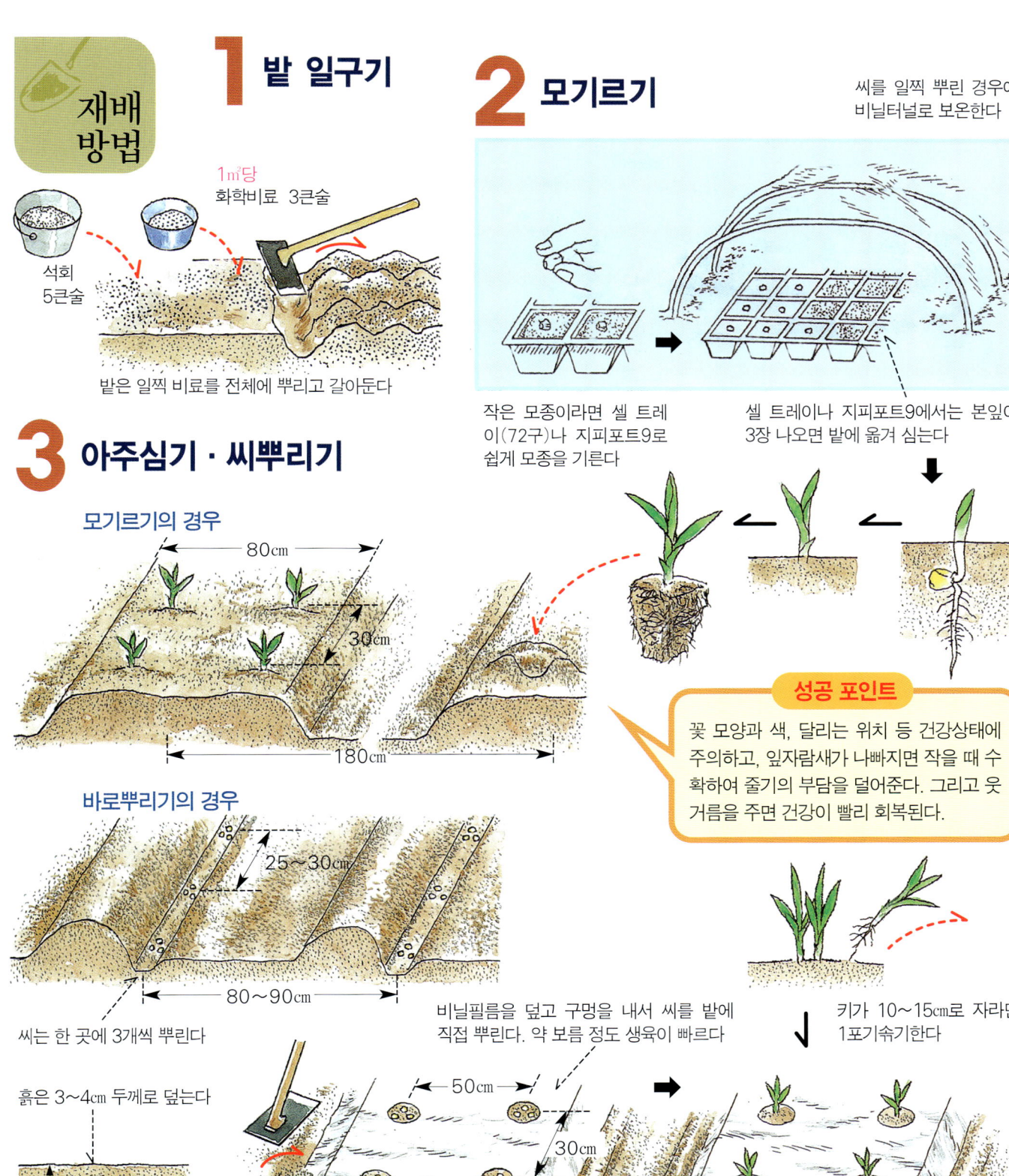

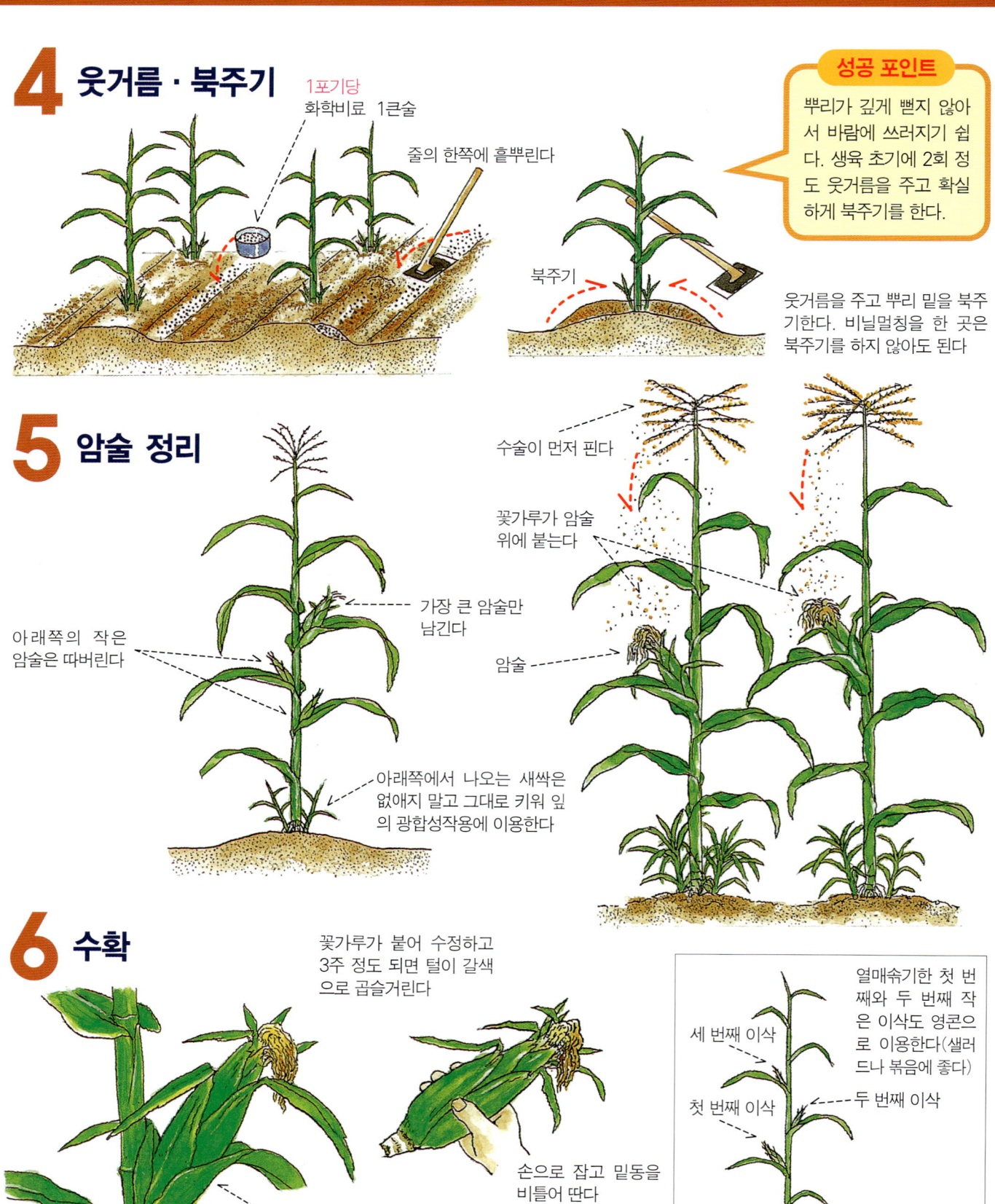

'이럴 때에는 어떻게 하나?' **Q&A** 이것을 알고 싶다

씨뿌리기의 적기는? 조기수확하려면?

늦서리 걱정이 없을 때가 씨뿌리기의 적기다. 조기수확하려면 바닥덮기한다

재배지역의 과거의 늦서리 데이터를 참고하여 10일 전 정도 일찍 씨를 뿌리는 것이 한계라고 생각하면 된다.

중부지방은 4월 하순경에 해당된다. 이 때부터 5월 중순까지가 씨뿌리기 가장 좋은 때다. 강원 산간 등은 5월 중순에서 6월경에도 심는다.

조기수확하려면 비닐필름으로 두둑 전체를 바닥덮기하고, 씨 뿌릴 위치에 지름 6~7cm의 구멍을 파서 씨를 뿌린다. 그러면 노지재배와 같은 시기에 씨를 뿌려도 지온이 올라가 생육이 보름 정도 빨라진다. 바닥덮기로 여름의 건조를 막아주는 효과도 있어서 품질이 좋아진다.

더 빨리 수확하고 싶다면 씨를 뿌리고 비닐터널을 씌운다. 이렇게 하면 노지재배보다 20~30일 빨리 수확할 수 있다. 발아하면 낮에는 밑쪽을 열어 환기시키는 것이 중요하다.

알갱이가 성글다

저온이나 건조를 피하고 꽃가루받이를 확실하게 해준다

옥수수의 꽃은 자웅이화로 같은 포기에 달린다. 생육하면 먼저 수술이 끝에 자라나와 꽃이 피고, 며칠 후에 암술의 수염이 자라서 위쪽의 수꽃에서 꽃가루를 받아 꽃가루받이한다.

꽃가루받이가 완전히 이뤄지지 않으면 알갱이가 성글게 된다. 꽃가루받이가 완전하게 이뤄지려면 아주 춥거나 건조한 것을 피하는 것이 무엇보다도 중요하다. 암꽃의 수염은 10일 이상 수정 능력을 가지고 있지만 수꽃에서 나온 꽃가루는 24시간이면 발아 능력을 잃는다. 저온이나 건조로 생육이 멈추면 암꽃이 늦게 피고 꽃가루받이할 수 있는 기간도 짧아져서 여물지 않은 알갱이가 많아질 수 있다.

재배하는 옥수수가 1~2포기라면 흩날리는 꽃가루 수가 적은 데다 바람에 다른 곳으로 날아가버리는 것도 많아서 알갱이가 여물지 않을 확률이 높아지므로, 한 곳에 10포기 이상 여러 줄로 재배한다. 꽃가루가 잘 붙어서 알갱이가 충실하다.

또한 비가 계속 내리면 꽃가루가 잘 흩날리지 않아서 알갱이가 여물지 않는 일이 많아진다.

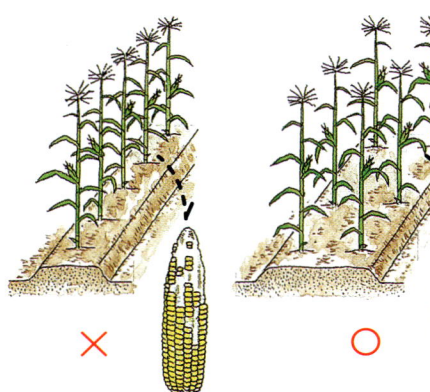

1줄로 길게 심는 것보다 여러 줄로 심는 것이 꽃가루가 잘 붙어 결실이 좋다

완두

Snow pea, Pea

꼬투리완두와 덜 익은 열매를 먹는 그린피스, 꼬투리와 열매를 모두 먹는 스낵완두 등으로 이용폭이 넓다. 꼬투리완두는 일본요리에 많이 쓰인다.

콩과 원산지＝중앙아시아 · 중근동

재배특성

- 이어짓기에 약한 대표적 작물. 적어도 3~4년 동안 완두를 재배한 적이 없는 밭을 고른다.
- 산성에 약하므로 산성인 밭은 반드시 석회를 뿌려서 중화시킨 후 재배한다.
- 씨를 빨리 뿌려서 크게 자란 상태로 월동하면 한해를 입으므로, 지역마다 씨뿌리기에 적합한 시기를 잘 지켜서 재배한다.

품종

우리나라에는 꼬투리용으로 성구30일 · 불국대협 등이 있고, 조기수확하는 청실용으로 스파클완두 · 트라이톤 · 알더만 등이 있다.

일본의 대표적 품종으로는 꼬투리용의 백화완두 · 불국대협, 청실용의 우스이, 스낵완두의 스낵753 · 구루메 등이 있다.

성구30일

우스이

스낵753

열매 채소류 · 완두

재배 방법

1 밭 일구기

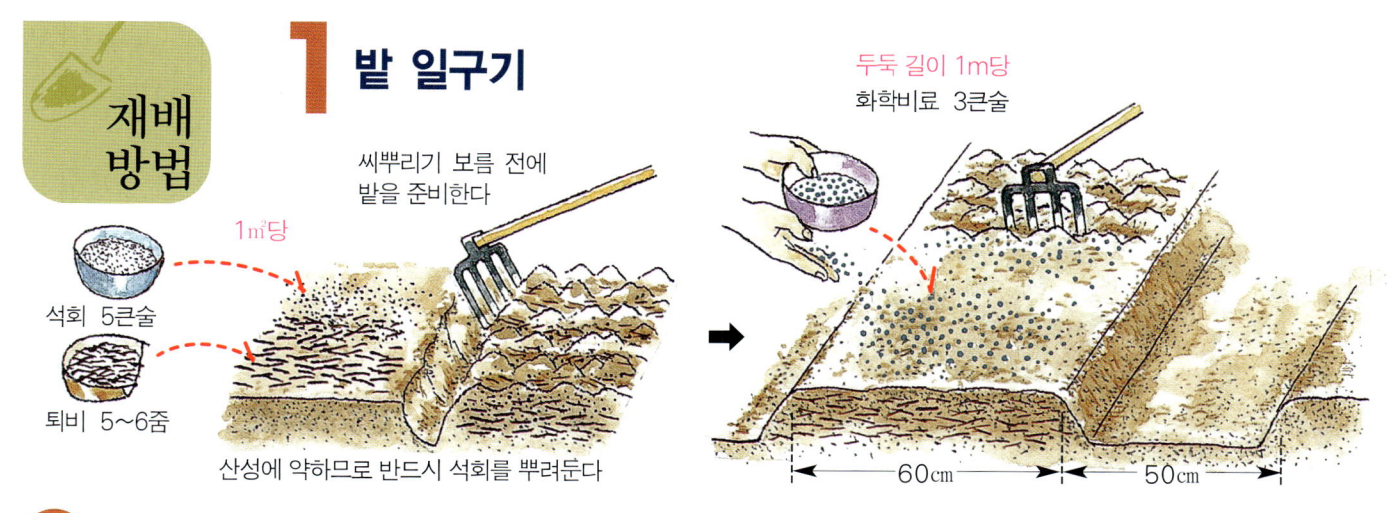

- 1㎡당 석회 5큰술, 퇴비 5~6줌
- 씨뿌리기 보름 전에 밭을 준비한다
- 산성에 약하므로 반드시 석회를 뿌려둔다
- 두둑 길이 1m당 화학비료 3큰술
- 60cm / 50cm

2 씨뿌리기 · 모기르기

바로뿌리기의 경우
한 군데에 씨를 4~5개 넣는다
35~40cm

흙은 너무 많이 두텁게 덮지 않는다
2~3cm

모기르기의 경우
발아하여 유묘기에 새 피해를 피할 밭이 아직 준비되지 않았을 때

96~128구 셀 트레이 한 구멍에 씨를 2개 넣고 본잎이 4~5장인 모종으로 키워 밭에 심는다

발아 후 2주 정도면 밭에 심는다

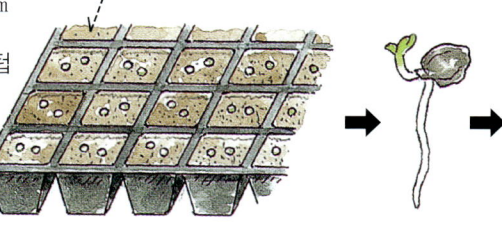

3 유인 · 지주세우기

지주는 작은 가지가 있는 대나무나 막대기가 좋지만 판매하는 2m 정도의 열매채소용 지주도 좋다

생육이 왕성할 때의 모습

가지가 적어지면 짚을 매달아 타고 올라가게 해도 좋다

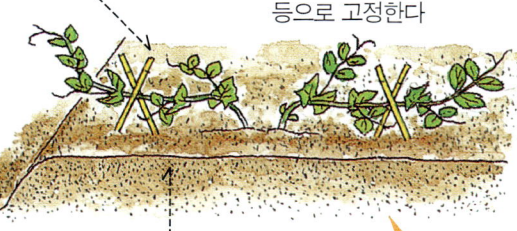

십자(+)로 꽂는다

바람이 강한 경우 휘둘리지 않도록 작은 대나무막대기 등으로 고정한다

지주는 작물의 키가 15~20cm가 되기 전에 세워준다

성공 포인트

덩굴은 공중에서 꺾이거나 상처가 나기 쉬우므로 작을 때에 휘둘리지 않도록 하며, 성장에 맞춰 덩굴이 늘어지지 않도록 지주를 잘 세우고 유인한다.

'이럴 때에는 어떻게 하나?' Q&A 이것을 알고 싶다

같은 장소에 이어짓기하면 잘 자라지 않는다

같은 장소에서 재배하는 것은 3~4년간 피하고 다른 작물을 재배한다

완두는 이어짓기하면 잘 발아하지 않거나, 발아하더라도 차츰 뿌리가 갈색으로 변하며 썩거나, 흙과 닿은 줄기부분이 갈색으로 변하고 일찍 시들어버린다. 이것을 이어짓기장해라고 하며, 한번 재배한 곳에서 같은 작물을 이어서 재배할 수 없다.

이것은 토양 속에 병원균이 남아 있거나 뿌리의 분비물이 생육을 저해하기 때문이다. 완두의 경우 토양소독을 해도 뿌리의 분비물을 완전히 방제할 수 없고, 또한 뿌리가 넓게 퍼져서 아무래도 가정의 텃밭에서 이어짓기하는 것은 무리다. 유감이지만 같은 장소에서 3~4년간 재배를 피하고 다른 작물을 재배하는 것이 좋다.

좁은 장소에서 이어짓기를 하고 싶다면 플라스틱상자나 플랜터에 완두를 재배한 적이 없는 흙을 넣고 키울 수밖에 없다. 어느 정도 깊이가 있다면 한 상자에 3포기 정도 기를 수 있다.

단, 봄이 되면 지주를 세워 덩굴이 엉키지 않도록 잘 유인해야 한다.

잎에 낙서한 것 같은 모양이 있다

굴파리 유충은 씨 뿌릴 때 약제를 뿌려 예방한다

이른 봄, 잎줄기가 무성하게 자라기 시작할 때 잎에 하얀 가루로 선을 그린 것 같은 모양이 생긴다.

이것은 파리의 일종인 굴파리 유충(몸길이 2~3mm 정도)이 잎의 표면에 붙어 안쪽 잎살을 터널모양으로 갉아먹은 흔적이다.

구멍을 만들지 않아 치명적인 피해는 없지만, 심하면 잎의 거의 대부분을 갉아먹어서 전체적으로 생기가 없거나 좋은 완두가 만들어지지 않는다.

씨를 뿌릴 때 카보 입제를 1포기당 1g 정도 뿌려주면 예방 효과가 있다. 씨 뿌릴 구멍을 파고 약제를 넣은 후 흙을 2~3cm 정도 덮고 씨를 뿌린다.

굴파리 유충은 따뜻한 곳에서는 3월경부터 피해가 나타나서 5월에 가장 피해가 크기 때문에 이른 봄에 갉아먹는 듯하면 빨리 에스펜발러레이트-마라치온 유제나 델타메스린 유제를 규정 농도로 잎줄기 전체에 뿌린다.

증상이 나타난 잎은 일부이지만 이미 다른 잎 속에도 산란했을 가능성이 크므로 전체에 뿌려주는 것이 중요하다.

완두굴파리(유충)

갉아먹은 완두 잎

자바완두

Snow pea, Pea

완두의 어린 싹을 잘라 이용하는 것. 식용의 기원은 중국. 특유의 향이 있고 어떤 요리에나 잘 어울리는 고급 채소이다.

콩과　원산지＝중앙아시아·중근동

재배특성

- 이어짓기를 싫어하므로 적어도 3~4년 동안 완두를 재배하지 않은 밭을 골라야 한다.
- 습기가 많은 것에 약하고 산성을 싫어하므로 밭 선택과 산도 교정하는 데 주의한다.
- 저온에는 비교적 잘 견디지만 너무 일찍 씨를 뿌리면 월동하기 전까지 너무 자라서 한해를 입기 쉬우므로 씨 뿌리는 시기를 지킨다.

품종

중국에는 전용품종으로 복완두가 있으나 구하기 어려우므로 보통 꼬투리용으로 재배하는 완두를 심는다. 꼬투리가 큰 품종은 품질이 좋지 않고 싹이 적으므로 피하는 것이 좋다.

재배방법

1 밭 일구기

이어짓기에 매우 약하므로 밭은 반드시 3~4년 이상 완두를 심지 않은 곳으로 한다

성공 포인트
이어짓기하면 장해가 나타나기 쉬우므로 밭 선택에 주의한다. 산성에 약하므로 산성인 밭에는 반드시 석회를 뿌려서 산성도를 낮춘다.

1㎡당
퇴비 4~5줌
석회 5큰술

2 씨뿌리기

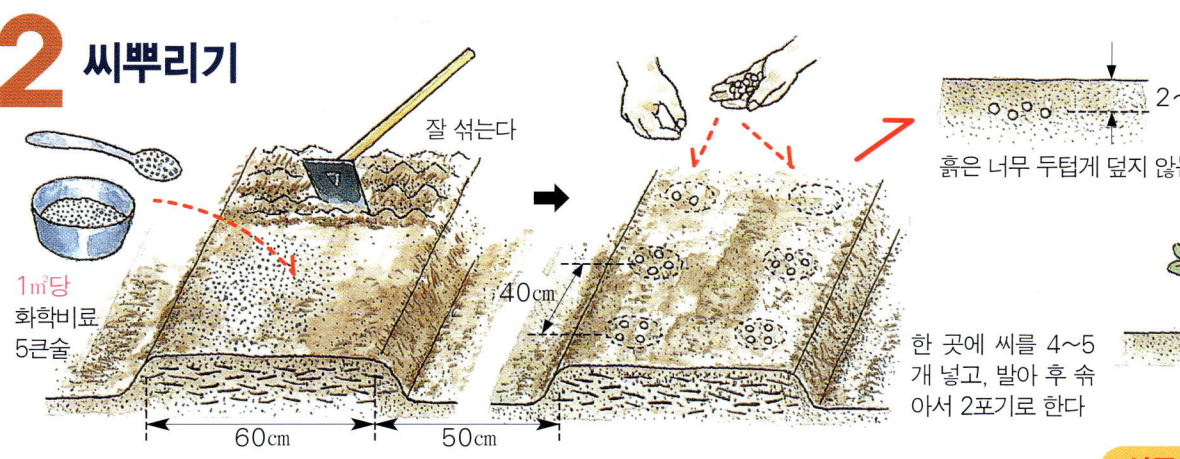

1㎡당
화학비료 5큰술

잘 섞는다

흙은 너무 두껍게 덮지 않는다 2~3cm

한 곳에 씨를 4~5개 넣고, 발아 후 솎아서 2포기로 한다

열매채소류·자바완두

3 지주세우기·유인

덩굴이 부드러워서 바람에 흔들려 꺾이기 쉬우므로 빨리 지주를 세워 유인한다

4 웃거름

1포기당
1회째: 화학비료 1작은술
2회째: 화학비료 1큰술

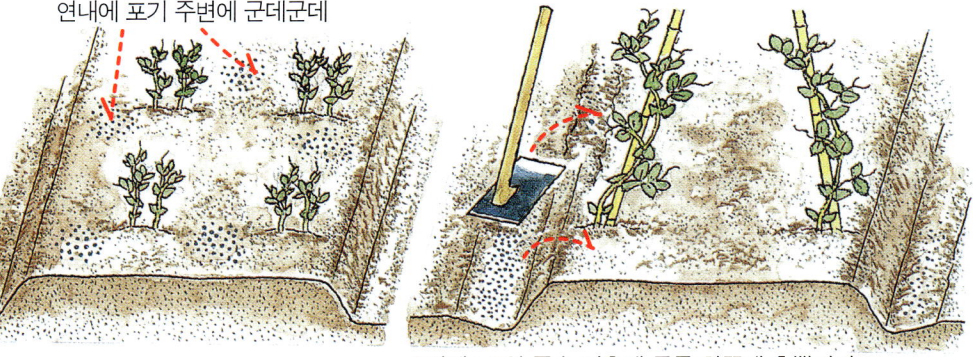

1회째
연내에 포기 주변에 군데군데

2회째: 3월 중순 이후에 두둑 한쪽에 흩뿌려서 흙과 섞은 후 두둑에 올린다

성공 포인트

덩굴 끝을 차례로 수확하므로 꼬투리를 수확하는 것보다 배게 심는다. 웃거름 횟수를 늘려서 다시 줄기자름을 늘리며, 부드럽고 좋은 싹이 많이 나오게 한다.

5 수확·이용

줄기가 20~25cm로 자라면 싹 끝의 부드러운 부분을 딴다. 남은 부분에서 곁눈이 나오므로 이것을 차례로 따서 이용한다

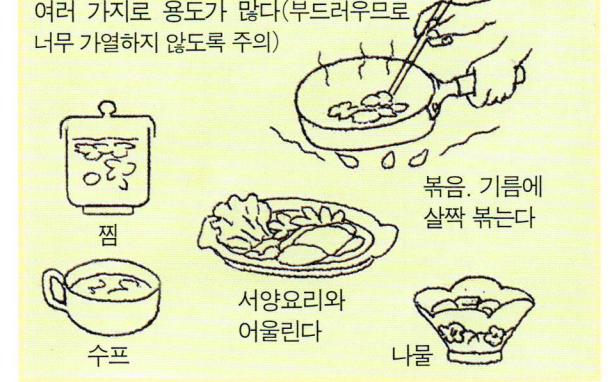

여러 가지로 용도가 많다(부드러우므로 너무 가열하지 않도록 주의)

찜
볶음. 기름에 살짝 볶는다
수프
서양요리와 어울린다
나물

주키니

Zucchini

오이와 비슷한 모양인데 페포 호박의 하나로 덜 익은 열매를 이용한다. 비타민A와 C가 많고, 동양종·서양종 호박과 달리 저칼로리다.

박과　원산지=아메리카 남부, 멕시코 북부

재배특성

- 덩굴 없는 호박이라고도 하며, 마디 사이가 아주 짧아져 줄기가 자라지 않는 성질이 있다. 재배하는 장소가 작아도 좋으므로 가정에서의 텃밭재배에 적당하다. 플랜터재배도 가능하다.
- 암꽃은 각 마디에 생기는데 어린 열매를 수확하므로 대부분 열매로 커진다. 오이처럼 홑열매성(꽃가루를 받지 않아도 열매를 맺는 성질)이 높아 꽃가루받이를 하지 않아도 열매가 잘 달린다.

재배력

	1월	2월	3월	4월	5월	6월	7월	8월	9월	10월	11월	12월
핫캡재배(아주심기)			◆	▲▲	▲▲		■■					
핫캡재배(바로뿌리기)				◆ ▲▲	▲▲		■■					
노지조숙재배				◆	●			■■				

(한랭지나 고랭지에서는 어떤 재배나 모두 20~30일 늦어진다)

◆ 씨뿌리기　● 아주심기　▲▲ 핫캡재배　■ 수확

품종

페포 호박으로 분류되는 것으로 잎 모양, 열매 모양, 열매의 색이 다른 다양한 품종이 있다. 많이 재배되는 종류는 열매의 색이 초록색인데 최근에는 황색 품종도 이용된다. 유럽에는 분홍색도 있다. 우리나라에는 쥬키니호박·일품애호박·제일진쥬키니호박·제일연쥬키니호박·최고봉쥬키니호박·태양쥬키니호박 등의 이름으로 나와 있다.

일본에는 초록색 품종에 그린토스카·블랙토스카·다이나, 황색종으로는 오라무가 있다.

블랙토스카

다이나

오라무

참깨

Sesame

이집트·인도 등에서 기원전부터 재배. 우리나라는 오래 전에 중국에서 전래되어 전국에서 재배되고 있다. 씨앗을 이용하는데, 가정의 텃밭에서 재배해도 좋다.

| 참깨과 | 원산지=아프리카 |

재배특성

- 발아하려면 20℃ 이상 되어야 하므로 너무 서두르지 말고 충분히 따뜻해지면 씨를 뿌린다.
- 밭은 물이 잘 빠지고 햇빛이 잘 비치는 곳을 택한다.
- 질소 성분이 많으면 쓰러질 수 있으므로 비료가 많은 밭에서는 비료의 양을 억제하며 재배한다.

재배력

	1월	2월	3월	4월	5월	6월	7월	8월	9월	10월	11월	12월
바닥덮기재배				◆—〰〰—◆					■			
보통재배					◆——◆				■			

◆ 씨뿌리기   〰 비닐멀칭   ■ 수확

품종

씨앗 색에 따라 흰참깨·검은참깨·갈색참깨가 있다. 용도와 기호에 따라 구하기 쉬운 품종을 심으면 된다. 가정에서는 기름 함유량은 적으나 다수확할 수 있고 향이 강한 검은참깨가 좋다. 우리나라에는 장려품종으로 단박깨·안산깨·유성깨·삼다깨·수원깨 등이 있다.

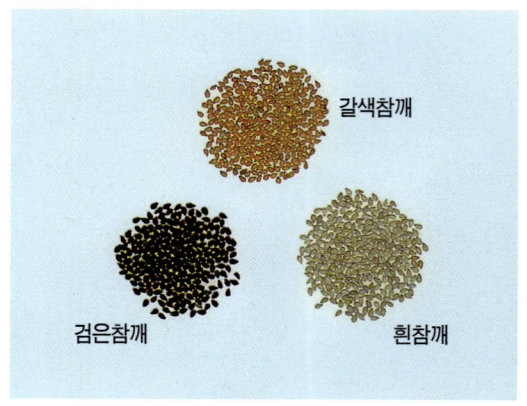

갈색참깨 / 검은참깨 / 흰참깨

참깨밭

재배방법

1 밭 일구기

1개월 전에 비료를 밭 전체에 흩뿌리고 15㎝ 깊이로 잘 갈아준다

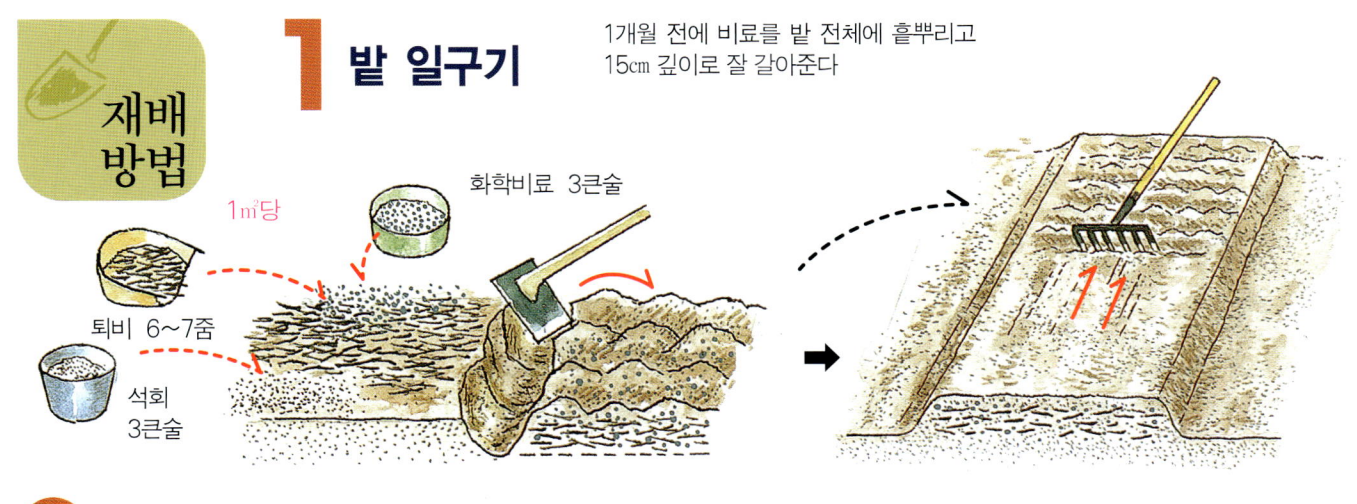

2 파종골 만들기

깊이 5~6㎝로 파종골을 만들고 괭이로 조심스럽게 바닥을 평평하게 만든다

성공 포인트
씨앗이 작으므로 파종골 바닥이 평평하도록 만들어 골고루 뿌린다.

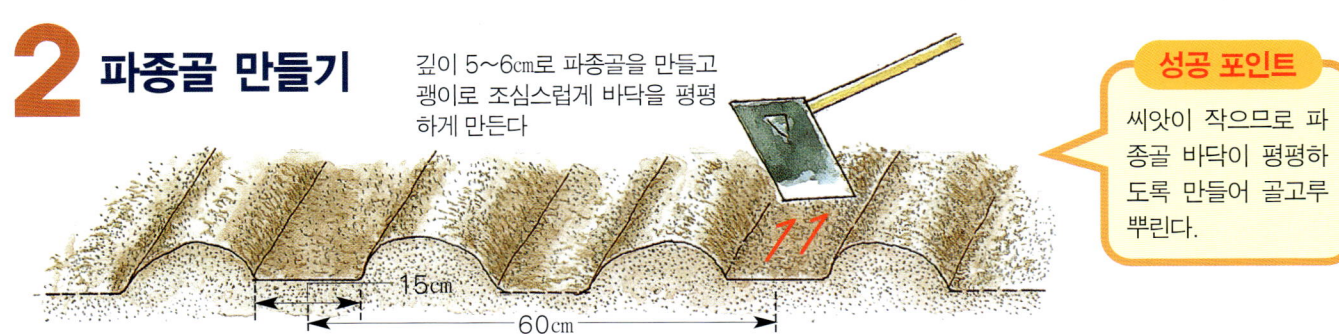

3 씨뿌리기

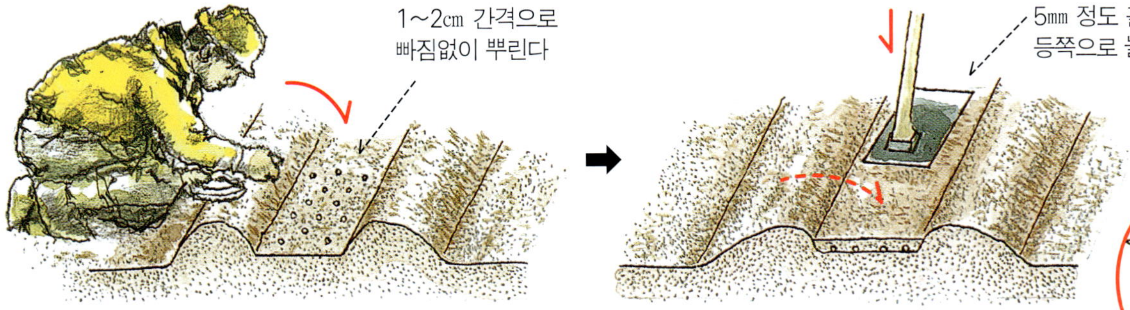

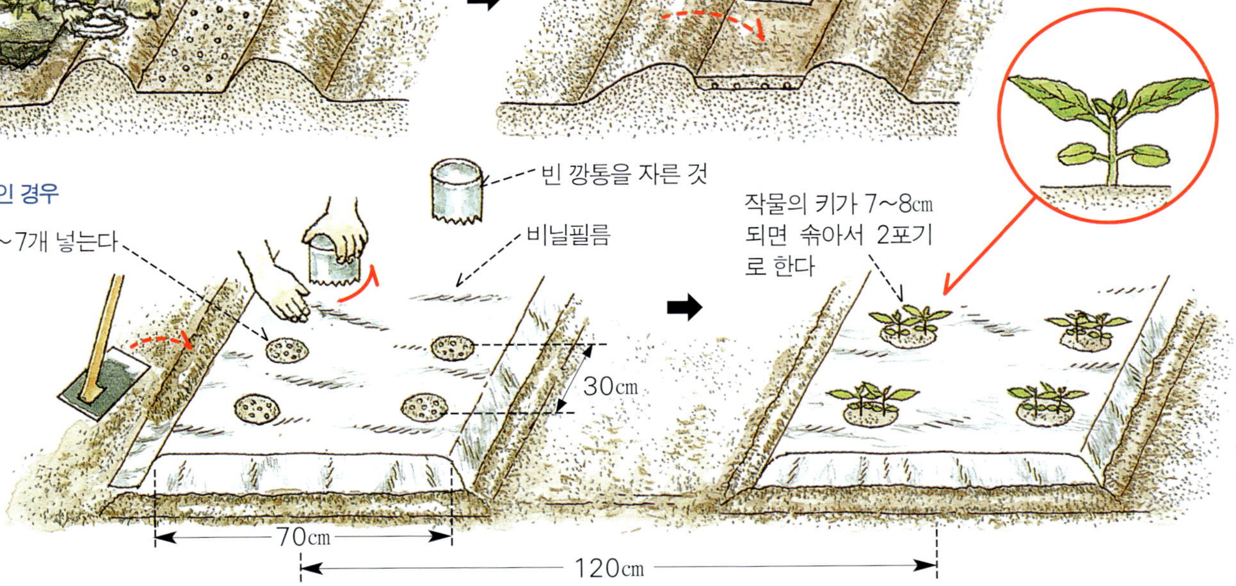

4 솎아내기

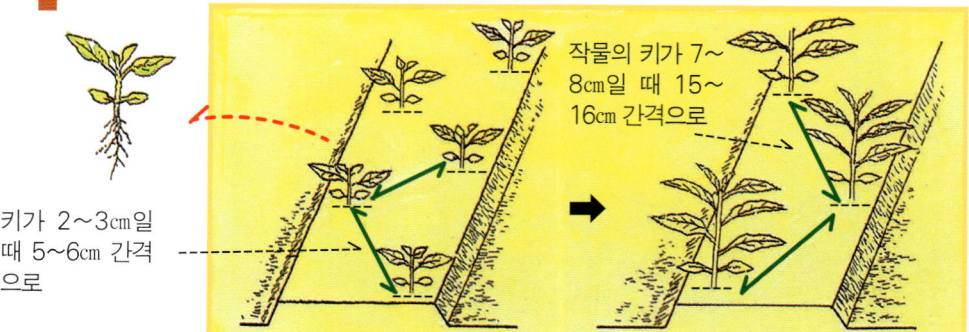

키가 2~3cm일 때 5~6cm 간격으로

작물의 키가 7~8cm일 때 15~16cm 간격으로

성공 포인트
너무 빽빽하게 재배하면 잎줄기가 약하게 자라서 쓰러지기 쉬우며 좋은 꽃이 피지 않으므로 잘 솎아주어 적당한 간격을 만든다.

5 웃거름·북주기

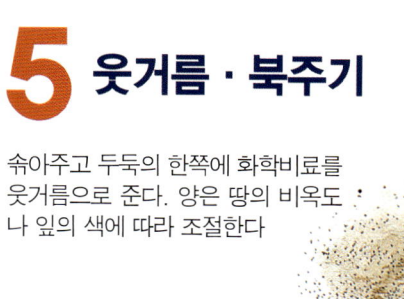

솎아주고 두둑의 한쪽에 화학비료를 웃거름으로 준다. 양은 땅의 비옥도나 잎의 색에 따라 조절한다

성공 포인트
줄기의 열매가 일률적으로 성숙하지 않으므로 수확의 적기를 잘못 판단하지 않도록 조심한다.

6 수확·이용

아래 잎이 시들고 꼬투리가 누렇게 변하여 2~3개 터졌을 때 밑동을 잘라서 1주일 정도 더 익힌다

꼬투리가 누렇게 변하고 곧 터지기 시작한다

위쪽의 꽃이 피어 있는 부분과 각 마디의 잎을 제거한다

밑동에서 자른다

이용방법

볶아서 / 깨소금 / 갈아서 / 양념 / 초무침·무침

'이럴 때에는 어떻게 하나?' **Q&A** 이것을 알고 싶다

열매 채소류 · 참깨

Q 수확 후 잘 안 마른다. 처리가 어렵다

A 세워서 말리는데 꼬투리가 터지면 깨가 떨어진다

참깨꽃은 밑에서 위를 향하여 오래도록 피어 있으므로 수확이 늦어지면 아래쪽 꼬투리가 터져버린다.

우선 적기를 놓치지 말고 수확한다. 그리고 위쪽과 잎을 제거한 줄기를 5~6개씩 묶어서 그림과 같이 교차시켜 세우면 말리기 쉽다. 깨가 터져서 떨어지지 않게 하고, 일주일 정도 숙성시킨다. 충분히 건조되어 대부분의 꼬투리가 갈라지기 시작하면 멍석 위에서 한 묶음씩 작대기로 쳐서 깨를 받는다. 이것을 선별하여 깨끗이 한 후 햇볕에 잘 말리면 완성이다.

잘 마른 것은 습기가 들어가지 않도록 깡통 등에 넣어서 저장한다. 필요할 때 꺼내어 사용한다.

묶어서 줄기를 교차시켜 세운 후 일주일 정도 더 숙성시킨다

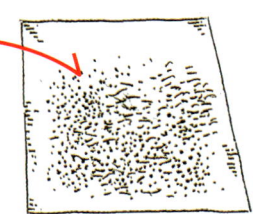

대부분의 꼬투리가 갈라지기 시작하면 멍석 위에 깨를 떨어트려서 잘 골라 말린다

칼럼

작아도 영양의 보고

참깨 성분의 약 반이 지방이지만 비타민 · 미네랄도 함유되어 있어 몸에 좋다. 참깨가 건강에 좋다는 것은 부족하기 쉬운 칼슘이나 철분 · 섬유질 · 비타민 B군 · 비타민E 등 많은 영양소가 들어 있기 때문이다. 섬유질이 100g에 3.1g 정도로 다른 채소보다 많다.

토마토

Tomato

비타민C 이외에 카로틴도 풍부하며, 생식부터 조리 · 가공용으로도 사용하는 인기 채소.

가지과　원산지 = 남미 안데스 산지

재배특성

- 생육 적정온도는 밤일 경우 13~18℃. 8℃ 이하에서는 어린 꽃의 발달이 나빠져서 생장 후에 열매가 변형될 수 있으므로 저온기의 모종재배는 특히 온도관리가 중요하다. 낮의 적정온도는 26~28℃. 32℃ 이상에서는 꽃가루의 기능이 떨어져서 열매달림이 좋지 않다.
- 열매채소류 중에서는 강한 빛을 좋아한다. 햇빛이 부족하면 연약해지거나 웃자라며, 열매달림이 나쁘고 생리장해를 일으키기 쉽다.
- 하우스재배나 시기가 이른 노지재배에서 열매달림이 잘 안 될 때는 호르몬제를 뿌리거나 진동(振動)으로, 하우스재배에서는 수정벌을 방사하여 열매달림을 돕는다.

재배력

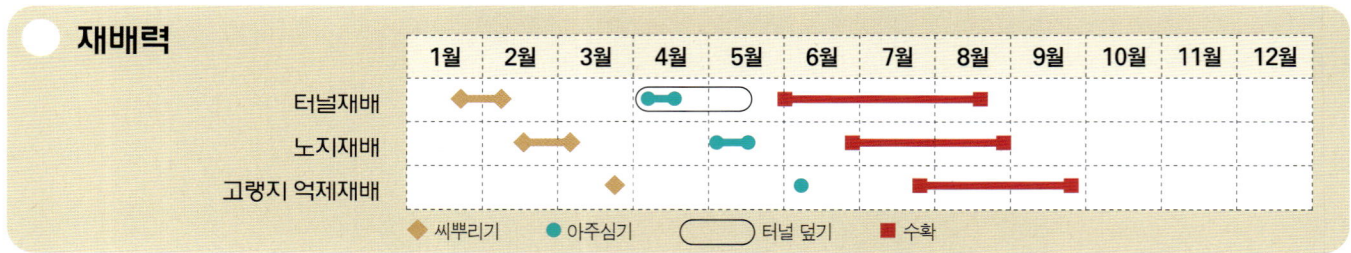

품종

복숭아색 · 빨강 · 노랑 등 색이 다른 것과 큰 토마토, 중간 토마토, 미니토마토 등 열매 크기가 다른 것들로 그 종류가 다양하다. 복숭아색의 완숙계에서는 모모타로(도태랑)가 인기이지만 서광 · 영광 · 홍초롱 · 선로드 등이나 유럽종인 매트릭스 · 그레이스 등이 기르기 쉽다. 미니토마토 중에는 미니캐롤 · 슈퍼캔디 · 주옥, 노랑의 옐로페어 및 열매달림이 안정된 미스킴 · 카라멜라 등이 건강하다.

모모타로

선로드

미니캐롤

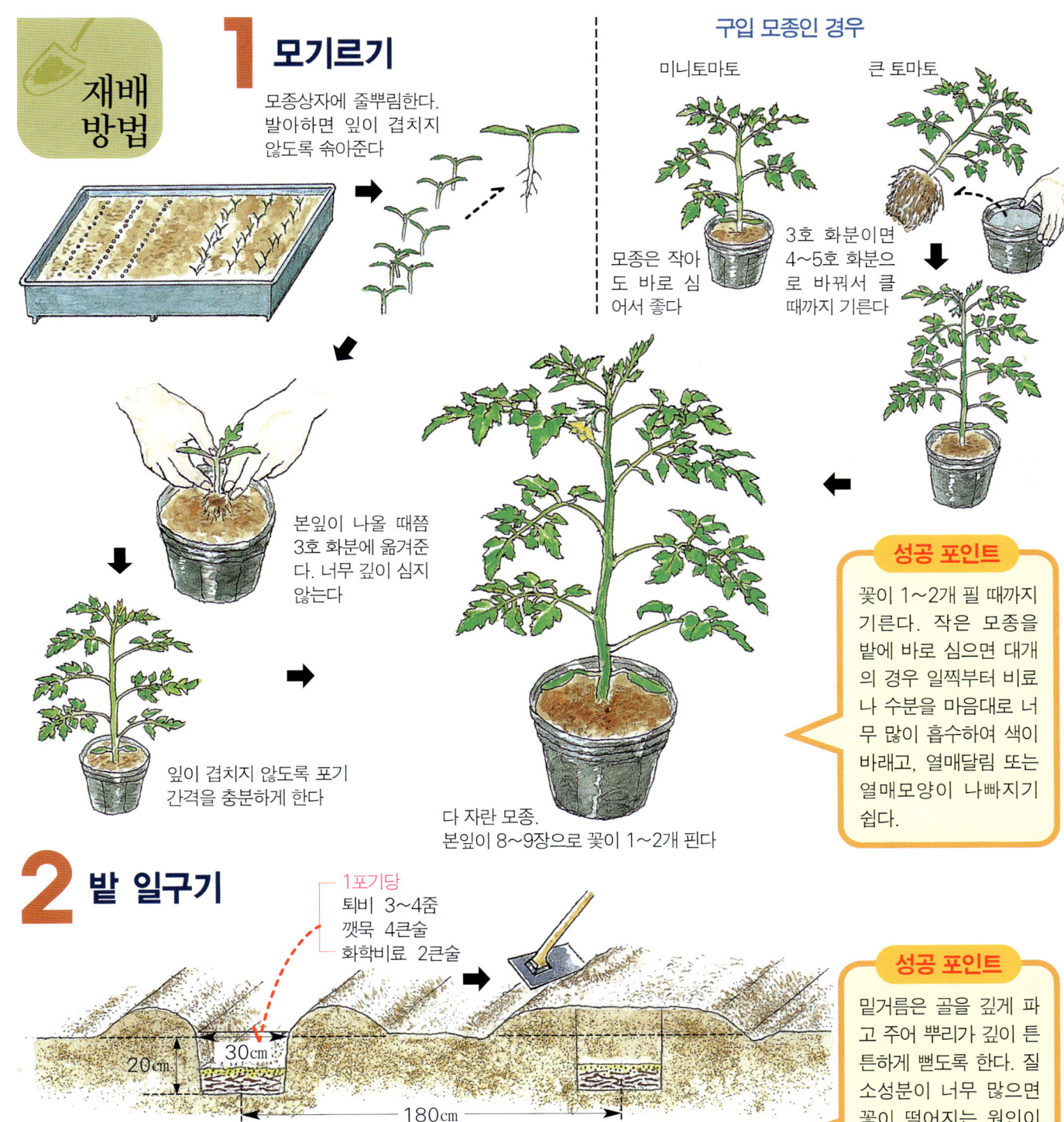

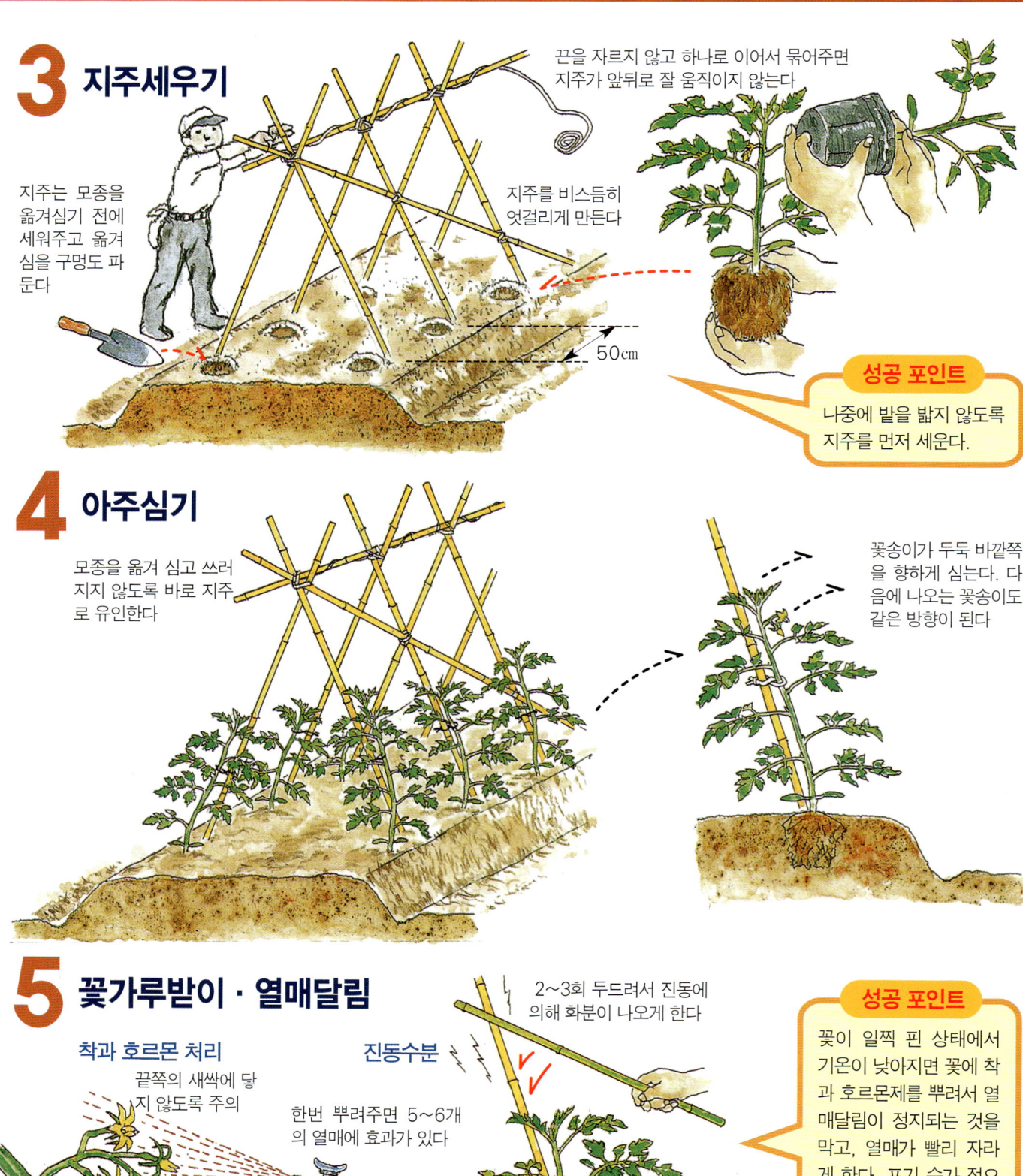

6 유인 · 눈따기 · 순지르기 · 열매솎기

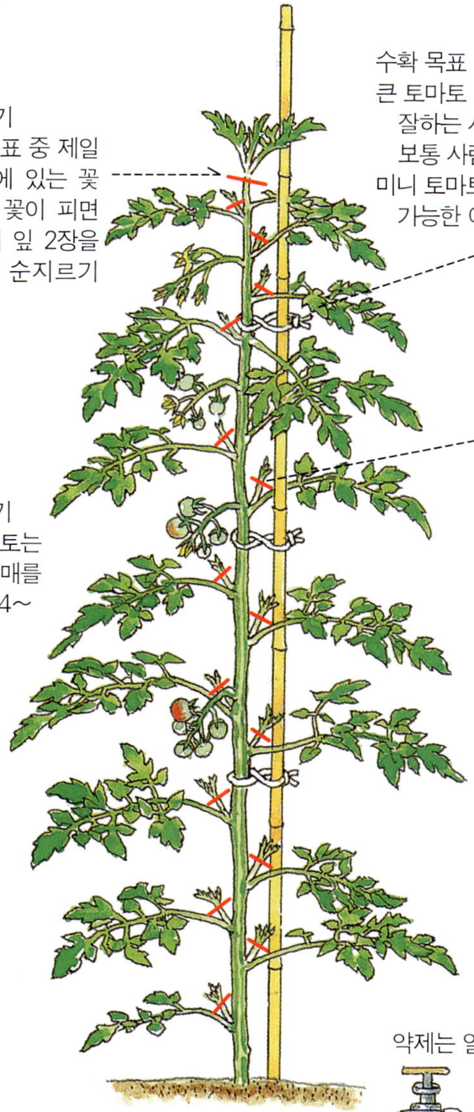

순지르기
수확 목표 중 제일 꼭대기에 있는 꽃송이의 꽃이 피면 그 위의 잎 2장을 남기고 순지르기 한다

수확 목표
큰 토마토
　잘하는 사람 : 6~7단
　보통 사람 : 4단
미니 토마토
　가능한 여러 단

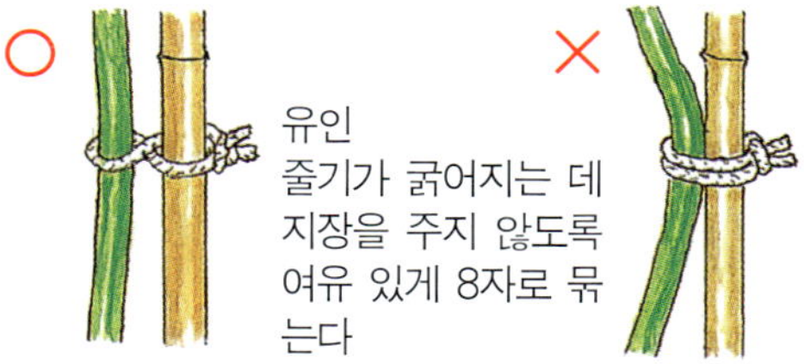

유인 줄기가 굵어지는 데 지장을 주지 않도록 여유 있게 8자로 묶는다

눈따기는 가위를 쓰면 바이러스 감염 우려가 있으므로 손으로 한다

열매솎기
큰 토마토는 나쁜 열매를 따주어 4~5개로

성공 포인트

눈따기
곁눈은 마디도 함께 빨리 제거하고, 원줄기 하나만 키운다. 눈따기가 늦어지면 가장 중요한 원줄기의 생장이 나빠진다.

7 웃거름 · 약제 살포

1회째 웃거름
　첫 번째 열매가 골프 공 크기만 해졌을 때
2~3회째 웃거름
　처음 주고 20일 지나서

약제는 일찍 뿌려준다

간단하게 골을 만들어 비료를 넣고 두둑에 흙을 덮는다

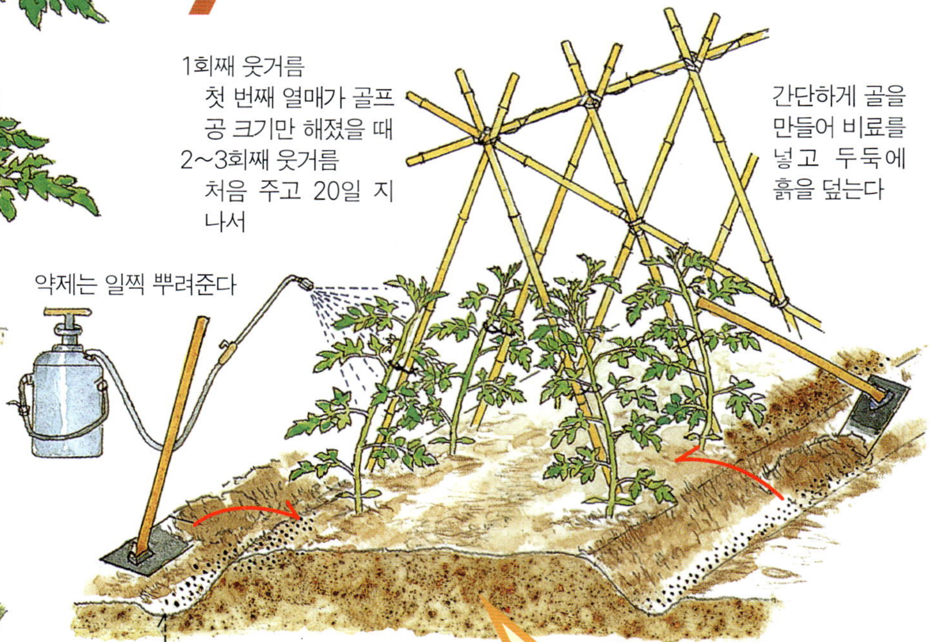

1포기당
화학비료　1큰술
깻묵　2큰술

성공 포인트

1회째 웃거름은 첫 번째 열매의 크기를 보고 준다. 또한 장마 때에는 역병이 나타나기 쉬우므로 빨리 약제를 뿌려준다.

8 수확

가위로 자른다

꽃이 피고 60일(여름은 35일) 정도면 익기 시작한다. 완숙되면 수확하여 참맛을 즐긴다

열매채소류 · 토마토

'이럴 때에는 어떻게 하나?' Q&A 이것을 알고 싶다

Q 두줄기재배란?

A 곁눈을 2개 키워서 1포기의 모종으로 2포기 역할

토마토 두줄기재배. 모종이 작을 때 순지르기한다

보통 토마토는 곁눈은 모두 따내고 원줄기 1줄기만 키운다. 그러나 두줄기재배는 모종이 아직 작을 때 원줄기를 순지르기하여 아래쪽 마디에서 곁눈이 나오게 한 후 2줄기를 각각 원줄기처럼 키우는 방법이다. 1포기에서 2개의 모종을 얻으므로 모종을 기르는 일손을 덜 수 있다. 또한 1포기의 뿌리줄기로 2개의 줄기에 영양을 공급하기 때문에 각 줄기의 잎줄기와 꽃송이가 균형을 이룬 바람직한 생육모습을 보여준다. 잎줄기가 너무 무성하지 않고, 각 꽃송이가 모두 열매를 잘 맺으며, 좋은 토마토를 얻을 수 있다.

개화나 수확은 처음에 5~7일 늦어지지만, 영양생장과 생식생장의 균형이 잘 이루어지지 않아 힘든 사람들에게 권할 만한 새로운 재배법이다.

Q 토마토의 열매달림이 나빠져서 곤란하다

A 비료 주는 방법을 조절하고 생육관리를 계획적으로 한다

미니토마토는 열매달림이 좋지만, 큰 토마토는 열매달림이 나쁘다는 말을 자주 듣는다. 큰 토마토는 비료의 농도(특히 질소비료)에 민감하므로 비료를 잘못 주면 영양생장과 생식생장의 균형이 깨져서 꽃이 떨어지고 열매의 성장이 나쁘거나 열매에 생리장해나 생육장해가 나타나기 쉽다.

큰 토마토는 영양분에 매우 민감하므로 계획적으로 재배하는 것이 중요하다. 열매가 잘 달리게 하는 확실한 방법은 다음과 같다.

① 너무 무성해서 1단에 열매가 잘 안 달리는 경우

· 제1화방의 꽃이 1~2송이 필 때까지 모종을 크게 키워서 밭에 옮겨 심는다.
· 비옥한 밭에는 밑거름을 약간 적은 듯이 주고, 첫 번째 웃거름은 제1화방이 확실하게 커지면 준다.
· 제1화방의 꽃이 2~3송이 필 때에 호르몬제(클록시포낙 500배액 등)를 뿌린다.

② 1~2단에는 열매가 달리지만, 작물의 힘이 약해져 4~5단의 열매달림이 나쁜 경우

· 밑거름으로 좋은 퇴비나 유기질비료를 깊게 주고, 2회째부터 웃거름이 늦지 않도록 한다.

Q 잎이 오그라들어 잘 자라지 않는다
A 바이러스병에 걸렸다

진딧물이 매개체인 토마토의 모자이크병

모종을 옮겨 심고 잠깐 사이에 새잎의 성장이 나쁘고 누렇게 변하거나 점차 오그라드는 포기가 생기는 경우가 있다.

이것은 바이러스병인 오이모자이크바이러스(CMV)의 증상이다. 이 병에 걸리면 잎이 잘 자라지 않고 꽃도 빈약해져 열매달림이 나빠진다.

병에 걸린 포기는 수확할 수 없고 다른 포기에 전염되므로 빨리 제거한다. 또한 이 바이러스는 진딧물이 옮기므로 그물이나 반사자재를 이용하거나 약제를 뿌려서 진딧물이 날아오는 것을 막는 것이 중요하다.

진딧물

유충

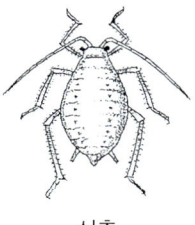
성충

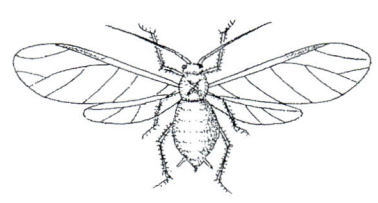
성충(날개 있음)

Q 열매 밑부분이 검게 되거나 썩는다
A 꽃이 떨어진 배꼽부분이 검게 되는 것은 칼슘 결핍에 의한 배꼽썩음병

토마토 열매가 커질 때 꽃이 떨어진 부분이 검게 변하고, 수확기가 되면 움푹 들어간다. 이것은 칼슘(석회) 부족에 의한 생리장해현상이다.

밭에 미리 석회를 뿌려두고 뿌리에서 충분히 흡수할 수 있도록 땅 속에 뿌리를 튼튼하게 뻗게 하는 것이 중요하다. 매년 이런 증상이 나타나면 개화기에 꽃과 그 부분의 잎에 염화석회 0.5% 액을 뿌려서 잎에서 석회를 공급해주는 것도 하나의 방법이다.

질소과잉으로 석회가 충분히 흡수되지 않는 경우도 많으므로 비료를 줄 때 성분의 균형을 잘 생각하여 질소과잉이 안 되도록 주의한다.

 칼럼

토마토는 비에 약하다

토마토의 원산지인 남미 안데스 산지는 아주 비가 적은 지역이다. 때문에 토마토는 비가 많은 것을 싫어한다. 추울 때는 온실이나 하우스 안에서 키우는데, 최근에는 여름에도 비닐 등으로 비가림을 해서 키우는 일이 많다.

표주박

Bottle gourd

모양이 특이해서 주로 관상용으로 재배되는데, 여름에 그늘막으로 좋고, 다 자란 박은 술병·꽃병 등으로 사용한다.

| 박과 | 원산지=북아프리카·인도·타이 등의 열대지방 |

재배특성

- 박의 변종. 열매는 쓴 것이 많아서 식용으로 적합하지 않다.
- 고온성으로 덩굴이 잘 뻗고 생육이 왕성하다. 습기가 많은 것에 약하므로 물이 잘 빠지는 곳에서 재배한다.
- 높게 선반형 지주를 만들어 표주박이 매달리듯이 키운다.
- 특별히 주의해서 관리할 것은 없다.

재배력

♦ 씨뿌리기　● 아주심기　■ 수확

품종

열매나 잎이 커서 그늘을 만들거나 큰 용기로 사용하기 좋은 큰 표주박과, 작은 열매가 달려 관상용으로 예쁜 작은 표주박, 크게 2종류로 나뉜다. 작은 표주박은 화분재배에 적합하다.

큰 표주박

천성표주박

표주박꽃

열매 채소류 · 표주박

재배방법

1 모기르기

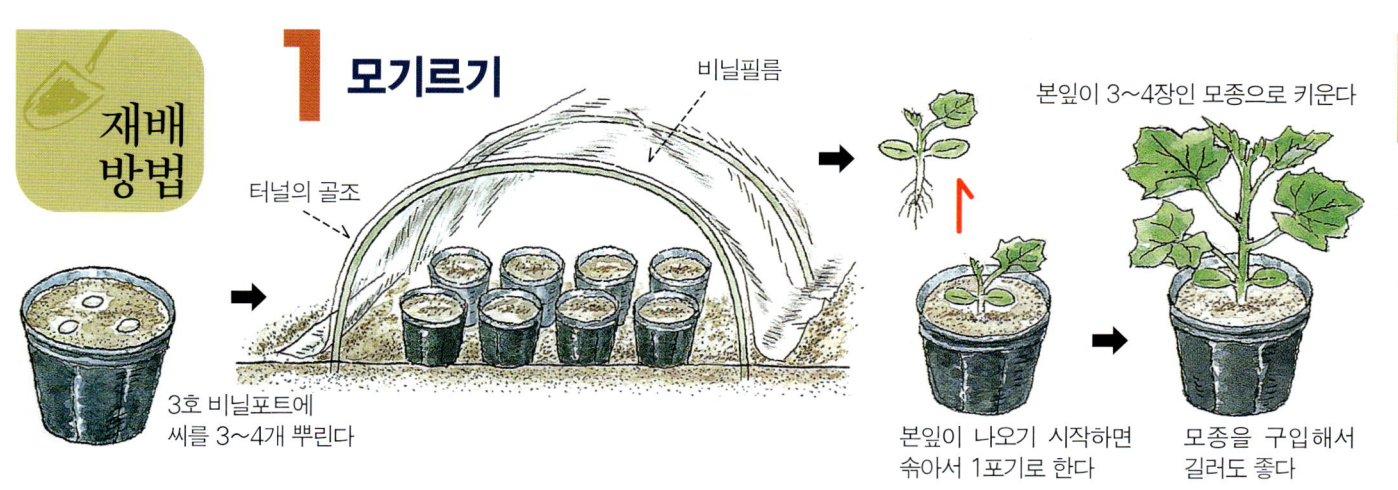

3호 비닐포트에 씨를 3~4개 뿌린다

본잎이 나오기 시작하면 솎아서 1포기로 한다

본잎이 3~4장인 모종으로 키운다

모종을 구입해서 길러도 좋다

2 재배관리

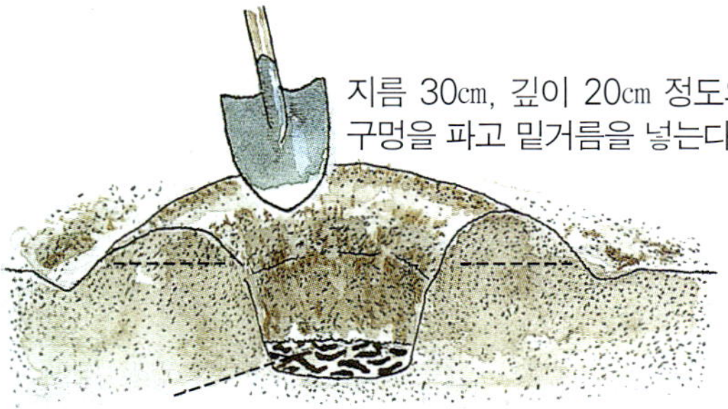

지름 30cm, 깊이 20cm 정도의 심을 구멍을 파고 밑거름을 넣는다

1포기당
- 깻묵 3큰술
- 퇴비 3~4줌

아래쪽의 곁가지는 잘라내고 원줄기를 지주로 유인하여 올린다

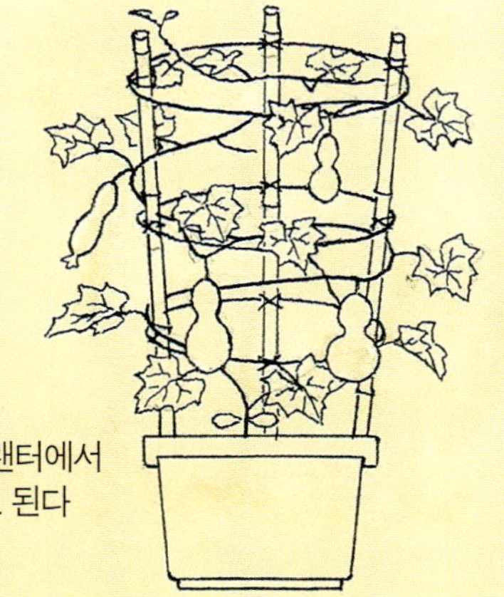

튼튼한 선반형 지주를 만들어 유인한다

천성표주박은 큰 플랜터에서 지주를 세우고 키워도 된다

3 수확 · 가공

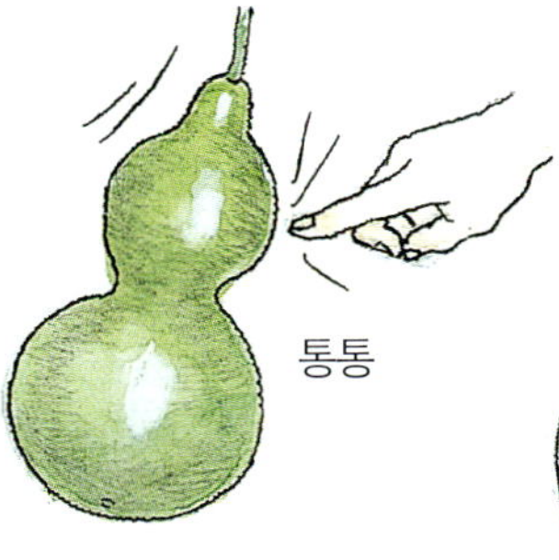

표주박 표면의 잔털이 완전히 없어지고, 손톱 끝으로 튕겨서 고음이 나면 수확적기

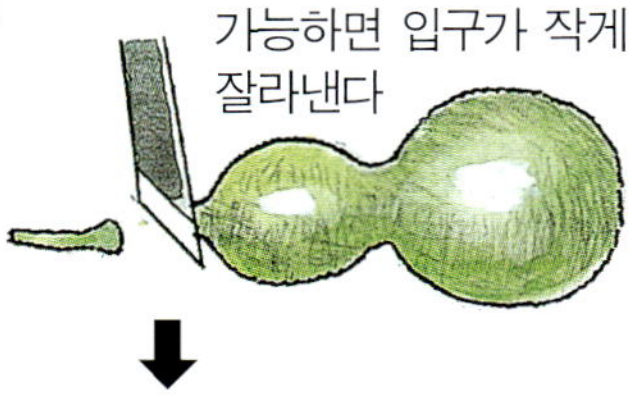

통통

표주박의 꼭지부분을 가능하면 입구가 작게 잘라낸다

물속에 10일 정도 넣어둔다

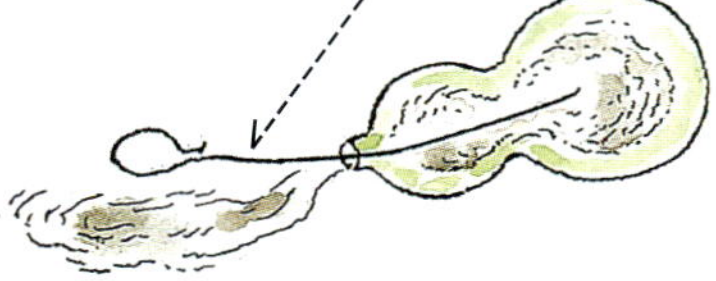

대꼬챙이 · 철사 등

안쪽의 썩은 내용물을 조심스럽게 꺼내서 잘 씻어 말린다

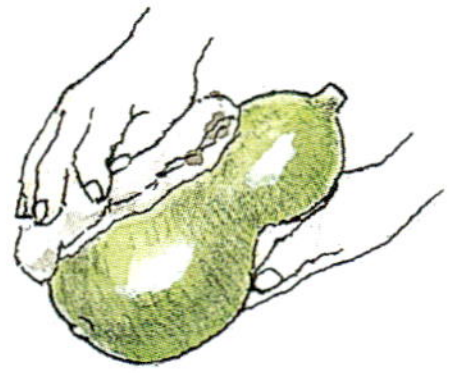

기름을 칠해서 광택을 낸다. 햇빛을 받으면 차츰 적갈색으로 윤기가 난다

풋콩

Green soya bean

대두가 덜 익은 어린 콩. 단백질과 비타민A가 풍부하며, 아미노산과 당분의 균형이 잘 이루어져서 맛이 좋고 색깔도 좋다.

| 콩과 | 원산지=중국 |

재배특성

- 토질에 대한 적응폭이 넓지만, 조기재배에는 지온이 높아지기 쉬운 모래흙인 곳이 좋다. 여름수확은 약간 중점토(重粘土)이며 수분이 많은 곳에서 좋은 콩이 생산된다.
- 생육하고 꽃이 피는 데는 20~30℃가 적정온도이다. 낮밤의 온도차가 있을수록 좋은 콩이 많이 나온다.

◆ 씨뿌리기   ● 아주심기   ■ 수확

품종

콩의 꽃달림이나 꽃이 피는 것은 낮의 길이와 관계있고, 낮길이에 반응하는 것에 따라 여름콩형·중간형·가을콩형으로 나눈다. 풋콩용은 여름콩형이 많으며, 콩으로 육성된 품종 중에서 품질이 좋은 것이 이용되어왔다. 우리나라에서 대표적인 것이 화성풋콩·화엄풋콩·석량풋콩 등이다.

조생종

중생종

콩꽃

재배 방법

1 모기르기

- 나무상자나 모종상자에 간격을 넓게 하여 씨를 뿌린다
- 본잎이 3장일 때 옮겨심기 시작한다
- 포기 사이가 너무 빽빽하지 않을 때 옮겨심기 시작한다
- 셀성형모종으로 하면 쉽게 모종을 기를 수 있고, 심을 때 상처가 적다
- 판매하는 전용 흙을 쓴다
- 72~128구의 셀 트레이에 씨를 1개씩 넣는다
- 씨를 1cm 깊이로 밀어 넣고 흙을 덮은 후 가볍게 눌러준다

2 밭 일구기

햇빛이 좋고 물이 잘 빠지는 밭을 골라 비료를 넣고 빨리 갈아둔다

1㎡당
- 석회 3큰술
- 완숙퇴비 7~8줌
- 화학비료 1큰술

논둑이나 그 주변을 이용하여 재배하면 여름에 좋은 콩을 수확할 수 있다

심을 구멍

성공 포인트

풋콩은 보수력이 있는 토양에서 좋은 콩을 수확할 수 있으므로 건조하기 쉽고 척박한 땅에는 밑거름으로 완숙퇴비를 준다.

3 아주심기 · 씨뿌리기

모기르기의 경우
조생종은 좁게 심고, 중·만생종은 넓게 심는다
(조생종) 20cm
60~70cm

바로뿌리기의 경우
한 곳에 3~4개 넣고, 발아 후 2포기만 남기고 솎아준다
(중·만생종) 25~30cm

4~5월까지는 비닐멀칭을 하면 발아와 초기 생육이 빨라지고, 보름 정도 조기수확할 수 있다. 새의 피해를 막기 위해 그물망을 치면 좋다

구멍에 씨를 넣는다

4 북주기·웃거름

1회째 북주기

본잎이 나오기 시작할 때 떡잎이 조금 덮일 정도로

2회째 북주기

처음 북주기하고 15~20일 지났을 때

성공 포인트
북주기는 모종이 어릴 때 뿌리의 발달을 돕고 쓰러지는 것을 막기 위해 반드시 해준다. 마지막 북주기는 꽃이 필 때까지 마친다.

웃거름
비료가 너무 많아서 웃자라지 않도록 밭의 비옥한 정도에 따라 양을 조절한다

화학비료를 포기 주위에 조금 주고 북주기한다

5 순지르기

밭이 비옥하여 잎줄기가 왕성하게 자라는 곳에서는 순지르기한다

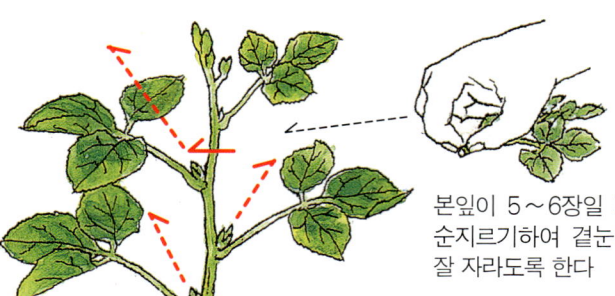

본잎이 5~6장일 때 순지르기하여 곁눈이 잘 자라도록 한다

성공 포인트
수확적기가 아주 짧으므로 전체적으로 잘 판단해서 수확한다. 꼬투리가 누렇게 변하면 콩이 딱딱해지고 맛이 많이 떨어진다.

6 수확

너무 어리다

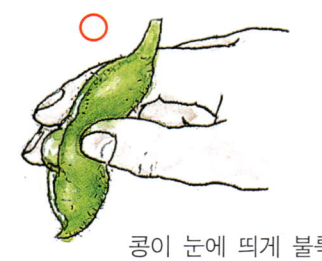

콩이 눈에 띄게 불룩해지고 꼬투리를 누르면 콩이 튀어나올 때가 적기

곁눈에도 꼬투리가 잘 달리고 빈 꼬투리가 적으며 콩이 알차게 들어 있다

이럴 때에는 어떻게 하나? Q&A 이것을 알고 싶다

품종의 선택방법은?

올뿌림은 조생종, 늦뿌림은 중·만생종을 선택한다

풋콩은 대두를 완숙 전에 이용하는 것으로 콩을 수확하는 품종이 아니다. 대두 중에서도 꼬투리가 선명한 초록색이고 털이 적으며, 알이 굵고 품질이 좋은 것을 골라서 육성한 품종을 이용한다.

대부분이 여름콩형으로 장일조건에서도 꽃이 잘 피고 콩이 잘 달리지만, 중·만생종은 비교적 단일조건이 아니면 잎줄기만 무성하고 개화와 결실이 매우 좋지 않다.

4월경의 올뿌림에는 조생종인 큰올콩·화엄풋콩·화성풋콩 등이 적당하다.

5월 중순에서 6월 중순에 씨를 뿌릴 때는 중·만생종인 석량풋콩 등을 택한다.

조생종은 씨를 뿌리고 90일 정도면 수확할 수 있지만 일반적으로 꼬투리가 작고, 만생종은 그보다 재배기간은 10~15일 정도 더 걸리지만 꼬투리가 크다.

올뿌림에 만생종을 사용하면 꽃달림이 나쁘고 수확량이 많지 않으며, 늦뿌림에 조생종을 사용하면 꼬투리가 작아지므로 파종시기에 따라 적절하게 품종을 선택하여 재배하는 것이 중요하다.

풋콩은 재래종 중에서 맛이 좋은 품종이 많다. 각 지역의 재래종을 소홀히 여기지 말고 재배해 본다.

꼬투리가 잘 달리지 않는다

흙이 너무 건조하거나 잎줄기가 빽빽한 것이 주요 원인

전에는 논둑을 이용해서 잘 재배했던 것에서 알 수 있듯이, 풋콩은 보수력이 있는 중점토에서 꼬투리가 잘 달리고 콩도 많이 수확할 수 있지만, 비교적 토양에 대한 적응폭이 넓어서 어느 토양에서나 잘 자란다. 그러나 화산회토(火山灰土)처럼 가벼운 토양에서는 잎줄기는 무성하지만 오히려 웃자라서 콩의 결실은 나빠진다.

특히, 건조한 경우에 더욱 악영향이 나타나기 쉽고 품질도 나빠지기 쉬우므로, 건조한 듯하면 물을 주어 적당한 습도를 유지한다.

또한 풋콩은 강렬한 햇빛이 필요하므로 햇빛이 잘 들지 않는 곳에서는 열매가 많이 달리지 않는다. 마찬가지로 너무 빽빽하게 심어서 잎줄기가 무성해도 서로 빛을 가리므로 열매달림이 나빠진다.

가능한 햇빛이 잘 드는 곳을 택하여 너무 좁게 심지 않도록 한다. 가벼운 토양에서 재배하거나 중·만생종을 재배할 때는 포기간격을 넓게 해 주는 것이 중요하다.

생육 초기에 순지르기하면 곁눈이 잘 자라서 꼬투리가 많이 달린다.

피망

Sweet pepper

고추의 감미종으로 비타민C와 카로틴이 매우 많다. 컬러 품종도 나와서 인기가 많은 채소.

가지과　　**원산지=열대 남아메리카**

재배특성

- 가지보다도 고온성(야간 적정온도가 18~20℃)으로 모종을 기르는 시기부터 아주심기까지 기온이 낮으면 생육이 나빠지므로 충분히 따스해지면 심기 시작한다.
- 여름 더위에 강하며, 점차 추워지는 가을 기후에도 적응하여 서리가 내릴 때까지 계속 생육한다.
- 가지가 가늘어서 바람에 약하며, 특히 열매가 많이 달리면 가지가 휘어지기 쉬우므로 지주를 세워준다.
- 열매가 한번에 많이 달리면 조기수확하여 가지의 세력을 회복시킨다.

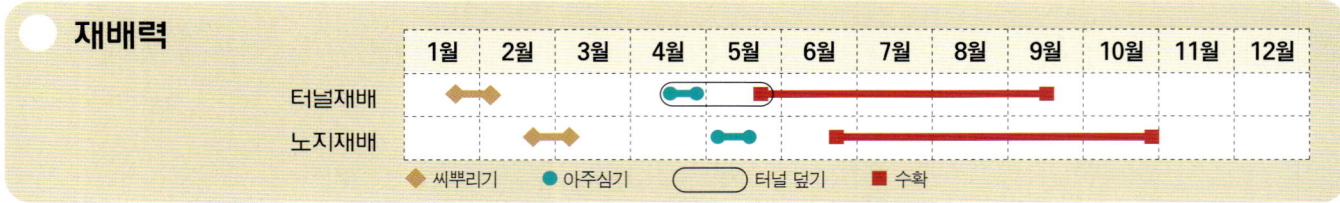

재배력 / 터널재배 / 노지재배 / 씨뿌리기 · 아주심기 · 터널 덮기 · 수확

품종

색깔에 따라 적색·황색·오렌지색·초록색 등이 있는데, 가장 대표적인 품종은 적색·초록색이다. 적색 계통을 원하면 테이스트, 초록색 계통을 원하면 쿠비를 재배한다. 그밖에 황색종으로는 골든섬머가 있다.

일본에는 일반적으로 많이 쓰는 초록색종에 에이스·교미도리·니시키 등이 있고, 최근에 파프리카로 소니아 레드·소니아 골드·세뇨리타와 적색·황색·보라색·흑색 등의 컬러피망이 판매되고 있다.

교미도리

세뇨리타

소니아 레드 · 소니아 골드

재배 방법

1 모기르기

모종상자에 씨를 줄뿌림한다

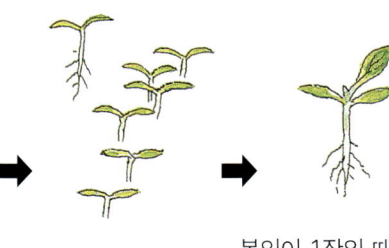

본잎이 1장일 때 4호 비닐 포트에 옮겨 심는다

발아 28~30℃
생육 지온 22~25℃
기온 15~30℃

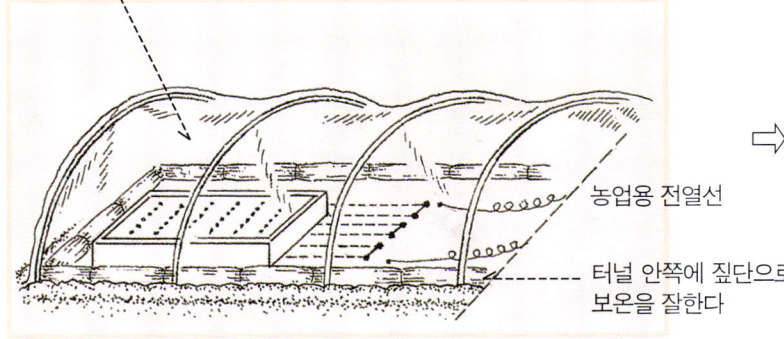

농업용 전열선

터널 안쪽에 짚단으로 보온을 잘한다

낮에 기온이 35℃ 이상 올라가지 않도록 환기시킨다

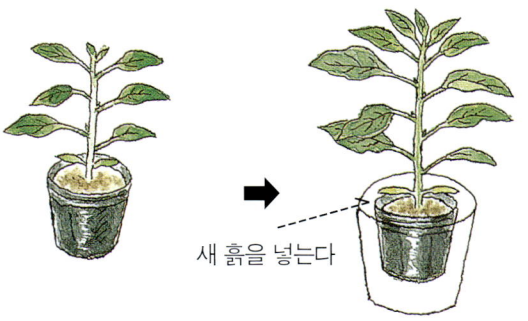

잘 자란 모종

첫 번째 꽃이 피기 시작한다

새 흙을 넣는다

잎이 진한 초록색이고 두껍다

줄기가 굵고 튼튼하다

어릴 때 생육이 매우 느리므로 작은 화분의 모종을 구입한 경우에 4호 화분으로 옮겨 꽃이 피기 시작할 때까지 기른다

성공 포인트

파는 모종 중에는 작은 모종이 많다. 또한 조기 출하가 많으므로 큰 화분에 옮겨서 따뜻한 곳에서 다시 기르며, 바깥 기온이 충분히 따뜻해지면 밭에 옮겨 심는 것이 중요하다.

2 밭 일구기

성공 포인트

밑거름은 골을 깊게 파고 주어 뿌리부분이 깊고 튼튼하게 뻗게 한다. 질소성분이 너무 많으면 꽃이 떨어지는 원인이 되고 열매달림이 나빠지므로 밑거름과 웃거름은 적정량을 알맞은 방법으로 준다.

골 1m당

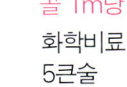
화학비료 5큰술

깻묵 7큰술

퇴비 3~4줌

40cm
10~15cm
20cm
100cm

열매 채소류 · 피망

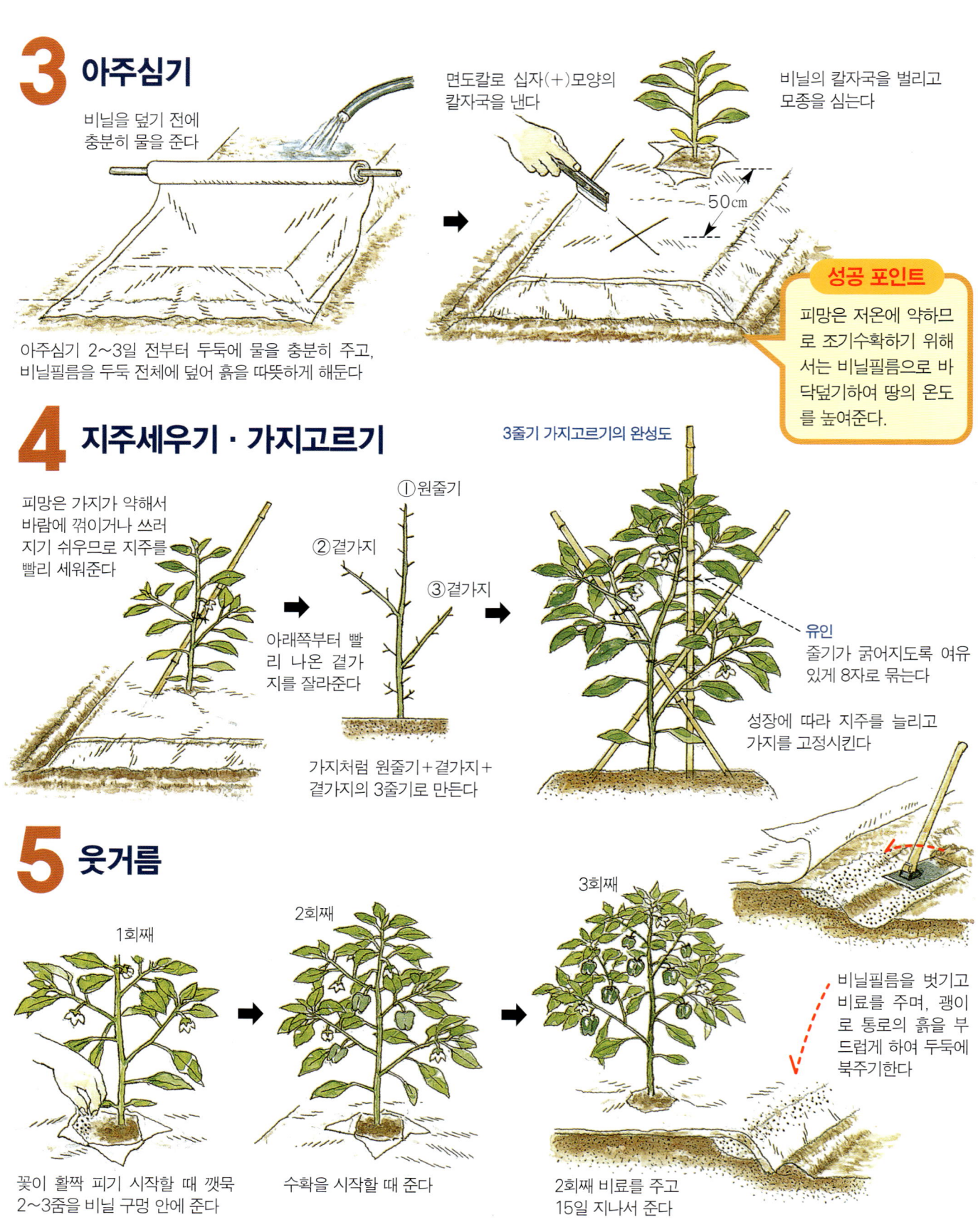

6 관리 · 병해충 방제

여름에 건조하지 않도록 짚으로 덮고, 장마 후에는 물을 준다

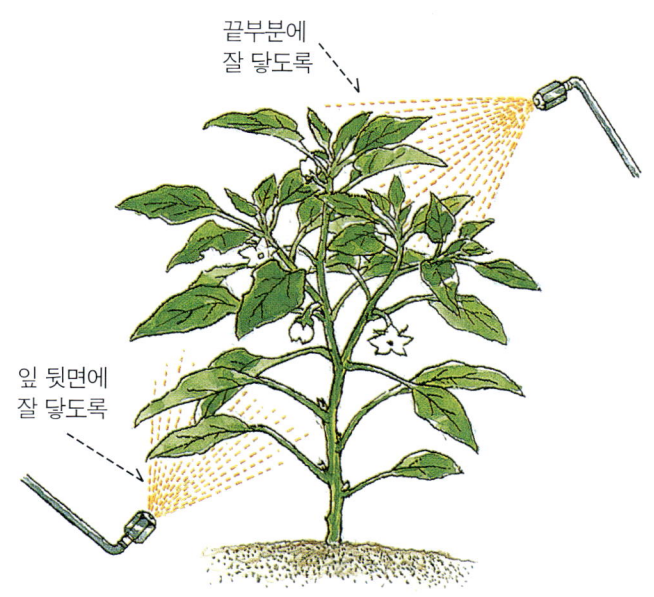

끝부분에 잘 닿도록
잎 뒷면에 잘 닿도록

성공 포인트
도둑벌레 · 담배거세미나방 · 진딧물의 피해를 입기 쉬우므로 일찍 발견하여 약을 뿌려준다.

7 수확

성공 포인트
피망의 가지는 꺾이기 쉬우므로 반드시 가위로 자른다.

피망이 너무 많이 달려 잎자람새가 나쁠 때에는 조기수확하여 건강을 회복시켜 준다

단고추
5~6cm의 작은 열매일 때 수확하는 것이 좋은 품질을 다량 수확하는 비결

5~6cm

가정용이라면 한창 클 때 많이 커도 조리법을 고안하여 충분히 이용할 수 있다

「이럴 때에는 어떻게 하나?」 Q&A 이것을 알고 싶다

Q 밭에 심었는데 전혀 자라지 않는다

A 낮에 지온을 높여 뿌리의 활동이 활발하게 한다

피망 모종이 상점에 진열되는 시기가 토마토와 오이의 생육온도로는 괜찮지만 피망에게는 아직 4~5℃ 낮을 때가 종종 있다. 열매채소류 가운데 피망이 가장 고온성으로, 순조롭게 자라려면 지온이 17~18℃ 이상 되어야 한다.

대책으로는 포기 주위의 흙을 부드럽게 하고 땅 속에 공기를 넣어주며, 포기 주위에 비닐필름을 깔아서 바닥덮기를 해준다. 이렇게 하면 낮에 지온이 올라가서 뿌리의 활동을 촉진하고 생육이 좋아진다.

바이러스병에 걸린 경우에도 새잎의 초록빛이 엷어지고 오그라든 상태로 생육이 나빠진다. 이 경우에는 전체가 같은 모양이 아니라 포기에 따라 생육이 나쁘게 나타나는 특징이 있다. 대책으로는 다른 곳으로 전파되는 것을 방지하기 위하여 병에 걸린 포기를 뽑아 없애거나, 웃거름으로 포기를 튼튼하게 하여 병세를 약하게 한다. 약을 뿌려도 방지는 어렵다.

Q 꽃이 떨어져서 곤란하다

A 한번에 거의 다 떨어지면 대책을 세운다

피망은 자웅동주로 가지·토마토처럼 꽃이 피어도 결실하지 않는 무수정꽃은 아니지만, 모두 열매가 달려서 수확할 수 있는 것도 아니다. 제대로 열매가 되는 것은 핀 꽃 가운데 대개 50~60% 정도이다.

그러므로 꽃이 떨어져도 열매가 달리는 것이 많으면 문제가 안 된다. 문제는 꽃이 한꺼번에 거의 다 떨어지는 경우이다.

대책으로는 잘 관찰하여 늦지 않도록 포기 주위에 웃거름으로 포기당 1~1.5큰술 정도의 화학비료를 흩뿌려준다. 또한 뿌리가 잘리지 않도록 가볍게 밭을 일구어서 흙을 부드럽게 하고 뿌리에 공기를 넣어준다.

한편 피망은 습도에 민감한 편으로 건조에 약하므로 가뭄이 계속되면 물주기나 짚 깔기를 하는 것도 중요하다.

꽃이 떨어지는 것은 일반적으로 열매를 맺는데 양분의 소모가 많기 때문으로, 웃거름이나 물주기와 함께 조기수확으로 포기의 부담을 덜어주는 것도 매우 효과적이다. 특히, 잎이 병해충 피해를 입거나 웃거름 주는 시기를 놓쳤을 때에는 열매의 조기수확이 잎자람새를 회복시키는 지름길이다.

피망은 건조한 것을 싫어한다

Q: 잎과 열매에 벌레 피해가 있다

A: 주위에 풀숲이 있을 경우 도둑벌레의 피해를 주의한다

피망은 병해에 강하지만 해충의 피해를 입는 경우가 종종 있다. 잎을 먹는 피해가 비교적 많은데 도둑벌레의 소행이다. 주위에 풀숲이 있는 경우에 특히 많다. 낮에는 땅 속에 숨어 있는 야행성이다. 갈색이며 기문(氣門) 부분에 삼각형 비슷한 흑색 반점이 있는 담배거세미나방은 도둑벌레보다 잡식성이 강하다. 디프 수화제, 디디브이피 유제를 규정농도로 뿌려서 방제한다.

지역에 따라 담배나방의 피해도 있으므로 도둑벌레와 같은 약제로 방제하는데, 잎 뒷면에도 잘 뿌려준다.

잡초지 근처에서는 밭 주변에 20~40cm 깊이의 골을 파서 지면을 따라 침입하는 해충을 막는 것도 하나의 방법이다.

Q: 소형 단고추에서 매운맛이 있는 열매가 달린다

A: 기원이 확실하고 좋은 품종을 심는다

소형 단고추는 일본요리에 많이 쓰이는데, 아주 매운맛이 강한 열매가 섞여 나올 때가 있다. 이것은 소형 단고추의 줄기에 원인이 있다.

원래 일본에는 매운 고추가 압도적으로 많았는데, 에도시대부터 아주 조금 존재하던 매운맛이 없는 고추를 골라서 소형 단고추가 만들어졌다. 그래서 원래의 성질로 돌아가거나, 매운맛과 교배한 것 중 매운맛이 도태되지 않고 남아서 매운맛이 강한 소형 단고추가 수확되었을 것으로 추측된다.

잘 조사해보면 매운맛이 강하게 나는 열매를 맺는 포기가 있다는 것을 알 수 있는데, 다음해부터 기원이 확실한 좋은 품종을 구하여 심는다.

Q: 파프리카와 피망의 다른 점은?

A: 파프리카는 색이 여러 가지인 완숙피망을 가리킨다

최근에 여러 가지 색의 대형 피망이 팔리고 있는데 파프리카라고 한다. 사실 피망과 파프리카 사이에 본질적인 차이는 없다. 흔히 이용하던 초록색의 미숙열매가 피망이며, 이에 비해 완숙시켜서 적색·황색 등으로 착색된 대형 완숙피망을 파프리카라고 부르게 되었다. 우리나라에서는 단고추라고도 한다.

적색과 황색을 비롯해 오렌지색·보라색·백색·흑색·갈색 등 색이 7가지나 되고, 모두 완숙된 것들이라 피망 특유의 강한 냄새가 적고 단맛이 있기 때문에 빛깔과 함께 먹기도 좋아 인기가 있다. 국내에서도 품질 좋은 완숙 컬러피망이 생산, 판매되고 있다.

호박

Pumpkin, Squash

실온에서 장기보관할 수 있으며, 점막을 좋게 하는 카로틴이나 저항력을 갖게 하는 비타민을 함유하고 있어 감기에도 좋은 영양이 풍부한 채소.

박과　　원산지＝아메리카대륙

재배 특성

- 열매채소류 중에서는 가장 저온에 강하여 밤에 7~8℃ 이상이면 생육한다. 고온에도 강하다.
- 토양의 병해에 강하여 이어짓기도 가능하며, 건강하여 기르기 쉽다. 다만, 잎줄기에 발생하는 역병에는 약하여 습기가 많은 지역에서 많이 발생할 수 있으므로 물빠짐이 잘되게 재배한다.
- 덩굴이 잘 크므로 생육 초기에 가지고르기와 유인에 신경 쓴다.
- 홑열매성(단위결과성)이 낮기 때문에 일찍 핀 꽃은 인공수분이 필요하다.

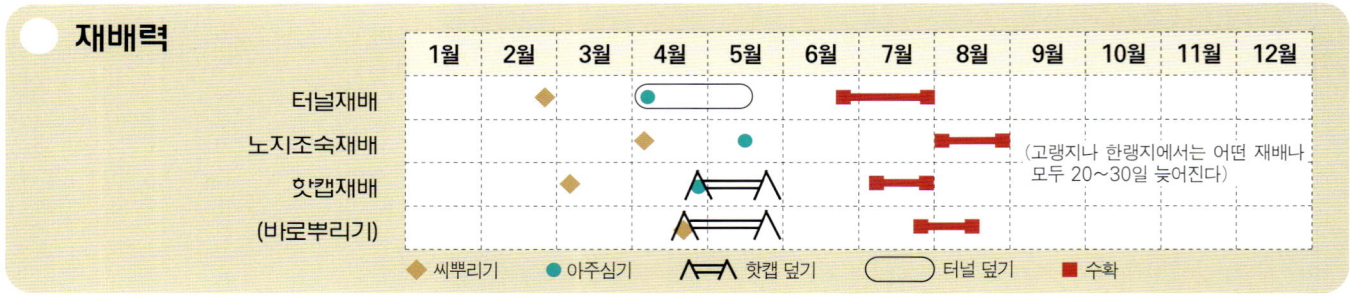

품종

호박은 크게 동양종·서양종·페포호박으로 나뉜다. 우리나라는 지방에 따라 진부의 되호박, 보성의 동두호박 등 품종이 다양하며, 그밖에도 긴 모양의 지레호박 같은 동양종과 늦서리가 내린 다음 잘 익는 단호박 같은 서양종이 있다. 최근에는 마디마다 열리는 애호박 신품종이 많이 개발되었다.

일본에서는 서양계 호박을 주로 재배하며, 주요 품종으로는 에비스·미야코 등이 있고 푸치니 같은 색다른 호박도 있다.

에비스

미야코

푸치니

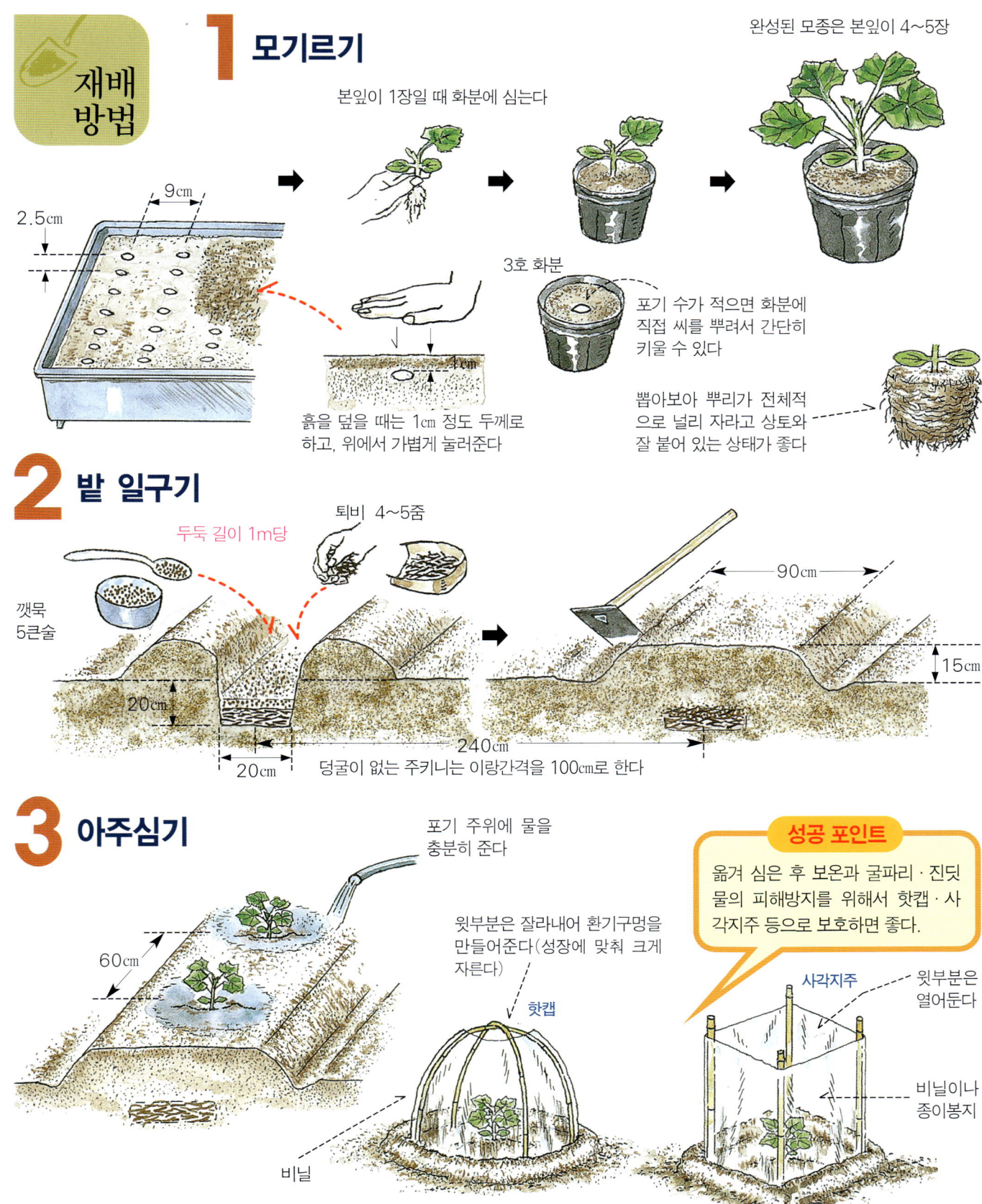

4 가지고르기

어미덩굴 1줄기, 아들덩굴 1줄기를 키우고 다른 아들덩굴은 제거한다. 덩굴은 두둑의 양쪽에 직각으로 배치하여 엉키지 않도록 한다

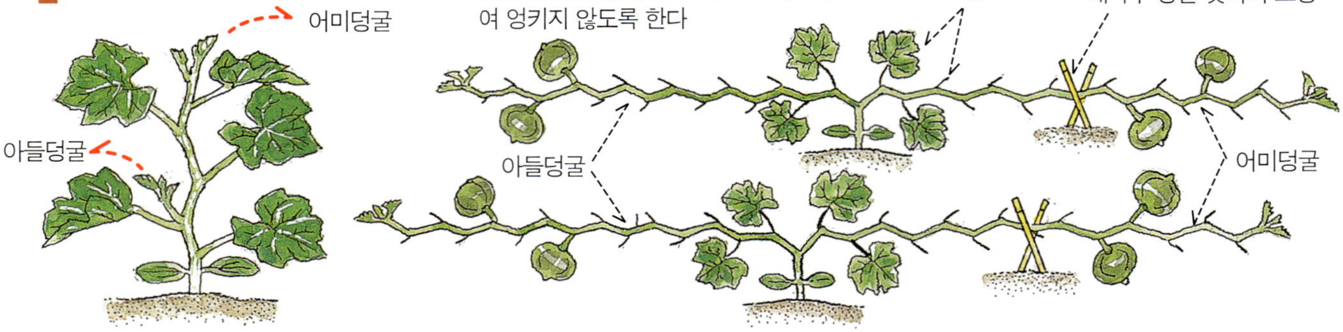

- 어미덩굴
- 아들덩굴
- 잎
- 대나무 등을 꽂아서 고정

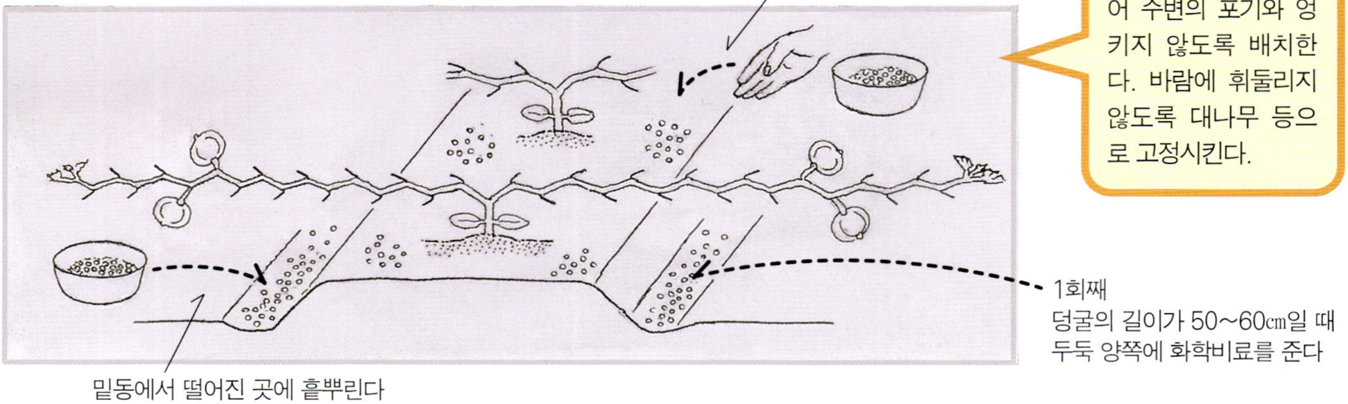

성공 포인트
덩굴을 좌우로 나누어 주변의 포기와 엉키지 않도록 배치한다. 바람에 휘둘리지 않도록 대나무 등으로 고정시킨다.

5 웃거름

2회째 호박이 찻잔 크기가 되면 포기 사이에 군데군데 화학비료를 조금씩 뿌려준다

1회째 덩굴의 길이가 50~60cm일 때 두둑 양쪽에 화학비료를 준다

밑동에서 떨어진 곳에 흩뿌린다

6 꽃가루받이

암꽃의 암술머리에 꽃가루를 문질러 바른다

수술을 손톱 위에 가볍게 문질러 꽃가루가 나오는지 확인하고 꽃가루받이하는 것이 좋다

- 수꽃
- 암꽃

성공 포인트
아침 일찍, 늦어도 8~9시경까지 꽃가루받이한다. 늦으면 꽃가루가 발아능력을 잃는다.

7 수확

꽃이 피고 45~50일이 지나서 호박이 익어 손톱으로 누르기 힘들 정도로 단단해졌을 때 수확한다. 수확이 늦으면 호박의 맛이 떨어진다.

손톱을 세워 눌러본다

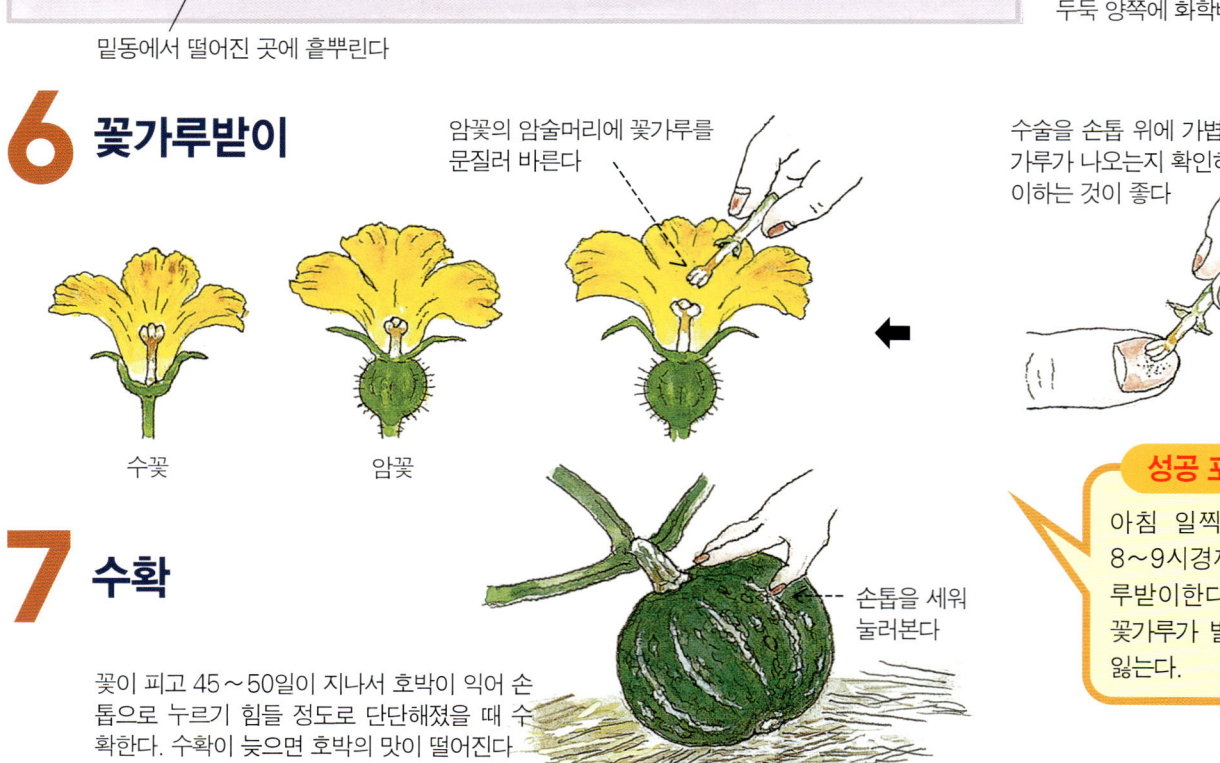

'이럴 때에는 어떻게 하나?' Q&A 이것을 알고 싶다

인공교배를 하고 싶은데 수꽃이 피지 않는다

꽃가루용 포기를 따로 기르거나 호르몬을 사용한다

호박을 조기 재배할 때 암꽃이 피어도 상대인 수꽃이 없어서 수정을 못하고 꽃이 떨어지는 경우가 자주 있다.

암꽃이 적은 품종은 수정이 늦으면 잎줄기만 생장하고 열매가 달리지 않는 경우도 자주 있다. 이럴 때는 수꽃을 찾을 필요가 있다.

그래서 미리 수꽃이 빨리 피는 품종을 꽃가루용으로 1~2포기 심어두면 좋다. 또는 근처에 시기가 이른 호박을 재배하는 사람이 있다면 수꽃을 2~3개 얻어서 수정시킨다.

아무래도 수꽃을 구할 수 없는 경우는 호르몬으로 수정이 가능하다. 호르몬은 나프탈린초산 300배나 클록시포낙 등의 착과 호르몬제를 규정농도로 희석하여 분무기로 암꽃 전체에 뿌리거나, 붓을 호르몬 액에 적셔서 암꽃 속의 암술 끝에 묻혀준다. 인공수분과 같이 아침에 해주며, 늦어도 9시까지는 끝낸다.

인공착과 방법
- 붓끝으로 암술머리에 호르몬을 가볍게 발라주는 방법
- 호르몬을 암꽃의 암술머리에 분무기로 뿌리는 방법

덩굴 없는 호박의 특성과 재배방법의 포인트는?

호박이 작고 덩굴이 크지 않은 것이 특징

주키니 등의 덩굴 없는 호박은 유럽에서도 널리 이용된다. 우리나라에서도 최근 시장에서 자주 볼 수 있으며 몇 가지 품종이 있다.

마디 사이가 3~5cm로 아주 짧아져 덩굴이 없다. 원줄기의 각 마디에 계속해서 오이 같은 원통형의 호박이 달린다. 이것이 길이 15cm 내외로 자라면 수확한다. 꽃이 피고 약 5~6일, 빠르면 4~5일이면 수확할 만한 크기로 자라므로 수확적기를 놓치지 않도록 한다. 이용하는 방법은 호박을 4~5mm의 두께로 둥글게 썰어서 기름에 볶거나 튀겨 먹거나, 꽃받침을 쪄서 먹는다.

재배방법은 주키니 부분에서 상세히 이야기되었는데 씨 뿌리는 시기, 모종상자 관리는 보통 호박과 같다. 5월이 되어 밭에 직접 씨를 뿌려도 충분히 기른다. 두둑을 조금 높여서 물이 잘 빠지게 해주고, 바람에 휘둘리기 쉬우므로 50~60cm의 짧은 지주로 고정한다.

주키니는 플랜터나 스티로폼상자에서도 충분히 기를 수 있다. 또한 진한 초록색이나 황색의 호박은 보기에도 색달라서 기르는 재미가 있다. 인공교배를 하지 않아도 열매가 잘 달리는 점에서도 역시 텃밭재배에 적합하다.

갓

Leaf mustard

초봄부터 봄까지 추대하기 시작할 때의 매운맛과 향을 절임으로 즐긴다.

배추과　　원산지=중앙아시아 – 중국

재배특성

- 어린모일 때는 더위나 추위에 강하지만 크게 자라서부터는 추위에 약하므로 서리가 많은 지역에서는 겨울이 되면 보온자재를 해준다.
- 퇴비를 많이 주어 비료가 부족하지 않게 큰 포기로 키운다.
- 바이러스병을 옮기는 진딧물 방제가 중요하다.

품종

오래 전부터 주로 남부지방을 중심으로 제주갓 · 완도갓 · 해남갓 그리고 북쪽의 진부갓 등 각 지방의 고유종이 재배되어 왔다. 품종으로는 청갓 · 적갓 · 오미갓 · 돌산갓 · 얼청갓이 있다. 주로 판매, 재배되는 것은 돌산갓 · 얼청갓 등이다. 일본에는 삼지대엽치리멘고채 · 적대엽고채 등이 있다.

삼지대엽치리멘고채

적대엽고채

재배 방법

1 밭 일구기

성공 포인트

양질의 퇴비와 유기질비료를 충분히 주어 잎이 크고 두꺼운 큰 포기로 키운다.

2 모기르기 · 아주심기

3 씨뿌리기 · 솎아내기

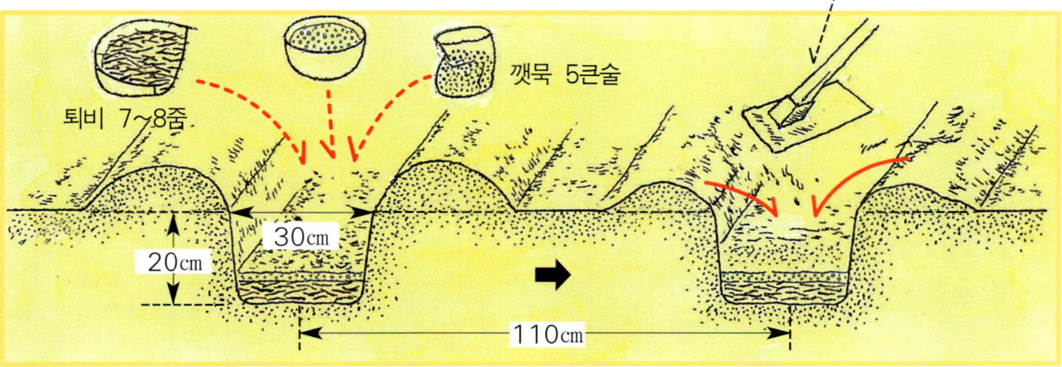

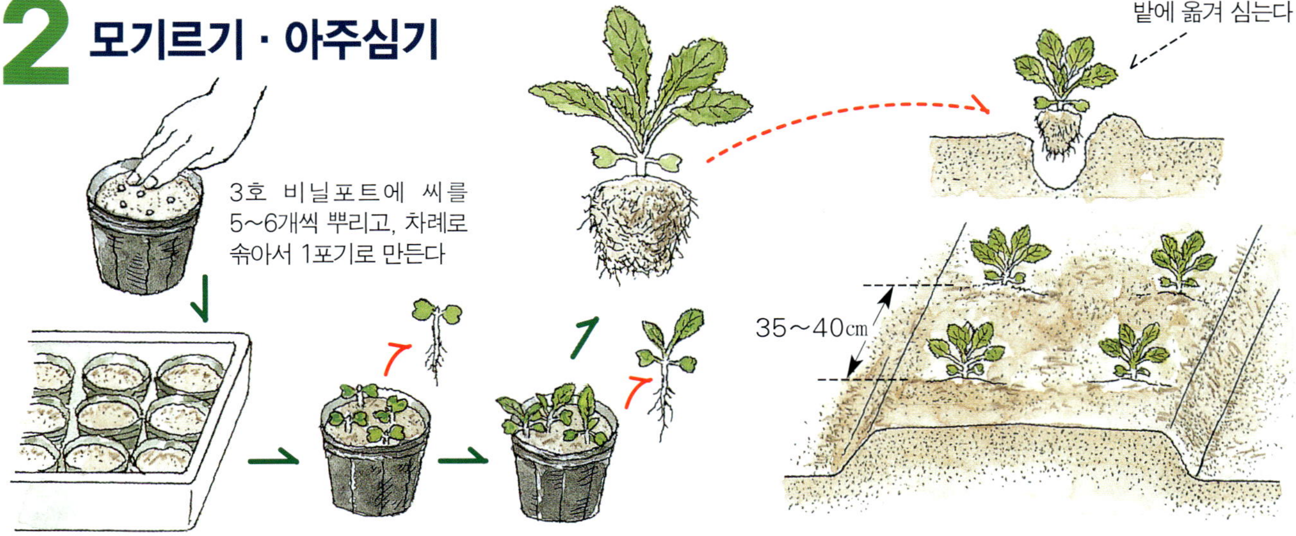

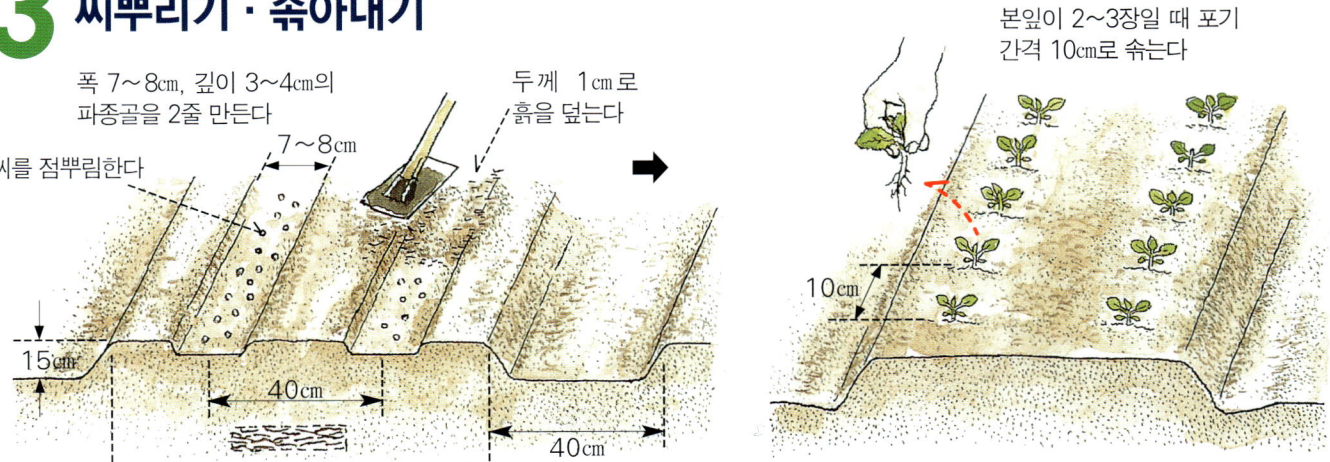

4 웃거름

1회째 : 솎아내기가 끝나면 포기 주위에 준다

1포기당 화학비료 1큰술

2회째 : 잎이 겹쳐지기 시작할 때 두둑 양쪽에 주고 통로의 흙을 부드럽게 만들어 두둑에 쌓는다

1포기당 화학비료 2큰술

5 추위막이

보온자재(전체피복 등)

대나무나 작은 관목 등

일반 평지에서 월동재배할 경우 12월이 되면 추위를 막아주어 잎이 추위에 상하지 않도록 보호한다

성공 포인트
본래 따뜻한 지방에서 많이 재배하던 것이므로 추운지방에서는 12월이 되면 간단하게 추위를 막아줄 대책을 마련하는 것이 좋다.

6 수확

연내에 수확할 경우, 포기가 충분히 컸을 때 뿌리째 칼로 잘라서 한꺼번에 수확한다

봄이 되면 포기가 커지므로 밑에서부터 차례로 뿌리에 붙은 잎을 따주며 장기간에 걸쳐 수확한다

성공 포인트
연내에 수확하는 것은 포기를 칼로 자르고, 해를 넘겨 수확하는 것은 잎을 따내고 추대하면 추대와 함께 수확하여 이용한다.

이럴 때에는 어떻게 하나? Q&A 이것을 알고 싶다

Q 봄이 되어 추대하였다

A 추대는 굵고 독특한 향이 있어 매우 맛있다

겨울에 꽃눈이 생겨서 봄에 따뜻해지고 해가 길어지면서 추대한다.

채소류의 대부분은 추대하면 줄기가 가늘게 자라고 바로 꽃이 피어버리므로 곧 품질이 나빠지지만, 갓의 추대는 굵고 안까지 부드러우며 적당히 매운맛이 있고 풍미가 좋다. 조금 자랐을 때 잎을 여러 장 붙여서 잘라내 반드시 함께 이용한다. 잎만 먹는 것과는 다른 독특한 맛이 있다.

Q 갓을 잘 이용하는 방법은?

A 갓김치를 담가 먹는다

돌산갓은 여천의 특산품으로 섬유질이 적어 부드럽고 매운맛이 적으며, 김치를 담가도 쉽게 시지 않고 맛이 좋아 인기가 있다.

갓김치를 담그려면 먼저 병든 잎 등을 제거하고 흙 등의 이물질이 없도록 잘 다듬으며, 10%의 소금물에 6~10시간 절였다 맑은 물에 깨끗이 씻어 물을 뺀다. 양념으로는 마늘·생강을 잘 갈아 고춧가루·멸치젓(또는 새우젓)·찹쌀풀을 넣어 섞어주며, 여기에 갓과 파를 넣고 양념이 잘 배도록 버무려 저온에서 숙성시킨다.

일본 후쿠오카의 지쿠고(筑後) 지구에서는 수확한 갓을 햇빛에 말려 30% 정도 줄어든 것에 150kg당 6~12 l 의 소금을 넣어 절이며, 임시로 절인 것을 물에 헹구어 소금·고추를 넣고 본절임하여 이용한다.

텃밭 미니상식
전체피복의 자재는 추위를 막거나 발아를 촉진하는 보온에도 이용된다

칼럼 — 좋은 수확방법

연내에 수확하는 경우에는 포기째 칼로 자르거나 포기 전체를 뿌리째 뽑지만, 겨울~초봄까지 수확하는 경우에는 벌어져 있는 바깥잎을 뿌리에서 1~2장씩 따서 수확한다. 1회 수확량은 적지만 1~2장씩 차례로 따서 수확하면 신선한 갓잎을 오래 수확할 수 있다. 봄에 추대하면 갓 특유의 맛을 즐긴다.

겨자채

Leaf mustard

갓과 같은 종류로 잎이 가늘고 단단하며, 씹으면 매운 맛이 강하다. 매운맛 성분은 시니그린이며, 씨앗은 겨 잣가루의 원료.

배추과　원산지＝중앙아시아 – 중국

재배특성

- 잎 폭이 좁고 가장자리에 톱니모양이 많으며, 갓류에 비해 소형으로 잎 전체가 가느다란 털에 싸여 있다.
- 추위에 강하고 더위에도 비교적 잘 견디므로 재배기간이 갓보다 길다. 또 생육일수도 짧아서 열매채소류의 앞·뒤 작물이나 사이짓기에 이용할 수 있고, 돌려짓기에도 좋다.

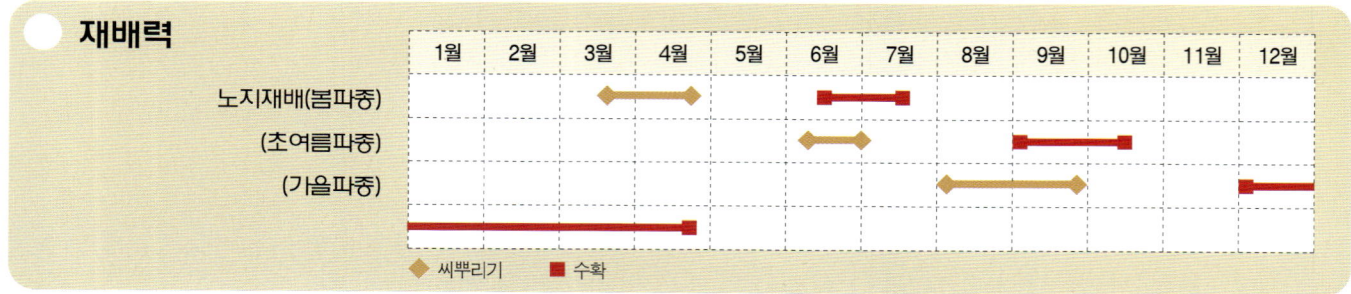

품종

잎의 색에 따라 청겨자·적겨자·적청겨자 등이 있으며, 잎의 모양에 따라서는 열무잎 모양의 잎겨자채와 잎 가장자리가 오글거리는 곱슬겨자채 등이 있다. 우리나라에서는 잎 가장자리가 오글거리는 곱슬겨자채를 많이 이용하지만, 일본에서는 잎겨자채와 황겨자채가 대표적이다.

잎겨자채

황겨자채

재배 방법

1 밭 일구기

밭 전체에 석회와 비료를 흩뿌리고 잘 갈아둔다

1㎡당
- 퇴비 5~6줌
- 석회 5큰술
- 깻묵 7큰술

2 밑거름 · 파종골 만들기

골 길이 1m당 화학비료 3큰술

15㎝ 폭의 파종골을 만들어 밑거름을 주고, 위에 10㎝ 정도 흙을 덮어서 바닥을 평평하게 고른다

성공 포인트
겨자씨는 작으므로 파종골 바닥이 평평하도록 정성들여 만들어 고르게 발아시킨다.

10㎝ / 15㎝ / 3~4㎝ / 60㎝

비료 위에 흙을 덮고 괭이로 바닥이 평평하도록 잘 고른다

3 씨뿌리기

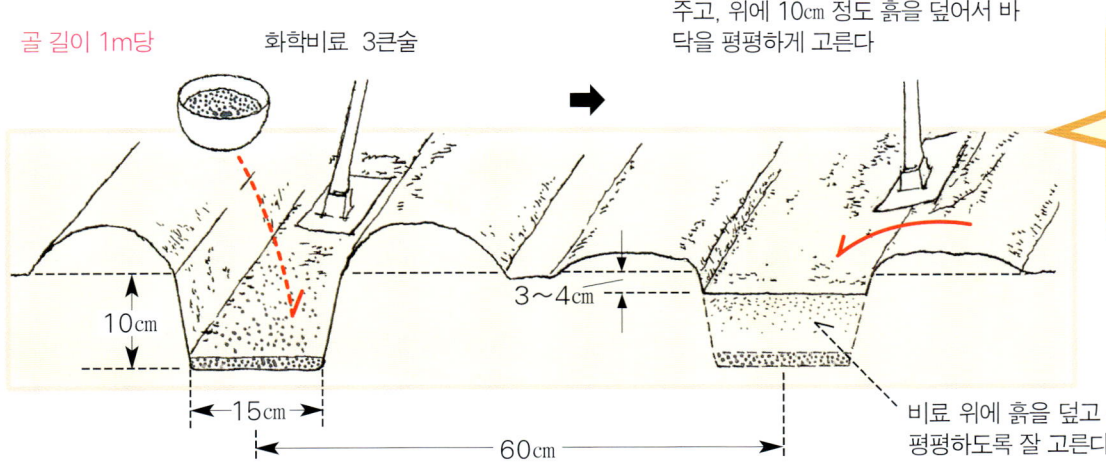

파종골 / 통로 / 파종골

5㎜ 정도 흙을 덮고 괭이 뒷면으로 눌러준다

씨가 작으므로 씨를 깊게 심지 않는다

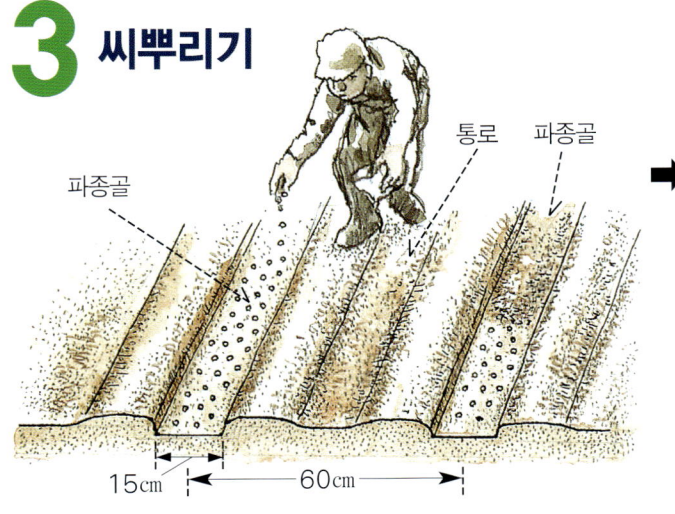

15㎝ / 60㎝

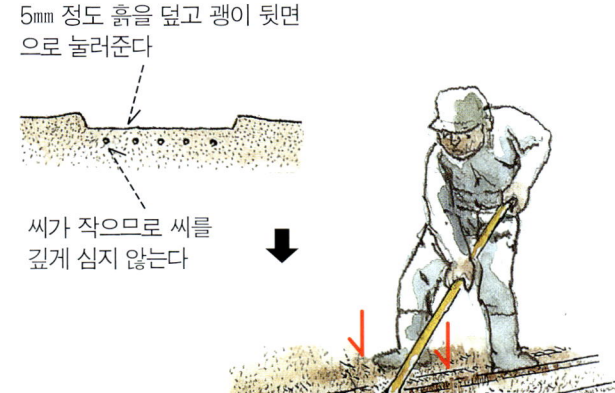

골 전체에 가득 씨를 뿌린다. 씨앗과 씨앗 간격은 2㎝ 정도

잎줄기 채소류 · 겨자채

4 솎아내기

1회째　　　　　　　　2회째

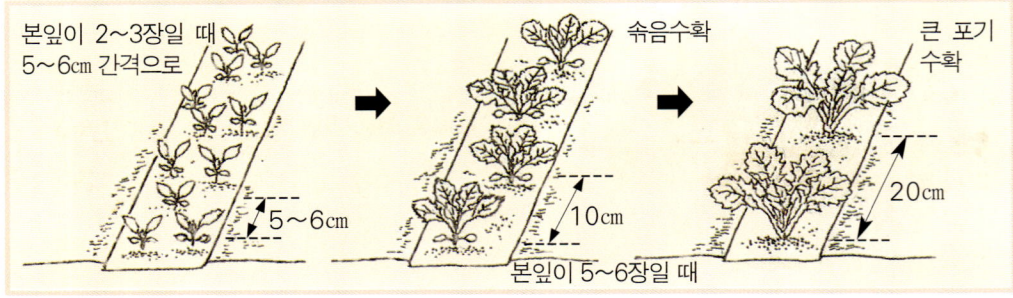

본잎이 2~3장일 때
5~6cm 간격으로

솎음수확

큰 포기 수확

5~6cm

10cm

20cm

본잎이 5~6장일 때

> **성공 포인트**
> 어려서 수확하려면 배게 심고, 큰 포기로 수확하려면 성글게 심듯 마지막 솎을 때의 포기간격을 다르게 한다.

5 웃거름

1회째
본잎이 5~6장일 때

골 길이 1m당
화학비료 2큰술

2회째
작물의 키가 10~12cm일 때

골 길이 1m당
화학비료 3큰술

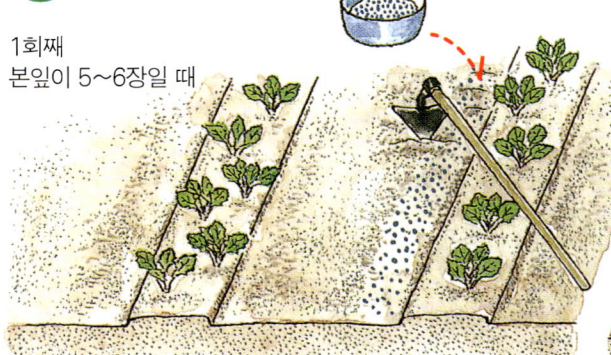
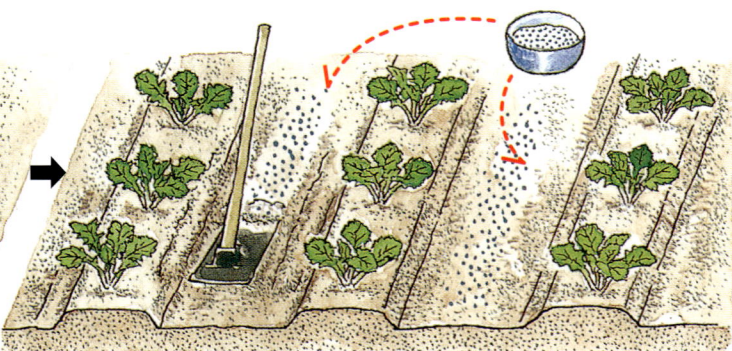

줄 한쪽에 비료를 주고 가볍게 흙과 섞는다

줄 가운데에 비료를 주고 갈면서 가볍게 흙을 돋운다

6 수확

봄파종은 추대하므로 추대가 나오기 시작하면 전부 수확하여 저장한다

작물의 키가 20cm 이상 되면 수확할 수 있다. 봄수확은 25~30cm 정도의 큰 것이 맛이 좋다.

> **성공 포인트**
> 어려서 수확한 채소부터 봄에 추대하기 시작한 큰 포기의 채소까지 모두 이용할 수 있다. 매운맛이 나고 맛이 좋은 것은 봄철의 큰 포기다.

'이럴 때에는 어떻게 하나?' Q&A 이것을 알고 싶다

Q. 겨자채는 갓처럼 모종을 길러서 재배할 수 없나?

A. 옮겨 심으면 뿌리내림이 나쁘므로 바로뿌리기하여 재배하는 것이 좋다

겨자채와 갓은 같은 무리로 가까운 관계이지만, 겨자채는 잎이 가늘고 거친 데 반하여 갓은 잎 폭이 넓고 살지다. 이런 차이는 뿌리에서도 나타나, 겨자채는 옮겨심기에 별로 강하지 않지만, 갓은 옮겨심기에 강한 편이다. 따라서 겨자채는 밭에 직접 씨를 뿌리는 것이 좋다. 바로뿌리기로 생육일수가 짧은 특색을 살리고, 파종기간을 늘려 좋은 윤작체계를 갖춘다.

Q. 가을파종과 봄파종, 모두 가능한가?

A. 추운 지역은 봄파종, 따뜻한 지역에서는 가을파종이 좋다

겨자채는 저온에서도 비교적 잘 견디고 생육기간도 짧으므로 파종적기의 폭이 꽤 넓지만, 한랭지에서는 겨울 저온의 영향을 심하게 받아 생육불량이 되기 쉬우므로 원칙적으로는 봄파종을 주로 한다. 따뜻한 지역에서는 가을에 씨를 뿌려서 겨울부터 봄까지 수확하는 것이 이익이므로 원칙적으로 가을에 씨를 뿌린다.

단, 따뜻한 지역에서도 이른 봄에 보온재배하면 여름 더위가 오기 전에 수확할 수 있다. 또 여름에 더위를 막을 대책을 세우고 씨를 뿌려서 돌려짓기에 잘 이용할 수도 있으므로 장기간 수확할 수 있는 재배방법을 여러 가지로 연구해본다.

겨자채꽃

칼럼 — 겨자채의 약효

겨자채의 씨는 배당체 시니그린을 함유하고 있으며, 가수분해로 생성되는 이소티오시안산 알릴이 매운맛으로 약효가 있다. 탈지 겨자와 물을 섞어서 반죽하여 걸쭉하게 만든 겨자페이스트는 염증 방지약으로 사용되며, 그밖에 향신료, 휘발성 겨자유의 원료 등으로 많이 이용된다.

경수채

Pot herbmus

일본에서만 재배되던 독특한 절임용 채소. 씹을 때의 사각사각하는 느낌과 삶아도 무르지 않는 것이 특징. 교토요리에서 빠지지 않는다.

배추과 　 원산지 = 일본

재배특성

- 잎은 가늘고 뿌리에서 나오며, 수가 600~1,000장까지 되므로 충적토의 약간 무겁고 수분이 많은 토양에서 좋은 품질이 나온다.
- 좋은 잎을 많이 만들려면 양질의 퇴비를 충분히 주어 비료가 부족하지 않게 기른다.
- 바이러스병에 걸리기 쉬우므로 방제를 게을리 하지 않는다.
- 초기 생육은 느리므로 다른 작물과 함께 사이짓기로 재배할 수 있다.

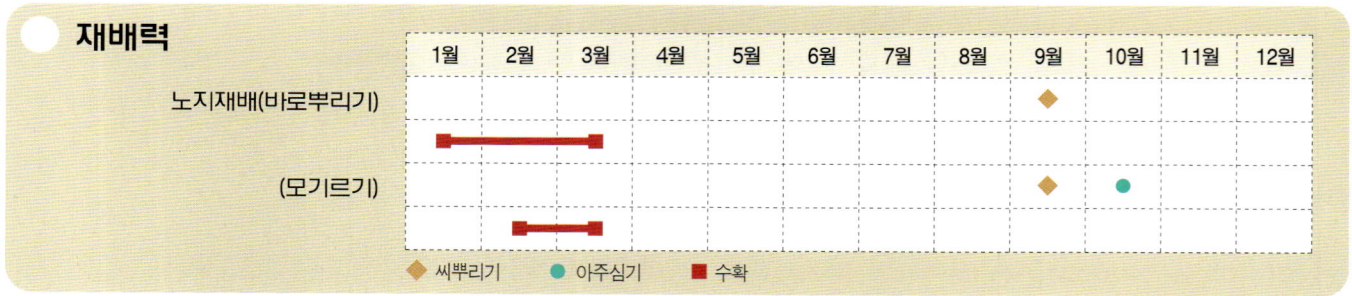

품종

원산지가 교토이며 재래종이 유지되고 있지만 재배 역사가 길어서 잎의 형태와 수·품질·추대성 등이 다른 여러 계통이 있다. 우리나라에서는 교나라는 이름으로 판매된다.

일본에는 백경천근경수채의 조생·중생·만생종, 신기자경채, 환엽임생채의 조생·중생·만생종 등이 있다.

백경천근경수채 조생종

백경천근경수채 만생종

재배 방법

1 밭 일구기

씨뿌리기 보름 정도 전에 전체에 비료를 뿌려 잘 갈아둔다

성공 포인트

밭은 가능하면 충적지의 수분이 많은 토양을 골라 빨리 비료를 주고 갈아둔다.

2 밑거름

3 모기르기

포기 수가 적으면 3호 비닐포트에

셀 트레이 또는 연결 비닐포트 1군데에 씨를 3~4개 넣는다

본잎이 2장일 때 1포기솎기한다

성공 포인트

초기 생육이 느리므로 밭을 효과적으로 이용하기 위하여 모종을 길러 본밭에 아주심기하는 것이 좋다. 다른 작물과의 섞어짓기도 좋다.

4 씨뿌리기

점뿌림인 경우

폭 7~8㎝, 깊이 3~4㎝의 파종골을 2줄 만들어 씨를 뿌린다

지하수위가 높은 밭에서는 두둑(높은 못자리)에 뿌리는 것이 좋다

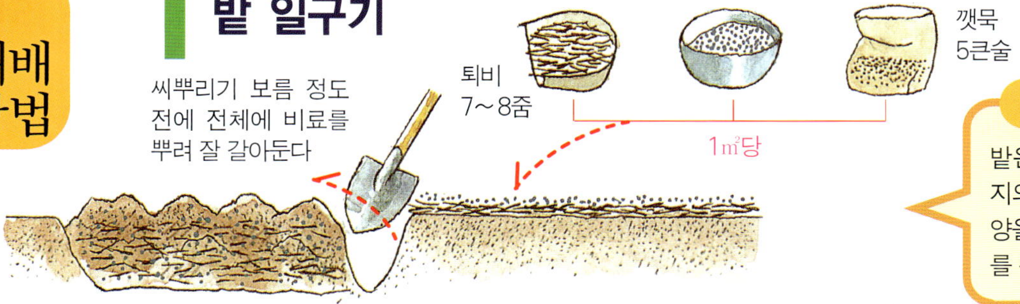

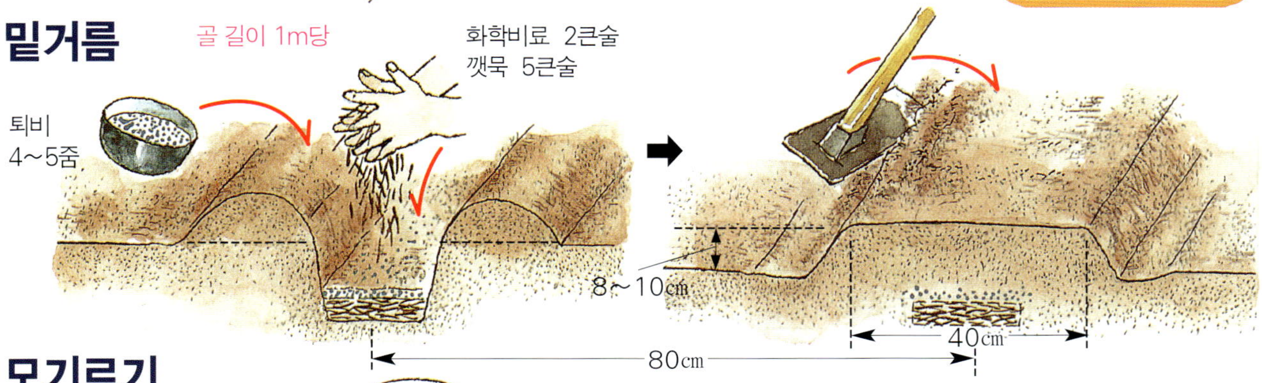

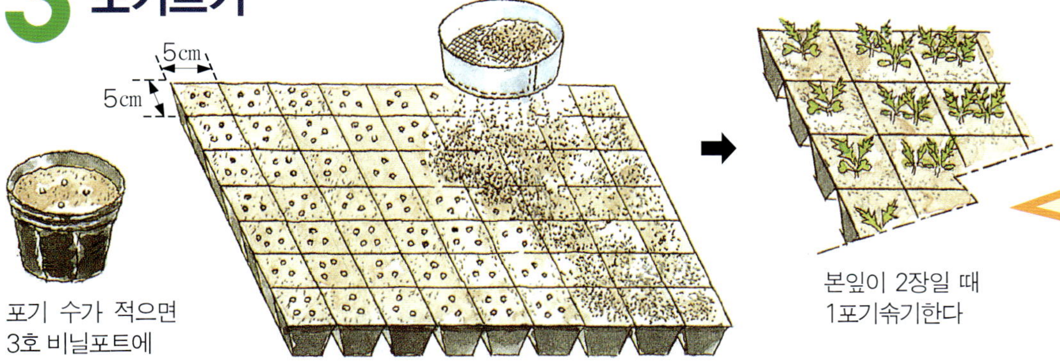

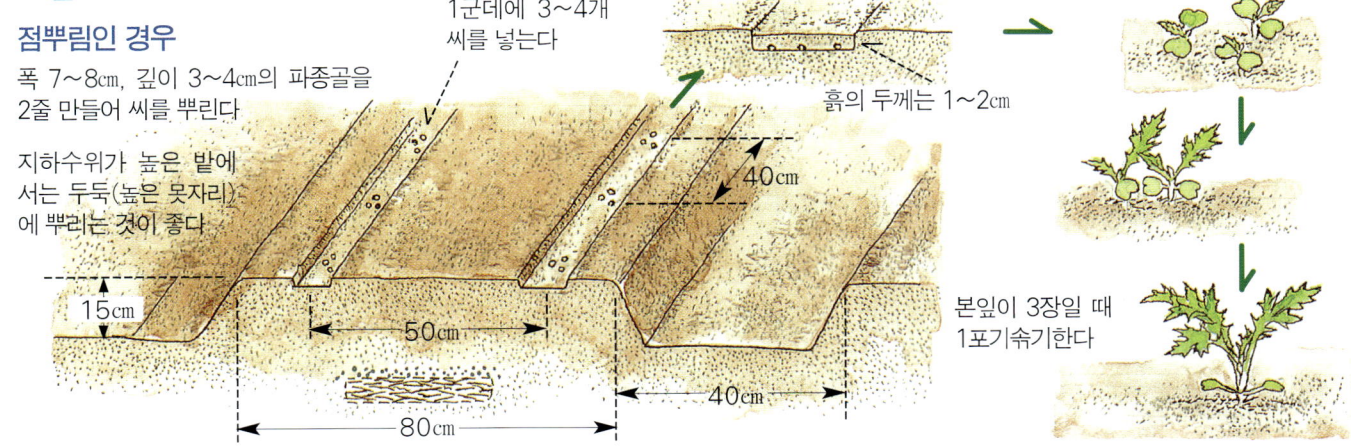

5 아주심기
모기르기의 경우

본잎이 5~6장 벌어졌을 때

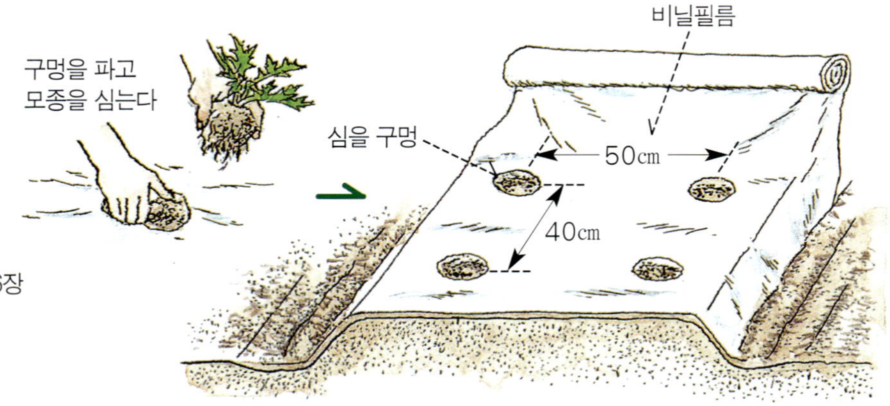

구멍을 파고 모종을 심는다

비닐필름, 심을 구멍, 50cm, 40cm

6 병해충 방제

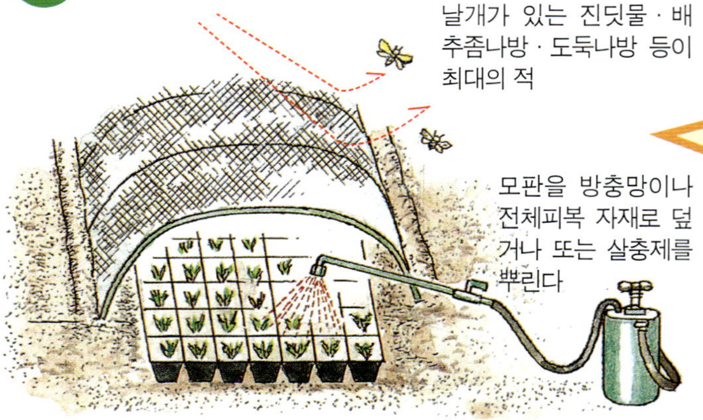

날개가 있는 진딧물·배추좀나방·도둑나방 등이 최대의 적

모판을 방충망이나 전체피복 자재로 덮거나 또는 살충제를 뿌린다

성공 포인트
배추과 채소의 공통 문제로, 도둑나방이나 배추좀나방 등 해충에 약하므로 방제를 게을리 해서는 안 된다. 경수채는 바이러스병에 약하므로 진딧물 방제에 주의.

밭이 건조하면 물을 충분히 준다

7 웃거름·북주기

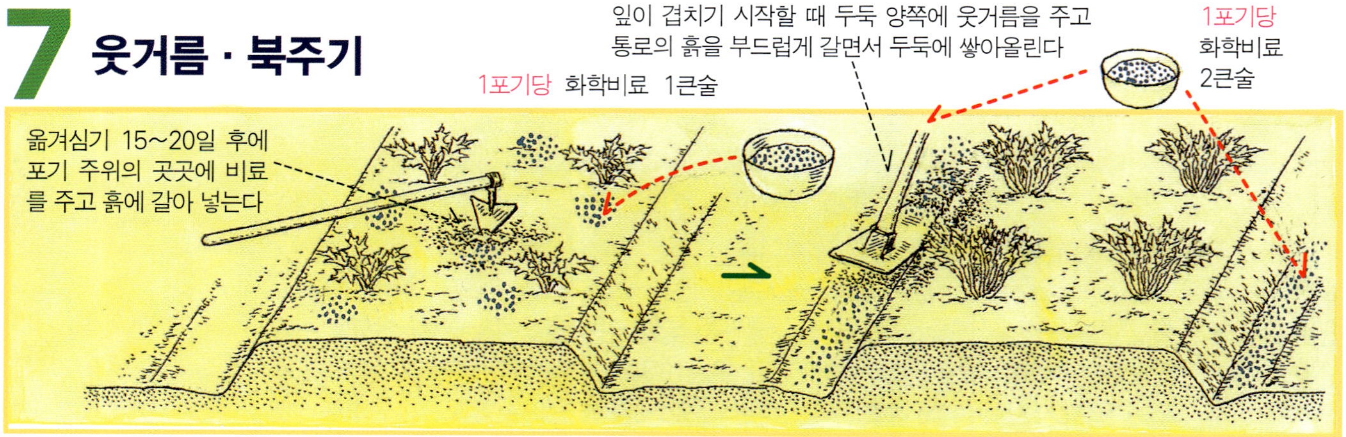

옮겨심기 15~20일 후에 포기 주위의 곳곳에 비료를 주고 흙에 갈아 넣는다

1포기당 화학비료 1큰술

잎이 겹치기 시작할 때 두둑 양쪽에 웃거름을 주고 통로의 흙을 부드럽게 갈면서 두둑에 쌓아올린다

1포기당 화학비료 2큰술

8 수확·이용

1월 중순경부터 아래 잎의 색이 약간 엷어진다. 이 때부터가 수확적기

아래 잎이 퇴색

절임류, 냄비요리, 순무김치에 첨가

'이럴 때에는 어떻게 하나?' Q&A 이것을 알고 싶다

Q 경수채와 수채·임생채의 차이는?

A 수채는 같은 종류이지만, 임생채는 변종

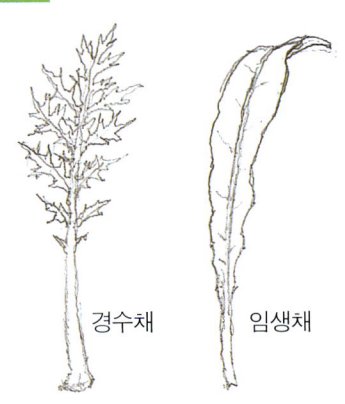

경수채   임생채

경수채는 옛날부터 교토 부근에서 재배되어온 절임용 채소로, 교토에서는 비료를 사용하지 않고 물과 땅심만으로 재배되어 수채(水菜)라고 불려져 왔다. 다른 지방에서는 교토에서 전해진 채소이므로 경수채라고 부르게 된 것이다. 따라서 경수채와 수채는 같은 것이라고 할 수 있다. 임생채는 수채의 일종(변종)으로 교토의 미부(壬生) 부근에서 잎 가장자리의 톱니 모양이 없는 채소가 발견되었고, 그 일대에서 재배가 확대되어 붙어진 이름이다.

임생채는 경수채와 잎 모양이 다르고 경수채보다 색이 진하며, 경수채만큼 뿌리가 크지 않고 경수채에는 없는 향기와 맛이 있다.

Q 경수채를 맛있게 먹는 방법은?

A 냄비요리·조림·절임요리로

경수채는 육류와 어패류의 냄새를 없애주는 특징이 있으므로 오리나 굴·조개 등과 함께 냄비요리에 이용한다. 유부와 함께 졸인 것은 교토의 대표적인 겨울요리. 씹는 느낌이 있게 너무 삶지 않으며, 맛이 잘 배므로 담백하게 요리하는 것이 중요하다. 선명한 초록색과 상큼한 신맛을 내는 소금절임은 밥반찬으로 좋다.

부엌 가까이에 있는 텃밭. 하루 하루의 식탁을 꾸미는 데 있어 든든하다

칼럼 — 경수채 재배에서의 비료 사용

교토의 경수채는 물과 땅심만으로 키울 수 있지만, 윤이 나고 싱싱한 잎이 많은 포기로 키우려면 비료가 떨어지지 않도록 하고 적당한 수분을 유지하는 것이 중요하다. 밑거름 외에 수확까지 3회 정도 웃거름을 주면 좋다. 뿌리가 약하므로 흙을 북주기할 때 뿌리가 끊어지지 않게 조심하고, 가볍게 비료와 흙을 섞어주는 정도로 한다. 뿌리가 끊어지면 생육이 둔해지고 좋은 포기로 자라지 않는다.

공심채

Water convolvulus

잎은 고구마 잎이 약간 가늘고 긴 것 같은 모양. 여름 더위에 지치지 않고 왕성하게 자라며, 덩굴을 따도 바로 다시 나오는 강건한 채소.

메꽃과   원산지=열대 아시아

재배특성

- 다습한 토양을 좋아하고, 더위에 매우 강하여 한여름에도 잘 자란다. 가을에는 기온 저하와 함께 급속히 생육이 나빠진다. 서리를 맞으면 흑색으로 변하여 말라죽는다.
- 모종을 키워서 재배하지만, 고구마같이 덩굴 끝을 잘라서 꺾꽂이하여 모종을 늘릴 수도 있다.
- 덩굴이 잘 뻗고 가지벌기도 왕성하여 일대에 널리 퍼진다.

재배력 / 노지재배 / 씨뿌리기 / 아주심기 / 수확

품종

본래 수습성(水濕性)이었으나 육지성이나 중간 성질의 것 등 계통 분화가 있으며, 잎 모양도 버들잎 모양과 긴 잎 모양 등이 있다. 그러나 특별히 품종명은 붙여져 있지 않다.

공심채

공심채

재배방법

1 모기르기

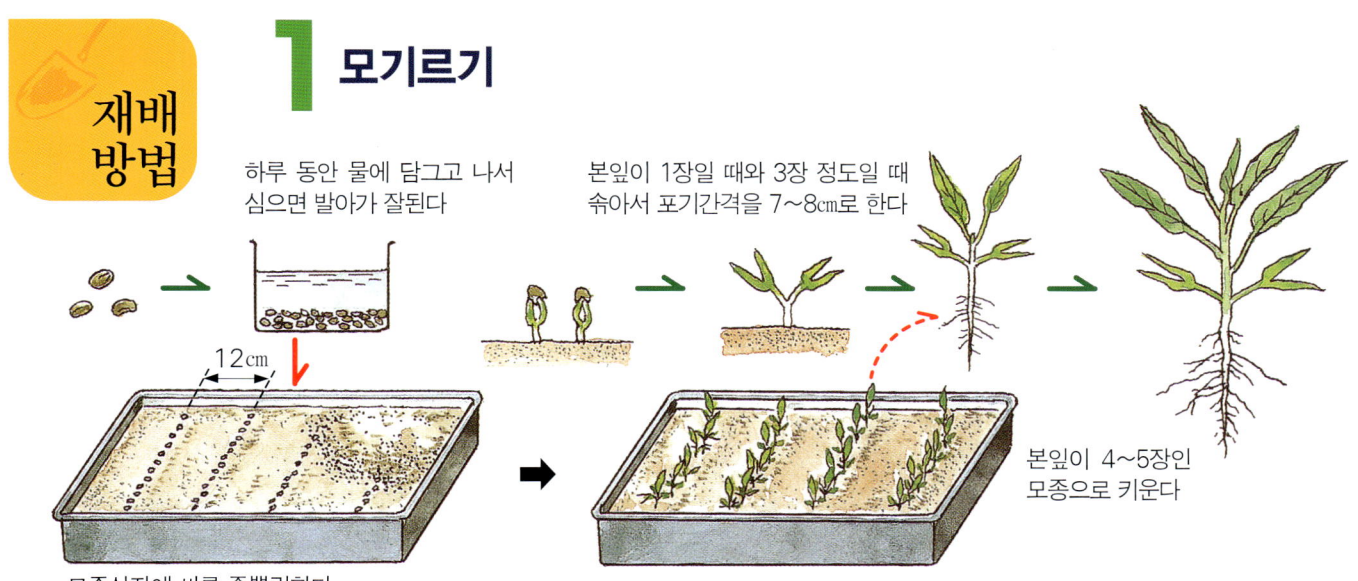

2 밭 일구기

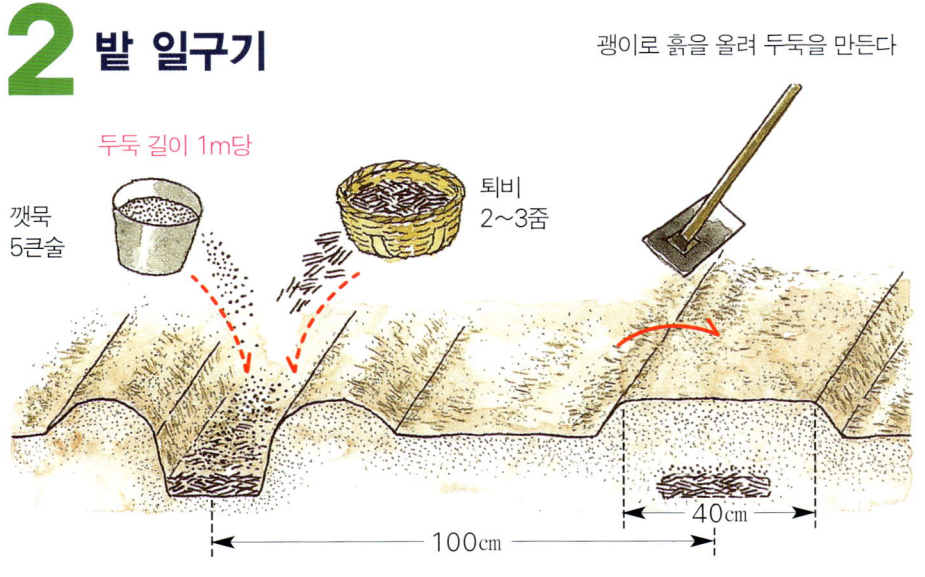

3 아주심기

성공 포인트
덩굴이 매우 왕성하게 뻗어 밭 전체를 덮듯이 되므로 두둑간격을 충분히 넓게 하여 심는다.

4 웃거름·짚 깔기

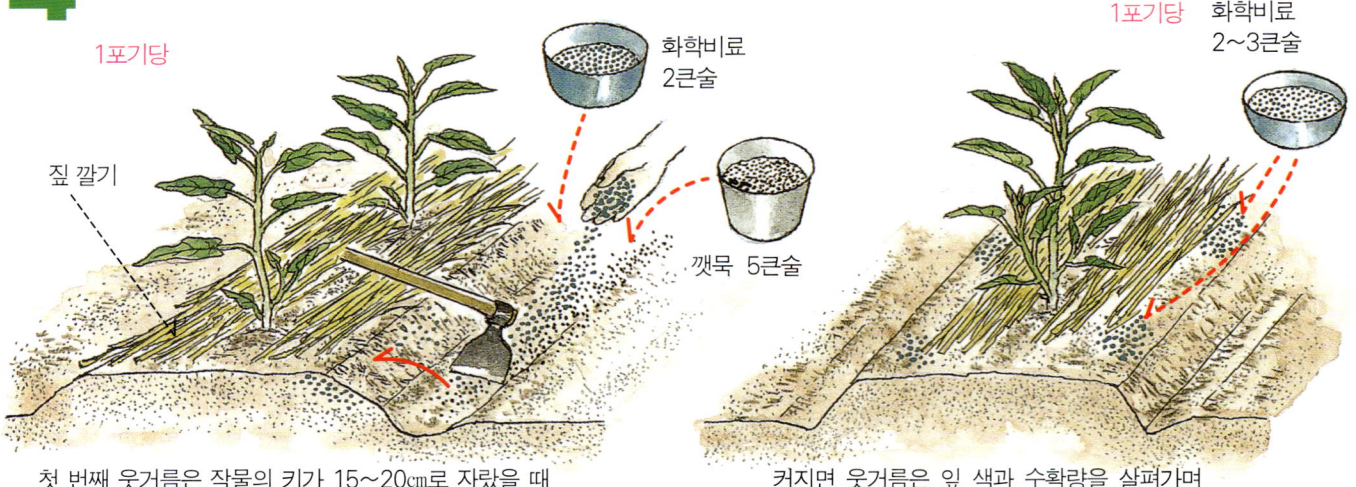

첫 번째 웃거름은 작물의 키가 15~20cm로 자랐을 때 얕은 골을 파서 주고, 포기 밑에 짚을 덮는다

커지면 웃거름은 잎 색과 수확량을 살펴가며 군데군데 준다

5 수확·이용

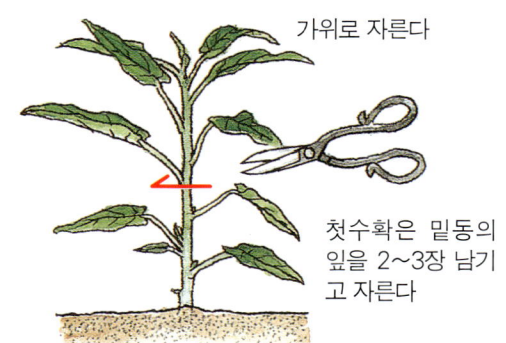

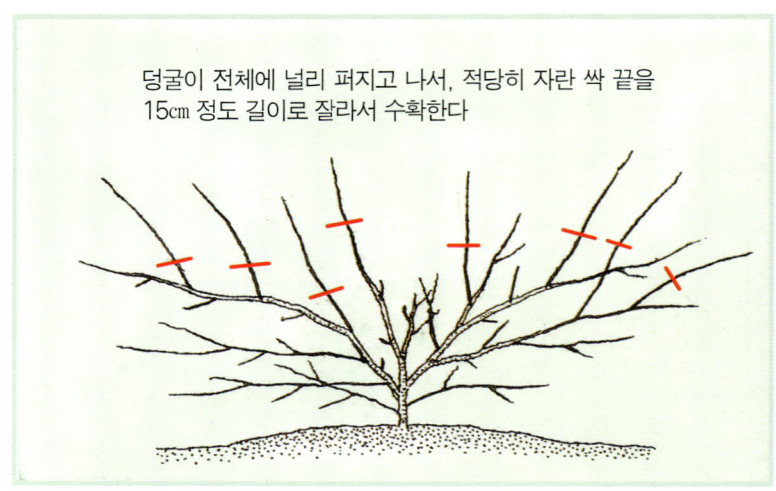

덩굴이 전체에 널리 퍼지고 나서, 적당히 자란 싹 끝을 15cm 정도 길이로 잘라서 수확한다

덩굴 끝의 부드러운 부분 15~20cm를 이용한다

성공 포인트

덩굴이 너무 혼잡하면 연한 싹밖에 수확할 수 없으므로, 밀집해 있는 곳을 잘라서 정리하여 듬성듬성하게 만든다.

약간 떫은맛이 있으므로 시금치처럼 살짝 데쳐서 각종 요리에 사용한다

'이럴 때에는 어떻게 하나?' Q&A 이것을 알고 싶다

플랜터에서 재배할 수 있을까?

잘 발아시키기 위해서는 경험이 필요

성질이 강건하므로 플랜터에서도 충분히 재배할 수 있다. 여름의 초록색 채소가 부족할 때 가까이에서 기르면 귀중하게 쓰이므로 꼭 재배해본다.

장소에서 유의할 점은, 여름에 건조하기 쉬울 때 물을 좋아하는 수습성 채소를 기르는 것이므로, 플랜터는 큰 것을 준비하고 보수성이 있는 토양(좋은 퇴비, 피트모스, 적옥토 등을 조금 많이 넣어 만든다)을 이용한다. 또, 당연한 일이지만 물이 부족하지 않도록 해준다.

덩굴이 플랜터 주위에 널리 뻗으므로 이것을 염두에 두고 주위의 공간을 확보하는 것도 중요하다.

씨를 뿌릴 때는 씨앗간격을 10㎝ 정도로 하여 줄뿌림한다. 발아하면 서로 잎이 닿지 않도록 솎아준다.

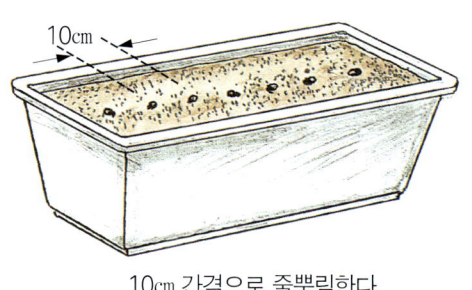

10㎝ 간격으로 줄뿌림한다

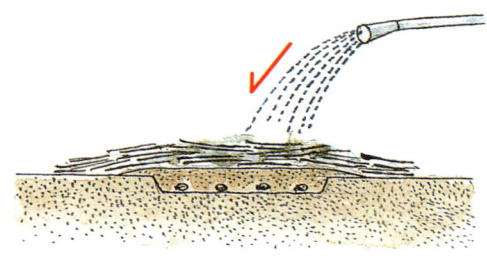

씨앗의 2배 정도 흙을 덮고 위에 짚이나 퇴비 등을 덮는다. 발아할 때까지 건조하지 않도록 한다

공심채의 화분재배

칼럼 — 가정의 텃밭에 권할 만한 채소

채소 종류는 국내에서 재배되고 있는 것만도 100여 종류이고, 해외에서 들어온 것까지 포함하면 상당히 많은 수가 된다. 많이 먹는 채소로는 무나 양배추·오이·감자 등을, 갓 수확한 신선한 맛을 즐기는 채소로는 가지나 쑥갓·완두 등을 권한다. 또, 흔히 구하기 어려운 진귀한 채소로서 트레비소·주키니·루바브 등을 키워보는 것도 좋다.

꽃부추

Chinese chive

부추의 추대한 줄기와 꽃봉오리를 먹는다. 매년 추대하는 꽃부추 전용 품종을 재배한다.

백합과　**원산지=동아시아**

재배특성

- 잎부추보다 잎이 가늘고 단단하므로 오로지 추대시켜 이용한다.
- 매년 추대하므로 보온하면 겨울수확도 가능하다. 저온에 부추만큼 강하지 않으므로 세심한 온도 관리가 필요하다.
- 추대한 것을 꽃이 피기 전에 수확. 수확이 늦어지면 품질이 떨어지므로 수확적기를 놓치지 않도록 한다.

재배력

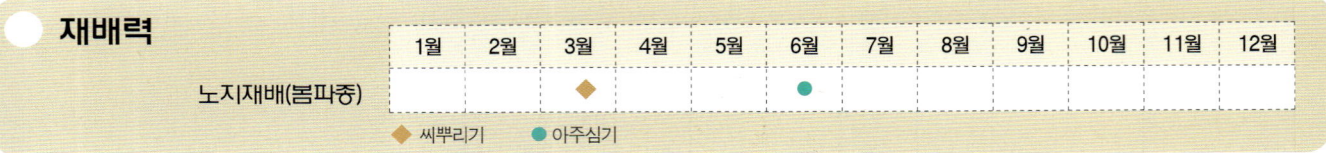

	1월	2월	3월	4월	5월	6월	7월	8월	9월	10월	11월	12월
노지재배(봄파종)			◆			●						

◆ 씨뿌리기　● 아주심기

품종

매년 꽃눈이 생기고 추대하는 부추의 일종으로 우리나라에서는 거의 재배되지 않는다. 일본에서는 중국에서 들어온 텐더폴이 유명하지만 하나니라 등이 판매되고 있다.

텐더폴

하나니라

재배 방법

1 모기르기

1㎡당

- 깻묵 4~5큰술
- 퇴비 5~6줌
- 화학비료 3큰술
- 120cm / 40cm / 15cm
- 씨를 줄뿌림한다
- 씨를 뿌린 줄 사이에 화학비료를 뿌려서 흙에 섞는다

2 밭 일구기

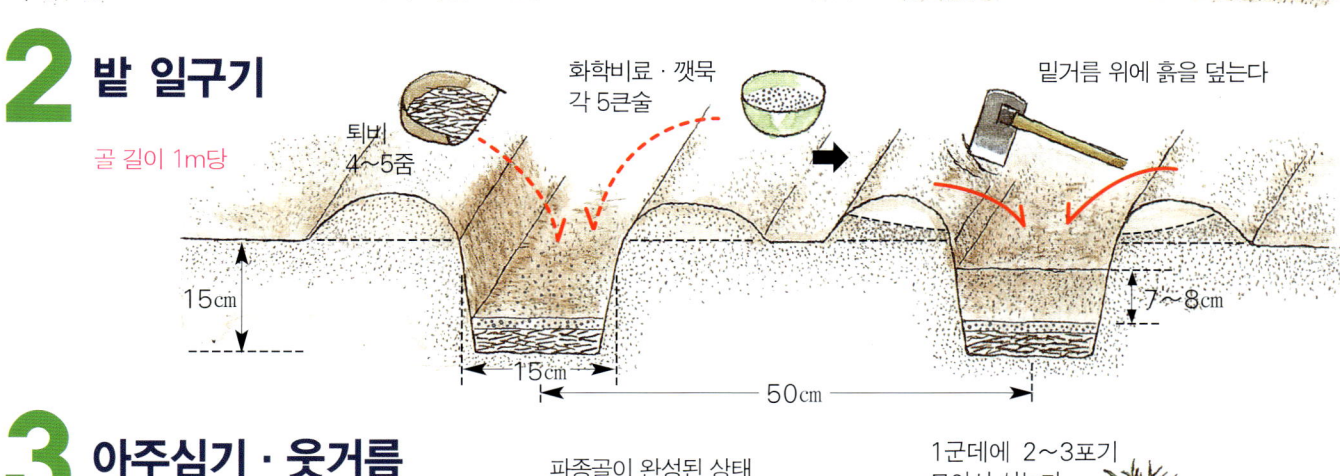

골 길이 1m당
- 퇴비 4~5줌
- 화학비료·깻묵 각 5큰술
- 밑거름 위에 흙을 덮는다
- 15cm / 15cm / 50cm / 7~8cm

3 아주심기·웃거름

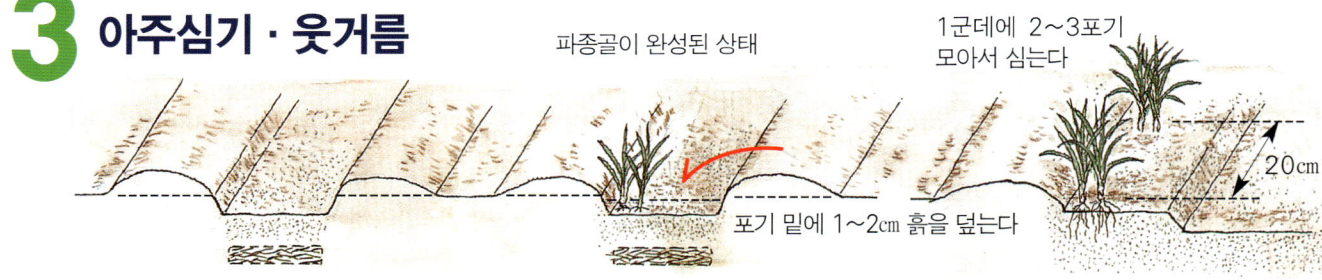

- 파종골이 완성된 상태
- 포기 밑에 1~2cm 흙을 덮는다
- 1군데에 2~3포기 모아서 심는다
- 20cm

4 수확·포기 갱신

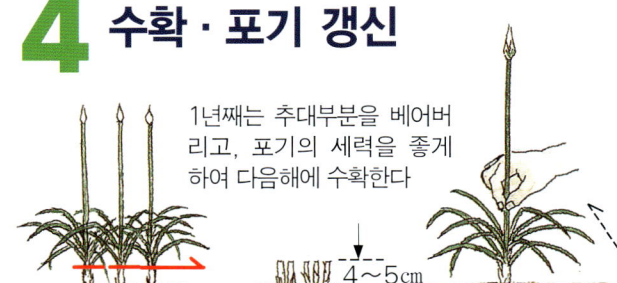

- 1년째는 추대부분을 베어버리고, 포기의 세력을 좋게 하여 다음해에 수확한다
- 4~5cm
- 추대를 1년간(5~6회) 계속 수확하면 포기가 지치므로, 새로운 포기를 길러두었다가 바꾸어주는 것이 좋다
- 추대한 줄기가 자라서 꽃봉오리가 커졌을 때 부드러운 부분부터 꺾어서 수확한다
- 수확이 끝나고 나서 잎 색이 나쁘면 적당히 웃거름을 준다

성공 포인트

저온에 약하므로 아주심기의 적기를 지키며, 빨리 심은 경우에는 땅의 온도와 기온을 높이는 보온관리를 게을리 하지 않는다.

다채

추워지면 맛이 더욱 좋다. 섬유질이 적어 씹는 느낌이 좋고, 삶아도 무르지 않는다.

배추과   원산지=중국

재배특성

- 가을부터 겨울에는 땅 위를 기는 것 같은 모습이지만, 봄부터 여름에 걸쳐서는 직립성으로 모습이 극단적으로 변한다.
- 더위에도 강하지만 2월채소라고 부르는 것과 같이 내한성도 있어, 이 시기에 수확하는 것이 가장 맛이 좋다.
- 어릴 때 수확하는 연한 채소는 저온기에 하우스(터널)에서 보온하고, 여름에는 비가림과 차광을 해주면 주년생산(한 해에 몇 번이고 심어서 수확하는 것)이 가능하다.

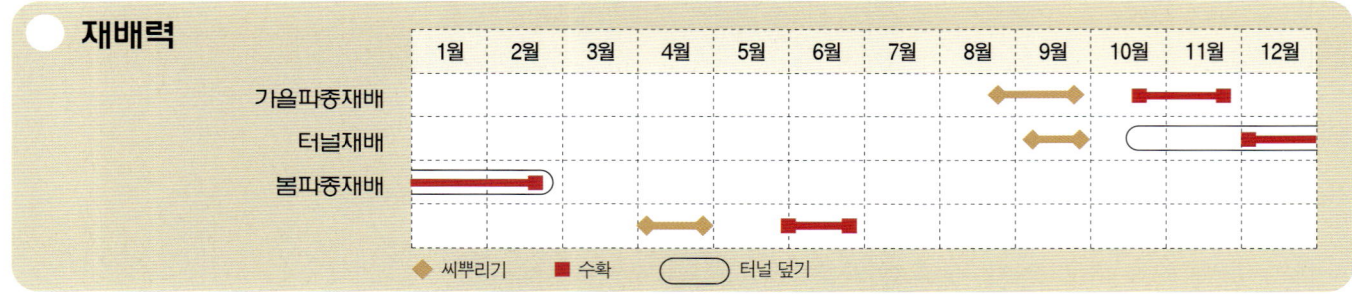

품종

품종의 분화는 크게 나타나지 않고, 우리나라에서는 비타민이란 이름으로 유통된다. 일본에서 녹채1호는 입성, 녹채 2호는 개장성(퍼지는 성질)으로 개량되어 있다.

녹채1호

녹채2호

다채

재배 방법

1. 밭 일구기

밭에 석회와 퇴비를 뿌려 20~30cm 깊이로 잘 간다

1m²당
화학비료 5큰술
깻묵 7큰술

두둑을 만들고 비료를 전체에 뿌려서 갈아 넣는다

잎줄기 채소류 · 다채

2. 씨뿌리기

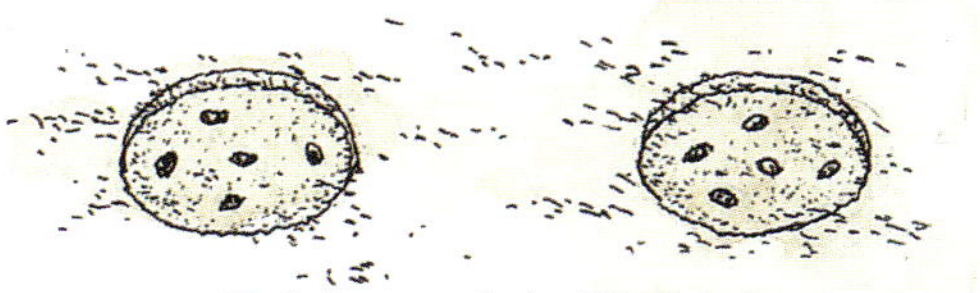

1군데에 4~5개씩 점뿌림한다

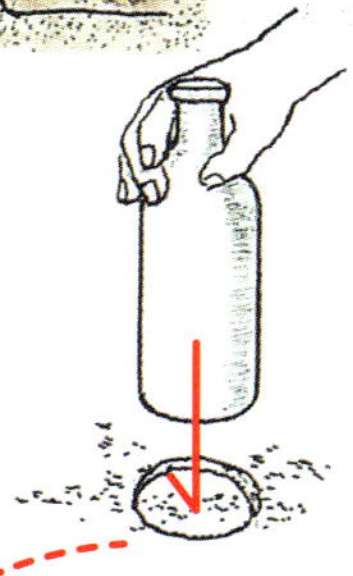

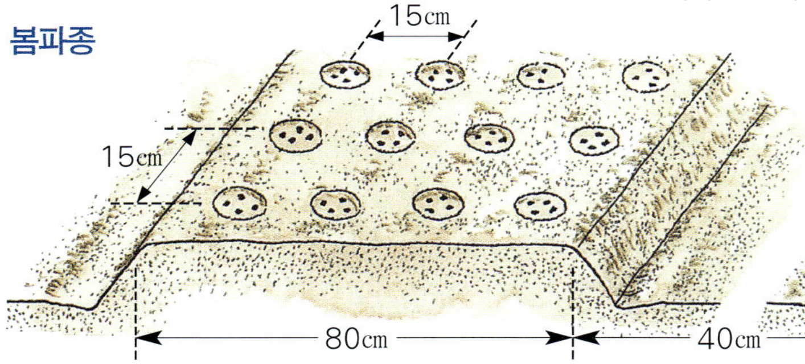

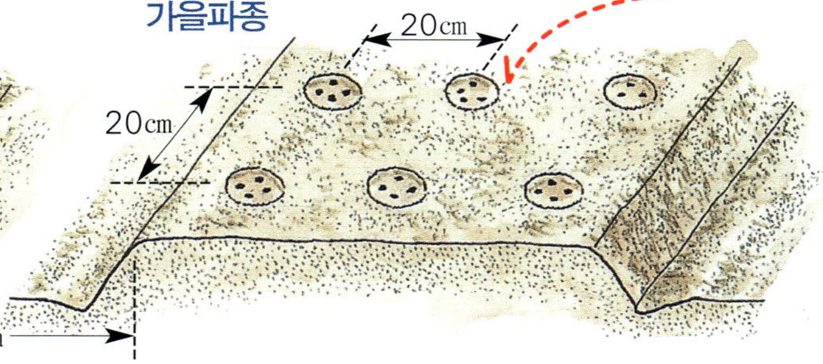

봄파종 — 15cm × 15cm, 80cm

가을파종 — 20cm × 20cm, 40cm

봄파종은 온도가 높아지면서 입성이 되므로 포기간격을 좁게 한다

가을파종은 추워지면 잎이 겹쳐져서 포기가 넓어지므로 포기간격을 넓게 한다

3. 솎아내기

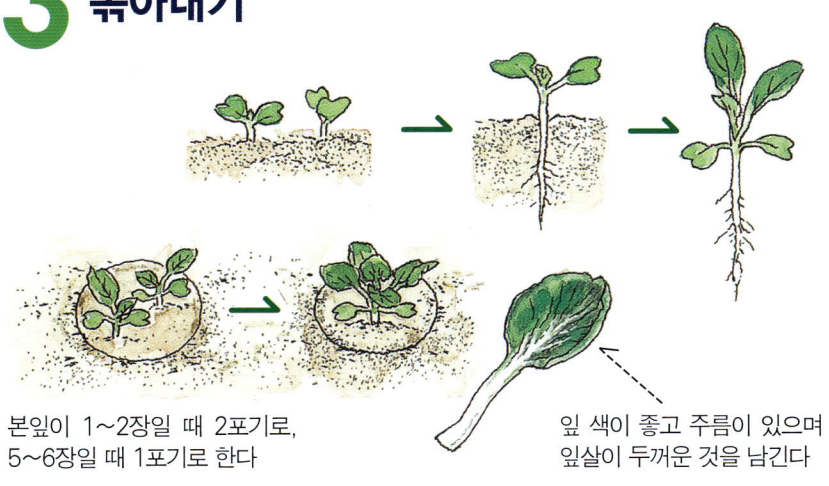

본잎이 1~2장일 때 2포기로, 5~6장일 때 1포기로 한다

잎 색이 좋고 주름이 있으며 잎살이 두꺼운 것을 남긴다

용기재배에 적합

긴 모양의 플랜터라면 3포기를 심는다. 5~6호 화분에 심어도 된다. 겨울밤에는 따뜻한 장소로 옮긴다

4 웃거름 · 중간갈이

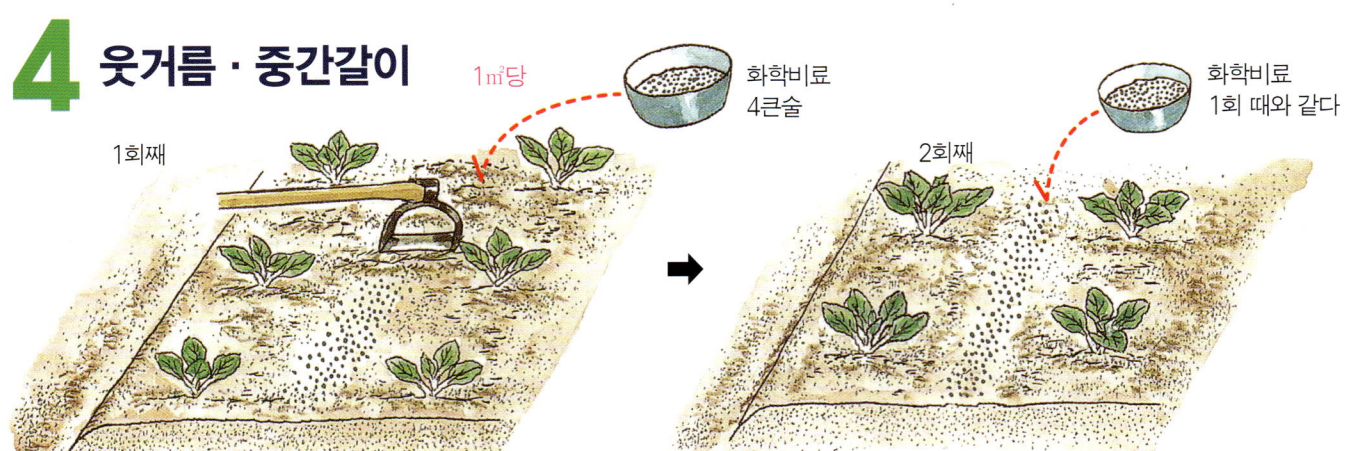

1회째 — 본잎이 4~5장일 때 비료를 줄 사이에 뿌려서 가볍게 흙에 섞어 넣는다

2회째 — 첫 번째 웃거름을 주고 15일 후에 비료를 줄 사이에 흩뿌린다

1㎡당 화학비료 4큰술

화학비료 1회 때와 같다

5 해충 방제 · 방한 보온

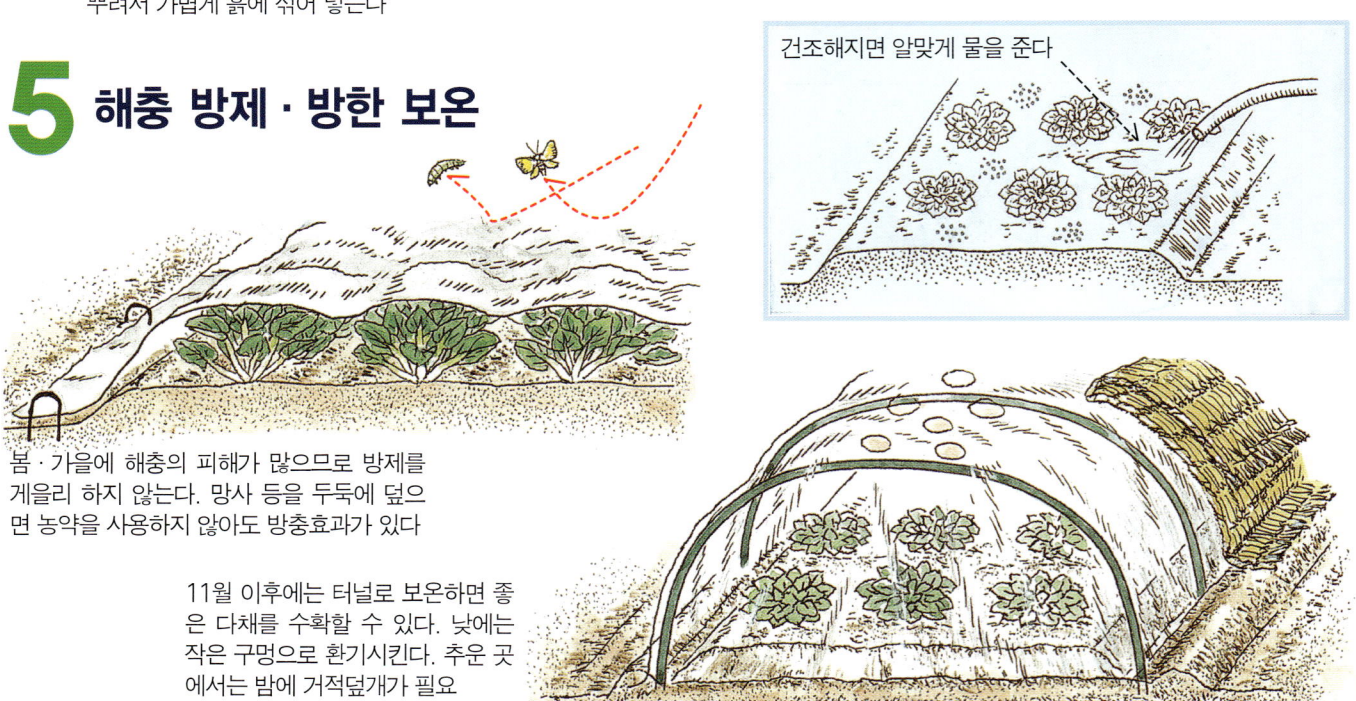

건조해지면 알맞게 물을 준다

봄·가을에 해충의 피해가 많으므로 방제를 게을리 하지 않는다. 망사 등을 두둑에 덮으면 농약을 사용하지 않아도 방충효과가 있다

11월 이후에는 터널로 보온하면 좋은 다채를 수확할 수 있다. 낮에는 작은 구멍으로 환기시킨다. 추운 곳에서는 밤에 거적덮개가 필요

6 수확

봄파종은 씨를 뿌리고 40~45일, 가을파종은 50~60일이면 잎의 짜임이 확실한 큰 포기가 된다. 이 때가 수확의 적기

주름이 많은 것이 좋은 것(겨울의 모습)

겨울(포복성)

여름(직립성)

'이럴 때에는 어떻게 하나?' Q&A 이것을 알고 싶다

다채를 판매하기 위한 포장방법은?

잎을 오므리듯이 끈으로 묶는다

가정에서 사용할 경우에는 밭에서 수확하여 적당한 용기에 담아 가져와 그대로 사용하면 되지만, 판매하거나 운반하기에는 약간 곤란하다. 그 때문에 다채의 유통량이 적다고 해도 과언이 아니다.

겨울에 로제트모양으로 넓어진 것은 얕은 골판지상자에 겹치듯이 쌓는다. 너무 많이 쌓아서 여러 단이 되면 밑에 있는 것이 상하기 쉬우므로 3단 정도가 적당하다.

여름에는 포기를 묶음으로 할 수 있으므로 잎을 오므리듯이 끈 등으로 묶어서 상자에 채워 넣는다.

다채 중에도 묶음으로 하기 쉬운 형태로 개량된 품종이 나오고 있으므로 이런 것을 골라서 재배하는 것도 하나의 방법이다.

맛있는 조리방법은?

샐러드나 라면 재료로도 이용

맛에 부족함이 없고 삶아도 잘 무르지 않으므로 어떠한 요리에나 잘 어울리는 쓸모 있는 채소이다.

밑동의 잎 사이에 흙이 들어가 있으므로(특히 겨울인 경우), 잎을 하나하나 벗겨 물로 씻어서 이용한다.

넉넉한 양의 끓는 물(소금이나 기름을 조금 넣어서 끓는점을 높게 하면 더욱 좋다)에 짧은 시간 데쳐서 나물이나 무침·조림·찌개 등에 이용한다. 샐러드나 라면 재료 등으로도 적합하다.

기름에 볶을 때는 기름을 충분히 가열하고 나서 다채를 넣는다. 소금을 넣어주면 색이 더 잘 난다.

칼럼

다채는 가을파종한 것이 맛있다

다채는 더위뿐만 아니라 추위에도 강한 채소이다. 봄파종과 가을파종에 모두 알맞고 키우기가 쉽다는 점에서 처음 채소를 재배하는 사람들에게도 인기다. 특히 별명이 2월채소라고도 하여, 별명처럼 서리나 추위를 만나면 맛도 좋고 질도 좋아진다. 다채는 가을파종이 가장 좋다고 하는 것도 그 때문이다.

두릅

Japanese angelica tree

두릅나무의 어린 싹. 달고 약간 씁쓰레한 맛은 산채 중에 뛰어나다. 봄에 나오는 첫 나물류이며, 데치거나 튀김에 좋다.

두릅나무과   **원산지=한국·일본·중국**

재배특성

- 표고 1,500m 정도까지의 햇빛이 좋은 경사지, 산림 벌채 후 여러 해가 지난 장소에 잘 자생한다.
- 가지나 줄기에 날카로운 가시가 있으나 가시가 없는 것도 선발, 육성되어 있다. 가지 끝에 단단히 붙어 있는 어린잎을 이용한다.
- 자연에서는 벚꽃이 필 때부터 1주일 정도가 채집시기인데, 산에서 채취한 가지 또는 그것을 어미나무로 하여 기른 포기의 가지를 잘라 꺾꽂이하여, 그 싹을 수확한다.

품종

산지에 자생하는 것을 증식시켜 재배하고 있으므로 품종 분화는 나타나지 않지만, 취급상 매우 번거롭기 때문에 가시가 없는 계통으로 '가시 없는 두릅'이 육성되어 재배가 늘고 있다.

장왕2호

신구

가시 없는 두릅

재배방법

1 종자뿌리 심기

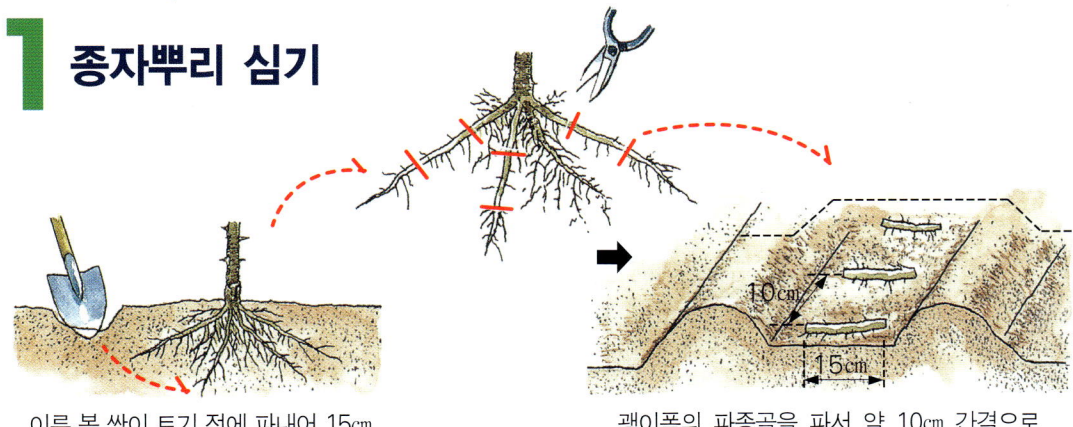

이른 봄 싹이 트기 전에 파내어 15㎝ 정도의 길이로 자른다

괭이폭의 파종골을 파서 약 10㎝ 간격으로 뿌리를 놓는다. 덮는 흙의 두께는 5㎝로 한다

2 묘목 아주심기

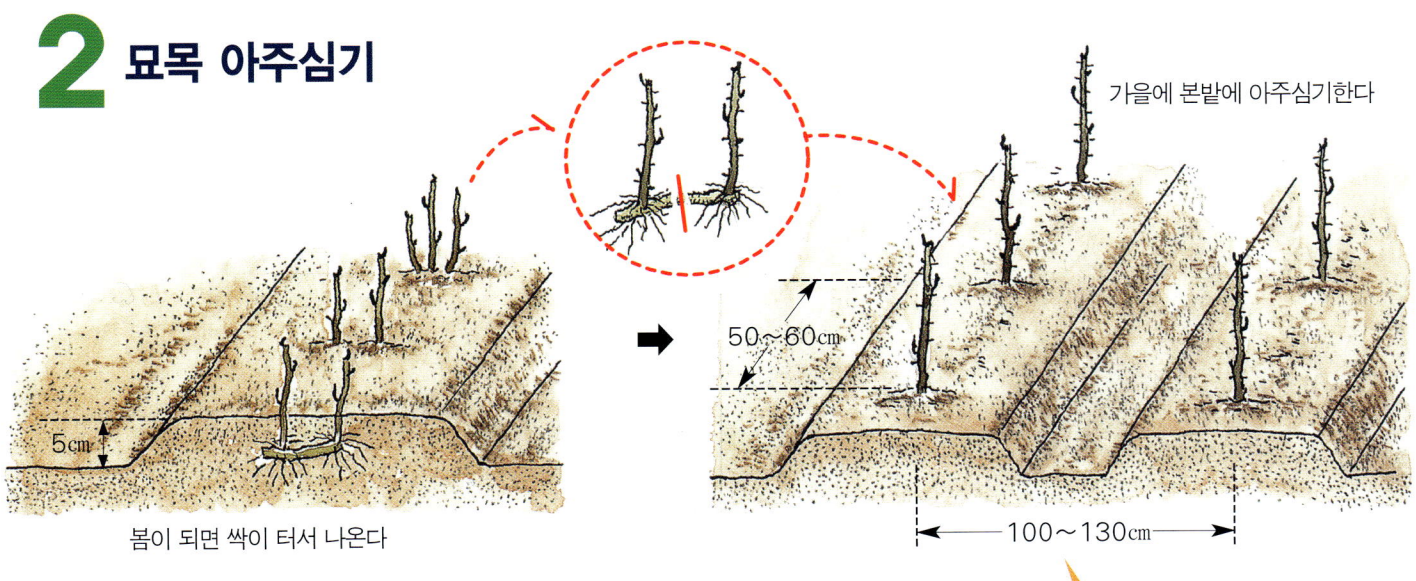

봄이 되면 싹이 터서 나온다

가을에 본밭에 아주심기한다

3 가지다듬기

방임하면 매년 나무가 커져서 관리하기 어려워지고 큰 싹을 수확할 수 없다

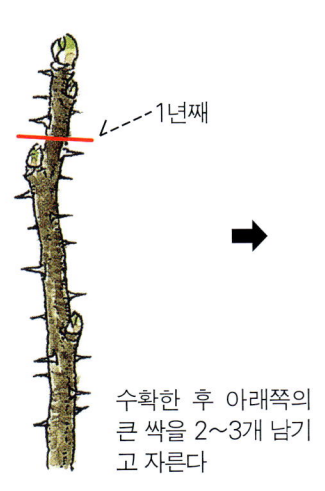

수확한 후 아래쪽의 큰 싹을 2~3개 남기고 자른다

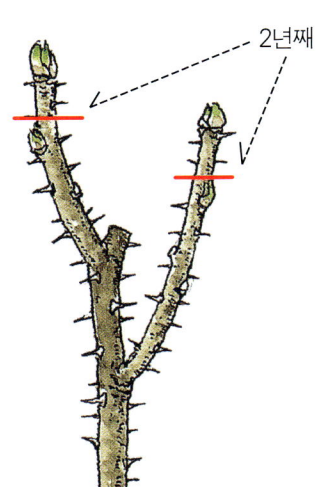

1년째

2년째

성공 포인트

두릅은 크게 생장하므로 포기간격을 넉넉하게 두어 묘목을 심고, 가지다듬기를 하여 쓸데없는 가지가 나오지 않도록 한다.

4 삽수 채취

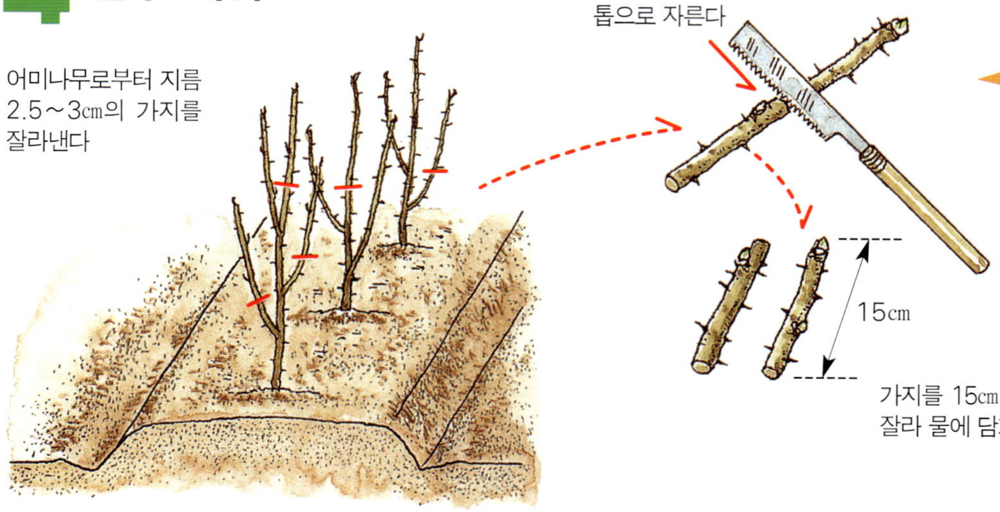

어미나무로부터 지름 2.5~3cm의 가지를 잘라낸다

톱으로 자른다

가지를 15cm 정도의 길이로 잘라 물에 담가둔다

15cm

성공 포인트
삽수는 가지의 지름이 2.5~3cm인 굵은 것을 채취하여, 길이 15cm 정도로 가지런하게 자른다.

5 싹틔우기 처리

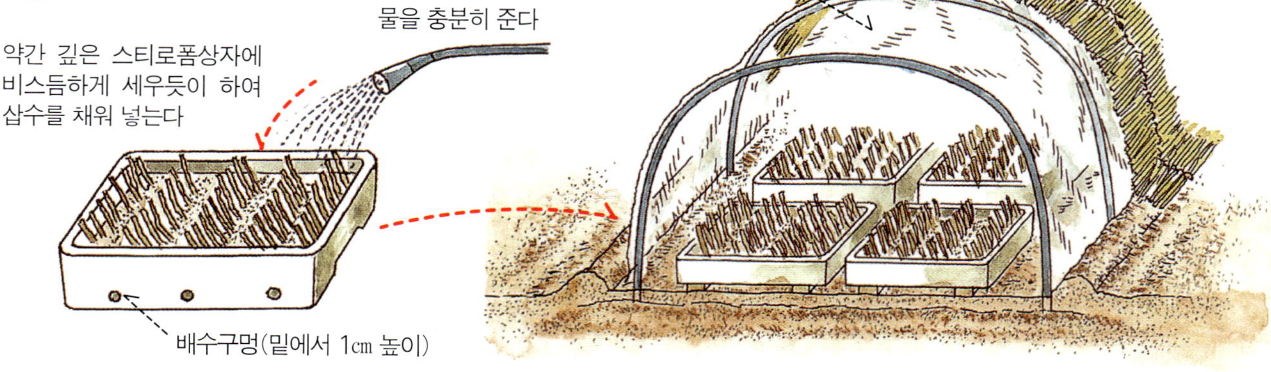

약간 깊은 스티로폼상자에 비스듬하게 세우듯이 하여 삽수를 채워 넣는다

물을 충분히 준다

배수구멍(밑에서 1cm 높이)

(가을) 비닐필름 / 차광자재

6 수확

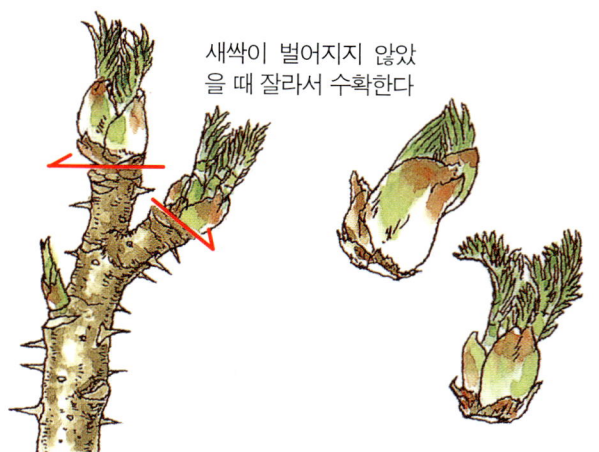

새싹이 벌어지지 않았을 때 잘라서 수확한다

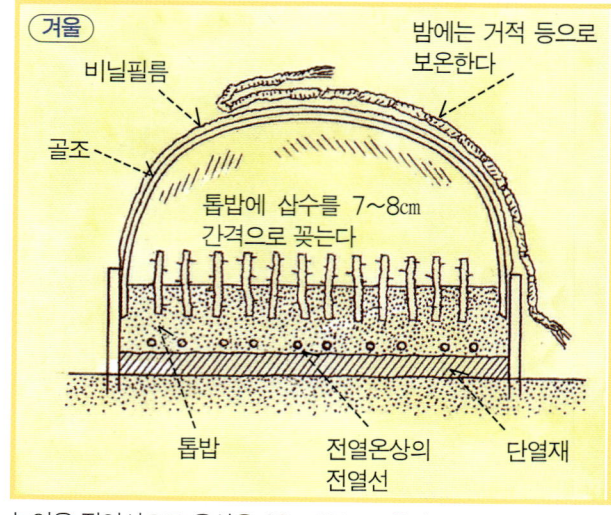

(겨울) 비닐필름 / 골조 / 밤에는 거적 등으로 보온한다
톱밥에 삽수를 7~8cm 간격으로 꽂는다
톱밥 / 전열온상의 전열선 / 단열재

농업용 전열선으로 온상을 18~20℃로 유지

'이럴 때에는 어떻게 하나?' Q&A 이것을 알고 싶다

싹틔우기 처리방법은?

침수·보온·물주기가 중요하다

두릅 증식작업의 순서는, 먼저 삽수를 15㎝ 정도의 길이로 잘라서 곧바로 물에 담가둔다.

그리고 상자에 비스듬하게 기대어 세워서 채워 넣고, 하우스 안에 설치한 터널 안(겨울) 또는 그냥 터널 안(가을)에 들여놓는다.

상자 안에는 얕게 물이 고이게 하고, 물을 2~3일 간격으로 갈아주어 물 속의 산소가 부족하지 않도록 한다.

스티로폼상자의 밑에서 1㎝ 정도 위치에 지름 1㎝ 정도의 배수구멍을 만들어 간단하게 물을 갈아주도록 한 것이 자연배수로, 삽수는 흙 속에 꽂아 넣듯이 해둔다.

훌륭한 두릅 조리방법은?

무침이나 조림·튀김 등으로 이용

가는 것은 그대로, 굵은 것은 십자(+)로 깊이 칼집을 넣어 뜨거운 소금물에 데쳐서 미리 준비해둔다. 데치면 곧바로 물에 헹구어 대나무발 위에 건져서 물기를 뺀다.

데친 두릅은 무침이나 조림 요리에 사용한다.

튀김으로 할 때는 날것에 옷을 입혀서 중간온도로 튀긴다. 또는 날것을 그대로 숯불에 구워 초된장에 무쳐도 맛있다.

옷을 입혀 기름에 튀긴다

날것을 그대로 숯불에 구워 초된장에 무친다

데쳐서 된장무침·초된장무침·깨소금무침으로 한다. 국거리로도 적합하다

로켓샐러드

Rocket-salad

잎과 꽃에 참깨향과 톡 쏘는 매운맛, 조금 쓴맛이 있다. '루콜라' 라고도 한다. 샐러드나 볶음·나물로 이용.

배추과   **원산지=지중해 지방**

재배특성

- 추위에 꽤 강하지만 고온에는 약하므로 여름에는 차광하여 재배한다. 다습에 약하므로 우기에는 비가림재배하는 것이 좋다.
- 잎이나 잎자루가 약해서 꺾이기 쉬우므로 바람이 심한 곳은 피하거나 바람막이 대책을 세운다.
- 생육이 빠르고 특별한 관리가 필요 없으므로 재배하기 쉽다.

품종

품종 개량이 이루어지지 않아 품종으로 성립된 것이 매우 적다. 우리나라에서는 일본 품종을 도입하여 재배하며 극히 일부에서 재배되고 있다. 일본에서 판매되는 것은 오딧세이 등이다.

오딧세이

코먼루콜라

로켓샐러드

재배 방법

1 밭 일구기

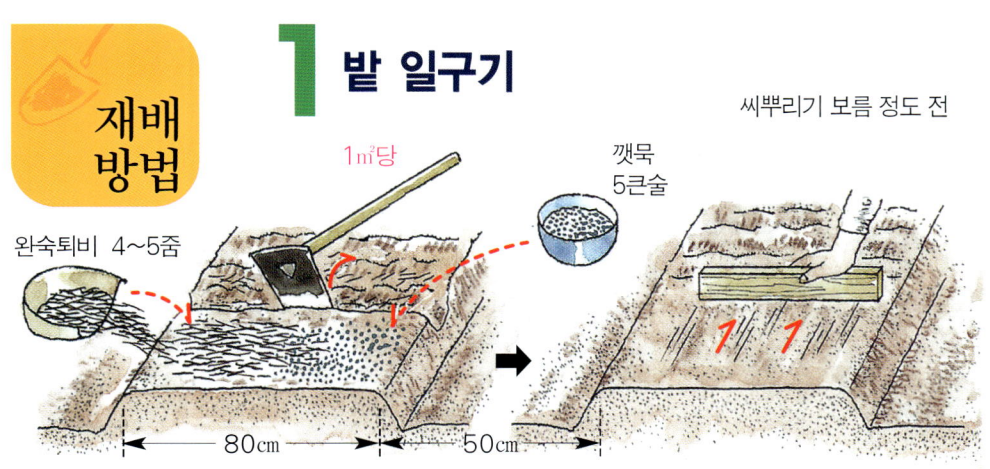

씨뿌리기 보름 정도 전
완숙퇴비 4~5줌
1㎡당 깻묵 5큰술
80cm / 50cm

성공 포인트
플랜터에 씨를 뿌려 가까이에서 재배하기에 적합한 채소. 수확방법은 잎을 따주며, 곁눈이 다시 나와서 오랫동안 수확할 수 있다.

2 씨뿌리기

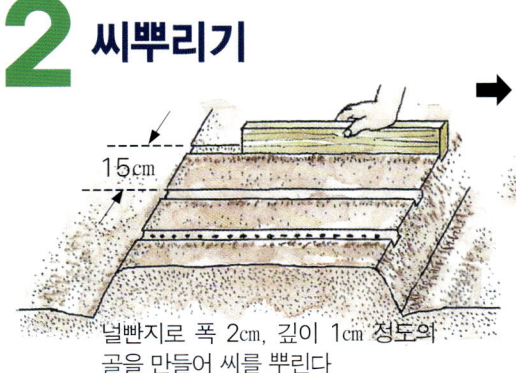

15cm
널빤지로 폭 2cm, 깊이 1cm 정도의 골을 만들어 씨를 뿌린다

씨앗은 1~1.5cm 간격으로 흩뿌린다. 흙 두께는 약 1cm. 본잎이 2장일 때 솎아서 포기간격을 4~5cm로 한다

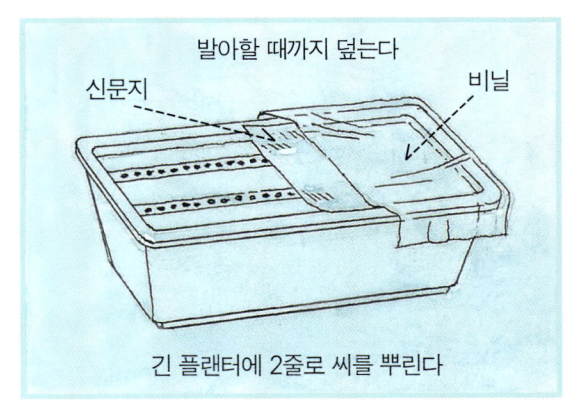

발아할 때까지 덮는다
신문지 / 비닐
긴 플랜터에 2줄로 씨를 뿌린다

3 웃거름·해충 방제

1줄당 화학비료 1큰술
대나무막대기
본잎이 3~4장일 때 줄 사이에 주고 막대기로 흙에 섞는다

방충망
60cm

성공 포인트
저온에 약하므로 아주 심기의 적기를 지키며, 빨리 심은 경우에는 땅의 온도와 기온을 높이는 보온관리를 게을리 하지 않는다.

4 수확

잎 길이가 15cm 이상 되면 수확할 수 있다

포기째 뽑아서 수확

잎을 따서 수확. 곁눈이 다시 나온다

잎줄기 채소류·로켓샐러드

루바브

Rhubarb

그리스·로마에서는 기원전부터 의약품으로 사용하였다. 강한 신맛은 잼·설탕절임 등에 어울리며, 파이나 샐러드 재료로도 이용되어 쓰임새가 넓다.

여뀌과   원산지=시베리아 남부

재배특성

- 여러해살이로 강건하다. 한번 심어두면 오래도록 즐길 수 있다. 토심이 깊은 사질양토가 가장 적합하며, 물이 잘 안 빠지는 밭에서는 말라죽는 포기가 나오기 쉬우므로 주의한다.
- 발아나 초기 생육은 매우 나쁘므로 가능한 하우스 안에서 정성들여 모종을 기른다.
- 겨울에는 땅 윗부분이 말라죽고, 추위에 강하지만 더위에는 조금 약하므로 짚을 덮어 온도가 높아지지 않도록 한다.

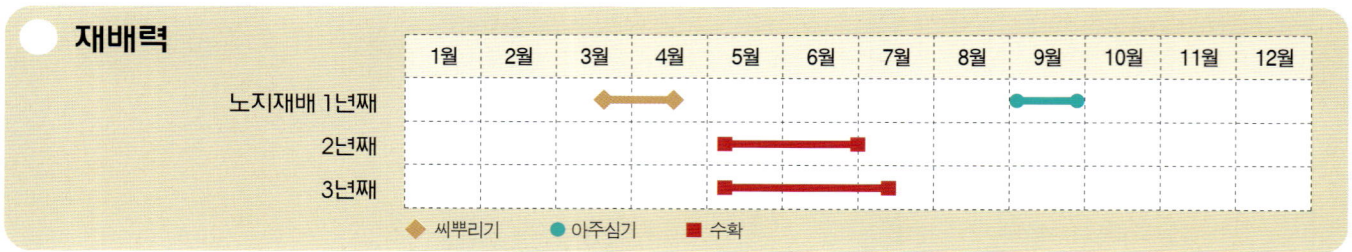

품종

빅토리아·맥도날드·매머드 레드 등의 품종이 있지만 국내에서는 구하기 어려우므로 수확물을 구입할 수밖에 없다

잎자루가 식용부분

루바브꽃

재배 방법

1 모기르기

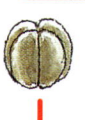

씨앗은 3~4개의 날개가 있고, 언뜻 보면 메밀 씨앗과 비슷하다

3호 비닐포트에 5~6개 씨를 뿌리고 흙을 덮는다

본잎이 1~2장일 때 1포기솎기

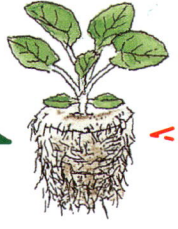

본잎이 4~5장일 때 밭에 심는다. 뿌리를 상하지 않게 충분히 물을 준 후에 화분에서 빼낸다

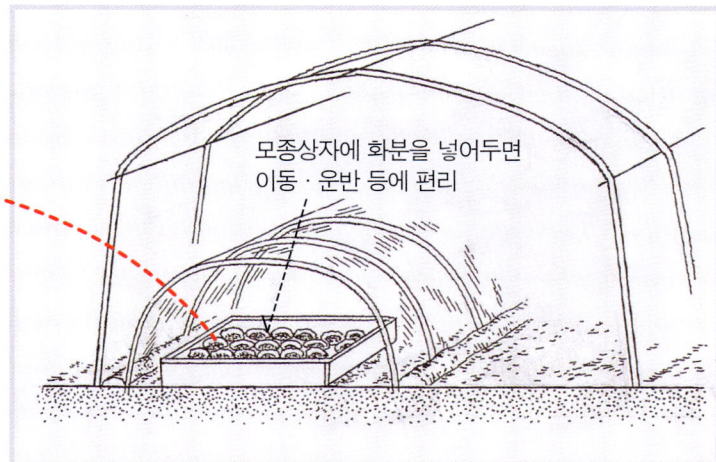

모종상자에 화분을 넣어두면 이동·운반 등에 편리

잎줄기 채소류 · 루바브

2 밭 일구기

골 길이 1m당

퇴비 5~6줌 / 화학비료 3큰술 / 깻묵 5큰술

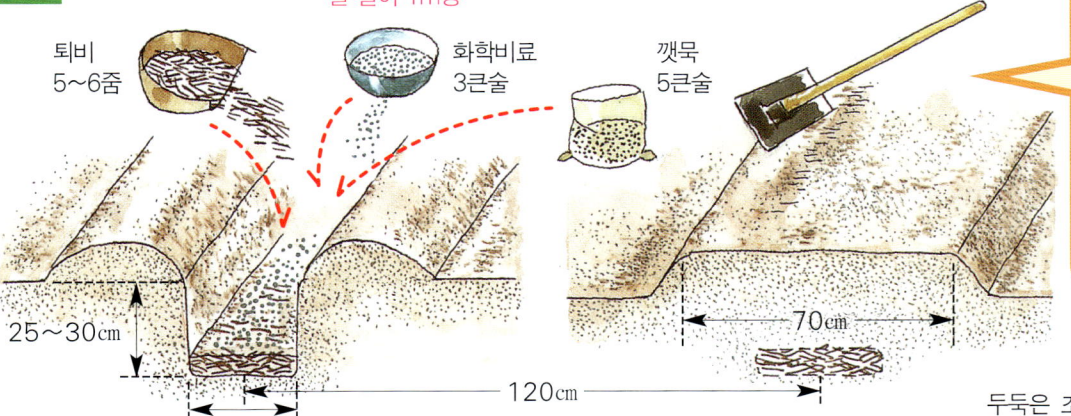

25~30cm / 20cm / 120cm / 70cm

성공 포인트

잎자람새가 강한 데 비해 습기가 많은 것에 약하므로 물이 잘 빠지는 장소를 골라 재배한다. 물이 잘 안 빠지는 곳에서는 두둑을 높게 만들어 심는다.

3 아주심기

하우스에서 기른 모종을 일찍 심는 경우

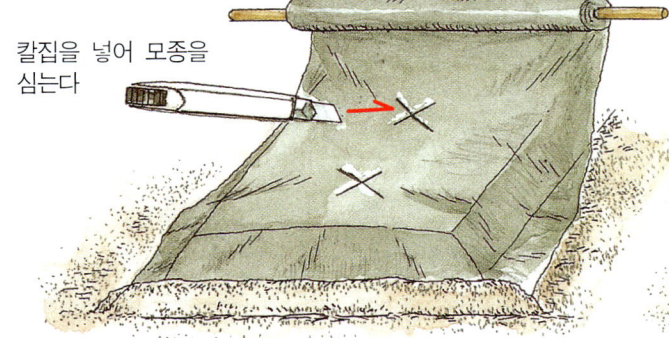

칼집을 넣어 모종을 심는다

흑색 비닐필름을 씌워 땅의 온도를 높인다. 잡초 억제에도 좋다

두둑은 조금 높게 만들어서 물이 잘 빠지게 하여 모종을 심는다

50cm

4 북주기 · 웃거름 · 짚 깔기

이른 봄 싹트기 전에 흙을 북돋아주면 빨강의 빛이 좋은 부드러운 잎이 나온다

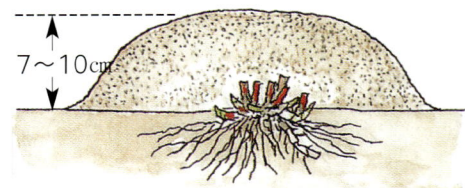

7~10cm

토양의 상태에 따라 북주기하는 흙의 양을 조절. 물빠짐이 좋은 토양은 두텁게

여름

골 길이 1m당
화학비료 3큰술

보름에 1회

골을 파서 비료를 주고 북주기한다

짚 깔기

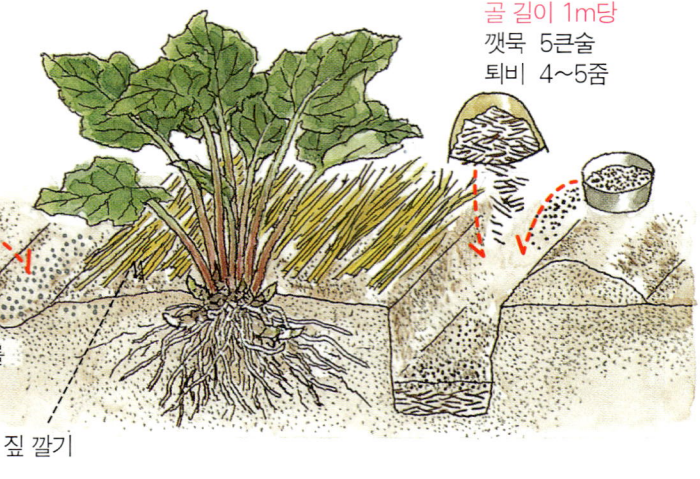

겨울 땅 위는 마른 상태로 된다

골 길이 1m당
깻묵 5큰술
퇴비 4~5줌

5 꽃봉오리 따내기

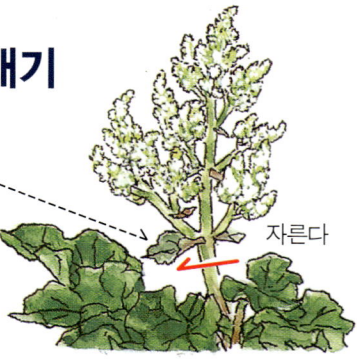

7월경 추대해 나온다. 그대로 두면 잎의 생육이 나빠지므로 빨리 잘라버려야 한다

자른다

일부 포기는 추대한 것을 자르지 않고 꽃이 핀 것을 즐기는 것도 좋다

성공 포인트
6~7월의 생육 저하에 대비하여 겨울 동안 옆쪽에 골을 파서 퇴비 · 깻묵을 충분히 준다.

6 수확 · 이용

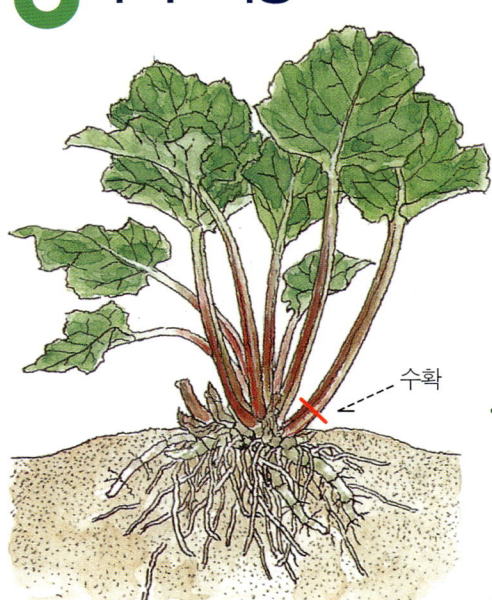

수확

5~6월에 생육이 저하되면 2주에 1회 정도 2~3장씩 수확한다. 장마가 시작될 무렵부터 생육이 둔해져 수확이 감소된다

여름
잎에는 수산이 많으므로 식용으로 적합하지 않다

자른다

적자색의 잎자루 부분을 이용한다

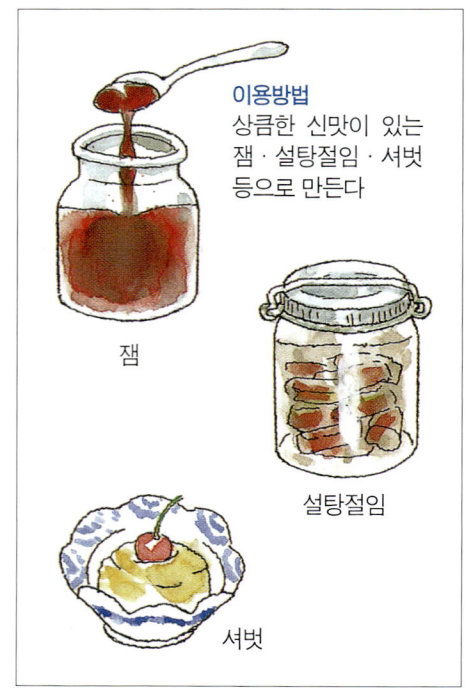

이용방법
상큼한 신맛이 있는 잼 · 설탕절임 · 셔벗 등으로 만든다

잼

설탕절임

셔벗

'이럴 때에는 어떻게 하나?' Q&A 이것을 알고 싶다

Q: 여러해살이라고 하지만 여러 해 계속 수확할 수 있을까?

A: 4~5년은 괜찮다

여러해살이채소에 공통되는 것이지만, 뿌리포기가 점차 커져서 좋은 품질을 많이 수확할 수 있게 된다. 그러나 얼마 안 되어 뿌리포기가 너무 혼잡해져서 땅 윗부분들이 서로 가리게 되고 수확량과 품질이 떨어진다.

좋은 품질을 수확할 수 있는 절정기가 보통 4~5년이므로 4년이 지나면 대책이 필요하다.

가장 좋은 것은 포기를 전부 캐내고, 다른 밭에 밭 일구기는 물론이고 밑거름인 퇴비도 넣고 다시 심어서 새출발하는 것이다. 간단한 방법으로는 1포기 걸러 등, 적당히 포기를 캐내어 큰 포기에 맞는 포기간격을 두고, 포기 사이에 퇴비나 비료를 주는 것이다.

Q: 훌륭한 이용방법은?

A: 강한 신맛을 살려서 잼이 가장 적당하다

루바브는 아직 국내에 널리 보급되어 있지는 않다.

일반적으로 잼을 만드는데, 강하고 독특한 신맛은 매우 맛이 좋은 잼이 된다.

그밖에 신맛을 살려서 설탕졸임이나 젤리·케이크 재료로 쓰거나 얇게 잘라서 그린샐러드를 만들며, 야채소스의 재료로도 이용할 수 있다.

약효로는 완화작용이 있고, 대황이란 약재로 이용되어 옛날부터 재배되고 있다.

루바브 잼

재료
- 루바브 100g
- 설탕 80g
- 레몬(둥글게 썬 것) 4장

만드는 방법
① 루바브는 껍질을 벗겨 4㎝ 길이로 자른다.
② 냄비에 루바브·설탕·레몬을 넣고 섞어 잠시 두었다가 약한 불에 15분 정도 부드럽게 될 때까지 졸인다.

루바브 설탕졸임

재료
- 루바브 100g
- 물 200㎖
- 설탕 60g
- 레몬즙 1/4개분

만드는 방법
① 루바브는 껍질을 벗겨서 4㎝ 길이로 자른다.
② 냄비에 물·설탕·레몬즙을 넣고 졸이다 루바브를 넣어 15분 정도 더 졸인다. 구운 생선요리의 전채나 그 밖의 요리의 전채 등으로 이용하면 좋다.

리크

Leek

요리계에서는 프랑스명인 '포아로', 어린 것은 '포아로 지엔느'라고 한다. 삶으면 부드러워지고 독특한 풍미가 느껴진다.

백합과　**원산지 = 지중해 연안**

재배특성

- 대파와 비슷하며, 흰 잎집의 연백부분을 이용한다.
- 차고 서늘한 기후를 좋아하지만 추위와 더위에 모두 강하며, 파보다도 강건하다.
- 토양은 유기질이 풍부하고 보수성이 좋은 약간 점질토인 곳에서 좋은 품질이 나온다.
- 파와 다른 점은 잎이 원통이 아니고 마늘처럼 편평하며, 안쪽을 향하여 잎새가 일정한 방향을 향하므로 심을 때 모종의 방향에 유의한다.

품종

아메리칸 플래그 · 로열 페이버릿 · 자이언트 뭇셀부르그 등이 있으나 아메리칸 플래그가 조생종으로 재배하기 쉽다고 알려져 있다. 우리나라에는 리크라는 이름으로 판매되는 것뿐이다.

리크

스노리크

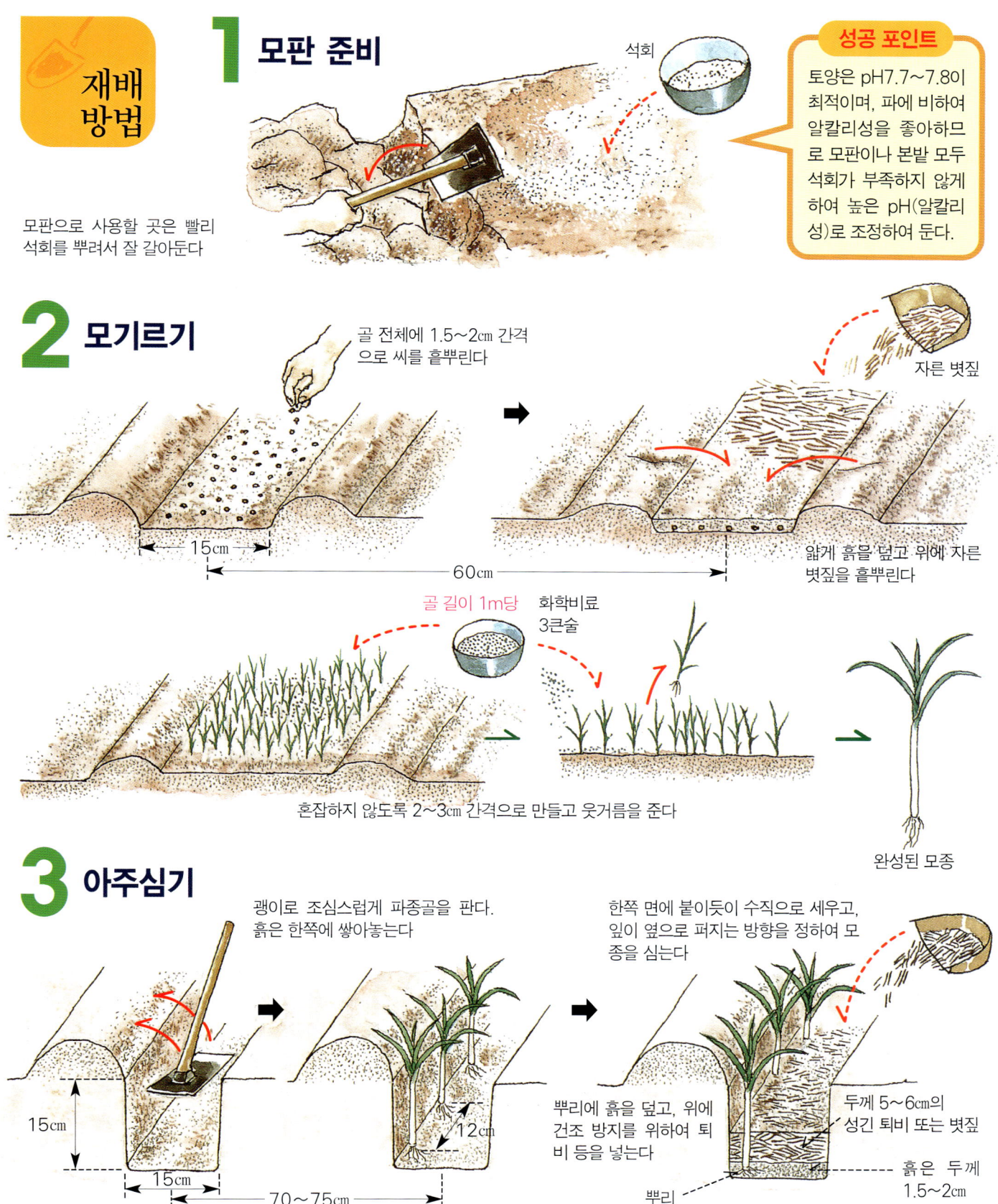

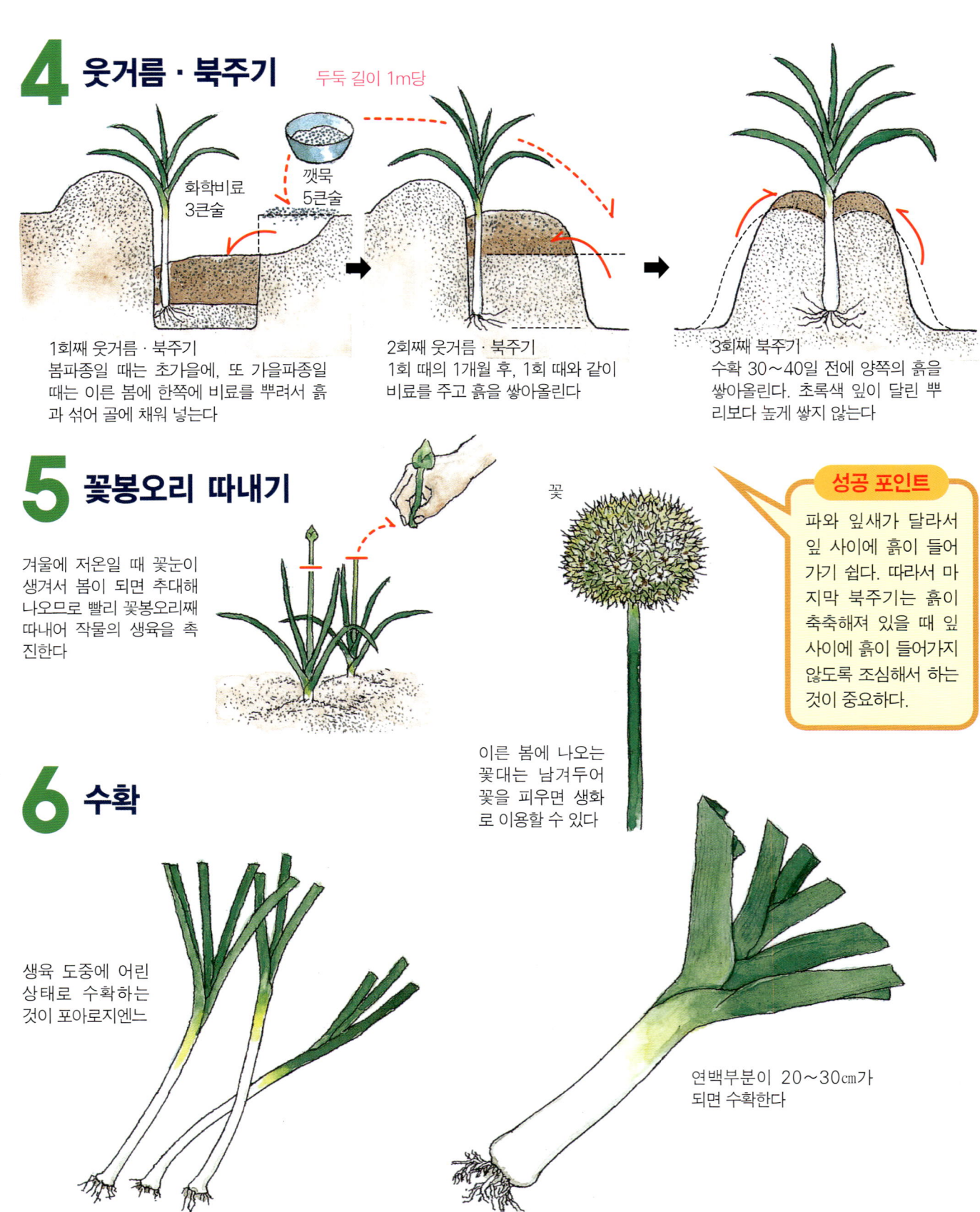

'이럴 때에는 어떻게 하나?' Q&A 이것을 알고 싶다

대파와 다른 점은?

가장 큰 차이는 잎이 원통형이 아니고 속이 비어 있지 않은 것

리크의 초록색 잎은 가운데에 모서리가 있고 편평하며 안쪽을 향하여 일정한 방향이다.

연백부분은 언뜻 보면 파와 비슷하여 길이가 25㎝ 내외로 짧고 지름은 4~5㎝로 매우 굵으며, 대파의 연백부분 같은 미끄러움이나 윤기는 적은 편이다.

연백부분이나 초록색 잎부분 모두 삶으면 즙이 나와 독특한 풍미가 느껴진다.

이용방법은?

끓여서 감칠맛을 낸다. 수프의 향을 낼 때도 이용

주로 사용하는 것은 연백부분으로, 끓이면 즙이 나오고 감칠맛이 나므로 수프에 가장 적당하다. 그라탱이나 버터볶음에도 좋고, 위에서 아래로 가늘게 잘라서 물에 씻어 뜨거운 소금물에 데치면 샐러드로도 적당하다.

초록색 잎은 딱딱하여 물기가 없고 맛이 없어 먹기에 적당하지 않으나 수프의 향을 내는 데 사용한다.

일반 파와 달리 날것으로 잘게 썰어서 양념으로 이용하거나 국에 넣을 수는 없다.

아주 가늘 때 어린 것을 수확한 포아로지엔느는 부드러우므로 날것으로 샐러드에 이용한다.

수프	그라탱
재료 · 감자(중간 크기) 2개(1인당 50~60g) · 리크 1줄기 · 수프(물+고형 수프 재료) · 후추 약간 · 소금 1작은술 **만드는 방법** ① 냄비에 물과 고형 수프 재료를 넣고 불에 올려서 녹여 수프를 만든다. ② 감자 껍질을 벗겨 두께 1㎝ 정도의 둥근 모양으로 썰고, 물에 헹군 후에 ①의 수프에 넣는다. ③ 리크는 1㎝ 폭으로 잘라 ②의 냄비에 넣는다. 끓을 때까지는 강한 불에, 떫은 맛을 걷어내면 불을 약하게 하여 30분 정도 끓인다. 간을 맞추고 후추를 넣어 따뜻한 그릇에 담아낸다.	**재료** · 리크 1줄기 · 버터 ½큰술 · 화이트와인 50㎖ · 가루치즈 1큰술 · 부용(bouillon) (물+고형 수프 재료 1개) · 화이트소스(버터 1½큰술, 밀가루 1½큰술, 우유 200㎖, 부용 50㎖, 생크림 50㎖) **만드는 방법** ① 냄비에 물과 고형 수프 재료를 넣어 녹인 후 리크와 화이트와인을 넣고 뚜껑을 덮어 약 30분간 끓여서 식힌다. ② 냄비에 버터를 녹여 밀가루를 살짝 볶고, 우유와 부용을 넣어 10분 정도 졸여서 생크림을 넣어 화이트소스를 만든다. ③ 그라탱 접시에 ②의 화이트소스를 넣고 ①의 리크를 올린 후 ②의 화이트소스를 더 넣는다. 가루치즈와 버터를 넣은 후 200℃의 오븐에서 약 10분간 굽는다.

마늘

Garlic

강한 냄새는 알리신 때문이다. 당질과 비타민B_1이 많고, 옛날부터 향신료나 강장제로 이용. 고대 이집트에서는 피라미드 건설 노동자의 피로회복에 사용되었다.

백합과　**원산지＝중앙아시아**

재배특성

- 냉랭한 기후를 좋아하지만 추위에 그다지 강하지 않고, 더위에도 약하여 여름에는 말라서 휴면에 들어간다.
- 봄에 추대하여 꽃은 피지만 결실하지 않으므로 번식은 오로지 알뿌리로만 한다.
- 어린잎을 수확하면 잎마늘로, 어린 추대(꽃줄기)를 키워서 수확하면 마늘쫑으로 이용한다.

품종

우리나라에서 널리 재배되고 있는 것은 한지형으로 서산종·의성종·단양종이 있다. 난지형으로는 고흥종·제주종·남도마늘·대서마늘 등이 있다. 그밖에 주로 풋마늘로 사용되는 제주도의 자봉마늘이 있다.

일본에는 점보마늘·화이트6쪽 등이 있다.

점보마늘

화이트6쪽

재배 방법

1 씨알 준비

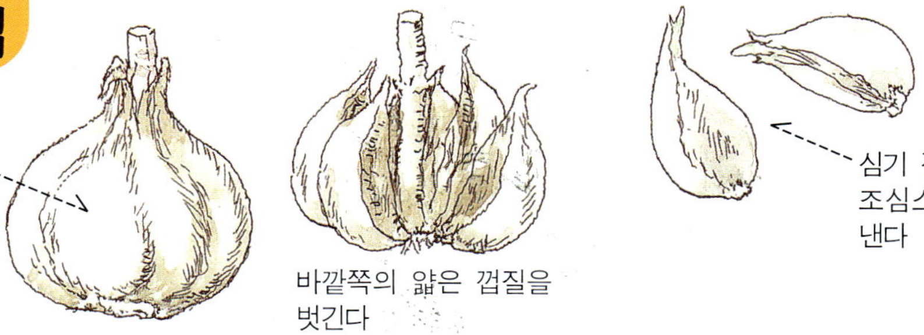

- 안에 6~10개의 분구가 들어 있다
- 바깥쪽의 얇은 껍질을 벗긴다
- 심기 전에 분구를 조심스럽게 떼어 낸다

2 밭 일구기

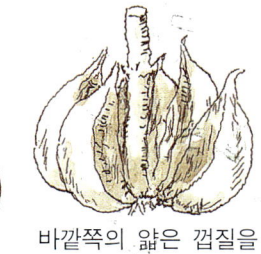

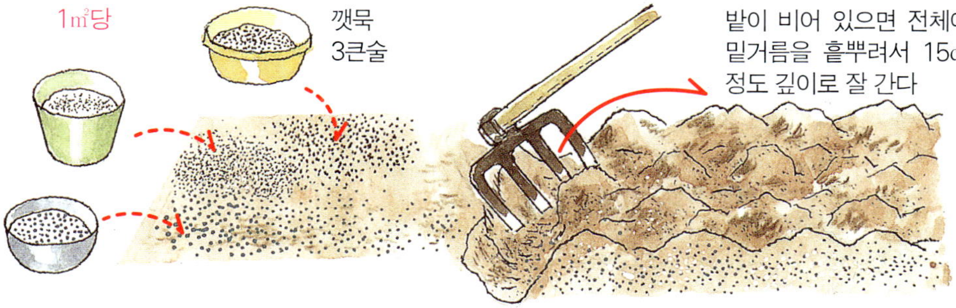

1㎡당
- 석회 5큰술
- 깻묵 3큰술
- 화학비료 3큰술

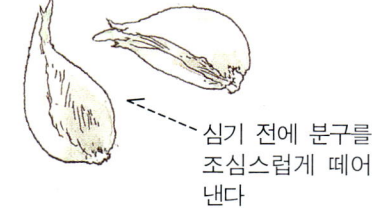

밭이 비어 있으면 전체에 밑거름을 흩뿌려서 15㎝ 정도 깊이로 잘 간다

3 아주심기

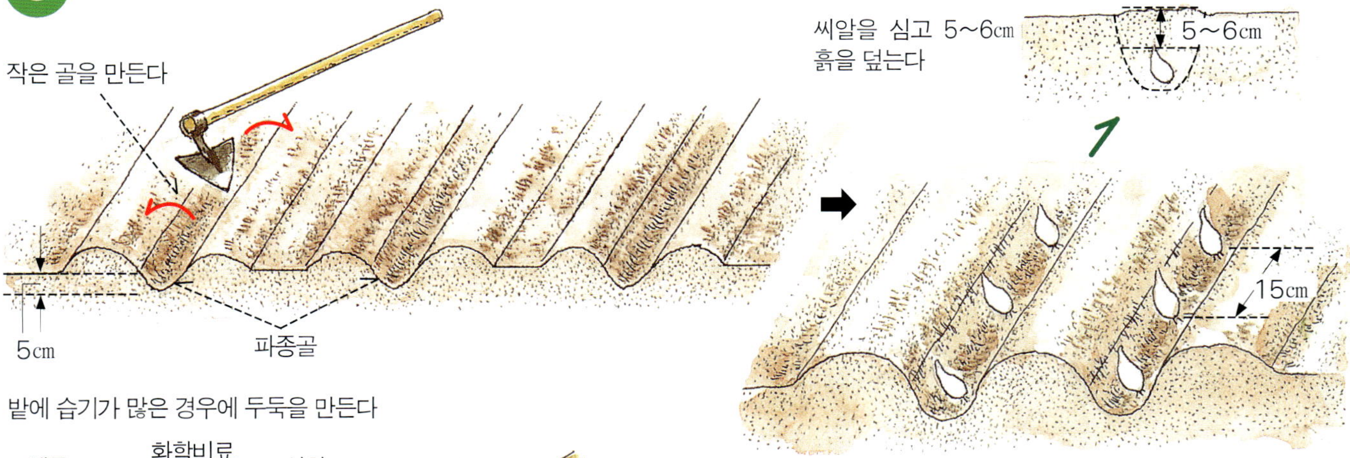

- 작은 골을 만든다
- 5㎝
- 파종골

씨알을 심고 5~6㎝ 흙을 덮는다

5~6㎝

15㎝

밭에 습기가 많은 경우에 두둑을 만든다

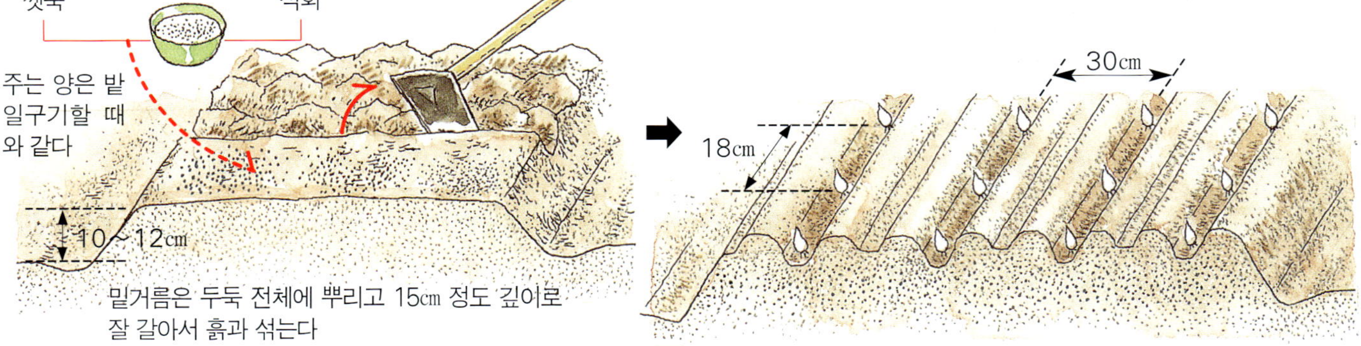

- 깻묵
- 화학비료
- 석회

주는 양은 밭 일구기할 때와 같다

10~12㎝

밑거름은 두둑 전체에 뿌리고 15㎝ 정도 깊이로 잘 갈아서 흙과 섞는다

30㎝

18㎝

잎줄기 채소류 · 마늘

4 웃거름 · 중간갈이

10·12월과 초봄, 모두 3회 웃거름을 주고 밭을 맨다

두둑 길이 1m당

화학비료 1큰술

깻묵 2큰술

두둑 사이에 비료를 뿌리고 가볍게 흙과 섞는다

5 곁눈 따기

알나누기하여 싹이 2줄기 나온 포기가 있으면 1줄기를 제거한다

남기는 구의 밑동을 누르고 따낸다

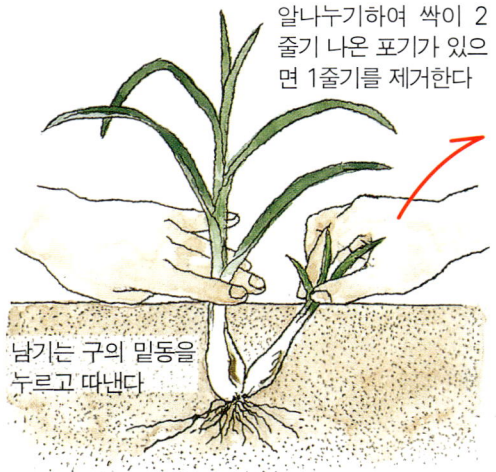

6 마늘쫑 따기

봄이 되어 추대하여 잎 끝쪽에서 꽃봉오리가 길게 뻗어 나오면 빨리 따낸다. 따낸 줄기나 꽃봉오리는 먹을 수 있다

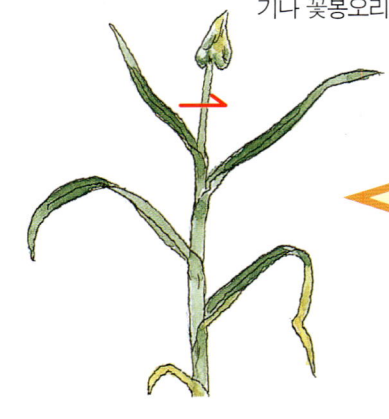

성공 포인트

키가 10~15cm로 자랐을 때 곁눈이 나온다. 이것을 그냥 두면 마늘이 잘 굵어지지 못하므로 빨리 떼어낸다.

7 수확

잎줄기가 2/3 정도 말랐을 때가 수확의 기준

뽑으면 바로 뿌리를 잘라내어 그대로 밭에서 2~3일 건조시킨다. 뿌리를 늦게 자르면 단단해져서 자르기 어려우므로 주의

마르면 7~10통씩 묶어서 통풍이 잘되는 처마 밑 등에 매달아두고 이용한다

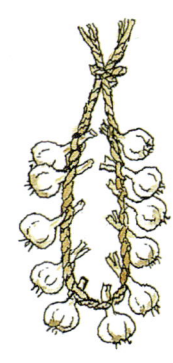

유럽 괴기소설의 주인공 드라큘라는 마늘과 십자가를 가장 싫어한다. 악몽에 시달릴 때 마늘을 머리에 꽂으면 악몽에서 벗어날 수 있다고도 하며, 여러 통의 마늘을 이어서 현관에 매달아 장식한 곳도 있다

> '이럴 때에는 어떻게 하나?' **Q&A** 이것을 알고 싶다

추대하였다면 어떻게 할까? 훌륭한 수확·저장 방법은?

적기를 놓치지 말고 따낸다. 잎 끝이 시들었을 때 뽑아서 말린다

왕성하게 생육하기 시작하는 4~5월경이면 추대한다. 추대를 남겨두면 꽃 쪽에 영양이 가서 땅 속 부분의 마늘이 잘 굵어지지 않으므로 적당한 시기에 따낸다. 너무 빨리 따내면 분구하므로, 어느 정도 자라고 나서 따내는 것이 좋다. 그러나 추대가 확실하게 단단해지면 너무 늦다. 추대는 적기를 놓치지 말고 따내야 한다.

수확은 필요에 따라 마늘이 굵어지는 대로 시작하는 것이 좋은데, 잎줄기가 차츰 누렇게 변하고 잎 끝이 2/3 정도 시들었을 때 뽑는 것이 가장 좋다. 양파와 마찬가지로 날씨가 좋은 날을 골라서 뽑는다.

이 때는 아직 뿌리가 튼튼하여 많이 붙어 있으므로, 뿌리가 붙은 부분을 잘라내어 그 장소에서 3~5일 정도 건조시킨다. 단, 마늘에 상처가 날 정도로 뿌리를 짧게 자르지 않도록 주의한다.

그 후 30㎝ 정도 잎줄기를 남기고 끝을 잘라주며, 10포기 정도씩 묶어서 처마 밑 등에 매달아두고 이용한다. 1회 사용량은 한정되어 있으므로 가능하면 저장하여 장기간 이용하기 위한 것이다.

마늘쫑이란?

추대하여 자란 줄기를 이용하는 것. 잎마늘도 있다

마늘쫑은 마늘이 추대하여 줄기가 자란 것으로, 중국요리에서 빠질 수 없는 것 중의 하나이다. 마늘이 어릴 때 잎을 붙여서 수확하는 것도 있는데, 잎마늘이라고 한다.

어느 것이나 4~5㎝ 정도로 잘라서 기름에 볶거나, 삶아서 무치거나, 샐러드로 만들어 먹으면 맛있다.

칼럼

마늘의 용기재배

사용량이 적은 가정이라면 플랜터에서 재배해도 된다. 상토는 적옥토(작은 입자) 7, 부엽토 3으로 하며, 상토 10ℓ당 고토석회 30g, 유기배합비료 30g을 섞어둔다. 5㎝ 간격으로 마늘쪽을 심고 3㎝ 흙을 덮는다. 초겨울과 이른 봄 싹이 나올 때에 웃거름을 주며 기른다.

말라바시금치

Malabar nightshade

매끄럽고 윤기가 있는 잎줄기와 특유의 점액·냄새가 있으며 왕성하게 자란다. 카로틴·비타민C·칼슘이 풍부한 건강채소.

명아주과   원산지=열대 아시아

재배 특성

- 덩굴성으로 생육이 매우 왕성하며, 지주에 잘 휘감기고 키가 3~4m까지 뻗는다.
- 고온성이므로 씨뿌리기가 빠르면 생육이 나빠지기 쉽다. 봄에 충분히 따뜻해지면 씨를 뿌린다.
- 여름부터 가을에 걸쳐 하얗고 조그만 꽃이 달리고, 작고 둥근 열매를 맺는다. 가을이 되어 기온이 내려가면 갑자기 생육이 나빠진다.

재배력

노지재배 / ◆ 씨뿌리기　● 아주심기　■ 수확

품종

자주색인 것과 초록색인 것이 있으며, 품종의 분화는 보이지 않는다. 우리나라에서는 적바우새 또는 청바우새라고도 불린다.

말라바시금치

말라바시금치(초록색 줄기종)

말라바시금치(자주색 줄기종)

재배방법

1 모기르기

씨뿌리기하여 기르는 경우

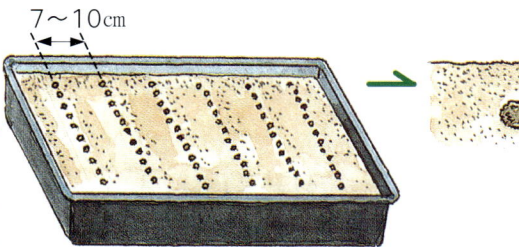

거즈·헝겊주머니 등

씨앗은 단단하여 잘 발아가 안 되므로 씨뿌리기 전에 하루 물에 담근다

모종상자에 줄뿌림하고, 발아하여 본잎이 2~3장일 때 화분에서 키운다

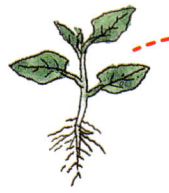

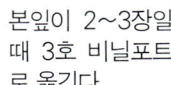

본잎이 2~3장일 때 3호 비닐포트로 옮긴다

포기 수가 적으면 화분에 직접 씨를 뿌려서 키워도 된다. 조금 많이 6~7개를 심어 솎아내는 것이 좋다

본잎이 4~5장 되면 본밭에 아주심기한다

꺾꽂이하여 기르는 경우

덩굴 끝 15cm 내외를 잘라서 모종상자에 비스듬하게 꽂는다

뿌리를 내려 왕성하게 뻗기 시작하면 흙을 붙인 채 모종을 파내어 본밭에 아주심기한다

> **성공 포인트**
> 씨앗이 단단하여 물을 흡수하기 어렵고 발아가 잘 안 되므로, 미리 물에 담가두거나 상처를 내서 물을 흡수하도록 돕는다.

2 밭 일구기

두둑 길이 1m당

화학비료 3큰술, 깻묵 5큰술, 퇴비 5~6줌

30cm / 30cm

3 아주심기

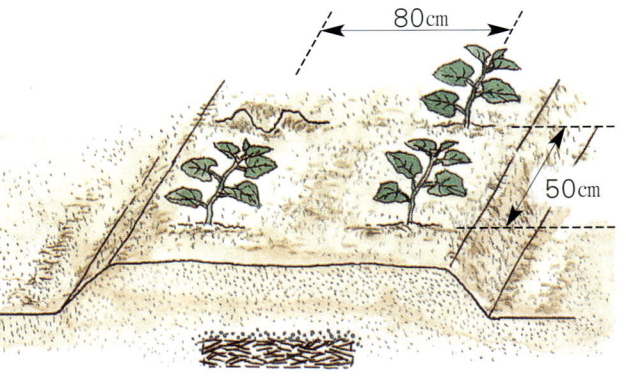

80cm, 50cm

잎줄기 채소류 · 말라바시금치

163

'이럴 때에는 어떻게 하나?' Q&A 이것을 알고 싶다

말라바시금치라고 하는데, 왜 잎이 초록색일까?

자주색이 관상용으로 먼저 알려졌으나 맛이 좋은 것은 초록색

일반적으로 말라바시금치는 덩굴과 잎이 자주색인데, 변종으로 덩굴과 잎이 초록색인 것도 있다. 채소용으로는 초록색이 품질이 좋고 자주색에 비해 친숙하다.

자주색 계통은 덩굴이 잘 뻗어서 가만 놔두면 2~3m까지도 뻗으며, 잎이 작고 줄기도 가늘어서 맛은 초록색 계통보다 나쁘다. 그러나 잎이 자주색이며, 특히 열매가 익으면 진한 자주색이 되어 정원이나 화분에 심으면 관상용으로 가치가 충분하다.

씨앗을 심었는데 좀처럼 발아하지 않는다

씨앗이 단단하여 물을 흡수하기 어렵다. 씨뿌리기 전에 물에 담근다

말라바시금치의 씨앗은 지름 2cm 정도의 매우 단단한 공모양으로 물이 잘 흡수가 안 되고, 씨를 뿌려도 잘 발아하지 않는 성질이 있다. 그래서 발아도 고르게 잘 안 된다. 씨뿌리기 전에 하루 정도 물에 담가서 불려둔다.

그래도 다른 채소만큼 발아율이 높지 않으므로 예비로 모종상자에 씨앗을 넉넉히 심는다.

빨리 나오는 것부터 비닐포트에 심어서 모종을 기른다. 본잎이 4~5장 되면 본밭에 아주심기한다.

수확방법과 먹는 방법은?

데쳐서 나물이나 참깨무침으로 만들어 먹는다

생육이 매우 왕성하므로 특별히 재배하기 어렵지 않지만, 가정의 텃밭에서 빨리 먹으려면 원줄기의 잎을 1장씩 건너뛰어 수확하면 좋다.

다음에 아들덩굴을 수확할 수 있게 되는데, 뒤에 손자덩굴들이 나올 것을 고려하여 뿌리쪽 잎을 2~3장 남긴다.

판매되는 것은 부드러운 덩굴 끝을 15cm 정도 잘라서 다발로 묶은 것이다.

먹을 때는 뜨거운 물에 데쳐서 나물이나 참깨무침으로 한다. 그밖에 큰실말(해조류의 일종)·참마 등의 무침, 튀김, 국거리나 라면 재료 등으로 먹는 방법이 많다.

철분이나 칼슘·비타민류 등이 풍부한 건강 채소이므로 맛있게 먹는 방법을 찾아본다.

머위

Butterbur

산이나 들에 자생하는 것도 많다. 쓴맛이 있는 특유의 맛과 씹는 느낌은 가정요리에서 요긴하게 쓰인다. 약효도 있다.

국화과　원산지=한국·일본·중국 등

재배특성

- 해묵이(숙근성)로 한번 심어놓으면 오랜 세월 계속하여 수확하고 재배가 쉽다. 잎자루와 함께 머위의 꽃줄기(꽃봉오리)도 이용한다.
- 서리를 맞으면 말라죽지만, 땅속줄기가 강건하고 겨울에 휴면하므로 한랭지에서도 쉽게 월동한다.
- 몇 개의 수직 뿌리가 깊게 뻗지만, 가는 뿌리는 지표 가까이에서 옆으로 널리 퍼져 건조에 약하므로 보수력이 있고 물이 잘 빠지는 장소를 좋아한다. 반음지에서도 잘 자란다.

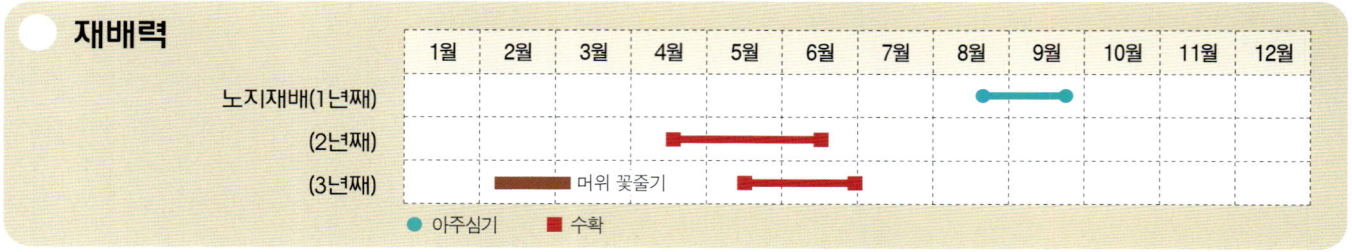

품종

산이나 들에 자생하는 것으로 우리나라에서는 품종이 나뉘어 있지 않다.

일본에서는 자생종을 선발 개량하여 각지에 야생머위의 계통이 있지만, 명확한 특성을 가지는 품종은 애지조생·팔두·물머위와 대형인 추전머위 등으로 그 수가 적다.

머위 꽃줄기

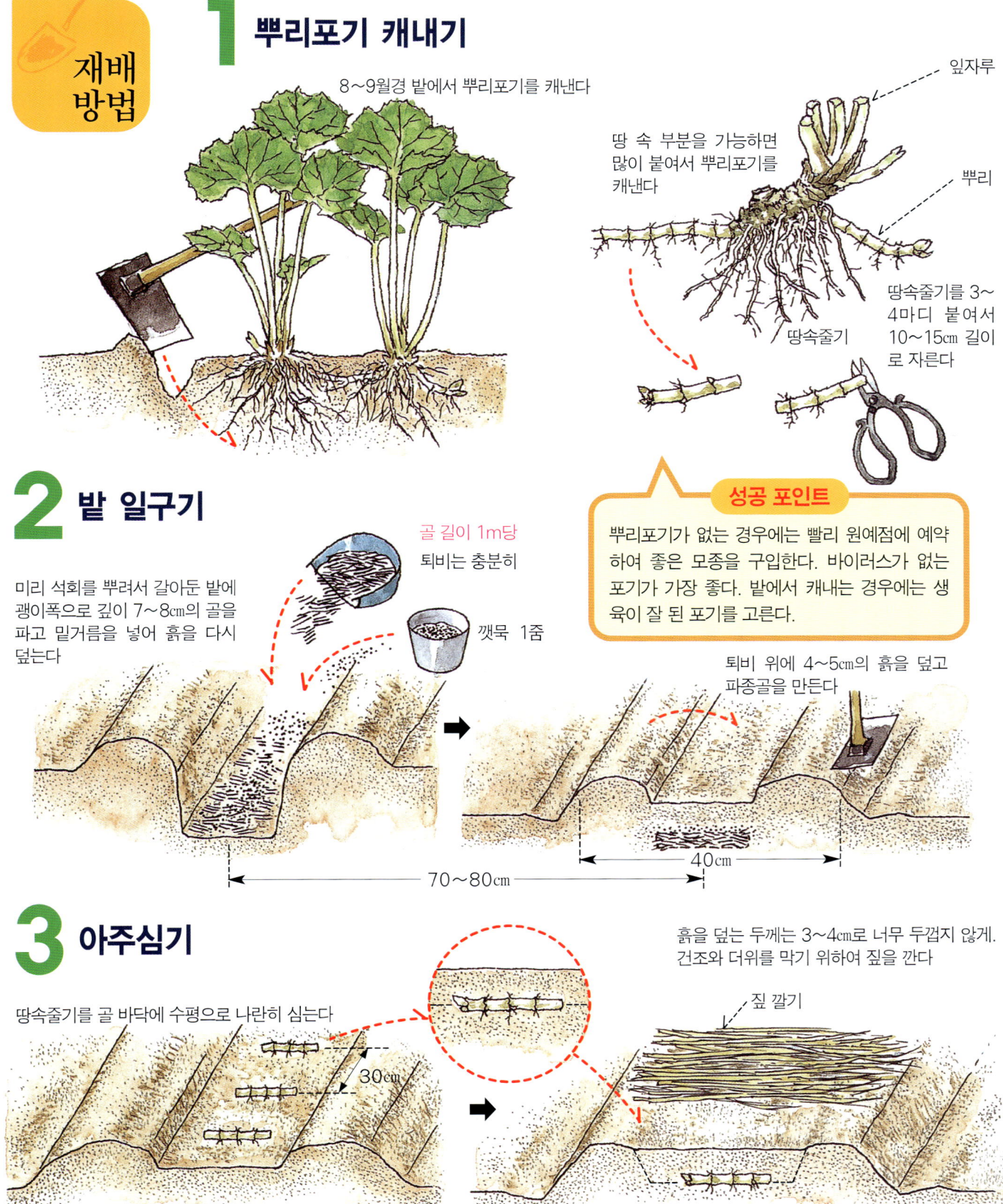

4 웃거름 · 물주기

봄부터 가을 사이에 3~4회, 화학비료와 깻묵을 두둑의 통로쪽에 조금씩 뿌리고 괭이로 흙에 갈아 넣는다

밭이 마른 듯하면 때때로 물을 준다

짚 깔기
봄에 싹이 트면 두둑 전체에 추가로 물을 준다

5 차광

차광용 한랭사

미리 2줄로 심어 두는 것이 좋다

차광자재를 터널 위쪽에 씌운다

밑부분은 넓게 열어둔다

옥수수 · 수수 등을 줄모양으로 심어서 그늘을 만든다

6 수확

애지조생머위
잎자루가 잘 뻗는 품종

5~6월에 잎자루가 나오면 단단해지기 전에 빨리 수확한다

물머위
부드럽고 쓴맛이 적다

2월경 머위 꽃줄기를 수확

성공 포인트

머위 꽃줄기는 빨리 수확. 10월경 잎도 수확할 수 있는데, 너무 많이 수확하지 않도록 유의하여 뿌리포기를 튼튼하게 만드는 것이 중요.

정원에서 많이 보이는 털머위는 머위와는 속(屬)이 다른 별개의 것이다

'이럴 때에는 어떻게 하나?' Q&A 이것을 알고 싶다

뿌리포기를 늘리는 방법은?

8~9월에 캐내어 3마디 이상 붙여서 자른다

머위는 씨앗을 얻을 수 없으므로(재배종은 3배체로 씨앗이 생기지 않는다), 땅속줄기를 나누어서 영양번식한다.

좋은 뿌리포기를 얻기 위하여 미리 채취용 포기를 정해둔다. 채취용 포기는 머위 수확을 빨리 끝내고, 잎을 크게 키우고 뿌리포기를 크고 충실하게 키워둔다.

뿌리포기는 8~9월에 캔다. 가능한 뿌리를 붙여서 크게 캐내어, 싹이 3개 이상 붙게 마디를 3마디 이상 붙여서 15~20㎝ 길이로 자른다. 이것을 파종골에 수평이 되게 30㎝ 간격으로 놓고, 위에 3~4㎝ 두께로 흙을 덮는다.

밑거름인 퇴비나 깻묵은 골 밑에 넣어준다.

최근 일본의 아이치(愛知)나 오사카(大阪) 등에서는 바이러스가 없게 경정배양하여 생육이 좋은 모종을 사용하기도 한다.

좋은 머위 꽃줄기를 얻으려면?

여름에 짚 깔기와 물주기를 게을리 하지 않고, 겨울에 매서운 바람을 막아준다

머위 꽃줄기는 봄에 일찍 잎이 땅 위로 나오기 전에 꽃봉오리가 지표에 나타난 것을 수확하는 것이다. 따라서 지난해에 포기를 충실하게 만들어두는 것이 중요하다.

건조에 약하므로 여름에는 짚 깔기와 물주기를 게을리 하지 않는다. 또 잔뿌리가 얕게 뻗어나오므로 비료로 인한 피해를 입지 않도록 웃거름의 비료 종류(주로 깻묵 등 유기질비료)나 1회 사용량 등에도 주의한다.

그밖에 여름에 강한 햇빛을 막기 위하여 차광자재를 하거나, 옥수수나 수수(가축용 사료) 등 키가 큰 작물을 몇 줄 걸러 심어서 그늘을 만든다. 겨울에는 매서운 바람을 막도록 재배장소의 북쪽 등에 울타리를 설치하는 것도 효과적이다.

이른 봄이 되면 주의해서 밭을 돌아보고 꽃이 피기 전에 빨리 수확한다.

칼럼

갓 수확한 머위는 생식도 한다

머위는 옛날부터 식용으로, 나물 이외에 머위조림·된장절임이나 잎으로 만든 조림 등 밑반찬 채소로 자주 이용한다. 갓 수확한 머위는 3~4㎝로 잘라 껍질을 벗겨서 물에 씻어 초장 등과 먹으면 날것으로 먹어도 맛있다.

모로헤이야

Jew's marrow

이름은 '왕가의 채소'라는 뜻의 아라비아어에서 유래. 칼슘과 비타민B_1·B_2가 풍부한 건강채소. 특별한 맛이 없으며, 잘게 썰면 끈적한 액체가 나온다.

참피나무과   **원산지=중근동**

재배 특성

- 원산지가 열대인 고온성 채소로 발아 적정온도는 30℃, 생육 적정온도도 20℃ 이상으로 높다. 노지재배일 경우 기온이 충분히 높아지면 재배한다.
- 일찍 출하하기 위해서는 가온 육묘하며, 옮겨 심고 바닥덮기나 터널 보온이 필요.
- 꽃눈의 분화나 꽃이 피는 것은 낮의 길이와 관계가 있으며, 단일조건에서는 꽃이 피어 품질이 손상되므로 봄·가을에 좋은 잎을 수확하려면 장일처리하여 15시간 이상 전등을 비춰주면 좋다.

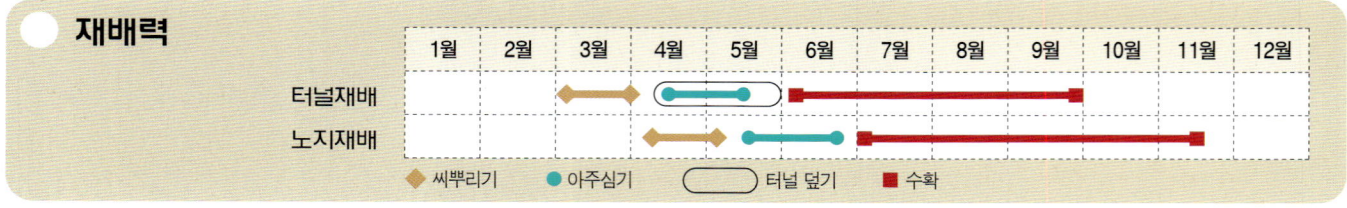

품종

품종의 분화나 발달은 보이지 않는다. 국내에 들어온 기간도 짧아서 특별히 품종으로 성립된 것은 없지만, 최근 키가 작고 분지성(分枝性)·내도복성 등으로 개량이 이루어져왔다. 모로헤이야라는 이름으로만 판매된다.

모로헤이야

모로헤이야

재배 방법

1 모기르기

비닐포트 육묘
포기 수가 적어도 될 때

5~6알

씨앗이 작으므로 흙을 1~2㎜ 두께로 조심스럽게 덮는다

모종의 성장에 맞춰 1포기솎기

작물의 키가 15㎝ 정도 되었을 때 밭에 심는다

셀성형 육묘
모종이 많이 필요할 때 모든 엽상추류가 이 방법으로 모종을 기른다

128구의 셀 트레이가 기르기 쉽다.
3~4알 심어서 1셀에 1포기로

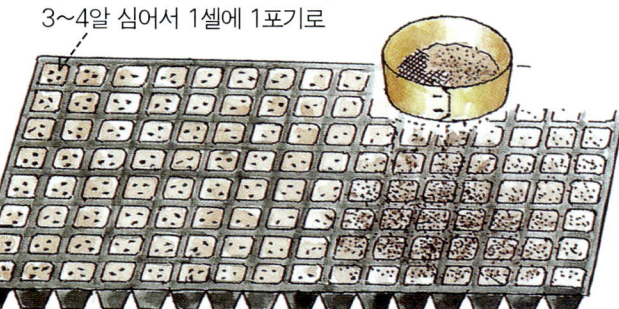

셀 트레이에서 잎이 무성하지 않을 때 밭에 옮겨 심는다

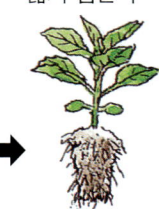

잎줄기 채소류 · 모로헤이야

2 밭 일구기

골 길이 1m당

퇴비 5~6줌

화학비료 3큰술

깻묵 5큰술

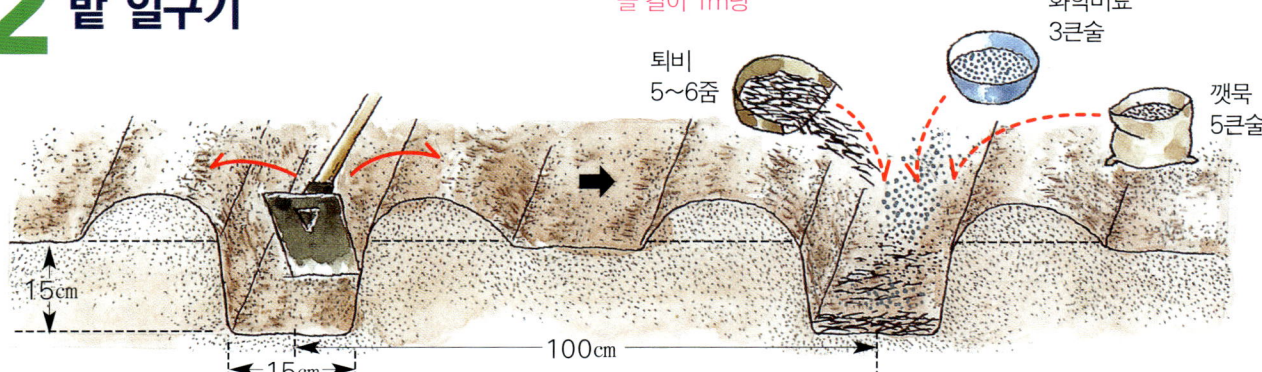

15㎝　15㎝　100㎝

3 아주심기

비닐필름

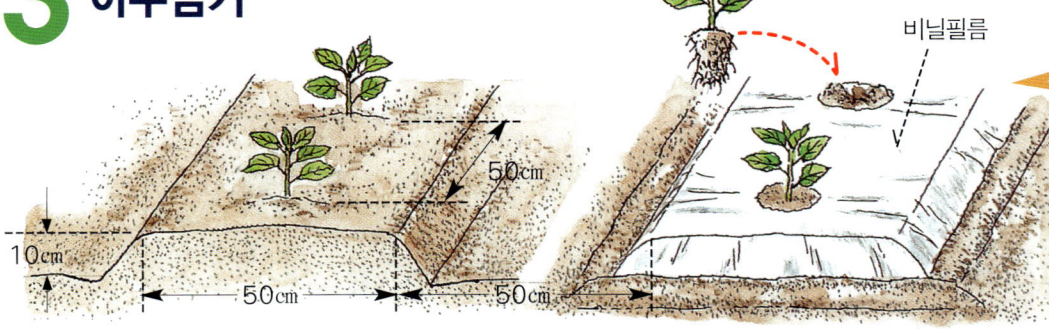

10㎝　50㎝　50㎝　50㎝

밭이 건조하면 포기 밑에 물을 조금 준다. 이른 봄에는 너무 많이 주면 지온이 내려가므로 생육에 좋지 않다

저온에 약하므로 비닐필름을 덮어서 지온을 높여 주면 좋다. 빠른 수확을 원하면 터널재배한다

성공 포인트

고온성 채소이므로 충분히 따뜻해지면 재배한다. 빨리 심는 경우에는 비닐필름을 덮어 지온을 올려준다.

4 웃거름

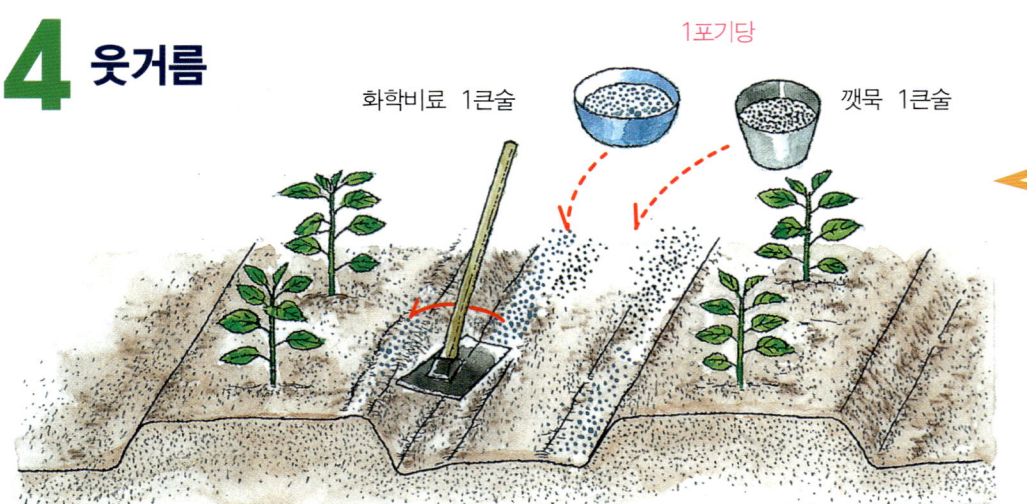

심고 20일 정도부터 보름에 한 번 웃거름을 준다

성공 포인트
부드러운 양질의 모로헤이야를 차례로 수확하려면 좋은 곁가지를 많이 만드는 것이 중요하다. 그러므로 웃거름을 여러 번 많이 주고, 비료가 떨어지지 않도록 한다.

5 관리

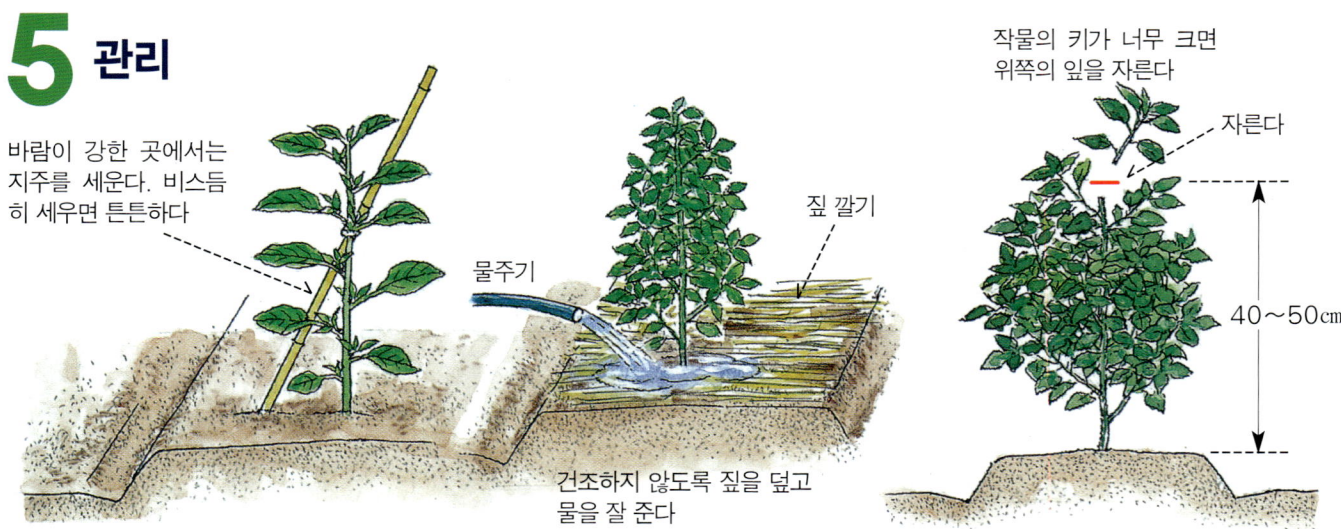

6 수확

작물의 키가 50cm 정도 자랐을 때부터 끝쪽의 부드러운 싹을 15~20cm 길이로 가위 또는 손톱으로 잘라 수확한다

왕성하게 가지벌기하여 점차 싹이 많이 나오고 수확량이 늘어난다

> '이럴 때에는 어떻게 하나?' **Q&A** 이것을 알고 싶다

잎줄기 채소류 · 모로헤이야

봄에 일찍 모종을 길렀더니 꽃이 달려 성장이 멈췄다

저온에 감응하여 꽃눈이 분화한 것이 원인

너무 빨리 씨를 뿌려서 저온·단일 조건에서 모종이 길러지고, 어린모일 때 꽃눈의 분화가 일어났기 때문이다. 노지재배라면 좀더 따뜻해지고 나서 씨를 뿌리는 것이 좋다.

일찍 출하하려면 지온 23~25℃, 기온 15℃ 이상의 가온조건에서 일장이 16시간 이상 되도록 전등으로 비춰주며 모종을 기르면, 꽃눈이 분화하지 않고 생장할 수 있으므로 좋은 싹을 수확할 수 있다.

8월이 되어 점차 단일에 가까워지면 각 싹에 또 꽃눈이 달리기 시작하며, 곧 2~3㎜ 정도의 작은 황색 꽃이 달린다.

꽃이 달리면 잎이 거칠어지고 맛이 떨어진다. 바로 2~3㎝의 붉은빛이 도는 초록색 삭과(蒴果)가 달리고 잎이 식용으로 부적합하게 되어버리는데, 미리 전등으로 비춰주면 꽃이 피지 않아 좋은 싹을 계속 수확할 수 있다.

어느 정도 간격으로 심으면 좋을까?

두둑간격과 포기간격을 충분하게. 양액재배에서는 초밀식으로

모로헤이야는 순지르기하여 곁눈이 많이 나오도록 하기 때문에 의외로 가로로 넓어지며, 또 끝쪽의 싹을 수확하므로 두둑 사이에 들어가서 작업하는 시간이 많으므로 두둑간격을 100㎝ 정도로 넓게 한다.

포기간격도 빽빽하지 않도록 50㎝ 이상 넓게 한다. 이만큼 넓게 심어두면 여름까지 계속 수확할 수 있다.

하우스 안에서 양액재배할 경우에는 12×12㎝ 또는 12×9㎝로 초밀식하며, 작물의 키가 20㎝ 정도로 어릴 때 순지르기하여 곁눈의 발생을 도와 다수확을 꾀한다.

양액재배는 높게 설치된 벤치에서 작업하기 쉽고, 초밀식으로 재배하는 것이 특색이다.

모로헤이야꽃

칼럼
모로헤이야에 대한 짧은 정보

참피나무과의 1년초로서, 방임하면 1.5m 정도까지 자라며 어린잎을 채소로 이용한다. 옛날부터 영양가 높은 채소로 알려져, 고대 이집트에서는 피라미드를 건설하던 사람들의 영양 공급원으로 이용되었다고 한다. 칼륨·칼슘·인·철·카로틴 및 비타민A·B·C가 풍부한 영양가 높은 채소이다.

무순

Chinese radish

무의 길게 뻗은 배축과 떡잎을 이용. 수프·나물 외에 불고기 등에 곁들이는 푸른 재료나 샐러드로 인기.

| 배추과 | 원산지=지중해 연안, 동남아시아 등 여러 가지 설 |

재배특성

- 발아 적정온도는 25℃ 내외. 빛은 무순의 색을 낼 때 필요할 뿐이며, 겨울 동안 보온 및 가온이 가능하면 1년 내내 씨를 뿌릴 수 있다.
- 대량생산인 경우에는 밭에 씨를 뿌리지만, 가정의 텃밭인 경우에는 플라스틱제품의 각종 용기를 이용하여 재배하는 것이 좋다.

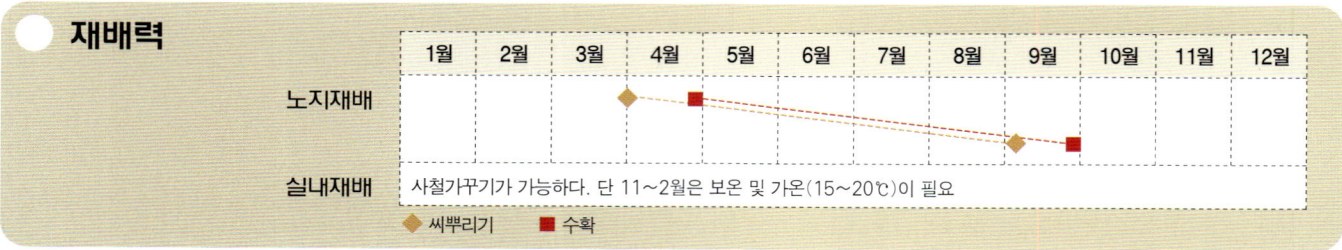

재배력 | 1월 | 2월 | 3월 | 4월 | 5월 | 6월 | 7월 | 8월 | 9월 | 10월 | 11월 | 12월

노지재배

실내재배: 사철가꾸기가 가능하다. 단 11~2월은 보온 및 가온(15~20℃)이 필요

◆ 씨뿌리기   ■ 수확

품종

무 품종이라면 어느 것이나 무순 재배가 되지만, 품질적으로는 배축이 흰 백수무가 좋다. 가장 많이 이용되는 것은 무순의 잎이 큰 품종이다. 우리나라에서 판매되고 있는 것은 무순이 등이다.

재배방법

1 씨앗 준비

씨앗을 많이 사용하므로 양이 많은 것이 좋다

무순용으로 판매되는 씨앗을 구한다. 사철재배에 좋은 태우댄디, 생육이 고른 백경댄디 등이 있다.

2 씨앗 고르기·싹틔우기

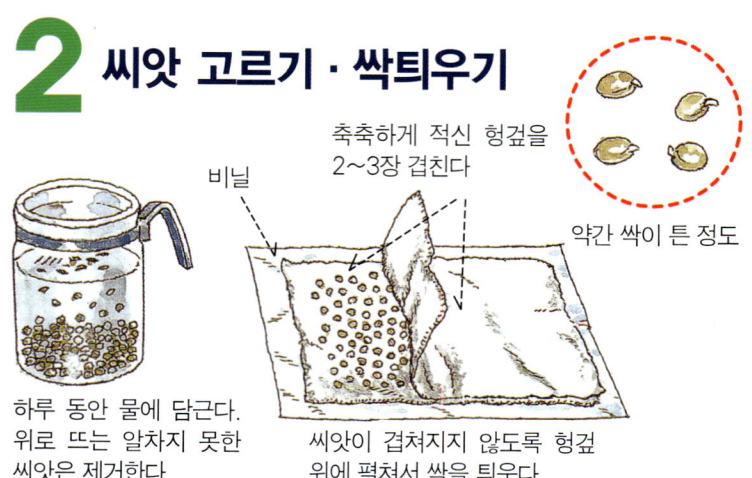

하루 동안 물에 담근다. 위로 뜨는 알차지 못한 씨앗은 제거한다

축축하게 적신 헝겊을 2~3장 겹친다

비닐

씨앗이 겹쳐지지 않도록 헝겊 위에 펼쳐서 싹을 틔운다

약간 싹이 튼 정도

3 씨뿌리기

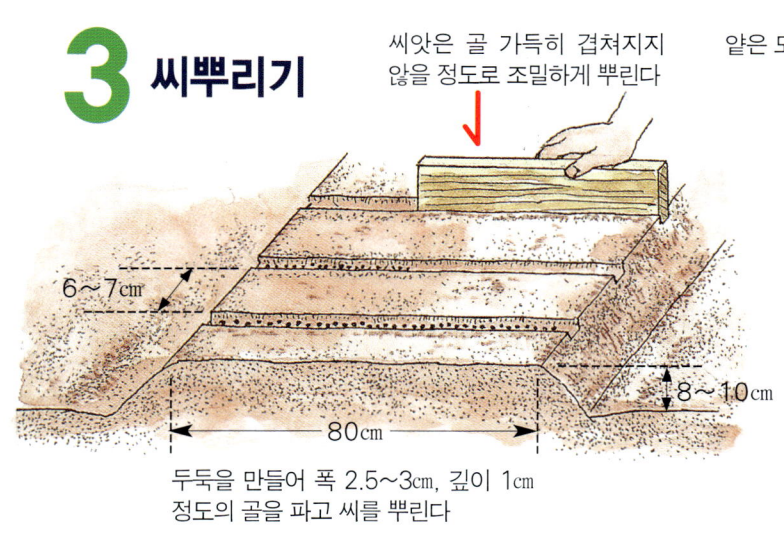

두둑을 만들어 폭 2.5~3㎝, 깊이 1㎝ 정도의 골을 파고 씨를 뿌린다

4 차광

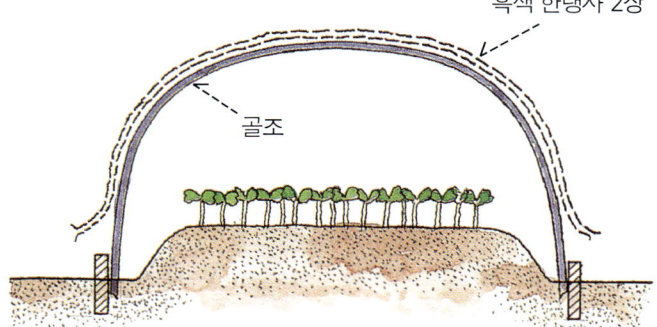

8~9㎝로 자랄 때까지 빛을 차단하여 빨리 자라게 한다

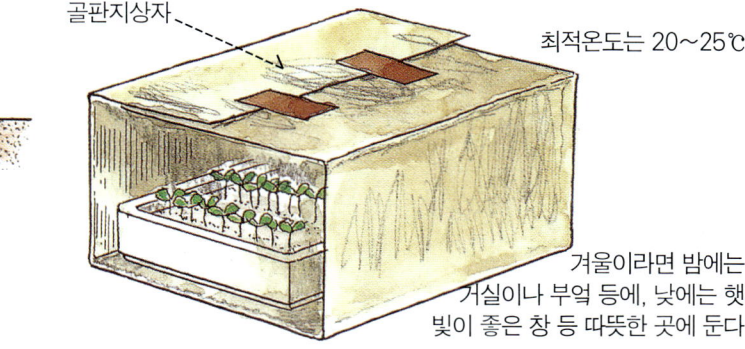

5 흙넣기 · 햇빛 쬐기

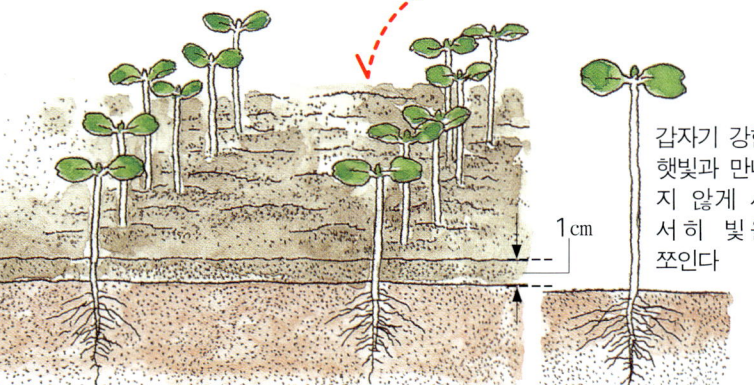

작물의 키가 3~4㎝로 자랐을 때 포기 줄 사이에 강모래를 1㎝ 정도 넣어 쓰러지지 않고 잘 자라게 한다

8~10㎝ 정도 자랐을 때 빛을 쪼여 잎이 2장이며 녹색을 띠게 한다

6 수확

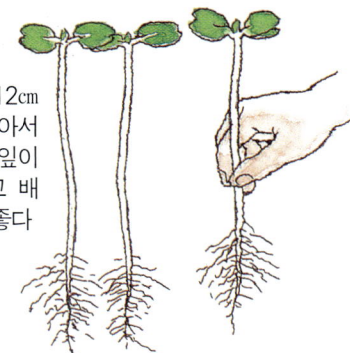

작물의 키가 10~12㎝ 정도 자랐을 때 뽑아서 수확한다. 2장의 잎이 초록색이 선명하고 배축은 순백인 것이 좋다

미나리

Water dropwort

독특한 향과 시원하게 씹히는 느낌이 좋아 천 년의 재배역사를 가지는 오래된 채소.

| 미나리과 | 원산지＝유라시아부터 열대 아프리카까지 광범위 |

재배특성

- 습기가 많은 곳을 좋아하는 여러해살이채소로, 기는 성질의 것부터 직립하는 성질의 것까지 있다. 땅 속에 희고 굵은 포복경을 뻗으며 늘어난다.
- 논이 있는 곳에서는 논을 이용하여 논미나리를 재배하고, 논이 없는 곳에서는 밭을 이용하여 밭미나리로 재배한다.
- 건조하지 않게 물주기에 신경 쓰고, 겨울철 수확을 위해서는 서리나 추위를 막기 위한 보온피복을 해준다.

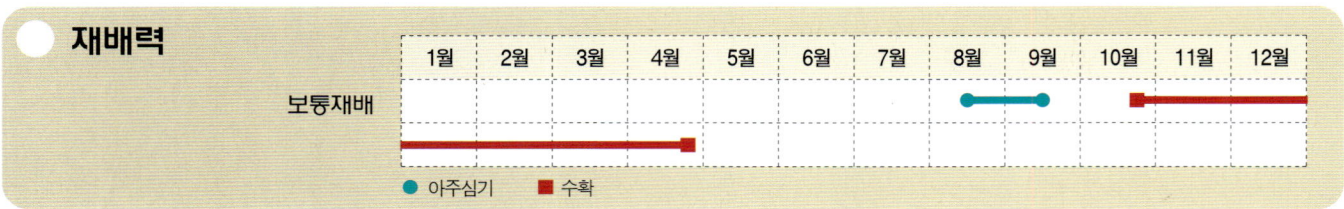

품종

야생에서 채취한 것을 재배하여 특별히 품종으로 분화된 것이 없다. 익는 시기에 따라 조생종·중생종·만생종으로 구분하고, 잎 모양에 따라 둥근잎계·큰잎계·작은잎계 등으로 나눌 뿐이다. 우리나라에서는 지역의 이름을 붙여 부여미나리·대경미나리 등으로 구분하여 부른다.

미나리밭

방울다다기양배추

Brussels sprouts

줄기가 자라서 곁눈이 결구하듯이 된 양배추의 변종. 비타민C가 양배추의 3배로 영양이 풍부하다.

배추과　원산지＝유럽

재배특성

- 양배추보다 추위에 강하지만 더위에는 약하며, 양질의 결구는 13~15℃에서 얻어지고 고온에서는 결구가 잘되지 않는다.
- 줄기에 잎이 40장 이상 붙어 있고, 줄기 굵기가 4~5㎝ 이상 되지 않으면 좋은 양배추가 안 달린다. 좋은 퇴비를 충분히 주어 결구할 때까지 튼튼한 작물을 만든다.
- 습기나 바람에 약하므로 밭을 잘 골라야 하며 대책이 필요하다.

품종

품종의 분화가 별로 없어서 품종 수가 한정되어 있으며, 국내 육성종은 없다. 품종은 수확기에 따라 조생종·중생종·만생종·극만생종으로 나눈다. 우리나라에서 재배되는 주요 품종으로는 페어긴트·톱스코어·루네트·킹아더 등이 있다.

일본의 대표적 품종으로는 조생자지·자지·패밀리 세븐·푸치웰 등이 있다.

조생자지

자지

푸치웰

5 짚 깔기

> **성공 포인트**
> 혼잡하지 않게 배게 심고, 불필요한 잎은 따주어 아래쪽까지 햇빛이 잘 들도록 하여 결구를 돕는다.

고온·건조기에 접어들면 두둑 전체에 짚을 깔아준다

6 잎따기 · 곁눈 정리

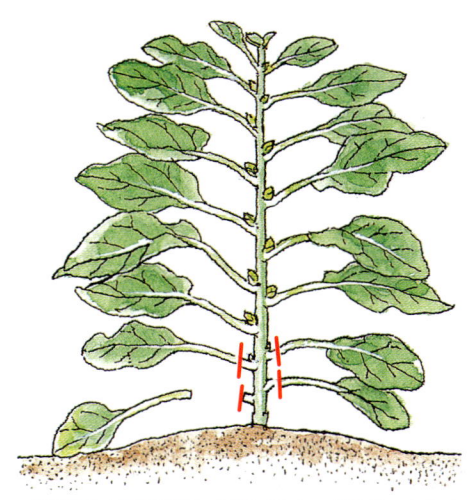

10월경 아래쪽의 노화한 잎 4~5장을 따낸다

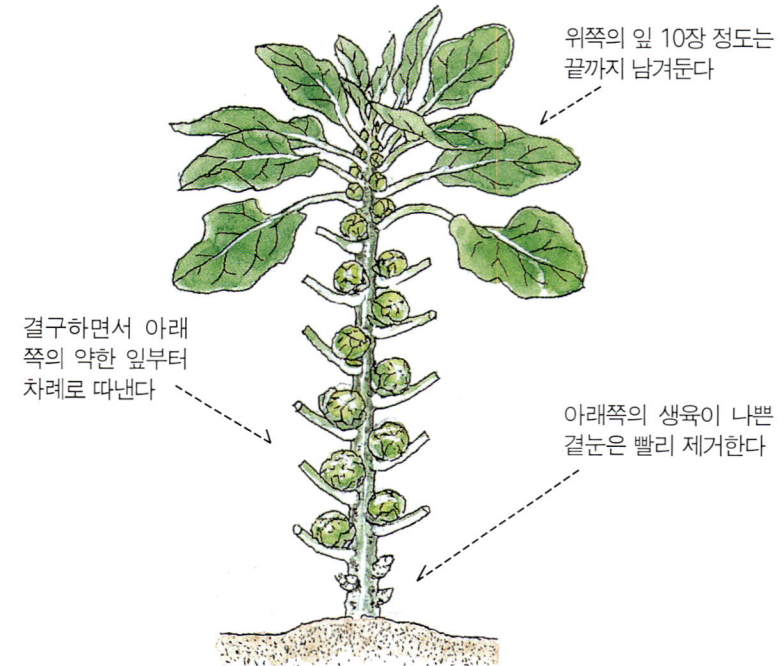

위쪽의 잎 10장 정도는 끝까지 남겨둔다

결구하면서 아래쪽의 약한 잎부터 차례로 따낸다

아래쪽의 생육이 나쁜 곁눈은 빨리 제거한다

7 수확

결구의 지름이 2~3cm, 무게가 10g 내외인 것을 밑에서부터 차례로 따서 수확한다. 결구가 안 좋은 것은 빨리 따서 없앤다

불량

양호

잘 결구한 것부터 차례로 수확하여 이용한다

'이럴 때에는 어떻게 하나?' Q&A 이것을 알고 싶다

Q 잘 재배할 수 있는 적기는?

A 여름파종 양배추와 같거나 조금 일찍 씨를 뿌린다

양배추같이 서늘한 기후를 좋아하지만 양배추보다 더위에 약하며, 가장 재배하기 쉬운 것은 20℃ 내외다. 일반 평지에서는 여름파종 양배추와 같은데, 약간 빠른 6월 중순~7월 중순경에 씨를 뿌려서 양배추에 준하여 모종을 기르고, 여름부터 가을 중반까지 굵은 줄기와 잎이 달리게 한다.

수확하는 작은 양배추는, 줄기가 50㎝ 내외로 자랐을 때 잎이 붙은 부분에서 곁눈이 결구한 것이다. 작은 구가 단단하게 결구하는 13~15℃가 최적이다.

6~7월경의 적기에 씨를 뿌린 것은 10월에 접어들어 알맞은 온도에서 왕성하게 결구하기 시작하며, 10월 중·하순부터 다음해 2~3월경에 수확할 수 있다.

씨뿌리기가 너무 늦으면 작은 양배추가 달릴 잎과 줄기가 크게 자라지 않은 상태에서 결구되므로 양배추의 생장이나 원하는 수확량을 기대할 수 없다.

따뜻한 지역에서는 씨를 늦게 뿌려도 늦게까지 생육하므로 좋은 결과를 얻을 수 있지만, 고랭지는 여름에는 서늘하여 좋지만 겨울에는 추워서 해야 할 일이 많다. 봄에 씨를 뿌려서 서늘한 여름에 왕성하게 생육시키고, 가을에 많이 수확하도록 한다.

Q 올바른 수확방법은?

A 단단해지면 밑에서부터 차례대로 수확. 결구가 좋지 않은 것은 따버려도 된다

방울다다기양배추의 작은 결구는 줄기의 각 잎맥에 붙어 있다. 밑에서부터 차례로 결구하므로 지름이 2~3㎝ 정도 되고 손으로 만져보아 단단하면 하나하나 수확한다.

일찍부터 잎이 잘 결구하지 않는 것도 있으므로 작아도 따서 다른 양배추의 성장을 돕는다.

수확간격은 초기에는 6~7일, 생육이 왕성할 때는 3~4일 정도가 보통이지만, 가정의 텃밭에서는 특별히 구애받지 말고 필요에 따라 성장한 것을 딴다.

> **칼럼**
>
> ### 수확기가 길어서 가정의 텃밭에 적당
>
> 방울다다기양배추의 수확기는 10월경부터다. 너무 건조하거나 습한 것을 피하고, 비료가 부족하지 않도록 잘 재배하면 2~3개월간 수확할 수 있다. 따라서 가정의 텃밭에서 재배하기에 매우 적당한 채소라고 할 수 있다.

배추

Chinese cabbage

섬유질의 부드러움과 담백한 맛을 가진 중요한 채소. 떫은맛을 우려내지 않고 손쉽게 기름에 볶거나, 냄비·절임 요리에 이용. 특히 김치의 주재료다.

배추과   원산지=중국 북부

재배특성

- 냉랭한 기후를 좋아하고 생육 적정온도가 15~20℃로 비교적 그 폭이 좁으며, 양배추 등에 비하면 파종시기가 한정되어 있다.
- 무릎병 등의 토양 병해가 나타나기 쉬우므로 3~4년 돌려짓기에 신경 쓰고, 밭에 물이 잘 빠지게 하여 재배하는 것이 중요.
- 결구에 80~100장의 많은 잎이 필요하므로 저온이 되기 전에 이 정도가 되도록 생육을 촉진한다.

재배력

씨뿌리기   아주심기   수확

품종

결구의 형태로 크게 결구종·반결구종으로 나누며, 결구종은 다시 잎 끝이 많이 겹치는 포피형(抱被型)과 겹치지 않는 포합형(抱合型)으로 나뉜다. 일반적으로는 결구종의 포피형이 많이 재배된다. 우리나라는 봄배추에 노랑봄배추·여름대형가락배추·햇봄배추·명가봄배추, 여름배추에 노랑여름배추·고랭지여름배추·신춘1호배추·큰여름배추·정상배추·청원여름배추·유명여름배추, 가을배추에 노랑김장배추·가락신1호배추·금빛배추·맛나배추·샛노랑배추·귀공자배추·청원1호배추·황제배추, 월동노지재배배추에 동풍배추·설봉배추·설왕배추 등이 있다.

일본에는 황고코로65·채명·샐러드 등이 있다.

황고코로65

채명

샐러드

4 솎아내기 (포기 정리)

본잎 6~7장

포기 밑이 흔들리지 않게 조금 흙을 모아준다

뿌리를 내려 왕성하게 자랄 때 생육이 좋은 것 1포기를 남긴다

성공 포인트
연약한 배추는 생육 초기에 비바람이나 해충의 피해를 입기 쉬우므로 한 곳에 2포기를 심고, 뿌리를 내려 왕성하게 뻗을 때 솎아서 1포기로 한다.

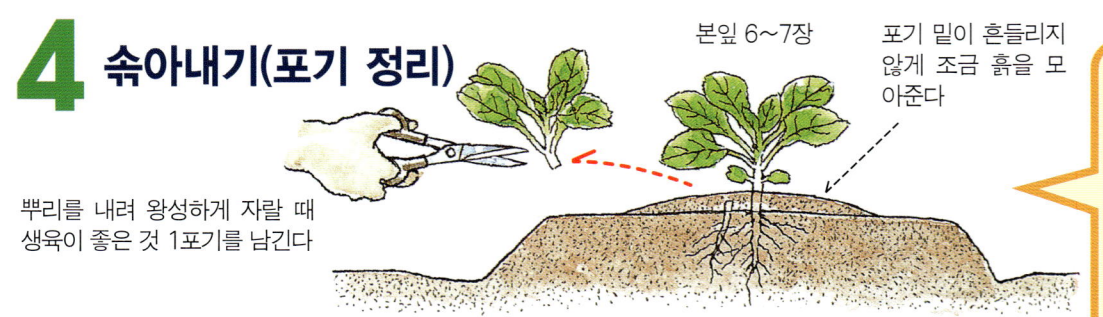

5 병해충 방제

모판과 본밭을 방충망으로 덮어 해충을 막거나 살충제를 뿌린다

두둑 전체에 반사성 필름을 덮어 진딧물이 날아오는 것을 막고 바이러스병을 피한다

흑색
은색

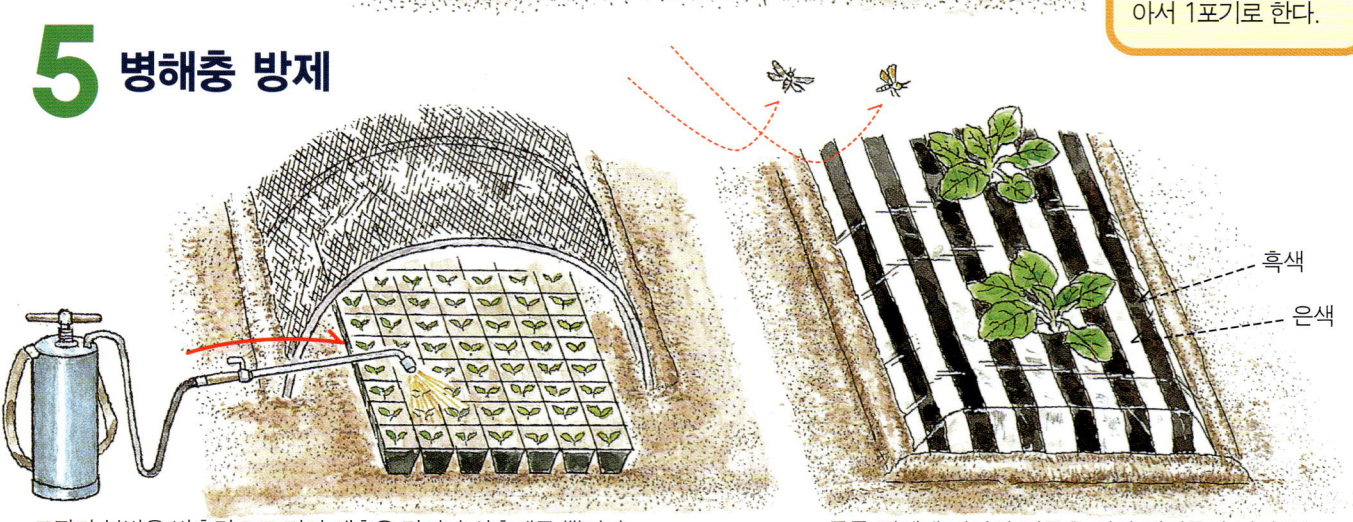

6 웃거름

1회째
본잎이 10장 정도일 때

1포기당
화학비료 1큰술

2회째
1회째의 20일 후

비료의 양은 1회 때와 같다

3회째 : 두둑 전체가 잎으로 덮이기 전

포기 사이에 군데군데 잎이 상하지 않도록 주의해서 뿌린다

1포기당
화학비료 1큰술

두둑 가장자리와 통로에 비료를 뿌리고 괭이로 흙과 섞어서 두둑에 올린다

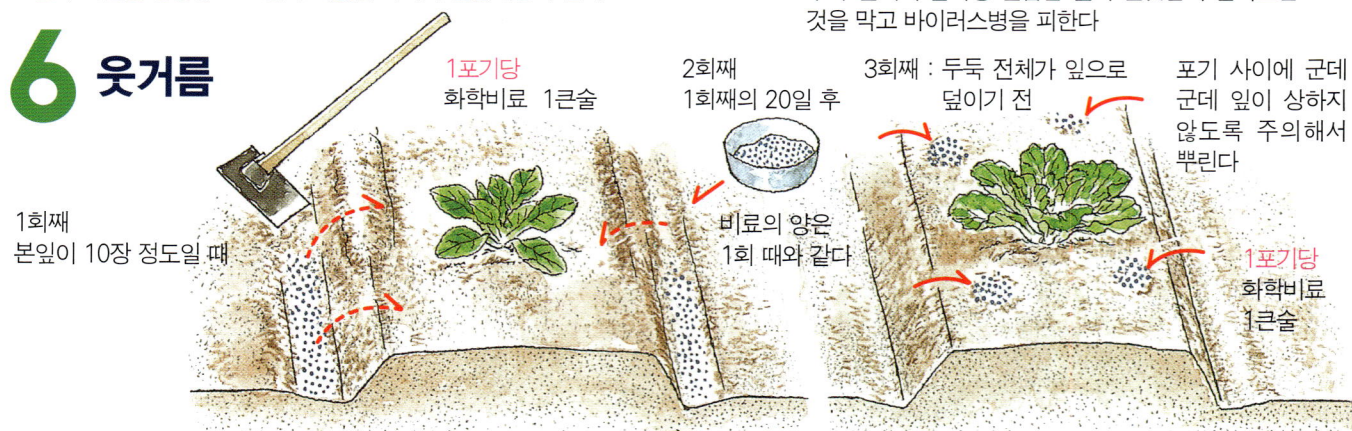

7 수확

꼭대기를 눌러보아 단단해진 듯하면 수확해도 된다

배추를 비스듬히 눌러서 쓰러뜨리고 바깥잎과의 사이에 칼을 넣어 자른다

밭에서의 저장

바깥잎을 묶어두면 추위에 잘 견디므로 늦게까지 밭에 둘 수 있다

'이럴 때에는 어떻게 하나?' Q&A 이것을 알고 싶다

밭에 심었는데 한창 자랄 때 썩어 말라버렸다

무름병이다. 미리 예방대책에 주의한다

배추에서 가장 무서운 무름병 때문이다. 결구가 가까워진 아래 잎의 잎자루나 줄기의 땅 닿은 부분 등에서부터 썩기 시작하여, 차례로 잎이 쓰러지듯이 되고 마침내 배추 속까지 썩어 악취가 나게 된다.

무름병에 걸리면 방제가 매우 어려우므로 예방에 힘쓴다. ①이어짓기를 피한다 ②씨를 일찍 뿌리지 않는다 ③밭은 두둑을 높게 하여 물이 잘 빠지게 한다 ④1포기라도 발병하면 빨리 제거하여 전염을 막는다 ⑤도둑나방·배추흰나비(유충)·배추좀나방 등의 해충이 갉아먹으면 그곳으로 병원균이 침입하기 쉬우므로 해충 방제를 철저히 한다 ⑥품종은 조생종이며 비교적 무름병에 강한 칠성·강력여름·CR여름맛 등을 선택한다(이 병에 대한 저항성 품종은 없다). 이상의 예방대책을 철저히 한다.

결구배추를 재배하였는데 결구 모양이 나쁘다

파종시기를 지키고, 비료가 부족하지 않도록 키운다

결구배추의 구는 80~100장의 많은 잎으로 모양이 만들어진다. 파종시기가 늦어지면 중부 이남은 꽃눈이 분화하는 10월 중순경까지 결구에 필요한 잎이 확보되지 않아 구가 단단하지 않다.

그러나 씨를 너무 일찍 뿌리면 가을재배인 경우에 모종을 기르는 시기가 여름의 가장 더울 때와 겹치므로 모종이 잘 안 자라며, 나중에 병해가 생기기 쉬우므로 곤란하다.

따라서 배추는 파종시기가 매우 중요하다. 중부 이남에서는 대부분의 품종이 8월20일~25일경이 적기다. 또, 잎수가 확보되었어도 잎 하나하나가 충분히 크지 않으면 구가 작거나 단단하지 않아 좋은 배추가 되지 않는다.

배추를 크게 키우려면 밑거름으로 퇴비를 적기에 충분히 주어 비료가 부족하지 않게 한다. 특히 결구를 시작할 때까지 웃거름에 신경 쓴다.

칼럼

봄에 수확하는 배추

배추는 가을에 재배하는 것이 일반적이지만 봄에 씨를 뿌려 4월경에 수확할 수도 있다. 온상에서 모종을 기르는데, 13℃ 이하가 되면 모종이 작은 상태로 꽃눈이 분화하므로 반드시 13℃ 이상이 되도록 한다. 아주심기 후 비닐터널로 덮어주며, 낮 최고온도가 30℃ 이상 되지 않도록하고 환기에 주의하며 재배한다.

배추상추

Cos lettuce

방추형으로 느슨하게 결구하는 직립성 상추. 잎은 주름이 없고 잘게 썰기 좋으며, 감칠맛이 있다. 샐러드 외에 찌개나 볶음에도 적합. 에게해 코스섬이 원산지.

국화과　원산지=유럽

재배특성

- 모양은 직립성의 방추형으로 느슨하게 결구한다.
- 결구양상추보다 고온과 저온에 강하고, 품종 선택에 따라 꽤 고온기에도 재배가 가능.

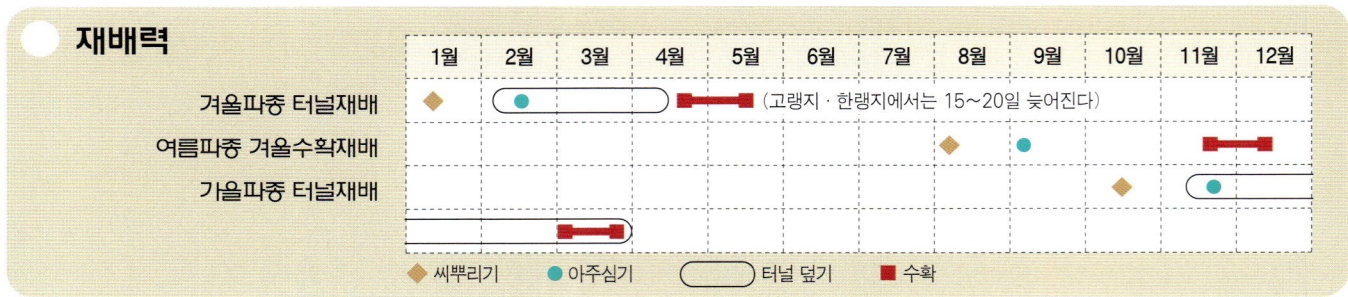

재배력

	1월	2월	3월	4월	5월	6월	7월	8월	9월	10월	11월	12월
겨울파종 터널재배	◆	●		■━	(고랭지·한랭지에서는 15~20일 늦어진다)							
여름파종 겨울수확재배								◆	●		■━	
가을파종 터널재배										◆	●	
			■━									

◆ 씨뿌리기　● 아주심기　◯ 터널 덮기　■ 수확

품종

우리나라에는 팰리스·다크 그린 등이 있고, 일본에는 코스레터스·코스타리카2호·코스타리카4호 등이 있다.

코스타리카2호　　코스타리카4호

코스레터스

재배방법

1 모기르기

씨는 얕은 상자에 줄뿌림하고, 흙은 씨앗이 보이지 않을 정도로 얇게 덮는다

무성해진 곳을 솎아준다

본잎이 2장일 때 모판에 옮겨 심는다

9cm / 9cm

2 밭 일구기 · 아주심기

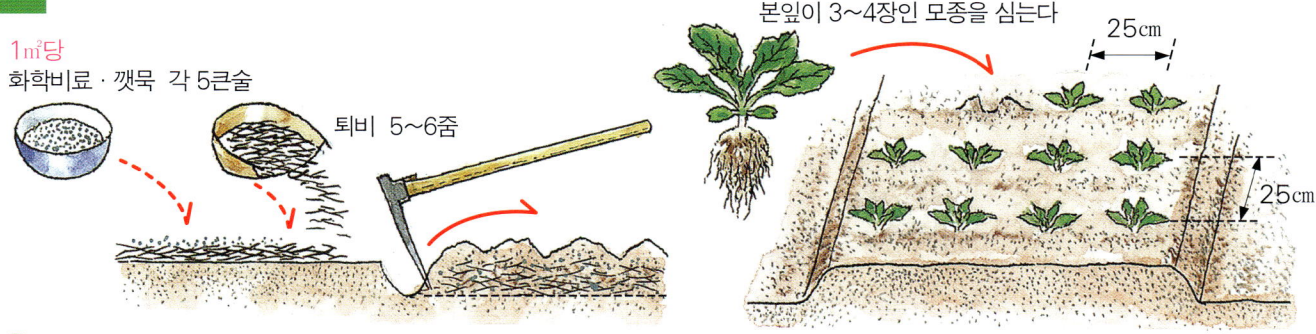

1㎡당 화학비료 · 깻묵 각 5큰술
퇴비 5~6줌

본잎이 3~4장인 모종을 심는다

25cm / 25cm

3 웃거름 · 물주기

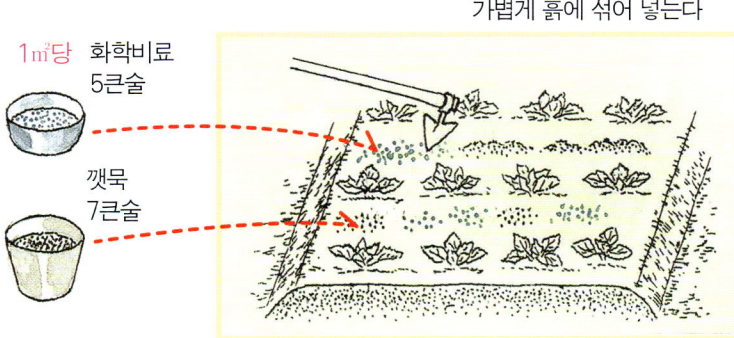

1㎡당 화학비료 5큰술
깻묵 7큰술

비료는 포기 사이에 주고 가볍게 흙에 섞어 넣는다

건조에 약하므로 건조하면 적당히 물을 준다

4 수확 · 이용

손끝으로 만져보아 속이 단단하면 수확적기

잘라서

볶음 / 찌개

심에 가까운 작은 잎은 황색에 배모양으로 치커리 대용으로도 쓰인다

잎줄기 채소류 · 배추상추

부추

Chinese chive

비타민A가 풍부하고 그밖에 비타민이나 칼슘도 많다. 대표적인 녹황색 채소로, 부추전·부추김치 외에 만두 등의 각종 요리에 이용된다.

| 백합과 | 원산지=동아시아 |

재배특성

- 냉랭한 기후를 좋아하고, 휴면상태로 월동하므로 추위에 매우 강하다.
- 강건하여 재배하기 쉽고, 자르고 나서 바로 새잎이 자라 일년에 여러 번 수확할 수 있다.
- 여러해살이지만 포기가 오래되면 수확량이나 품질이 떨어지므로 적기에 포기나누기하여 갱신해준다.
- 터널이나 하우스를 이용하면 주년재배도 비교적 쉽게 할 수 있다.

◯ 재배력

품종

크게 잎이 넓은 대엽부추와 잎이 가는 재래부추로 나뉘는데, 대엽부추의 그린벨트계가 주로 재배된다. 우리나라에는 재래종으로 대구재래·청림부추·칠공부추·동장군, 수입종으로 뉴벨트·그린벨트·차이나벨트·슈퍼그린벨트 등이 있다. 일본에는 그린로드·화이트그린 등의 품종이 있다.

그린로드

화이트그린

광폭부추

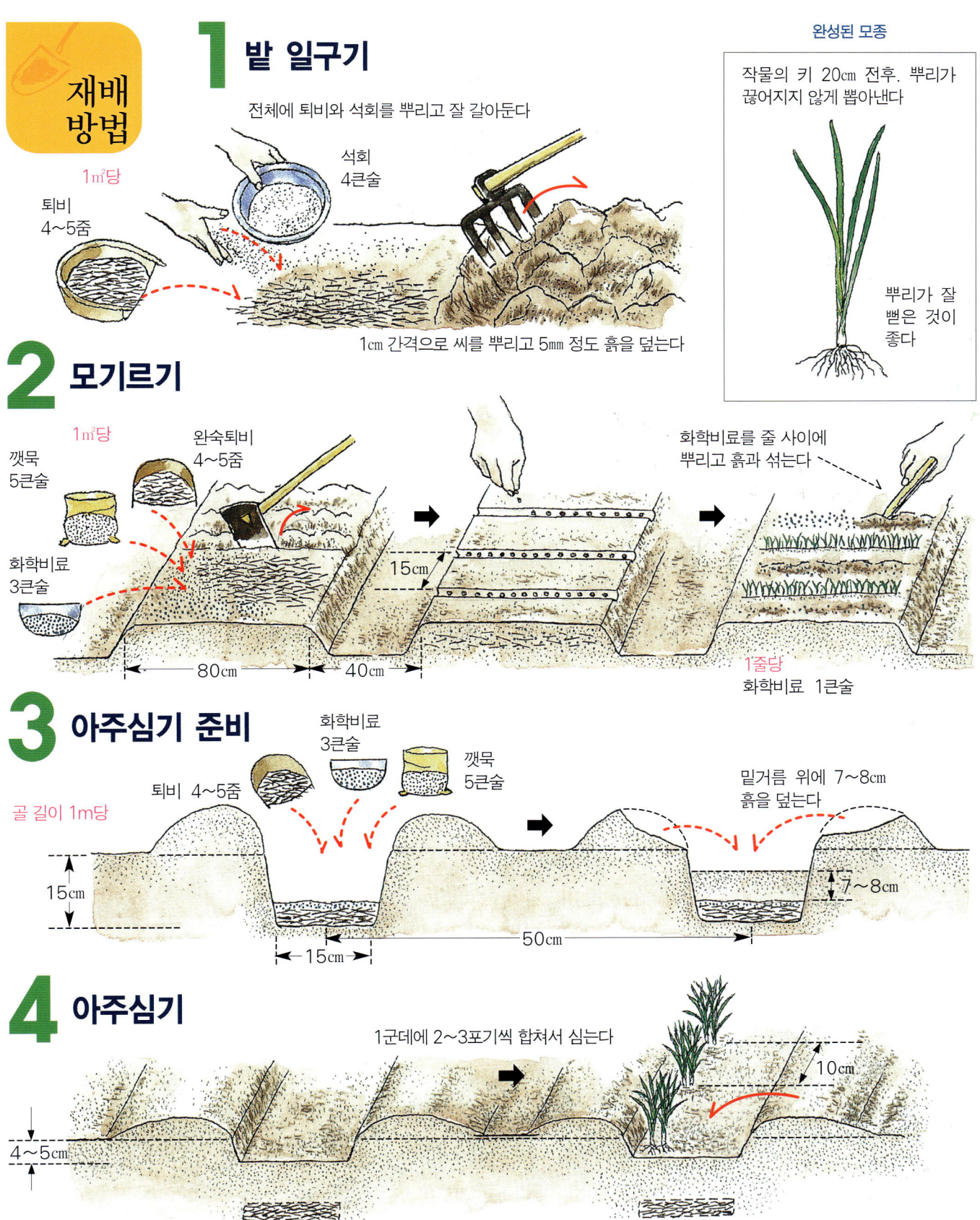

'이럴 때에는 어떻게 하나?' Q&A 이것을 알고 싶다

황색 부추의 재배방법은?
햇빛이 전혀 들지 않도록 차광 재배한다

보통 재배하고 있는 포기를 잘라서 수확하고, 수확을 마치면 바로(새싹이 나오기 전까지) 차광 자재로 씌운 터널을 만들어서 전혀 햇빛이 들지 않게 한다. 그리고 이용할 수 있을 정도로 길러서 수확한다.

100% 차광이 되어야 하므로 은색비닐 또는 두꺼운(0.1㎜) 흑색비닐 등 전용 필름을 이용하지만, 가정에서는 바닥덮기용으로 구입한 흑색 비닐필름을 2~3중으로 덮어서 암흑상태로 만들어준다.

자르고 5~7일간은 35℃ 정도의 고온이나 저온에도 견디지만, 그 후는 20℃ 정도가 적정온도이다. 하우스 이외에서는 시기가 제한된다. 또 겨울에는 보통 보온과 가온이 필요하다.

2~3년 지나 포기가 약해졌다. 회복방법은?
포기를 뽑아서 나누어 심는다

1년에 3~4회 수확하기를 2년 이상 계속하면 부추 포기가 커지고 빽빽해지며, 차츰 잎 폭이 넓고 두터운 잎이 나오지 않는다. 그러면 빨리 포기를 바꿔주어야 한다.

먼저 재배중인 뿌리포기를 가능한 뿌리가 끊어지지 않게 괭이로 넓게 파낸다. 뿌리가 매우 견고하므로 꽤 힘이 들지만, 손끝으로 포기 밑을 가르듯이 하여 3줄기 정도로 나눈다.

이것도 떼어내기 매우 어려우므로 잎을 잡고 힘을 주어 나눈다.

나누었으면 잎 밑부분을 5㎝ 정도 길이로 가지런히 잘라내고, 나눈 포기를 3줄기씩 모아서 일정 거리로 심는다.

이 때 밑거름으로 퇴비나 깻묵 등을 포기 밑에 충분히 준다. 또, 너무 깊이 심어서 자른 부위가 흙으로 덮이지 않게 주의한다.

부추 수확

> ### 칼럼
> ### 부추에 대한 짧은 정보
>
> 부추는 백합과 파속의 하나로 우리나라를 비롯하여 일본·중국·동남아시아·인도·파키스탄에 분포한다. 중국의 서북부가 원산지이며, 우리나라는 삼국시대에 재배된 것으로 추정된다. 울릉도와 강원도의 바닷가 및 북부지방에서 자라는 두메부추, 중부 이북의 산에 자라며 9월경에 꽃이 피는 참산부추, 전국 산야에 자라는 산부추 등이 있다.

브로콜리

Broccoli

영양가가 높고, 특히 비타민C는 레몬의 2배. 신선한 초록색과 독특한 풍미가 좋다. 대표적인 녹황색 채소로서 수요가 증대.

배추과　**원산지=지중해 동부 연안**

재배특성

- 더위와 추위에 모두 강한 편이지만 25℃ 이상에서는 생육이 나쁘고, 5℃ 이하에서는 생육이 정지된다.
- 보수력이 있는 유기질이 풍부한 토양에서 잘 자라지만, 습해에 약하고 뿌리가 썩거나 말라죽기 쉬우므로 밭은 물이 잘 빠지도록 해야 한다. 특히 생육 초기부터 중기에 습해를 입기 쉽다.

재배력

	1월	2월	3월	4월	5월	6월	7월	8월	9월	10월	11월	12월
봄파종 초여름수확재배			◆		●	▬▬						
여름파종 가을·겨울수확재배							(조생종)◆	●		▬▬		
							(중~만생종)◆		●			▬▬▬
	▬▬▬▬											

◆ 씨뿌리기　□ 온실 내 가온 육묘　● 아주심기　▬ 수확

품종

먹는 꽃봉오리의 색은 백색·초록색·보라색 등이 있는데, 초록색이 주를 이루어 녹색꽃양배추라고도 한다. 우리나라의 품종으로는 극조생종의 극조생록·그린, 조생종의 마리모85·그린18·상록·녹양, 중생종의 중생록·녹풍·녹령, 만생종의 중만생록·그린뷰티 등이 있다.

일본에는 조생록·녹령·스틱세뇨르 등의 품종이 있다.

조생록

녹령

스틱세뇨르

4 웃거름

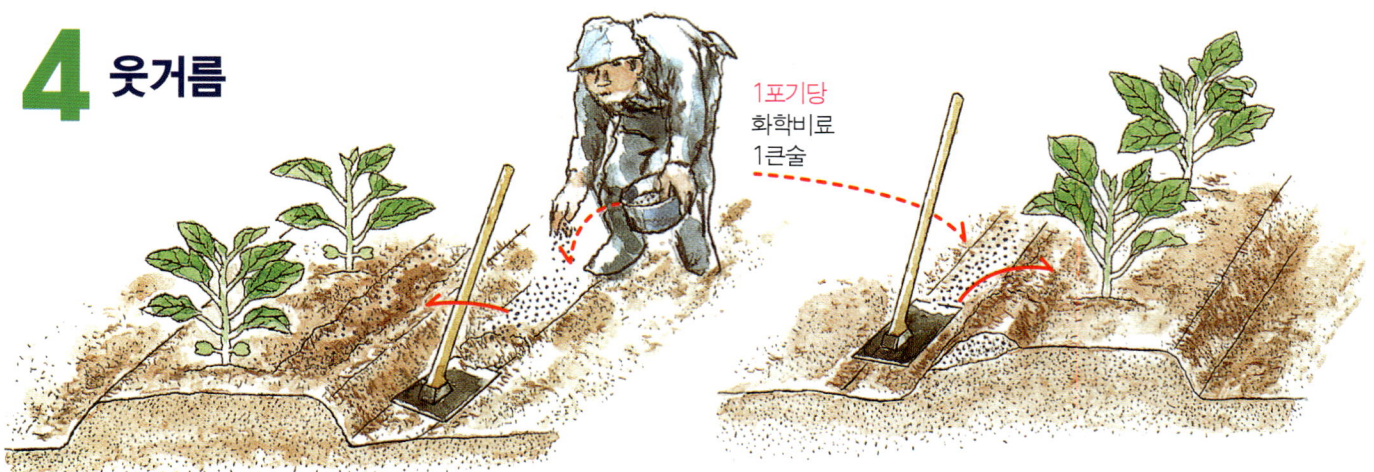

1포기당 화학비료 1큰술

생육 상황을 보아가며 옮겨 심고 20~30일마다 1회, 모두 3~4회 준다

5 해충 방제

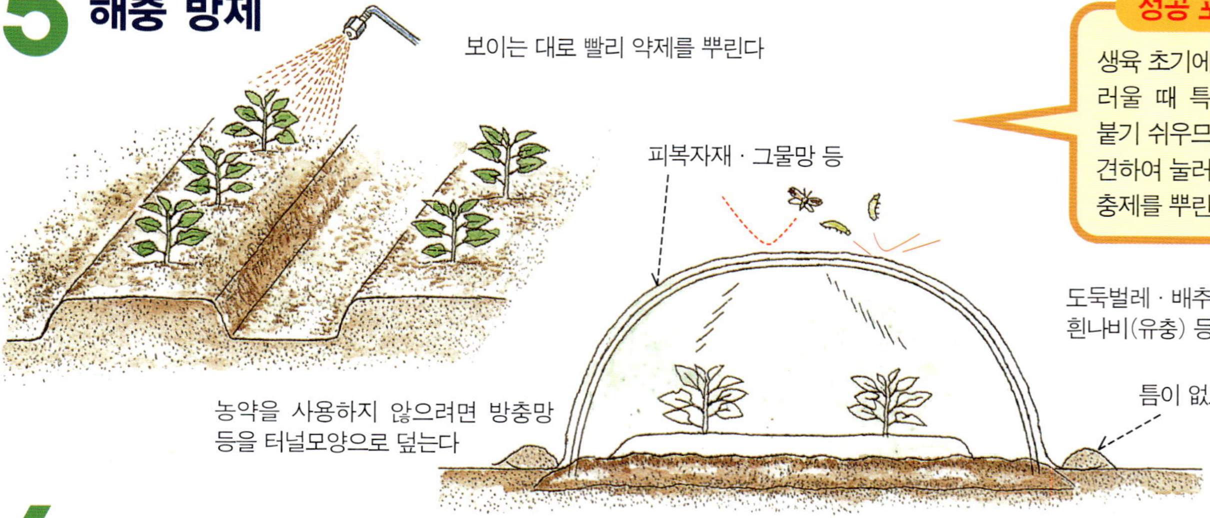

보이는 대로 빨리 약제를 뿌린다

피복자재·그물망 등

성공 포인트

생육 초기에 잎이 부드러울 때 특히 해충이 붙기 쉬우므로 빨리 발견하여 눌러 잡거나 살충제를 뿌린다.

도둑벌레·배추좀나방·배추흰나비(유충) 등이 큰 문제

농약을 사용하지 않으려면 방충망 등을 터널모양으로 덮는다

틈이 없도록

6 수확

꼭대기 꽃봉오리

식칼 등으로 자른다

1포기당 화학비료 1큰술

깻묵 2큰술

곁꽃봉오리

가위로 자른다

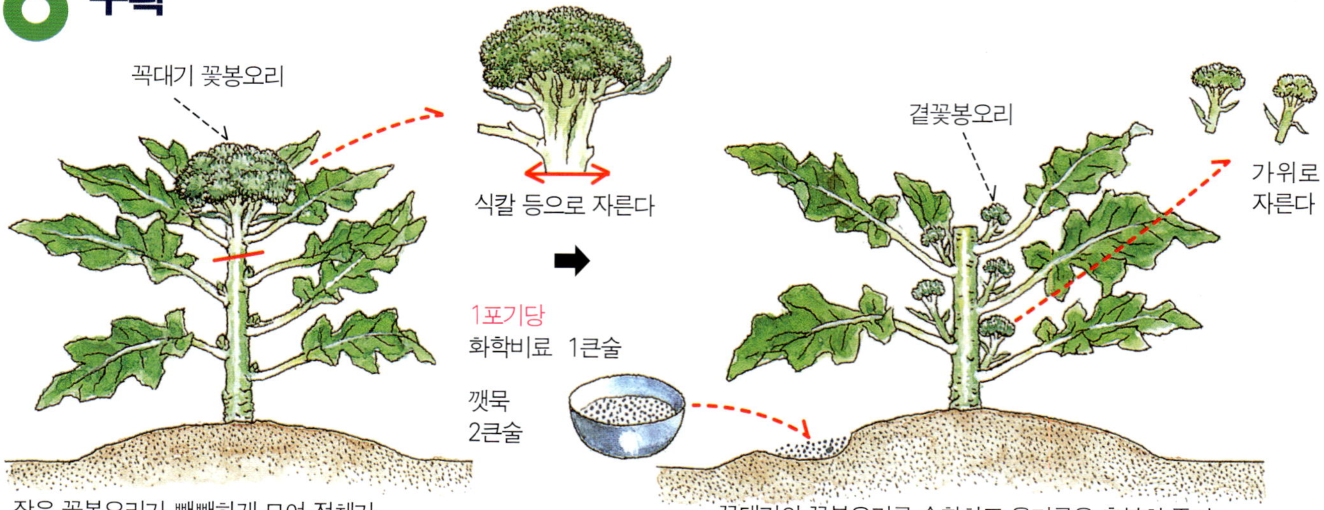

작은 꽃봉오리가 빽빽하게 모여 전체가 큰 덩어리로 되었을 때가 적기

꼭대기의 꽃봉오리를 수확하고 웃거름을 충분히 주어 곁꽃봉오리를 키워서 차례로 수확한다

「이럴 때에는 어떻게 하나?」 Q&A 이것을 알고 싶다

Q: 봄에 씨를 뿌리면 아주 작은 꽃봉오리만 수확한다

A: 저온에 감응하여 꽃눈이 생겼다

원래 브로콜리의 생육 적정온도는 13~25℃ 정도이다. 씨를 너무 늦게 뿌리면 평지에서는 생육기 후반에 여름의 고온기가 되므로 병이 많아지거나 꽃봉오리가 충분히 자라지 못하여 좋은 것을 수확할 수 없다.

한편 씨를 일찍 뿌리면 저온인 3~4월경에 앞에서 말한 적정온도보다 낮아지기 쉬우므로 생육이 되지 않는다. 또 작을 때 저온에 감응하여 꽃눈이 생겨버리므로 작은 꽃봉오리밖에 생기지 않는다. 귀찮지만 하우스나 터널 등에서 보온(가능하면 전열 가온)할 필요가 있다.

햇빛이 잘 드는 곳에 터널을 만들어 열매채소류의 모종 기르는 요령에 따라 상자에 씨를 줄뿌림하고, 그 위에 신문지와 비닐을 덮어 터널 안에 둔다. 가온하지 않고 씨를 너무 일찍 뿌리면 12~13℃가 되지 않으므로 따뜻해진 3월 하순경이 적기라고 할 수 있다.

발아하면 적당히 솎아주고, 본잎이 1~2장일 때 8×8㎝ 정도의 간격으로 옮겨 심고 비닐터널을 씌워 보온한다. 본잎이 4~5장으로 연약하지 않을 때 밭에 아주심기한다.

초여름에는 기온이 높아서 황화가 빨리 되는 경향이 있으므로 수확이 늦어지지 않도록 주의한다.

Q: 브로콜리의 곁눈(곁꽃봉오리)을 많이 수확하는 방법은?

A: 수확할 때 좋은 잎을 많이 남겨둔다. 스틱세뇨르를 선택

브로콜리는 꼭대기 꽃봉오리뿐만 아니라 모든 곁눈의 끝쪽에 꽃봉오리가 달리므로, 꼭대기 꽃봉오리만 수확하고 포기를 버리는 것은 아깝다. 곁꽃봉오리는 비록 꽃봉오리가 작아도 숫자는 꼭대기의 꽃봉오리보다 많으며, 오히려 이것이 오래도록 수확할 수 있다.

곁꽃봉오리를 많이 수확하기 위해서는 꼭대기의 꽃봉오리를 수확할 때 마디수를 많이 남기는 것이 좋으므로 지장이 없을 만큼 가능한 위쪽에서 잘라낸다.

그리고 수확하자마자 웃거름으로 1포기당 깻묵 2큰술과 화학비료 1큰술을 주고, 밟아서 단단해진 포기 주위의 흙을 부드럽게 하여 건강한 곁눈이 나올 수 있게 한다. 품종을 고를 때에도 꼭대기의 꽃봉오리와 곁꽃봉오리를 모두 수확할 수 있는 것을 고른다.

최근 곁꽃봉오리와 줄기를 모두 이용하는 '스틱세뇨르'도 나와 있으므로 이것을 이용해 보는 것도 좋다. 꽃봉오리뿐만 아니라 긴 줄기도 맛있다.

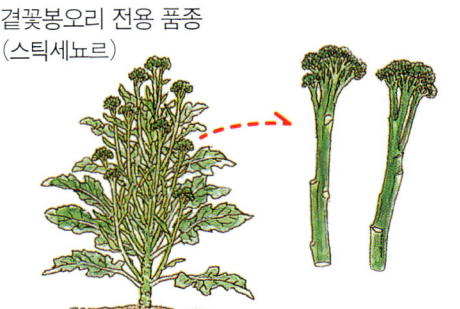

곁꽃봉오리 전용 품종 (스틱세뇨르)

상추

Cutting lettuce

불고기 등을 싸먹기에 좋은 쌈채소. 섬유질이 많아서 변비에 좋으며, 최면 성분인 락투신이 들어 있다.

국화과   원산지=이란·이라크·중국 등 여러 가지 설

재배특성

- 줄기가 20~30cm로 자랐을 때 아래 잎부터 차례로 따서 수확하므로 수확을 오래 계속할 수 있다.
- 결구양상추에 비하여 더위와 추위에 강하고, 특히 여름의 고온에서도 수확할 수 있으므로 텃밭에서 기르기에 최적.

● 재배력

	1월	2월	3월	4월	5월	6월	7월	8월	9월	10월	11월	12월
봄파종 초여름수확재배			◆ ●		━━━━━━━━━━							
여름파종 겨울수확재배								◆━━	●		━━━━━━	
가을파종 터널재배										◆	━━━━━━ ●	
		━━										

◆ 씨뿌리기   ▭ 가온 육묘   ● 아주심기   ▭ 터널 덮기   ━ 수확

품종

품종이 적고, 잎이 주걱모양이며 잎살이 두꺼운 개량종으로 치마상추가 있다. 치마상추는 우리나라에서 가장 많이 애용되는 것으로 청치마상추와 적치마상추가 있다. 그밖에 오그라기성 잎상추계통인 청축면과 적축면 상추가 포기상추로 재배되고 있다.

치마상추

청치마상추

적치마상추

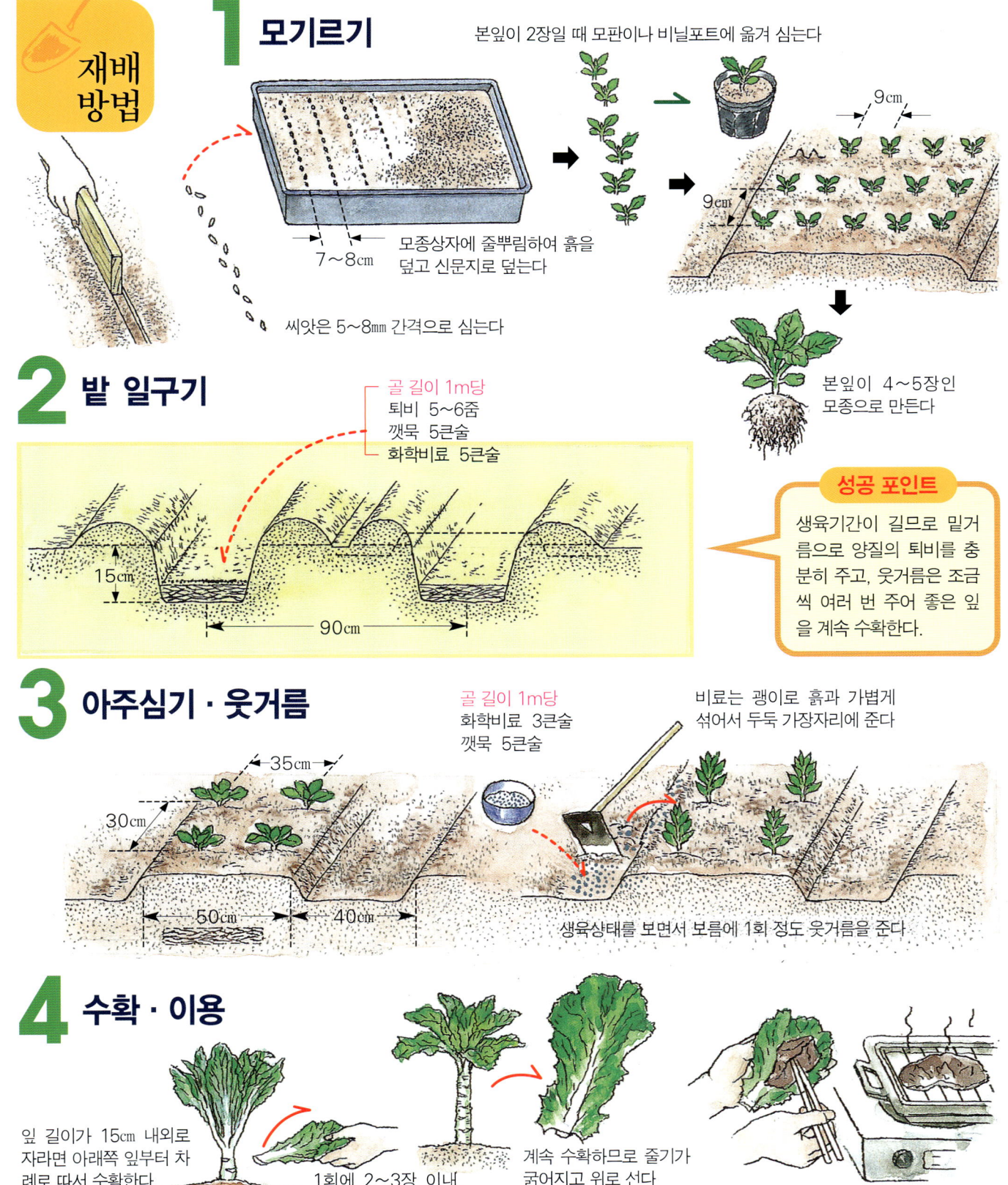

셀러리

Celery

고대 이집트시대부터 약·향료로 이용. 강한 향과 상쾌하게 씹히는 맛은 육류요리나 샐러드에 인기. 카로틴과 섬유질이 풍부하다.

미나리과　　원산지=유럽·서남아시아·인도

재배특성

- 온난한 기후를 좋아하여 생육 적정온도가 16~21℃. 저온에 약하므로 겨울철재배는 하우스에서 난방해야 한다. 고온에도 약하여 25℃ 이상 되면 생육이 나빠지고, 특히 생육 중기 이후에 고온이 되면 무름병이 많이 발생하기 쉽다.
- 유기질이 풍부한 비옥한 토양을 좋아하므로 양질의 퇴비를 충분히 주며, 비료를 많이 주어서 재배하지 않으면 좋은 셀러리를 생산하기 어렵다.
- 건조에 약하므로 특히 고온에서는 물주기와 짚 깔기를 충분히 잘해준다.

품종

황색종·초록색종과 중간종 그리고 동양 재래종이 있다. 대표적인 품종으로 중간종의 코넬619, 황색종의 톱 골든 셀프 블랜칭·골든 디트로이트, 초록색종의 델 유타·슬로 볼팅·서머 파스칼 등이 있다. 우리나라는 외국의 도입 품종을 이용하여 재배한다. 일본에서 판매되는 품종으로는 코넬619·톱 세라가 있다. 톱 세라는 미니셀러리 재배용으로 적합하다.

톱 세라

옐로 킹

셀러리

4 아주심기

심고 포기 주위에 물을 충분히 준다

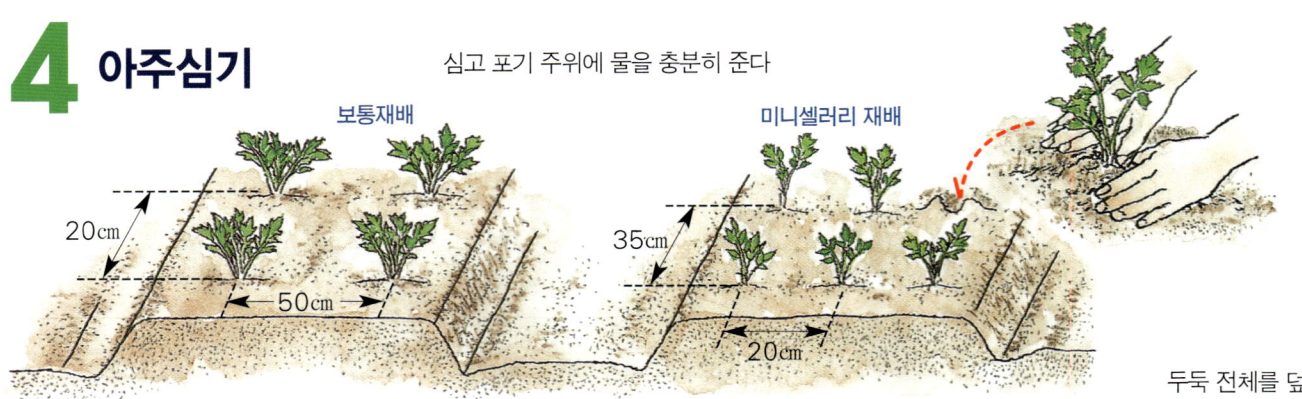

보통재배 — 20cm, 50cm
미니셀러리 재배 — 35cm, 20cm
두둑 전체를 덮어서 건조하지 않게 한다

5 물주기·짚 깔기

물주기 — 수분이 많이 필요하므로 여름에 맑은 날이 계속되면 물을 듬뿍 준다

짚 깔기

6 웃거름·약제 살포

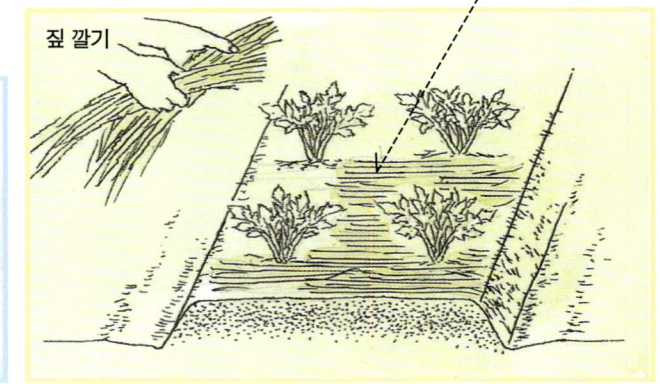

비료가 부족하지 않도록 15~20일 간격으로 웃거름을 준다

1포기당 깻묵 2큰술, 화학비료 1큰술

잎따기 — 누런 바깥잎은 잘라낸다

방제 — 어린잎이나 바깥잎 뒷면에 진딧물이 붙기 쉽고, 점무늬병·잎마름병 등이 발생하기 쉬우므로 약제를 뿌려서 막는다

7 수확

보통 1.5~2kg 정도 된 것부터 차례로 수확한다

작을 때부터 오래 이용하려면 미리 배게 심어둔다

작물의 키가 30~35cm 정도 된 것부터 조금씩 차례로 수확하여 이용한다

성공 포인트

비료가 부족하지 않게 하는 것이 좋은 셀러리 재배의 기본. 15~20일 간격으로 여러 번 웃거름을 주고, 항상 비료가 떨어지지 않게 한다.

'이럴 때에는 어떻게 하나?' Q&A 이것을 알고 싶다

큰 포기로 키우는 방법은?
비료와 물이 부족하지 않도록 관리한다

셀러리는 생육이 느리므로, 모판에서 충분히 손질하여 큰 모종으로 기른 후에 밭에 심는 것이 가장 중요하다. 모기르기 단계에서 생육이 좋은 것을 선별하여 화분에 옮겨 심고, 모판에서 정성 들여 관리하며 본잎이 7~8장인 큰 모종이 될 때까지 기른다.

셀러리는 비료를 많이 주어 재배하지 않으면 굵은 잎자루를 가진 좋은 포기로 기르기 가장 어려운 채소이다.

밭은 심기 1개월 전에 양질의 퇴비를 충분히 주어서 갈아 준비한다. 심고 나서도 15~20일에 한 번 비율로 화학비료와 깻묵을 주어 웃거름이 떨어지지 않게 한다.

물주기도 매우 중요하다. 특히 봄에 씨를 뿌려서 가을에 수확하는 경우에는, 여름에 아침저녁으로 물주기를 거르지 않는다.

왕성하게 자라기 시작하면 아래쪽에서 곁눈이 자라 나온다. 5~6cm 정도 자랐을 때 노화한 오래된 잎과 함께 따서 없앤다.

속잎이 검게 되어 마른다
칼슘(석회) 결핍이 원인

생육이 왕성한 시기가 되면 어린잎의 초록색이 흑색으로 되거나, 잎이 흑색으로 되어 말라죽는 것이 있다.

이것은 칼슘 결핍 증상으로, 성장이 왕성한 잎에 칼슘이 충분히 보내지지 않을 때 일어나는 장해이며, 셀러리 재배에서 큰 장해가 되기도 한다.

재배에 앞서 밭에 석회를 충분히 뿌려두는 것이 중요하다. 보통 밭에 칼슘이 충분히 있어도 순조롭게 흡수되고 체내에 운반되지 않는 경우도 있어서 결핍증으로 나타나는 것이다.

이 증상에는 염화칼슘(시약으로 판매되는 것) 200배액(0.5%액)을 분무기로 발생부위에 뿌려 주는 것이 가장 효과적이다.

텃밭 미니상식 | 있으면 편리한 도구 |

우리나라는 산성토양의 토지가 많다. 밭의 토양 산도(pH)를 조사하여 산성이 강하면 석회를 뿌려 주거나 하여 토양을 중화시켜야 한다.
사진은 흙에 꽂는 것만으로 산도가 계측되는 토양 산도계

소백채

Chinese mustard

잎 안쪽의 줄기부분이 혹모양의 돌기로 발달한다. 혹 주위의 어린잎이나 반결구인 중심부의 잎을 먹는다.

배추과 　 원산지＝중앙아시아 – 중국

재배 특성

- 갓과 같이 겨자채류. 잎이 진한 초록색으로 살지며, 안쪽에 혹모양의 돌기가 발달한다.
- 추위와 더위에 모두 강하여 재배는 비교적 쉽다. 포기간격을 충분하게 두면 빨리 큰 포기로 자란다.
- 솎은 채소는 어린잎으로 이용할 수 있다.

재배력

품종의 분화는 나타나지 않고, 고부고채 등 적은 종류만 판매된다.

품종

재배방법

1 밭 일구기

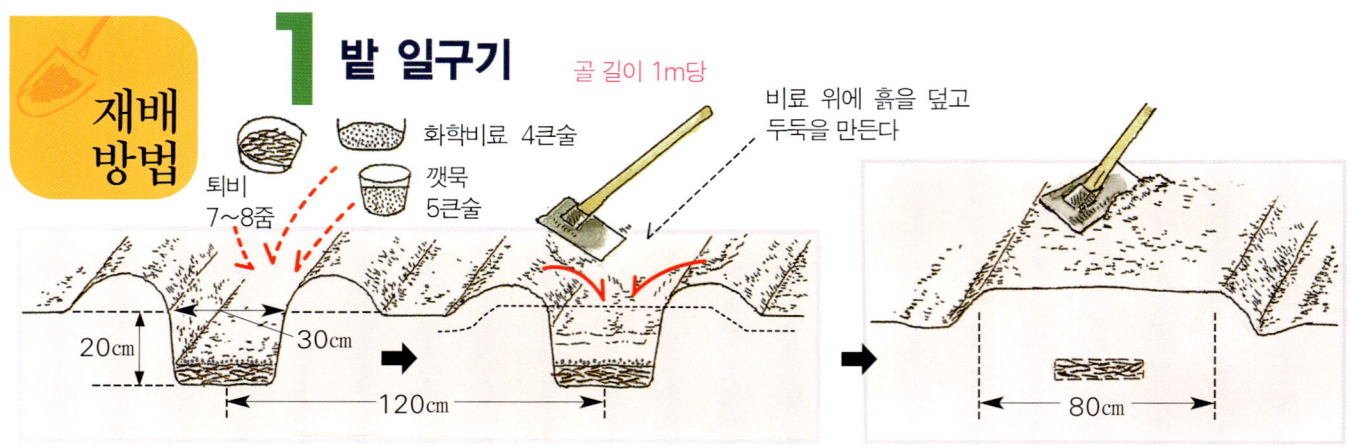

2 씨뿌리기 · 아주심기

바로뿌리기의 경우

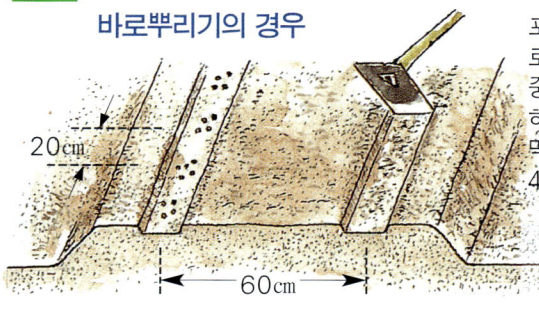

포기간격을 20cm로 촘촘히 심고, 중간에 솎음수확하여 이용. 마지막에 포기간격을 40cm로 한다

모기르기의 경우

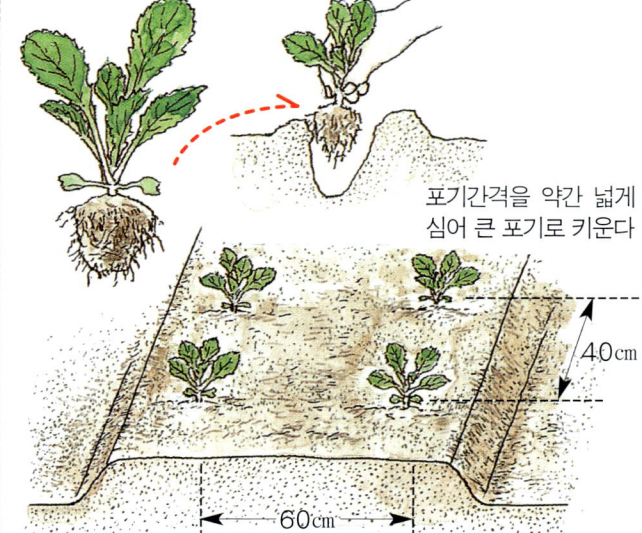

포기간격을 약간 넓게 심어 큰 포기로 키운다

3 웃거름

1회째 — 1포기당 화학비료 1큰술

2회째 — 잎이 겹치기 시작할 때 두둑 양쪽에 웃거름을 주고, 통로의 흙을 부드럽게 만들어 두둑에 돋운다

1포기당 화학비료 2큰술

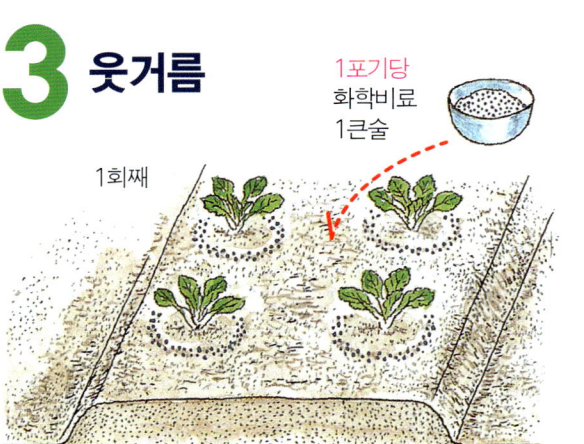

4 수확 · 이용

포기가 크게 자라서 잎 안쪽의 혹이 커졌을 때가 수확적기. 혹의 지름은 보통 2~3cm, 길이 4~6cm 정도

성공 포인트

잎 안쪽의 혹 크기에 신경 써서 커지면 늦지 않도록 수확한다. 시험적으로 수확해서 맛을 보는 것이 좋다.

작물의 키 30cm 정도

부드럽고 품질이 좋다. 절임이나 볶음으로 하면 맛이 뛰어나다

잎줄기 채소류 · 소백채

소송채

Komatsuna

순무에서 분화된 절임채소. 이름은 일본 도쿄의 고마츠가와(小松川) 강에서 생산된 것에서 유래한다. 영양이 풍부하여 각종 요리에 이용된다.

배추과 **원산지=중국·일본**

재배특성

- 채소류 중 추위나 더위에 가장 강하고, 특히 푸른 채소가 적은 겨울에 비교적 단기간에 쉽게 재배할 수 있다.
- 토질은 충적토의 약간 중점토에서 가장 양질의 소송채를 생산할 수 있으나 적응폭은 매우 넓다.
- 이어짓기장해가 잘 안 나타나는 채소이므로 여러 차례 이어짓기해도 된다.
- 재배기간이 짧으므로 열매채소류나 파류 등과의 사이짓기나 섞어짓기도 가능하다.

재배력

품종

잎 모양에 따라 둥근 잎과 긴 잎이 있는데 최근에는 잎이 둥글고 잎의 색이 진한 것을 좋아한다. 일본에는 환엽소송채·소송채·고세키만생·미코마나·문차랑 등이 있으며, 우리나라에서는 일본 수입종이 재배, 판매되고 있다.

미코마나

문차랑

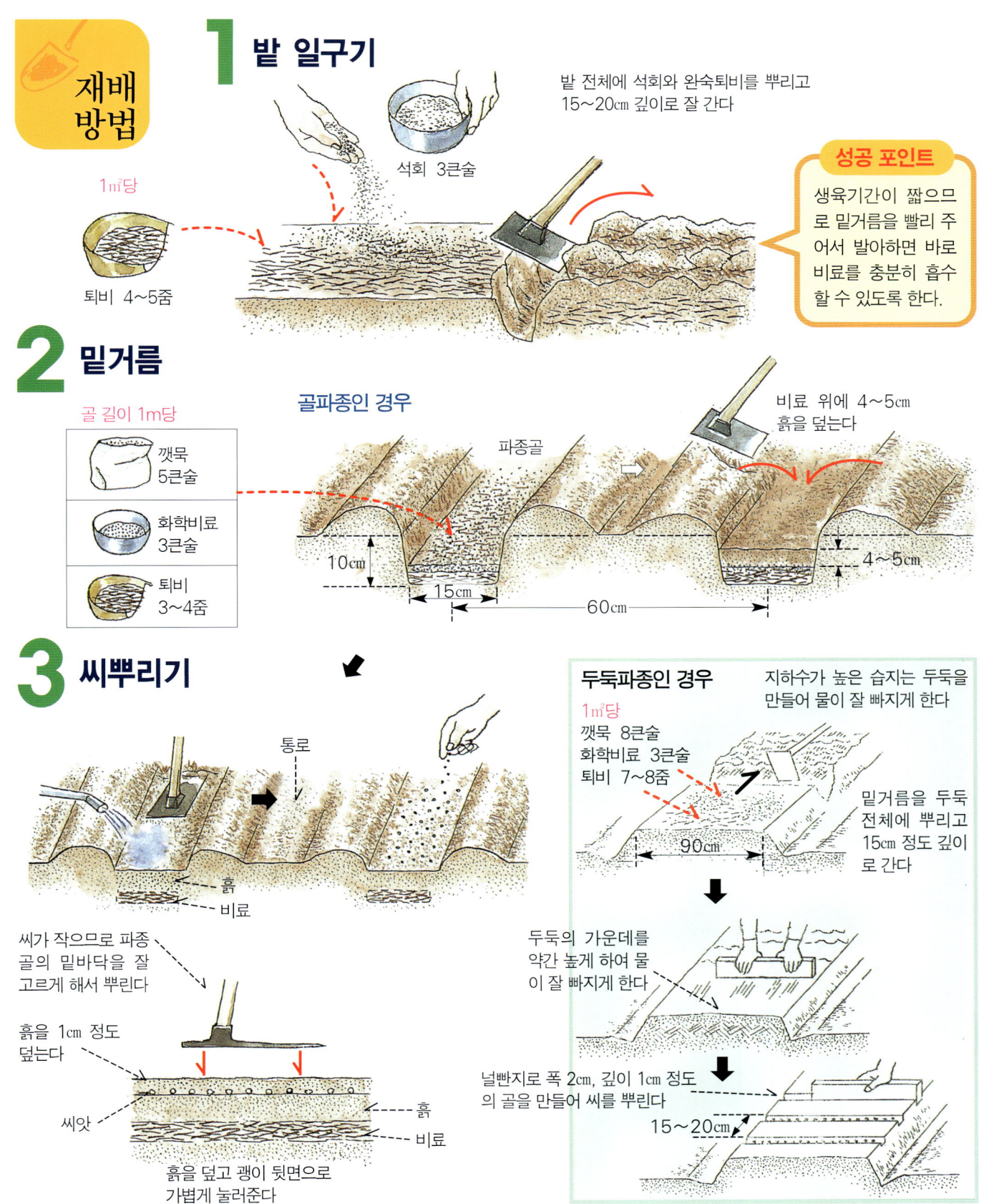

4 솎아내기 · 웃거름

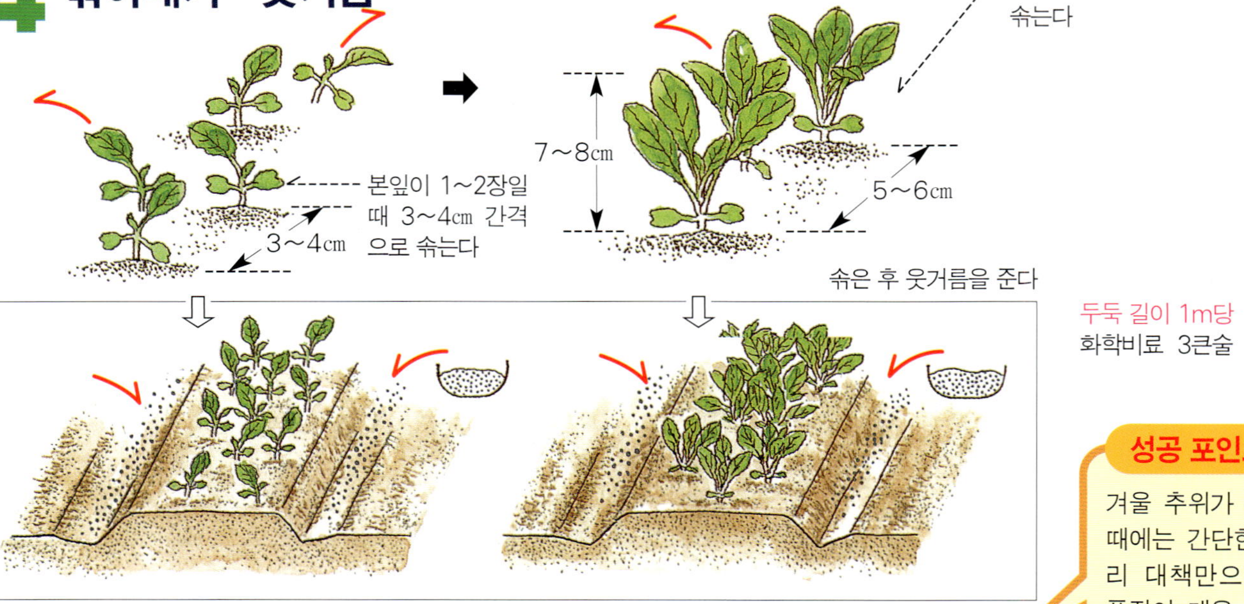

작물의 키가 7~8㎝일 때 5~6㎝ 간격으로 솎는다

본잎이 1~2장일 때 3~4㎝ 간격으로 솎는다

3~4㎝

7~8㎝

5~6㎝

솎은 후 웃거름을 준다

두둑 길이 1m당 화학비료 3큰술

성공 포인트
겨울 추위가 심할 때에는 간단한 서리 대책만으로도 품질이 매우 좋아진다.

5 추위막이 대책

겨울에 좋은 수확물을 얻는 방법

전체피복 재배
장섬유 · 단섬유부직포 등을 밭 위에 직접 덮는다

바람에 날리지 않게 묶어둔다

망(비닐망 등)

구멍

터널재배
낮에 환기가 부족하면 연약하게 웃자라서 좋은 소송채를 얻을 수 없다. 망이나 구멍이 있는 전용 필름을 사용한다. 자연환기 시키면 생력화할 수 있다

서리막이
북쪽에 키가 작은 관목이나 대나무 발 등을 세우는 것도 효과적이다

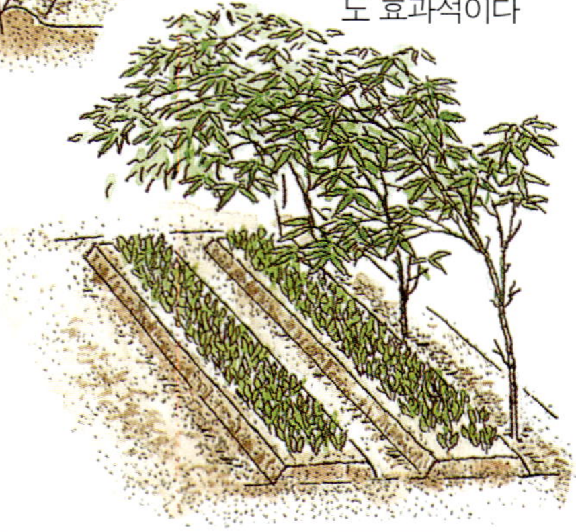

6 수확

보통 키가 15~20㎝ 정도 되면 한꺼번에 뽑아 수확하지만, 작을 때부터 솎으면서 수확하면 기간을 늘릴 수 있다

플랜터재배
플랜터나 스티로폼 상자에서도 간단하게 재배할 수 있다. 긴 모양이라면 2줄로 씨를 뿌려서 솎아내기에 유의하며 혼잡하지 않게 키운다

씨앗

이럴 때에는 어떻게 하나? Q&A 이것을 알고 싶다

어떤 품종이 좋을까?

잎이 둥글고 두꺼운 것이 좋다

소송채는 잎 모양에 따라 장엽계(長葉系)와 환엽계(丸葉系)로 나뉜다. 최근에는 잎이 두껍고 진한 초록색이며, 다발로 묶기 쉽고 모양이 고른 환엽계의 환엽소송채로 대표되는 품종이 인기 있다.

소송채의 수요가 커짐에 따라 품종 개량이 활발히 이루어져 환엽계에도 많은 품종이 개발되었다.

특히 주년생산을 위하여 조·만생은 물론, 봄에 나오는 경우 추대가 늦어지는 것이나 고온과 저온에 대한 내성, 내병성(시들음병) 등에 대한 개량이 진행되어왔다.

일본의 경우에는 기르기 쉽고 품질이 좋은 것으로 묘월·고세키만생·미수기·극락천·오소메 등이 있다. 또 소송채와 같은 종류로 지방색이 짙은 무주한채·신부채·대기채·신사소송채 등도 있으며, 소송채와 다른 채소를 교잡한 잡종의 새로운 채소도 육성되어 나와 있으므로 종류가 다양하다.

1년 중 언제든지 씨를 뿌릴 수 있을까?

온난지에서 적당한 품종을 골라 겨울철에 추위를 막아준다면 가능하다

소송채는 일본의 관동지방에서 많이 쓰는 잎줄기채소로, 내한성과 내서성이 모두 강하고 기르기 쉬우므로 채소재배의 초보자도 기르기 쉬운 작물이다.

여름파종은 25일 내외, 겨울에도 90일 정도면 수확할 수 있으므로 대표적인 단기재배 채소라고 할 수 있다.

가장 많이 이용되는 것이 겨울부터 봄에 걸쳐 재배되는 것으로 가을파종이 중심이 되지만, 여름에 가장 더운 시기를 제외하면 거의 일년 중 언제든지 씨를 뿌릴 수 있다.

소송채에도 몇 개의 품종이 있다. 일반적으로 재배하는 것은 둥근 잎이지만, 좋은 소송채를 수확하려면 역시 품종을 잘 선택해야 한다.

특히 추대하기 쉬운 봄에는 추대가 늦은 품종이 좋다.

일본에서는 최근 묘월·고세키만생 등 잎이 두껍고 품질이 좋은 품종을 이용한다.

또 어느 정도 내한성이 있다고는 해도 겨울에 추운 지방에서는 발아하지 않으며, 일반 지역에서도 발아나 생육이 지연되므로 추위를 막을 대책을 마련하는 것이 효과적이다(p.206 참조). 단, 낮에 환기를 게을리 하면 연약해지고 잎 색이 엷어지므로 환기에 신경 쓴다.

일본의 신사소송채나 신부채 등처럼 각 지방에서 자리를 잡은 내한성이 강한 품종도 있으므로 시험해보는 것도 괜찮다.

수송나물

Salt-wort

바닷말인 톳과 비슷하다. 바닷가의 모래땅이나 개펄에 자생.

명아주과　　원산지＝한국·중국·일본 등

재배특성

- 씨앗은 시금치와 비슷한 열매로 가시모양의 포(苞) 2장에 싸여 있고, 속에 씨가 1개 들어 있다. 가을에 받아놓은 씨앗은 수 개월간 휴면하므로, 이 기간에는 씨를 뿌려도 발아하지 않는다.
- 바닷가 모래땅에 자생하므로 내염성(耐鹽性)은 강하지만 산성토양에는 약하다.
- 건조하면 단단해지고, 수확이 늦어져도 품질이 두드러지게 손상되므로 주의한다.

재배력

	1월	2월	3월	4월	5월	6월	7월	8월	9월	10월	11월	12월
터널재배			◆		■━■							
노지재배				◆		■━■						

◆ 씨뿌리기　■ 수확

품종

작물로서의 재배 역사는 비교적 짧고, 또 유전적 변이성도 적은 것으로 아직 품종의 분화는 나타나지 않는다.

우리나라에서는 수송나물·슈퍼수송나물 등으로 판매되는 씨앗을 구하여 재배한다.

수송나물

슈퍼수송나물

재배방법

1. 밭 일구기

- 완숙퇴비 4~5줌
- 1㎡당 석회 3큰술
- 15일 이상 전에 밭을 잘 갈아둔다
- 화학비료 5큰술
- 1㎡당 깻묵 10큰술
- 120cm / 40cm

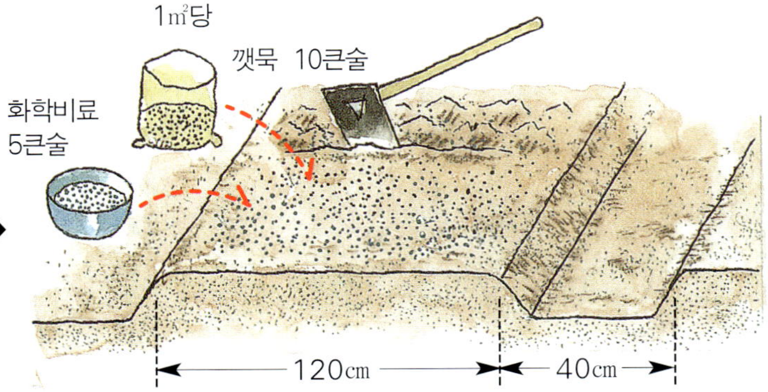

2. 씨뿌리기

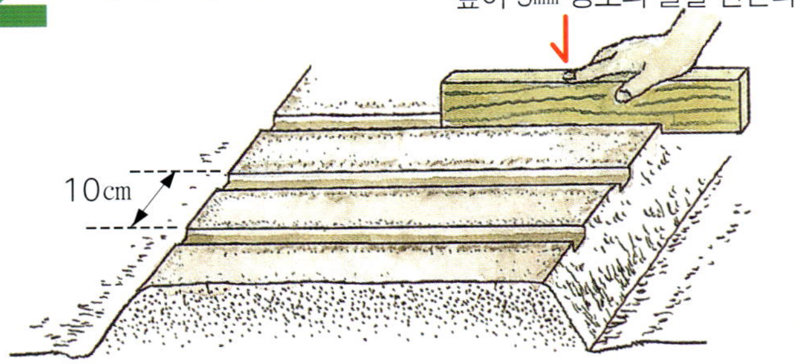

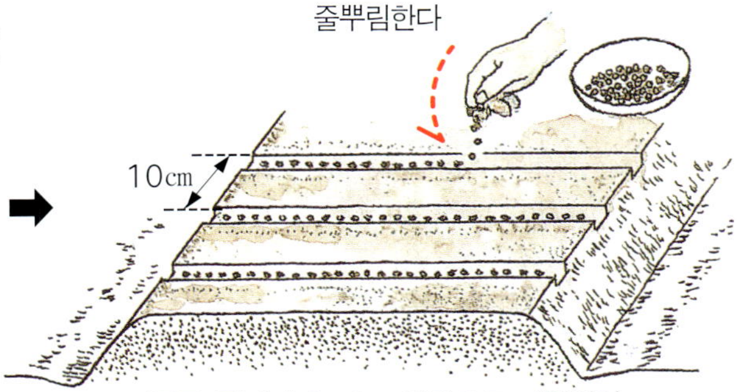

- 널빤지로 눌러서 폭 2~3cm, 깊이 5mm 정도의 골을 만든다
- 10cm
- 줄뿌림한다
- 파종골 전체에 2~3mm 간격으로 빠짐없이 씨를 뿌린다
- 본잎이 2장일 때 4~5cm 간격으로 솎아낸다
- 본잎이 3~4장일 때 7~8cm 간격으로

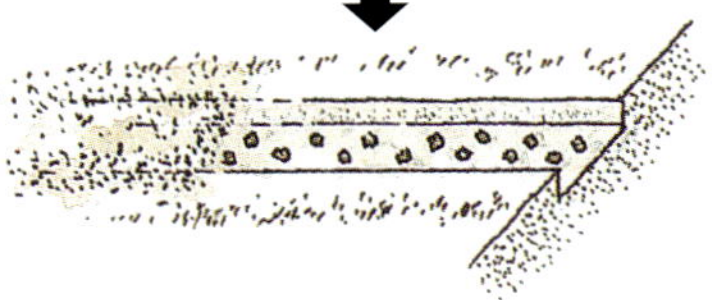

3. 보온

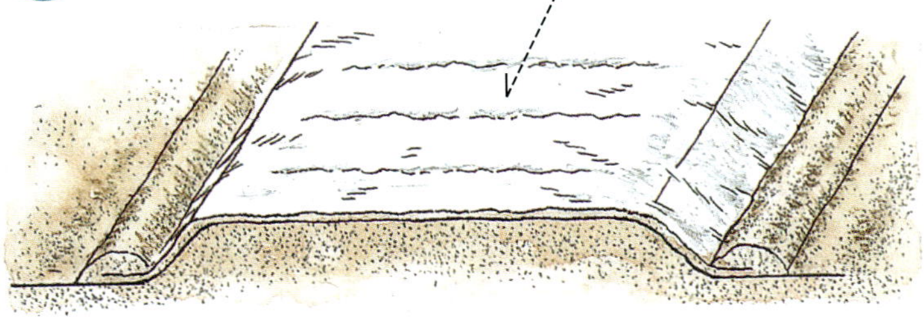

- 씨를 뿌리고 흙을 살짝 덮은 후 비닐필름을 씌운다
- 발아해 나오면 비닐필름 씌운 것을 제거하고 김매기하며, 혼잡한 곳은 솎아낸다

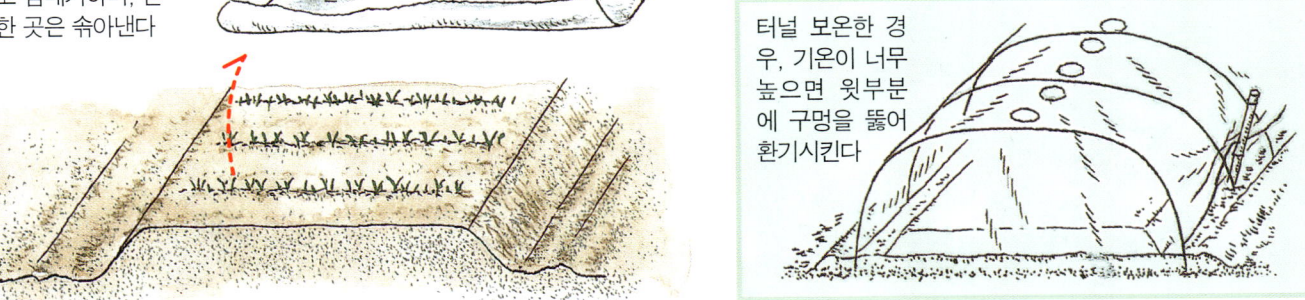

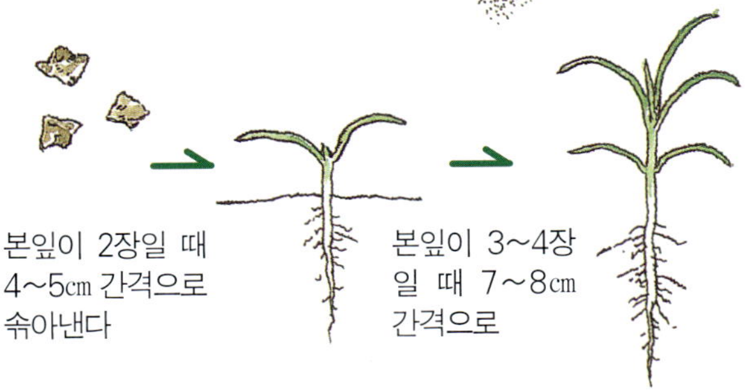

터널 보온한 경우, 기온이 너무 높으면 윗부분에 구멍을 뚫어 환기시킨다

4 관리

김매기

솎아내기
포기간격 7~8㎝로

> **성공 포인트**
> 초기 성장이 늦어서 잡초가 생기기 쉽다. 빨리 김매기한다. 솎아내기·웃거름·물주기 등의 관리를 게을리 하지 않고 튼튼하게 키운다.

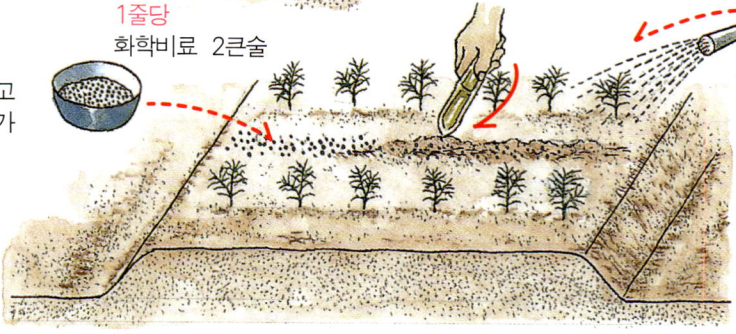

웃거름
줄 사이에 비료를 뿌리고 대나무막대기 등으로 가볍게 흙과 섞는다

1줄당 화학비료 2큰술

건조하면 물을 준다

5 수확

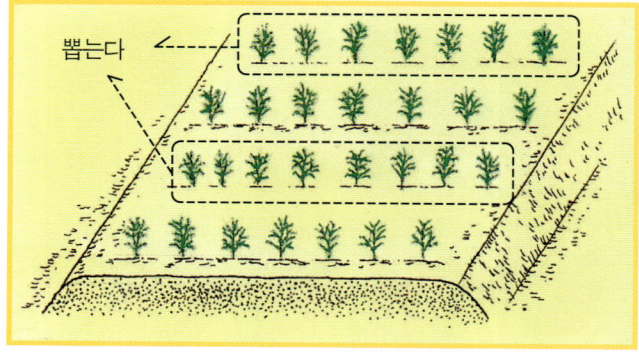

본잎이 7~8장이 되면 1줄 걸러 뽑아서 수확한다

뽑는다

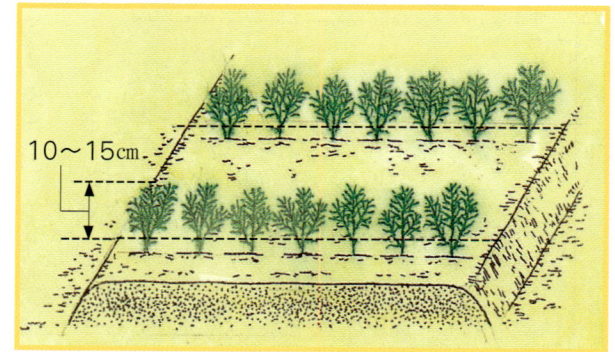

나머지는 잎이 단단하지 않을 때 10~15㎝ 길이로 자른다

10~15㎝

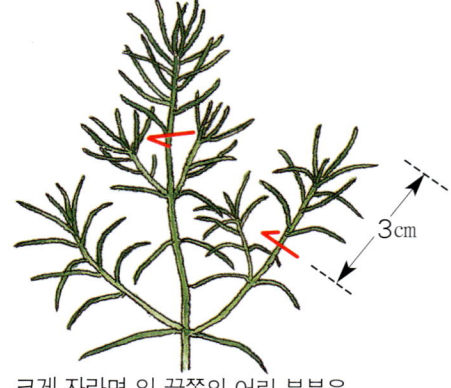

크게 자라면 잎 끝쪽의 어린 부분을 3~4㎝ 길이로 따서 이용한다

3㎝

> **성공 포인트**
> 수확이 늦어지면 작물의 키가 커져서 수확량은 늘어나지만, 단단해져서 맛이 떨어진다. 가능한 작물의 키가 15㎝ 정도일 때까지 수확을 끝낸다.

'이럴 때에는 어떻게 하나?' Q&A 이것을 알고 싶다

Q. 씨를 뿌렸는데 발아하지 않는다

A. 휴면기간인 경우가 있다

수송나물의 씨앗은 수 개월간 휴면하는 성질이 있다. 이 때는 씨를 뿌려도 발아하지 않으므로 혹시 휴면기간이 아닌지 확인해본다.

수송나물은 원래 해안지대에 자생하던 것으로, 해안에서 겨울을 보내고 봄에 따뜻해지면 발아하던 것이다. 습한 상태에서 저온기를 거치는 것이 가장 잘 발아한다.

발아 적정온도는 20~25℃이며, 10℃ 이하나 30℃ 이상에서는 발아하지 않는다. 또, 씨앗의 수명이 짧아서 2년 된 씨앗은 온도와 습도 등이 완전한 조건에서 저장된 것이 아니면 발아하지 않는다. 믿을 만한 종묘상에서 구입한다.

Q. 수송나물을 맛있게 먹는 방법은?

A. 겨자무침·초간장무침이나 나물 등으로 먹는다

겨자무침·초간장무침·나물 등으로 요리할 수 있다. 어느 것이나 뜨거운 물에 살짝 데쳐서 특유의 씹는 맛과 선명한 초록색을 잃지 않도록 조리하는 것이 핵심이다. 서양요리의 곁들임으로도 적당하다.

특히 겨자무침은 초여름 요리로 식탁에 올리면 좋고, 또 술안주로도 좋다.

다음은 겨자무침 조리법이다.

10인분이라면 수송나물 800g을 준비하며, 뜨거운 물에 5분 정도 살짝 데쳤다 꺼내어 발 위에 놓고 적당한 길이로 잘라둔다. 이 때 너무 데치면 특유의 선명한 초록색과 씹는 맛이 없어진다. 데친 수송나물은 겨잣가루 2큰술에 설탕 1큰술, 간장 5큰술, 약간의 조미료를 섞어서 무친다.

칼럼 | 영양면에서도 뛰어난 육지의 바닷말

바닷가에 자생하는 녹황색 채소로, 영양면으로 우수하여 베타카로틴을 풍부하게 함유하고 있다. 또 육지의 바닷말이라고도 하듯이 미네랄이 많다. 그 때문에 물질대사를 활발하게 하고, 신경이나 근육의 노화방지 역할을 한다.

줄기가 튼튼하고 굵으며 진한 초록색인 것이 좋으며, 오래되면 잎이 단단해진다. 데쳐서 냉장보관해도 된다.

수프셀러리

Soup celery

셀러리와 같은 부류. 근채, 중국 셀러리라고도 한다.
미나리류 특유의 강한 향이 특징.

미나리과　　원산지＝동아시아 남부

재배특성

- 차고 서늘한 기후를 좋아하며, 생육 적정온도는 13~15℃. 약간 습도가 높은 곳이 키우기 쉽다.
- 보통 셀러리보다 강하므로 키우기 쉽지만, 건조하기 쉬운 밭에서는 물이 부족하지 않도록 한다.
- 셀러리만큼 비료가 많지 않아도 잘 자란다.

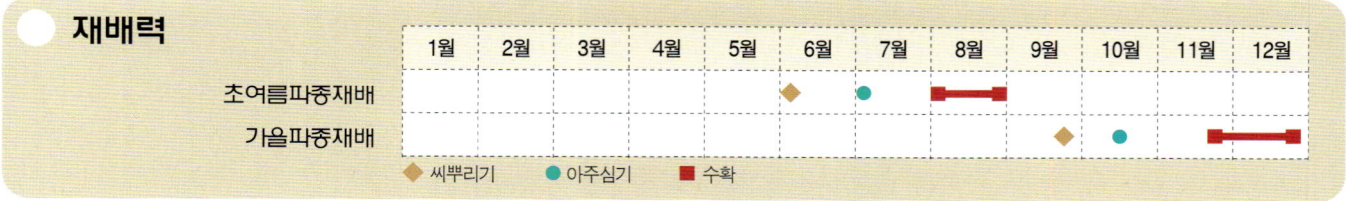

재배력

	1월	2월	3월	4월	5월	6월	7월	8월	9월	10월	11월	12월
초여름파종재배						◆	●	▬▬				
가을파종재배									◆	●	▬▬	▬

◆ 씨뿌리기　● 아주심기　▬ 수확

품종

품종의 분화가 나타나지 않고, 수프셀러리라는 이름으로 판매되고 있다.

수프셀러리

수프셀러리

수프셀러리

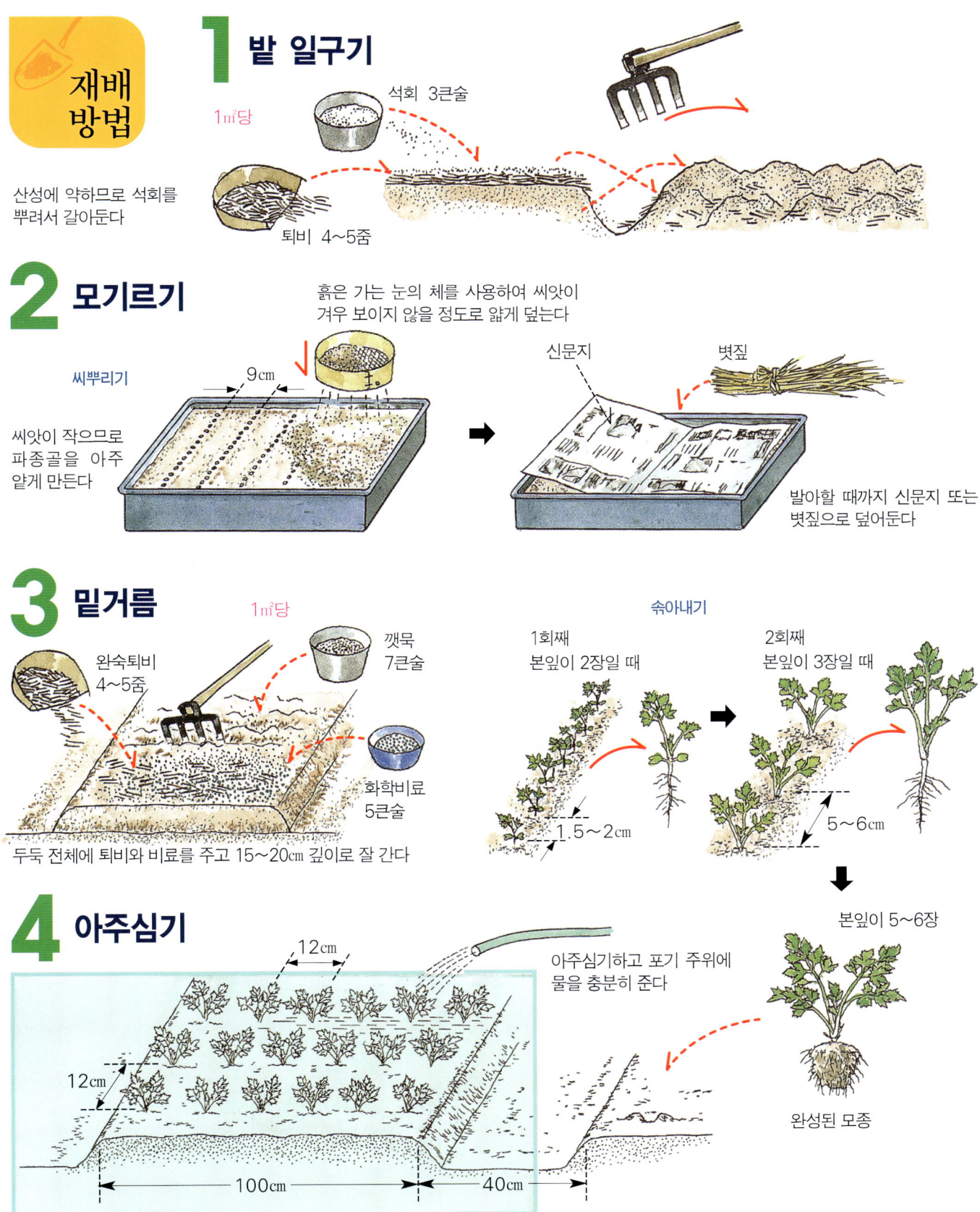

5 웃거름·중간갈이

1포기당
화학비료 1작은숟가락

성공 포인트

비료가 부족하지 않게 하여 생육을 촉진한다. 매우 빽빽하게 나오는데, 혼잡하면 서로 연화시켜서 좋은 품질이 나온다.

15~20일에 1회 정도 비율로 포기 사이에 비료를 뿌리고, 대나무막대기로 흙에 섞어 넣는다

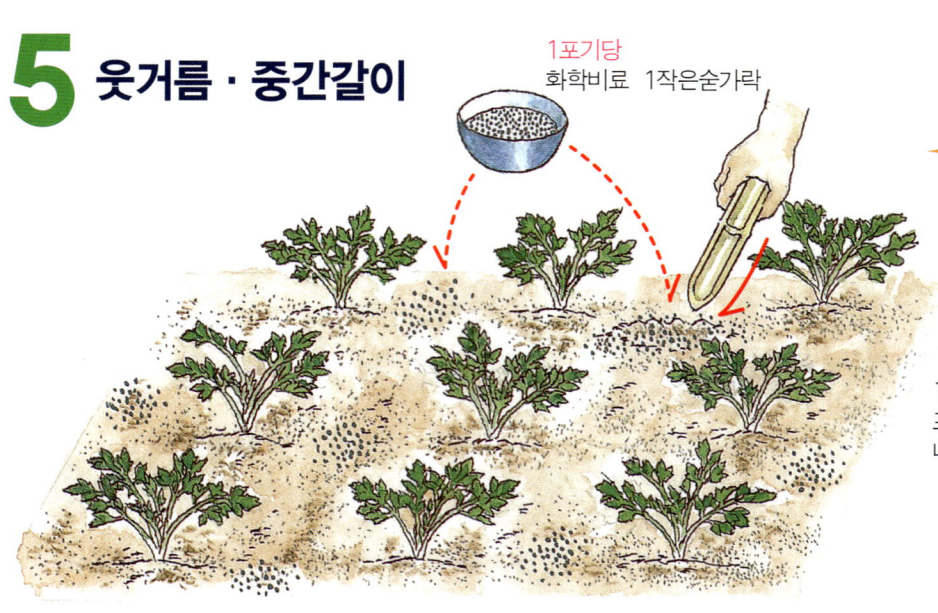

6 물주기

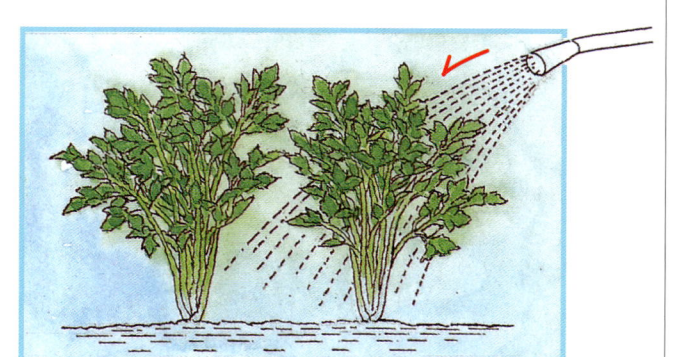

플랜터·스티로폼상자·화분 등에 심는다. 비료가 떨어지거나 물이 부족하지 않도록 주의한다

7 수확

한꺼번에 수확할 때는 뽑거나 자른다

조금씩 이용하는 경우에는 잎을 1장씩 따내도 좋다

땅 위 3~4cm를 남기고 자르면 다시 자라 2회 수확이 가능하다

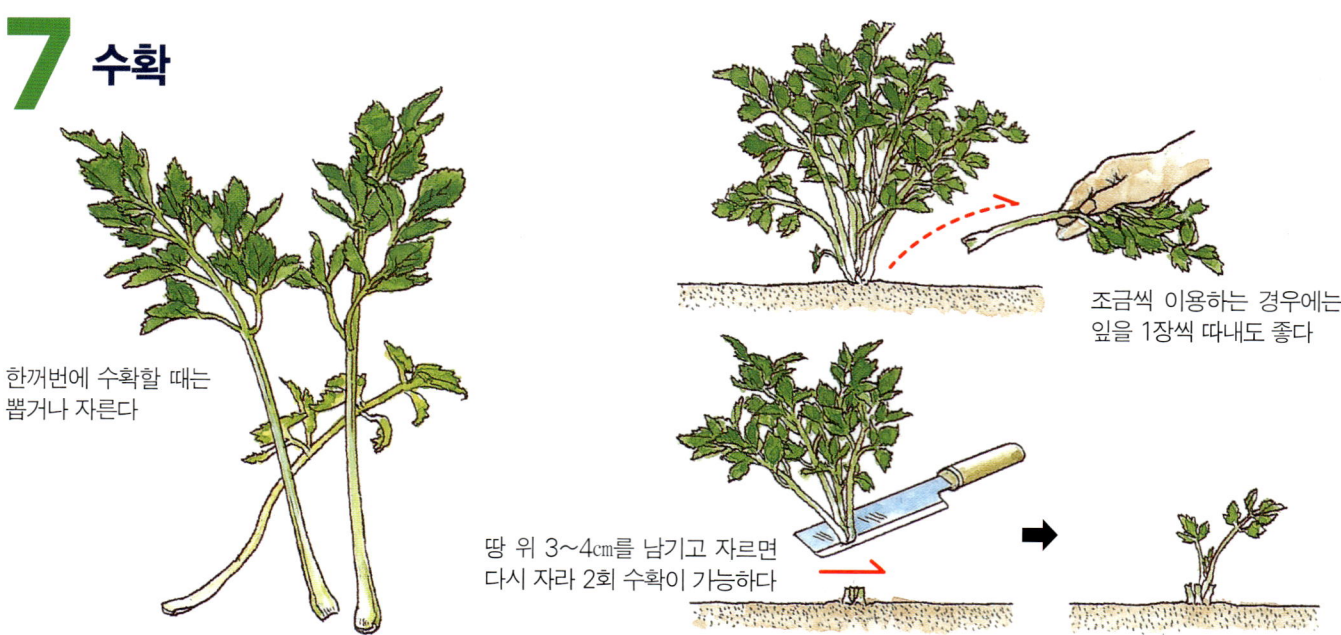

'이럴 때에는 어떻게 하나?' Q&A 이것을 알고 싶다

좋은 이용방법은?

수프, 중국식 샐러드, 볶음밥 등으로 다양하다

동양계 셀러리에 걸맞게 특유의 강한 향이 있으며, 이것이 고기 등의 냄새를 제거한다.

또, 중국에서는 약근채라고 부를 정도로 영양이 풍부(특히 비타민A와 B_2)하여 건강식으로 중요시된다.

용도가 매우 넓어 햄이나 채소와 함께 수프를 만들거나 고기와 함께 볶고, 중국식 샐러드에 넣거나 나물·찜 재료로 이용할 수 있다. 가늘게 썰어 볶음밥에 넣어도 맛있다.

크게 키운 것은 지게미장아찌·된장장아찌 재료로도 좋다.

추대하면 어떻게 할까?

추대가 보이기 시작할 때 따면 빠르고 쉽게 수확할 수 있다

수프셀러리는 저온이 되면 바로 추대하는 성질이 있다. 가을에 씨를 뿌린 것도 겨울을 지날 무렵에는 추대가 뻗어 나온다.

추대가 보이기 시작할 때 따면 금방 수확할 수 있는데, 추대해 나온 것은 섬유질이 발달하여 품질이 손상되므로 가능한 추대하기 전에 수확하여 이용한다.

수프셀러리 중 추대가 늦은 것을 구하여 재배하면 오랫동안 수확할 수 있어 좋다.

칼럼

여러 가지 효용이 있는 수프셀러리의 잎줄기

수프셀러리는 주로 줄기와 잎을 이용하는 채소로, 심고 50일 정도면 수확한다.

플랜터에서도 재배할 수 있다. 먼저, 플랜터(길이 60㎝)를 준비하여 적옥토(작은 입자) 7, 부엽토 3, 고토석회 30g, 유기배합비료 20g을 섞은 상토를 넣는다. 씨앗은 흩어뿌리고, 발아하면 혼잡한 곳부터 차례로 솎아내 포기간격을 10㎝로 키운다. 액체비료를 월 2~3회 웃거름으로 준다.

잎줄기에 셀러리와 비슷한 강한 향이 있다는 특징 때문에 수프셀러리라고 한다. 이 독특한 향이 요리에서 고기 등의 냄새를 없애주는 등 여러 가지로 유용하게 사용된다. 그밖에 향을 내기 위해 수프나 볶음에 넣는 방법도 있으며, 식욕을 증진시키고 발한·해열 등에도 효과가 있다. 감기에 걸렸을 때 수프 등에 넣어 먹는 것도 그 때문이다.

식용 이외에 말린 잎을 목욕할 때 보온을 목적으로 이용하기도 한다.

시금치

Spinach

각종 비타민이나 철분·칼슘 등이 풍부한 영양 채소. 조혈작용도 한다. 최근에는 샐러드용 품종도 있다.

명아주과　　**원산지=코카서스지방**

재배특성

- 추위에 강하여 0℃에서도 생육하고 −10℃의 저온에도 견딘다.
- 고온에는 약하여 20℃ 이상 되면 생육이 나빠지므로 여름에는 재배하기 어렵다. 토질 적응폭이 넓어서 충적토부터 화산토양에서까지 잘 자라며 토양 수분에도 비교적 둔감하지만, 산성토양에는 채소 중 가장 약한 편으로 pH5.2 이하에서는 거의 자라지 않는다.
- 장일조건이 되면 추대하므로 장일조건에서는 잘 추대하지 않는 품종을 재배한다.

재배력

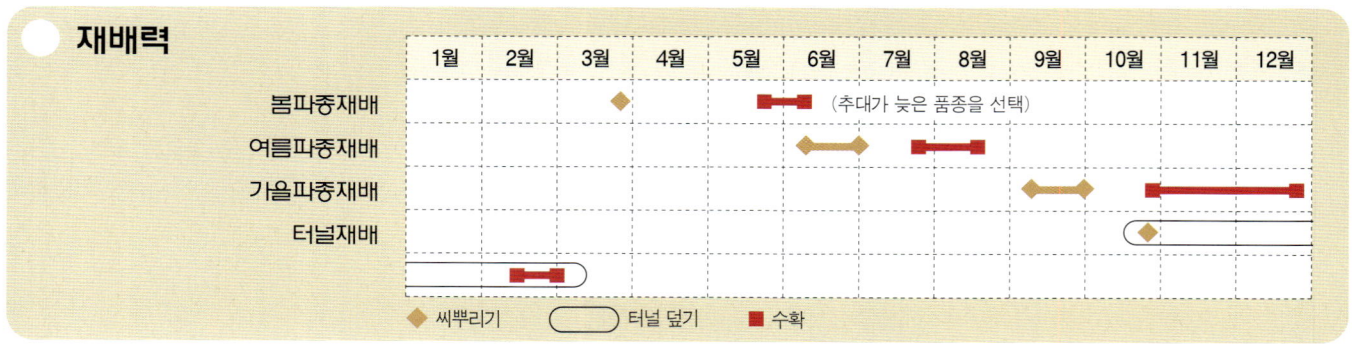

품종

크게 동양종과 서양종으로 나뉜다. 우리나라에는 재배시기에 따라 봄재배용에 불추대성이며 웅주율이 낮은 연천재래종 및 노벨·파이오니아·킹 오브 덴마크, 여름재배용에 내서성이 강한 천안재래종 및 아틀라스·환립동해·우성·삼목상록, 가을재배용에 입추가락·풍성·차량환 등이 있다.
일본에는 오카메·판도라·애틀랜타 등의 품종이 있다.

오카메

판도라

애틀랜타

재배 방법

1 밭 일구기

- 밭 전체에 완숙퇴비와 석회를 뿌려서 깊이 간다
- 가을파종은 태풍이 있으므로 군데군데 홈을 만들어 밭 전체의 물빠짐 대책을 마련한다

산성 / 중성

산성토양에서는 생육이 나쁘고 고르지 않다

물이 잘 안 빠지는 곳에서는 잘록병이 생기기 쉽다

성공 포인트
산성과 밭의 배수 불량은 시금치 최악의 조건. 석회로 산성토양을 바꿔주고 주위에 배수구를 설치하여 밭 표면의 물빠짐에 힘쓴다.

2 파종골 만들기

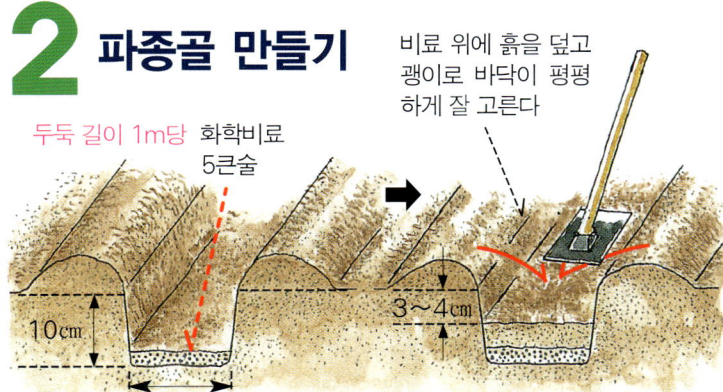

- 두둑 길이 1m당 화학비료 5큰술
- 비료 위에 흙을 덮고 괭이로 바닥이 평평하게 잘 고른다
- 10cm / 15cm / 3~4cm

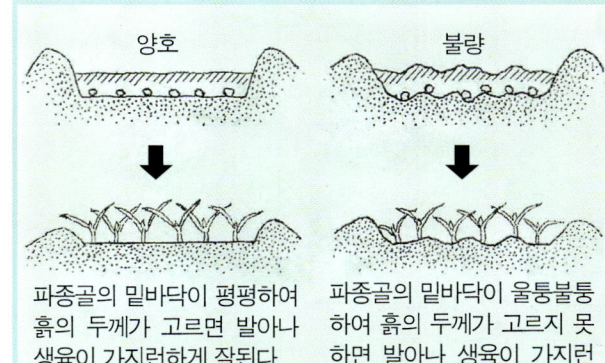

양호 / 불량

파종골의 밑바닥이 평평하여 흙의 두께가 고르면 발아나 생육이 가지런하게 잘된다

파종골의 밑바닥이 울퉁불퉁하여 흙의 두께가 고르지 못하면 발아나 생육이 가지런하게 안 된다

3 씨뿌리기

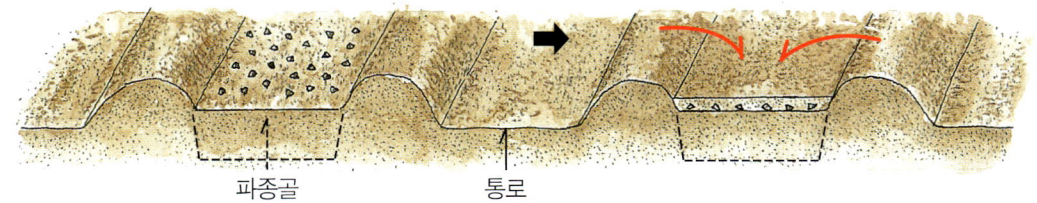

파종골 / 통로

씨를 1.5~2cm 간격으로 뿌리고 1cm 정도 흙을 덮는다. 23℃ 이상 되면 발아가 매우 나빠지므로, 여름파종은 서늘한 곳에서 싹을 틔운 씨앗을 이용한다

두둑파종인 경우

가운데가 약간 높게 한다

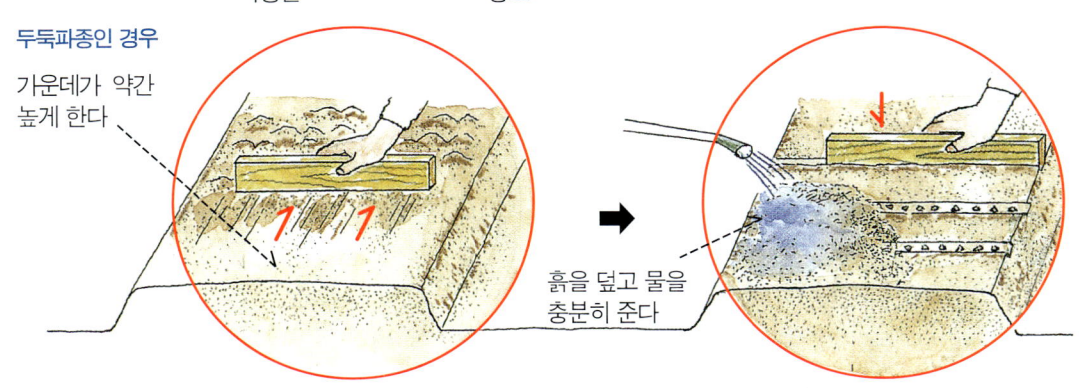

흙을 덮고 물을 충분히 준다

널빤지로 15cm 간격에 폭 2cm, 깊이 1cm 정도의 파종골을 만들어 1.5~2cm 간격으로 씨를 뿌리고 1cm 두께로 흙을 덮는다

4 솎아내기 · 웃거름 · 중간갈이

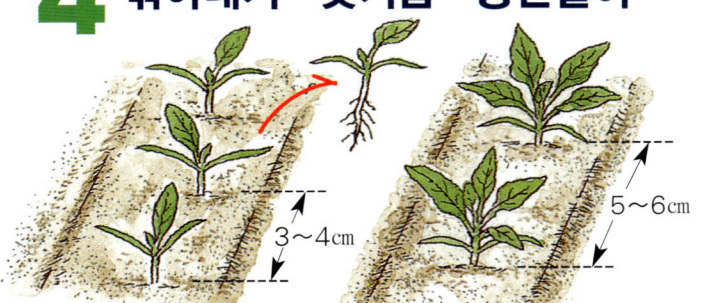

1회째 솎아내기
본잎이 1장일 때
3~4cm 간격으로

2회째 솎아내기
작물의 키가 7~8cm로 자랐을 때 5~6cm 간격으로

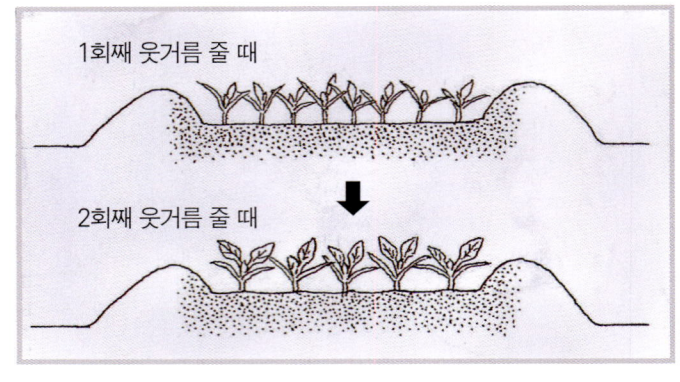

1회째 웃거름 줄 때

2회째 웃거름 줄 때

솎아내고 두둑에 화학비료를 1·2회 같은 양으로 주고 간다

두둑 길이 1m당

화학비료 3큰술

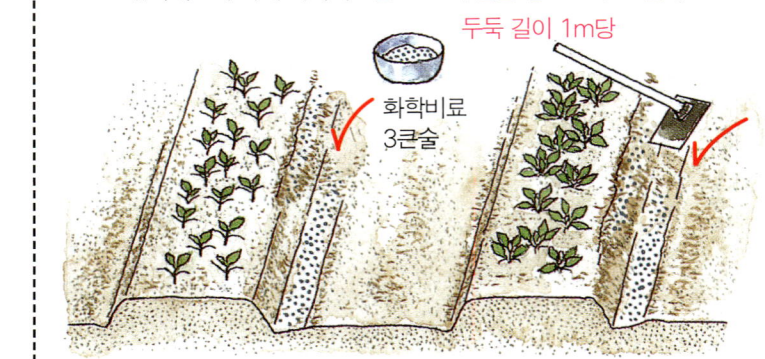

5 추위막이 대책

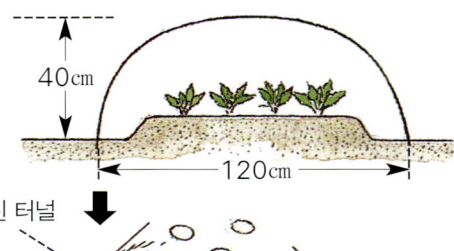

구멍 뚫린 터널

위에 지름 3~5cm의 구멍을 뚫어 자연환기 시킨다

망이 달린 터널

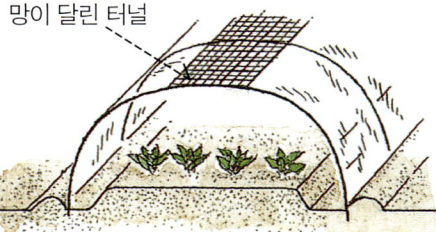

위에 폭 15~20cm의 한랭사를 달아서 자연 환기될 수 있도록 한 비닐 망이면 가장 좋다

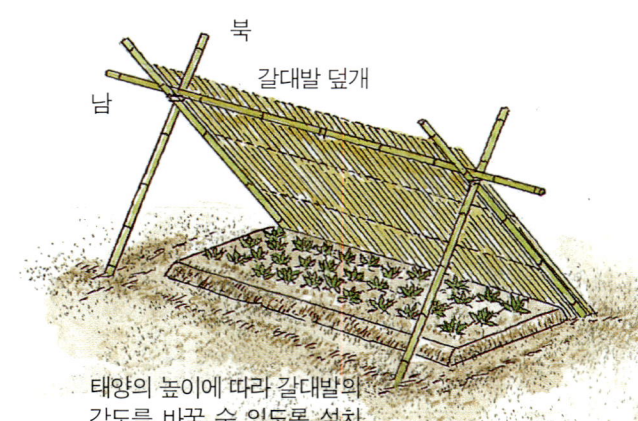

북
남
갈대발 덮개

태양의 높이에 따라 갈대발의 각도를 바꿀 수 있도록 설치 한다(매는 위치를 바꾼다)

6 수확

작물의 키가 25cm 정도 되면 수확한다. 보통 유통되고 있는 것보다 큰 30cm 정도가 되면 참맛을 느낄 수 있다

동양종   잡종

성공 포인트
추위에 강한 작물이 므로 약간 보온해주 면 혹한기에도 부드 럽고 질이 좋은 시 금치를 쉽게 재배할 수 있다.

'이럴 때에는 어떻게 하나?' Q&A 이것을 알고 싶다

Q 차츰 누렇게 되어 말라죽는다

A 토양의 산성과 배수 불량 등이 원인

발아가 대부분 고르게 잘되어 순조롭게 자란다고 생각한 시금치가 본잎이 나오기 시작할 무렵부터 차츰 생육이 늦어지고 잎이 황색으로 변하여 결국 말라죽는 경우가 자주 있다.

이것은 토양의 성질이 산성으로 된 것이 주요 원인이다.

증상이 심하면 치료하기 곤란하다. 매우 작을 때 이러한 증상이 나타나서 생육을 멈추면 과감하게 정리하고 밭의 산도(pH)를 바꾼 후에 씨를 뿌리는 것이 좋다.

산성을 바꾸려면 석회(비료용 소석회나 고토석회)를 밭 전체에 뿌리고 15~20㎝ 깊이로 잘 갈아 넣는다.

문제가 되는 것은 석회 사용량이다. 이것은 산의 정도에 따라 다르므로 정확히 토양의 산도를 조사해야 하지만 대부분의 경우 1㎡당 100g 내외면 바꿀 수 있다.

이밖에 배수 불량에 약한 것도 시금치의 특징이다. 비가 온 뒤에 물이 고이지 않게 밭 주위의 물빠짐을 잘 해주고 물이 고이지 않는 두둑을 만드는 것이 중요하다.

Q 잎에 각이 진 병반이 생겨서 말라버린다

A 노균병에 대한 방제를 게을리 하지 않는다. 내병성 품종을 선택

시금치는 노균병에 걸리는 것이 많아지고 있으므로 주의하여 재배한다. 노균병 감염의 초기 단계에는 크게 자란 아래쪽 잎에 윤곽이 확실하지 않은 옅은 황색 또는 청백색 작은 반점이 나타난다. 이런 잎 뒷면에는 반드시 진한 보랏빛을 띤 회색 곰팡이가 있다.

병이 진행되면 각이 진 큰 반점으로 넓어지고, 차츰 포기 전체가 위축된 것처럼 되어버린다.

봄·가을에 기온이 10℃ 내외일 때, 특히 밭에 습기가 많아서 통풍이 나쁠 때 생기기 쉬운 병해다.

빨리 발견하도록 힘쓰고, 발견하면 만코지 수화제 600배액을 잎의 앞뒷면에 잘 닿도록 뿌린다. 특히 비가 온 뒤에 만연하기 쉬우므로 이 때를 겨냥하여 방제하는 것이 효과적이다.

발병 초기에는 극히 일부 포기의 일부 잎뿐이므로 이것을 따서 없애고 발생장소를 중심으로 약제를 뿌린다. 또 수확기가 가까워서 약제를 뿌리면 잎이 오염되므로 생육 중반까지는 방제한다.

품종 개량이 잘 이루어져 내병성이 강한 저항성 품종이 출하되고 있으므로 재배하면 좋다.

황갈색 각이 진 반점 모양의 노균병이 최대의 적. 빨리 살균제를 뿌린다

신선초

Angelica keiskei

어린잎의 약간 쓴맛이 있는 향이 특징이다. 카로틴·비타민C·철분이 많고 강장작용도 한다.

| 미나리과 | 원산지=일본 |

재배특성

- 여러해살이로 일본 혼슈(本州)의 중남부〔특히 이즈(伊豆)제도의 7섬, 오가사와라(小笠原)제도 등〕에 자생하며, 키 1m 이상의 가장 강건한 채소로 조방재배(적은 자본과 노력을 들여 하는 재배)에 적합하다.
- 겨울에는 땅 윗부분이 말라죽지만 한번 심어놓으면 매년 수확한다. 햇빛이 잘 들고 조금 습기가 있는 토양에서 잘 자란다.
- 따뜻한 지역에서 수확한 것일수록 부드럽고 맛과 향도 좋다.

품종

오래된 채소이지만 품종의 분화는 보이지 않는다.

재배방법

1 씨앗 준비

파는 씨앗을 구입한다

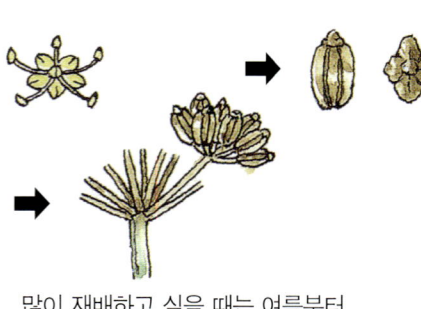

많이 재배하고 싶을 때는 여름부터 가을에 걸쳐서 추대시켜 채취한 씨앗을 구하여 모종을 만든다

5 웃거름

수확기간 중 20~30일에 한 번 정도 깻묵 또는 완효성 화학비료를 골 사이에 흩뿌리고 가볍게 갈아준다. 질소비료를 많이 주면 품질이 떨어진다

1포기당
깻묵 10큰술, 완효성 화학비료 2큰술 중 한 가지

포기가 커지면 웃거름을 두둑 사이의 빈 곳에 적당히 뿌린다

6 관리

한여름에는 한랭사나 갈대발 등으로 강한 빛을 막아주면 품질 좋은 어린 잎이 나온다

진딧물 방제를 게을리 하지 않는다

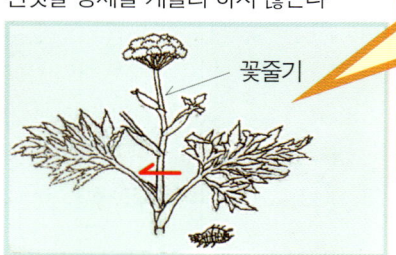

성공 포인트
큰 포기가 되어 6~7월에 추대하므로 빨리 잘라버린다. 남겨두면 꽃이 피고 열매를 맺으므로 포기가 약해진다. 꽃줄기가 나오면 빨리 잘라낸다.

꽃줄기

7 수확·이용

어린 싹을 윤기가 있을 때 따서 수확한다. 다 자란 잎이 3~4장 이상 남은 상태로 둔다

튀김 재료, 삶아서 나물이나 무침, 찌개나 전골 재료, 국거리, 조림 등 쓰임새가 많다

다 자란 잎

✗ 수확이 늦음
윤기가 없고 바삭바삭한 느낌
---- 다 자란 잎

신선초 베이컨 볶음

재료
- 신선초(줄기) 1단(약 70g)
- 간장·물 약간
- 베이컨 50g
- 샐러드유 2작은술

만드는 방법
① 신선초 줄기는 넉넉한 양의 끓는 물에 4~5분간 약간 질기게 데친다.
② 베이컨은 뜨거운 물에 넣었다 꺼내 5㎜ 폭으로 자른다.
③ 프라이팬에 샐러드유 2작은술과 ②의 베이컨, 물 50㎖를 넣고 젓듯이 섞어주면서 서서히 볶는다. 바삭바삭해지면 ①의 신선초 줄기를 넣고 볶는다. 수분이 없어져도 아직 단단한 경우에는 물을 1~2큰술 보충하여 부드럽게 될 때까지 볶아서 그릇에 담는다. 맛을 보아 싱거우면 간장으로 간을 맞춘다.

신선초 무침

재료
- 신선초(줄기) 1단(약 70g)
- 간장 2작은술
- 두반장 ½작은술
- 조미료 약간

만드는 방법
① 신선초 줄기는 7~8분간 부드럽게 삶아서 물에 헹구어 건져낸다. 간장 1작은술을 뿌리고, 조미료를 약간 넣어 밑간을 한다.
② ①의 수분을 빼고 간장 1작은술에 두반장 ½작은술을 섞어서 무쳐 맛을 낸다.

'이럴 때에는 어떻게 하나?' Q&A 이것을 알고 싶다

간단하게 포기 수를 늘리는 방법은?

봄에 뿌리포기를 캐서 퇴비를 충분히 주고 아주심기한다

이른 봄 왕성하게 자라기 전에 삽 등으로 포기 주위를 넓게 파서 뿌리포기를 파낸다. 싹이 붙은 뿌리를 갈라서 나누어 두둑간격 90~100㎝, 포기 간격 50㎝ 정도로 심는다.

심은 구덩이에는 성기고 굵은 입자의 유기물 (퇴비·야자껍질 등)과 깻묵을 조금씩 넣어주는 것이 중요하다.

많은 모종을 얻으려고 할 때는 여름부터 가을에 걸쳐서 추대시켜 씨앗을 수확하며, 이 씨앗을 봄이 되면 모종상자에 심는다.

본잎이 2~3장일 때 솎아서 포기간격을 7~8㎝로 하고, 본잎이 4~5장인 모종으로 만들어 포기나누기한 모종과 같은 방법으로 본밭에 아주심기한다.

수확방법과 훌륭한 이용방법은?

윤기가 있을 때 수확하고, 튀김 등에 이용

끝쪽의 어린잎이 붙은, 반들반들 윤기가 있는 잎부분을 딴다. 다 자라면 잎에 윤기가 없고 바삭바삭한 느낌이 된다. 이와 같이 다 자란 잎은 거칠고 뻣뻣하여 먹을 수 없다.

아래쪽에 항상 이렇게 크고 튼튼한 잎이 몇 개 붙어 있지 않으면 좋은 새싹이 자라 나오지 못한다. 때때로 포기 주위에 깻묵과 화학비료를 조금씩 뿌려주어 비료가 떨어지지 않도록 잘 관리해준다.

용도는 튀김 재료, 삶아서 나물이나 양념 무침, 찌개나 전골 재료, 국거리, 조림 등으로 폭넓으므로 밭이 비어 있을 경우에 많이 재배해두면 유용하다.

칼럼

신선초는 불로장수의 채소

신선초는 베타카로틴을 비롯하여 비타민B군, 비타민C가 풍부하여 옛날부터 '불로장수의 채소'로 불릴 정도로 영양면에서 뛰어나다. 그 효능이 폭넓어서 이뇨작용이나 완화작용, 조혈작용, 또 간장을 튼튼하게 하거나 고혈압을 예방하는 역할도 한다.

잎을 잘게 찢으면 황색 즙이 나오는데, 이것이 플라보노이드로 변비를 해소할 뿐만 아니라 대장암 예방에도 효과적이라고 한다.

싹기름채소

Sprouts

각종 작물의 씨앗을 어두운 곳에서 발아시킨것. 빛이 필요 없으므로 사철 기를 수 있고, 방법도 간단하다. 부엌에서 기르기에도 좋다.

재배 특성

- 매우 알차고 발아가 잘되는 씨앗을 구한다. 발아 적정온도는 종류에 따라 다르지만 모두 매우 높은 온도(25~30℃)이므로 저온기에는 보온과 가온이 필요하다.
- 발아에 산소가 많이 필요하여 순환이 되지 않으면 이끼류가 발생하거나 병에 걸리기 쉬우므로 물을 보충하고 갈아주는 것을 잊지 않는다.

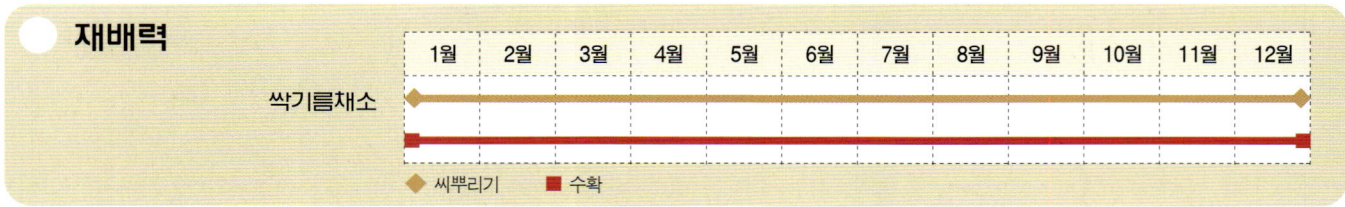

재배력 | 1월 | 2월 | 3월 | 4월 | 5월 | 6월 | 7월 | 8월 | 9월 | 10월 | 11월 | 12월

씨뿌리기 ■ 수확

품종

팥·완두·녹두·대두·알팔파 등의 콩류, 밀·메밀·옥수수 등의 곡류를 이용한다.

메밀

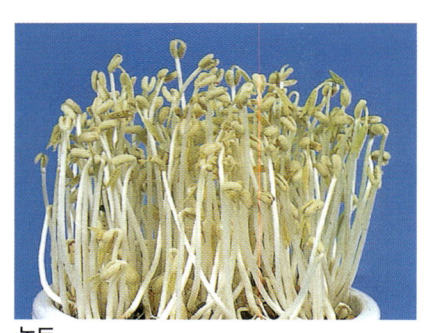

녹두

2 알팔파

(1) 씨앗 고르기

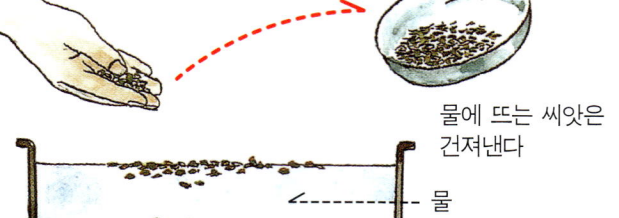

물에 뜨는 씨앗은 건져낸다
물

> **성공 포인트**
> ① 씨앗 고르기
> ② 용기와 씨앗·물의 비율
> ③ 씻기
> ④ 빛 차단
> 모두 중요하다

(2) 씻기

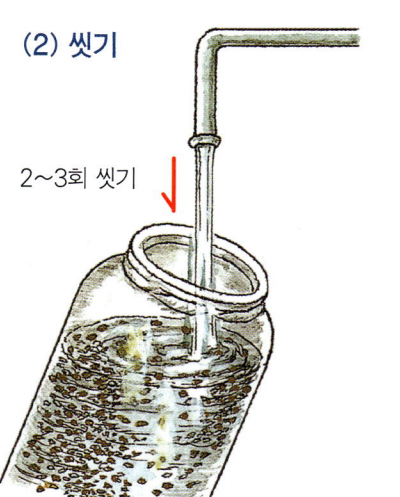

2~3회 씻기

(3) 침종 흡수

씨앗 10배의 물에 담가 하룻밤 둔다

하룻밤(10~12시간) 물에 담가 불린다. 물을 1~2회 갈아주면 좋다

거즈 덮개를 씌운다

(4) 물에 헹구기

물을 버리고 씨앗을 흐르는 물로 씻는다

(5) 물빼기 장치

암흑상태   골판지상자 속이나 부엌의 싱크대 밑 등에 둔다

받침접시 (배트 등이 좋다)

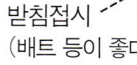

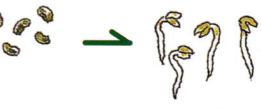

(6) 물에 헹구기

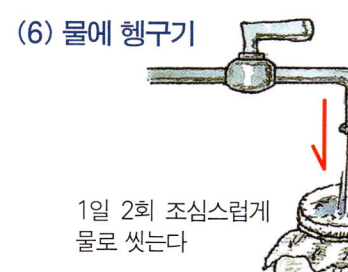

1일 2회 조심스럽게 물로 씻는다

물을 충분히 뺀다

(7) 녹화 수확

배축이 4~5cm 이상 자라면 수확할 수 있다

직사광선은 피한다

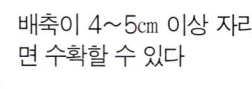

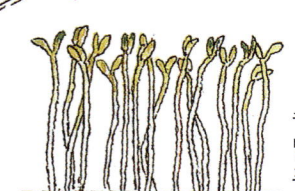

수확 전 4~5시간 빛을 쬐어 떡잎을 푸르게 한다

'이럴 때에는 어떻게 하나?' Q&A 이것을 알고 싶다

 콩나물 색깔이 좋지 않다

물을 흡수시킨 후에 물빼기와 씻기에 주의한다

산소 부족이 원인이다. 콩류는 씨앗이 크기 때문에 발아가 시작되면 호흡량이 많아지므로 그것만으로도 많은 산소가 필요하다.

또한 호흡작용으로 온도가 상승하므로, 고온기에는 특히 산소 부족이 되기 쉽다. 산소가 부족하지 않게 하려면 물을 흡수시킨 후에 물을 잘 빼주어 물이 남지 않도록 한다.

그리고 씻는 것에 신경 써서 썩지 않도록 주의한다.

병에서 골고루 잘 안 씻어지면 그림과 같이 평평하고 넓은 소쿠리 또는 접시 등을 이용하며, 넓게 펼쳐서 표면에서의 산소 보급을 충분하게 해주는 것도 효과적인 방법이다.

공기구멍을 낸 랩 / 접시 / 바랜 무명

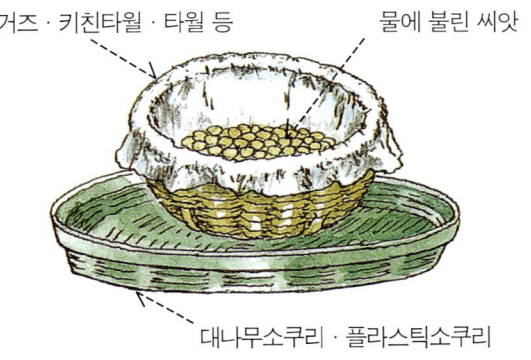

거즈·키친타월·타월 등 / 물에 불린 씨앗 / 대나무소쿠리·플라스틱소쿠리

 알팔파의 씨앗 껍질이 벗겨지지 않는다

입구가 넓은 병에 물을 충분히 넣고 흔든다

알팔파는 씨앗 껍질이 잘 안 벗겨지고, 껍질이 붙은 채로 배아가 나오는 것이 많아서 그대로는 요리하기 불편하다.

씨앗의 껍질을 잘 벗기기 위해서는, 물을 뿌려서 흘러 내리는 것보다 입구가 넓은 병에 물을 충분히 넣고 병과 함께 천천히 흔들어준다. 그러면 씨앗의 껍질이 배아에서 떨어져 병 속에 뜨게 되므로, 위에 뜨는 것을 물과 함께 밖으로 흘려보낸다.

한번으로는 벗겨지지 않는 것이 많으므로 2~3회 반복하여 전부 흘려보낸다.

이 때 너무 세게 흔들면 배축이 꺾일 수 있으므로 조심스럽게 한다.

쑥갓

Garland chrysanthemum

겨울부터 봄에 걸쳐 냄비요리에 많이 쓰인다. 곁눈이 많이 나오므로 따주며 장기간 수확할 수 있어서 가정의 텃밭에 가장 적합.

국화과   원산지=지중해 연안

재배특성

- 냉랭한 기후를 좋아하여 생육 적정온도가 15~20℃이지만 온도에 대한 적응폭이 넓고, 간단하게 더위와 추위를 막아주면 주년재배가 가능하다.
- 토양의 건조에 약하고, 보수성이 있는 토양에서 좋은 품질을 생산한다.
- 고온·장일조건에서 추대하여 꽃이 피므로 5~8월의 재배는 특히 어렵다. 생육을 촉진하여 추대하기 전에 수확하도록 거름을 주어 잘 가꾸고 생장을 빠르게 하는 것이 중요하다.

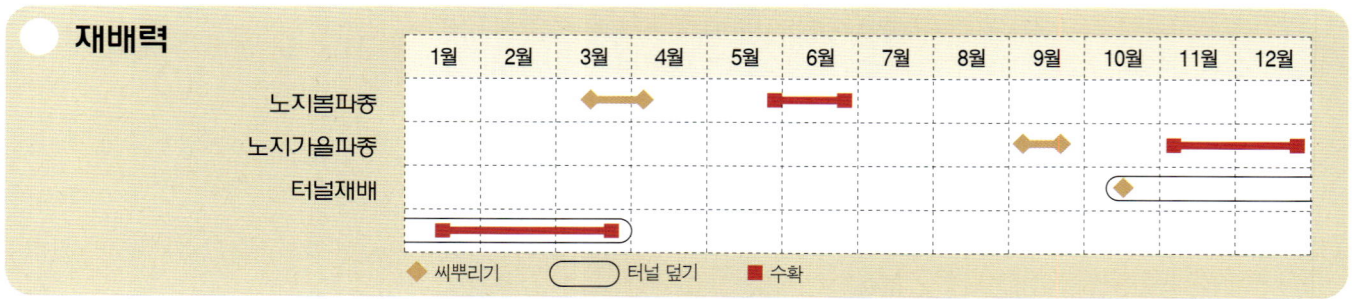

품종

품종의 분화가 많이 안 이루어져 품종 수가 적으며, 잎의 크기나 결각도에 따라 대엽·중엽·소엽으로 나뉜다. 우리나라에서는 중엽종 재배가 대부분이다. 대엽은 잎이 크고 결각이 얕으며, 중엽은 잎의 결각이 중간 정도이고 향기가 강하며, 소엽은 잎이 작고 결각이 심하다.

일본에는 오비츠춘국·키와메중엽천국·대엽신국 등의 품종이 있다.

오비츠춘국

키와메중엽춘국

대엽신국

재배방법

1 밭 일구기

되도록 빨리 앞 작물을 정리하고 석회를 전체에 뿌려 15~20cm 깊이로 갈아둔다

2 파종골 만들기

줄뿌림인 경우에 괭이 폭 1.5배 정도의 파종골을 만든다

비료를 넣고 4~5cm 흙을 덮는다

두둑파종인 경우

약 15cm

120cm

두둑에 줄뿌림 하는 경우에 널빤지로 줄을 만들어 뿌린다

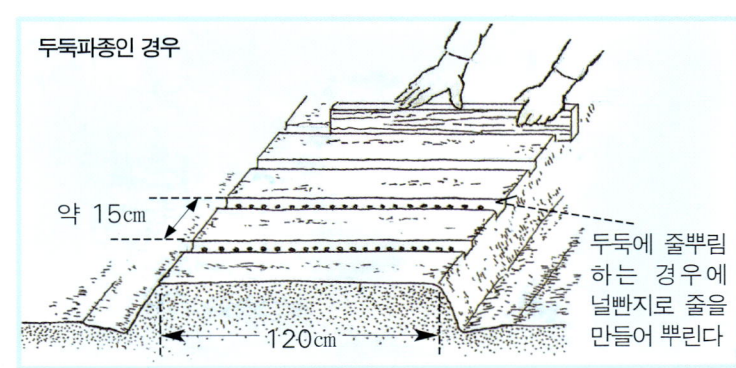

3 씨뿌리기 · 모기르기

씨를 뿌린다 파종골 두께 약 1cm로 흙을 덮는다 통로 흙을 덮고 괭이의 뒷면으로 가볍게 누른다

약 15cm ← 60cm →

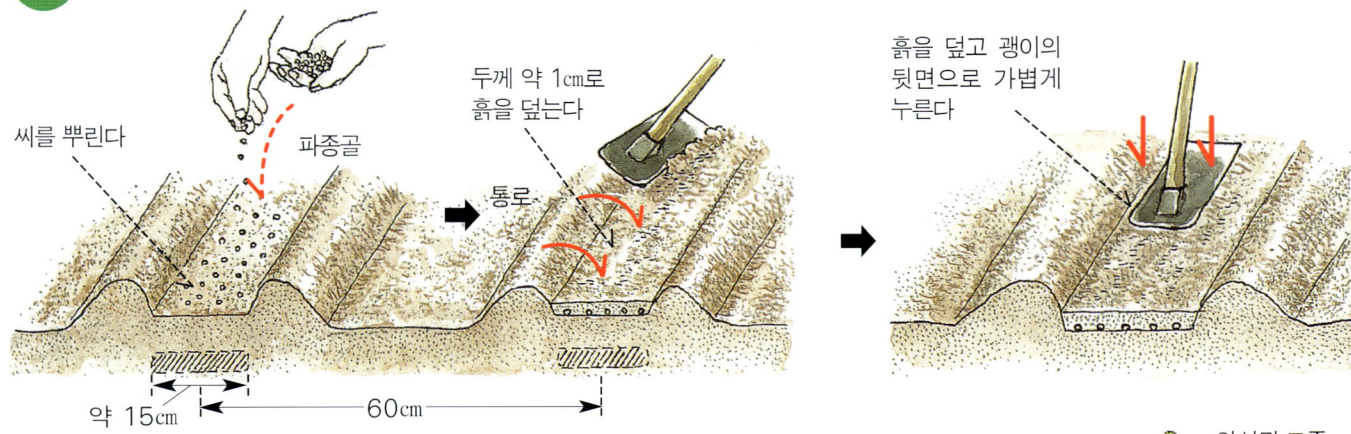

모종상자에 씨를 줄뿌림한다

모종을 길러 밭에 심는 경우

본잎이 1장일 때

9cm

9cm

모판에 9×9cm로 옮겨 심는다

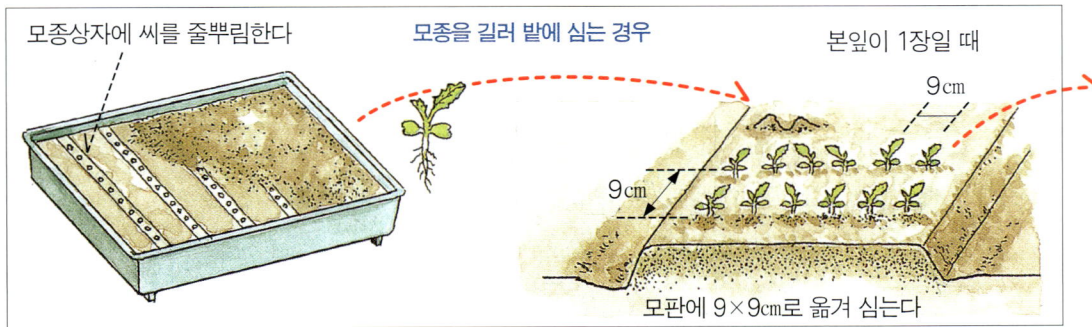

완성된 모종

본잎이 5~6장일 때 본 밭의 두둑에 15×15cm로 심는다

잎줄기 채소류 · 쑥갓

4 웃거름

작물의 키가 10㎝ 정도 자랐을 때

줄뿌림인 경우
통로에 비료를 뿌리고 괭이로 가볍게 흙에 갈아 넣는다

두둑 길이 1m당 화학비료 2큰술

두둑에 줄뿌림하는 경우
작물의 줄 사이에 비료를 주어 흙과 섞는다

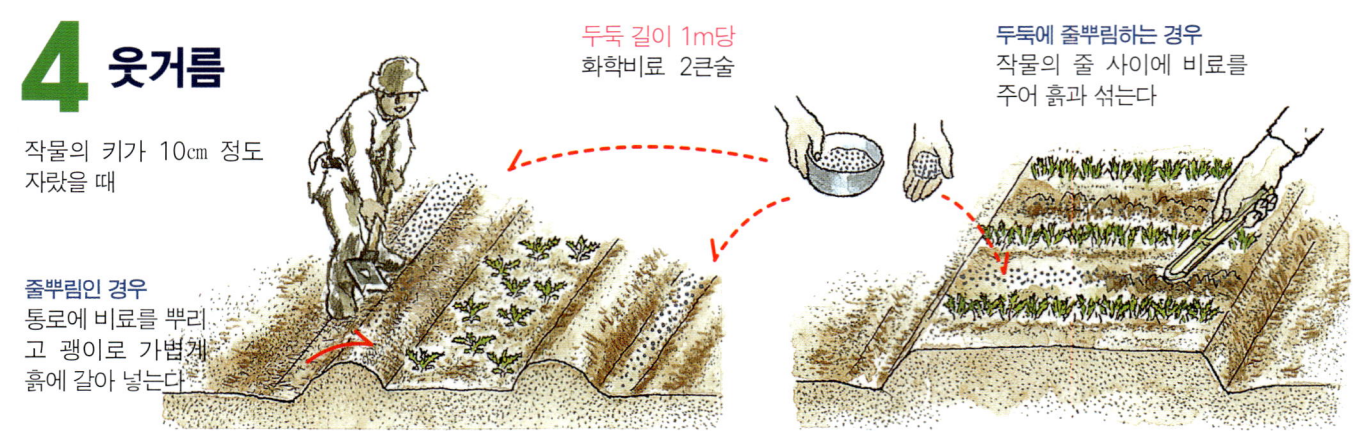

5 추위막이 · 보온

폭 180㎝의 비닐필름이라면 3줄을 덮고 높이 40㎝ 정도의 터널을 만든다

자연환기가 되는 터널 자재

환기구

끝자락은 흙으로 단단히 눌러둔다

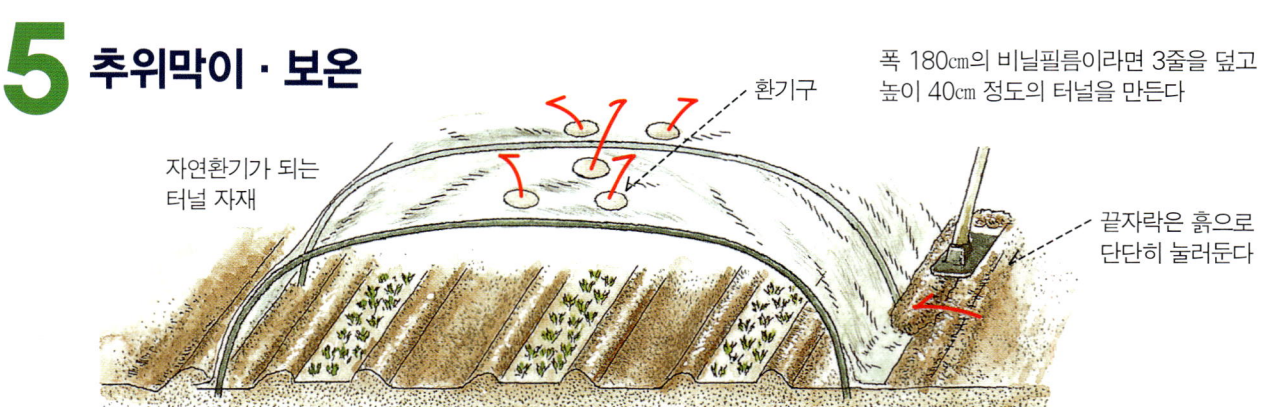

띄워덮기 — 부직포

6 수확

솎음수확
본잎이 7~8장, 작물의 키가 15㎝ 정도 되어 차례로 솎아서 수확하면 좋은 쑥갓을 얻을 수 있다. 포기간격은 4~5㎝로

절단수확
본잎이 10장 정도 되면 아래쪽 잎 3~4장을 남기고 원줄기를 딴다. 포기간격은 12㎝로

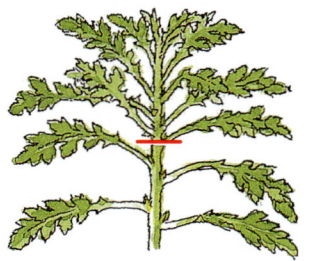

플랜터재배

자란 곁눈

절단수확으로 오랫동안 수확한다

곁눈이 15㎝ 정도 자라면 딴다

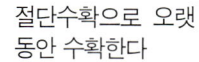

「이럴 때에는 어떻게 하나?」 Q&A 이것을 알고 싶다

Q. 발아가 고르게 잘 안 된다. 고르게 발아시키는 씨뿌리기 방법은?

A. 파종골에 조심해서 평평하게 흙을 덮는다

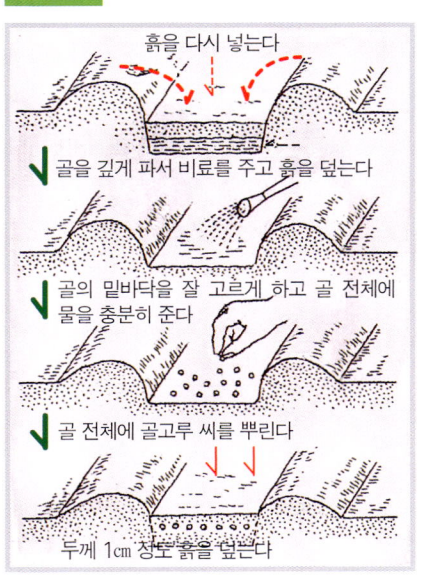

먼저 비료를 밭 전체에 갈아 넣거나, 그림과 같이 깊이 골을 파서 비료를 뿌리고 위에 흙을 5㎝ 덮는다. 파종골은 괭이를 이용하여 몇 번이고 정성들여 흙덩이를 부순다. 골의 밑바닥이 울퉁불퉁하면 씨앗의 깊이가 각기 달라서 아무리 흙을 평평하게 덮어도 발아가 고르게 안 된다.

건조하면 씨뿌리기 전에 물뿌리개로 골 전체에 물을 준다. 그러면 파종골의 밑바닥이 훌륭하게 마무리된다.

씨앗은 깊지도 얕지도 않게 심고, 위에 1㎝ 정도 흙을 덮는다. 숙련된 사람은 괭이로, 익숙하지 않은 사람은 손으로 되도록 평평하게 덮는다. 흙을 덮으면 괭이의 뒷면으로 가볍게 흙을 눌러준다. 물이 잘 안 빠지는 곳에서는 두둑을 만들어 줄뿌림으로 씨를 뿌리고, 밭 주위의 물빠짐에도 주의한다.

쑥갓은 직접 씨를 받아서도 충분히 재배할 수 있다. 씨앗을 받아서 바로 심으면 잘 자라지 않으므로 지난해에 받아둔 씨앗을 저장하였다 이용한다.

Q. 훌륭한 절단수확 방법은?

A. 포기간격을 넓게 하고, 너무 땅과 가까운 곳에서 따지 않는다

쑥갓은 일반적으로 큰 포기를 뿌리째 뽑아 수확하지만, 이렇게 하면 솎음수확을 합해도 2~3회 정도로 수확이 끝난다.

오랫동안 수확을 즐기기 위해서는 차례로 몇 번에 나누어 씨를 뿌려야 하는데 그러려면 매우 손이 많이 간다.

간단한 방법으로 오랫동안 수확하려면 곁눈을 여러 차례 따서 수확하는 것이 가장 좋다. 따서 수확하는 경우에도 처음에는 솎음수확을 하는데, 이 때 남은 포기를 조금 성글게 4~5㎝ 정도 간격으로 한다. 그 후 두둑 옆에 속효성 질소비료(요소 등)나 액체비료를 웃거름으로 주어 남은 포기를 빨리 크게 한다.

포기가 커지면 먼저 자란 싹을 따서 이용한다. 너무 포기 밑 가까이에서 따면 다음부터 나오는 싹의 수가 적어지므로, 줄기 쪽의 작은 곁눈이 나오는 상태를 확인하고 땅 위에서 15㎝ 정도 남겨두는 것이 중요하다. 싹이 나오는 모양은 품종에 따라 다르므로 중엽춘국 등 싹이 잘 나오는 것을 이용한다.

겨울에는 비닐터널을 덮거나 플랜터에 심어 따뜻하게 두면 봄까지 수확을 많이 할 수 있다.

아스파라거스

Asparagus

뿌리포기에서 나온 어린 줄기를 잎이 나오기 전에 먹는다. 단백질·당질·비타민류·섬유질이 많다. 고혈압을 예방하는 루틴도 들어 있다.

백합과　　**원산지=남유럽부터 러시아 남부**

재배특성

- 채소 중에는 드문 여러해살이 작물. 한번 심으면 10년 정도 계속 수확할 수 있다.
- 깊은뿌리로 뿌리 계통이 강하므로 물이 잘 빠지고 토심이 깊은 토양이 최적. 산성토양은 피하는 것이 좋다.
- 다음해를 위해서 뿌리쪽의 양분 저장을 생각하며, 새싹을 수확하고 잎줄기 관리를 잘한다.
- 자웅이주로 수그루 쪽이 줄기가 굵고 이삭 끝이 단단하며 수확량도 낫다.

재배력 / 1년째(모판) / 2년째 / 3년째부터 / ● 씨뿌리기　● 아주심기　■ 수확　☒ 베기

품종

초록색 아스파라거스와 연백시켜서 하얀 아스파라거스가 있는데 초록색이 주류를 이룬다. 우리나라에서는 메리 워싱턴·캘리포니아500에 대한 시험연구가 있었는데, 메리 워싱턴의 경우 우리나라 기후에 잘 적응한다. 일본에는 이밖에도 웰컴·샤워·엑셀·그린타워 등의 신품종이 있다.

샤워

엑셀

그린타워

재배 방법

1 모기르기

심기 전에 목욕탕 등의 미지근한 물에 하루 둔다

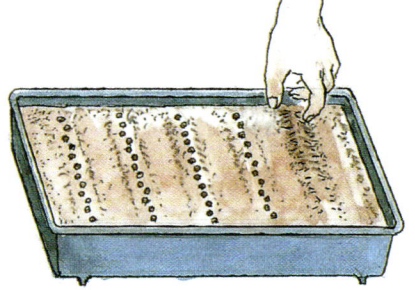

모종상자에 씨앗을 줄뿌림한다

포기 수가 적은 경우

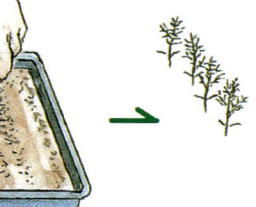

본잎이 3~4장일 때 4호 비닐포트에 심는다

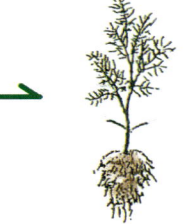

채소류 · 아스파라거스 잎줄기

겨울이 되어 잎줄기가 시들면 땅 윗부분은 잘라낸다

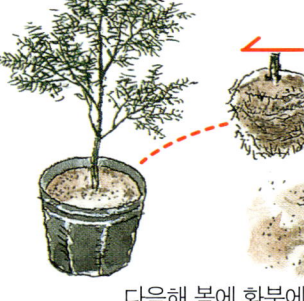

다음해 봄에 화분에서 꺼내 밭에 옮겨 심는다

포기 수가 많은 경우

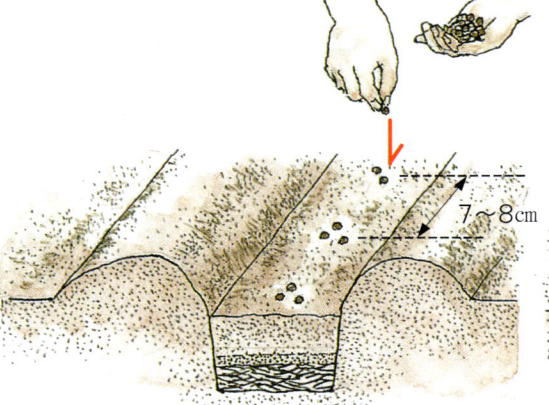

7~8cm 간격으로 씨앗을 2~3개씩 넣는다

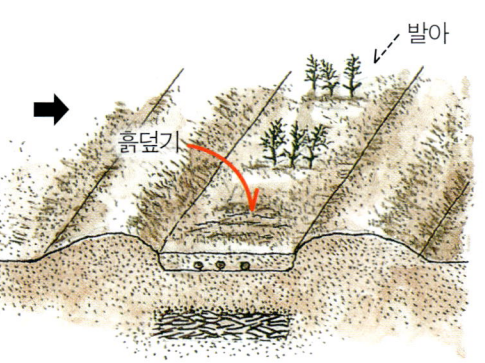

흙덮기 / 발아

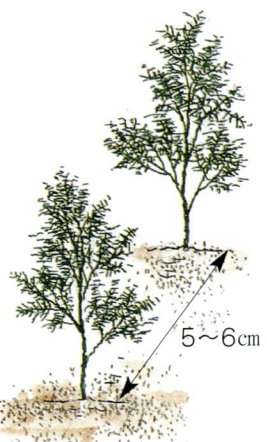

작물의 키가 10cm 정도 되면 1포기솎기한다 (5~6cm)

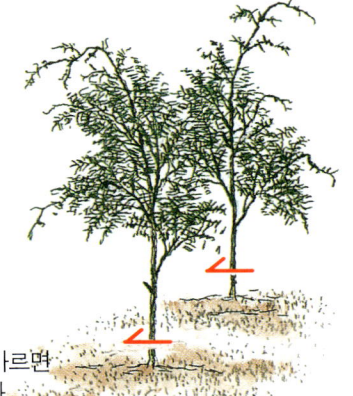

가을에 땅 윗부분이 마르면 땅 닿은 부분을 자른다

다음해 봄에 뿌리를 많이 붙여서 포기를 파내어 옮겨 심는다

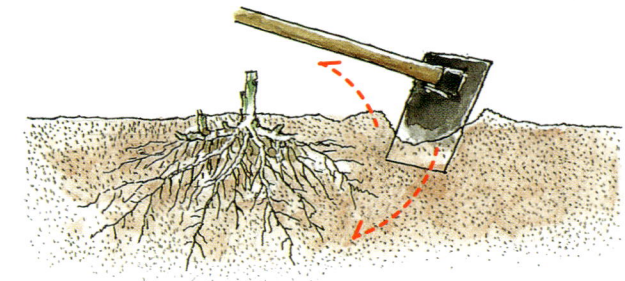

2 밭 일구기

골 길이 1m당

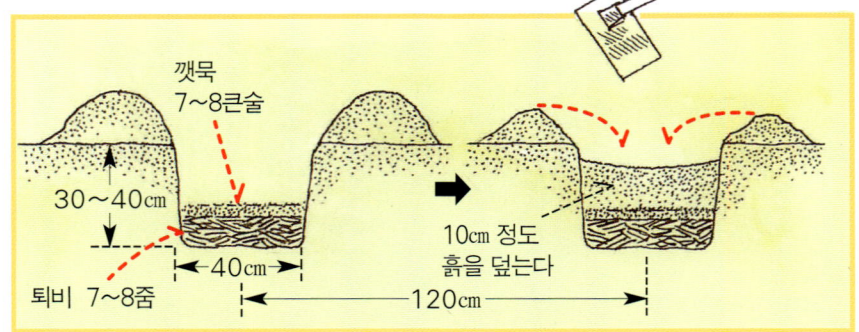

3 아주심기

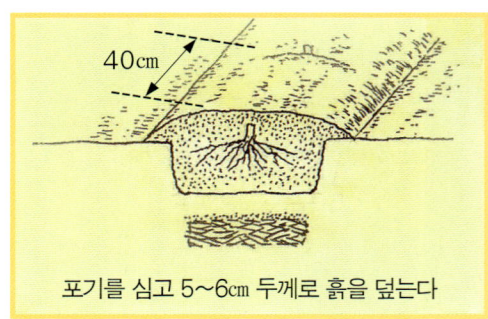

아스파라거스 모종(겨울)

4 여름·가을 관리

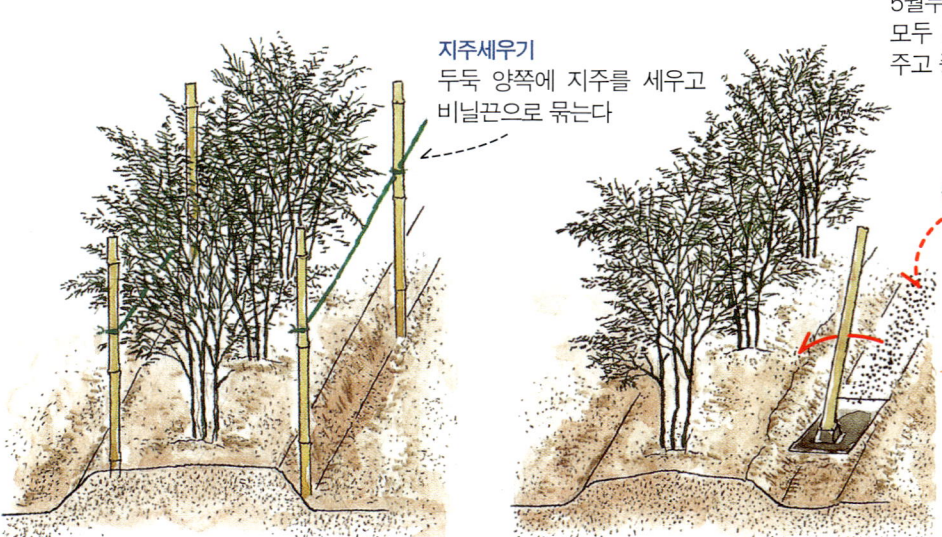

지주세우기
두둑 양쪽에 지주를 세우고 비닐끈으로 묶는다

웃거름·중간갈이
5월부터 한 달에 한 번, 모두 3~4회 웃거름을 주고 중간갈이한다

1포기당
깻묵 3큰술

성공 포인트
여름·가을에 걸쳐 웃거름과 중간갈이를 잘 하여 잎줄기를 크게 기른다. 쓰러지면 뿌리쪽의 양분 축적에 지장이 있으므로 지주를 세운다.

5 겨울 관리

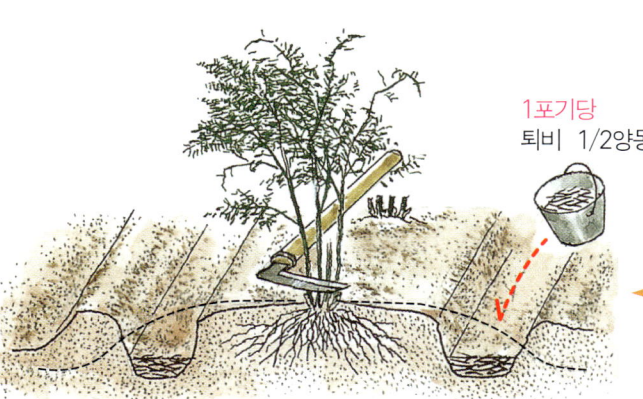

잎줄기를 잘라서 태워버려 병원균이 월동하는 장소가 되지 않도록 한다

1포기당
퇴비 1/2양동이

성공 포인트
겨울이 되어 잎줄기가 시들면 잘라내고, 병원균이 월동할 염려가 있으면 모아서 태운다.

6 수확

심고 2년 후부터 자라 나오는 새싹을 밑동에서 잘라서 수확한다.
좋은 싹이 나올 때 수확을 조절하여 남은 싹을 생장시키고, 포기에 다음 해를 위한 양분을 축적시킨다

또 하나의 방법
조금 수확하고 빨리 줄기를 키우면 그 후에도 늦게까지 계속해서 싹이 나오기 때문에 조금씩 오랫동안 수확할 수 있다

손으로 밑동을 꺾어 수확하는 방법도 있다

7 수확 후의 관리

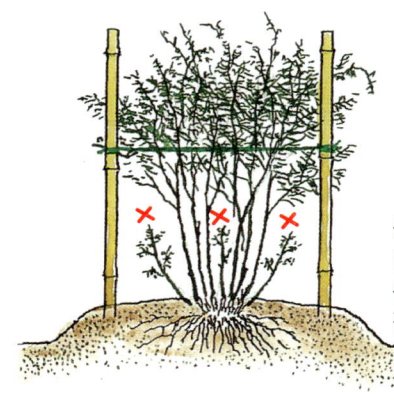

바람에 쓰러지기 쉬우므로 지주를 세워서 가로로 끈을 묶어 고정시킨다

줄기가 자라면 1포기당 10~12줄기를 남기고, 다음에 나오는 작고 약한 가지는 정리한다. 여름부터 겨울까지 매년 같은 방법으로 계속 관리한다

8 이후   4→7을 반복

'이럴 때에는 어떻게 하나?' Q&A 이것을 알고 싶다

Q 줄기가 쓰러지고 시든다

A 빨리 지주를 세워서 쓰러지는 것을 막는다

줄기가 가늘고 비교적 잎이 매우 무성하므로 바람이 불면 쓰러지기 쉽고, 그로 인해 시들어버리는 일이 많다. 특히, 비가 와서 잎이 젖으면 그 무게로 약한 바람에도 쓰러져버린다.

줄기가 점점 자라면 바로 지주를 세우고, 가로로 비닐끈을 묶어서 줄기가 쓰러지지 않도록 한다. 너무 늦으면 작업이 어려워지므로 잎줄기가 주변으로 넓어지기 전에 빨리 해준다.

Q 잎에 병반이 나타나고 위쪽이 시든다

A 아스파라거스에 큰 피해를 주는 줄기마름병 발생

줄기마름병의 병해는 주로 잎에 발생하지만 작은 잎자루에도 발생하는 경우가 있다.

처음에는 잎에 따라 타원형의 엷은 갈색 병반이 생기고, 곧 주위에 초록색으로 물에 잠긴 듯한 모양이 넓어져 줄무늬같이 된다. 병반 위쪽의 줄기가 시들고 인접한 잎줄기에 퍼지며, 심하면 뿌리까지 퍼져서 썩고 다음해에 발아가 나빠진다.

장마철에 발생하여 빗방울과 함께 사방으로 흩어져 넓게 퍼지므로, 이 시기에 조기 발견에 힘쓴다. 발견하면 즉시 타로닐 수화제, 디크론 수화제, 지오판 수화제, 베노밀 수화제 등을 규정농도로 뿌린다. 가을에 비바람이 강할 때도 재발할 수 있으므로 이 때도 방제에 주의한다.

가을에 잎줄기가 시들면 조심스럽게 모아 밭에 남기지 말고 태워서 다음해에 전염되지 않도록 주의한다.

칼럼 — 아스파라거스는 한번 심어서 장기간 재배

아스파라거스는 채소 가운데 아주 오래 사는 채소이다. 보통 씨를 뿌리고 2~3년 후부터 수확하여 5~6년째부터 한창때가 된다. 그리고 10년 정도는 수확할 수 있다. 넓은 밭에서 장기간 재배하기에 알맞다.

반대로 텃밭에 적은 양을 재배하려면 파는 모종을 이용하거나 재배하는 이웃에게 포기나누기하여 얻는 것이 좋다.

수확할 때 중요한 것은 어린 줄기에 힘이 있을 때 수확을 마치는 것이다. 그래야 뒤에 나오는 잎줄기를 크게 키우고, 뿌리줄기에 영양을 축적시킬 수 있다.

Q 언제부터 수확할 수 있을까?

A 심고 2~3년 후에 포기가 충분히 커지면 수확한다

어미포기의 저장양분으로 싹이 트고 자란 어린 싹을 수확하기 때문에, 처음에 포기를 크게 만드는 것이 굵고 좋은 싹을 수확할 수 있는 핵심이다.

그러려면 아주심기한 이듬해에 나온 싹을 수확하지 말고 그대로 두어 좀더 큰 포기로 만들어야 한다.

순조롭게 자란 것은 다음해부터 수확한다. 포기가 작으면 1년 정도 더 키워서 3년 후부터 수확한다. 자라 나오는 싹을 계속 따면 다음의 잎줄기가 약해져서 다음해에 좋은 싹이 나오지 않는다.

수확 첫해에는 15~20일 정도 싹이 나오는 대로 수확하고, 나중에는 수확하지 않고 키우기만 한다. 차츰 포기가 커지면 다음해에 30~40일간 수확하고, 그 다음해에는 50일 정도 수확해도 좋다.

그러나 이러한 날짜는 대략적인 기준이다. 수확을 중단한 후에 10개 정도 싹이 더 나오도록 해주는 것이 중요하다.

수확량이 많아지는 것은 4년째부터이며, 수확까지 시간이 오래 걸리지만 한 번 심어서 10년 정도 오랜 기간 수확할 수 있다는 것은 큰 장점이다.

첫수확은 아주 짧은 기간만 하고 잎줄기를 크게 키우면, 수확이 최고로 왕성한 시기가 되어 계속해서 오랫동안 어린 싹이 나온다. 일찍이 싹을 남기고 크게 키워서 다음에 나오는 싹을 조금씩 수확하면 여름부터 가을까지 수확할 수 있다. 최근에는 이런 재배법이 늘고 있다.

아스파라거스의 수그루(왼쪽)와 암그루(오른쪽)

Q 비료를 잘 주는 방법은?

A 밑거름·웃거름, 그리고 매년 겨울에 비료를 잘 준다

여러해살이이므로 아주심기할 때 밑거름으로 포기 밑부분에 성글고 굵은 유기물(나무껍질이나 관목 등으로 만든 퇴비)을 많이 넣어준다.

싹을 수확하는 것을 마치고 잎줄기가 무성하게 자라기 시작하면 포기 주위에 깻묵이나 화학비료 등을 뿌려주어 세력이 좋게 기르고, 다음해를 위해 뿌리에 양분을 축적시킨다.

가을에 땅 윗부분이 시들면 이것을 잘 모아서 태운다. 그리고 두둑 옆쪽에 구멍을 파고 퇴비나 깻묵·화학비료 등을 웃거름으로 준다.

아티초크

Artichoke

대형 엉겅퀴의 꽃봉오리. 다육질의 꽃받침이나 꽃심을 데쳐서 그냥 먹거나 샐러드·그라탱 등으로 먹는다.

국화과   원산지=이탈리아

재배특성

- 여러해살이로 작물의 키가 1.5m 이상 되는 큰 포기가 되며 아주 왕성하게 자란다.
- 차고 서늘한 기후를 좋아하지만, 여름 기후에도 충분히 적응하므로 재배가 쉽다.
- 겨울에 땅 윗부분이 작아지고(추운 곳에서는 말라죽음), 이른 봄에 싹이 나온다.
- 씨앗과 포기에서 나온 싹을 포기나누기하여 증식한다.
- 장소에 여유가 있다면 정원 등에 심어서 은색의 대형 잎과 엉겅퀴 꽃을 감상하는 것도 좋다.

재배력

	1월	2월	3월	4월	5월	6월	7월	8월	9월	10월	11월	12월
보통재배 1년째(모기르기)				◆	●							
2년째부터						▬▬▬						
보통재배 1년째(포기나누기)									●			
2년째부터						▬▬▬						

◆ 씨뿌리기   ● 아주심기   ▬ 수확

품종

영국종인 셀렉티드 라지 그린, 프랑스종인 카미유 드 브르타뉴, 미국종인 그린 조셉 등이 대표적인 품종이다. 씨앗은 구입하기 힘들므로 수입종자를 주문해서 구한다. 가까이에 재배하는 사람이 있으면 포기 주위에서 나온 자식포기를 나누어 받는 것이 좋다.

어린 꽃봉오리

수확적기

4 웃거름

퇴비 5줌
1포기당
깻묵 8큰술

추위를 만나면 작아져서 월동한다

이른 봄 포기 주위에 웃거름을 준다

5 해충 방제

진딧물
살충제
토양살충제

봄이 되면 갑자기 생장한다. 이 무렵에 진딧물이 생기므로 포기 밑에 살충제를 뿌리거나 발생 초기에 약제를 뿌려서 방제한다

6 수확·이용

아주심기하고 2년째 되는 6월경, 꽃봉오리가 크게 부풀면 머리부분을 가위로 잘라 수확한다

이 상태가 수확적기

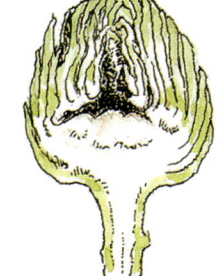

처음에는 조금 일찍 따서 세로로 쪼개어 속을 조사해보면 좋다

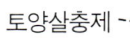

꽃받침 꽃심

꽃받침이 붙어 있는 부분에 있는 약간의 속살을 치아로 훑어 먹는다

성공 포인트

수확적기가 지나면 금방 꽃이 피어버려서 안의 꽃실이 발달하고 질이 크게 떨어진다. 처음에는 시험적으로 수확하여 속을 갈라 보고 적기를 판단한다.

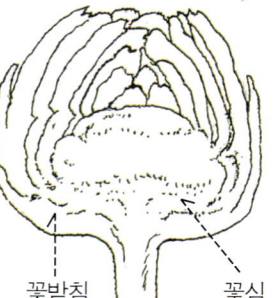

그대로 두면 엉겅퀴 꽃이 핀다. 큰 꽃과 은색 잎은 관상용으로도 적합하다

'이럴 때에는 어떻게 하나?' Q&A 이것을 알고 싶다

Q 좋은 요리 방법은?
A 데쳐서 꽃받침부분은 그대로, 꽃심은 샐러드 또는 소를 채워서 요리

꽃봉오리를 15분 정도 데쳐서 꽃받침의 끝부분을 가위로 잘라버리고, 꽃받침을 1장씩 벗겨낸다.

줄기부분의 다육질인 꽃받침(4~5㎜ 정도)에 마요네즈 또는 드레싱을 쳐서 치아로 훑듯이 먹는다.

프랑스에는 아티초크용으로, 중앙에 꽃봉오리를 놓는 부분과 주위에 드레싱을 담는 부분으로 되어 있는 전용 그릇이 있다.

꽃봉오리 중심부의 꽃심은 그대로 푸아그라나 새우 등을 올려놓아 전채요리로 이용하거나 사과·셀러리와 섞어서 샐러드를 만들며 소를 만들어 채워 넣기도한다.

아티초크와 사과 샐러드

재료
- 아티초크(밑부분=꽃심) 1개분
- 레몬즙 1/6개분
- 사과 1/2개(100g)
- 셀러리 1줄기(100g)
- 샐러드채 100g
- 소금, 후추
- 드레싱(레몬즙 2큰술, 샐러드유 4큰술, 소금 2g, 후추)

만드는 방법
① 아티초크는 줄기를 짧게 자르며, 꽃받침 끝을 가지런히 하여 소금·식초(또는 레몬)를 넣고 뜨거운 물에 약 15분 정도 데친다.
② 데친 아티초크는 얇게 썰어서 레몬즙을 뿌려준다.
③ 사과는 작고 얇게 썰고, 셀러리는 섬유질을 제거하고 얇게 어슷썰기해서 레몬즙·소금·후추를 뿌린다.
④ 샐러드채는 한입 크기로 손으로 뜯어놓는다.
⑤ 드레싱 재료들을 섞어 드레싱을 만든다.
⑥ ②~④를 그릇에 담아 드레싱을 곁들인다.

소를 넣은 아티초크 요리

재료
- 아티초크 3개
- 양파 1/2개
- 햄 4장
- 돼지고기(살코기) 100g
- 달걀노른자 2개분
- 베이컨 3장
- 버터, 소금, 후추, 레몬즙, 밀가루

만드는 방법
① 양파를 잘게 썰고, 냄비에 버터를 넣어 볶는다.
② 햄과 돼지고기는 각각 잘게 썬다.
③ ①과 ②를 합해서 다시 볶아 소금·후추로 맛을 낸다. 여기에 달걀노른자를 넣고 섞어서 식힌다.
④ 아티초크는 꽃받침부분만 떼어서 소금·밀가루·레몬즙을 넣은 뜨거운 물에 14~15분 정도 데친다.
⑤ 데쳐낸 아티초크에 ③의 소를 채워서 베이컨으로 말아 이쑤시개로 고정시킨 뒤 철판에 나란히 놓고 200℃의 오븐에서 10분 정도 굽는다.

양배추

Cabbage

비타민C가 많으며, 위장 장애에 좋은 비타민U가 많은 것이 특징. 아미노산 생성에도 뛰어나며, 날것으로도 좋고 쪄서 먹어도 좋은 건강채소이다.

배추과　원산지＝지중해, 대서양 연안

재배특성

- 서늘한 기후를 좋아하지만 재배 적정온도는 5~25℃로 범위가 넓다. 추위에 강하여 노지에서도 북쪽부터 남쪽까지 널리 재배된다.
- 고온에 약한 편으로 한여름에는 고랭지가 아니면 좋은 양배추를 수확하기 힘들다.
- 토질은 별로 가리지 않아 사토부터 식토까지 모두 적합하다.
- 가을에 씨를 뿌려서 봄에 수확하는 경우 봄에 추대하므로 품종과 파종시기를 잘 고른다.

○ 재배력

품종

세계적으로 널리 분포하며, 품종이 다양하게 분화되었다. 일반 양배추로는 CM · 양춘 · 사계확 · 대공 · 히카리 · 춘히카리 · 춘풍2호 · 추파중조생 · 추파조생이 있고, 적색 양배추에는 루비볼 · 중생루비볼 · 레드에카 등이 있다. 우리나라에서 재배되는 품종으로는 유럽 · 미국 · 일본에서 도입된 코펜하겐 마켓 · 석세션 · 사계 양배추 등이 있다.

일본에도 조생추보 · 채풍 · 금계201호 · 춘복 · 도변조생환 · YR호얼 · 미사키 · 하산 등 다양한 품종이 있다.

미사키

금계201호

재배 방법

1 모기르기

포트 모종
포기 수가 적다면 모종상자에 씨를 뿌리는 것이 편리

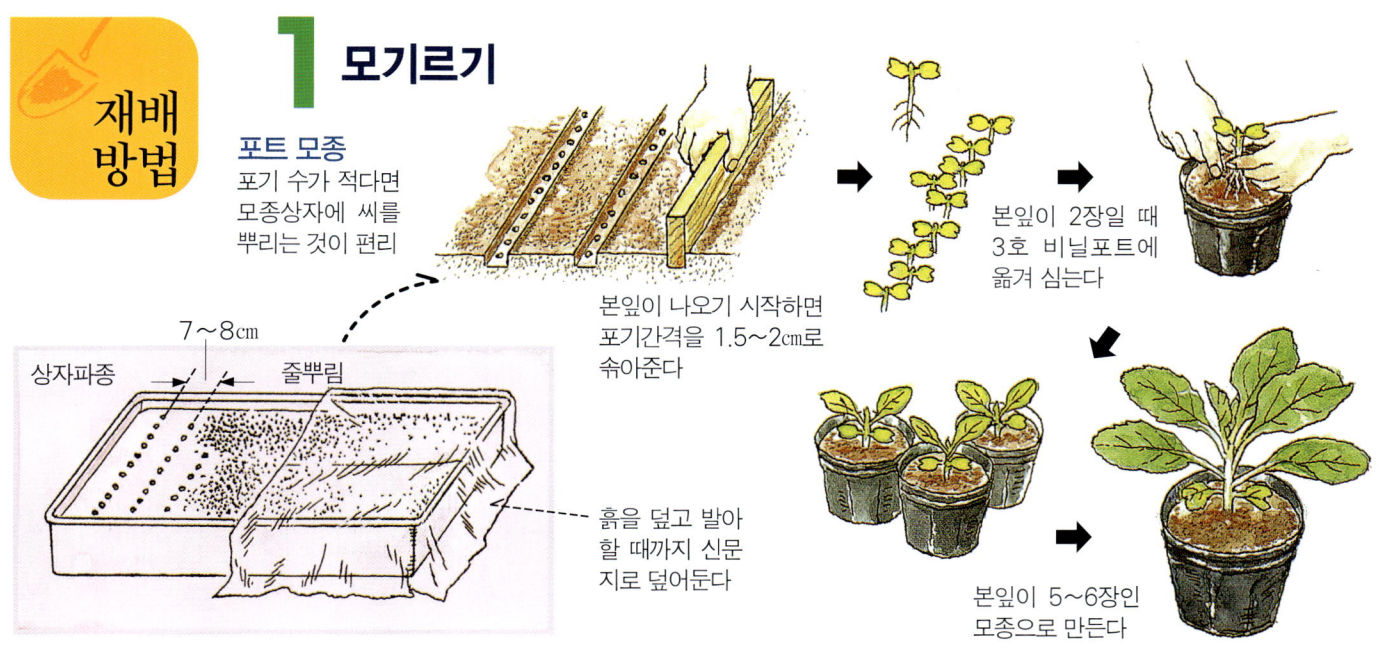

- 상자파종 / 줄뿌림 (7~8cm)
- 흙을 덮고 발아할 때까지 신문지로 덮어둔다
- 본잎이 나오기 시작하면 포기간격을 1.5~2cm로 솎아준다
- 본잎이 2장일 때 3호 비닐포트에 옮겨 심는다
- 본잎이 5~6장인 모종으로 만든다

셀 모종(128구)
- 4~5개씩 넣는다
- 발아할 때까지 신문지로 덮어둔다

솎아내기
- 본잎이 나오기 시작할 때 2~3포기로
- 본잎이 2장일 때 1포기로 한다
- 본잎이 4장인 모종으로 키운다

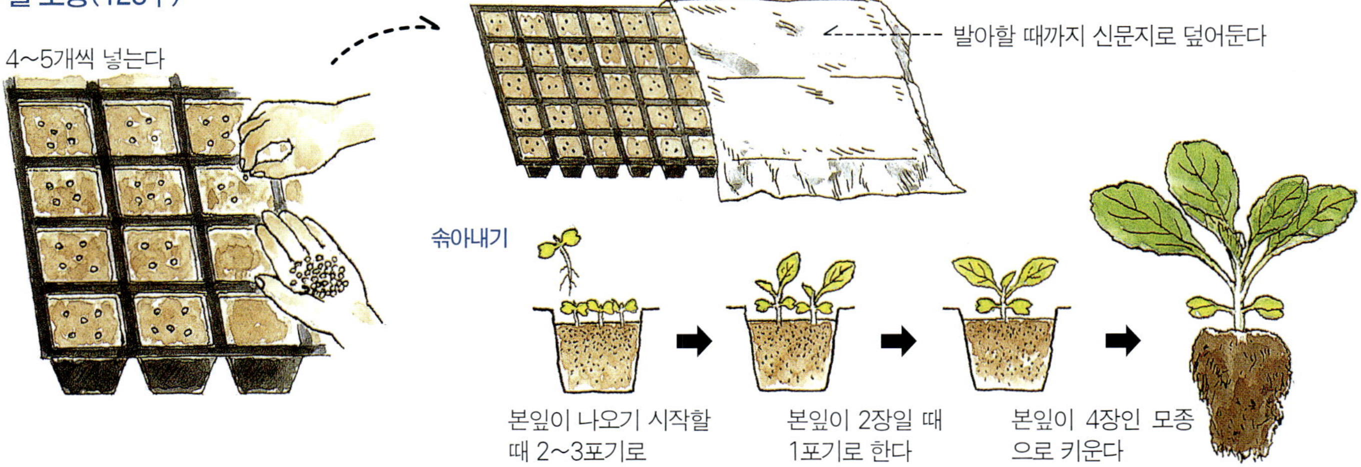

2 밭 일구기

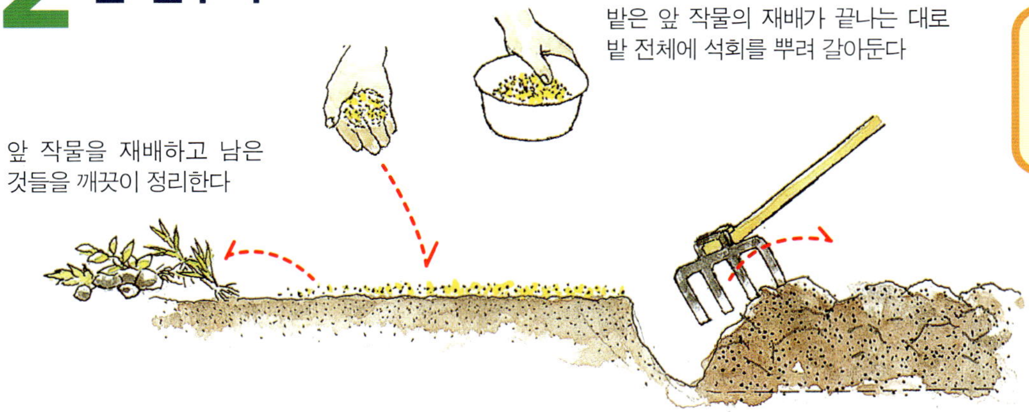

- 앞 작물을 재배하고 남은 것들을 깨끗이 정리한다
- 밭은 앞 작물의 재배가 끝나는 대로 밭 전체에 석회를 뿌려 갈아둔다

성공 포인트
솎아내기는 3회에 걸쳐서 하며, 잎이 겹쳐지지 않게 포기 간격을 두는 것이 요령.

잎줄기 채소류 · 양배추

5 방충·추위막이

농약을 사용하지 않는 경우에 바닥덮기를 하지 않으면 성공하기 어렵다

바닥덮기 자재로 양배추를 직접 덮는다. 바람에 날리지 않게 잘 붙들어 맨다

잎줄기 채소류 · 양배추

6 수확

생육이 활발한 시기 → 결구를 시작하는 시기 → 손으로 만져보아서 단단하면 수확적기

손으로 밀어 쓰러뜨리듯이 하고 밑동을 칼로 자른다

추대 구분방법

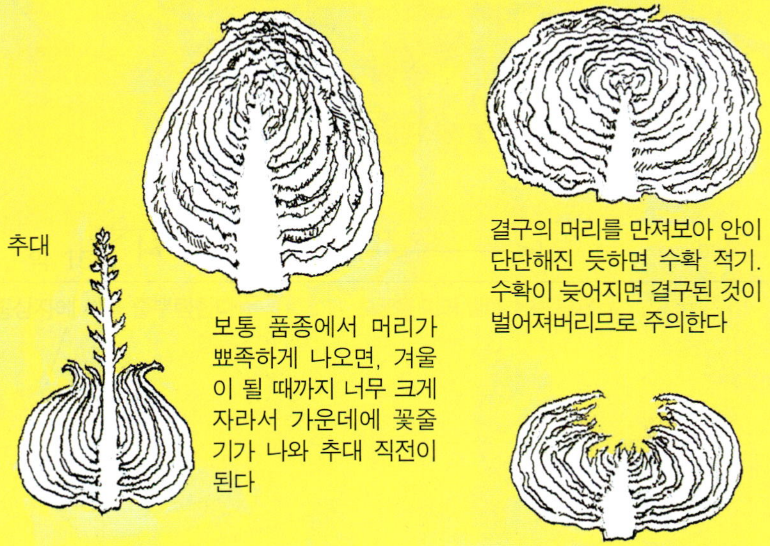

추대

보통 품종에서 머리가 뾰족하게 나오면, 겨울이 될 때까지 너무 크게 자라서 가운데에 꽃줄기가 나와 추대 직전이 된다

결구의 머리를 만져보아 안이 단단해진 듯하면 수확 적기. 수확이 늦어지면 결구된 것이 벌어져버리므로 주의한다

벌어진 양배추

성공 포인트

봄에 씨를 뿌리는 경우에 수확시기가 늦어지지 않도록 하는 것이 중요하다. 수확 후 남은 잎은 병해 예방을 위하여 밭 밖으로 내다 퇴적 발효시키는 것이 좋다.

245

『이럴 때에는 어떻게 하나?』 Q&A 이것을 알고 싶다

Q 여름에 씨를 뿌린 양배추 모종이 잘 자라지 않는다

A 통풍이 잘되는 장소에 물이 잘 빠지는 두둑을 만든다

여름은 모종을 기르기 가장 어려운 시기다. 단, 모종만 잘 키우면 비교적 간단한 것도 여름 파종 양배추의 특징이다. 모기르기가 양배추 재배의 70%라고 생각하고 모기르기에 중점을 둔다.

여름에는 고온이라 토양이 건조하므로 물을 많이 준다. 자주 물을 주면 지표가 단단해져서 물이 잘 안 빠지고 풋마름병이 나타나기 쉽다.

모종은 통풍이 잘되는 곳을 택하여 기른다. 밭에 모판을 만들어 모종을 기르는 경우에는 물이 잘 빠지게 미리 완숙퇴비나 피트모스·야자찌꺼기 등을 혼합하여 15㎝ 정도 높이로 두둑을 만들어 씨를 뿌린다. 본잎이 2~3장 정도일 때 옮겨 심어 포기간격을 넓게 한다. 넓은 두둑도 같은 방법으로 만든다.

최근에는 셀 트레이나 비닐포트에서 씨를 받거나 모종을 기르는 예가 많아졌는데, 뿌리흙이 부서지지 않고 밭에 뿌리를 잘 내리며, 또한 서늘한 곳을 찾아 옮길 수도 있는 등의 이점이 있다.

모종 기르는 방법
반사 차광망 또는 갈대발
12㎝
12㎝

Q 땅 닿은 부분이 해충에 의해 잘렸다

A 쓰러진 포기 밑이나 가까운 포기의 흙 속에 있는 해충을 잡는다

옮겨 심고 얼마 안 되어 아침에 밭을 돌아보면 땅 닿은 부분의 줄기부분을 해충이 갉아먹어 쓰러진 모종이 있다. 이것은 뿌리를 갉아먹는 벌레에 의한 피해다. 뿌리를 갉아먹는 벌레에는 몇 종류가 있는데 대부분은 거세미나방 유충일 것이다.

봄이 되면 거세미나방의 성충이 양배추의 잎 뒷면에 알을 낳으며, 알에서 자란 유충은 처음에 잎 뒷면에 붙어 잎을 갉아먹고 자란다. 성장하면 낮에는 땅 속에 숨고 밤이 되면 땅 위에 나타나 양배추를 갉아먹는다.

쓰러진 포기를 보면 바로 그 포기나 인접한 포기 주위의 흙에 손가락을 넣어, 둥글게 된 흙색 해충을 찾아내 잡는다. 의외로 멀리 있는 포기로 옮겨가 있는 것도 있으므로 없으면 범위를 넓혀서 반드시 찾아낸다.

피해가 많은 곳에는 디프 입제, 다수진 입제 등을 1포기당 1g 정도 포기 주위에 뿌린다. 비를 맞으면 효과가 떨어지므로 계속 비가 오면 다시 뿌린다. 토양에 관주하는 디디브이피 유제, 이속사치온 유제 등도 효과적이다. 유충일 때는 이 약제들을 잎에 뿌리면 피해를 미연에 방지할 수 있다. 어느 것이나 사용기준을 잘 읽고 사용하는 것이 중요하다.

해충이 잎을 심하게 갉아먹었을 때

적은 농약으로 빨리 손을 쓰는 것이 중요

양배추는 반드시라고 해도 좋을 정도로 해충의 피해를 입는다. 특히 많은 것이 가을에 씨를 뿌리는 중~만생종으로 5~6월에 수확하는 것, 또는 봄에 씨를 뿌려 6~7월에 수확하는 것이다. 4~5월에 도둑벌레나 배추흰나비(유충)·배추좀나방 등이 생긴다.

도둑벌레는 1년에 2회, 4~5월과 9~10월에 발생하며 밤낮 구별 없이 왕성하게 잎을 갉아먹는다. 3월경 잎 뒷면에 황색 알을 낳는 것이 배추흰나비다. 1년에 여러 차례 발생하며, 잎 뒷면에 작은 고치를 만드는 것은 배추좀나방이다.

어느 해충이나 아주 작을 때 약제를 뿌리면 비교적 쉽게 방제할 수 있다. 반대로 커지면 아무리 약제를 뿌려도 방제할 수 없다. 더욱이 양배추가 커진 후 해충이 결구 속에 들어가면 완전 방제는 거의 곤란하다.

농약은 가능하면 사용하지 않는 것이 좋지만 적은 농약으로 빨리 방제하는 것도 중요하다. 어느 해충에나 디디브이피 유제나 메소밀 수화제, 파프 유제 등의 규정농도액이 효과적이다. 그밖에도 전문점과 상담하여 효과적이고 구하기 쉬운 약제를 사용할 수 있다.

더욱이 양배추 잎에는 납물질이 많고 농약이 빗물에 유실되기 쉬우므로 농약을 사용할 때 전착제를 조금 첨가하는 것을 잊지 않는다.

도둑벌레

배추흰나비

가을에 씨를 뿌린 양배추가 이른 봄에 추대하였다

씨를 일찍 뿌리지 말고, 연내에 웃자라지 않게 한다

양배추는 대부분 1년 내내 재배할 수 있지만, 가을에 씨를 뿌려서 겨울을 나고 봄에 수확하는 경우에 씨뿌리기나 옮겨심기는 기온 덕택에 비교적 간단하지만 이른 봄에 추대가 문제가 된다.

추대가 안 되게 하려면 먼저 추대가 잘 안 생기는 가을파종용 품종을 선택하는 것이 가장 좋다. 가을에 씨를 뿌리는 것으로 조생·금계201호·3계파종 등이 있지만, 지역이나 수확시기에 따라 다르므로 지역의 전문점 등에서 상담하고 구입한다.

품종이 좋아도 씨앗을 너무 빨리 뿌리면 겨울까지 너무 커져서 추위에 반응하여 추대하기 쉽다. 이상기후 등으로 연말에 따뜻하여 너무 비정상적으로 자라도 마찬가지다.

이럴 경우 겨울이 될 때까지 밑동에 모종삽을 집어넣어서 뿌리를 잘라 생육을 정지시킨다.

2~3월이 되어 결구의 머리가 뾰족해지고 안에 추대가 생기기 시작하면 방법이 없다. 가능하면 빨리 이상이 있는지 확인하여 안 되면 조금이라도 빨리 부드러울 때 수확한다. 그리고 다음해에는 앞에서 말한 주의사항을 지킨다.

양상추

Lettuce

세계 공통으로 샐러드의 주재료. 여기에서는 결구하는 결구상추를 가리키며, 씹을 때의 아삭한 느낌이 좋다.

국화과 **원산지＝지중해 연안, 서아시아**

재배특성

- 차고 서늘한 기후를 좋아하며, 재배 적정온도는 15~22℃. 생육 전반기에는 저온에 잘 견뎌서 -5℃ 정도로 내려가도 말라죽지 않지만, 결구기에 접어들면 냉해를 입기 쉽다.
- 더위에는 약하여 27℃ 이상 되면 정상적으로 결구하지 않고 썩는 포기가 많아진다.
- 고온과 장일 조건에서 씨를 뿌리면 추대하기 쉬우므로 여름에는 파종시기를 잘 지킨다.

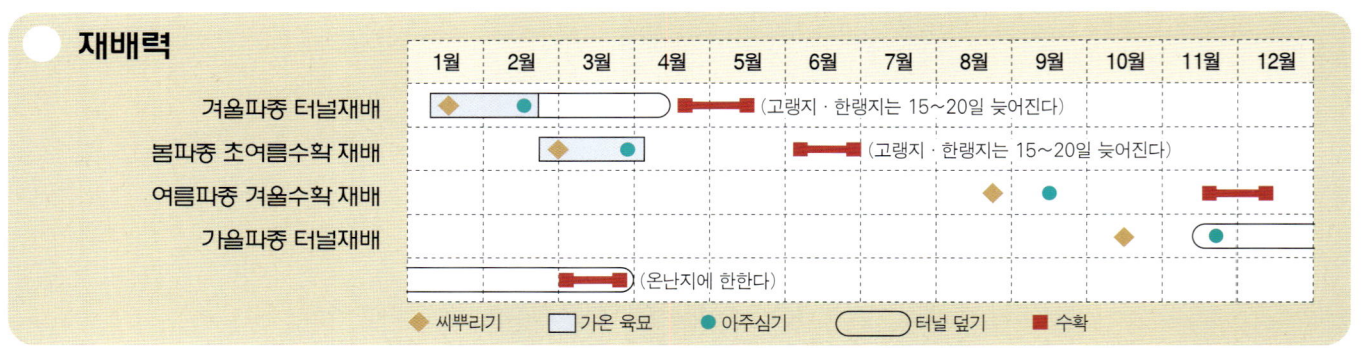

●재배력

	1월	2월	3월	4월	5월	6월	7월	8월	9월	10월	11월	12월
겨울파종 터널재배					(고랭지·한랭지는 15~20일 늦어진다)							
봄파종 초여름수확 재배							(고랭지·한랭지는 15~20일 늦어진다)					
여름파종 겨울수확 재배												
가을파종 터널재배					(온난지에 한한다)							

◆ 씨뿌리기 □ 가온 육묘 ● 아주심기 ◯ 터널 덮기 ■ 수확

품종

우리나라는 일본 및 미국에서 도입된 품종들이 대부분으로 유레이크·텍사스 그린·사크라멘트·시스코 등이 재배되고 있다. 우리나라는 여름철에 고온다습하므로 여름철에 재배할 경우 추대와 썩음병·균핵병 등의 병해에 주의한다. 사크라멘트와 시스코 등은 여름철보다 겨울철 재배에 적합하다.

살리나스88

아루카디아

시스코

재배 방법

1 모기르기

2 밭 일구기

성공 포인트

씨앗은 연하므로 뿌리고 나서 흙을 너무 두껍지 않게 체를 사용하여 얇게 조심해서 덮는다. 흙을 덮고 널빤지로 가볍게 눌러주면 흙덮기가 균일하게 된다.

3 아주심기

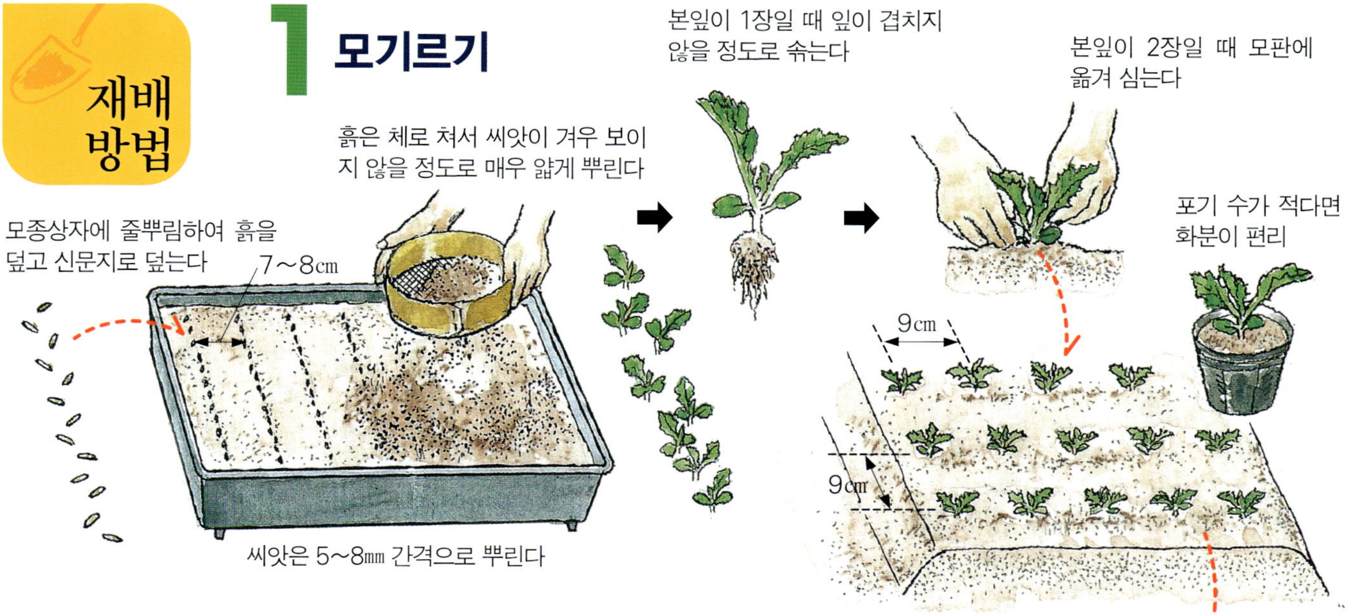

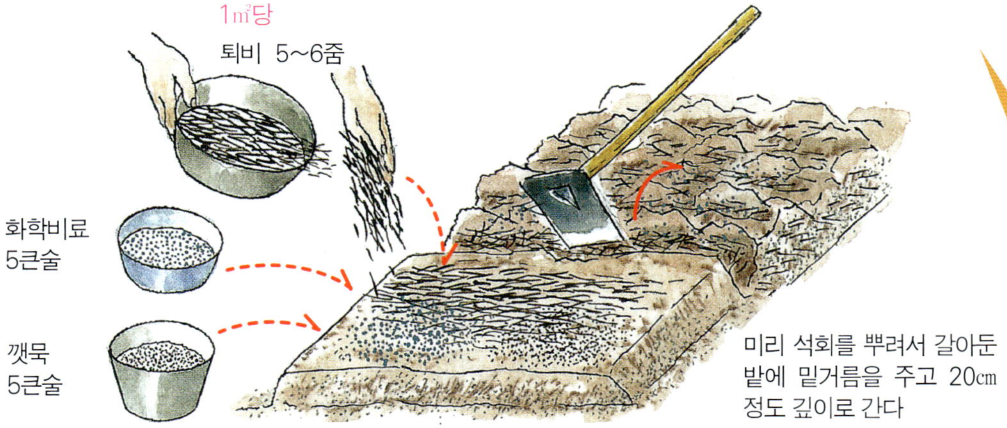

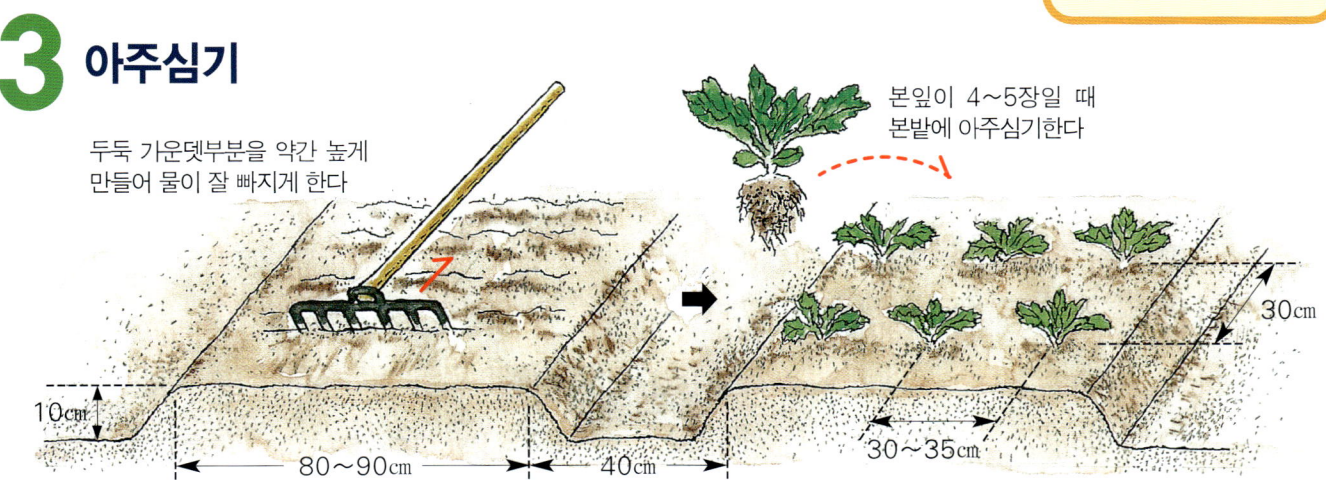

4 웃거름

1회째 옮겨 심고 2~3주 후

2회째 가운데 잎이 말리기 시작할 때

1㎡당
화학비료 3큰술
(1·2회 동일)

포기 사이에 비료를 뿌리고 막대기로 흙과 섞는다

> **성공 포인트**
>
> 수확이 겨울의 저온기(서리와 눈이 내리는 시기)인 재배에서는 결구기가 되면 비닐필름을 덮어 보온한다. 터널 안의 온도가 너무 높지 않게 환기시키는 것을 잊지 않는다.

5 관리

비료가 부족하지 않게 하여 빨리 잎 수를 늘려서 단단하고 큰 구로 만든다

터널 보온
터널 윗부분에 조그만 구멍을 내어 자연환기시킨다. 기온이 올라감에 따라 구멍의 수를 늘린다. 25℃ 이상 안 되게 주의

물주기
건조하기 쉬운 밭은 보름에 1회 정도 물을 충분히 준다

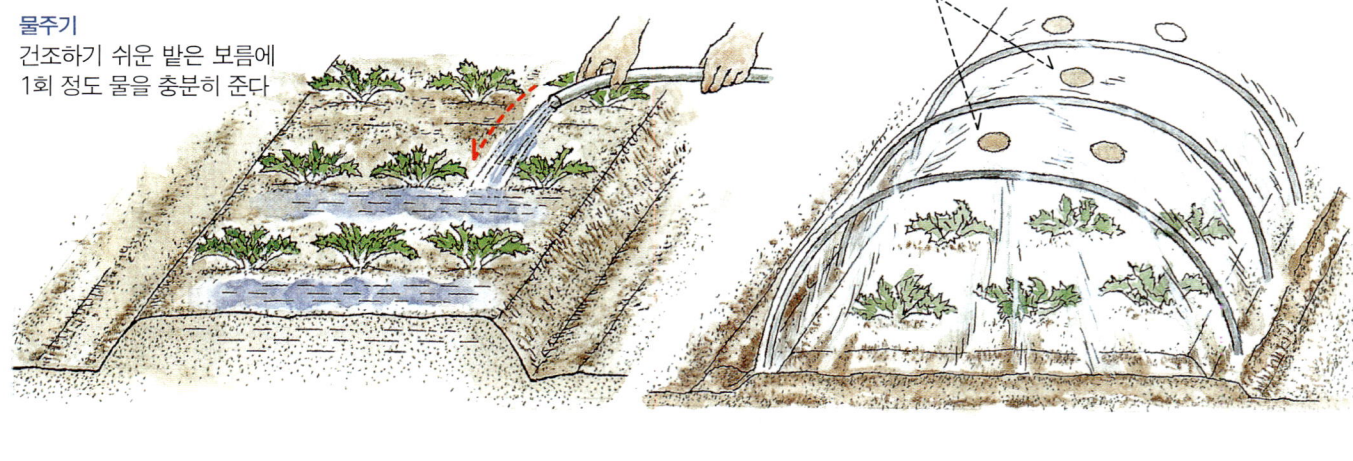

6 수확

고온장애로 인한 변형구

결구양상추 정상

결구양상추는 윗부분을 손바닥으로 가볍게 눌러 보아 구가 단단해졌을 때

'이럴 때에는 어떻게 하나?' Q&A 이것을 알고 싶다

결구양상추의 파종시기는?

여름에 너무 빨리 씨를 뿌리면 추대한다

중부 이남의 온난지에서는 보통 8월 중순에 씨를 뿌리고, 서리가 심하지 않은 시기에 결구를 마쳐 수확하는 것이 가장 재배하기 쉽다.

단, 너무 빨리 씨를 뿌리면 고온과 장일조건 때문에 추대하기 쉬우므로, 8월 상순 이전에 씨를 뿌리는 것은 피해야 한다.

봄파종은 2월 하순~3월 상순에 상자에 씨를 뿌리고, 비닐터널을 만들어서 밀폐시켜 습도를 유지한다. 밤에는 냉기를 막기 위하여 거적 대신 방한자재를 덮어서 보온하여 발아시킨다.

이와 같은 방법은 손이 많이 가서 귀찮지만, 이보다 늦게 씨를 뿌리면 6월 중순 이후의 고온기에 결구하게 되므로 더위 때문에 무름병이 생겨서 실패하는 일이 많다.

고랭지라면 이 시기에도 좋은 구를 수확할 수 있다. 또, 따뜻한 곳에서는 10월에 씨를 뿌리고 비닐터널을 만들어서 보온하여 이른 봄에 수확할 수도 있다.

좋은 모종을 기르는 방법은?

씨앗의 성질, 발아 적정온도를 잘 알아서 관리한다

양상추 모종을 기를 때 알아야 할 성질로는 ① 광발아종자(발아에 빛이 필요)로 휴면성이 있고, 고온에서는 생육이 어려우므로 저온에서 싹틔우기할 필요가 있으며 ②생육 적정온도는 17~18℃로 25℃를 넘으면 생육이 나빠지고 추대하는 것도 있다.

5℃ 이하에서는 거의 생육을 정지한다.

보통 여름에 씨를 뿌려 겨울에 수확하는 것은 씨뿌리기 전에 씨앗을 12시간 정도 물에 담그고, 2일 정도 냉장고에 넣어 싹틔우기한다. 발아하면 나무 그늘이나 차광자재로 강한 빛을 막은 서늘한 장소에 둔다.

봄파종은 하우스 안에서 전열 가온하거나 조그만 터널을 설치하여 ②의 온도조건을 맞춘다.

모종의 수가 적을 경우에는 3호 비닐포트에 바로 씨를 뿌린다. 모종 수가 많으면 모종상자에 줄뿌림하여 본잎이 2장일 때 밭에 만든 두둑 또는 셀 트레이에 옮겨 심으며, 본잎이 4~5장일 때 모기르기를 마무리하고 본밭에 아주심기한다.

광발아성이므로 씨를 뿌린 후 따뜻한 햇빛이 들도록 흙을 아주 조금 덮고 가볍게 눌러준다.

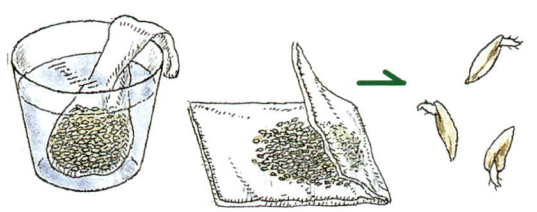

여름파종인 경우
씨앗은 거즈 등으로 싸서 하루 종일 물에 담근 후 거즈에 넓게 펴서 싸두며, 냉장고에 넣어 싹을 틔워 심는다

양파

Onion

특유의 향과 자극적인 냄새는 육류나 생선 냄새를 없애 주고 단맛을 더하여 각종 요리에 다양하게 이용된다. 생식용으로도 적합하고, 1년 내내 사용하는 중요한 채소.

백합과　원산지＝중앙아시아, 지중해 연안

재배특성

- 냉랭한 기후를 좋아하고 추위에도 강하지만, 한랭지에서는 월동이 힘들므로 봄파종재배를 한다.
- 토질에 대한 적응폭이 넓지만 수분이 많은 점질토에서 잘 생육하고 건조하기 쉬우며, 가벼운 화산재 토양에서는 생육이 좋지 않다.
- 장일조건에 온도가 올라가면 양파가 굵어지는데, 품종에 따라 차이가 있고 조만성(早晚性)이 결정된다.
- 빨리 씨를 뿌려서 큰 모종으로 월동하면 봄에 추대가 늘어난다. 품종별 파종시기를 지켜 재배한다.

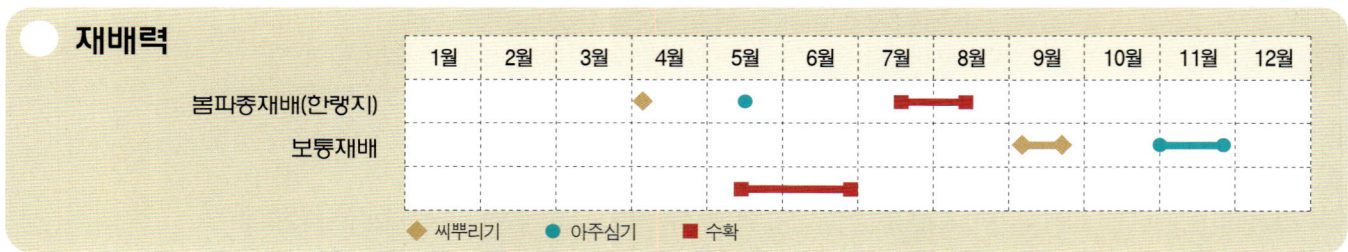

재배력 / 봄파종재배(한랭지) / 보통재배
● 씨뿌리기　● 아주심기　■ 수확

품종

우리나라에서 재배되는 품종을 익음때에 따라 나누어 보면, 극조생종에 애지백·OA·OX, 조생종에 조생소닉·패총조생, 중생종에 마운틴 댄버스·화이트 포르투갈·천주갑고, 만생종에 찰황황·갑고황 등이 있다. 또한 매운맛 정도에 따라 감미종과 신미종, 껍질 색깔에 따라 보통의 황색과 백색·적색 등으로 나뉜다. 일본에는 소닉·담로중갑고·상남 레드 등이 있다.

소닉

담로중갑고

상남 레드

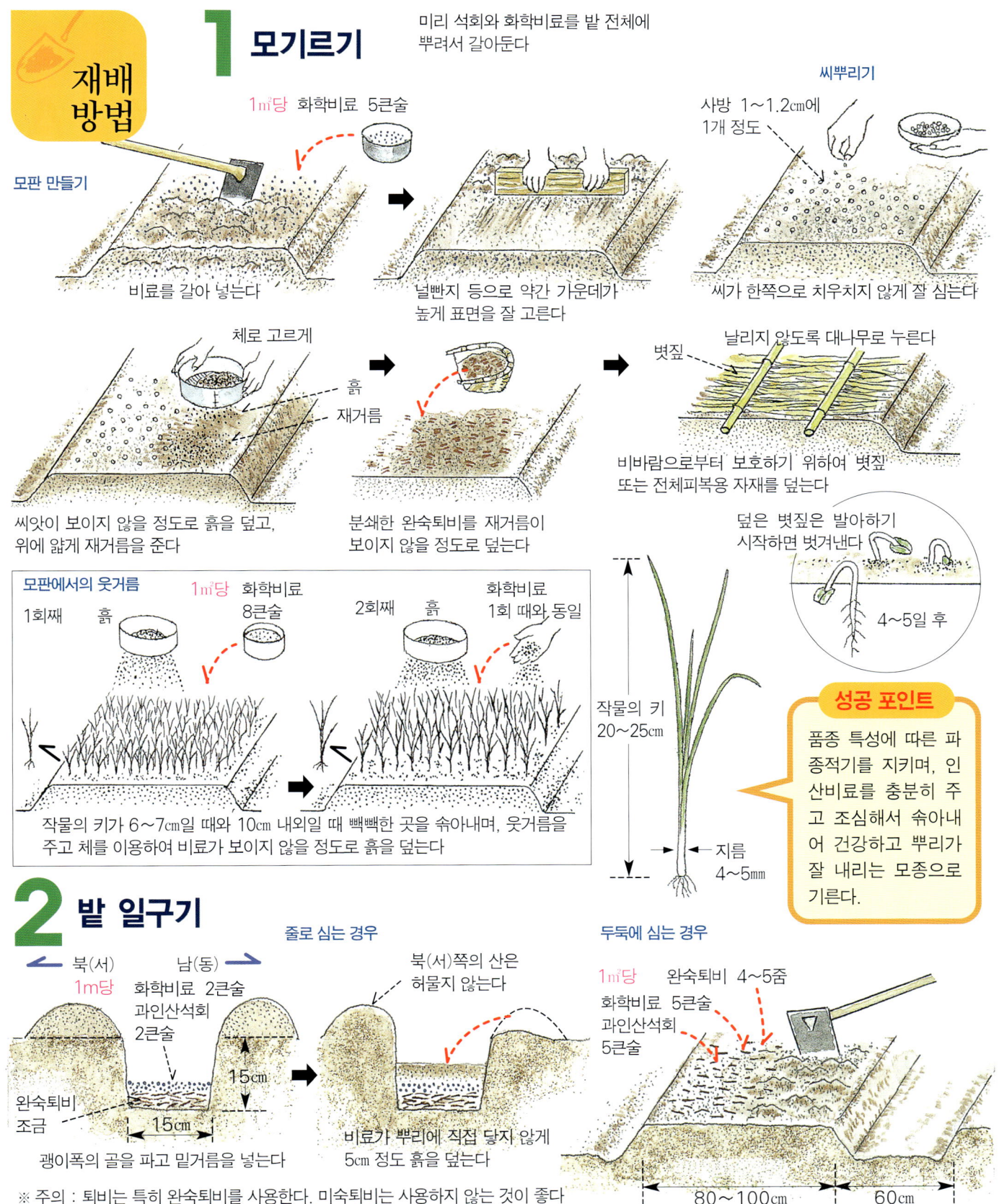

3 아주심기

줄로 심는 경우

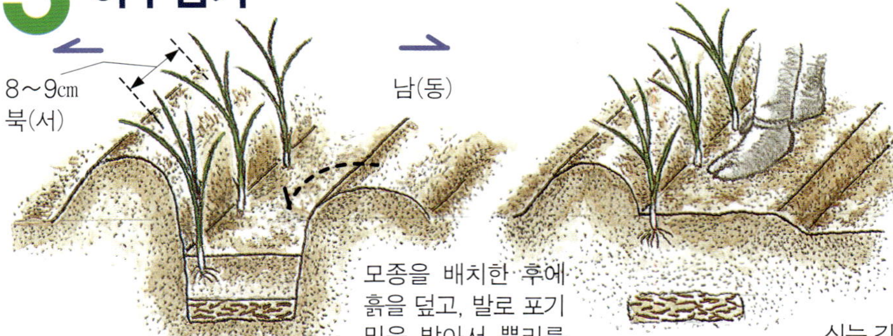

8~9cm
북(서) → 남(동)

가능한 직립에 가까우며 뿌리가 밑으로 가게 심는다

모종을 배치한 후에 흙을 덮고, 발로 포기 밑을 밟아서 뿌리를 흙에 밀착시킨다

두둑에 심는 경우

손가락 끝으로 질러 넣고 포기 밑의 흙을 잘 다져둔다

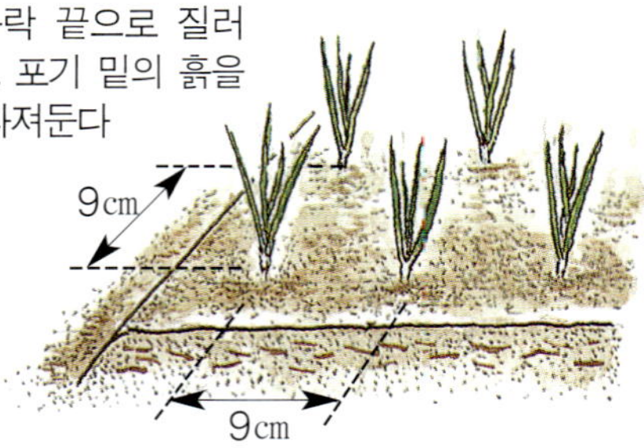

9cm × 9cm

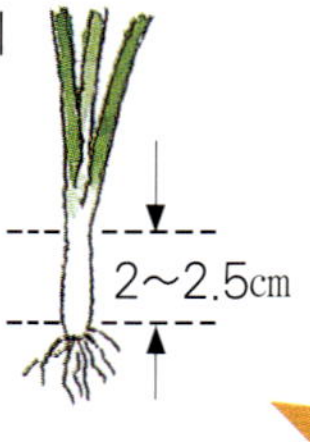

심는 깊이 — 흰 부분이 땅 위로 나올 것 (2~2.5cm)

성공 포인트
깊이 심지 않는다. 초록색 부분이 보이지 않을 정도로 깊이 심으면 자라지 않는다. 포기 밑의 흙을 잘 다져주어서 뿌리와 잘 밀착되도록 한다.

4 웃거름

줄 길이 1m당
화학비료 2큰술
(1·2회 모두 같다)

1회째 12월 중·하순
2회째 3월 상순

줄을 따라 괭이로 간단하게 골을 만들어서 비료를 주고 흙을 덮는다

포기 사이에 비료를 주고 대나무막대기 등으로 가볍게 흙에 섞어준다

1㎡당
화학비료 5큰술

5 수확·저장

전체 포기의 80%가 쓰러졌을 때, 날씨가 좋은 날을 골라 모두 뽑는다

3~4일 지나 잎과 줄기가 대강 말랐으면 저장한다

통풍이 잘되는 곳에 5포기 정도씩 묶어서 매단다

성공 포인트
뽑는 것은 맑은 날 잎이 초록색일 때 빨리 한다. 늦어질수록 저장 중에 잘못되는 것이 늘어난다.

매달 곳이 없을 때는 잎과 줄기를 잘라내고 바구니에 담아 통풍이 잘되는 곳에 둔다

'이럴 때에는 어떻게 하나?' Q&A 이것을 알고 싶다

잎줄기 채소류 · 양파

씨를 뿌렸는데 발아하지 않는다

잘 발아시키려면 숙련되어야 한다

발아의 초보적인 실패는 안 좋은 씨를 뿌렸을 때다. 믿을 만한 종묘상에서 좋은 씨앗을 구입한다. 모판은 보름 정도 전에 석회를 뿌려서 잘 간다. 비료는 1주일 전에 모판 전체에 뿌리며, 15㎝ 정도의 깊이로 2회 정도 잘 갈아 넣는다.

양은 1㎡당 최대한 화학비료 100g 정도이다. 바닥을 잘 고르게 하여 씨를 뿌리며, 흙은 너무 두텁지도 얕지도 않게 체로 5㎜ 정도 덮고 물을 충분히 준다. 물을 주고 위에 고운 완숙퇴비나 부엽토를 흙이 보이지 않을 정도로 덮고 볏짚을 가지런히 덮는다. 맑은 날이 계속되면 발아할 때까지 저녁에 물을 준다. 씨를 뿌리고 4~6일이면 일제히 고르게 발아한다. 발아하면 볏짚을 늦지 않게 벗겨낸다.

밭에 심었는데 가을에 말라죽는다

파리의 유충이 원인

11월 상순경, 밭에 심은 양파가 해를 넘기기 전에 곳곳에 또는 부분적으로 생육이 멈추고, 차츰 생육이 나빠져서 곧 말라버리는 일이 있다.

이것은 양파파리 또는 씨고자리파리라는 몸길이 5~7㎜의 작은 파리가 밑동에 산란하여 유충이 뿌리와 줄기를 갉아먹기 때문이다. 발생한 것은 구제되지 않으므로 빨리 뽑고 다른 모종으로 바꾸어 심는다. 밭의 한쪽 구석에 남은 모종을 모아서 심어두면 이럴 때 매우 좋다.

앞 작물을 깨끗하게 정리하고 밑거름을 주는 것도 중요하다.

4~5월경 잎이 병으로 말라죽는다

가장 최대의 적인 노균병

가장 최대의 적인 노균병이다. 노균병은 가을에 모판에서 발생하거나 초봄에 일찍 약간 발생(제1차 발생)하는데, 그다지 큰 피해는 없이 지나간다. 제1차 발생시 완전히 방제하면 별로 염려할 것이 없으므로 초봄에 타로닐 수화제나 만코지 수화제를 규정농도로 뿌리고, 잎이 무성하게 자랐을 때 한번 더 뿌린다. 근처에 파가 있으면 발병하기 쉬우므로 파에도 약제를 뿌려둔다.

양하

Myoga

일본 특유의 채소로 10세기경부터 재배되었다. 독특한 향과 담백한 맛은 일본요리에서 빠지지 않는다.

생강과   원산지=일본

재배특성

- 토질 적응폭은 넓지만, 건조와 강한 빛에 약하므로 토양 온도가 높고 반음지인 땅을 택한다.
- 여러해살이로 이어짓기장해는 별로 없다.
- 지하 줄기에서 나오는 꽃봉오리를 이용하는 꽃양하 이외에, 잎과 줄기를 키워서 연화재배하는 양하 새순이 있다.

재배력

	1월	2월	3월	4월	5월	6월	7월	8월	9월	10월	11월	12월
여름양하재배			●				━━	━━				
가을양하재배			●						━━	━━		
연화재배(양하 새순)		▭	▭●	▭	━━	━━						

● 아주심기   ▭ 연화   ━ 수확

품종

조생·중생·만생 계통이 있으며, 우리나라는 일본에서 도입되어 일부 남부지방에서 재배되고 있다. 일본에는 지역의 이름을 붙인 재래종이 몇 가지 있는데 군마(群馬)의 진전조생, 나가노(長野)의 추방2호 등이 유명하다.

진전조생

추방2호

재배방법

1 밭 일구기

재배할 밭은 겨울 동안 퇴비와 석회를 전체에 뿌려서 20㎝ 정도 깊이로 갈아둔다

1㎡당
- 퇴비 1양동이
- 석회 5큰술

2 뿌리포기 파내기

포기 주위에 삽을 깊게 넣어 뿌리포기를 파낸다

가능한 뿌리를 붙여서 포기를 파낸다

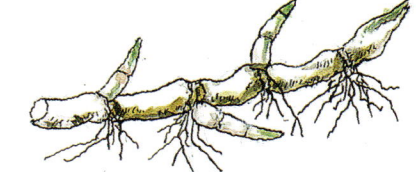

싹이 3개 정도 붙은 건강한 뿌리를 고른다

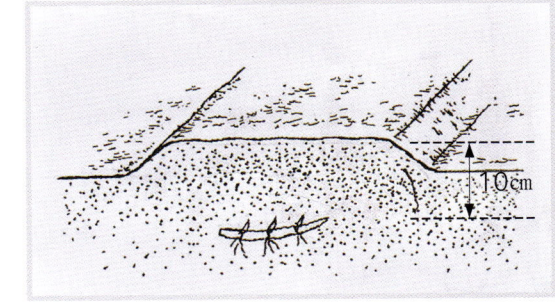

3 아주심기

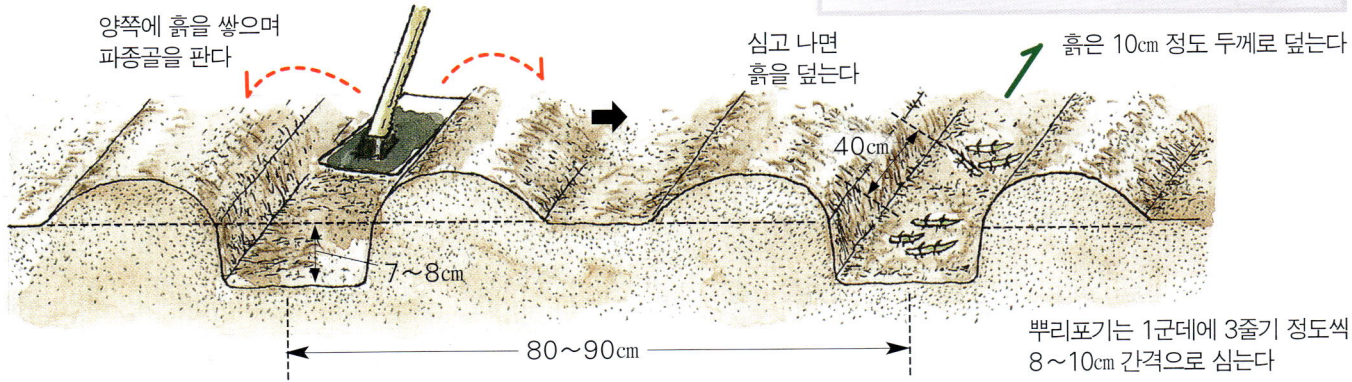

양쪽에 흙을 쌓으며 파종골을 판다

심고 나면 흙을 덮는다

흙은 10㎝ 정도 두께로 덮는다

7~8㎝

80~90㎝

40㎝

뿌리포기는 1군데에 3줄기 정도씩 8~10㎝ 간격으로 심는다

'이럴 때에는 어떻게 하나?' Q&A 이것을 알고 싶다

 **포기나누기와 심는 방법은?**

봄에 싹이 나오기 전에 싹을 3개 정도 붙여서 잘라 심는다

양하는 온도가 13℃ 이상 되면 싹이 나오므로 그 전에 포기나누기를 해야 한다.

시기는 지역에 따라 다르지만, 중부 이남의 온난지에서는 3월 하순~4월 상순이다. 벚꽃이 피는 시기와 겹친다.

먼저, 심을 밭의 뿌리 아래쪽에 퇴비와 유기질비료를 밑거름으로 충분히 뿌려둔다.

뿌리포기는 조심스럽게 파내어 싹을 3개 정도씩 붙여서 잘라 나눈다. 1군데에 3줄기 정도씩의 뿌리줄기를 두둑폭 60㎝, 포기간격 40㎝로 심는다. 이 때 뿌리줄기와 뿌리줄기 사이의 간격은 8~10㎝ 정도로 한다.

물이 잘 안 빠지면 뿌리줄기썩음병이 나타나기 쉬우므로, 그런 곳에 심을 경우에는 두둑을 높게 한다.

 **밭 가득히 뿌리포기가 퍼져 있는데 비료를 주는 방법은?**

12~3월에 뿌리포기를 솎을 때와 5~6월에 생육이 왕성할 때

양하는 심고 3~4년 지나면 뿌리줄기가 통로까지 가득 퍼진다. 동시에 땅 위도 매우 무성해져서 좋은 꽃양하를 수확할 수 없게 된다. 이럴 때는 12~3월에 과감히 40~50㎝ 걸러 30㎝ 폭의 공간이 생기도록 뿌리포기를 줄모양으로 솎아낸다.

솎아내서 넓어진 부분에 밑거름으로 퇴비와 유기질비료나 화학비료를 주고, 덮어두었던 오래된 짚도 함께 묻는다.

또한 5~6월은 생육이 가장 왕성한 시기이므로, 이 때 유기질비료 중심의 웃거름을 2회 정도 통로에 뿌려주고 가볍게 북주기한다.

꽃이 핀 양하

칼럼

꽃양하는 빨리 수확한다

꽃양하는 수확이 늦어져서 꽃이 피어버리면 금방 품질이 나빠진다. 땅 위로 머리를 내밀면 빨리 발견하여 속이 잘 차 있을 때 수확한다. 그러나 위에서 보는 것만으로는 벌어진 포기를 찾기 어려우므로, 시선을 낮추어서 찾는 것이 요령이다. 웅크리고 앉아서 포기 밑을 보면 잘 찾을 수 있다. 수확기에는 매일 아침 여러 개씩 나오므로 수확이 늦지 않도록 한다.

에샬롯

Eshallot

염교를 특수 재배하여, 잎이 붙어 있을 때 조기수확한 것. 날것으로 먹으며, 술과 잘 어울린다.

백합과　　원산지=중국(염교)

재배 특성

- 토양에 대한 적응폭이 매우 넓어 어떤 토질에서나 재배할 수 있다. 이어짓기에도 잘 견딘다.
- 북주기하여 연백하는 방법이 틀리지 않도록 주의한다.

품종

염교는 품종의 분화가 별로 나타나지 않고, 겨우 락타·팔방·구슬염교 등이 있는 것에 불과하다. 이 중 에샬롯 재배에 좋은 것은 락타라고 할 수 있다. 우리나라에서는 거의 전량을 수입해서 이용하고 있으며, 가정에서 재배한다면 구하기 좋은 것을 사용하면 된다.

재배 방법

1 밭 일구기

일찍 전체에 석회를 뿌려서 잘 갈아둔다

성공 포인트

씨알을 심고 수확까지의 기간이 그렇게 길지 않으므로, 보통의 거름주기와 토양관리를 하고 있는 밭이라면 특별히 비료를 줄 필요는 없다.

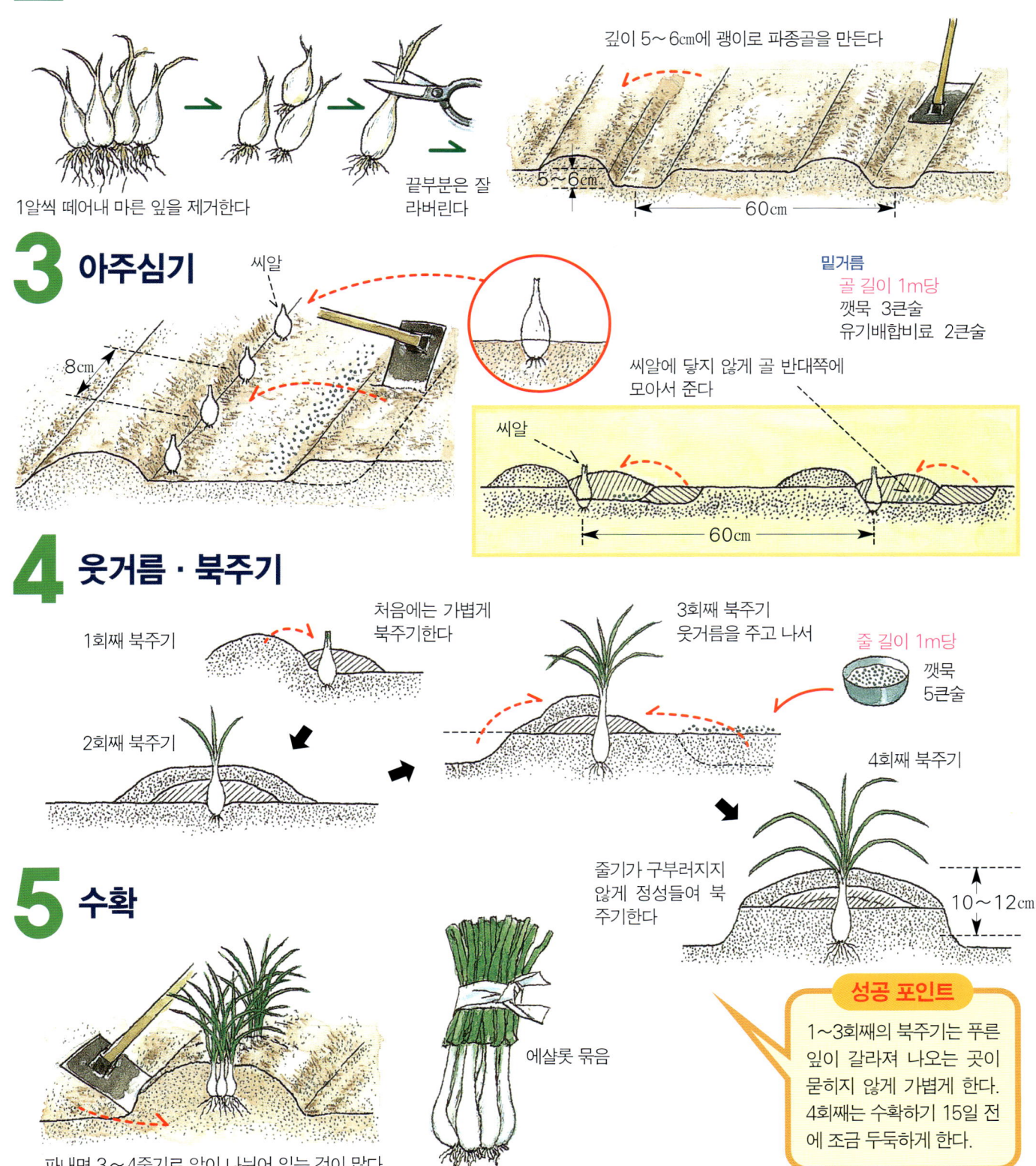

엔다이브

Endive

잎 끝이 가늘게 오그라들고 잎에 깊은 톱니모양이 있으며, 씹을 때의 좋은 느낌과 쓴맛이 특징. 샐러드나 육류 요리에 빠지지 않는 재료.

국화과　원산지＝지중해 동부

재배특성

- 15~20℃ 정도의 차고 서늘한 기후를 좋아하지만 추위에는 약하며, 서리가 내리는 시기가 가까워지면 생육이 멈춰 추위를 막아줄 대책이 없으면 말라죽는다.
- 토양 적응폭이 넓은데, 유기질이 풍부한 사양토에서 가장 재배하기 쉽다. 저습지에서는 물이 잘 빠지도록 충분히 대책을 세운 후에 재배한다. 산성토양을 싫어하므로 반드시 석회를 미리 준다.

재배력

	1월	2월	3월	4월	5월	6월	7월	8월	9월	10월	11월	12월
노지재배(난지·중간지)					◆	●		■■■■■ (고랭지에 한한다)				
터널재배(고랭지·한랭지)								◆	●		■■■■	
노지재배(고랭지·한랭지)			■■■							◆		●

◆ 씨뿌리기　● 아주심기　▭ 터널 덮기　■ 수확

품종

품종은 크게 잎이 넓은 에스케롤과 잎이 오글거리는 컬드엔디브 2가지로 나뉜다. 컬드엔디브의 수요가 많으며, 대표적인 품종은 그린 컬드이다. 우리나라에서 판매되는 품종은 엔다이브 등 조금밖에 없다.

엔다이브

그린 컬드

4 연백

독특한 쓴맛을 부드럽게 하고 품질을 좋게 하기 위하여 연백한다

성공 포인트
포기가 커지면 이용 계획에 따라 차례로 연백시킨다.

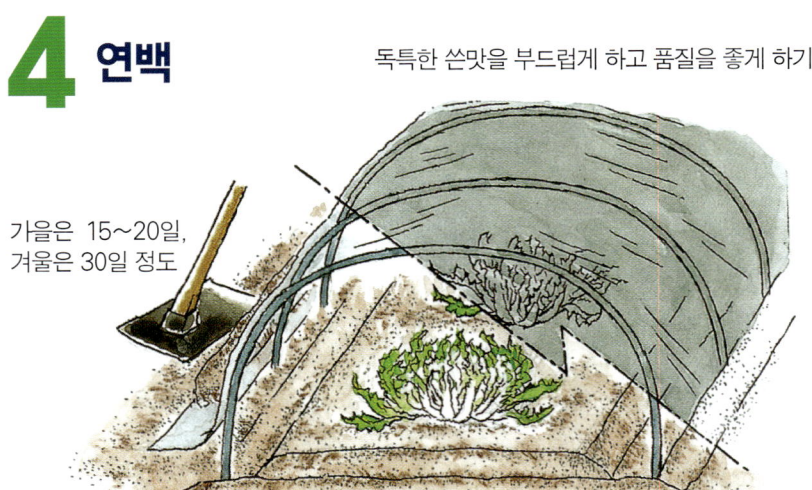

가을은 15~20일, 겨울은 30일 정도

흑색 필름 등 차광자재를 터널모양으로 설치한다. 이외에 골판지상자를 덮거나 끈으로 바깥잎을 모으듯이 묶어서 연백하는 방법도 있다

끈으로 바깥잎을 싸듯이 묶는다

5 수확·이용

안쪽의 잎이 충분히 황백화 되었으면 수확한다

안쪽의 연백한 부분만 빼내서 이용한다

육류요리에 첨가 · 샐러드 · 볶음

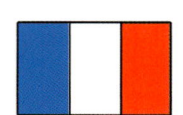

프랑스어로는 엔다이브(영어명)를 시코레(즉 치커리), 치커리를 앙디브라고 한다. 국내의 조리업계에서도 시코레라고 부르는 경우가 있어서 혼동하기 쉽다

엔다이브(시코레)

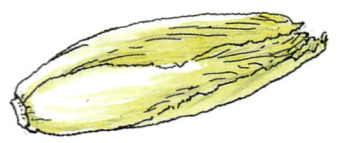

치커리(앙디브)

'이럴 때에는 어떻게 하나?' Q&A 이것을 알고 싶다

Q 엔다이브를 플랜터에서 기르고 싶다

A 큰 포기로 자라므로 중형에 2포기 심는다. 연백은 골판지상자로

중형 플랜터에 2포기 심는다

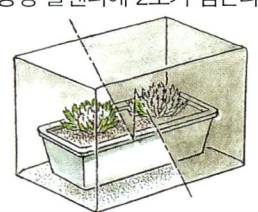

오그라든 잎이 많이 달려서 모양도 좋고, 플랜터재배로 충분히 즐길 수 있는 채소의 하나다.

포기를 크게 키워야 하므로 용기는 큰 것을 사용하고, 포기 수를 적게 한다. 또 유기질재료(예를 들어 부엽토·피트모스·코코피트 등)를 30~40% 넣은 흙을 사용하고, 비료가 부족하지 않게 하여 잎이 많이 달리게 한다.

크게 자랐을 때 그림과 같이 플랜터째 골판지상자로 덮고, 햇빛이 들어가지 않게 하여 20일 정도(가을인 경우) 연백 처리한다.

중심부의 잎이 황백색으로 연백되면 포기째 수확하여 이용한다.

단, 연백 정도는 개인 취향에 따라 다르므로 쓴맛이 강한 것을 좋아하는 사람은 초록색이 꽤 남아 있는 상태로도 충분히 먹을 수 있다.

Q 가을수확재배에서 추대하였다

A 여름의 파종시기가 너무 빨랐기 때문. 좀더 늦게 씨를 뿌린다

엔다이브는 양상추와 마찬가지로 고온·장일 조건에서 꽃눈이 분화하고 추대하는 성질이 있다. 여름의 파종시기가 너무 빨랐기 때문에, 모 기르기하는 동안 고온과 장일이 되는 날이 많아서 꽃눈이 생겨버렸을 것이다.

씨 뿌리는 시기를 좀더 늦추어 8월 중순이 지나서 뿌리면 추대할 염려가 없다. 파종적기는 지역에 따라 차이가 있으므로(예를 들어 여름이 시원한 곳에서는 씨뿌리기를 일찍 할 수 있다) 이 점도 고려한다.

칼럼 — 엔다이브 샐러드 드레싱

쓴맛을 부드럽게 하기 위하여 여러 가지 드레싱을 사용한다.
① 삶은 달걀의 흰자를 잘게 썰고, 노른자는 체에 쳐서 샐러드유와 레몬즙을 넣는다.
② 샐러드유 6, 레몬즙 2, 프렌치머스터드 1을 섞고, 생크림·버터·로크포르치즈를 넣는다.
간단하게 레몬즙이나 프렌치머스터드 등 한 가지 제품을 사용하는 드레싱도 있다.

염교

Scallion

된장절임·소금절임 이외에 데쳐서 초간장절임한 것이 있으며, 쪽파처럼 재배하여 어릴 때 수확한 것은 에샬롯이라고 하여 생식으로 인기.

백합과　　원산지=중국

재배특성

- 토양에 대한 적응폭이 매우 넓어서 모래땅, 적토, 척박한 땅에서도 충분히 재배할 수 있다. 밭 주변이나 경사지 등을 이용해도 좋다.
- 이어짓기하여도 지장이 없다.
- 생육기간이 매우 길므로 밭의 이용계획을 잘 생각하여 재배해야 한다.

품종

흰 것과 붉은 것 두 종류가 있는데, 흰 것은 재배종이고 붉은 것은 야생종이다. 품종의 분화가 별로 없어 락타·구슬염교·팔방·구두용 등 몇 종류밖에 없다. 우리나라는 거의 재배하지 않고 수입하여 이용한다.

염교 씨알

염교

재배방법

1 씨알 준비

6월에 수확하여 건조시켜 놓은 것

1알씩 떼어내서 마른 잎을 제거한다

성공 포인트
잘 보관해둔 충실한 씨알을 준비. 작은 씨알은 약 2~3g, 락타종은 약 4~6g인 것이 가장 적당.

2 밭 일구기

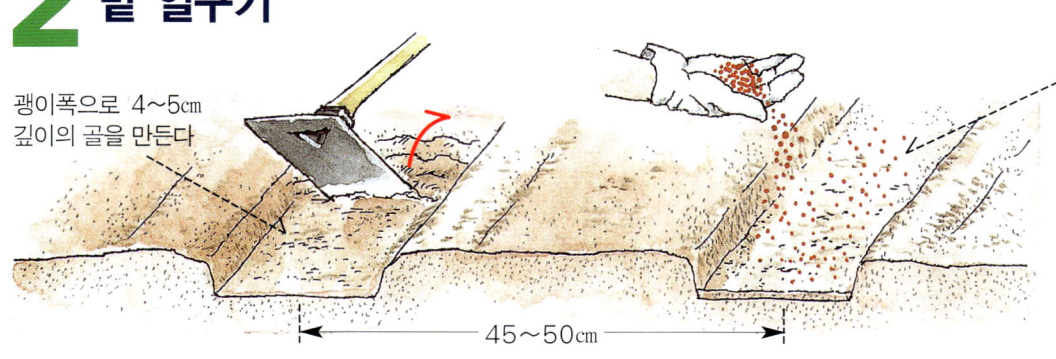

괭이폭으로 4~5cm 깊이의 골을 만든다

45~50cm

뿌리응애 방제를 위하여 토양처리용의 침투성 살충제를 골 전체에 얇게 뿌리고, 2cm 정도 흙을 덮은 후 심는다

3 아주심기

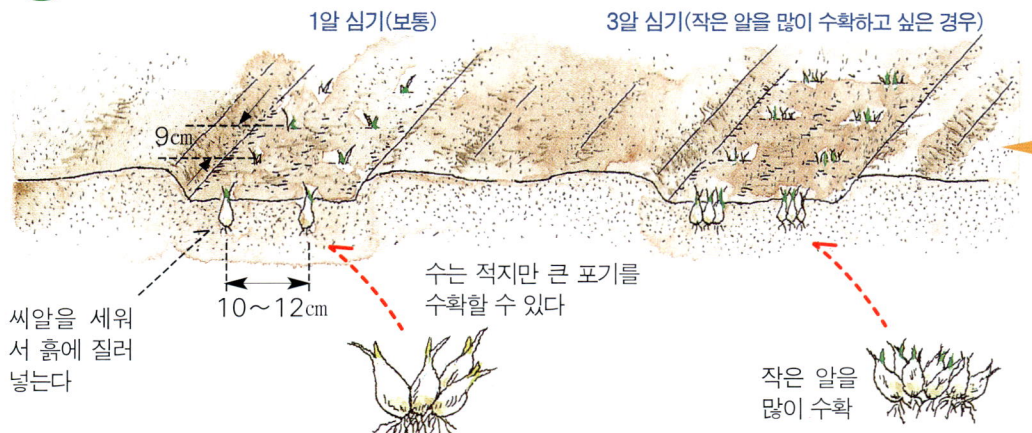

1알 심기(보통)   3알 심기(작은 알을 많이 수확하고 싶은 경우)

9cm

씨알을 세워서 흙에 질러 넣는다

10~12cm

수는 적지만 큰 포기를 수확할 수 있다

작은 알을 많이 수확

성공 포인트
심는 방법에 따라 알의 크기가 달라진다. 목적에 맞게 심는 것이 좋다. 작은 알을 수확하려면 씨알을 많이 얕게 심는다.

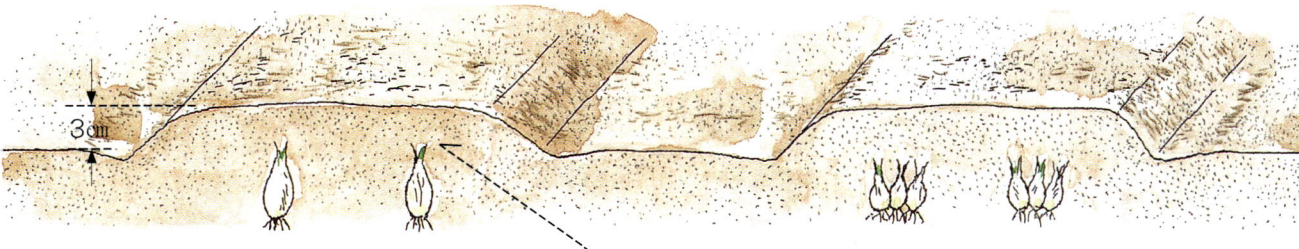

3cm

씨알 위에 두께 3cm 정도 흙을 덮는다

4 웃거름 · 북주기

척박한 땅에서도 잘되므로 보통은 비료를 주지 않아도 되지만, 잎의 색이 너무 옅으면 2~3월경에 웃거름을 주고 가볍게 흙과 섞는다

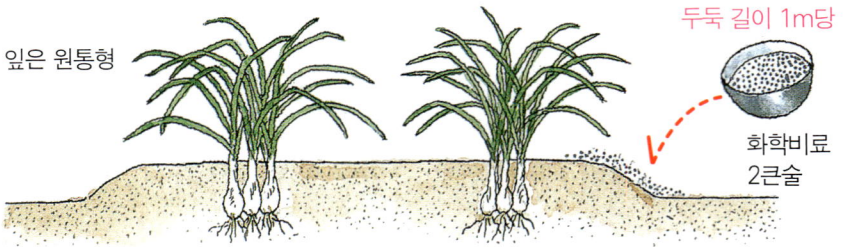

두둑 길이 1m당
화학비료 2큰술

잎은 원통형

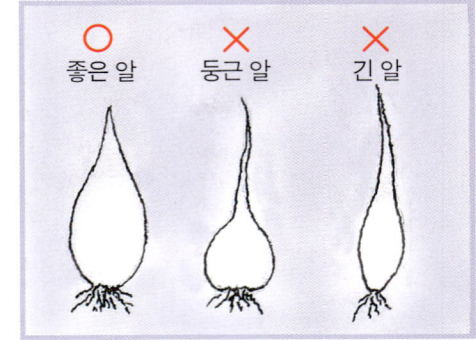

○ 좋은 알 × 둥근 알 × 긴 알

북주기를 하지 않으면 긴 알이나 둥근 알이 늘어나고, 좋은 알의 비율이 떨어진다

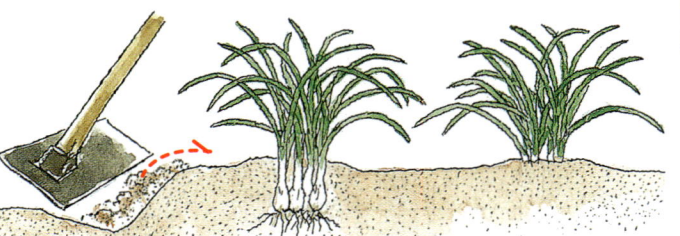

3~4월경 왕성하게 자랐을 때 북주기를 한다

5 수확 · 이용

괭이를 뿌리 밑에 한껏 넣는다

낫으로 자르고 괭이로 알을 캐낸다

→

다음 해 6월 하순~7월 상순, 긴 알모양으로 살지고 알의 심에 푸른 빛이 적어졌을 때 잎이 완전히 마르기 전에 수확한다

날로 먹는다

에샬롯으로.
염교를 어릴 때 수확하여 된장과 함께 먹는다

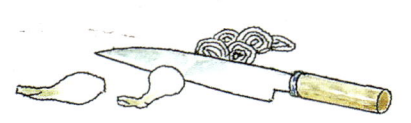

아주 얇게 썰어서 얇은 가다랭이를 묻혀 간장을 뿌려 먹어도 맛있다

단식초 절임
1. 물 속에서 얇은 껍질을 벗겨내고 깨끗하게 씻는다
2. 소금에 절여 무거운 돌을 얹는다
3. 1개월 후 단식초에 절인다

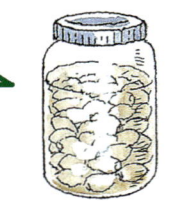

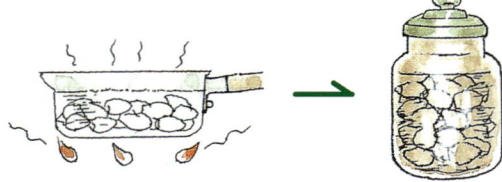

데쳐서 초간장에 절인다

'이럴 때에는 어떻게 하나?' Q&A 이것을 알고 싶다

Q 작은 염교 재배방법은?

A 1년만에 뽑아내지 말고, 2~3년 그냥 놓아둔다

염교는 가을과 봄에 알 속에서 곁눈이 생기고, 그 아래가 살져서 알이 나뉜다. 알이 나누어져 아들염교가 많이 생기는 성질이 있다.

보통재배에서는 심은 다음해에 늘어난 알을 수확하는데, 다음해에 이것을 뽑아내지 않고 그대로 두면 각각의 알이 또 나누어져 다음 다음해에는 매우 많은 수의 알을 수확할 수 있다.

이것을 2년거치재배라고 한다.

수가 많으므로 서로 밀고 밀어서 하나하나의 알이 작아지는데, 이것이 작은 알의 '꽃염교'로 귀중하게 쓰인다.

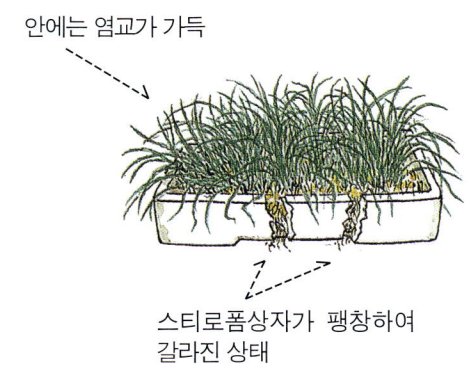

안에는 염교가 가득

스티로폼상자가 팽창하여 갈라진 상태

이런 방법도……

깊이 10~15cm의 스티로폼상자 전체에 9cm 정도 간격으로 심어서 2년간 그냥 두면, 알이 나뉘어 그 수가 늘어나면서 다음 다음해 초여름의 비대기에 스티로폼상자에 균열이 생길 수도 있다. 스티로폼 상자를 부수어 보면 상자 속에 꽃염교가 가득하여 대풍작이다.

염교꽃

칼럼 잘 자라고 기르기 쉬운 염교

염교는 척박한 땅이나 모래땅에서도 자라므로 비료가 거의 필요 없는 기르기 쉬운 채소이다. 오히려 비옥한 토양에서 기르는 것보다 척박한 땅에서 기른 것이 좋을 정도이므로 텃밭 구석이나 경사지 등을 활용하여 길러본다. 주의할 것은 뿌리응애(생육이 나빠진다) 등의 해충. 더위에 약하여 6~7월에 잎이 마르는데, 이것은 수확의 신호이다.

유채

Rape flower

봄에 사람의 왕래가 있기 전에 꽃이 피어 봄을 알리는 계절감이 풍부한 채소. 꽃봉오리와 꽃줄기의 쌉쌀함을 즐긴다. 뜰 한쪽의 작은 텃밭에도 어울린다.

| 배추과 | 원산지=지중해 연안, 북유럽, 중앙아시아 |

재배특성

- 원래 제철이 2~3월이었는데, 품종이 개량되어 가을에 추대하여 꽃이 피는 것도 생겼다.
- 품종의 특성을 잘 분별하여 파종시기를 지키는 것이 중요. 일반적으로 키우기 쉽지만, 겨울의 찬 바람에 약하므로 북풍을 받는 장소는 피하고 햇살이 좋은 따뜻한 장소에서 재배한다.
- 병해충 피해를 입는 것도 있으므로 방제에 유의한다.

품종

우리나라에서는 품종의 분화가 나타나지 않고, 각 지방에서 재배하는 전남재래 · 제주재래 · 망운재래 등이 있을 뿐이다. 일본에는 품종 개량이 이루어져 연내에 수확하는 추화 · 조양1호, 겨울 · 봄 수확의 화식 · 화랑 · 동화 등이 있다.

추화

조양1호

화식

재배방법

1 밭 일구기

예정된 밭에는 가능한 빨리 전체에 석회를 뿌려서 갈아둔다

성공 포인트
좋은 꽃줄기를 많이 나오게 하기 위해서는 양질의 퇴비와 유기질비료를 충분히 주는 것이 중요.

2 밑거름

퇴비와 비료를 전체에 뿌리고 15~20cm 깊이로 잘 간다

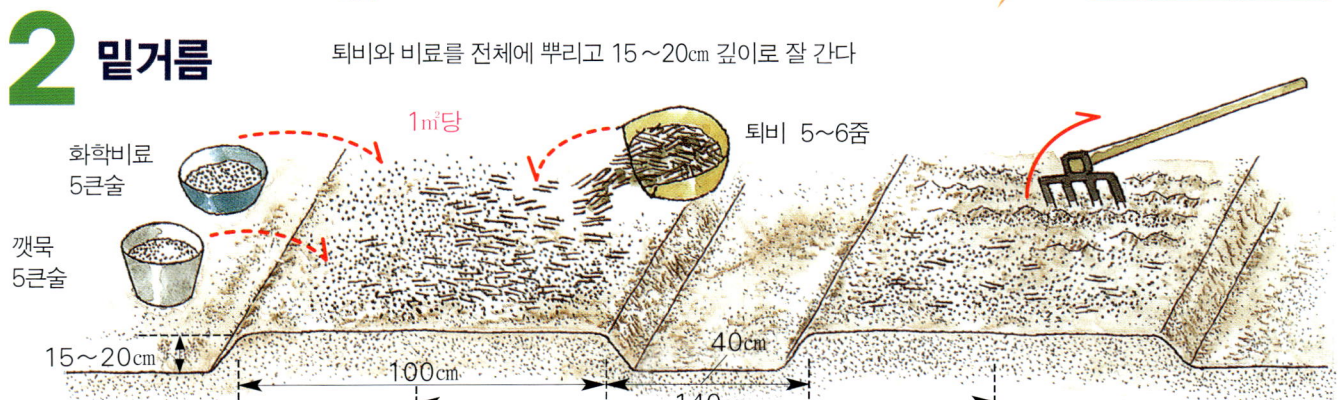

화학비료 5큰술
깻묵 5큰술
1m²당
퇴비 5~6줌
15~20cm
100cm
40cm
140cm

3 씨뿌리기 · 모기르기

밭에 바로뿌리기하는 경우

괭이폭보다 조금 넓게 파종골을 만든다

씨앗을 파종골 전체에 흩뿌리고 두께 1cm 정도로 흙을 덮는다

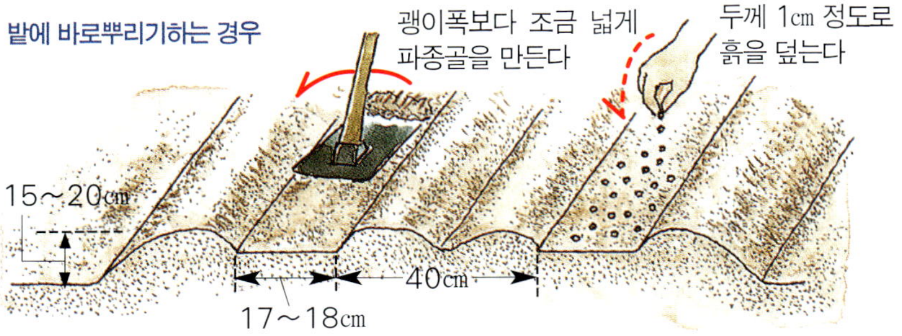

15~20cm
17~18cm
40cm

모기르기하는 경우

1구멍에 4~5개 넣는다

본잎이 2장일 때 1포기솎기한다

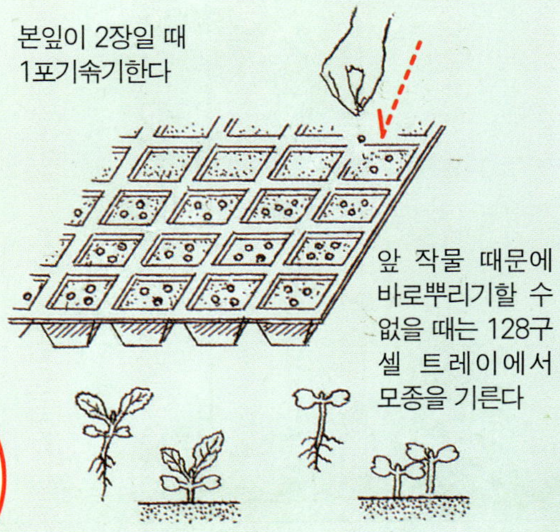

앞 작물 때문에 바로뿌리기할 수 없을 때는 128구 셀 트레이에서 모종을 기른다

4 아주심기

본잎이 4~5장으로 뽑을 수 있게 되면 밭에 아주심기한다

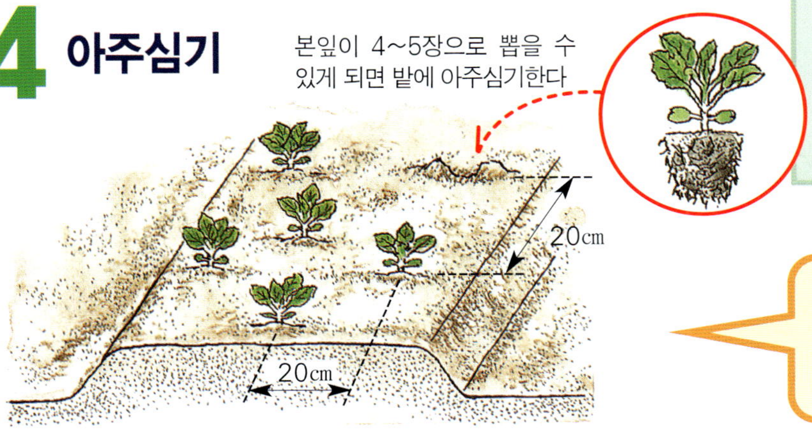

20cm
20cm

성공 포인트
마지막에 남길 포기 수의 2배 정도 되는 모종을 심어서 빨리 나오는 꽃봉오리만 수확하고, 포기를 뽑아버려도 된다.

5 솎아내기

1회째 : 본잎이 2~3장일 때

2회째 : 작물의 키가 10㎝ 정도일 때

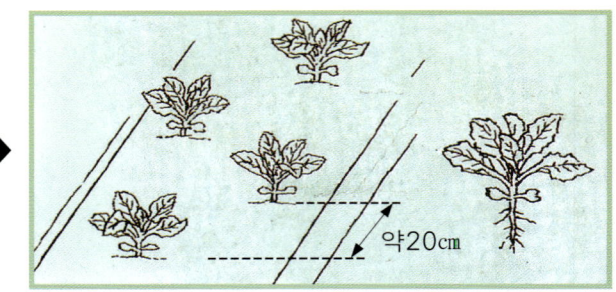

6 웃거름

1회째 : 본잎이 3~4장일 때 가볍게 흙에 섞어준다

2회째부터 : 작물의 키가 10㎝일 때부터 15일에 1회 정도

두둑 길이 1m당 화학비료 3큰술

두둑 길이 1m당 화학비료 3큰술

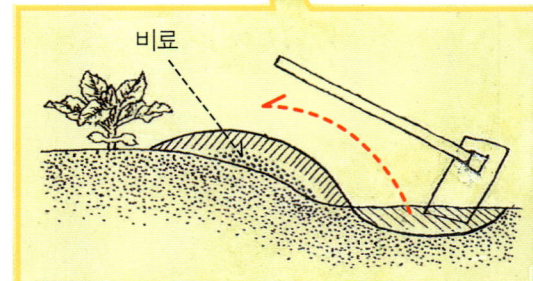

7 병해충 방제

진딧물이나 배추좀나방 등의 해충 방제를 게을리 하지 않는다

살충제 살포

비료

무농약재배를 하려면 해충을 막는 망 또는 전체피복 자재를 덮는다

방충망

8 수확

꽃봉오리가 크게 부풀어 꽃 피기 직전이 되면 잎줄기를 붙여서 따낸다

빨리 수확하지 말고 꽃봉오리가 크게 부풀어서 커질 때까지 기다린다

7~8㎝

수확적기에 늦지 말고 차례로 따낸다

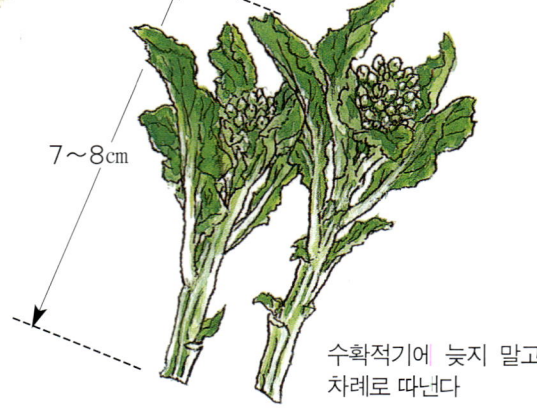

'이럴 때에는 어떻게 하나?' Q&A 이것을 알고 싶다

Q 유채가 병해충 피해를 입어 곤란하다

A 망을 씌우는 것이 최적

가을에 생육이 왕성할 때는 잎이 부드러워서 해충의 피해를 입기 쉬우므로 발생하지 않도록 조심한다. 발생하기 쉬운 것은 배추과 공통의 배추좀나방 유충이나 진딧물·도둑나방 등이다.

이 해충들에는 디디브이피 유제나 파프 유제 등을 규정농도액으로 뿌린다. 이밖에도 효과적인 약제가 있으므로 전문점에 잘 상담해서 구하기 쉽고 안전성이 높은 것을 선택하여 사용한다.

농약을 사용하지 않으려면 방충망·부직포 등의 터널 덮개를 한다.

병해는 그다지 많이 발생하지 않지만 비가 계속 오면 흰녹가루병이나 노균병에 걸리는 일이 있다. 조기 발견에 힘쓰고 약제를 뿌린다.

이것들은 비온 뒤에 널리 퍼지므로 약제를 뿌리는 적기를 놓치지 않도록 한다.

텃밭 미니상식 | 품종을 선택할 때 |

채소는 하나의 종류에도 많은 품종이 있다. 예를 들어 오이나 양배추만 해도 전국에 수많은 품종이 있다. 대표적인 채소들은 채소별 재배방법 등을 비교해보고 선택하면 좋다.

품종을 선택할 때 중요한 것은 3가지다. 먼저, 잘 추대하지 않는 품종을 고른다. 봄에 씨를 뿌리는 시금치나, 조기파종하는 양파, 가을에 씨를 뿌려서 봄에 수확하는 양배추 등은 쉽게 추대한다. 재배시기와 품종의 특성이 맞는 것이 중요하다.

다음으로, 새로운 이용법이 있는 품종을 고른다. 예를 들면, 덩굴 없는 호박이나 미니당근, 꽃부추, 생식용 양파 등 진귀한 것에 도전해보면 좋다.

더 나아가 지방색이 짙은 품종을 선택하는 것도 요령이다. 무나 순무·가지 등은 지방에 따라 여러 품종이 있다. 다른 토지조건에서 쉽게 자라는 것도 많으므로, 지방 품종을 모아서 재배해보는 것도 즐거울 것이다.

생식용 양파 수확

수확의 기쁨

잎양상추

Leaf lettuce

오그라기상추라고도 하며, 잎에 주름이 있는 결구하지 않는 상추를 말한다. 써니양상추가 대표적.

국화과 **지중해 연안, 서아시아**

재배특성

- 차고 서늘한 기후를 좋아하지만, 결구양상추에 비해 추위와 더위에 매우 강하다.
- 고온·장일조건에서 씨를 뿌리면 추대하기 쉬우므로, 여름파종은 파종시기가 잘못되지 않도록 한다.
- 유기질비료를 충분히 주어서 생육을 촉진하고, 두껍고 부드러운 잎이 많은 포기로 키운다.

품종

불결구성으로 적색계와 녹색계가 있다. 우리나라에는 미국계의 그랜드 래피즈·블랙 시드 심프슨 이외에 뚝섬적축면·뚝섬백축면 등이 있다. 일본에는 붉은 잎양상추에 레드 파이어·레드 웨이브, 푸른 잎양상추에 그린 웨이브, 옅은 초록색 계통의 폴리츠레터스에 텔미·마미 등이 있다.

레드 파이어

그린 웨이브

텔미

재배방법

1 모기르기

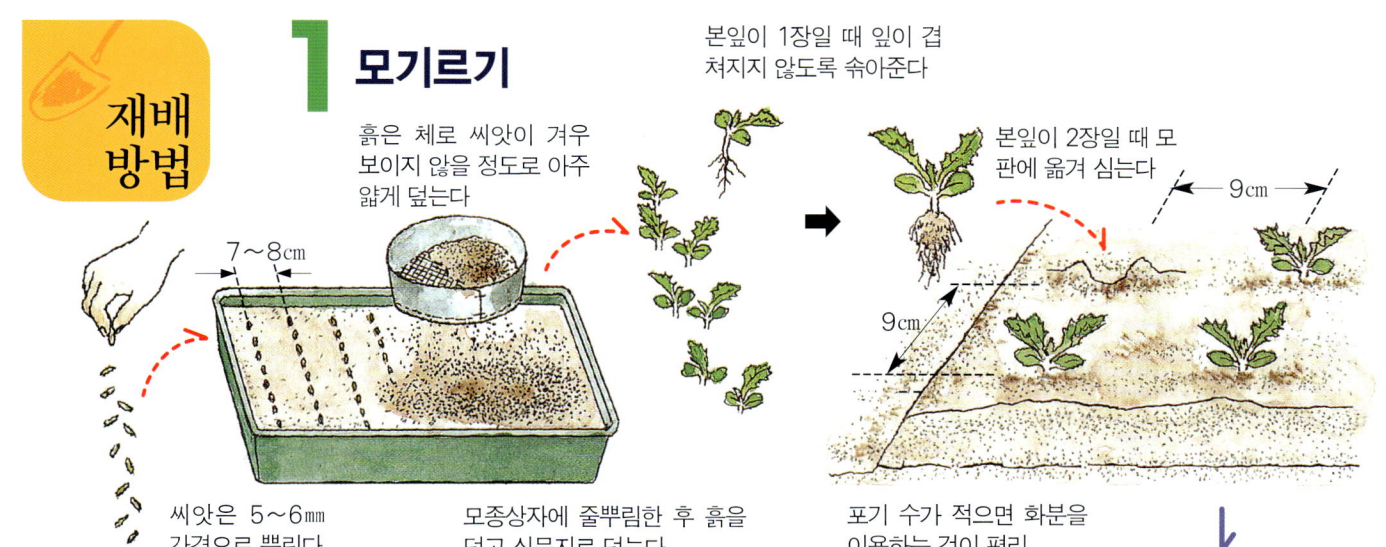

- 흙은 체로 씨앗이 겨우 보이지 않을 정도로 아주 얇게 덮는다
- 씨앗은 5~6mm 간격으로 뿌린다
- 모종상자에 줄뿌림한 후 흙을 덮고 신문지로 덮는다
- 본잎이 1장일 때 잎이 겹쳐지지 않도록 솎아준다
- 본잎이 2장일 때 모판에 옮겨 심는다
- 포기 수가 적으면 화분을 이용하는 것이 편리

2 밭 일구기 · 아주심기

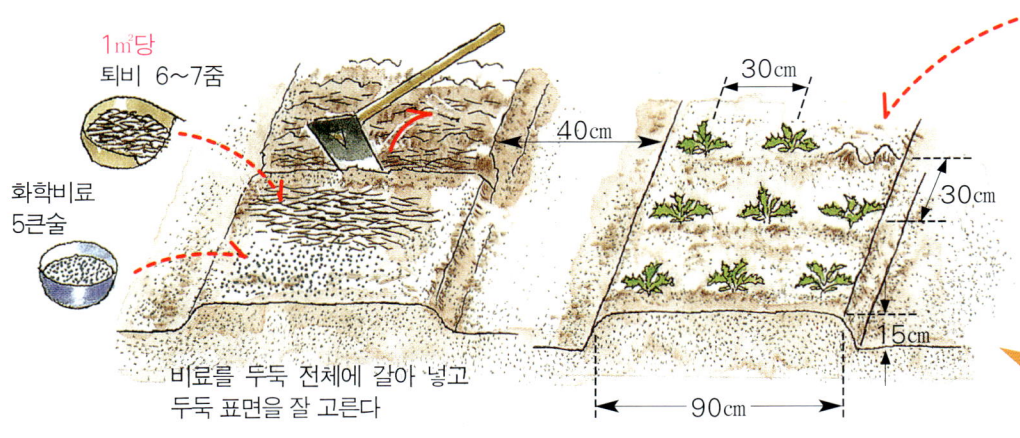

- 1㎡당 퇴비 6~7줌
- 화학비료 5큰술
- 비료를 두둑 전체에 갈아 넣고 두둑 표면을 잘 고른다
- 본잎이 4~5장인 모종으로 만든다

성공 포인트

잎의 색이 진하고 두꺼운 좋은 잎을 수확하려면 양질의 퇴비를 충분히 주고, 비료가 부족하지 않게 웃거름을 빼놓지 않는다.

3 웃거름

- 1㎡당 화학비료 3큰술
- 옮겨 심고 2~3주 후와 그 보름 후, 모두 2회 비료를 준다
- 포기 사이에 비료를 뿌리고 막대기로 흙에 섞는다

4 수확

써니양상추 / 플리츠레터스

어느 것이나 안쪽의 잎이 안으로 말려들기 시작하면 수확적기. 잎 수가 25장 정도면 충분하다

잎줄기 채소류 · 잎양상추

죽순배추

Chinese cabbage

배추의 일종이나 모양이 긴 원통형이라 죽순배추라는 이름이 붙었다. 고열 처리하면 부드럽게 되지만 모양은 흐트러지지 않는다.

배추과　원산지=유럽·중국

재배특성

- 모양이 입성으로 결구했을 때 지름이 15cm 정도로 가늘지만 높이는 45cm나 되는 긴 원통형.
- 생육 초기의 더위에 강하고 내한성도 있으며, 각종 병해에도 강하여 재배하기 쉽다.
- 키가 크므로 바람이 강한 곳에서는 바람을 막는 것에 유의한다. 비료주기와 그 밖의 관리는 보통 배추와 같아도 좋다.

품종

우리나라의 경우 배추는 들어와서 품종 개량이 활발하게 이루어져 많은 품종이 육성되었지만, 북방형에 속하는 죽순배추는 수확물이 조금 수입될 뿐이다.
일본에서는 녹탑소채·치비리70 등이 판매되고 있다.

녹탑소채

치비리70

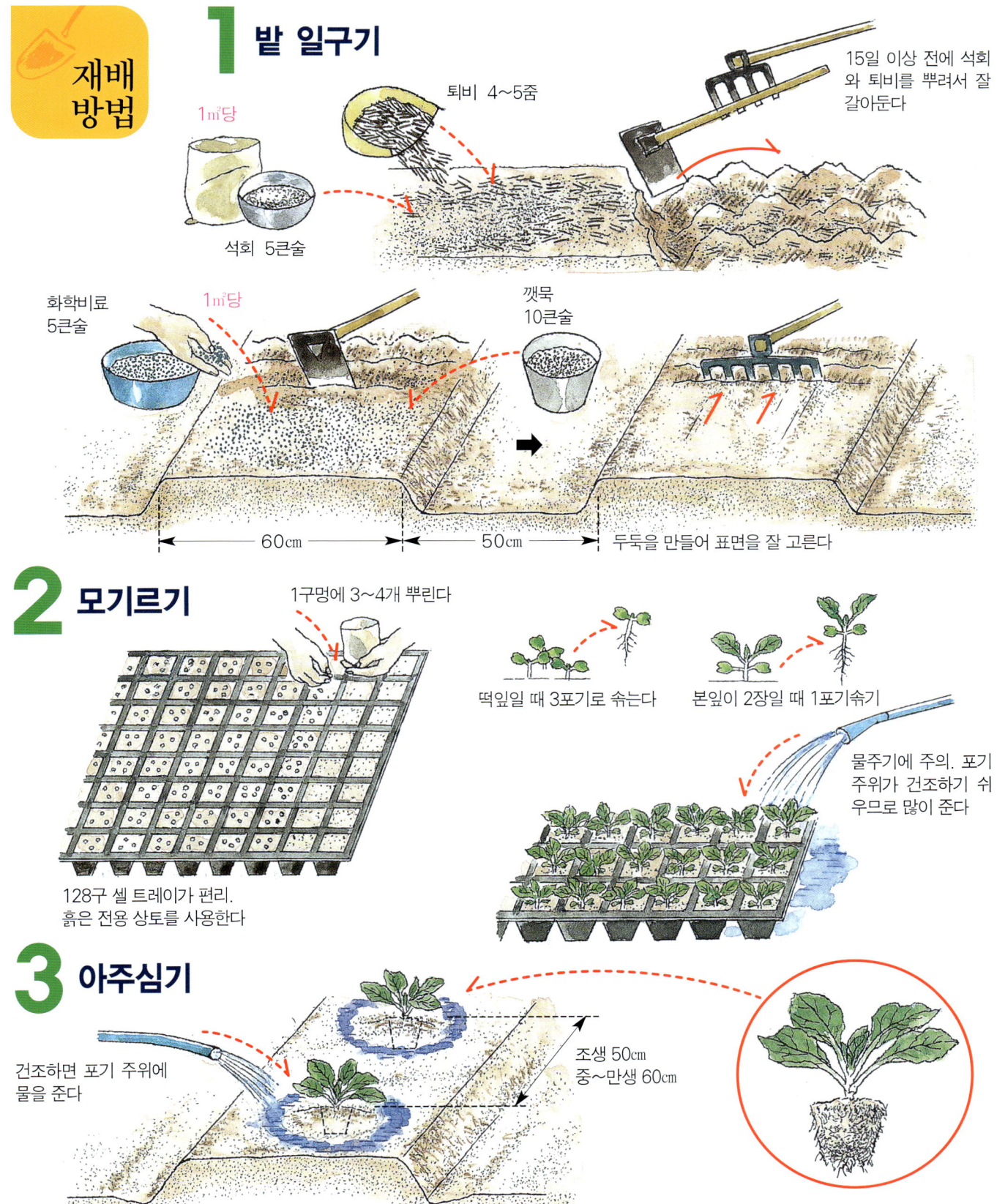

4 웃거름

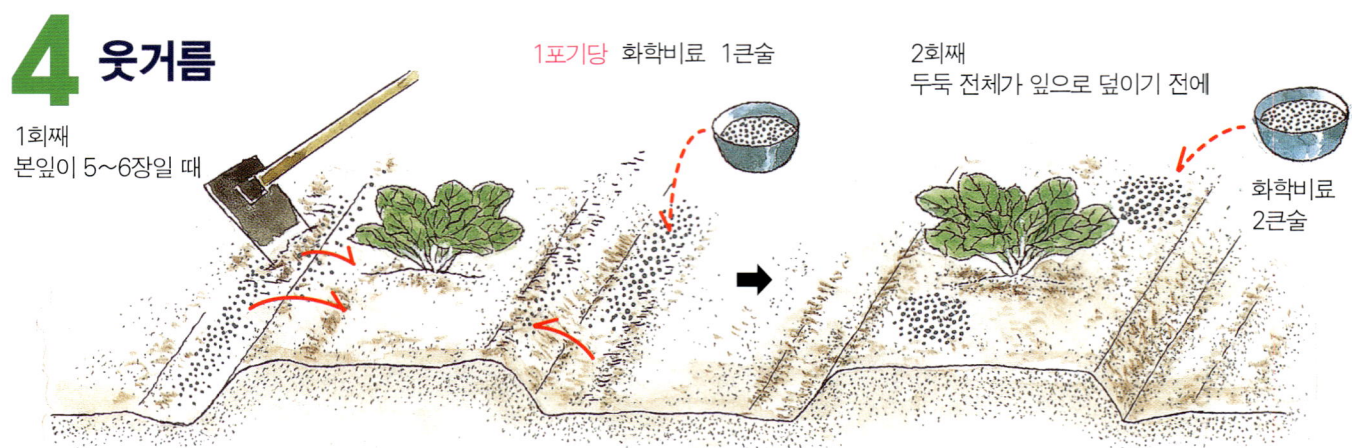

1회째
본잎이 5~6장일 때

1포기당 화학비료 1큰술

2회째
두둑 전체가 잎으로 덮이기 전에

화학비료 2큰술

두둑 가장자리와 통로에 비료를 뿌리고 괭이로 흙을 두둑에 올린다

군데군데 비료를 흩뿌린다

5 병해충·풍해 대책

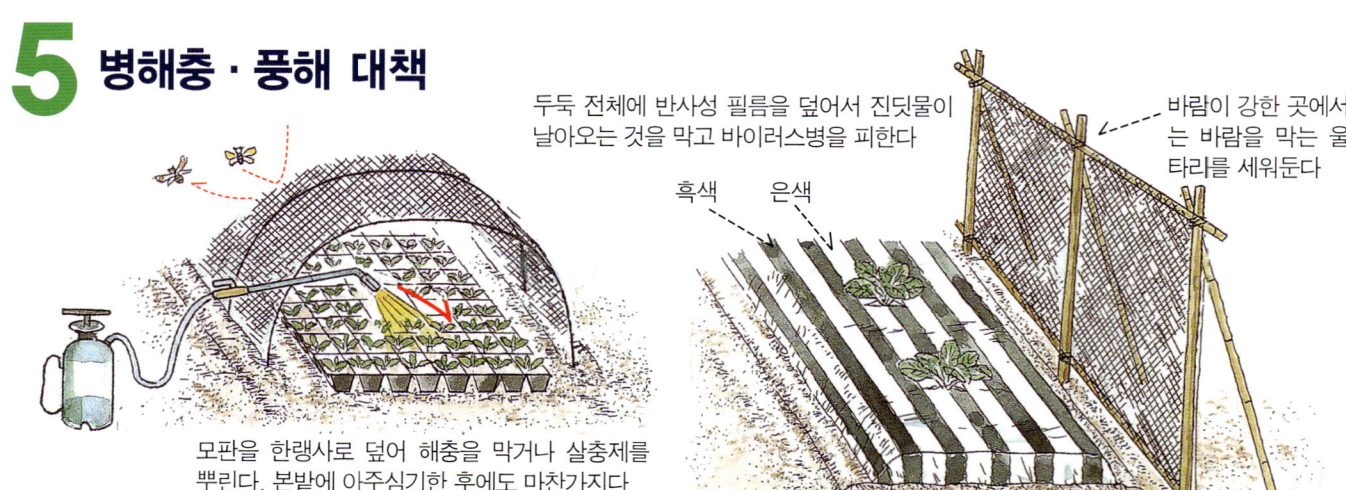

두둑 전체에 반사성 필름을 덮어서 진딧물이 날아오는 것을 막고 바이러스병을 피한다

바람이 강한 곳에서는 바람을 막는 울타리를 세워둔다

흑색 은색

모판을 한랭사로 덮어 해충을 막거나 살충제를 뿌린다. 본밭에 아주심기한 후에도 마찬가지다

6 수확

머리부분을 눌러보아 단단한 느낌이 있을 때가 수확의 최적기. 가정에서라면 그 전에도 괜찮다

혹한기가 되기 전 12월 상순경에 머리부분을 가볍게 묶어주고, 지붕 밑 등으로 옮겨서 저장하여 조금씩 이용한다

신문지로 싸두어도 꽤 오래간다

'이럴 때에는 어떻게 하나?' Q&A 이것을 알고 싶다

죽순배추의 특징은?

마는 초밥 등에도 편리

중국 북부에서 많이 이용하는 채소인 만큼 보관용 절임에 좋고, 오래될수록 점액이 나와 맛있게 된다.

일반적인 사용방법으로, 보통의 결구배추와 같이 단단하게 말리지 않아서 한 잎씩 잘 벗겨지고 길므로 초밥을 말기에 편리하며, 조림 등에도 사용한다.

잎은 보통 배추보다 빳빳하므로 본래의 맛을 살리는 요리를 생각한다.

밭에 심었는데 자라면서 썩고 말라버렸다

최대의 적인 무름병. 방제를 철저히 한다

결구기간이 가까워져 아래쪽 잎의 잎자루나 줄기의 땅 닿은 부분 등이 썩기 시작하며, 차츰 잎이 쓰러지고 마침내 배추 속까지 썩어서 악취가 나게 된다.

배추에서 가장 무서운 무름병 때문이다.

무름병은 나타나기 시작하면 방제가 곤란하므로 예방에 힘써야 한다.

대책은 다음과 같다.
① 이어짓기를 피한다.
② 씨를 일찍 뿌린다.
③ 밭은 두둑을 높게 하여 물이 잘 빠지도록 한다.
④ 1포기라도 발병하면 빨리 제거하여 전염을 막는다.
⑤ 도둑벌레·배추흰나비(유충)·배추좀벌레 등의 해충 피해를 입으면 피해부분으로 병원균이 침입하기 쉬우므로 해충 방제를 철저히 한다.
⑥ 품종은 조생종으로 비교적 무름병에 강한 품종을 선택한다(무름병에 대한 저항성 품종은 없다).

텃밭 미니상식 | 씨를 받을 수 있는 채소 |

쑥갓은 씨를 받을 수 있다

씨앗을 자급할 수 있는 채소로 쑥갓이나 파 등을 들 수 있다. 이 씨앗들은 쉽게 열매를 맺고, 퇴화하는 것도 별로 없으므로 비교적 오래 계속 수확할 수 있다. 또 콩류도 씨앗을 잘 맺고 교잡이 잘 안 되므로 1년 정도는 괜찮다.

쪽파

Shallot

파보다 은은한 향과 고상한 풍미가 있고, 잎이 가늘어 양념이나 곁들임 등으로 중요하다.

백합과　원산지=그리스, 시베리아 지방

재배특성

- 추대하거나 꽃이 피지 않으므로 씨앗을 얻을 수 없고 알뿌리로 증식한다.
- 가을부터 봄까지 왕성하게 생육하고, 5월이 되면 구(비늘줄기)를 만들어 여름까지 휴면한다.
- 파에 비하여 추위와 더위에 약하고 한랭지에 적합하지 않으며, 주로 중부 이남의 온난지에 적합하다.

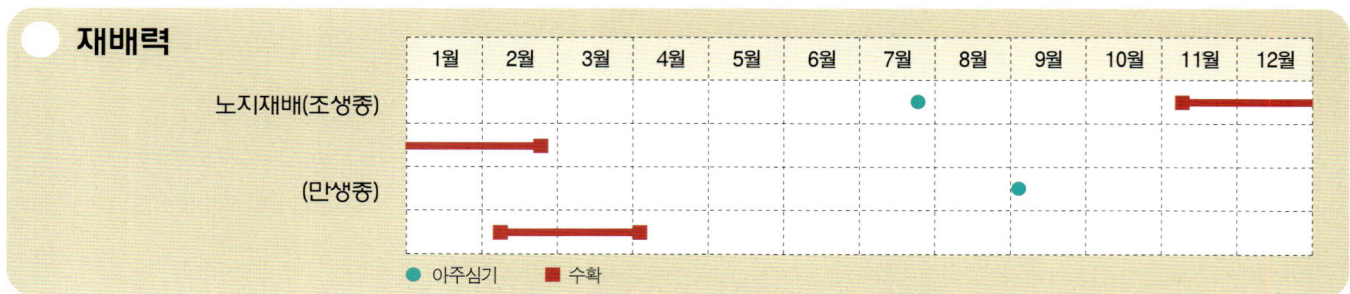

재배력 / 노지재배(조생종) / (만생종) / ● 아주심기　■ 수확

품종

쪽파는 영양번식하므로 유전적인 변이가 적어서 품종의 분화가 많지 않으며, 대부분의 재래종은 품종이 알려져 있고 재배되어온 지방의 이름을 따온 것이다. 우리나라의 대표적인 재래종이 예산쪽파이다. 이외에 구형(球形)으로 목이 단단한 알쪽파, 재래종으로 줄기가 굵은 락타 등이 있다.

쪽파

쪽파

씨앗용 알뿌리

재배 방법

1 밭 일구기

앞 작물을 정리하고 빨리 비료를 주어 15~20cm 깊이로 잘 갈아둔다

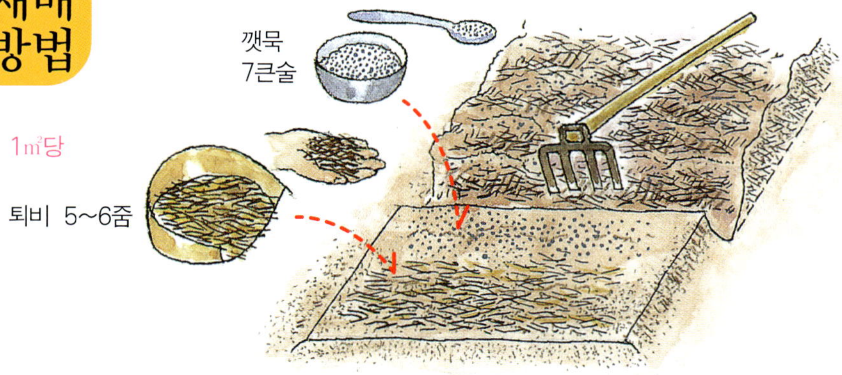

1㎡당
- 깻묵 7큰술
- 퇴비 5~6줌

성공 포인트
휴면에서 깨어 작은 싹이 자라기 시작할 때 2~3 알씩 나누어 심는다.

잎줄기 채소류 · 쪽파

2 씨알 준비

지난해부터 기르고 있는 경우

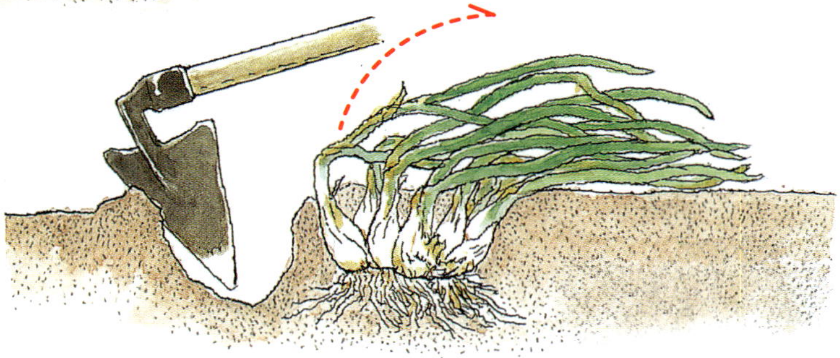

5월 중~하순이 되면 포기 밑에 구를 형성하고 잎은 말라버린다. 파내어 통풍이 잘되는 곳에 보관한다

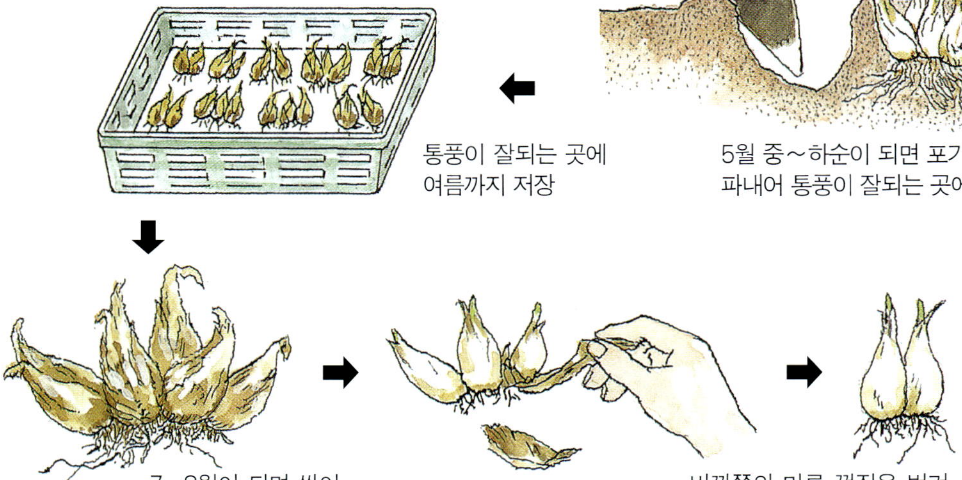

통풍이 잘되는 곳에 여름까지 저장

7~8월이 되면 싹이 나오기 시작한다

바깥쪽의 마른 껍질을 벗겨 버리고 2~3알씩 나눈다

올해가 첫 재배인 경우

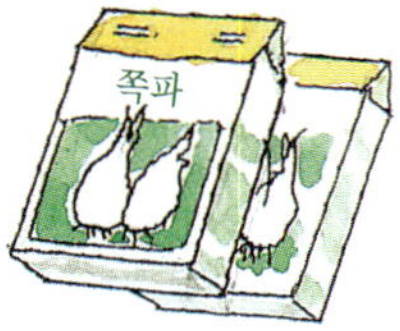

파는 씨알을 구매한다

3 밑거름 · 두둑 만들기

아주심기 전에 조금 흙을 북돋아 두둑 모양으로 만든다

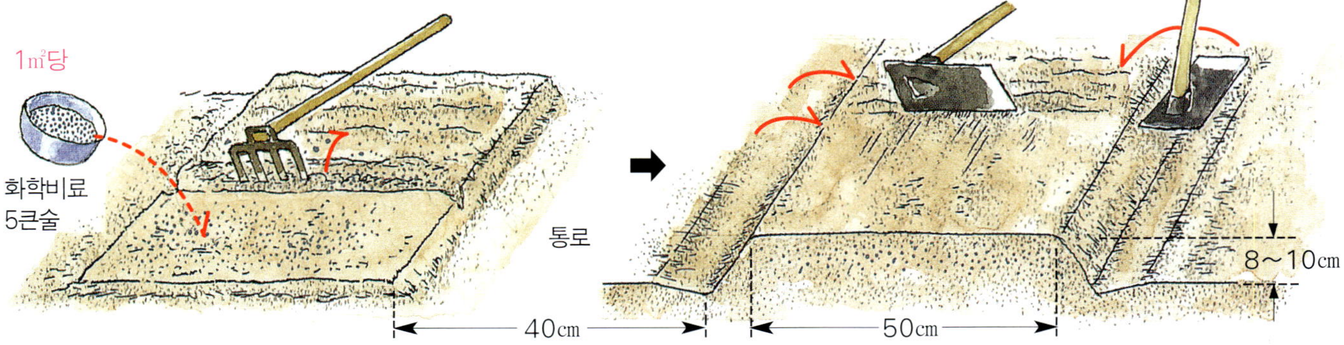

1㎡당
- 화학비료 5큰술

통로 40cm 50cm 8~10cm

281

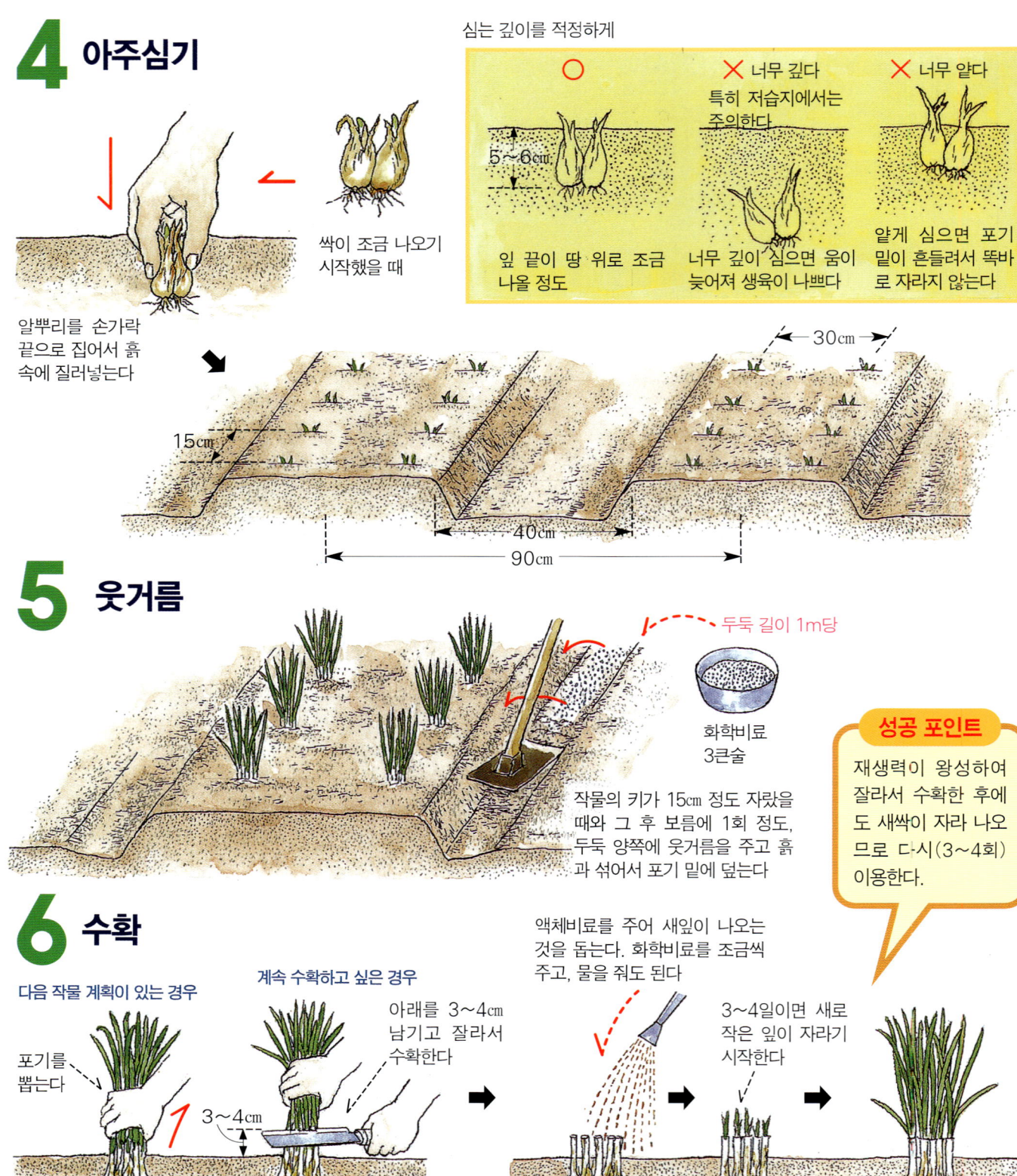

'이럴 때에는 어떻게 하나?' Q&A 이것을 알고 싶다

Q 쪽파는 파와 어떻게 다른가?

A 작게 포기나누기하며, 씨를 얻을 수 없으므로 알뿌리로 증식한다

보통 파보다 포기나누기가 쉽고, 많은 것은 20~30줄기나 된다.

쪽파는 파의 변종 중 하나인데, 잎과 줄기가 가늘고 부드러우며 향이나 점액은 파보다 적으므로, 큰 산파와 함께 날로 잘게 썰어서 향미를 더하거나 국에 넣기에 적당하다. 파보다 추위에 약하므로 따뜻한 지역에서 주로 이용한다.

파와 다른 또 하나의 특성은, 4월 중순이 지나면 휴면에 들어가 작은 구가 되는 것이다. 씨앗을 받을 수 없으므로 번식은 오로지 결구한 작은 구로 한다. 휴면은 보통 7월 하순부터 8월 상순에 걸쳐 깨어나므로 이 때가 심을 때다.

Q 빨리 싹을 내서 일찍 수확하고 싶다

A 고온처리하여 빨리 쪽파의 휴면을 깬다

쪽파는 4월 중순이 되면 휴면에 들어가 알뿌리 상태가 된다. 8월경까지 움이 돋지 않는 성질이 있다. 7~8월경 수확하려면 휴면을 인위적으로 빨리 깨야 한다.

휴면은 30~40℃에서 20일 이상 있으면 깬다. 방법은 비닐하우스 안에 알뿌리를 매달고 밀폐시켜서 낮 온도를 35~40℃로 올려준다. 매일 온도가 확실하게 올라가는 것이 아니므로 20일로는 부족하고 40~50일이 필요하다. 7~8월에 수확하려면 뽑아서 2~3일 건조하고 바로 매단다. 품종은 잎자람새가 좋은 만생종이 수확량 측면에서 낫다.

스티로폼상자를 이용한 쪽파의 수경재배

칼럼

쪽파의 용기재배

플랜터(길이 60㎝)를 준비하여 바닥에 적옥토(중간 입자)를 2㎝ 넣는다. 위에 재배용 흙(작은 입자의 적옥토 7, 부엽토 3의 비율)을 덮는다. 밑거름으로 완효성 비료 20g을 준다. 포기간격을 15㎝로 하여 2~3알씩 심는다. 깊이는 끝이 위에서 약간 보일 정도. 물과 웃거름(속효성 액체비료)으로 기르며, 작물의 키가 20㎝가 되면 포기 밑을 2~3㎝ 남기고 잘라서 수확한다.

차조기(자소)

Perilla

오래 전부터 재배되어온 채소. 잎·꽃·꽃봉오리·열매 등을 모두 이용하므로 쓰임새가 넓다. 약효가 뛰어난 건강채소.

| 꿀풀과 | 원산지=중국 중남부, 히말라야 지방 |

재배특성

- 고온성으로 생육 적정온도는 25℃. 여름 건조에 약하고, 서리에도 약하다. 광발아성(光發芽性)으로 발아에 빛이 필요하다. 봄이 되면 지난해에 떨어진 씨앗이 자연적으로 잘 발아할 정도이지만, 씨앗이 휴면하여 3월경까지는 발아하지 않는다. 그 때문에 주년재배하려면 지난해에 저장해둔 씨앗을 이용해야 한다.
- 꽃눈은 단일조건에서 생기므로 전등으로 비춰주어 장일로 만들어주면 꽃송이가 맺히지 않아 좋은 잎을 얻을 수 있다.

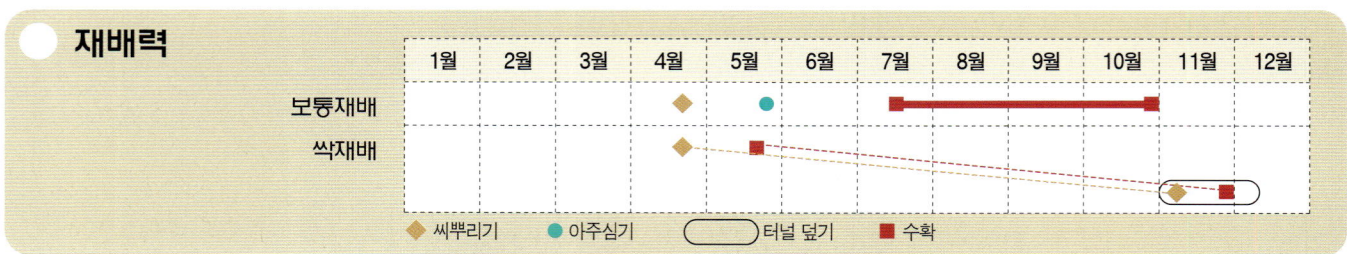

재배력

| | 1월 | 2월 | 3월 | 4월 | 5월 | 6월 | 7월 | 8월 | 9월 | 10월 | 11월 | 12월 |

◆ 씨뿌리기　● 아주심기　⬭ 터널 덮기　■ 수확

품종

형태적 특성에 따라 차조기·푸른차조기·주름차조기·앞푸른차조기·푸른주름차조기 등으로 구분되는데, 용도에 따라 품종을 구분하여 사용한다. 우리나라에는 청차조기·적차조기·적축면차조기·청축면차조기 등이 판매되고 있다.

청차조기

적차조기

섞어짓기해도 좋다

재배 방법

1. 씨뿌리기 — 싹 차조기 재배

성공 포인트: 발아에 빛이 필요하므로 흙을 아주 조금 덮고, 널빤지로 씨를 흙 속에 눌러 넣듯이 하여 흙과 밀착시킨다.

- 3월 이전에는 씨앗이 휴면하므로 발아하지 않는다
- 흙 표면이 평평하도록 잘 고르게 해주고, 7~8㎜ 간격으로 씨를 흩뿌린다
- 흙은 아주 얇게 덮는다
- 체로 씨앗이 보이지 않을 정도로 흙을 덮는다
- 흙을 덮고 널빤지로 가볍게 눌러서 씨앗을 흙과 밀착시킨다

2. 관리

물을 충분히 주고 신문지로 덮는다. 추울 때는 그 위에 비닐필름을 덮는다

발아하면 덮개를 없애고 직사광선에 노출시켜 색이 나게 한다

3. 수확

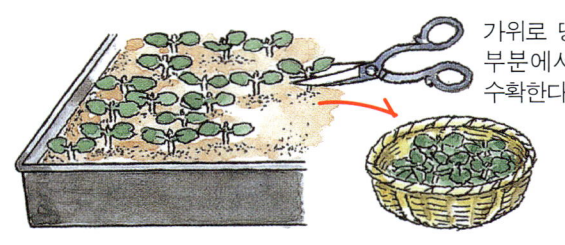

가위로 땅 닿은 부분에서 잘라 수확한다

- **푸른 싹** (푸른주름차조기) 본잎이 나오지 않을 때 수확
- **붉은 싹** (붉은주름차조기) 얼룩싹이라고도 한다. 본잎이 2장 나왔을 때 수확

1. 모기르기 — 잎·꽃송이·이삭 차조기 재배

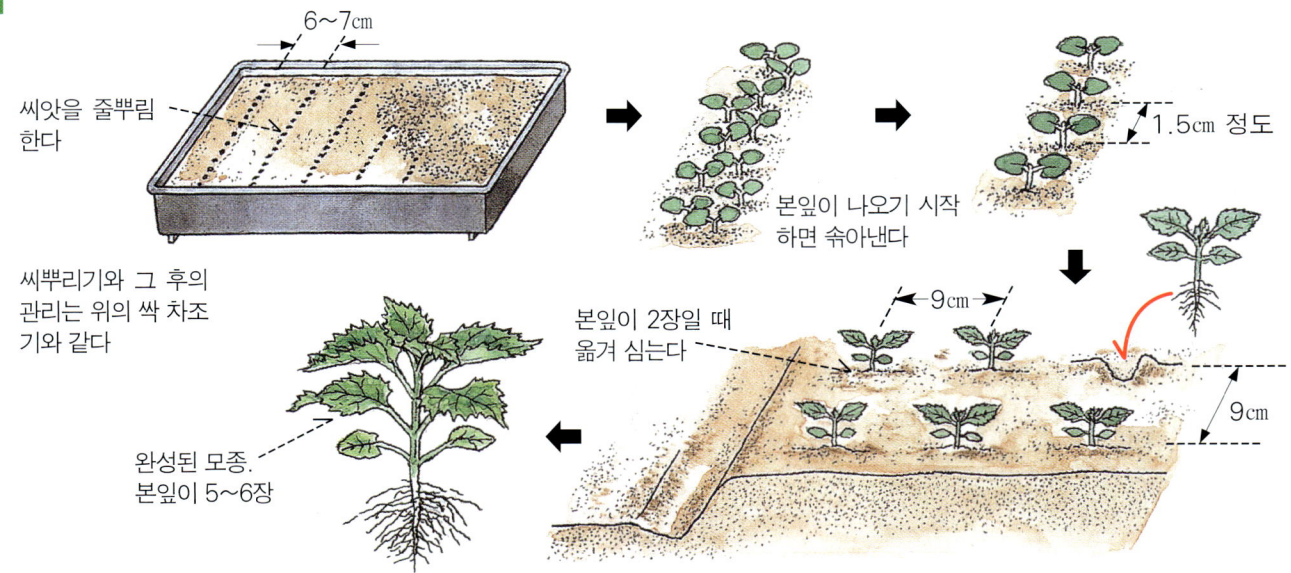

- 씨앗을 줄뿌림 한다 (6~7cm)
- 본잎이 나오기 시작하면 솎아낸다 (1.5cm 정도)
- 본잎이 2장일 때 옮겨 심는다 (9cm / 9cm)
- 씨뿌리기와 그 후의 관리는 위의 싹 차조기와 같다
- 완성된 모종. 본잎이 5~6장

'이럴 때에는 어떻게 하나?' Q&A 이것을 알고 싶다

씨앗을 일년 내내 잘 발아시키려면?

씨앗을 저장해두고 휴면에서 깨어난 것을 사용한다

보통 차조기는 가을에 떨어진 씨앗이 봄이 되면 많이 발아하여 나오므로, 씨를 뿌리지 않아도 없어지는 일은 좀처럼 없다. 그러나 인공적으로 언제든지 늘리려고 하면 잘 안 된다.

그 원인의 하나가 휴면이다.

새로운 씨앗은 약 6개월간 휴면하므로 휴면기간에는 씨를 뿌려도 잘 나오지 않는다. 그러므로 9월부터 3월 사이에 뿌릴 씨앗은 지난해에 수확한 씨앗을 다 써버리지 않고 저장해두어야 한다.

건조하지 않도록 고온이 안 되게 하면 좋고, 강모래와 섞어서 냉장고에 저장해둔다.

자연에 떨어진 씨앗이 5월경에 저절로 돋아나는 것은, 휴면이 끝나면서 기온이 발아 적정온도인 20℃ 내외가 되고 토양 중에 적당한 습도가 유지되었기 때문이다.

씨를 뿌리기 전에 하루 동안 물에 담가서 잘 불려두는 것이 빨리 잘 발아시키는 방법이다.

더욱이 씨앗을 수확하기 위해서는 가을에 꽃이 지고 나서도 가능한 오래 그대로 두며, 이삭이 건조하여 씨앗이 떨어지기 시작하면 잘라서 수확하여 모은다.

너무 늦게까지 두면 전부 떨어져버리므로 잘 관찰하여 수확시기를 결정한다.

해충이 잎을 먹는다

머위명나방의 피해. 약제를 뿌린다

머위명나방이 갉아먹은 것이다. 차조기는 병해충도 적고 재배하기 쉬운 채소라고 하지만, 최근 이와 같은 피해가 눈에 띈다. 그냥 두면 전혀 수확을 못하게 되어버리는 일도 적잖게 있다. 잎을 실로 얽어 모으고 안에 애벌레가 들어가 처음에는 잎살만 먹어 잎이 그물모양으로 되고, 더욱 진행되면 잎을 전부 먹어버린다.

머위명나방은 주로 밤에 활동한다. 1년에 3회 발생하므로 빨리 발견하여 약제를 뿌려서 방제하는 것이 중요하다.

약제로는 디디브이피 유제, 퍼메쓰린 등의 규정농도액이 효과적이다.

> **칼럼**
>
> ### 다양한 차조기 종류
>
> 잎이 붉은 색인 차조기와 잎이 초록색인 차조기가 있다. 또 같은 색 중에도 잎이 평평하고 매끄러운 것과 오글오글한 주름모양으로 된 것이 있다.

채심

배추의 변종으로 1년 내내 추대하고, 꽃봉오리가 달린 줄기와 잎을 먹는다. 살짝 데치면 선명한 초록색이 되므로 색을 내기도 좋다.

| 배추과 | 원산지＝유럽, 중국에서 분화 |

재배특성

- 저온이 아니어도 꽃눈이 분화하므로 계절에 관계없이 1년 내내 추대한다.
- 더위에 강하여 여름에도 잘 자란다. 겨울에도 간단한 서리막이로 재배할 수 있다.
- 꽃줄기가 뻗기 시작할 때부터 건조하면 물을 주어서 굵고 부드러운 꽃줄기를 키운다.

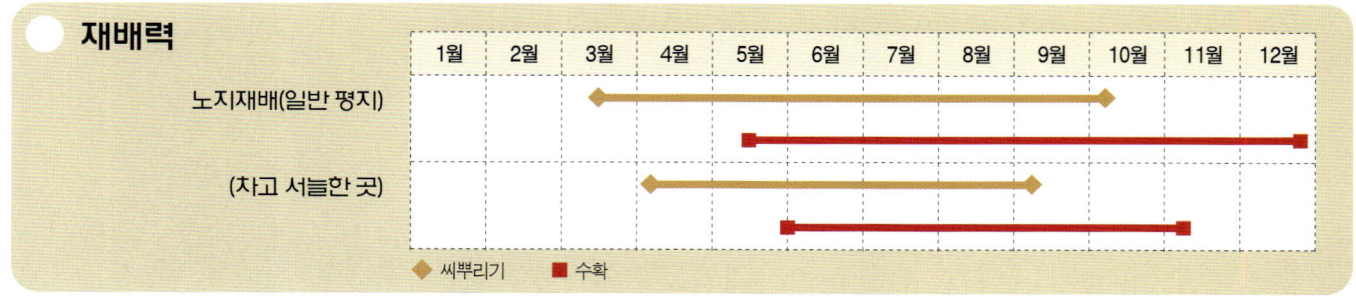

품종

조·만생종으로 나뉘고, 씨를 뿌리고 꽃봉오리가 나오기까지 30일 정도에서 70일 정도까지 걸린다. 우리나라에서는 적채심·청채심이 판매되고 있다.

일본의 대표적 품종으로는 조생계 채심, 중국채심 등이 있다.

조생계 채심

채심

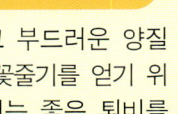

재배방법

1. 밭 일구기

성공 포인트: 굵고 부드러운 양질의 꽃줄기를 얻기 위해서는 좋은 퇴비를 충분히 뿌려서 밭을 확실하게 만든다.

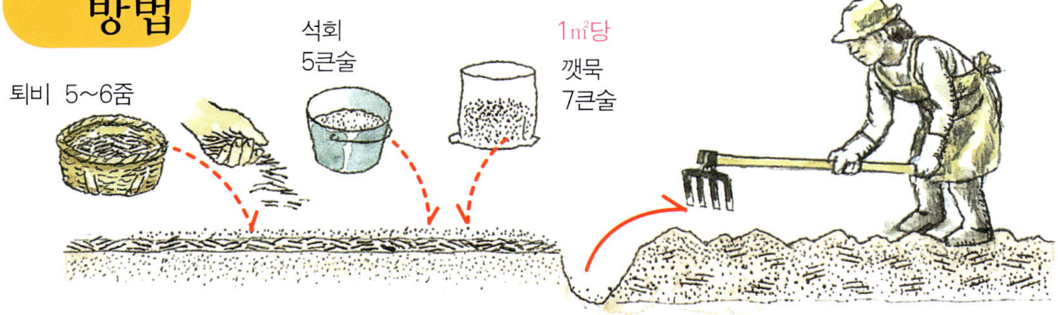

- 퇴비 5~6줌
- 석회 5큰술
- 깻묵 7큰술 (1㎡당)

전체에 퇴비와 비료를 흩뿌려서 잘 갈아둔다

2. 밑거름

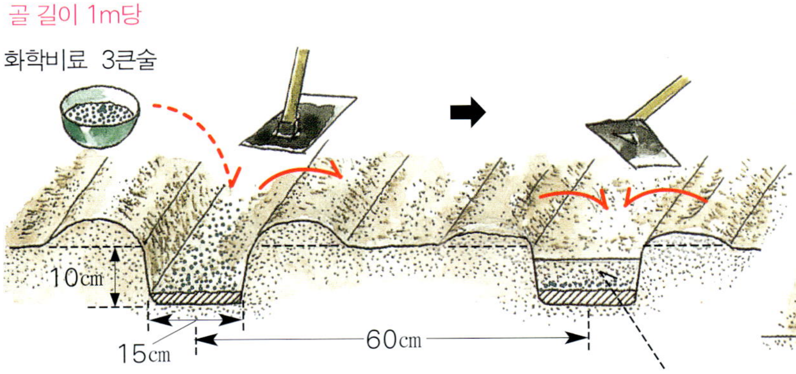

넓은 파종골인 경우
- 골 길이 1m당
- 화학비료 3큰술
- 10cm, 15cm, 60cm
- 비료 위에 흙을 덮고 괭이로 밑바닥이 평평하도록 잘 마무리한다

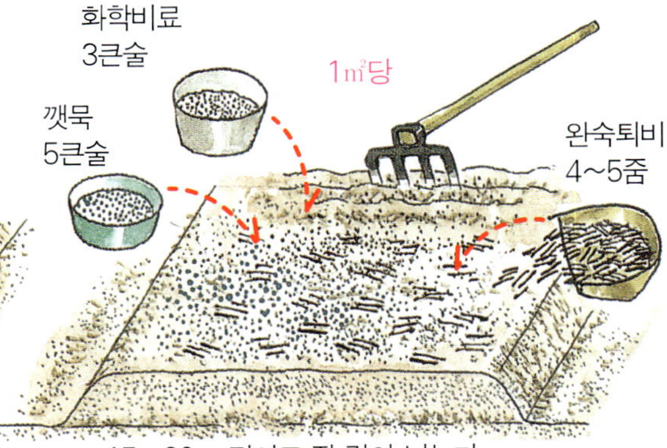

두둑을 만드는 경우
- 화학비료 3큰술
- 깻묵 5큰술
- 완숙퇴비 4~5줌 (1㎡당)
- 15~20cm 깊이로 잘 갈아 넣는다

3. 씨뿌리기

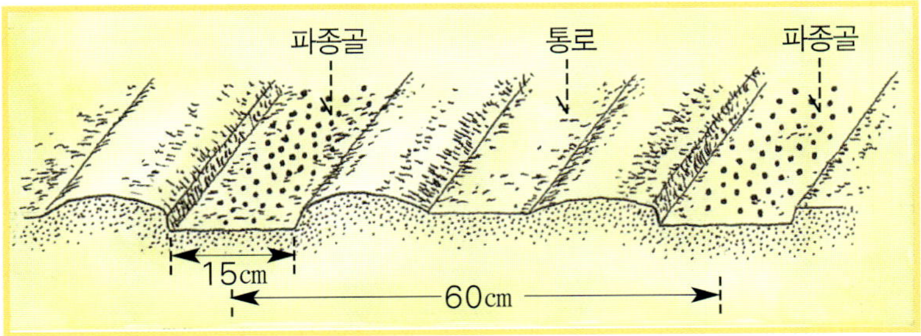

- 파종골 / 통로 / 파종골
- 15cm, 60cm
- 5mm 정도 흙을 덮고 괭이 뒷면으로 눌러준다
- 널빤지 등으로 깊이 1.5cm 정도의 파종골을 만든다
- 모판 표면의 흙을 부수면서 잘 고른다
- 1.5~2cm 간격으로 흩뿌린다

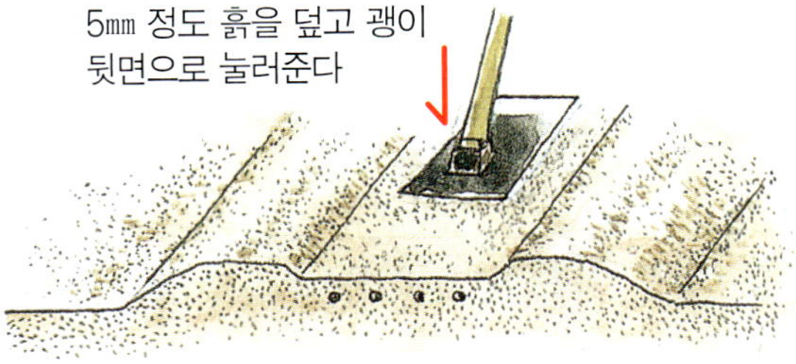

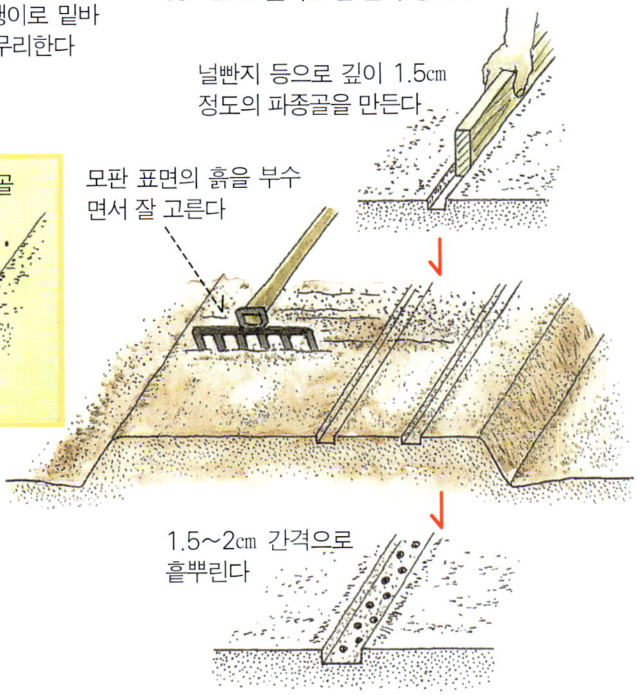

4 솎아내기

본잎이 2~3장일 때 / 본잎이 5~6장일 때

5 웃거름

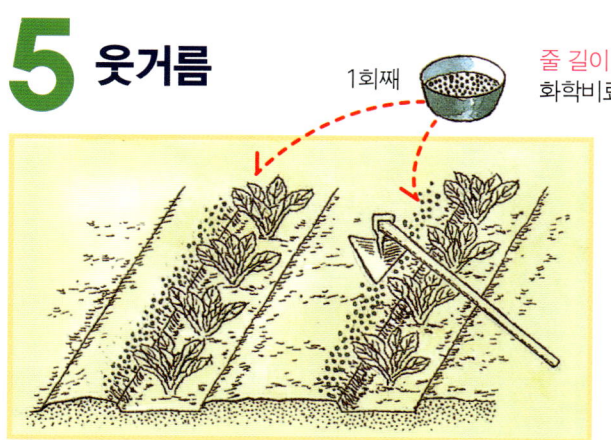

본잎이 5~6장일 때 줄 한쪽에 비료를 흩뿌리고 가볍게 흙과 섞는다

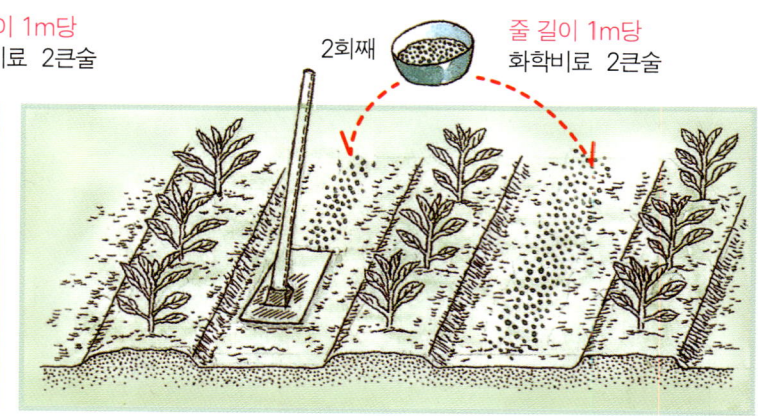

키가 10~12cm일 때 줄 사이에 비료를 흩뿌리고, 중간갈이하면서 가볍게 흙을 북돋아준다

6 수확

한꺼번에 뽑아서 수확하는 방법

추대하여 1~2개의 꽃이 피고, 추대의 겉껍질이 단단해지기 전에 한꺼번에 뽑아서 수확한다

뿌리를 잘라버린다

성공 포인트
꽃줄기가 보이기 시작하면 건조는 금물. 밭이 건조하면 물주기를 게을리 하지 않는다.

'이럴 때에는 어떻게 하나?' Q&A 이것을 알고 싶다

뿌리를 남긴 채 수확해도 될까?

싹이 터서 나오는 곁눈을 이용한다

차례로 꺾어서 수확하는 방법

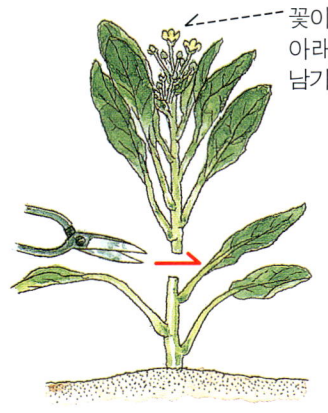

꽃이 1~2개 피었을 때 아래쪽 잎을 3장 정도 남기고 잘라서 수확한다

곁눈이 나오므로 이것을 이용하며, 오랫동안 수확할 수 있다

줄기가 굵고 잎이 두꺼우며 튼튼한 포기일 경우에는 잎을 따서 수확하고 뿌리를 남겨두면 다음에 바로 곁눈이 나오므로 이것을 다시 이용할 수 있다.

잎을 따서 수확하는 경우에는 그림에서와 같이 아래쪽 잎을 3~4장 남기고 잘라서 수확하는 것이 중요하다.

또, 남은 잎눈에서 빨리 좋은 싹이 나오게 하려면 잎을 따내고 바로 포기 밑에 속효성 화학비료 또는 액체비료를 조금 뿌려두는 것이 효과적이다.

칼럼

플랜터재배에 적당한 채소

수확량은 밭보다 적지만, 플랜터나 화분 등의 용기에서도 대부분의 채소를 재배할 수 있다.

장점으로는, 밭에서 재배하는 것보다 가까이에서 관찰할 수 있다는 것과, 용기이므로 쉽게 장소를 옮길 수 있다는 것 등을 들 수 있다. 몇 가지 조건을 만들어 여러 조건에서 재배해보는 것도 재미있다.

플랜터재배에 적합한 채소는, 비교적 작은 용기에서 살고 풀꼴이 작게 자라는 것이다.

일반적으로 열매채소류는 큰 용기가 필요하므로 플랜터재배는 어려울 것이다. 잎줄기채소류나 무 등의 뿌리채소류도 괜찮다.

또 부엌과 가까워야 편리한 채소, 예를 들면 파나 실파 등을 이용하거나, 차조기나 쑥갓·크레송 등 따서 사용하는 것, 그리고 미니토마토나 허브 등 관상용으로 좋은 것들도 권할 만하다.

플랜터에서 재배하는 경우에는 한정된 양의 흙에서 자라는 것을 고려하여, 통기성이나 물빠짐·비료에 대해 신경을 많이 쓴다.

청경채

Pakchoi

중국채소 중 가장 친숙하고 매우 인기가 있다. 삶아도 색이 바래지 않고, 무르지도 않는다.

배추과　원산지=중국

재배특성

- 차고 서늘한 기후를 좋아하여 생육 적정온도가 15~22℃. 가을파종재배가 가장 좋지만, 터널이나 하우스를 이용하면 꽤 저온에서도 재배할 수 있다. 토양에 대한 적응폭은 넓지만 건조에는 약하다.
- 생육일수는 봄파종 50일, 가을파종 60~70일, 가장 긴 겨울의 터널재배도 70~80일이면 수확할 수 있는 단기재배 채소이므로 다른 작물과 사이짓기나 섞어짓기하기도 쉽다.
- 저온에서 꽃눈이 분화하고 장일조건이 되면 추대하여 꽃이 피므로, 봄파종은 온도가 13~14℃ 이상 되도록 하여 꽃눈의 분화를 막는다.

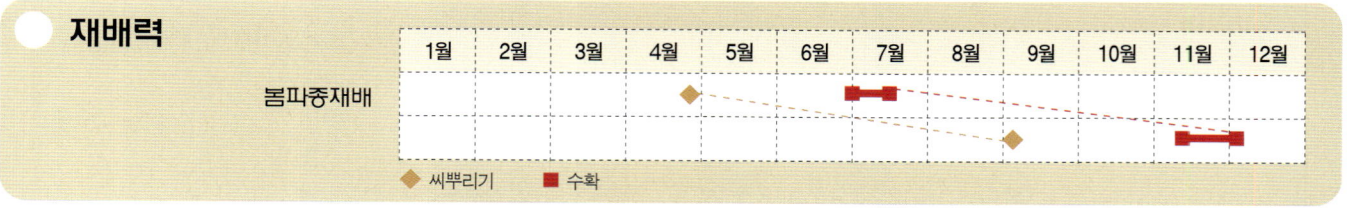

품종

중국채소로 중국에는 생태가 다른 다수의 품종이 있다. 우리나라에서는 청경채·장양 등의 이름으로 판매되고 있다.

일본에는 재배하기 쉽게 품종을 개량한 청제·박초이·사사 등이 있다.

청제

박초이

사사

재배 방법

1 밭 일구기

예정된 밭은 되도록이면 빨리 석회를 뿌려서 갈아두고, 씨 뿌릴 때가 가까워지면 밑거름을 전체에 뿌리고 20cm 정도 깊게 간다

1㎡당
깻묵 3큰술

화학비료 5큰술

완숙퇴비 5~6줌

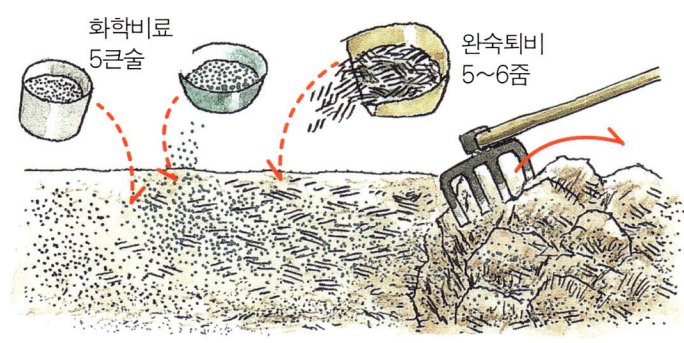

2 씨뿌리기

2~3cm 간격으로 골 전체에 씨를 흩뿌린다

씨를 뿌리면 5~6mm 두께로 흙을 덮는다

15cm 12cm 80cm 통로 40cm

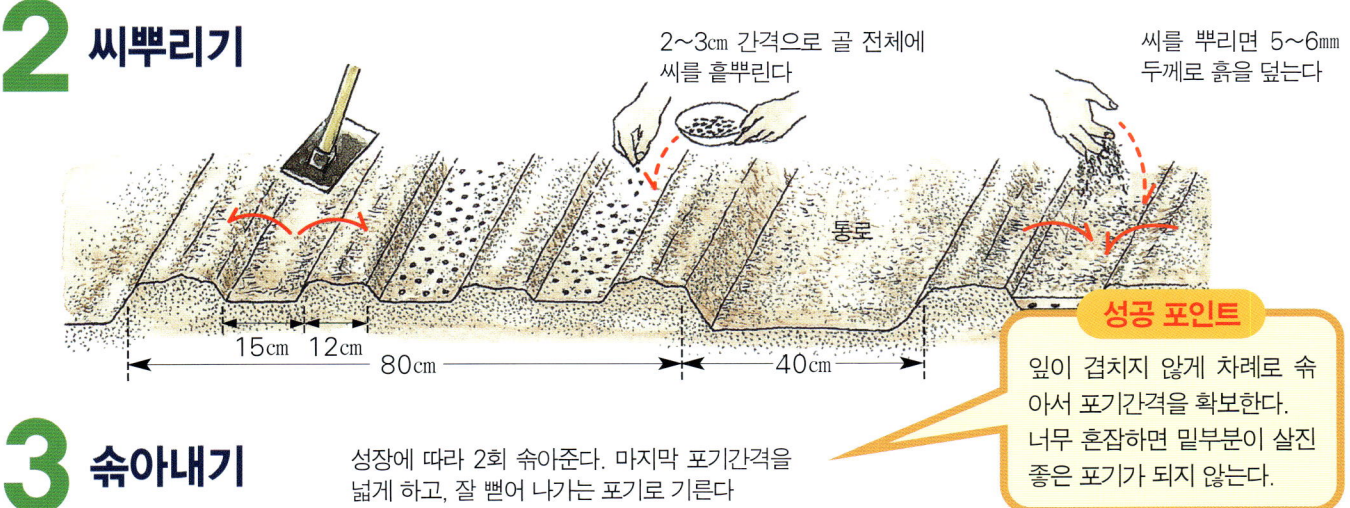

성공 포인트
잎이 겹치지 않게 차례로 솎아서 포기간격을 확보한다. 너무 혼잡하면 밑부분이 살진 좋은 포기가 되지 않는다.

3 솎아내기

성장에 따라 2회 솎아준다. 마지막 포기간격을 넓게 하고, 잘 뻗어 나가는 포기로 기른다

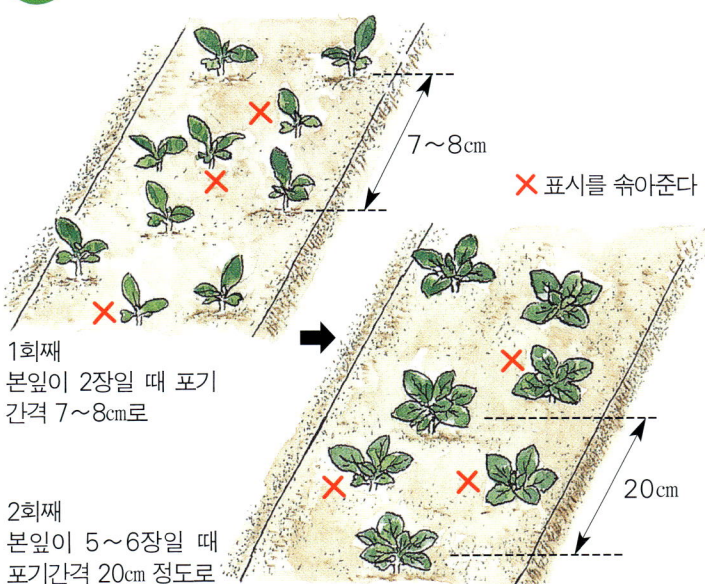

7~8cm

× 표시를 솎아준다

1회째
본잎이 2장일 때 포기 간격 7~8cm로

2회째
본잎이 5~6장일 때 포기간격 20cm 정도로

20cm

적은 포기만 기르는 경우
씨를 비닐포트에 바로 뿌리고 모종을 키워서 두둑에 옮겨 심는다

3호 비닐포트

4~5개 심는다 → 본잎이 1장일 때 1포기로 → 본잎이 4~5 장일 때 본밭에 심는다

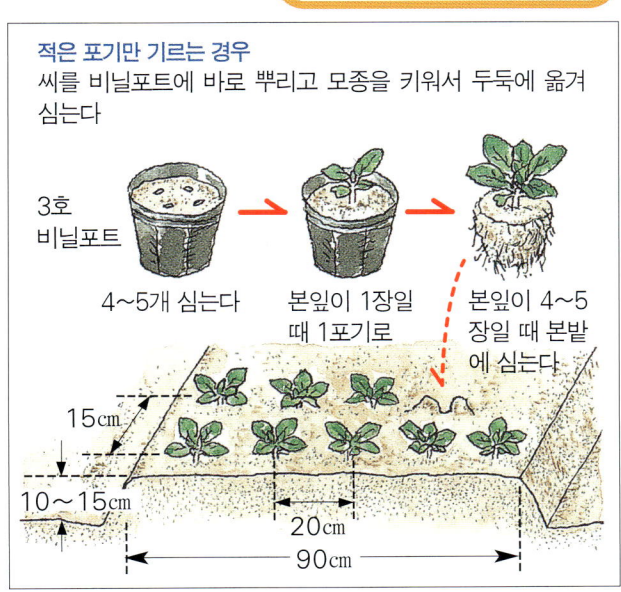

15cm 10~15cm 20cm 90cm

잎줄기 채소류 · 청경채

293

4 웃거름

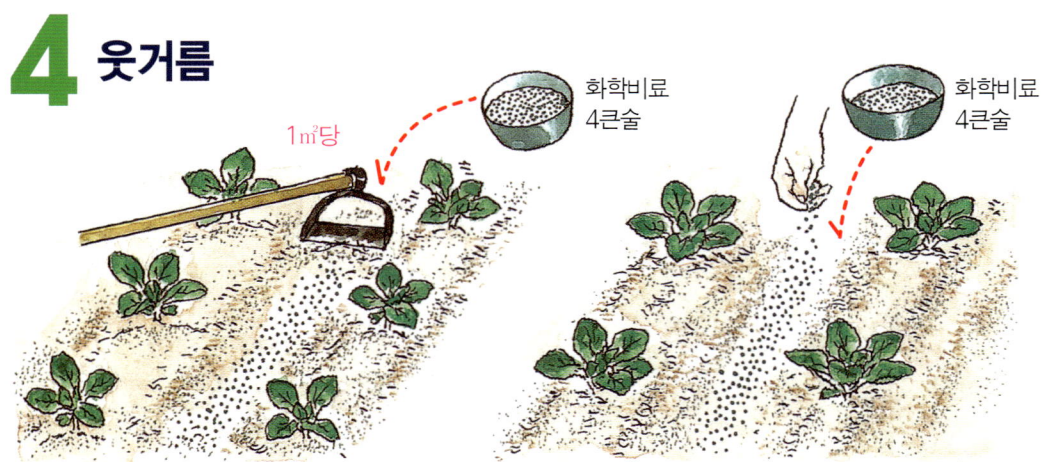

1회째 : 본잎이 4~5장일 때 비료를 줄 사이에 뿌리고 가볍게 흙에 섞어 넣는다

2회째 : 1회째 웃거름을 주고 15일 후에 비료를 줄 사이에 뿌린다

추대
봄에 저온에 되었을 때

웃자람
포기간격이 좁고 너무 혼잡할 때

5 해충 방제

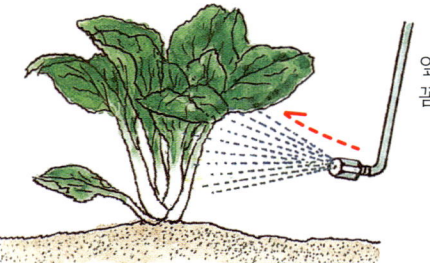

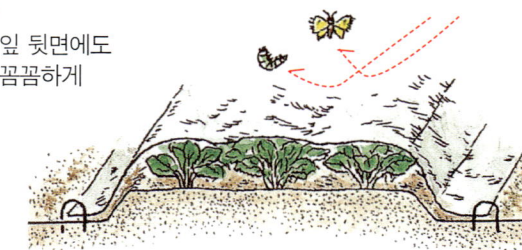

한여름에 씨를 뿌리는 경우 한랭사를 덮어 진딧물을 예방한다

봄과 가을에는 해충이 발생하기 쉽다. 빨리 잡아주고 나서 살충제를 뿌린다

덮개·섬유부직포 등을 직접 덮는 것이 편리

성공 포인트
진딧물·배추좀나방 등의 해충은 최대의 적. 발생시기를 잘 관찰하여 처음 발아할 때 약제를 뿌린다. 방충자재를 씌우고 농약을 사용하지 않는 것이 최고.

6 보온

12~13℃ 이하의 저온이 되면 꽃눈이 생겨 추대하므로 봄에 일찍 씨 뿌릴 때, 가을에 늦게까지 수확할 때 등은 터널에서 보온한다

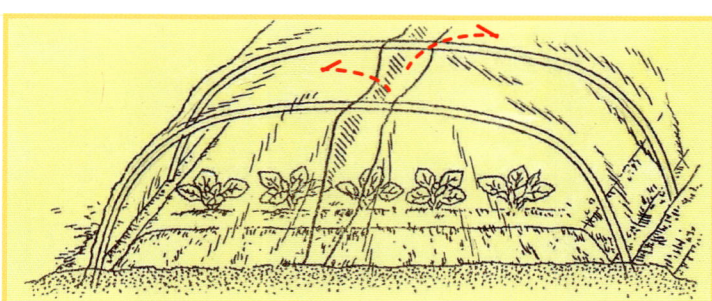
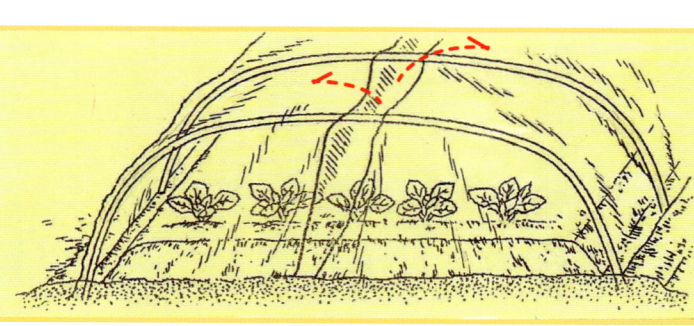

낮에 30℃ 이상 되지 않게 환기에 유의한다

7 수확

미니청경채
어릴 때 수확하여 통째로 끓이는 요리에 이용한다

키가 18~20cm 정도 자랐을 때가 가장 적기. 너무 크면 품질이 떨어진다

밑부분이 크게 부풀고 몸통이 단단한 것이 상품

'이럴 때에는 어떻게 하나?' Q&A 이것을 알고 싶다

Q 봄에 씨를 뿌렸는데 추대하였다

A 벚꽃이 떨어지면 씨를 뿌린다

청경채는 원래 저온에서 꽃눈이 분화하여 장일조건에서 추대하는 성질이 있다.

추대하는 것은 모종을 만드는 기간에 저온에 노출된 것이 원인이다.

모판에서 밤에 온도를 15℃ 이상으로 유지하면 보통 추대가 일어나지 않지만, 씨를 빨리 뿌린 경우에는 밭에 아주심기한 후에 가끔 저온에 노출되거나 생육이 지연되면 보온하였다고 생각하여도 추대하는 것이 있다.

모판에서 온도관리를 잘해주고 터널재배에서 보온관리를 확실히 하면 추대하지 않지만, 그와 함께 추대가 늦고 생육이 빠른 품종을 선택하는 것이 중요하다.

벚꽃이 지고 나서 씨를 뿌리면 어느 지역에서나 추대는 거의 문제되지 않는다.

Q 여름에 재배하였는데 키가 크고 모양이 좋지 않다

A 고온은 금물. 차광이나 환기를 시킨다

청경채는 비교적 고온에서 견디는 편으로 배추나 시금치보다 여름재배가 쉽지만, 줄기가 뻗어 나와서 봄~가을같이 아래가 불룩한 모양을 수확할 수는 없다.

고온이 원인이므로, 한여름의 재배에서는 차광을 위해 전체피복 자재를 잎 위에 바로 덮어주면 효과가 있다.

배추좀나방 등의 해충 방제도 되어 일석이조의 효과가 있으므로 가정의 텃밭에서 농약을 줄일 수 있는 좋은 방법이다.

하우스재배에서는 환기창이나 옆쪽의 창을 가능하면 넓게 열어 환기를 시킴으로써 온도상승을 억제하고 바람의 흐름을 만들어주는 것이 효과적이다.

물과 비료를 정성을 들여 주어 빨리 큰 잎으로 키우는 것도 간접적이지만 효과적인 방법이다.

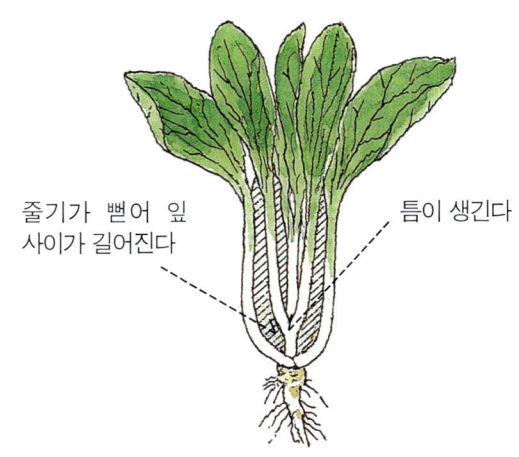

줄기가 뻗어 잎 사이가 길어진다

틈이 생긴다

치커리

Chicory

뿌리포기를 싹틔운 것으로 조금 작고 하얀 모양. 잎은 샐러드나 오르되브르로 이용. 뿌리의 건조 분말은 커피 대용.

국화과　원산지=유럽, 지중해 연안, 중앙아시아

재배특성

- 잎은 가늘고 길며 직립성. 초록색 잎은 쓴맛이 강하여 그냥 먹지 않지만, 연화재배하면 새싹이 잘 싸여서 결구한 모양이 되고 쓴맛이 점점 덜해져 좋은 맛이 난다.
- 튼튼하고 좋은 뿌리포기를 얻기 위하여 양질의 퇴비를 충분히 준다. 캐낸 뿌리포기는 건조시켜 두고 차차 연화시킨다.
- 연화 적정온도는 15~20℃. 저온기에는 전열을 이용해야 한다.

재배력

씨뿌리기　뿌리 채취　수확　연화

품종

어린잎을 이용하는 비촉성용과 뿌리를 캐서 싹을 틔워 이용하는 촉성용이 있다. 잎의 색은 초록색인 것과 적축면상추와 비슷한 것이 있다.

연화시켜 나온 식용부분

치커리꽃

재배 방법

1 밭 일구기
보름 이상 전에 밭을 잘 갈아둔다

성공 포인트
튼튼하고 좋은 뿌리포기를 키우기 위하여 밭에 양질의 퇴비를 많이 주고 물이 잘 빠지게 하여 재배한다.

1㎡당 퇴비 4~5줌, 석회 2~3줌

2 밑거름
골을 파서 밑거름을 넣는다

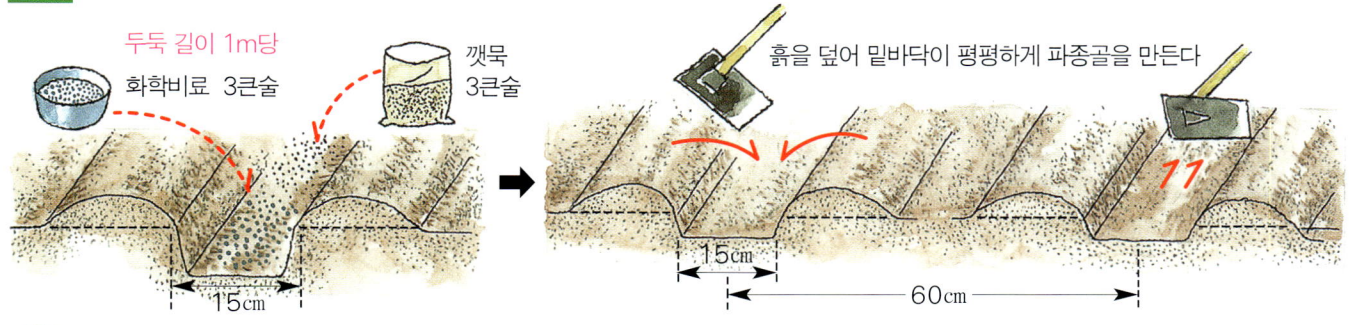

두둑 길이 1m당 화학비료 3큰술, 깻묵 3큰술
흙을 덮어 밑바닥이 평평하게 파종골을 만든다

3 씨뿌리기

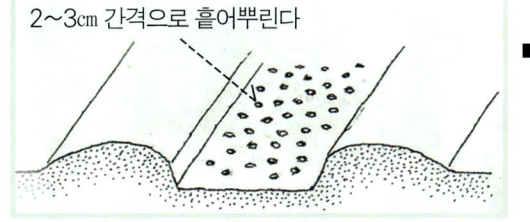

2~3cm 간격으로 흩어뿌린다

손으로 조심해서 씨앗이 보이지 않을 정도로 얇게 흙을 덮는다

성공 포인트
꼼꼼히 솎아주어 포기간격을 충분히 확보하고, 비료가 떨어지지 않게 하여 튼튼하고 좋은 뿌리포기를 기른다.

4 솎아내기 · 웃거름

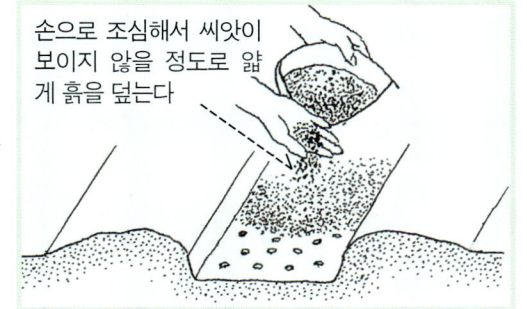

1회째 솎아내기 본잎이 2장일 때
1회째 웃거름 두둑 길이 1m당 화학비료 3큰술
2회째 솎아내기 본잎이 3~4장일 때
3회째 솎아내기 본잎이 5~6장일 때
2회째 웃거름 두둑 길이 1m당 화학비료 3큰술

1회째와 3회째 솎아내기를 끝내고 화학비료를 주어 괭이로 가볍게 갈아서 두둑을 만든다

잎줄기 채소류 · 치커리

5 뿌리포기 파내기

서리가 내리기 시작할 무렵

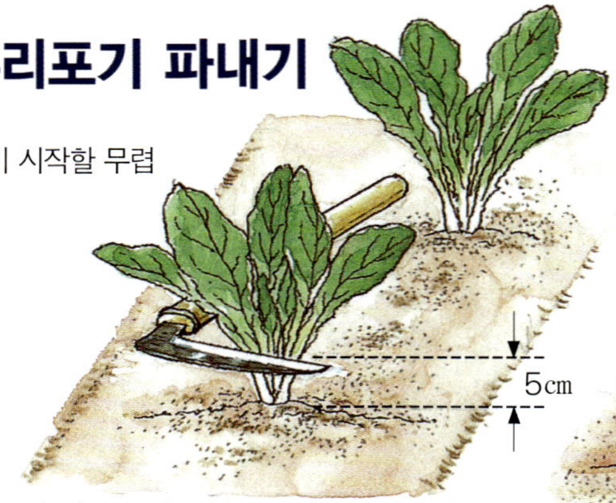

뿌리가 상하지 않게 조심해서 뿌리포기를 파낸다

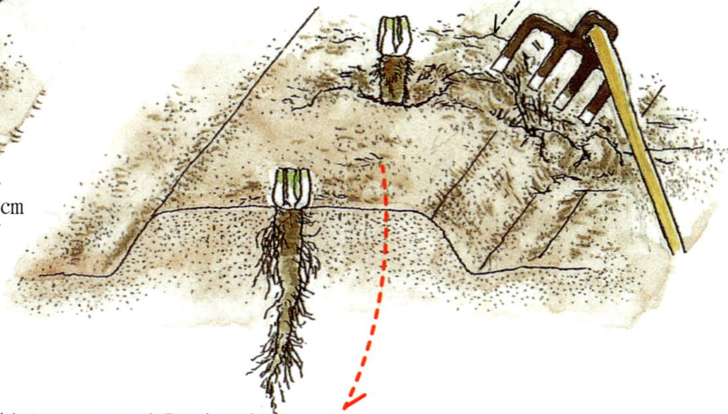

땅 위 5cm 정도 되는 곳에서 잘라주어 작업하기 쉽게 한다

6 뿌리포기 저장·연백

깨끗하게 잘라 가지런히 한다

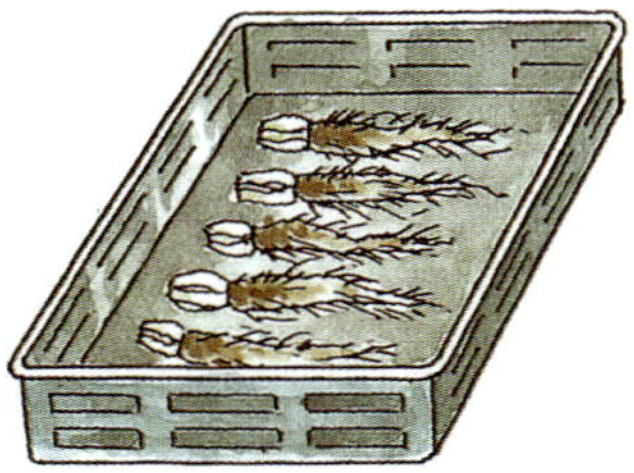

실내에서 썩지 않게 건조 저장하여 차차 연백시킨다

연화상(상자라도 좋다)을 만들어 뿌리포기를 세워서 묻는다

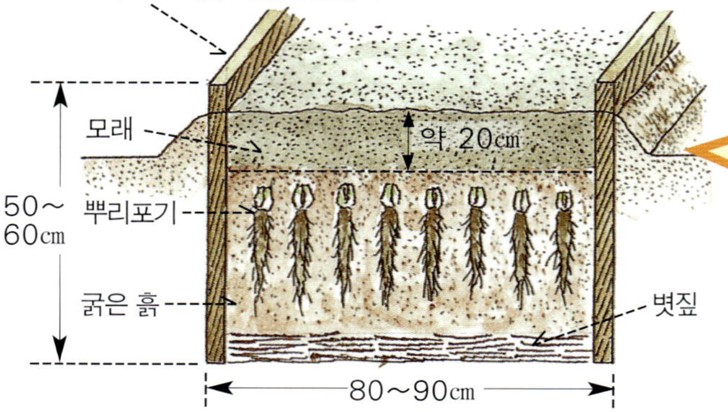

모래
약 20cm
50~60cm
뿌리포기
굵은 흙
볏짚
80~90cm

거적 등 보온자재
비닐

성공 포인트
뿌리포기는 건조시켜서 실내에 저장하고, 필요한 양만 조금씩 연백시켜 이용한다.

연화상의 온도를 15~20℃로 유지하고, 거적과 비닐 등으로 덮어서 보온한다

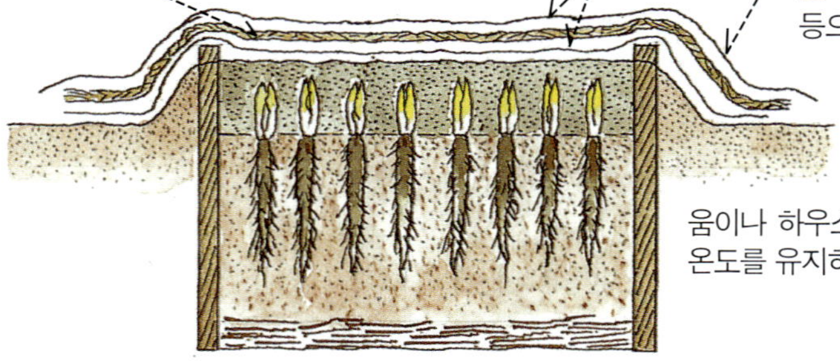

움이나 하우스 안이 가장 온도를 유지하기 쉽다

7 수확·이용

연백을 시작하고 3~4주가 지나서 새싹이 12~13cm로 자랐을 때 파내어 뿌리를 잘라버리고 이용한다

크고 잘 오므라진 것이 좋은 것

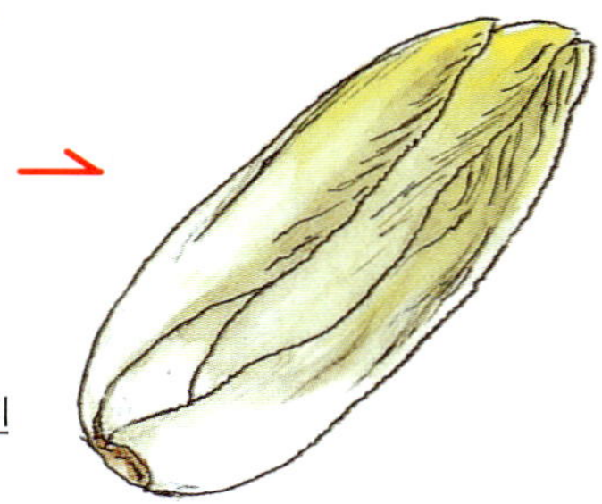

수프와 그라탱은 레몬즙을 넣고 치커리를 미리 데쳐서 사용

날것으로 샐러드

스프

그라탱

생잎에 코티지치즈나 고기 패티를 올려서 장식한 요리

'이럴 때에는 어떻게 하나?' Q&A 이것을 알고 싶다

 **뿌리포기를 캐내는 적기와 이후의 취급방법은?**

늦가을에 2~3회 서리를 맞히고 저장하여 차차 연백한다

땅 윗부분은 여름부터 가을에 왕성하게 자라며, 뿌리쪽으로 영양분을 운반하여 차츰 뿌리가 만들어진다. 너무 빨리 캐내면 충분히 알차지 않고, 다음에 새싹도 잘 고르지 않다.

서리가 내릴 때까지 밭에 두어 2~3회 서리를 맞히고 캐낸다.

중요한 뿌리가 상하지 않게 주의하여 캔다.

캐낸 뿌리포기는 말려서 통기성이 좋은 용기에 넣어 실내에 저장한다. 그리고 필요한 양을 조금씩 연백시켜 이용한다.

 **뿌리를 구덩이에 넣었는데 싹이 고르게 나오지 않는다. 연백방법은?**

저장해두고 나서 연백한다

캐낸 뿌리포기는 잎을 1~2㎝ 길이로 가지런히 잘라서 망상자 등에 늘어트려 건조, 저장해둔다. 필요한 양만 조금씩 연화상에 넣어 싹을 틔운다.

연화상은 비닐하우스 안이나 횡혈식 곳간 등을 이용한다. 적정온도인 15~20℃가 되도록 보온자재를 덮거나 전열가온하는 등 온도를 유지하는 시설을 하며, 굵은 흙으로 뿌리를 둘러싸면서 7~8㎝ 간격으로 뿌리포기를 묻는다.

싹이 터서 연백 결구한 치커리 길이가 12㎝ 정도 되면 수확하여 이용한다.

수확까지의 기간은 적정온도에서라면 20일 정도이다.

텃밭 미니상식 | 있으면 편리한 도구들

널빤지는 두둑을 평평하게 고를 때 중요하다

부추 등을 수확할 때 오래된 식칼이 유용하다

전정가위를 사용하여 스틱 세뇨르를 수확

캐낸 토란을 떼어내는 데는 맥주병이 편리

카이란(개람)

Chinese kale

양배추의 한 부류로, 일찍부터 줄기가 나와 꽃이 달린다. 고온에 강하므로 여름채소로 적합하다.

배추과　원산지=중국 남부, 열대지방

재배특성

- 양배추류 중에서는 가장 고온성으로 한여름에도 잘 자라며, 4월 중순부터 8월 하순까지 이어짓기하여 씨를 뿌릴 수 있다.
- 추대하기 쉽고 어린잎과 뻗어 나온 꽃줄기를 이용하는데, 어릴 때부터 먹을 수 있다.
- 모종을 길러서 재배하는 편이 양질을 고르게 수확할 수 있지만, 밭에 직접 씨앗을 뿌려서 재배할 수도 있다.

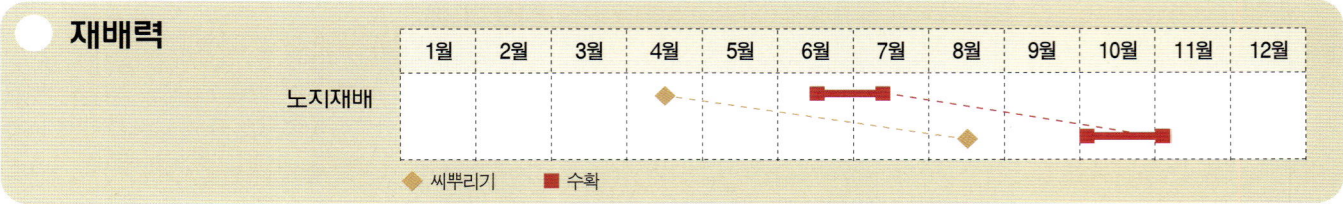

품종

중국 남부에서 타이완·동남아시아에 걸쳐 널리 재배되고 있으며, 품종의 분화는 나타나지 않는다. 황화종과 백화종이 있다. 우리나라에서는 판매되지 않고 있으며, 일본에서는 카이란·개람 등이 판매되고 있다.

개람

카이란

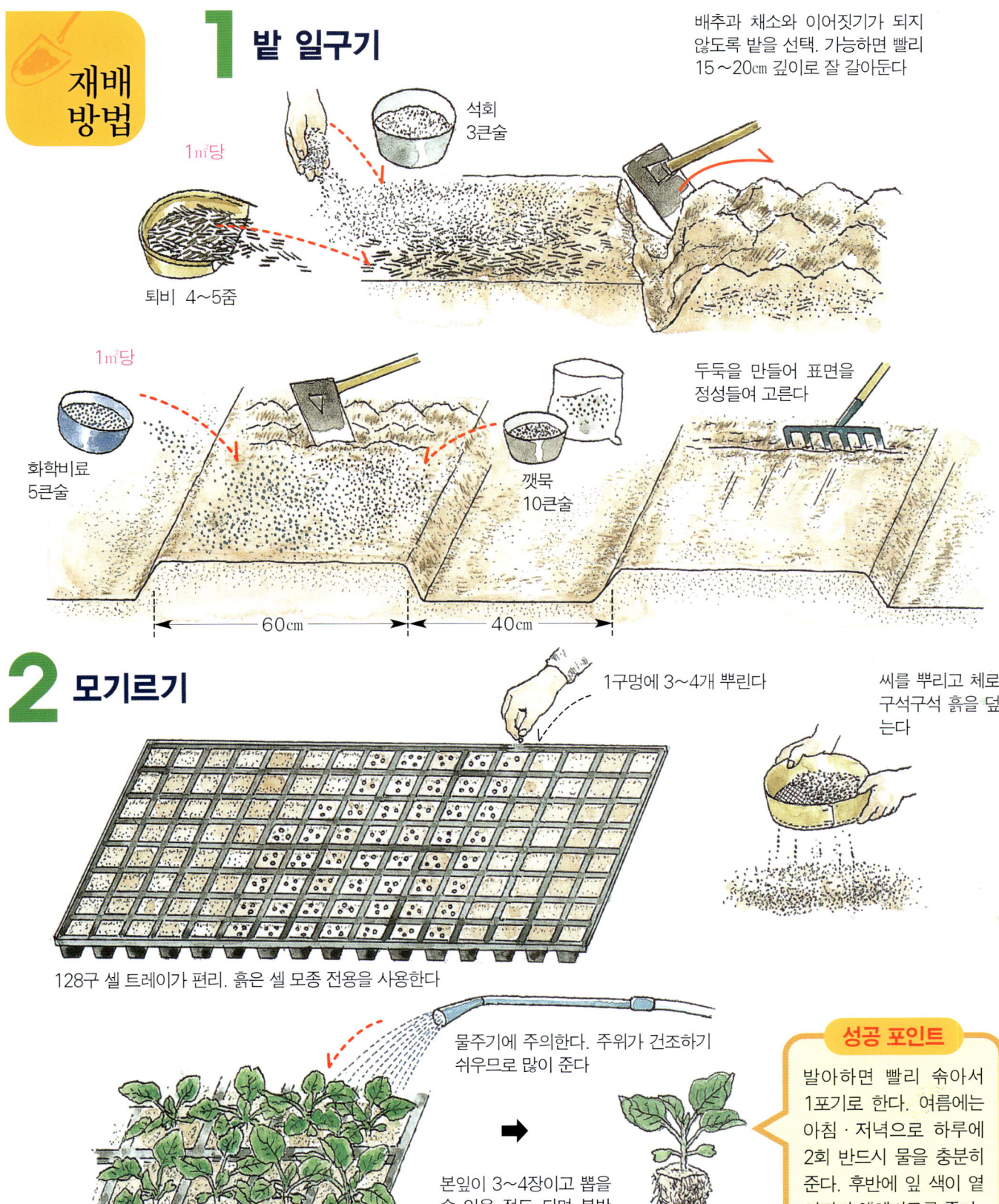

3 아주심기

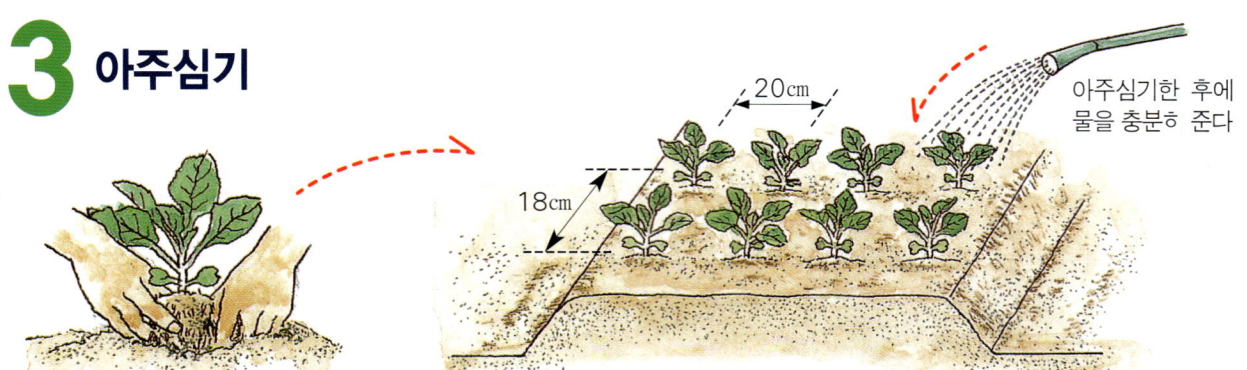

- 20cm
- 18cm
- 아주심기한 후에 물을 충분히 준다

4 씨뿌리기

밭에 바로뿌리기하는 경우

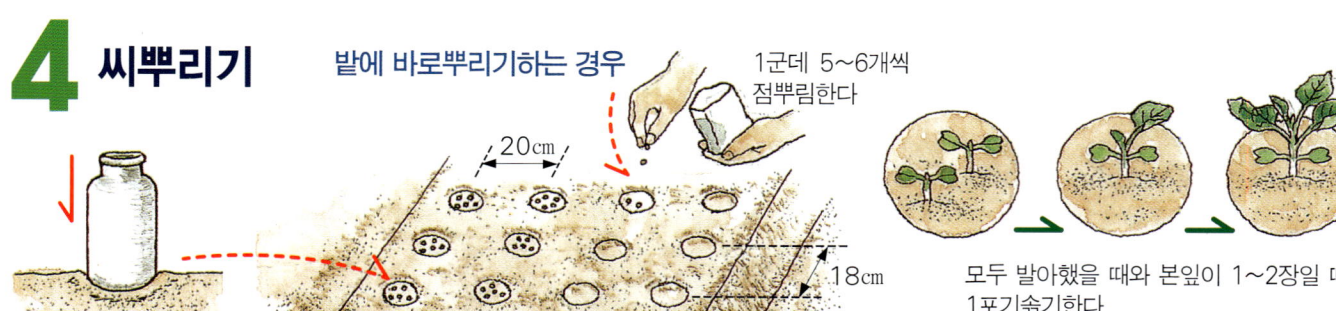

- 지름 3~4cm의 병 바닥으로 눌러서 씨 뿌릴 구멍을 만든다
- 1군데 5~6개씩 점뿌림한다
- 20cm / 18cm / 90cm
- 모두 발아했을 때와 본잎이 1~2장일 때 1포기솎기한다

5 웃거름

- 1줄당 화학비료 2큰술
- 작물의 키가 7~8cm일 때 웃거름을 준다. 다음에는 생육상황을 보며 적당히 준다

성공 포인트
빨리 수확하여 꽃이 피기 시작할 때까지는 마치도록 한다. 곁눈을 수확하려면 수확 후 곧바로 속효성 비료를 웃거름으로 준다.

6 수확

- 작물의 키가 15cm 정도 되었을 때부터 이용할 수 있다
- 손으로 꺾어서 수확한다
- 맛이 제일 좋은 수확 적기는 줄기가 자라서 끝에 꽃이 1~2개 피기 시작할 때

줄기 밑부분의 싹을 2~3개 남기고 윗부분만 잘라 수확하면, 곁눈이 자라서 두 번 수확할 수 있다

'이럴 때에는 어떻게 하나?' Q&A 이것을 알고 싶다

Q 훌륭한 조리방법은?

A 밑부분은 껍질을 벗겨서 세로로 쪼개 기름에 볶거나 튀긴다

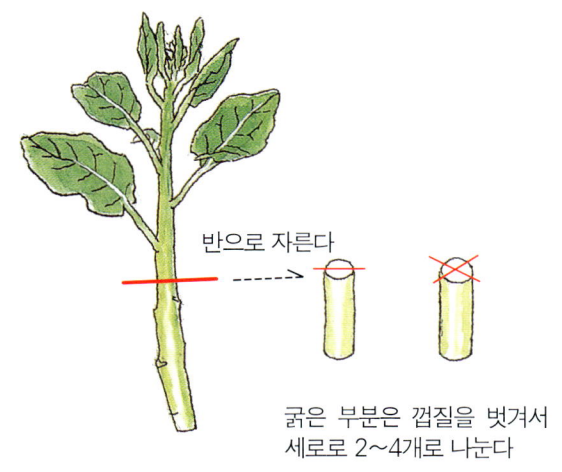

반으로 자른다

굵은 부분은 껍질을 벗겨서 세로로 2~4개로 나눈다

가정의 텃밭에서는 포기를 많이 길러서 키가 15㎝ 정도 되는 어릴 때부터 이용한다.

이 무렵에는 전체가 부드러우므로 적당히 잘라 살짝 데쳐서 이용한다. 그림과 같이 수확적기(본래의 좋은 맛이 난다)가 되었을 때는 줄기 밑부분이 약간 단단하므로, 반으로 잘라서 밑부분은 껍질을 벗기고 세로로 잘라 이용한다.

어린잎이나 꽃봉오리 부분은 약간 쓴맛이 있어 기름에 볶거나 튀기는 것이 좋지만, 줄기부분은 볶음 · 샐러드 · 튀김에 좋고 국거리나 절임으로 하여도 맛있다.

타이요리에서는 카이란볶음이 매우 대중적으로, 일반 가정의 식탁에 자주 오른다.

텃밭 미니상식 | 야자껍질 이용 |

야자껍질을 뿌리고 잘 갈아 넣는다

야자껍질은 섬유질이 단단하여 잘 안 썩으므로 퇴비보다 효과가 오래 지속된다

야자껍질은 비가 와도 잘 쓸려 내려가지 않고 모판의 표면이 건조하지 않으므로, 씨앗을 심고 위에 덮어주어도 좋다

컬리플라워

Cauliflower

브로콜리의 돌연변이로 백화한 것. 철분이 풍부하고, 비타민B_1과 B_2, 특히 비타민C가 풍부하다. 서양요리와 일본·중국요리 등에 폭넓게 쓰인다.

배추과　　원산지＝지중해 동부 연안

재배특성

- 꽃봉오리의 발육 적정온도는 10~15℃. 너무 높으면 꽃봉오리에 이상이 생기기 쉬우므로 재배적기를 지킨다.
- 품종에 따라 조만성(早·晩性)이 많이 다르므로 시기에 맞는 품종 선택이 특히 중요하다.
- 유기질이 많고 보수성이 있는 토양을 좋아하지만, 습기가 많은 토양에는 약하므로 물이 잘 빠지도록 하여 재배한다.

품종

극조생종의 백추, 조생종의 스노 크라운·바로크, 중조생종의 부라이달·스노 뉴 다이아, 만생종의 스노마치 등이 있다. 그밖에 보라색의 바이올렛 퀸, 오렌지색의 오렌지 부케 등 색다른 품종도 즐긴다. 우리나라에서는 꽃양배추라고도 하며, 스노 퀸·스노 코메트·스노 크라운·스노 볼 등이 재배되고 있다.

백추

스노 마치

오렌지 부케

4 웃거름 · 중간갈이

비료를 주고 흙을 부드럽게 만들어 두둑에 쌓아 올린다

1포기당
화학비료
1큰술

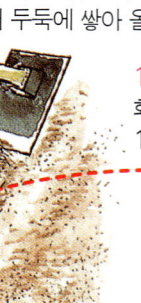

성공 포인트

비료가 부족하지 않게 키우는 것이 중요. 특히 작은 꽃봉오리가 보이기 시작할 때부터 꽃봉오리가 크는 시기에 비료효과가 있도록 웃거름에 신경 쓴다.

생육기간 중에 3~4회 웃거름을 준다

5 해충 방제

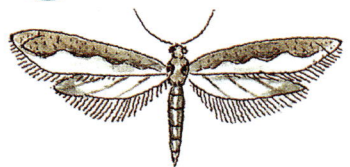

도둑벌레 · 배추좀나방 · 배추흰나비 (유충) 등이 큰 문제

보이는 대로 빨리 약제를 뿌린다

성공 포인트

순백이며 육질이 단단한 꽃봉오리로 키우는 것이 목표이므로, 강한 빛에 바래거나 먼지나 오물에 더러워지지 않도록 꽃봉오리를 잘 보호한다.

6 꽃봉오리 관리

꽃봉오리의 지름이 7~8cm일 때

바깥잎을 모아 끈(비닐 끈이나 짚)으로 묶는다

그다지 심하게 춥지 않은 곳에서는 잎을 뜯어 모자처럼 덮기간 해도 된다

7 수확

꽃봉오리가 지름 15cm 내외로 크고 젖이 엉긴 모양이며, 쌀알 크기의 작은 꽃봉오리가 꽉 차 있을 때 수확한다

꽃봉오리가 보이기 시작하고 조생종은 15일, 만생종은 30일 정도면 수확할 수 있다

색이나 모양이 다른 진귀한 품종도 꽃봉오리가 꽉 차서 틈이 안 보일 때가 수확적기다

보라색

산호초

'이럴 때에는 어떻게 하나?' Q&A 이것을 알고 싶다

Q. 꽃봉오리 속에 잎이 자라 있다

A. 모종 초기에 고온이었기 때문이다

들잎(leafy)이라고 하며, 꽃봉오리 표면에 작은 잎이 생기는 현상이다. 꽃봉오리가 생기기 시작하는 초기에 꽃봉오리 발육에 필요한 적정온도 이상의 고온에 노출되어 꽃의 기부에서 잎이 뻗어 나온 것으로, 이런 것은 컬리플라워로 좋지 않다. 적기에 알맞은 품종을 골라서 재배하면 이런 현상은 나타나지 않는다.

이밖에도 저온 때문에 표면이 꺼칠꺼칠하거나 갈색 또는 분홍색이 되며, 고온 때문에 새의 깃털이 생긴 것처럼 된다. 주로 습도로 인한 비정상적인 컬리플라워는 약한 포기에서 조금 나타난다.

Q. 컬리플라워의 꽃봉오리가 누렇게 된다

A. 강한 햇빛에 너무 노출되었기 때문이다

잎이 매우 무성하고 포기가 커지면 중심부에 꽃봉오리가 나타나 점점 커진다.

이 흰 꽃봉오리는 많은 꽃봉오리가 모인 것이라서 잎줄기에 비해 특별히 외부 조건에 민감하다. 점점 커지면 잎 사이로 빛이 직접 꽃봉오리에 닿게 된다.

이 때 강한 직사광선이 들어가면 순백의 꽃봉오리가 차차 누렇게 되고 거칠어져 품질이 매우 나빠진다.

햇빛뿐만 아니라 서리가 내려도 꽃봉오리가 추위에 상하기 쉽고, 또한 바람이 강한 곳에서는 모래흙을 직접 받으므로 사용하는 것은 물론 위생적으로도 좋지 않다.

꽃봉오리가 주먹 크기만 할 때부터 컬리플라워의 바깥잎을 모아 비닐끈이나 짚 등으로 위쪽을 묶어주거나, 잎을 따서 꽃봉오리 위에 덮어 보호해야 한다.

수확이 늦어지면 맛이 떨어지므로 꽃봉오리가 크고 주변의 작은 꽃이 울퉁불퉁 많아지기 시작하면 수확한다. 꽃봉오리 사이에 틈이 생기면 이미 수확이 늦었다고 본다.

칼럼

비타민C가 풍부하고 영양가도 높다

브로콜리와 함께 비타민C가 풍부하여 하루 100g이면 충분히 성인 필요량이 된다. 식이섬유도 100g당 양배추나 파보다 많으며, 또한 채소로서는 단백질도 많다.

컴프리

Comfrey

채소 중 가장 강건하며 번식력도 왕성하여 잡초화 될 정도. 초여름에는 복숭아색에서 하늘색으로 변하는 종 모양의 꽃이 달린다.

명아주과   **원산지=유럽·아시아**

재배 특성

- 생육이 매우 왕성하고, 토양에 대한 적응폭도 매우 넓어 어디에서나 잘 자란다.
- 여러해살이로 번식력도 왕성하여 점점 포기가 늘어난다.

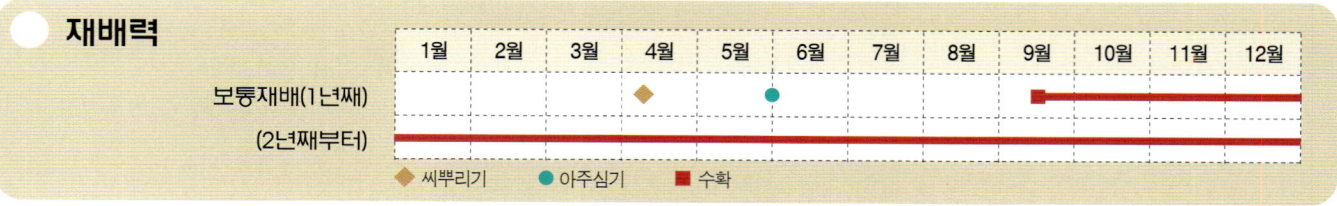

품종

품종의 분화는 나타나지 않으므로 구하기 쉬운 것을 재배한다. 재배하고 있는 사람으로부터 뿌리 포기를 분양받는 것이 간편하다.

재배 방법

1 밭 일구기

작은 하천이나 저수지 옆 등의 흙에서도 잘 자란다

어디에서나 잘 자라지만 물이 잘 빠지고 보수성이 있는 토양을 좋아한다

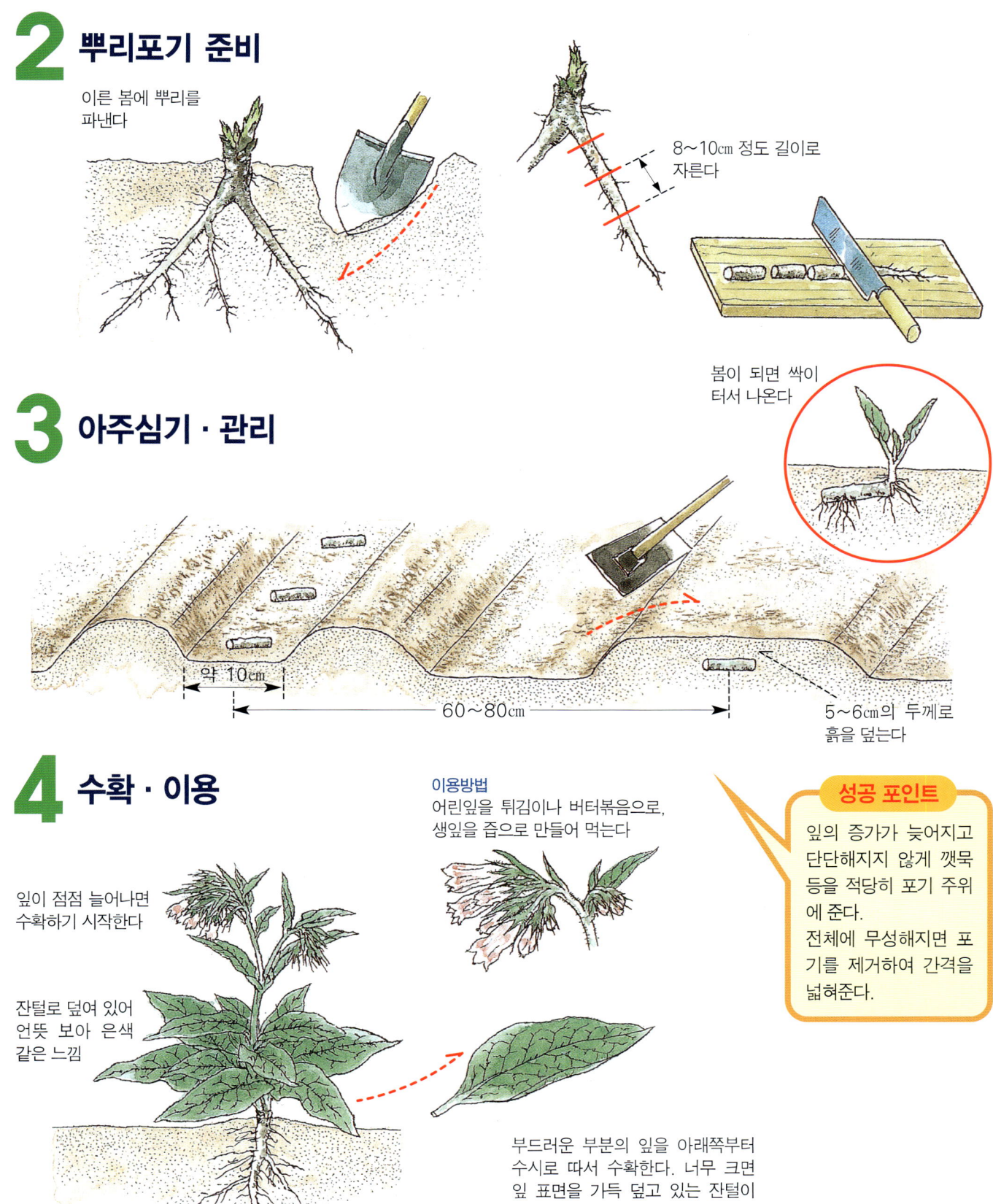

케일

Kale

양배추류이지만 결구하지 않고 잎의 색이 약간 엷다. 비타민·미네랄 등의 함량이 높아서 건강 채소주스로 가장 좋다.

배추과　원산지=유럽

재배특성

- 성질이 강건하여 더위와 추위에 강하고, 토양에 대한 적응폭이 넓어 양배추류로는 매우 기르기 쉬운 편이다.
- 밑거름으로 퇴비를 많이 주고 잎자람새나 잎의 색에 따라 수시로 웃거름을 주어 비료효과가 떨어지지 않게 하고, 양질의 잎을 수확한다.

품종

잎의 색이나 모양, 작물의 모양(줄기가 위로 자라는 것, 낮게 뻗는 것) 등에 따라 여러 가지로 나뉜다. 쌈케일·곱슬케일·꽃케일 등이 있으나 구입하기 쉬운 것을 이용한다.

재배방법

1 모기르기

포기가 적으면 모종상자에 씨를 뿌리는 것이 편리

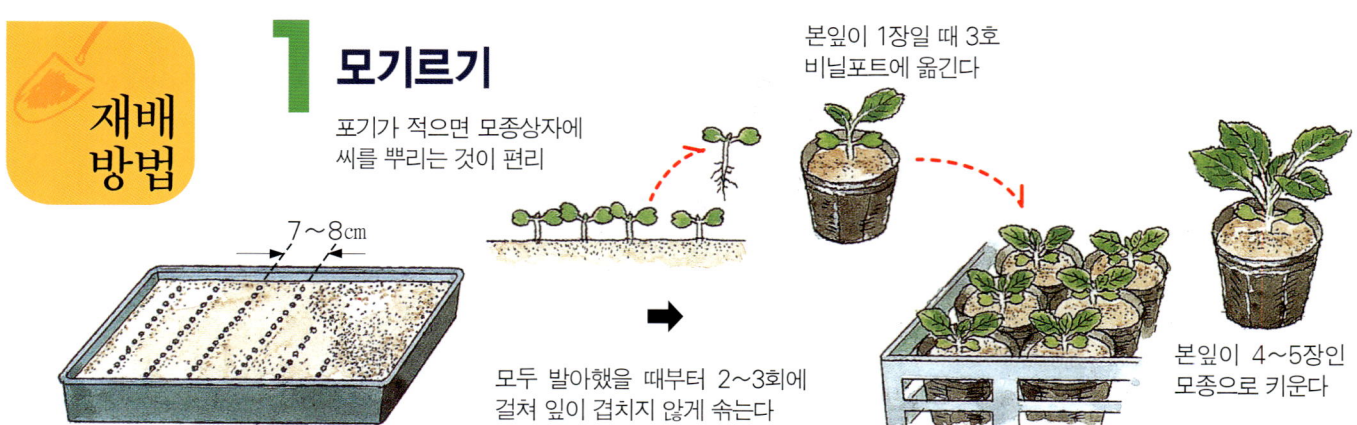

2 밭 일구기

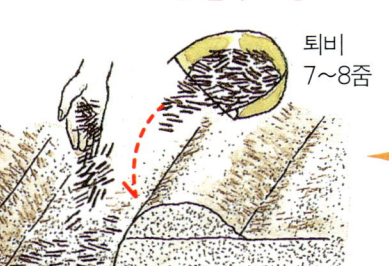

성공 포인트

좋은 잎을 계속해서 많이 수확하기 위해서는 비료효과가 떨어지지 않고 지속되도록 한다. 밑거름으로는 양질의 퇴비를 충분히 뿌려둔다.

골 길이 1m당 퇴비 7~8줌

15cm / 60cm

3 아주심기

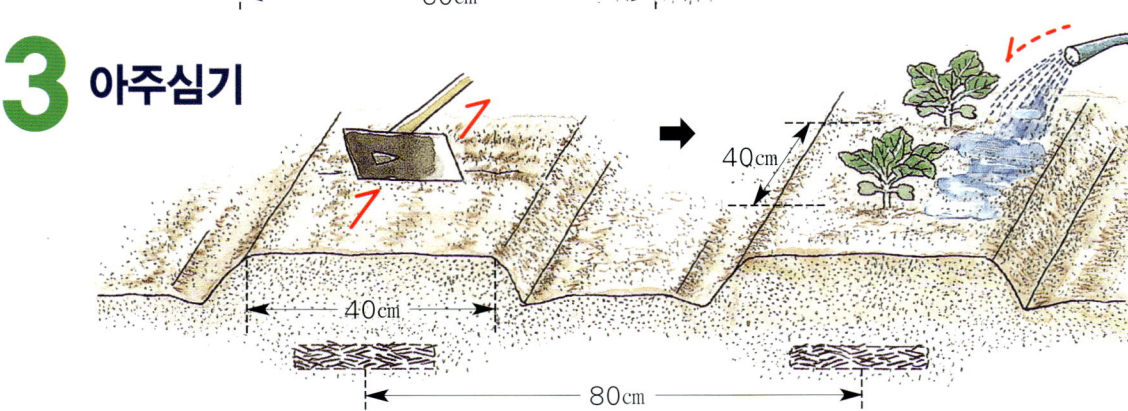

아주심기가 끝나면 포기 주위에 물을 충분히 준다

40cm / 40cm / 80cm

4 웃거름 · 관리

두둑 길이 1m당
화학비료 3큰술
깻묵 5큰술

아주심기 1개월 후부터 생육상황을 보면서 20일에 1회 정도 웃거름을 준다

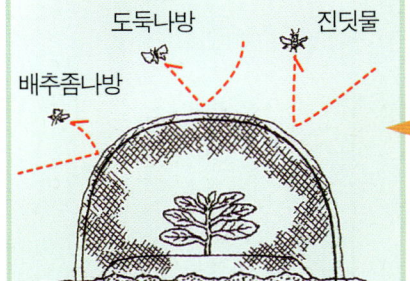

도둑나방, 진딧물, 배추좀나방

성공 포인트

배추과 채소의 특성상 해충 피해가 크다. 계속해서 수확하고자 할 때는 농약 사용이 좋지 않으므로 피복자재를 씌워서 해충을 막는다.

5 수확

왕성하게 자라면 아래쪽 잎부터 수시로 따서 이용한다

이용방법

주서에 케일만, 또는 사과 · 감귤 · 토마토 · 당근 등과 함께 갈아서 주스로 만든다. 풋내가 나면 식초나 꿀 등을 조금 넣어 먹어도 좋다

콜라비

Kohlrabi

양배추류로 줄기가 공모양처럼 살진 진귀한 모양. 순무 양배추라고도 불린다. 브로콜리 줄기와 비슷한 특별하지 않은 맛으로, 씹는 느낌이 좋고 단맛도 있다.

배추과   원산지=지중해 북쪽 해안지방

재배특성

- 서늘하고 시원한 기후를 좋아하며 생육 적정온도는 15~20℃. 양배추보다 저온이나 고온에 잘 견디며, 재배하기 쉽다.
- 육질이나 맛을 좋게 하려면 비옥한 밭에서 비료가 부족하지 않게 재배해야 한다.
- 보통은 밭에 바로 뿌리지만 돌려짓기할 경우에는 모종을 길러서 옮겨 심는 것도 좋다.
- 수확이 늦어지면 구가 단단해지고 섬유질이 발달하여 맛이 떨어진다.

품종

잎도 알줄기도 초록색인 초록색종과, 잎·알줄기가 적자색인 것이 있다. 초록색종의 대표 품종으로 그랜드 듀크·선버드, 적자색으로는 퍼플 버드 등이 있다. 우리나라에서는 일본종이 도입, 재배된다.

그랜드 듀크

선 버드

퍼플 버드

재배 방법

1 밭 일구기

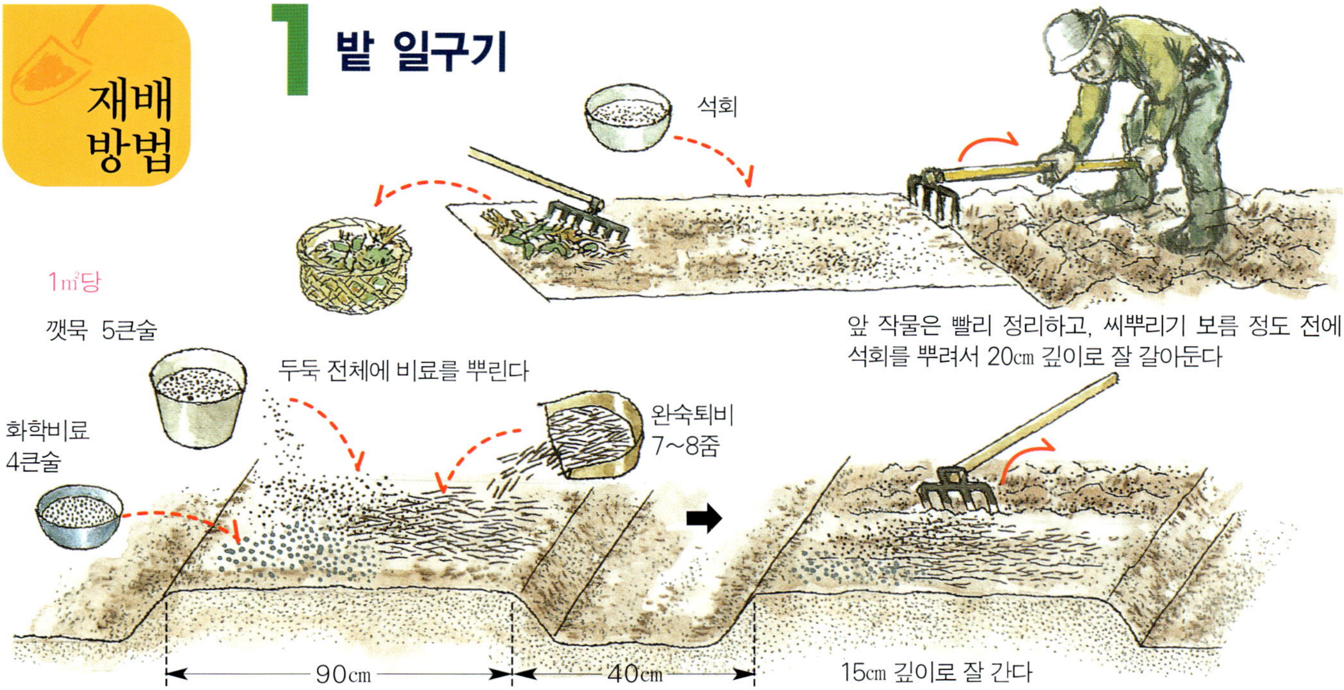

1㎡당
- 깻묵 5큰술
- 화학비료 4큰술

두둑 전체에 비료를 뿌린다
완숙퇴비 7~8줌

앞 작물은 빨리 정리하고, 씨뿌리기 보름 정도 전에 석회를 뿌려서 20㎝ 깊이로 잘 갈아둔다

석회

90㎝ / 40㎝ / 15㎝ 깊이로 잘 간다

2 씨뿌리기 · 모기르기

20㎝
90㎝
20㎝ 간격으로 줄뿌림한다

방충 피복
전체피복 자재
틈새가 없도록 철사 등으로 막는다

봄파종은 생육 도중에 해충의 피해를 입기 쉬우므로 부직포로 전체를 덮어주면 좋다

모종을 기르는 경우

적은 포기를 재배한다면 모종을 길러서 밭이나 플랜터에 심는다

9㎝
모종상자에 줄뿌림한다

발아가 고르게 되었다면 1.5~2㎝ 간격으로 솎는다

본잎이 1~2장일 때 3호 비닐포트에 옮겨 심는다

본잎이 5~6장인 모종으로 기른다

3 솎아내기 · 웃거름

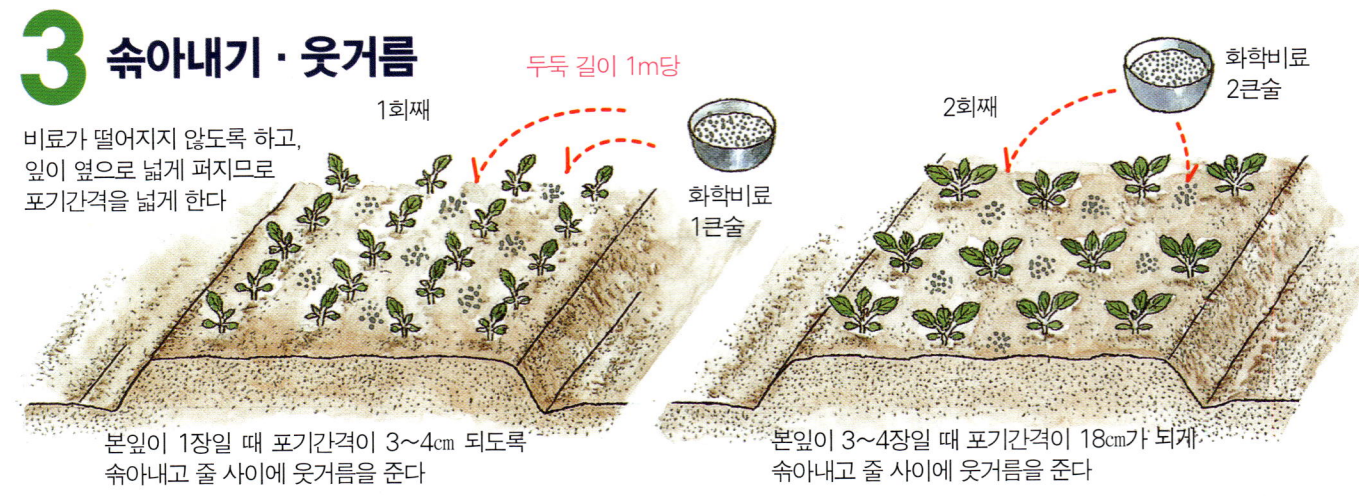

비료가 떨어지지 않도록 하고, 잎이 옆으로 넓게 퍼지므로 포기간격을 넓게 한다

1회째 — 두둑 길이 1m당 — 화학비료 1큰술

본잎이 1장일 때 포기간격이 3~4cm 되도록 솎아내고 줄 사이에 웃거름을 준다

2회째 — 화학비료 2큰술

본잎이 3~4장일 때 포기간격이 18cm가 되게 솎아내고 줄 사이에 웃거름을 준다

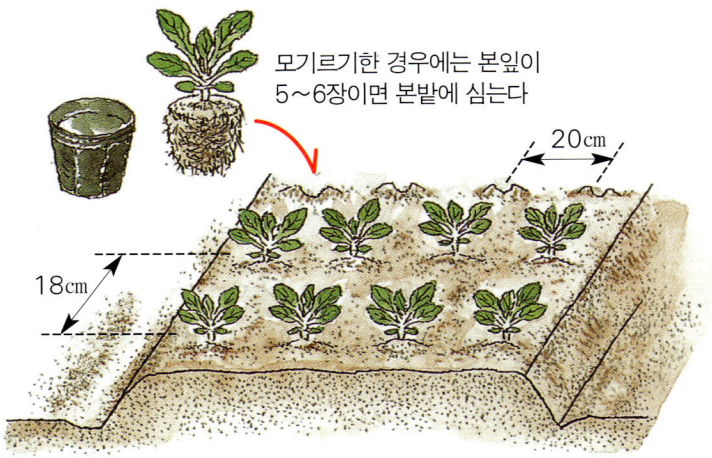

모기르기한 경우에는 본잎이 5~6장이면 본밭에 심는다

20cm / 18cm

4 잎따기

성공 포인트

잎따기는 콜라비 재배에서 빼놓을 수 없다. 생육 중기에 아래 잎부터 따내는데 위쪽 잎은 반드시 5~6장 남겨놓도록 하며, 어느 정도 딸 것인지 판단하는 것이 중요하다.

구의 옆에서 나온 잎은 2~3cm 남기고 잘라내어 구가 살지도록 돕는다. 위쪽의 다 자란 잎은 반드시 5~6장 남긴다

5 수확 · 이용

구가 지름 5~7cm로 커졌을 때 밑동을 뽑아 수확한다

밑동을 뽑아 낸다

1cm / 구의 아래쪽 1cm 정도는 단단하여 먹지 못하므로 잘라버린다

이용방법

쌀겨절임 소금절임

샐러드 — 껍질을 벗기고 얇게 썰어서 소금을 뿌리고 주물러 부드럽게 한다

이밖에 된장국 · 볶음 등에도

수프 · 스튜

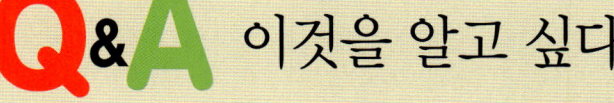

이럴 때에는 어떻게 하나? Q&A 이것을 알고 싶다

Q 밭에 바로 씨를 뿌리는 것이 좋을까, 모기르기하는 것이 좋을까?

A 밭이라면 바로뿌리기, 플랜터는 모기르기

양배추보다도 강건하므로 2~3회에 걸쳐 솎아주어 마지막에 포기간격을 18㎝ 정도로 하면 밭에 줄뿌림하여도 잘 자란다.

포기 수가 적어도 좋으면 모종상자에 씨를 뿌리고, 모판에 옮겨 심어서 본잎이 5~6장인 모종으로 만들어 플랜터나 정원에 심는 것이 편리하다.

셀 육묘인 경우의 씨뿌리기

셀 트레이에 손가락으로 씨 뿌릴 구멍을 만든다

구멍에 4~5개의 씨앗을 넣는다

씨를 뿌리고 물을 충분히 준다

칼럼

콜라비의 용기재배

본잎이 5~6장인 모종을 심어서 재배한다. 자리를 차지하므로 포기간격이 20㎝ 정도 필요하다. 큰 플랜터를 준비하고 적옥토(작은 입자) 7, 부엽토 3의 흙에 10ℓ당 고토석회 30g, 유기배합비료 20g을 섞는다. 건조에 약하고, 특히 구가 커질 때 물이 부족하면 목질화되므로 물을 충분히 준다.

Q 이용하는 방법은?

A 얇게 썰어서 샐러드나 단식초절임으로 이용한다

우선 구 위아래의 딱딱한 부분을 잘라내고 껍질을 벗겨서 뜨거운 물에 살짝 데친 후 샐러드에 이용하거나 국·볶음으로 이용한다.

또, 날것을 4~5㎝ 두께로 잘라서 소금을 뿌려 주물러 부드럽게 한 후 단식초 요리를 하거나, 쌀겨절임이나 소금절임으로 할 수도 있다.

적자색과 초록색 품종이 있으므로 얕은 화분 하나에 두 가지를 모아 심으면 관상용으로도 좋다.

결구가 커질 무렵에 아래쪽 구에서 나온 잎은 필요하지 않으므로, 잎자루를 1㎝ 정도만 남기고 잘라주어 잎이 무성하지 않게 하면 알줄기가 잘 보여 보기 좋다.

크레송

Water cress

매운맛과 적당히 쓴맛이 육류요리와 잘 맞는다. 비타민 A와 C · 칼슘 · 철분 등이 많아 강장 · 약용으로도 좋다.

배추과   원산지=유럽 중부

재배특성

- 습기가 많은 것을 좋아하는 여러해살이로, 줄기를 물에 담그면 곧 뿌리가 나올 정도로 번식력이 왕성하며, 재배하던 것이 야생화되어 각지의 물가나 습지에 군생한다.
- 봄부터 초가을에 걸쳐서 작고 하얀 꽃이 달려 종자번식할 수 있지만, 꺾꽂이로도 쉽게 번식한다.
- 더위와 추위에 강하지만, 추운 지방에서는 겨울철에 좋은 품질을 수확하려면 비닐로 보온재배하는 것이 좋다.

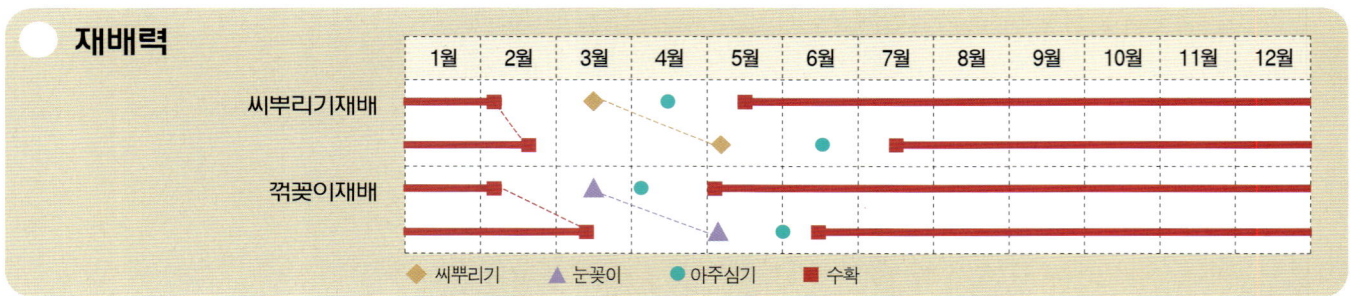

◯ 재배력

	1월	2월	3월	4월	5월	6월	7월	8월	9월	10월	11월	12월
씨뿌리기재배												
꺾꽂이재배												

◆ 씨뿌리기   ▲ 눈꽂이   ● 아주심기   ■ 수확

품종

다른 이름으로 네덜란드고추 · 물고추 · 워터크레스 등으로 불리지만 모두 크레송을 말한다. 품종 분화는 나타나지 않으며, 각 지역에서 재래종을 이용해 재배한다.
가든크레스는 다른 종류이다.

크레송

크레송꽃

재배 방법

1 모기르기

씨앗부터 기르는 방법

- 파는 씨앗을 구입하여 모종상자에 줄뿌림한다
- 본잎이 1~2장일 때 3호 비닐포트에 심는다
- 7~8cm의 모종으로 기른다

꺾꽂이하여 기르는 방법

- 컵에 꽂아서 가끔씩 물을 갈아준다. 쉽게 뿌리가 나온다
- 뿌리가 나오면 화분으로 옮겨 심는다
- 각 마디에서 뿌리가 잘 나온다
- 각 마디에서 뿌리가 잘 나오므로 원래의 모종을 길러서 2마디 정도로 잘라 모종으로 쓸 수도 있다

7~8cm로 자라면 아주심기한다

2 아주심기

밭두둑에 심는 경우

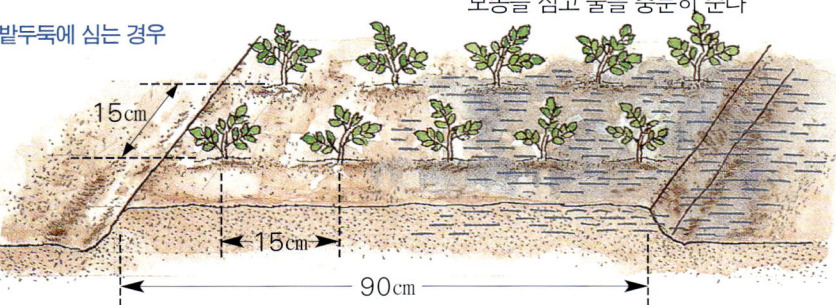

두둑을 만들어 15cm 간격으로 모종을 심고 물을 충분히 준다

15cm / 15cm / 90cm

성공 포인트

가능하면 물가나 보수성이 좋은 밭을 골라서 심는다.
밭에 심는 경우에는 물주기를 게을리 하지 않는다.

물가에 심는 경우

연못이 있는 경우에는 물가에 모종을 심는다

잎줄기 채소류 · 크레송

3 물주기

습지를 좋아하기 때문에 생육 중에는 항상 물을 충분히 주어 왕성하게 퍼지게 한다

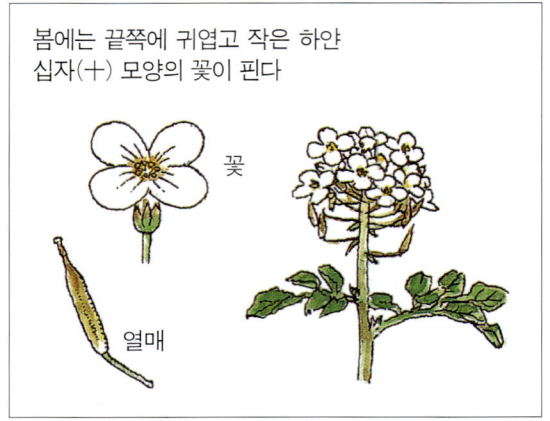

봄에는 끝쪽에 귀엽고 작은 하얀 십자(十) 모양의 꽃이 핀다

물을 쉽게 주는 방법

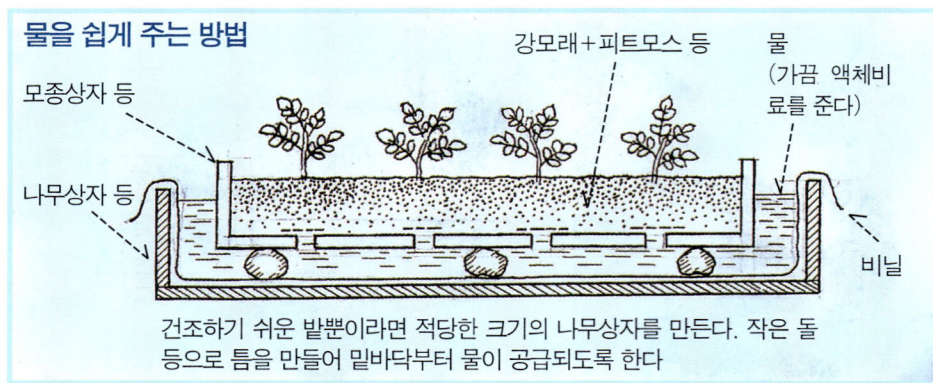

건조하기 쉬운 밭뿐이라면 적당한 크기의 나무상자를 만든다. 작은 돌 등으로 틈을 만들어 밑바닥부터 물이 공급되도록 한다

성공 포인트

습지를 좋아하기 때문에 항상 토양의 습도를 높이도록 물주기를 게을리 하지 않는다.
물을 쉽게 주기 위하여 상자에 심어서 비닐수조 안에 두는 것이 좋다.

4 웃거름

줄기가 자라고 잎의 색이 옅어지면 액체비료나 깻묵을 포기 사이에 조금씩 뿌려준다

액체비료나 깻묵을 조금씩

5 수확·이용

줄기 끝의 부드러운 부분만 손가락 끝으로 꺾어서 딴다

육류요리의 첨가물로 이용하거나 나물·무침으로 하는 것도 좋다

'이럴 때에는 어떻게 하나?' Q&A 이것을 알고 싶다

Q 모종을 잘 기르는 방법은?

A 모종을 기르기에 가장 좋은 장소는 깨끗한 물이 흐르는 논 주변이다

재배장소가 결정되면 갈고 써레질한다. 봄에 이미 만들어져 있는 크레송밭이나 물가에 만연한 크레송의 덩굴 끝을 15㎝ 정도 길이로 따서 50~60㎝ 간격으로 심어 덩굴을 뻗게 한다.

많이 재배할 때는 가을에 덩굴을 2마디씩 잘라서 써레질한 장소에 20~30㎝ 간격으로 흩뿌리고, 여기서 뿌리가 나오게 하여 재배한다.

미나리와 마찬가지로 파는 것에서도 쉽게 뿌리가 나와 모종을 만들 수 있다.

적은 포기로도 괜찮으면 파는 식용 크레송을 구입하여 입구가 넓은 컵에 물을 담아서 꽂아둔다. 바로 뿌리가 나오므로, 튼튼한 뿌리가 나온 것을 밭이나 플랜터 등에 심어도 충분히 뿌리를 내린다.

Q 많이 수확했을 때 이용방법은?

A 잘게 썰어 수프에 띄우거나 데쳐서 나물이나 무침으로 한다

크레송은 스테이크나 생선요리에 곁들이는 것으로서 없어서는 안 되지만, 그것뿐이라면 조금만 있어도 충분하므로 어느 정도 정리해서 재배하지 않으면 다 쓸 수가 없어서 곤란해진다.

곁들임뿐만 아니라 여러 가지로 이용할 수 있는 방법을 연구해본다.

예를 들면, 날것을 그대로 야채샐러드나 감자샐러드에 이용하거나, 가늘게 채썰어서 된장국이나 수프에 띄운다. 줄기를 수프 국물을 내는 데 이용하거나, 데쳐서 나물이나 무침으로 만들 수도 있다. 데쳐서 이용하면 아주 많은 양을 소비할 수 있다.

이외에도 여러 가지 아이디어를 시험해본다.

손가락 끝으로 따서 수확한다

칼럼
매운 성분이 소화를 촉진

크레송은 씹으면 톡 쏘는 매운맛이 있다. 매운 성분은 고추냉이나 무에도 있는 것으로 소화를 촉진하거나 위가 거북할 때도 효과가 있다.

스테이크 등의 곁들임으로 잘 이용하는 것도 그 때문이다. 또한 매운 성분이 위를 자극하여 식욕을 돋운다. 그밖에 카로틴이나 비타민C가 많아서 영양학적으로도 훌륭한 채소이다.

트레비소

Trevise

포도줏빛 붉은 잎새에 흰 잎맥이 있다. 샐러드에 가장 적합한 새로운 채소. 언뜻 보아 붉은 양배추와 비슷하지만 완전히 별개로 치커리와 같은 종류.

국화과　원산지=유럽·북아프리카·중앙아시아

재배 특성

- 작은 결구양상추 같은 모양의 적자색 채소. 성질은 양상추와 비슷하여 추위와 더위에 약한 편이므로 재배시기가 한정된다. 결구한 것이 서리를 맞으면 냉해를 입어서 말라죽는다.
- 저온에서는 적자색이 선명하게 나타난다.
- 비옥한 토양을 좋아하고, 산성토양에서는 잘 자라지 않는다. 너무 습한 토양에는 약하므로 밭의 물빠짐에 유의한다.

품종

프랑스·이탈리아에 널리 분포하고, 결구형·반결구형·불결구형이 있다. 우리나라에서는 재배하기 시작한 지 얼마 안 되어 품종의 특성이나 재배법도 아직 잘 알려져 있지 않다. 일본에서 판매되는 주요 품종은 트레비소비타이다.

트레비소비타

결구 전의 트레비소

1 모기르기

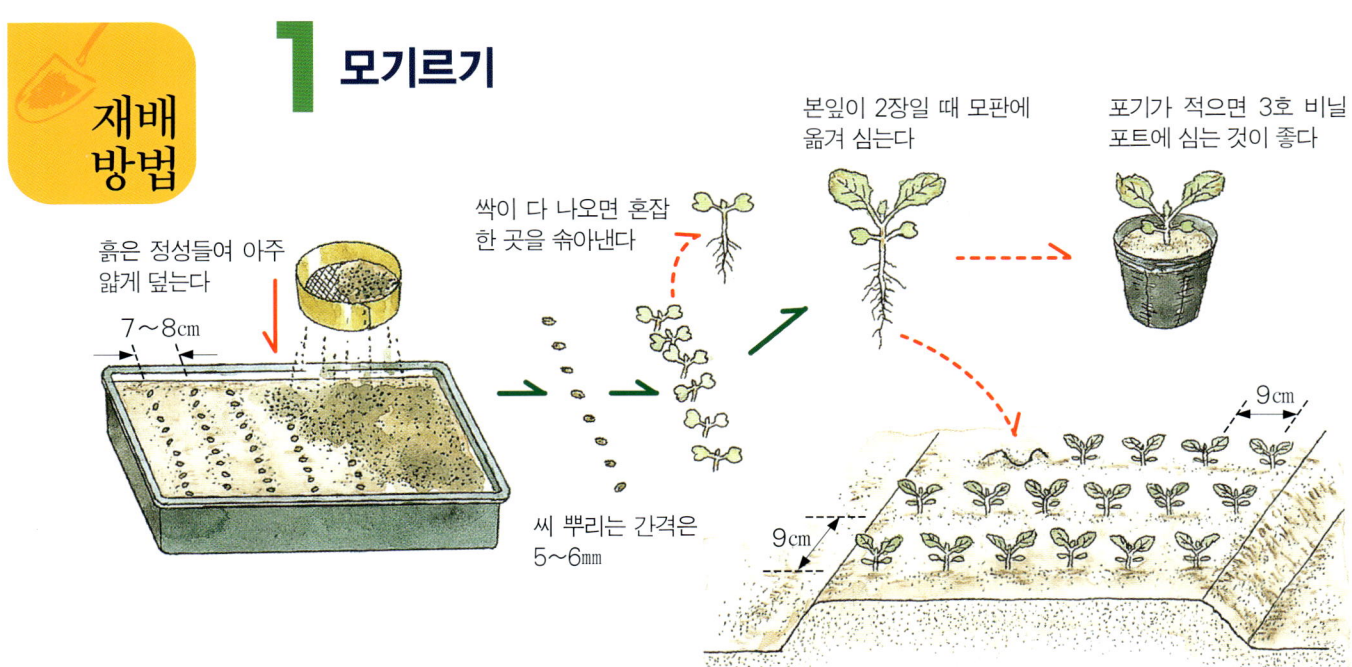

2 밭 일구기

미리 석회를 뿌려서 갈아둔 밭에 밑거름을 주고 20㎝ 정도의 깊이로 간다

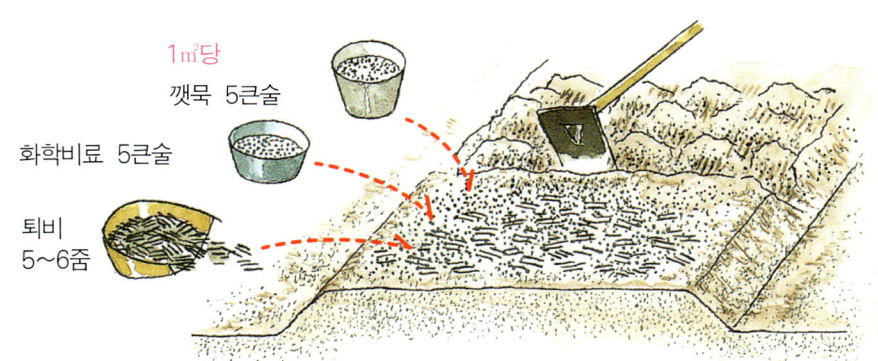

성공 포인트
여름에는 나무그늘 등 서늘한 곳이나, 차광자재를 덮어서 강한 직사광선을 피할 수 있는 곳에서 모종을 기른다.

3 아주심기

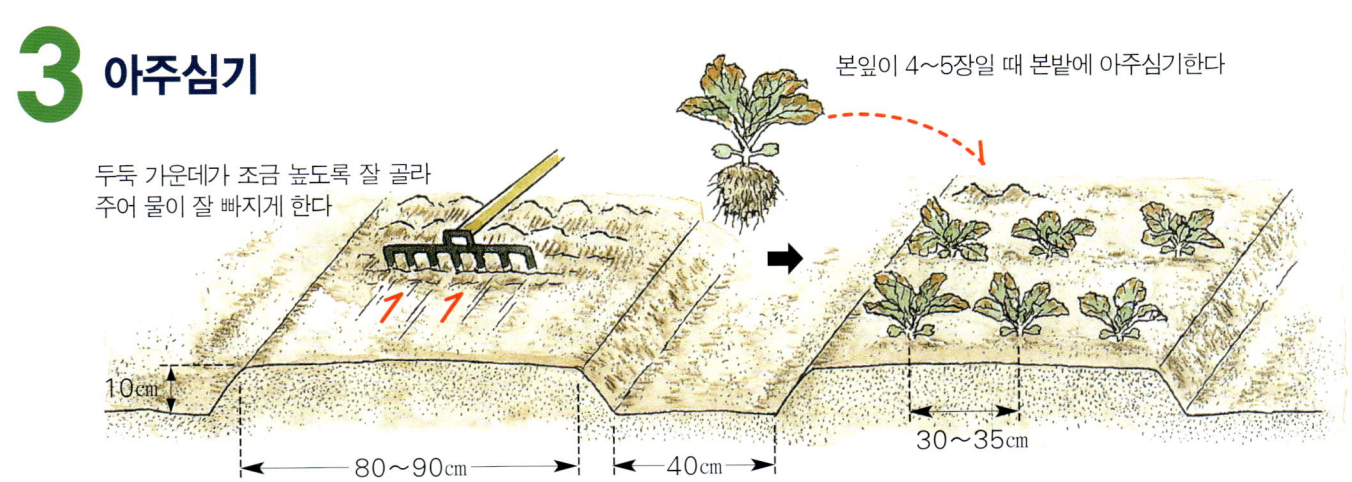

4 웃거름

아주심기 2~3주 후와 가운데 잎이 결구하기 시작할 때 2회 준다

포기 사이에 비료를 뿌려서 막대기 등으로 흙에 섞는다

1㎡당
화학비료 3큰술

성공 포인트

적정온도인 기간이 짧으므로, 뿌리를 내리면 비료가 떨어지지 않게 하여 빨리 잎 수를 늘리며, 알차고 크게 키운다.

5 보온·물주기

터널 윗부분에 작은 구멍을 내어 자연환기시킨다. 기온이 높아짐에 따라 구멍 수를 늘린다. 25℃ 이상 되지 않게 주의한다

터널보온

고온장애에 의한 변형구

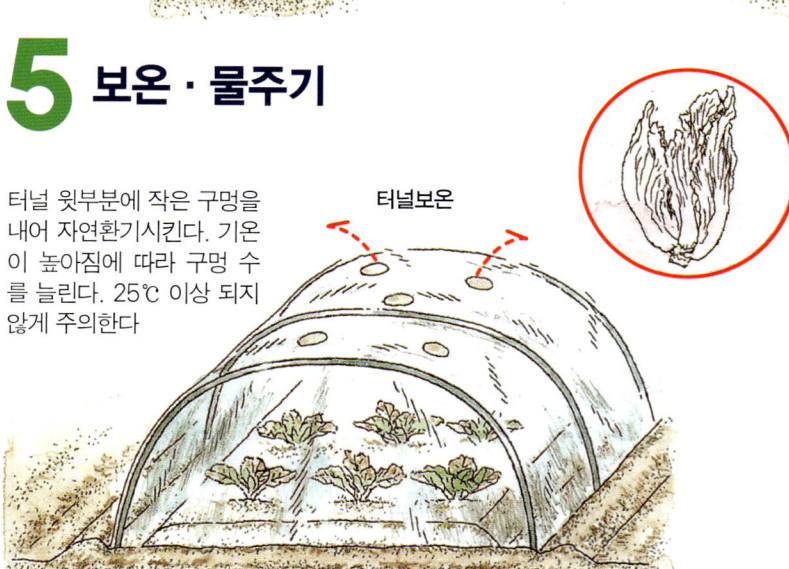

건조하기 쉬운 밭은 15일에 1회 정도 물을 충분히 준다

물주기

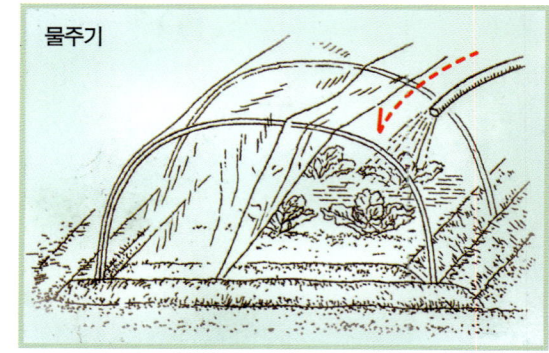

6 수확·이용

윗부분을 눌러보아 구가 단단해졌을 때

트레비소는 다른 결구채소같이 한꺼번에 결구하지 않으므로, 다 자란 것을 잘 조사해서 차례로 수확한다

자를 때는 잎을 1장씩 벗겨서 흰 부분이 어디에나 있도록 세로방향으로 자른다

적색과 백색의 대비와 부드러움, 여기에 약간의 쓴맛이 강조되어 샐러드로 인기가 높다

'이럴 때에는 어떻게 하나?' Q&A 이것을 알고 싶다

모양이나 색이 고르지 않다

품종 개량이 아직 별로 이루어지지 않았기 때문

도입된 지 얼마 안 되어 재배 역사가 매우 짧은, 이른바 새로운 채소이다. 그 때문에 아직 품종 개량이 이루어지지 않았고, 품종의 특성이나 재배방법도 알려지지 않은 것이 많다.

현재 외국에서 수입된 씨앗은 변이가 심하며, 모양·색·잎자람새에 많은 차이가 있다.

이것이 또한 재배관리나 수확적기를 판단하기 어렵게 하며, 상품화율이 낮고 수확량이 낮은 원인이다.

일본의 경우만 해도 이미 품종 개량이 진행되고 있어서 곧 모양이나 색이 균일한 품종이 나올 것이다.

당분간은 씨앗을 약간 여유 있게 받아두고, 솎아낼 때 잎이 비정상적으로 크거나 색이 엷은 것 등은 가능한 제외하며 주의하여 재배한다.

수확적기를 판단하는 방법은?

윗부분을 손으로 눌러본다

트레비소는 아직 유전적으로 잡다하여 잎의 모양이 크고 갈색으로 결구가 늦은 것, 구의 모양이 약간 긴 것 등이 섞여 있다.

따라서 양배추나 양상추같이 균일하게 수확할 수 없으므로 당황한다.

구가 만들어진 것이 보이면, 구의 정수리 부분을 손으로 눌러보아 단단해졌으면 수확하는 수 밖에 방법이 없다.

가을수확인 경우 기온이 내려가면서 갈색이 강한 것도 붉은 색이 진해져 늦게 수확할 수 있게 되는 경우가 많이 있다.

그러나 마지막까지도 색과 모양이 나빠서 수확할 수 없는 것도 있으므로 수확률은 다른 채소에 비해 낮다.

칼럼

모기르기에 적당한 화분

채소의 모종을 키우는 데 적당한 화분은, 적은 수의 모종이라면 딱딱하지 않은 검은 비닐포트가 좋을 것이다. 크기는 토마토나 가지·피망 등과 같이 큰 모종으로 키우는 채소라면 4~5호 화분, 오이나 호박·양배추·양상추 등은 3호 화분으로 한다. 단, 잎줄기채소류나 작은 모종의 열매채소류도 모종을 많이 키우는 경우에는 셀 모종용인 78~128구 셀 트레이를 사용하는 것이 좋다.

파

Welsh onion

몸을 따뜻하게 하여 피로를 회복시키는 약용식물로 옛날부터 재배되어왔다. 원래 겨울채소이지만 지금은 일년 내내 재배되며, 쓰임도 다양하다.

백합과　원산지=중국

재배특성

- 잎은 잎새(초록색 잎)와 잎집(흰 뿌리)으로 나뉘는데, 대파는 잎집을 주로 먹고 잎파는 잎새와 잎집을 모두 먹는다.
- 고온과 저온에 잘 견디지만 토양의 다습에는 약하므로 밭에 고인 물이 없도록 하여 재배한다. 특히 대파는 통기성이 좋은 토양에서 좋은 품질이 나온다.
- 겨울의 저온에 감응하여 꽃눈이 나오고, 봄에는 추대·개화하여 품질이 손상된다.

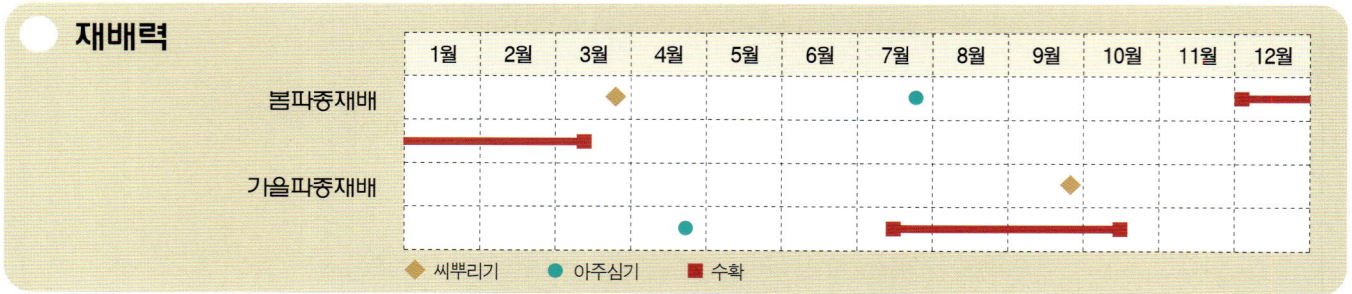

품종

우리나라에는 토종으로 자청파·가랑파·돼지파 등이 있는데, 키가 작고 통통하며 추위에 강하다. 지방 재래종으로 서울파·영월파·강화파 등도 있다. 계절별로는 여름형 품종에 외대파·줄기파라고 하며 잎이 길고 굵게 자라는 석창·사촌·금장 등이 있는데 추위에 강하다. 겨울형 품종으로는 저온기에도 휴면하지 않고, 더위에 강하지만 추위에는 약하므로 따뜻한 지방에서만 생육하는 구조파·서울백파 등이 있다. 일본에서는 동선2호·춘천오쿠태·소춘·구조태 등이 판매된다.

동선2호

춘천오쿠태

소춘

구조태

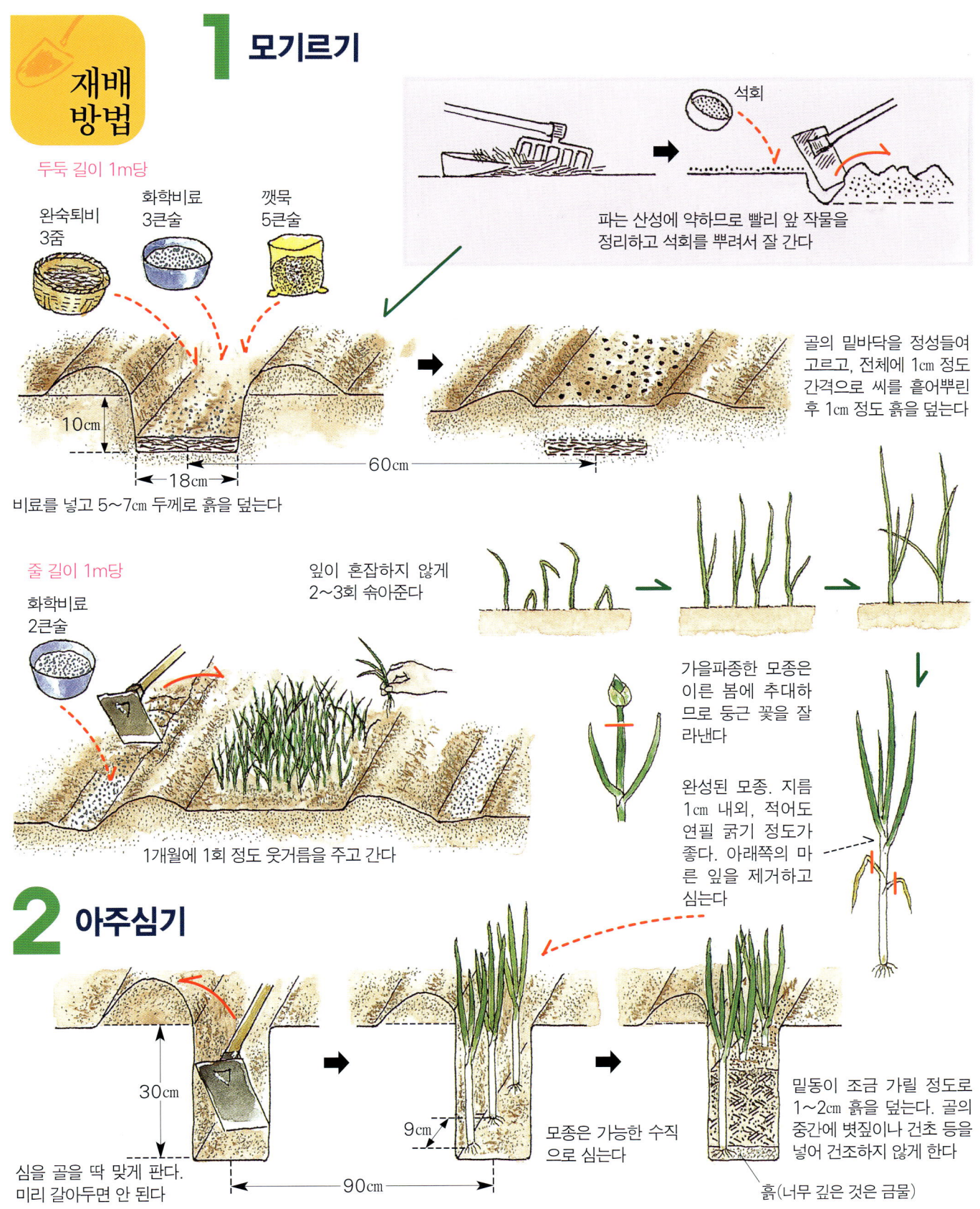

잎파 만드는 방법

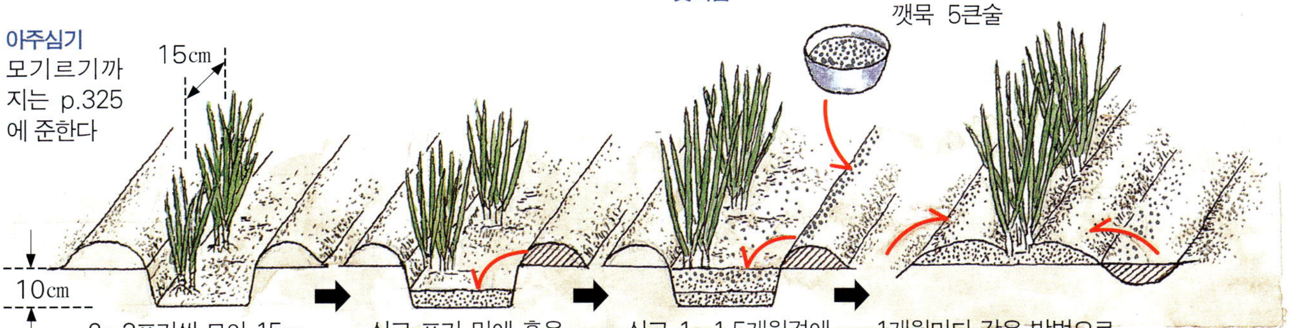

아주심기 모기르기까지는 p.325에 준한다

- 2~3포기씩 모아 15cm 간격으로 심는다 (10cm, 15cm)
- 심고 포기 밑에 흙을 2cm 정도 덮는다
- 심고 1~1.5개월경에 비료를 주고 가볍게 북주기한다

웃거름 — 두둑 길이 1m 당 화학비료 3큰술, 깻묵 5큰술
- 1개월마다 같은 방법으로 웃거름을 주고 중간갈이와 북주기를 한다

수확
- 포기가 커지면 차례로 수확한다

재미있는 모양의 파
추대한 꽃줄기 끝에 모종을 만들고, 다시 모종을 2단, 3단으로 만든다 

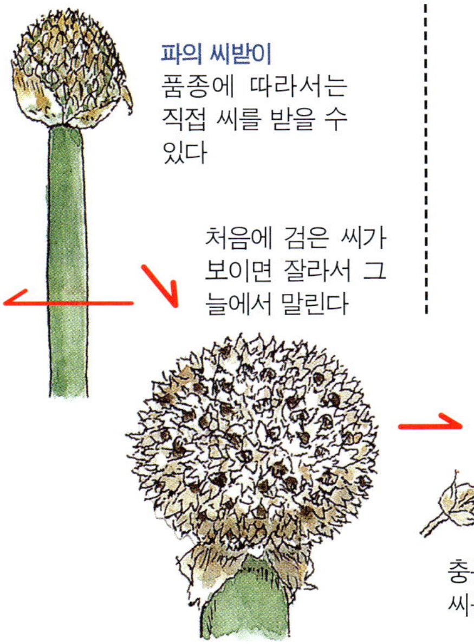

파의 씨받이
품종에 따라서는 직접 씨를 받을 수 있다
- 처음에 검은 씨가 보이면 잘라서 그늘에서 말린다
- 충분히 말려서 씨를 털어낸다

가까이 두고 이용하면 좋은 양념용 파의 플랜터재배

- 양념용 파는 플랜터에서도 충분히 재배할 수 있다
- 긴 모양의 플랜터에 2줄로 줄뿌림한다
- 빽빽하면 서서히 솎아내고 웃거름을 준다
- 자르면 다시 어린 싹이 자라 2~3회 수확할 수 있다
- 필요에 따라 수확한다

'이럴 때에는 어떻게 하나?' Q&A 이것을 알고 싶다

Q. 대파의 흰 뿌리를 길게 만드는 북주기 방법은?

A. 시기와 양을 정확히 한다

파 북주기

봄파종인 경우, 아주심기가 7~8월의 가장 더운 때다. 파는 더위에 매우 강하므로 심을 때 가는 뿌리가 안 보이게 흙을 조금 덮고, 위에 건조를 막고 쓰러지지 않게 하기 위하여 건초나 볏짚 등을 많이 넣어준다. 너무 더울 때 흰 뿌리를 깊이 묻으면, 비를 맞았을 때 흰 뿌리부분이 썩기 쉽고 생육이 좋지 않다.

2회째 북주기는 골을 거의 메울 정도로 해주고, 선선해진 9월 하순경부터 한다.

3회째는 그로부터 1개월 후, 마지막 북주기는 수확하기 30~40일 전 정도에 한다.

왜냐하면 파가 완전히 연백되려면 흙을 덮고 나서 일정 적산온도(積算溫度, 생물의 생육일수의 일평균기온을 적산한 것)가 필요하며, 그것을 충족시키는 데 30~40일 정도 걸리기 때문이다.

비료는 북주기할 때마다 북주기할 흙 위에 뿌려두면 좋은데, 골 가장자리에 비료를 뿌리고 흙과 섞으면서 골 속에 넣어준다. 몸을 만들고 나서 희게 연백시킨다는 것을 염두에 두어, 북주기는 전반에 적게 하고 후반에 중점적으로 한다.

Q. 직접 받은 씨로도 좋은 파가 될까?

A. F1 품종이 아니면 직접 받은 씨라도 괜찮다. 교잡종은 주의한다

그늘에서 씨앗이 떨어질 때까지 말린다

파는 꽃봉오리를 그대로 개화, 결실시켜서 쉽게 씨를 얻을 수 있으므로 예전에는 대부분 직접 씨를 받았다. 지금도 재래종 등은 각 지역에서 직접 씨를 받아서 유지되고 있으나 최근에는 특정 형질의 개량 품종이 주가 되고 있다. 씨앗도 종묘 전문업체에서 씨받이하여 판매하는 것이 주류를 이룬다.

그 때문에 한 지역에서도 여러 품종이 재배되고, 다른 품종에 의한 교잡의 우려가 있다. 또 후대가 분리되어서 씨를 받아도 어미와 다른 것이 되어버리는 F1 품종도 많아졌다.

그러므로 얻고자 하는 품종이 F1이 아닌 것을 확실히 하고, 근처에(멀리 넓게 보이는 범위 내) 변한 품종의 꽃이 같은 시기에 꽃이 피어 있지 않은지 확인한다. 한편 씨받이 포기에 변한 것이 있을 경우에 뽑아서 도태시켜버리면 씨를 받아서도 충분히 재배할 수 있다.

특히 직접 심을 것이라면 다소 변한 개체가 나와도 즐거우므로 씨를 받아서 이용해보는 것도 괜찮다. 좋아하는 것을 계속 잘 선발하며 10년 정도 지나면 자신만의 개성 있는 품종을 만들어낼 수도 있을 것이다.

추대한 파

Q 잎에 황백색 반점 또는 귤색 작은 반점이 생기는 것은?

A 노균병과 붉은녹병. 모두 파의 최대의 적이다

황백색 반점은 노균병으로 파나 양파에 생기기 쉬운 병해다. 그리고 귤색의 작은 반점은 붉은녹병이다.

노균병은 기온이 20℃ 이상 올라가면 발생하지만, 붉은녹병은 저온에서도 고온에서도 발생한다.

두 가지 모두 빽빽해서 통기가 나쁘거나 습지인 모판에서 처음 발생한다. 마침내 본밭에도 만연하므로 큰일이다. 생육이 나빠지고 수확량이 많지 않다. 모두 타로닐 수화제나 만코지 수화제가 효과적이므로 규정농도액을 모판에서부터 뿌려서 예방한다. 만연하면 거의 방제가 어렵다.

또 병해 발생초기에는 발병한 잎이 극히 한정되어 있으므로, 병든 잎을 따서 제거하고 약제를 뿌리는 것이 효과적이다. 아울러 아래쪽의 마른 잎도 정리한다.

파에는 양파와 같이 납물질이 있어서 약제가 흘러내리기 쉬우므로 전착제를 첨가한다. 곱게 안개처럼 해서 흘러내리지 않을 정도로 약제를 뿌린다.

비온 뒤에는 둘러보아 물이 고일 것 같으면 골을 만들어서 물빠짐에 신경을 쓴다.

Q 추대한 파의 사용방법은?

A 새끼치기 싹을 늘려서 모종으로 이용한다

밭에 여유가 없으면 빨리 정리하여 다음 작물을 재배할 수밖에 없다. 하지만 밭에 여유가 있을 때는 추대한 꽃줄기를 따주고, 잠깐이면 포기 밑에 새끼치기한 싹(포기에서 갈라져 나온 작은 싹)이 자라 나오므로 이것을 모종으로 이용한다. 여름부터 초가을에 수확하는 파를 재배할 수 있다.

추대를 따낸 밑동의 잎은 말라버리지만 새싹이 2줄기 내지 여러 줄기로 자라므로 그 중에서 좋은 것을 사용한다.

북주기를 많이 한 곳은 북주기한 흙을 반 정도 덜어내서 싹이 자라기 좋게 해준다. 또 밭의 사정이 좋지 않으면 수확할 때 파내어 다른 장소에 옮겨 심어도 괜찮다.

새싹의 굵기가 1㎝ 이상 되었을 때 포기를 파내고, 밑동이 꺾이지 않게 조심하며 1포기씩 나누어 좋은 모종을 고르게 새 밭에 옮겨 심는다.

병해충에 감염되었을 때 잘 소독해서 심지 않으면 병해충을 계속해서 옮기게 되므로 특히 주의한다.

파드득나물

Japanese honewort

한국·일본 등에서 오래 전부터 재배해온 산채로 한국에서는 참나물, 일본에서는 삼엽채라고도 한다. 잎의 색과 강한 향, 씹는 느낌이 입맛을 돋우며 영양도 풍부하다.

| 미나리과 | 원산지=동아시아, 북아메리카 온대 |

재배특성

- 여러해살이지만 서리가 내리면 잎줄기가 시든다. 반음지에서도 잘 자라지만 여름의 강한 햇빛과 고온에서는 생육이 나쁘다.
- 뿌리줄기를 길러 연화하는 연화파드득나물, 밭에서 북주기로 연화하여 뿌리가 달린 채 출하하는 뿌리파드득나물, 연화하지 않고 단기간에 기르는 푸른파드득나물이 있는데, 최근에는 전국적으로 양액재배에 의한 푸른파드득나물이 많다.
- 가정의 텃밭에서는 푸른파드득나물이 기르기 쉽지만 뿌리파드득나물의 향을 즐기는 것도 좋다.

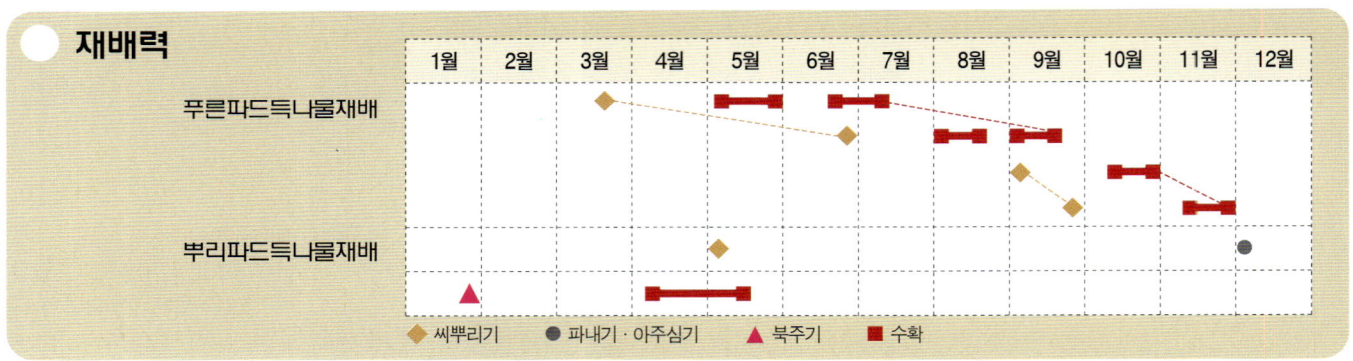

품종

꽃대가 나오는 시기에 따라 조생계와 만생계, 재배방법에 따라 푸른파드득나물·연화파드득나물·뿌리파드득나물로 나뉜다. 우리나라에서는 관동미츠바·개량참나물이란 이름으로 판매된다. 일본의 대표적 채소로 일본에서는 백경미츠바(관동·관서계) 등이 판매되고 있다.

백경미츠바(관동계)

백경미츠바(관서계)

재배 방법

1 밭 일구기

1㎡당
- 석회 3큰술
- 퇴비 4~5줌

씨뿌리기 1개월 정도 전에 퇴비를 넣어서 갈아둔다

성공 포인트
파드득나물은 이어짓기를 싫어하는 대표적인 채소로, 3~4년 동안 파드득나물을 재배하지 않은 곳을 골라 재배한다.

2 밑거름 · 파종골 만들기

두둑파종 (푸른파드득나물 재배인 경우)

1㎡당
- 깻묵 8큰술
- 화학비료 6큰술
- 15cm 깊이로 갈아준다
- 90cm

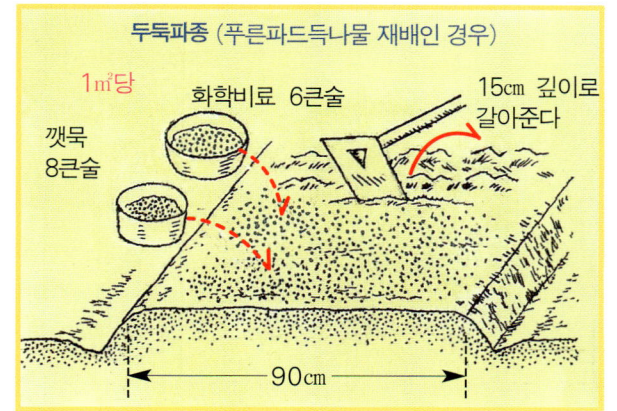

골파종 (주로 뿌리파드득나물 재배. 푸른파드득나물에도 좋다)

골 길이 1m당
- 화학비료 3큰술
- 깻묵 5큰술
- 7~8cm, 15cm, 50cm

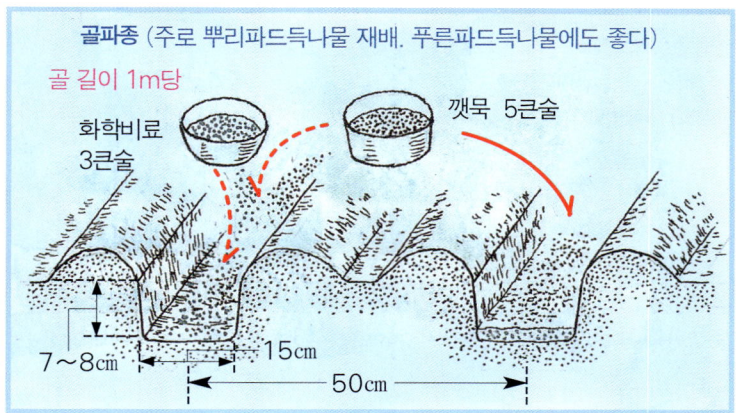

널빤지로 눌러서 폭 2~3cm, 깊이 0.5cm 정도의 골을 만든다

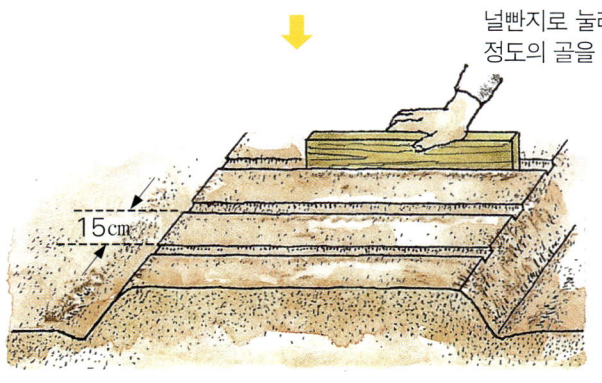

괭이폭으로 파종골을 만든다

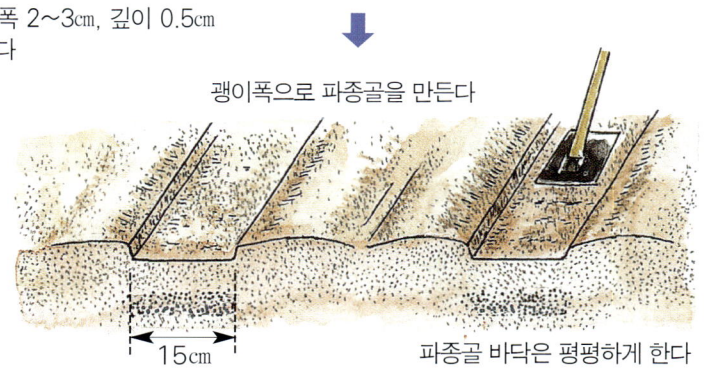

파종골 바닥은 평평하게 한다

3 씨뿌리기

파종골 전체에 씨앗을 고르게 넣어 씨앗이 보이지 않을 정도로 얇게 흙을 뿌리고, 널빤지나 괭이의 뒷면으로 가볍게 눌러준다

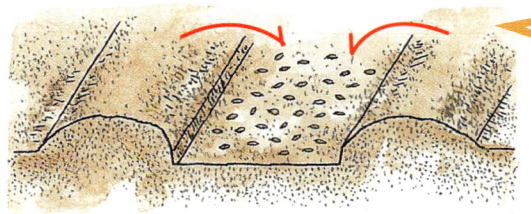

성공 포인트
파드득나물의 씨앗은 발아할 때 빛이 필요하므로 씨를 뿌리고 흙을 얇게 씨앗이 보이지 않을 정도로만 덮는다.

4 솎아내기·김매기

두둑파종
본잎이 2~3장일 때 2~3cm 간격으로 솎아준다
파드득나물이 작을 때 잡초가 잘 자라므로 김매기에 신경 쓴다

골파종

성공 포인트
초기 성장이 느려서 잡초가 잘 생긴다. 일찍 김을 매주어 잡초로 덮이지 않도록 한다. 포기간격을 넉넉하게 하여 튼튼한 포기로 키운다.

5 웃거름

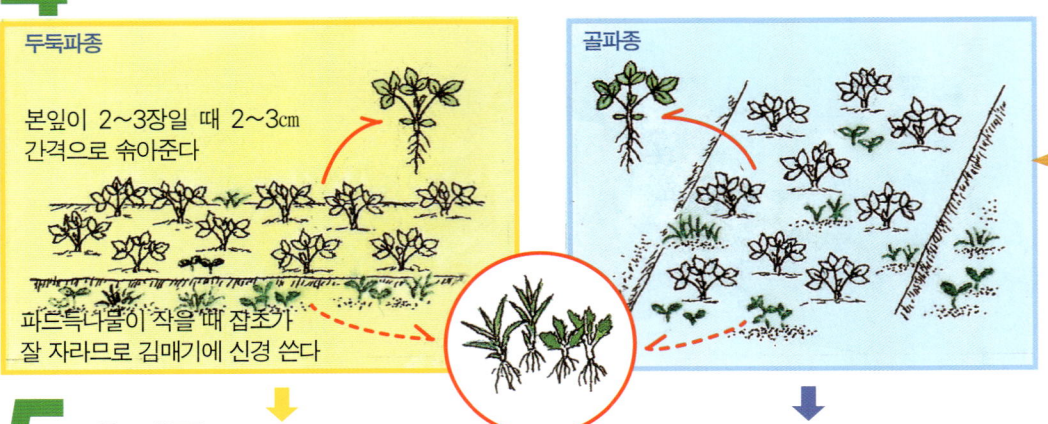

1회째 : 작물의 키가 5~6cm일 때 가볍게 흙에 섞는다
대나무막대기
1줄당 화학비료 1/2큰술
2회째 : 작물의 키가 10cm 정도일 때. 주는 양은 1회 때와 같다

골 길이 1m당 화학비료 2큰술
가볍게 흙에 섞는다

6 뿌리포기 연백
뿌리파드득나물 재배인 경우

1~2월에 시든 잎을 제거하고 흙을 쌓아올려서 흙덮기한다

7 수확

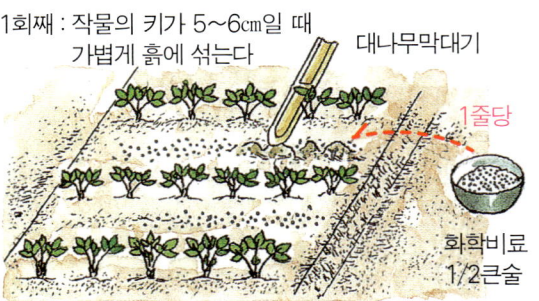

뿌리파드득나물
연백부분이 10cm 정도 자라면 포기 밑동을 파서 수확한다
20~25cm
10cm 이상
푸른파드득나물
작물의 키가 크면 차례로 잘라서 수확한다

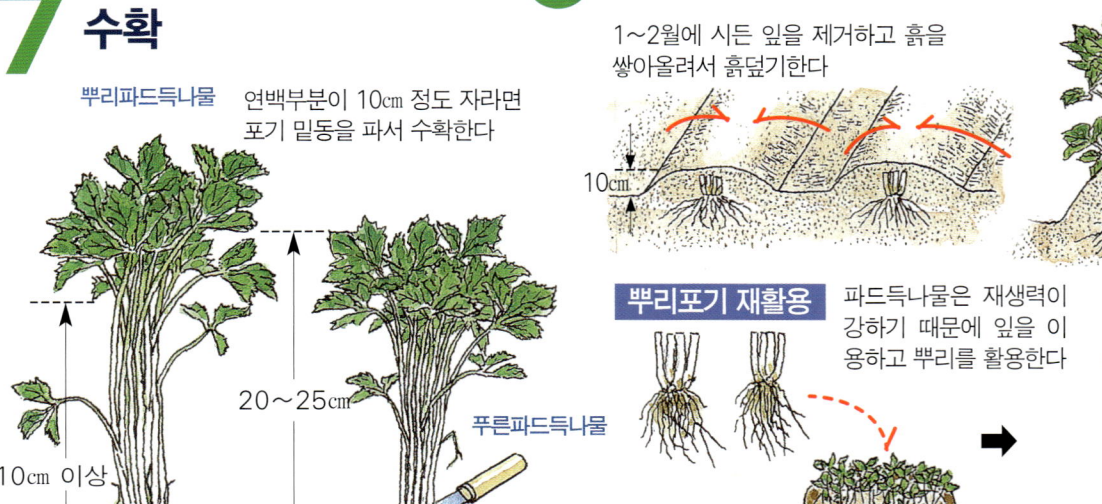

뿌리포기 재활용
파드득나물은 재생력이 강하기 때문에 잎을 이용하고 뿌리를 활용한다

화분에 4~5cm 간격으로 심으면 바로 잎이 나온다
수확 후에 곧 새잎이 나오므로 다시 수확하여 이용한다

이럴 때에는 어떻게 하나? Q&A 이것을 알고 싶다

Q: 봄에 씨를 뿌리면 추대한다

A: 저온에 감응하여 꽃눈이 분화한 것. 씨 뿌리는 시기를 지킨다

파드득나물은 꽃대가 올라와서 꽃이 피고 열매를 맺으면 열매에 영양분을 빼앗겨 필요로 하는 뿌리줄기가 충실하지 않다.

저온에서 꽃눈이 분화하는 성질이 있기 때문에 추대한 것으로, 이 경우 씨를 너무 일찍 뿌린 것이 원인이다. 따라서 꽃대가 올라오는 것을 막기 위하여 씨를 조금 늦게 뿌린다. 그러나 너무 늦게 뿌리면 생육기간이 짧아져서 역시 좋은 포기를 얻을 수 없다.

파종적기는 중부지방의 경우 4월 하순~5월 상순이다.

약간의 꽃대라면 다른 포기에게 충분한 시간을 주는 것이므로 전체적으로는 좋은 뿌리포기를 얻을 수 있어 좋다고 보아야 할 것이다.

Q: 뿌리파드득나물 만드는 방법은?

A: 뿌리포기를 밭에 저장하고, 차츰 보온하여 싹이 나오게 한다

뿌리파드득나물은 뿌리가 달린 연백파드득나물로 아주 향이 좋고 씹는 촉감이 있어서 길러보고 싶은 채소이다.

봄파종한 것이 겨울(12월)이 되어 땅 윗부분이 모두 시들면, 시든 잎을 전부 제거하고 그 위에 10~12㎝의 두께로 밭흙을 덮고 비닐을 씌운다.

비닐은 비가 온 후(건조가 계속되면 충분히 물을 준 후) 수분이 충분히 있는 상태에서 씌운다. 그 위에 터널을 만들고, 추운 날에는 보온자재를 덮어 속이 얼지 않도록 관리한다. 싹이 나오면 늦지 않게 비닐을 벗겨내고, 터널 속이 25℃ 이상 되지 않도록 환기시킨다.

땅 윗부분에 자라난 초록색 잎이 20㎝ 이상 되면 뿌리째 파서 수확한다.

연화시기를 적절히 잘 비켜서 다르게 하면 온난지에서는 1월부터 3월까지 계속해서 수확할 수 있다.

뿌리파드득나물

칼럼

잎은 이용하고 뿌리포기를 기른다

상점에 많이 있는 푸른파드득나물은 건조에 약하기 때문에 뿌리를 붙여서 판매하고 있다. 뿌리가 달린 파드득나물을 샀다면 잎만 이용하고 뿌리포기는 화분에 심어본다. 다시 한번 수확할 수 있다. 또한, 야산에 자생하는 야생 파드득나물은 향이 강한 특징이 있다. 채집하여 마찬가지로 싹을 키워서 수확할 수 있다.

파슬리

Parsley

그리스·로마 시대부터 약재·향신료로 이용. 비타민 A·B·C와 미네랄이 풍부한 건강채소. 튀김이나 수프로도 적당.

| 미나리과 | 원산지=유럽 남부, 아프리카 북부 |

재배특성

- 차고 서늘한 기후를 좋아하고, 한여름에는 생육이 약해지지만 충분히 여름을 넘긴다.
- 겨울에 새잎의 재생에 5℃ 이상이 필요하다. 그러나 0℃ 이하가 되어도 말라죽는 것은 없으므로 가정용이라면 충분히 수확할 수 있다.
- 봄이 되면 추대하여 좋은 잎을 수확할 수 없다.

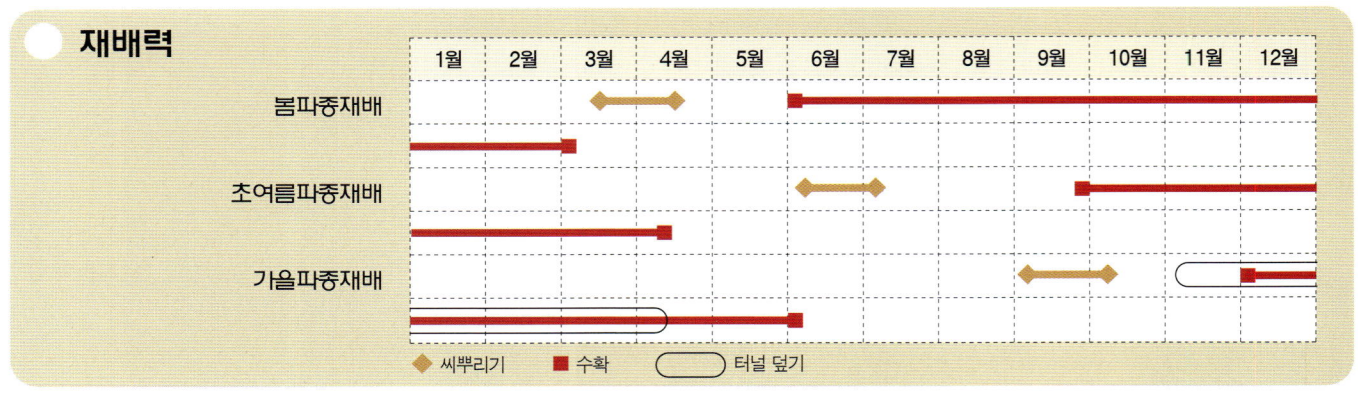

품종

크게 잎을 먹는 것과 뿌리를 먹는 것으로 나뉘며, 잎을 먹는 것은 다시 축엽종과 평엽종으로 나뉜다. 축엽종에 모스컬드·파라마운트, 평엽종에 이탈리안 파슬리가 있다. 우리나라에는 주로 파라마운트계가 나와 있다. 일본에는 뇌호 파라마운트·칼리 파라마운트·뉴칼산마 등이 있다.

뇌호 파라마운트

칼리 파라마운트

뉴칼산마

재배방법

1 모기르기

모종상자에 씨앗을 사방 1cm에 1개 정도 되게 흩어 뿌린다

포기 수가 적으면 씨앗 몇 개를 비닐포트에 바로 뿌려주고, 솎아서 2줄기로 한다

본잎이 2장일 때 3호 비닐포트에 옮겨 심는다

완성된 모종

본잎이 5~6장이 되면 아주심기한다

잎줄기 채소류 · 파슬리

2 밭 일구기

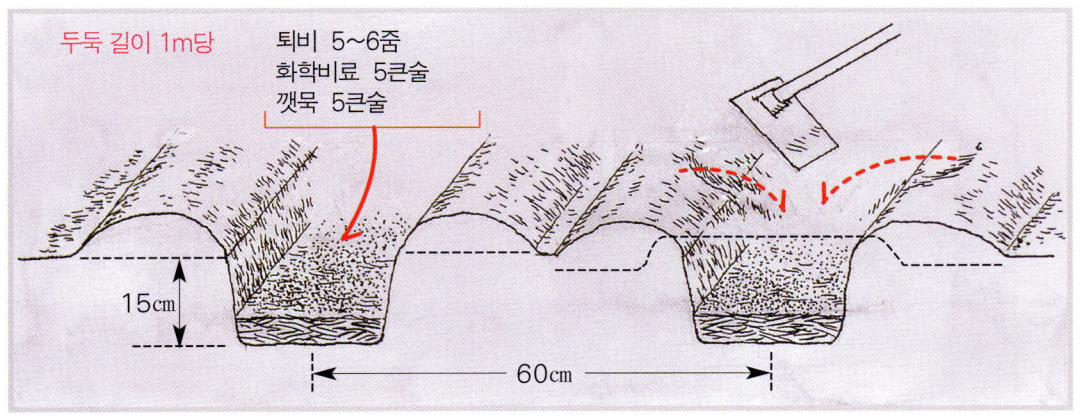

두둑 길이 1m당
퇴비 5~6줌
화학비료 5큰술
깻묵 5큰술

15cm

60cm

성공 포인트

항상 이용하기 위해서는 정원이나 베란다에서 플랜터재배하는 것이 편리하다. 상토에는 양질의 유기질을 많이 넣고, 밑거름으로는 완효성의 화학비료를 뿌려준다.

3 아주심기

너무 깊이 심지 않는다

25cm

밑거름

60cm

중형 플랜터는 1상자에 2포기 심는 것이 좋다. 한 사람이 1상자면 거의 자급할 수 있다.
이탈리안파슬리도 함께 심어두면 좋다

4 웃거름·짚 깔기

15~20일 걸러 깻묵·화학비료를 두둑 옆쪽에 조금씩 뿌리고, 괭이로 갈면서 부서진 흙을 두둑에 쌓는다

두둑 길이 1m당

화학비료 조금
깻묵 조금

여름의 건조기에는 포기 밑에 짚을 깐다

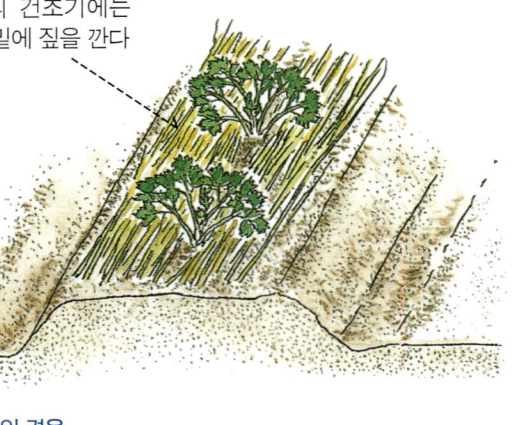

플랜터인 경우
웃거름으로는 깻묵을 2줌씩 군데군데 보름에 1회 정도의 비율로 준다. 주고 나서 대나무막대기 등으로 흙을 부드럽게 만들면서 섞어 넣는다

대나무막대기

5 해충 방제

산호랑나비의 유충은 최대의 적. 봄·가을의 발생기에 살충제를 뿌린다. 포기 수가 적다면 매일 잡아준다

작은 유충일 때 잡으면 좋다

산호랑나비의 성충

성공 포인트
산호랑나비의 유충은 파슬리 최대의 적. 나오기 시작하여 2~3일이면 커버린다. 작을 때 잡아 죽이거나 농약을 뿌려서 방제한다. 성충이 날아오면 주의한다.

6 수확

잎 수가 14~15장이 되었을 때 아래쪽 잎부터 차례로 따서 이용한다

파라마운트계

이탈리안 파슬리

'이럴 때에는 어떻게 하나?' Q&A 이것을 알고 싶다

Q. 좋은 수확방법은?

A. 아래쪽 잎부터 차례로 따서 수확한다

한번에 사용하는 양이 적은 가정용이지만, 장기간에 걸쳐 계속 수확하고 싶은 채소이다.

모종을 조금 넉넉하게 기른다. 배게 심어 처음에는 솎으면서 포기째 수확한다. 남은 포기는 너무 작을 때부터 수확하면 다음에 잎이 늘어나는 것이 늦어져 좋은 품질을 오래 계속하여 수확하기 어려워지므로, 항상 15장 정도 잎을 남기고 수확한다.

순조롭게 자라면 봄~가을의 적정온도에서는 4~5일에 1장, 겨울에는 비닐 보온하여 8~10일에 1장 정도씩 수확할 수 있다.

바깥쪽 잎부터 차례로 뿌리포기에 붙은 잎을 따서 수확한다.

파슬리는 잎의 진한 초록색과 윤기가 생명이므로 비료가 떨어지지 않게 관리하는 것이 중요하다.

여름에는 15~20일에 1회, 겨울에는 1개월에 1회 정도 웃거름을 준다. 화학비료라면 1포기에 1작은술 정도 준다.

Q. 추대하였는데 어떻게 할까?

A. 빨리 잘라내어 조금이라도 오래 수확한다

파슬리는 본잎이 3~4장 이상 되는 것이 0℃ 내외의 저온에 1개월 이상 노출되고, 그 후 고온·장일이 되면 추대한다. 그러므로 봄에 모종을 심어 계속 수확한 것은 3월경부터 싹의 끝쪽에 조그만 꽃봉오리가 달려 추대해 나온다. 추대한 파슬리는 잎이 작고 거칠어져서 먹을 수 없다.

가을에 씨를 뿌린 것도 아직 작아서 봄에는 더 이상 수확할 수 없게 되므로 꽃봉오리를 가능한 빨리 따낸다. 그리고 액체비료로 웃거름을 주어 조금이라도 오래 수확할 수 있도록 한다.

5월 중순의 플랜터. 1년 전에 심은 포기는 약해지므로 그해에 심은 새 포기로 바꾼다

칼럼 — 파슬리의 용기재배

화분에 심는 키친허브로 가까이에서 길러서 이용하면 편리하다. 5호 화분에 1포기, 길이 45㎝의 플랜터라면 4포기 기준이다. 사용하는 흙은 1ℓ당 적옥토(작은 입자) 7, 부엽토 3, 고토석회 3g, 유기배합비료 2g을 섞어둔다. 본잎이 4~5장 되게 기른 모종을 포기간격 10㎝로 심고, 자라면 아래 잎부터 차례로 따서 이용한다.

홍채태

이른 봄에 자홍색의 꽃줄기가 많이 나온다. 그린 아스파라거스같이 약간 점액이 있는 독특한 풍미가 있다.

배추과　　**원산지＝유럽, 중국에서 분화**

재배특성

- 가을에 씨를 뿌리면 이른 봄 무렵부터 차차 추대하여 1포기당 20~30개의 꽃줄기가 나온다.
- 잎이나 꽃줄기는 홍채태라는 이름처럼 자홍색이며, 진한 황색 꽃이 눈에 띄어 관상용도 된다.
- 더위에 약하지만 저온에는 비교적 잘 견디며, 저온이 될수록 색이 진해진다.

품종

중국 양쯔강 중류지역에서 옛날부터 재배되었다. 품종의 분화는 보이지 않고 우리나라에는 도입종만 있다.

홍채태

홍채태

감자

Potato

3개월 반이면 씨감자의 15배나 수확할 수 있을 정도로 생산력이 뛰어나다. 품종도 다양하고 쓰임새도 폭넓다.

가지과   원산지 = 남아메리카

재배특성

- 차고 서늘한 기후를 좋아하며 15~20℃에서 가장 잘 자란다. 서리에 약하므로 빨리 심어서 움튼 것이 늦서리를 맞으면 땅 윗부분이 말라죽는다.
- 3개월이란 짧은 생육기간에 비해 다수확할 수 있기 때문에 전분질 작물로서는 가장 생산 효율이 높고 돌려짓기하기도 좋다.
- 휴면성이 있으므로 씨감자를 심을 때 휴면이 끝나서 조금 싹이 튼 것, 충실한 것을 고른다. 또한, 씨감자는 바이러스에 걸리지 않은 전용 씨감자를 구해서 심는다.

재배력

	1월	2월	3월	4월	5월	6월	7월	8월	9월	10월	11월	12월
난지·제주도		●—●				■—■						
(가을재배)								●—●			■—■	
고랭지·중부				●—●			■—■					
강원 산간					●—●			■—■				

● 아주심기   ■ 수확

품종

우리나라에는 가꿈꼴에 따라 1년에 한 번 심는 남작·수미·세풍·조풍·남서·가원·자심, 봄·가을에 걸쳐 1년에 두 번 심는 대지와 세풍 등이 있다. 용도에 따라서는 일반 식용의 남작·수미·조풍·남서·대지·추백 및 자심, 가공용의 대서·가원, 감자튀김용의 세풍 등이 있다.

일본에는 봄감자로 남작·메이퀸·베니마루, 가을감자로 대지·세풍 등이 있다.

남작

메이퀸

안데스 레드

재배 방법

1 밭 일구기

가을부터 겨울에 걸쳐서 흙을 잘 갈고 비바람을 맞힌다

괭이폭의 골을 파서 흙을 양쪽으로 쌓는다

밑거름을 넣고 7~8㎝ 흙을 덮는다

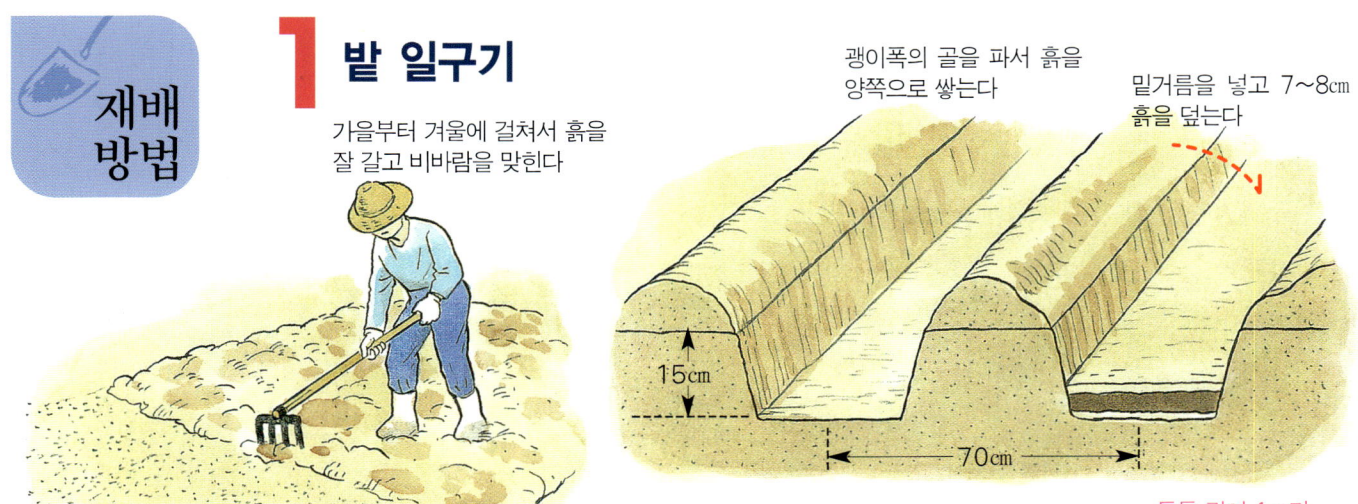

두둑 길이 1m당
퇴비 3줌
화학비료 4큰술

2 씨감자 준비

끝에 가까운 싹이 우세하며 빨리 자란다

밑쪽의 싹은 성장이 늦다

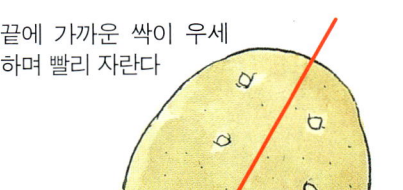

충실하고 휴면에서 깨어 싹이 조금 나온 것이 좋다

60~80g 정도의 크기는 2개로 자르고, 더 큰 것은 3~4개로 자른다

성공 포인트
씨감자 전용이며 병이 없고 충실한 것을 구입하며, 각 조각에 좋은 싹이 고르게 달리도록 잘라서 밭에 심는다.

3 아주심기

씨감자 위에 7~8㎝ 흙을 덮고 괭이로 가볍게 눌러준다

씨감자를 놓는다   자른 면이 아래로 향한다

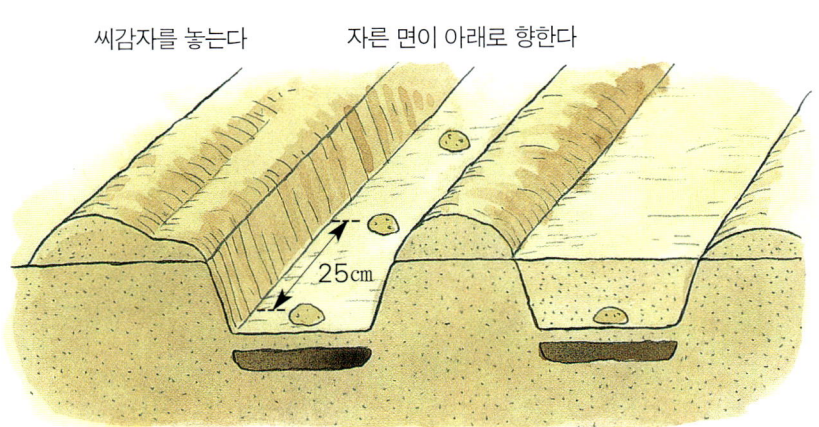

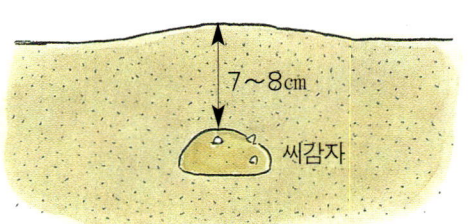

양호  불량

자른 면을 아래로   자른 면을 위로 하면 물이 고여서 씨감자가 썩기 쉽다

4 순지르기

싹이 많이 나오므로 세력이 좋은 것을 2개 남기고 나머지는 제거한다. 씨감자가 뽑히지 않도록 밑동을 누르고 비스듬한 방향으로 뽑는 것이 좋다

씨감자의 위쪽에 자란 줄기 끝이 굵어져서 감자가 된다

5 웃거름 · 북주기

1회 때와 같이 비료를 주고 북주기를 4~5cm 두께로 한다

1회째
1포기당
화학비료
1큰술

2회째
(1회 때의 15일 후)

15~20cm

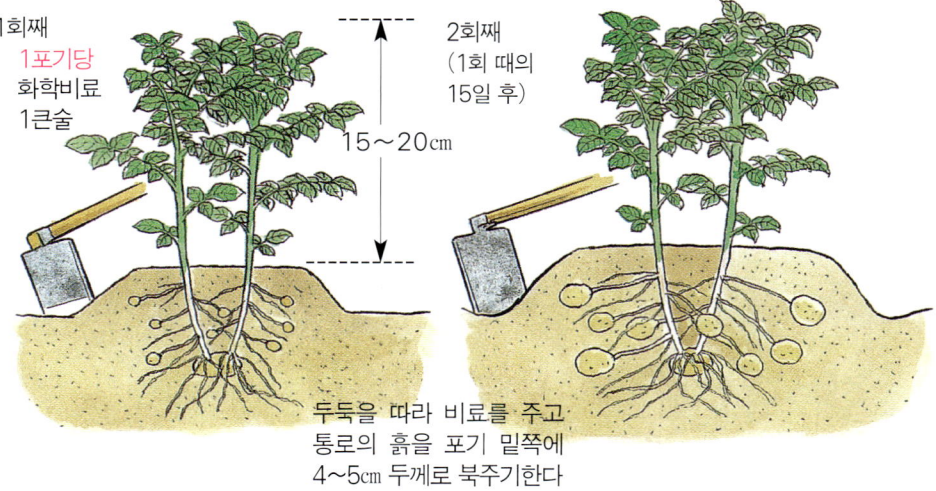

두둑을 따라 비료를 주고 통로의 흙을 포기 밑쪽에 4~5cm 두께로 북주기한다

북주기가 부족하면 감자가 햇빛에 노출되어 푸른 빛이 되고 품질이 떨어진다

6 병해충 방제

잎에 습한 흑갈색 반점이 생기는 역병이 최대의 적. 일찍 만코지 수화제를 뿌린다. 이 병해는 토마토에도 전염된다

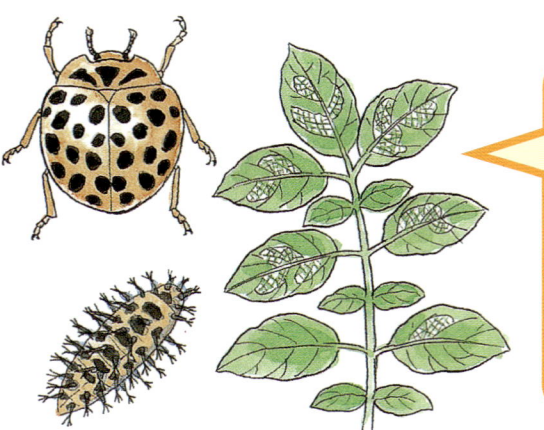

무당벌레붙이는 잎을 갉아먹는다. 유충일 때 조기 방제해야 한다

성공 포인트

역병은 생육 후반기에 발생, 급속하게 퍼져서 감자의 비대와 저장을 방해한다. 조기 발견하여 방제한다. 토마토와 같은 병해이므로 근처에 토마토가 있으면 함께 약제를 뿌린다.

플랜터재배

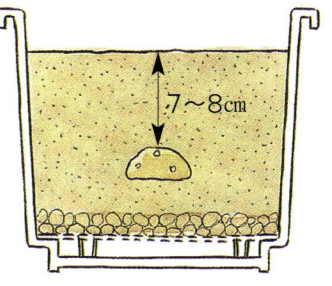

긴 플랜터에 씨감자를 2개 심는다

싹이 땅 위로 15㎝ 정도 자랐을 때와 그 15일 뒤, 2회에 걸쳐서 웃거름을 준다. 줄기 밑동에서 조금 떨어진 곳에 화학비료를 주고 흙에 가볍게 섞어 넣는다

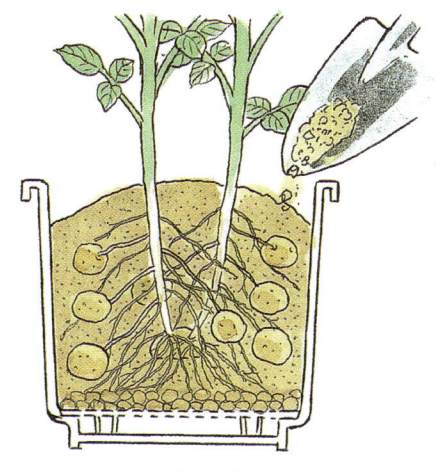

다른 곳에서 흙을 가져와 밑동에 주어 감자가 지표면에 나오지 않도록 한다

7 수확

감자가 굵어지면 만져보고 파서 일찍부터 햇감자를 맛본다

완전히 굵어졌을 때 괭이로 파낸다

잘 자란 1포기에서 파낸 감자

> **성공 포인트**
>
> 생육 중에 만져보고 파낼 때는 땅 위의 잎줄기나 땅 속의 다른 감자에 상처가 나지 않도록 조심해서 파며 다시 살짝 흙을 덮어둔다.

불량

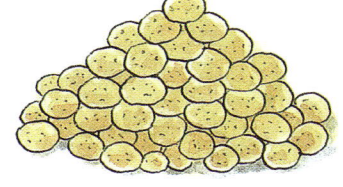

쌓아놓으면 썩기 쉽다. 특히, 습지의 것은 금방 썩으므로 주의한다

양호 ○

맑은 날이 계속될 때를 골라서 수확하고, 껍질을 그늘에서 말린 후에 얕게 나란히 쌓아둔다

Q. 씨감자 준비와 심는 방법은?

A. 무병 씨감자를 구입하여 자른 후 자른 면을 아래로 하여 심는다

심는 시기는 남부는 3월, 추운 지방은 4월이 적기다. 이 때 판매되는 무병 씨감자를 구해서 심는다.

지난해에 수확한 감자는 좋은 싹이 나오지 않고 병에 걸린 것이 많기 때문에 좋은 수확을 기대하기 힘들다. 씨감자로 출하되는 것은 바이러스병 검사에 합격한 것이다.

씨감자는 보통 30~40g 정도의 크기다. 이것을 1개씩 심으면 씨감자가 많이 필요하고, 싹이 너무 많이 나와서 뽑아버려야 하므로 크기에 따라 2~4등분하여 이용한다.

너무 작게 자르면 초기 생육에 필요한 양분이 부족하여 좋은 생육을 기대할 수 없다.

씨감자는 세로로 자른다. 꼭대기부분의 싹이 빨리 자라므로 이것을 균등하게 자른다.

심을 때는 싹에 상처가 나지 않도록 주의하면서 60×30㎝ 간격으로 자른 면이 밑으로 향하도록 하고, 흙은 7~8㎝ 두께로 덮는다.

가끔 자른 면에 재를 발라주는 경우가 있는데 직접적인 효과는 없다. 오히려 습기를 부를 수 있으므로 재를 이용하지 않는 것이 좋다.

감자 품종에 따라 꽃이 다르다

사야카	도야	화표진	베니아카리

홋카이코가네	마치루다	레드문	와세이로

· 한국에는 없는 일본 품종이므로 참고만 하기 바람.

Q: 감자를 파보면 감자 표면에 철사로 찌른 것 같은 구멍이 있다

A: 북방풀노린재의 피해 흔적. 심기 전에 약제를 뿌린다

감자를 수확하여 보면 철사로 찌른 것 같은 구멍이 여러 개 있는데, 이것은 딱정벌레의 유충인 북방풀노린재가 갉아먹은 흔적이다.

피해를 입은 감자는 굵어지지 않을 뿐만 아니라 구멍이 많아서 요리하기도 불편하므로 여러 가지로 곤란하다.

딱정벌레는 몸길이 25㎜ 정도로 황갈색의 딱딱하고 윤기가 있는 표피를 가진 가늘고 긴 모양의 벌레다.

1세대는 3년이란 긴 주기를 가지므로, 유충시절에는 흙 속에 있으며 봄과 가을에 작물에 피해를 준다. 그러므로 땅 윗부분에 아무리 약제를 뿌려도 방제가 어렵다.

심기 전에 밭을 갈면서 약제를 전체에 뿌리거나(피해가 심각할 때), 파종골에 미리 약제를 뿌려둔다.

약제로는 폭심 분제(1㎡당 3~4g), 또는 에토프 입제(1㎡당 4~5g)가 효과적이다.

감자 이외에 고구마에도 피해를 준다. 모종을 심은 직후에 피해를 입으면 시들어버리는 것도 있다.

Q: 감자를 조기수확하는 방법은?

A: 씨감자를 싹을 틔우고, 터널을 잘 이용한다

간단한 조기수확 방법은, 싹이 트는 이른 봄에 지면에 꽉 차게 씨감자를 늘어놓고 비닐터널을 씌워서 싹을 틔우는 것이다.

싹이 4~5cm 자라면 밭에 옮겨 심고 터널을 쳐서 온도를 높인다. 싹이 땅 위로 나오고 잎이 나오기 시작하면 해가 있는 낮에는 밑자락을 조금 열어주며 보통의 터널관리를 해준다.

잎줄기가 터널 윗부분에 닿을 정도로 자라면 서서히 바깥 공기에 익숙하게 하여 비닐을 벗긴다. 그러나 늦서리의 염려가 있으면 비닐을 씌워두어 서리로부터 보호한다.

그 밖의 일반 관리는 노지재배와 같다. 이렇게 하면 15~20일 빨리 수확할 수 있다.

씨감자 싹틔우기

터널재배

고구마

Sweet potato

무더위에도 잘 견디며 강건하다. 재배가 쉬운 다수확 채소. 섬유질과 비타민류가 모두 풍부하다. 적자색 · 다홍색 · 황색 · 백색 등 색이 다양하고 쓰임새도 많다.

메꽃과　　원산지=중앙아메리카

재배특성

- 채소 가운데 가장 고온성으로 덩이뿌리가 굵어지는 적정온도가 20~30℃. 강한 빛을 좋아하고 건조에도 잘 견디어 생육한다.
- 토양의 적응폭이 넓어서 어떤 토양에서나 재배할 수 있지만, 덩이뿌리가 굵어지려면 땅이 깊고 통기가 잘 되는 곳이 필요하다.
- 질소가 많으면 잎줄기가 너무 무성하고 줄기에 이상이 생기기 때문에 비옥한 밭에서는 비료가 너무 많지 않도록 주의한다.

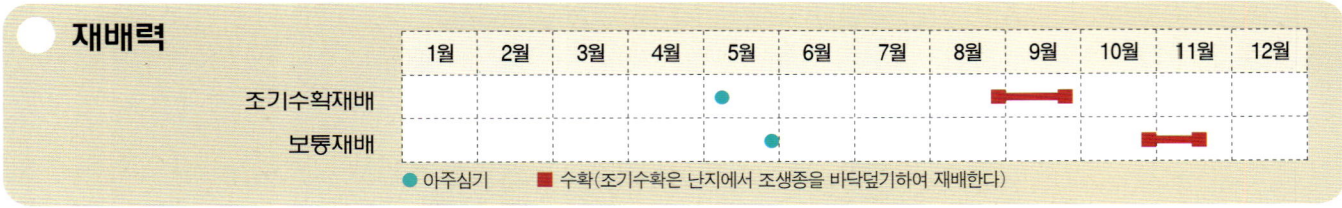

품종

우리나라에는 1930년대에 충승100호가 도입되면서 급속도로 보급되었다. 본격적으로 품종 육성이 이루어지며 오늘날 재래종이 된 수원147호 이외에 밤고구마인 율미, 사료용으로 적합한 진미 · 선미, 날로 먹기에 좋은 생미, 식용 및 가공용인 건미가 육성되었다.

일본에는 단맛이 강하여 군고구마로 좋은 고계14호, 재배하기 쉽고 맛도 좋은 베니아즈마 등이 있다.

베니아즈마

고계14호

재배방법

1 모종 준비

모종을 구입한다

마디 수가 7~8마디, 길이 25~30㎝ 정도로 줄기가 굵은 것이 좋다

양호

짧고 통통하다

불량

줄기가 가늘게 웃자라며, 잎 색이 옅고 두껍지 않은 것

불량

성공 포인트
좋은 모종은 줄기가 굵고 마디간격이 길지 않으며, 잎 색이 좋고 두껍다. 본잎이 6~7장, 길이가 25~30㎝인 것이 좋다.

뿌리 채소류 · 고구마

2 밭 일구기

일찍 밭을 갈아서 비바람을 맞힌다

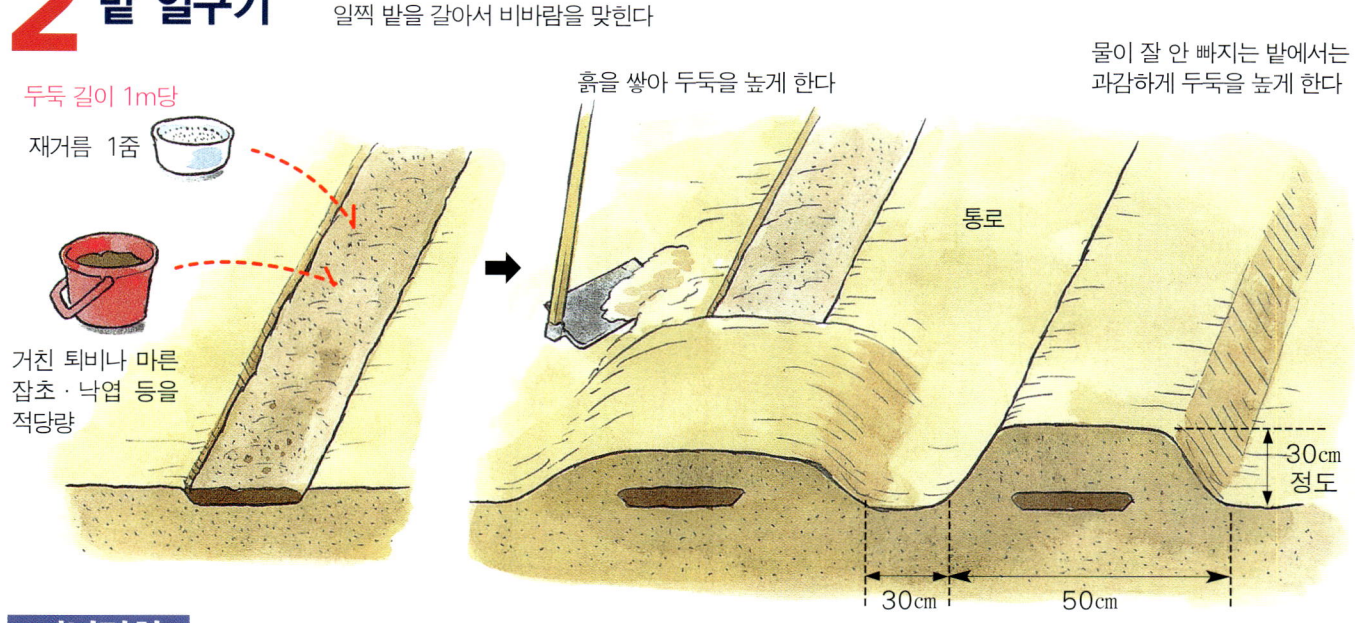

두둑 길이 1m당
재거름 1줌
거친 퇴비나 마른 잡초·낙엽 등을 적당량

흙을 쌓아 두둑을 높게 한다

물이 잘 안 빠지는 밭에서는 과감하게 두둑을 높게 한다

통로

30㎝ 정도

30㎝ 50㎝

비닐멀칭

조기수확·다수확을 목표로 할 때

가운데에 대나무봉 등을 넣어 비닐필름을 돌리며 깔아준다

흙을 충분히 덮는다

비닐필름
바닥덮기용으로 두께 0.02~0.03㎜의 얇은 것. 온도는 투명쪽이 높지만 잡초가 생기기 쉬운 곳에서는 흑색으로 한다

칼로 비닐필름에 칼자국을 낸다

30㎝

포기간격이 30㎝가 되도록 약간 비스듬히

3 아주심기

수평심기
모종이 짧거나 밭이 너무 건조할 때 쓰는 방법

보통은 이 방법이 제일 좋다

경사심기
잎에 상처가 나지 않도록 주의

고구마가 될 뿌리가 나오는 중요한 마디. 이 마디는 반드시 땅 속에 넣고, 잎은 땅 위로 나올 것. 깊이 묻으면 땅의 온도가 낮아 좋은 고구마가 달리지 않는다

두둑에 비스듬히 모종을 놓고 손가락 끝으로 땅 속에 깊이 박아 넣듯이 모종을 심는다. 심고 위에서 눌러준다

4 웃거름

웃거름은 거름기나 덩굴의 성장을 보고 조절한다

성공 포인트

비료, 특히 질소성분이 너무 많으면 덩굴만 무성해진다. 잎 색이 너무 옅은 듯하면 화학비료를 두둑 가장자리에 조금 준다. 보통 채소밭 만큼 비옥하다면 거의 비료를 주지 않아도 된다.

5 수확 · 저장

탐색 수확
어릴 때는 손으로 만져보고 파내어 어린 고구마를 맛본다

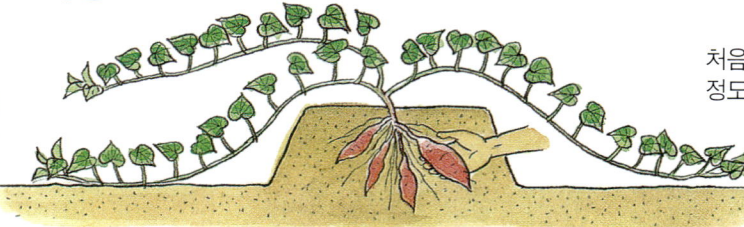

저장
처음에는 10~14일 정도 환기시킨다

흙을 쌓아서 빗물이 흘러내리도록 한다

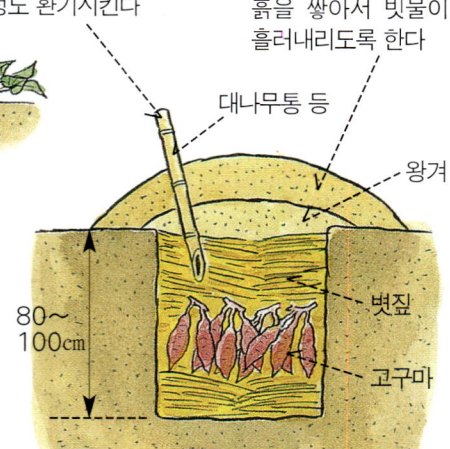

대나무통 등
왕겨
볏짚
고구마
80~100cm

주위보다 높은 평지로, 가능하면 지하수가 낮은 곳을 고른다. 상처가 없는 고구마를 골라 덩굴이 달린 채로 저장한다

우선 덩굴의 밑동을 낫으로 잘라서 두둑 밖으로 내놓는다

덩이뿌리에 상처가 나지 않도록 괭이를 넣어, 가능하면 덩굴에서 덩이뿌리가 떨어지지 않도록 조심스럽게 파낸다

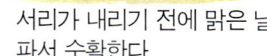

서리가 내리기 전에 맑은 날 파서 수확한다

'이럴 때에는 어떻게 하나?' Q&A 이것을 알고 싶다

덩굴이 잘 자라게 하려면?

비료, 특히 질소비료를 너무 많이 주지 않는다

고구마는 예부터 구황작물로 되어 있고, 비료를 잘 흡수하는 작물이다.

특히 질소비료에 민감하여, 질소를 너무 많이 주면 덩굴이 무성하게 자라서 인근 두둑을 가로질러 무성해질 정도로 덩굴투성이가 된다.

중요한 땅 속 부분에 양분의 흐름과 축적이 잘 안 되어 알이 굵지 않고 맛없는 고구마가 된다.

앞 작물을 재배할 때의 비료성분이 남아 있으면 무비료로 시작하고, 도중에 잎 색이 나빠지면 웃거름을 조금 주는 것으로 좋다. 특히, 비옥하고 습기가 적으면 무비료로 재배하는 것이 좋다.

그러나 비료를 흡수하는 힘이 강한 고구마라고 하지만 보통의 밭이라면 비료를 조금 넣는다. 특히 초기 생육을 돕기 위해서 필요하다.

두둑을 만들기 전에 두둑 전체에 비료를 뿌리고, 흙과 섞으면서 두둑을 만든다.

고구마 껍질이 거칠고 윤기가 없다

바이러스병에 감염. 무병 모종을 구한다

껍질이 바래거나, 줄무늬모양으로 거칠거나, 홍색종이지만 전체적으로 색이 옅은 것은 포기 전체가 바이러스에 감염된 것이 주요 원인이다. 모종이 병원바이러스에 감염된 경우가 많다.

막 자란 줄기 끝부분은 이런 바이러스에 감염되지 않았으므로 이 부분을 0.3㎜ 이하로 아주 작게 잘라서 배양하면 무병화할 수 있다.

최근 이러한 생명공학으로 육성된 모종을 원종(原種)으로 하여 증식한 모종을 재배에 이용하여 껍질 색이 좋고 건강한 덩이뿌리가 생산되었다.

고구마에 작은 구멍이 생긴다

북방풀노린재의 피해 흔적이다

고구마를 파보면 표면에 작은 구멍이 있고 속까지 깊게 뚫려 있는 피해를 자주 볼 수 있다. 이것은 북방풀노린재라고 불리는 딱정벌레의 유충이 갉아먹어서 나타나는 흔적이다. 고구마 이외에 감자·콩·벼 등의 뿌리도 먹는다.

전에 피해를 입어서 걱정이 되는 밭은 미리 토양훈증제인 다조메 분제 또는 입제를 뿌려서 방제한다.

당근

Carrot

카로틴이 풍부하고 비타민A의 효과가 좋으며, 비타민 B_2와 C도 많은 대표적인 녹황색 채소. 영어이름도 카로틴에서 유래

미나리과   원산지＝아프카니스탄

재배특성

- 차고 서늘한 기후를 좋아하지만 온도 적응폭이 매우 넓고, 뿌리는 기온의 영향을 잘 안 받으므로 추위에 강하며 밭에서 월동도 가능. 생장하면 여름의 더위에는 약하다.
- 여름파종은 비가 오고 나서 하고, 추위를 막기 위해서도 왕겨 등으로 덮어 발아가 잘되게 한다. 네마토다(뿌리혹선충)의 피해를 입기 쉬우므로 앞 작물에 피해가 있었던 곳은 피해서 재배한다.
- 초기에 잡초를 잘 제거해야 한다.

○ 재배력

(한랭지·고랭지에서는 씨를 15~20일 늦게 뿌린다)

◆ 씨뿌리기   ◯ 터널 덮기   ■ 수확   ※ 미니당근은 어떤 가꿈꼴로도 재배 가능

품종

아시아계와 유럽계가 있는데 유럽계가 많이 재배된다. 품종군에는 길이의 단위였던 촌(寸)이 붙은 것이 많다. 봄파종은 3촌계, 여름파종은 5촌계의 품종이 많았으나 최근에는 5촌계가 많아졌다. 우리나라 품종으로는 해도지·대복여름·농우시교 등이 있고, 일본종으로는 뉴신흑전골드·신흑전5촌·향양2호·금항3촌 등이 있다. 소형의 미니당근도 있는데, 플랜터재배에 적합하다.

향양2호

금항3촌

베이비캐롯

재배 방법

1 밭 일구기

가능하면 빨리 지난 작물을 정리한다

1㎡당
완숙퇴비 4~5줌
석회 3큰술

15~20cm의 깊이로 잘 갈아준다

2 밑거름

두둑 길이 1 m당
깻묵 3큰술
화학비료 2큰술

비료를 넣고 2~3cm 흙을 덮어서 바닥을 평평하게 만든다

파종골은 가능하면 바닥을 평평하게 한다

8cm, 15cm, 60cm, 2~3cm

털 없음 　 털 있음

털이 있는 씨는 뿌리기 전에 손으로 잘 비벼서 털을 떨어내고 심는 것이 좋다

3 씨뿌리기

비가 온 후에 뿌리는 것이 좋지만 건조하면 물을 주어 바닥을 충분히 적신 후에 뿌린다

씨앗이 보이지 않을 정도로 아주 얇게 2~3mm 흙을 덮는다

씨앗은 2cm 간격으로 구석구석 빠짐없이 뿌린다

성공 포인트
흙을 덮고 위에 비로 인한 씨앗 노출이나 고온·건조 방지를 위하여 덮개를 해둔다.

괭이 뒤로 가볍게 눌러서 흙이 씨앗과 잘 붙도록 해준다

흙이 보이지 않을 정도로 빠짐없이 골고루 뿌린다

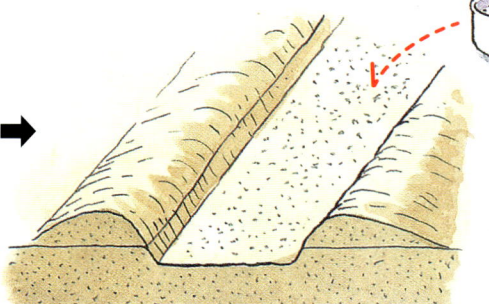

완숙퇴비를 작게 부순 것이나 왕겨 등을 아주 얇게

당근 씨앗은 작고 얇기 때문에 흙덮기를 두껍게 하면 발아가 잘 안 된다. 여름의 건조를 막고 소나기 등으로 씨앗이 쓸려가는 것을 막기 위하여 굵은 소재로 덮어주면 초기 생육이 잘된다

뿌리 채소류 · 당근

4 솎아내기 · 김매기

1회째 솎아내기
잡초는 부지런히 뽑는다
작물의 키가 4~5cm일 때

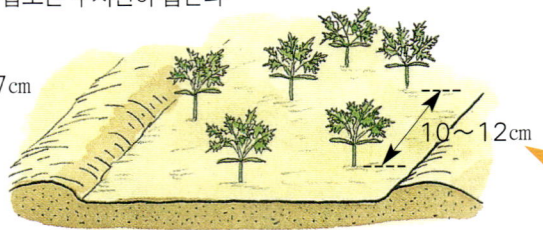
2회째 솎아내기
뿌리의 지름이 약 5~7mm로 굵어지기 시작했을 때

> **성공 포인트**
> 잎이 작고 초기 생육이 늦어서 잡초에 묻혀버리기 쉽다. 어릴 때부터 정성들여 풀을 뽑고 웃거름이 떨어지지 않게 잘 관리한다.

5 웃거름

2회째 솎아낸 후 뿌려준 비료를 흙과 섞으면서 두둑 사이에 가볍게 북 주기한다

두둑 길이 1m당

 깻묵 2큰술

 화학비료 2큰술

6 수확

뿌리가 굵은 것부터 차례로 솎으면서 수확한다

수확이 늦어지면 뿌리가 세로로 갈라져서 품질이 나빠진다

플랜터재배
긴 플랜터에 두 줄 심는다

미니당근은 플랜터에서 재배하여 갓 수확한 맛을 즐기는 것도 좋다

5촌당근은 길이 12~13cm 정도가 표준

물을 넣은 컵

뿌리 지름이 1cm 내외로 큰 것부터 수확한다. 신선한 것을 날로 먹으면 맛있다

Q 뿌리에 혹이 생기고 표면이 울퉁불퉁하다

A 당근뿌리혹선충이 원인. 앞 작물로 매리골드를 재배하는 것도 방법이다

뿌리혹선충의 피해   정상

당근을 수확해보면 뿌리에 지름 5~8mm 정도의 혹이 많이 생겼을 때가 있다. 이것은 당근뿌리혹선충의 기생이 원인이다.

식용으로는 문제가 없지만, 이런 당근은 생육이 나쁘고 수확량도 떨어지며 요리에도 손이 많이 간다.

방제법으로는 카보 입제 등을 토양에 주는 방법이 있지만 이것은 가스화 되므로 주택 근처에서는 사용이 어렵다.

선충의 피해는 건조하거나 퇴비가 적은 밭에서 생기기 쉬우므로 평소부터 밭에 퇴비를 많이 넣어주고 건조하지 않도록 관리해주는 것이 중요하다.

또한, 매리골드 뿌리가 선충을 없애는 작용을 하므로 매리골드를 밭에 심으면 방제효과가 있다. 약제 소독보다 길게 3년 정도 효과가 지속되며, 그 동안에 당근뿌리혹선충이 늘어나지 않으므로 효과적이다. 항상 피해가 많은 밭은 장기적인 재배계획을 세우고, 이런 채소 이외의 작물을 도입하여 생물학적 방제효과를 꾀하는 것이 바람직하다.

Q 봄파종 당근의 터널재배 관리 요점은?

A 초기에 밀폐, 후반기에는 환기가 중요

겨울에 씨를 뿌린 후에 비닐터널을 씌워서 재배하는 방법은 채소가 귀한 4월 중순~5월 중순에 걸쳐 수확하기 위한 것으로 꼭 시도해볼 만하다.

가장 추운 때이므로 여름과는 반대로 가능하면 온도를 올려주어야 한다.

씨를 뿌린 후에는 터널로 밀폐시켜서 온도를 올리는데, 터널자락을 흙으로 눌러주어 나중에 물주기가 어려우므로 씨뿌리기 전에 물을 충분히 준다.

비닐터널을 씌워서 온도를 높여도 발아까지는 15일 정도 걸린다. 발아 후에도 밀폐한 채로 두어 초기 생육을 돕는다.

당근은 작을 때 이처럼 고온다습 상태인 것이 생육에 좋다. 건조하면 10일에 한번 정도 충분히 물을 준다.

작물의 키가 5~6cm로 자라고 본잎이 3장 정도 되었을 때부터 터널의 밑자락을 열어주거나 터널의 윗부분에 구멍을 만들어 낮에 환기를 시켜준다.

3월 하순~4월 상순에 바깥 온도가 올라가면 터널을 서서히 벗겨 노지상태에서 바깥 온도에 적응하도록 한다.

이 때 웃거름과 중간갈이를 해주면 생육이 아주 좋아진다.

래디시

Radish

단기간에 수확할 수 있으므로 '20일무' 라는 별명이 있는 유럽계 무. 모양과 색도 다양하므로 샐러드 장식에 최적.

배추과   원산지＝유럽

재배 특성

- 무와 마찬가지로 차고 서늘한 기후를 좋아하지만, 뿌리가 소형으로 생육일수가 짧으므로 재배는 쉽다. 플랜터재배에도 알맞다.
- 배추좀나방·도둑벌레 등의 해충 피해를 입기 쉬우므로, 발생이 많은 시기에는 망이나 부직포 등으로 전체피복하여 날아오는 것을 막는다.

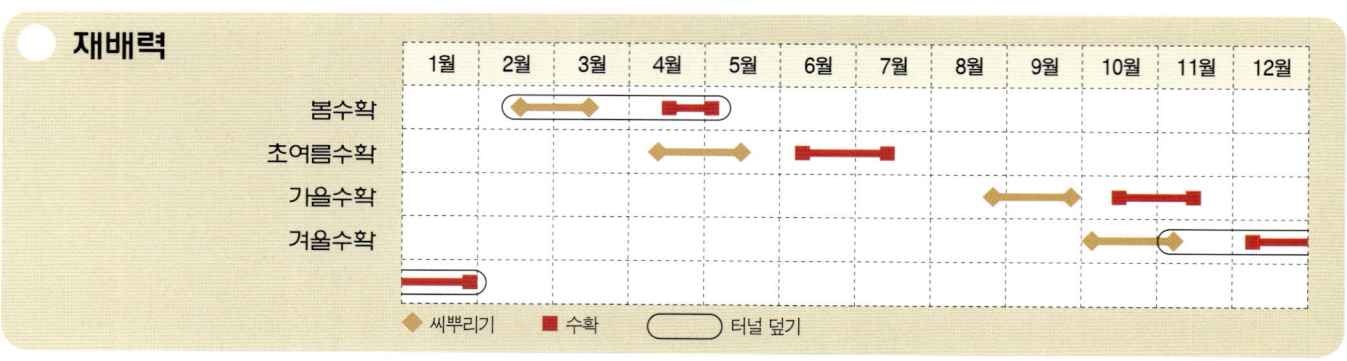

품종

전에는 붉고 둥근 모양 중심이었으나 점차 모양이나 색이 다른 다양한 품종이 나오고 있다. 우리나라에도 길고 전체가 붉은 적장20일무, 길고 붉은데 끝에만 하얀 반적장20일무, 둥글고 전체가 붉은 적환20일무, 둥글고 반만 붉은 반적환20일무 등이 있다. 일본에는 코밋·체리·화이트체리시·설소정·롱스칼렛 등이 있다.

체리

코밋

설소정

재배방법

1 밭 일구기

성공 포인트
건습이 적은 밭을 선택하고, 앞 작물이 정리되는 대로 빨리 석회를 뿌려서 잘 갈아둔다.

1㎡당

완숙퇴비 4~5줌

화학비료·깻묵 5큰술

2 씨뿌리기

두둑파종
모판의 바닥을 정성들여 고른다

널빤지로 폭 2㎝, 깊이 1㎝ 정도의 골을 만든다

15㎝

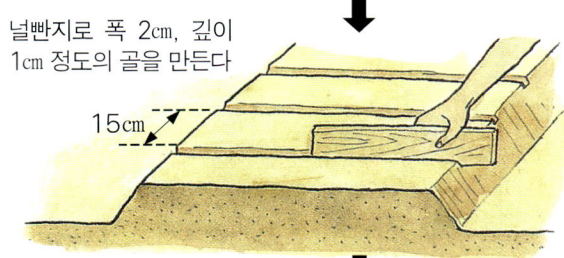

씨앗을 2㎝ 정도 간격으로 뿌리고 약 1㎝ 두께로 흙을 덮는다

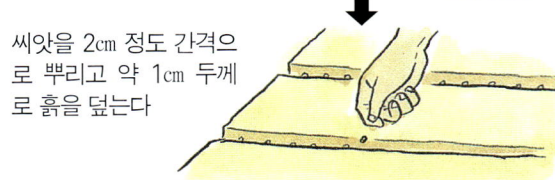

긴 플랜터라면 씨앗을 2줄로 뿌린다

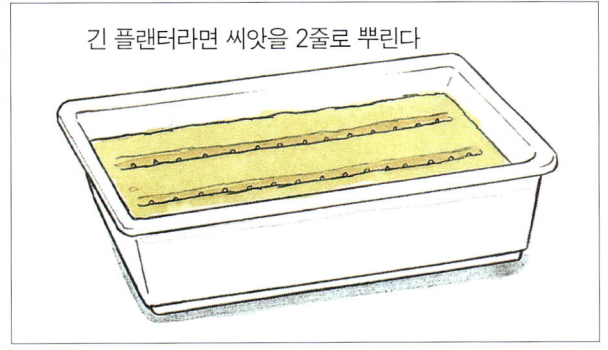

줄뿌림

파종골 / 통로

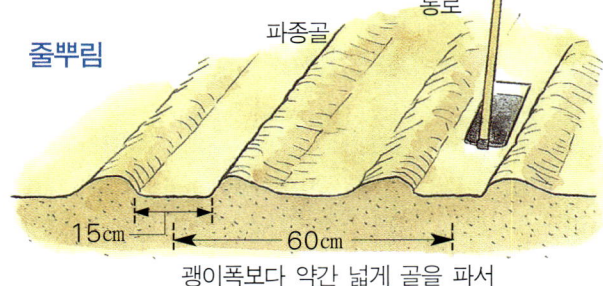

15㎝ ― 60㎝

괭이폭보다 약간 넓게 골을 파서 밑바닥을 정성들여 고른다

물뿌리개로 골 바닥에 물을 흠뻑 준다

씨앗간격이 2㎝ 정도 되도록 빠짐없이 심는다

씨앗 위에 1㎝ 정도 두께로 흙을 덮는다

뿌리 채소류 · 래디시

3 솎아내기

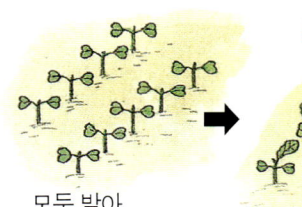
모두 발아

1회째
본잎이 1장일 때

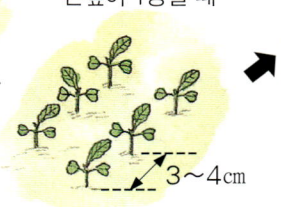
3~4cm

2회째
본잎이 3장일 때

6~7cm

3회째(마지막 포기간격)
뿌리가 1.5~2cm로 굵어졌을 때

9~10cm

성공 포인트
뿌리가 굵어지면서 너무 혼잡하면 뿌리의 생장에 큰 지장을 주므로 늦지 않게 솎아낸다.

4 웃거름·중간갈이

2회째, 3회째 솎아내기를 하고 웃거름을 준 후 갈아준다

1㎡당
화학비료
5큰술

골 길이 1m당
화학비료 5큰술

두둑파종일 때는 줄 사이에 뿌려서 대나무막대기 등으로 흙과 섞는다
막대기

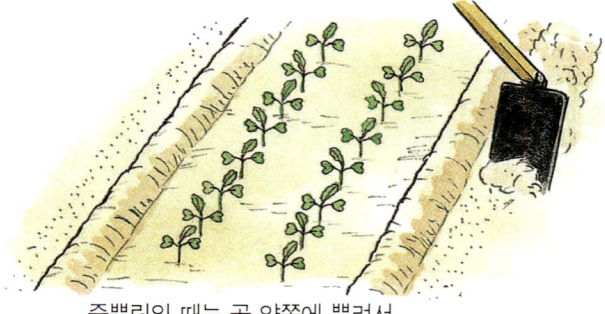
줄뿌림일 때는 골 양쪽에 뿌려서 괭이로 흙과 섞는다

5 수확·이용

뿌리가 굵어진 것부터 차례로 수확한다

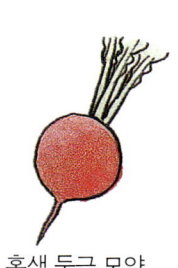
홍색 둥근 모양

백색 가늘고 긴 모양

홍백종

정상 — 둥근 종류라도 관리가 나쁘면 부정형이나 뿌리 갈라짐이 생긴다

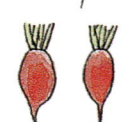
포기 사이가 너무 좁을 때 등

고온기에 재배했을 때

수확 지연이나 토양 수분의 급변

소스를 곁들여서
소스는 좋아하는 맛을 준비.
케첩과 마요네즈를 섞은 오로라 소스나 사워크림에 잘게 썬 셀러리를 넣은 것 등

피클로 만든다
식초와 물 3:1 비율에 소금·설탕·통후추 및 월계수를 조금 넣고 끓인 것에 좋아하는 채소와 함께 넣는다

'이럴 때에는 어떻게 하나?' Q&A 이것을 알고 싶다

Q 여름에 재배하였는데 뿌리가 둥글지 않고 색도 안 좋다

A 알맞은 품종을 고르고, 정성을 들여 솎아주며 기른다

20일무라는 별명처럼 20일 내외에 수확할 수 있는 단기재배 채소로, 사계절 내내 비교적 쉽게 재배할 수 있다. 그러나 고온에서는 아무리 해도 땅 위와 아래 부분이 모두 웃자라기 쉽고, 좋은 품질을 수확하기 어렵다. 이런 성질은 품종에 따라 매우 다르다.

보통 많이 재배하는 것이 '코밋계'인데, 코밋계는 여름에 재배하면 뿌리가 길어지기 쉬우므로 6~8월에 씨를 뿌릴 경우에는 '코밋' 대신 체리·사쿠사 등을 선택해본다.

또 여름에는 조금이라도 온도를 낮추기 위해 한랭사를 덮는데, 플랜터재배라면 나무그늘이나 통풍이 잘되는 테라스 밑 등에 들여놓는다.

배게심기도 뿌리모양을 망가뜨리는 원인이다. 솎아내기를 늦지 않게 해준다.

땅 윗부분이 짙은 색으로 잘 자랄 수 있는 조건이라면 땅 속의 래디시도 좋은 모양의 것을 수확할 수 있다.

이밖에 뿌리의 품질에 영향을 미치는 조건으로 포기간격과 토양 수분이 있다. 충분히 솎아서 알맞은 포기간격을 만든다. 흙에 습기가 너무 많은 곳에서는 선명한 홍색과 윤기가 잘 나지 않는다. 지표 가까이만이라도 강모래를 넣어주면 좋은 수확물을 얻을 수 있다.

Q 뿌리에 바람이 들었다

A 수확을 늦지 않게 한다. 조금씩 여러 번 나누어 씨를 뿌리는 것이 좋다

무 종류는 완전히 생장한 후에 밭에 너무 오래 두면, 뿌리 중심부의 섬유질부분이 발달하여 수분이 없어지고 바람이 들어 확실히 품질이 떨어져버리는 성질이 있다.

이는 일종의 과숙현상으로 수확적기를 놓쳤기 때문이다. 특히 생장이 빠른 래디시는 이렇게 되기 쉽다.

래디시는 1년 내내 씨를 뿌리고 쉽게 키울 수 있지만, 성장이 빠른 만큼 수확적기도 짧은 것을 염두에 두고 씨를 한번에 너무 많이 뿌리지 않도록 하는 것이 중요하다.

파종시기를 조금씩 달리하여 여러 번으로 나누어 씨를 뿌리는 것이 이와 같은 단기재배 채소를 가정의 텃밭에서 실패하지 않고 재배하는 비결이라고 할 수 있다.

씨뿌리기부터 수확까지의 기간은 온도에 따라 다르다. 여름에는 20일, 봄·가을에는 30~40일, 한겨울에 비닐터널로 덮어서 재배하는 것은 60~70일 정도이다.

빨리 수확하는 것은 괜찮으므로 뿌리가 어느 정도 굵어지면 차례대로 솎으면서 수확하며, 오래도록 식탁에 올릴 수 있는 수확방법도 연구해본다.

마

Chinese yam

자연마·장마·단마(불장마)·둥근마 등의 총칭. 모양도 여러 가지로 특유의 끈기가 있고, 뛰어난 강장식품으로 인기가 높다.

| 마과 | 원산지=중국 화남 서부 |

재배특성

- 덩굴성의 여러해살이 식물. 굵어지는 덩이줄기 부분은 뿌리와 줄기의 중간적 성질을 가진다.
- 좋은 씨마를 구하는 것이 중요하다. 덩이줄기는 나누면 어디에서나 싹이 튼다.
- 3~4년 돌려짓기를 철저하게 하여 선충과 다른 해충의 피해를 막는다.
- 아주 심을 때는 비료를 거의 주지 않고, 생육상황을 보아가며 비료의 양과 시기를 조절한다.

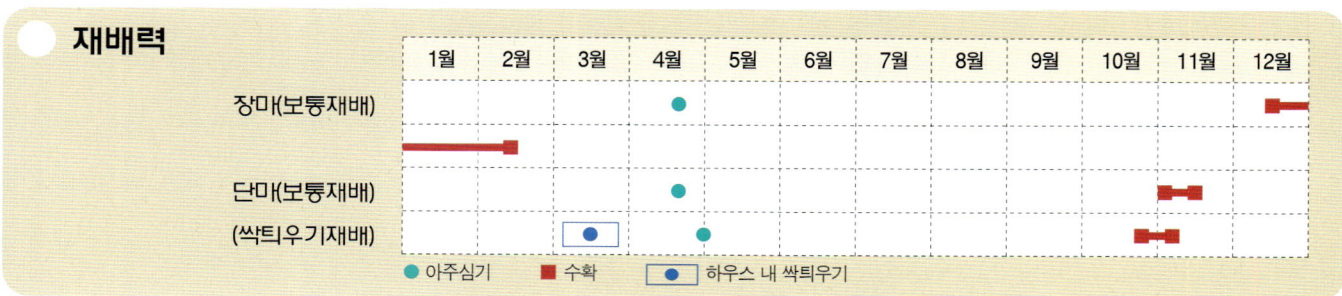

재배력 / 장마(보통재배) / 단마(보통재배) / (싹틔우기재배)
● 아주심기 ■ 수확 □ 하우스 내 싹틔우기

품종

마는 야산에 자생하는 자연마, 우리나라에서 재배되는 단마와 장마, 동남아시아에서 재배되는 대마 등 4종이 있다. 우리나라에서 재배되는 마는 덩이뿌리모양에 따라 장마·단마·둥근마로 나뉘는데, 덩이뿌리가 짧은 단마는 수확이 간편하고 수확량도 많아서 텃밭재배용으로 많이 쓰인다. 자연마의 파이프재배 및 둥근마 재배도 지역에 따라 늘고 있다.

장마

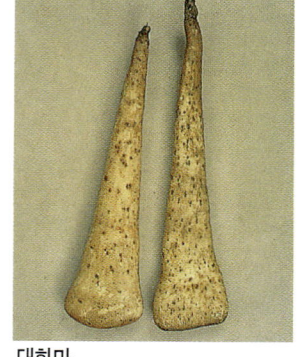

대화마

둥근마

재배방법

1 밭 일구기

1㎡당
완효성 화학비료 6큰술
퇴비 5~6줌

이어짓기장해가 나타나기 쉬우므로 3~4년간 마를 재배한 적이 없는 밭을 택한다. 밭은 일찍이 깊게 갈아둔다. 산성에 약하므로 석회를 잊지 않도록 한다

2 씨마 준비

장마 — 굵은 부분은 80~100g으로, 머리부분은 50~60g으로

단마 — 50~70g으로, 세로로 나누어 자른다

둥근마 — 50~70g으로, 씨마 자르는 방법과 크기를 지킨다

3 아주심기

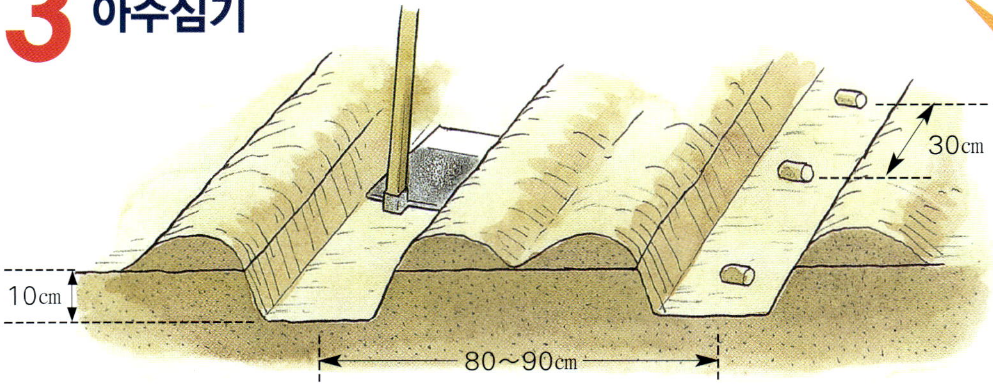

성공 포인트
잘 저장된 씨마를 준비하여 적당한 크기로 자르고, 자른 부위에 석회를 발라서 잘 말린 후 밭에 심는다.

씨마는 부위별로 구분해서 정리하여 심으면 발아가 고르므로 나중에 관리하기 쉽다

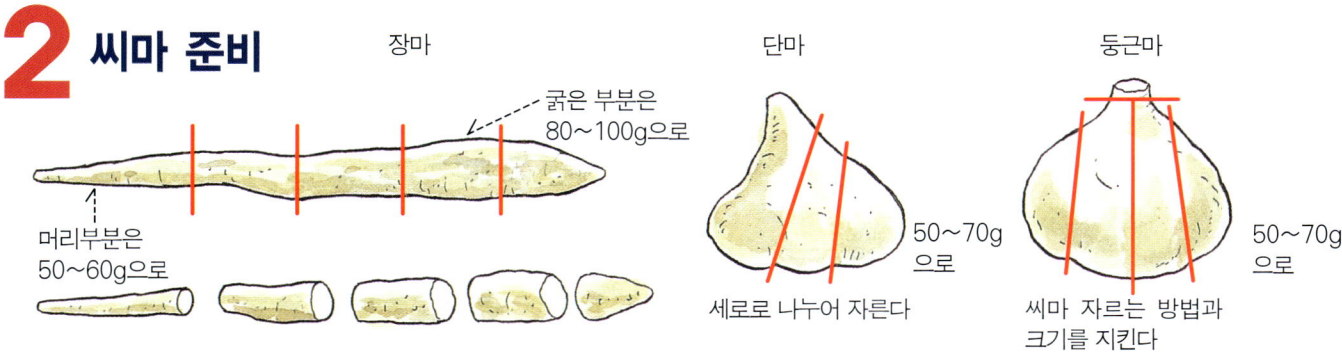

10㎝ / 80~90㎝ / 30㎝

5~7㎝

괭이폭의 심을 구멍을 만들어 씨마를 늘어놓고 구멍을 메우듯이 흙을 덮는다

뿌리채소류 · 마

4 거름주기

1포기당
화학비료 1큰술

덩굴이 자라기 시작하면 포기 사이에 비료를 준다

두둑 길이 1m당
화학비료 3큰술

덩굴이 1m 정도 자랐을 때와 초가을, 2회에 걸쳐 두둑 한쪽에 골을 파서 비료를 주고 흙을 다시 덮는다

> **성공 포인트**
> 장마는 반드시 지주를 세워서 덩굴을 위쪽으로 키운다. 밑으로 처진 덩굴에는 영여자가 많이 달려서 생육이 정지되고 덩이줄기가 잘 굵어지지 않는다.

5 짚 깔기 · 지주세우기

단마
짚 깔기

한여름이 되기 전에 신경 써서 짚을 깔아준다

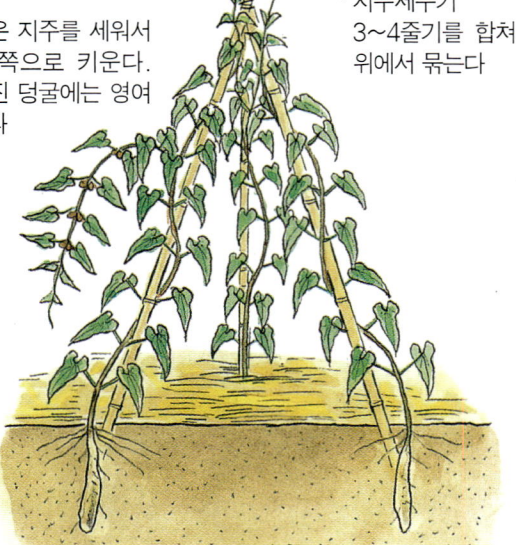

장마
되도록 높은 지주를 세워서 덩굴을 위쪽으로 키운다. 밑으로 처진 덩굴에는 영여자가 달린다

지주세우기
3~4줄기를 합쳐서 위에서 묶는다

6 수확

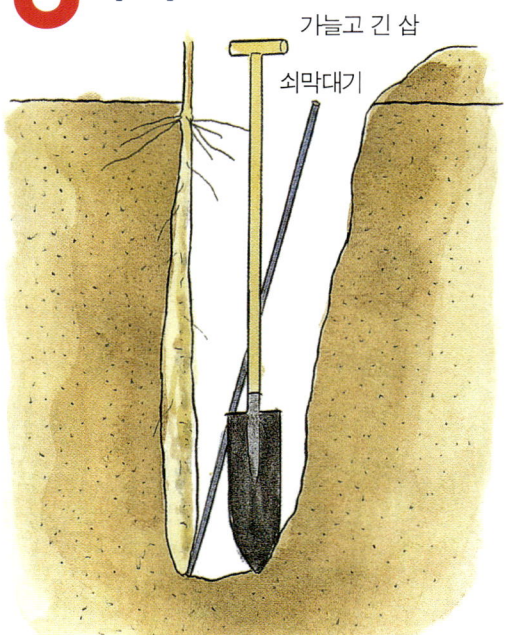

가늘고 긴 삽
쇠막대기

장마는 남부지방의 경우 늦가을부터 봄에 걸쳐 수확한다. 땅 윗부분이 시들고 나서도 좋다. 잘라지기 쉬우므로 도구를 이용하여 조심스럽게 파낸다

10월 하순~4월 하순
단마는 남부지방의 경우에 늦가을에 잎줄기가 시들 때부터 3월에 걸쳐 수확할 수 있다. 그러나 중부 이북 및 산간지역에서는 추위 때문에 너무 늦게까지 수확하지 않는 것이 좋다

이럴 때에는 어떻게 하나? Q&A 이것을 알고 싶다

Q: 씨마의 선택방법과 잘 자르는 방법은?

A: 대나무막대기로 표시를 해놓고 손으로 자른다

씨마는 잘 저장해서 양분의 소모가 적고 형태가 좋으며, 병충해가 없는 것을 고른다.

장마의 경우 그대로 사용하면 너무 크고 증식률이 낮기 때문에 가로로 나누어 사용하는데, 크기는 부위에 따라 달라 머리부분은 50~60g으로 작고, 굵은 부분은 80~100g으로 크게 자른다.

이것은 단마도 마찬가지다.

나눌 때는 자른 면의 조직이 망가지지 않도록 칼붙이로 자르지 않고, 대나무막대기 등으로 표시를 해서 손으로 자른다.

나누는 작업들은 빨리 해서 15~20일 정도 말리고 밭에 아주심기한다.

Q: 영여자를 씨마로 할 수 있을까?

A: 모판에서 키워 씨마로 이용한다

영여자는 작고, 아주심기 1년째는 겨우 덩이줄기가 자랄 정도의 힘밖에 없으므로 작은 마밖에 수확할 수 없다.

이것으로는 재배능률이 오르지 않는다.

영여자를 씨마로 하려는 경우에는 모판을 만들어서 일정 간격으로 심고, 덩굴을 가능한 크게 키운다. 덩이줄기가 달리면 이것을 파서 다음해에 씨마로 한다.

영여자는 장마·단마 등에는 달리지만, 둥근마 계통에는 달리지 않으므로 이용할 수 없다.

영여자로 씨마를 키우는 방법

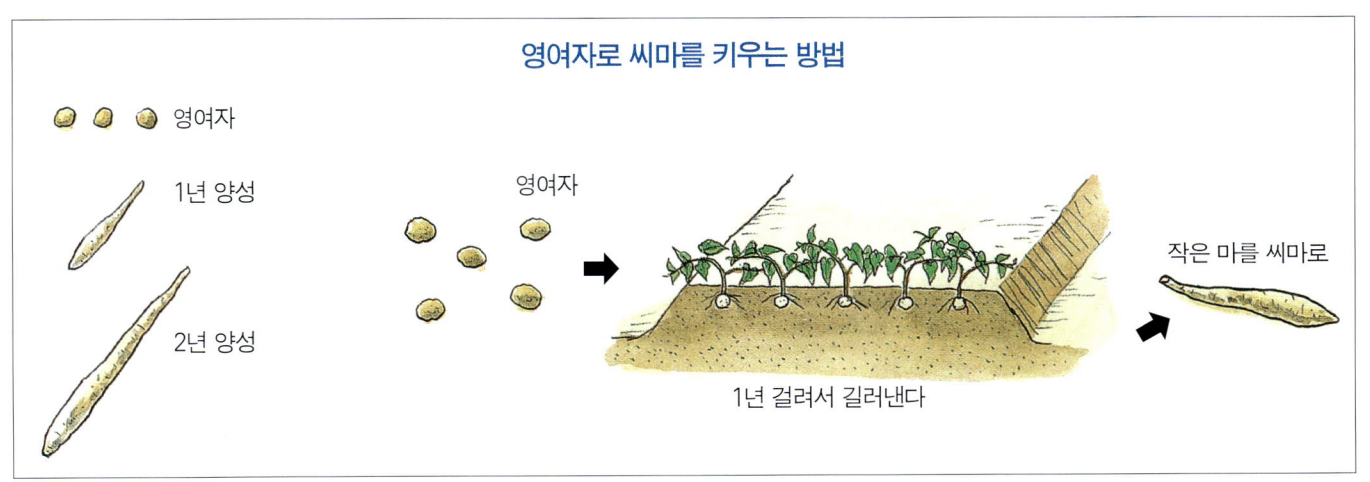

무

Radish

기원전부터로 추정되는 오랜 재배역사를 가지고 있다. 전국적으로 재배되며, 사계절 내내 소비되어 최대 소비량을 보인다.

배추과 원산지=지중해 연안, 동남아시아 등 여러 설이 있다

재배특성

- 차고 서늘한 기후를 좋아하여 일반적으로 내서성은 약하지만 내한성은 있으며, 성질은 강건하다.
- 토양에 대한 적응폭이 넓어서 아주 척박한 땅에서도 잘 자라지만, 경작 토양이 너무 얕거나 덜 썩은 유기물, 돌 등이 있으면 뿌리가 변형되기 쉽다. 잘 갈아서 토양 속의 이물질을 제거하고 재배한다.
- 바이러스병에 걸리기 쉬우므로 해충 방제에 신경 쓴다.

재배력

◆ 씨뿌리기   ■ 수확(중남부지역을 중심으로 한 경우)

품종

재배역사가 오래되고 전국 각지에 분포해 있으므로 재래종도 많고 개량종도 많다. 지역·파종시기에 적합한 품종을 골라서 재배한다. 가을에 수확하는 것에는 궁중총태무·경상무·진주대평무·만평·장안무, 가을에 씨를 뿌려 봄에 수확하는 것에는 보석알타리·한올대형무, 여름에 수확하는 것으로는 봄초롱·은초롱 등이 있다.

일본에서는 추왕·어머니·천보 등이 대표적 품종이다.

추왕

어머니

천보

재배 방법

1 밭 일구기

씨뿌리기 15일 이상 전에 양질의 완숙퇴비와 비료를 뿌려서 30~35cm 깊이로 잘 갈아둔다

1㎡당
 완숙퇴비 5~6줌
 화학비료 2큰술
 깻묵 4큰술

 **성공 포인트**
덜 썩은 퇴비는 뿌리 변형의 원인. 퇴비는 완전히 썩은 것을 가능한 빨리 뿌려서 발아하기 전에 충분히 분해되도록 한다.

돌이나 나뭇조각 등 뿌리가 뻗는 데 장애가 되는 것은 제거한다

2 씨뿌리기

괭이폭으로 깊이 3cm 정도의 파종골을 만든다

1군데에 4~5개씩 씨를 뿌리고, 1~1.5cm 깊이로 흙을 덮는다

25~30cm

60cm

지름 5~6cm

주스병 등으로 원형의 표시를 만들어 씨를 뿌리면, 씨앗이 한쪽으로 치우치지 않고 좋다

해충이 생기지 않게 하려면

보리 등의 사이에 심는다

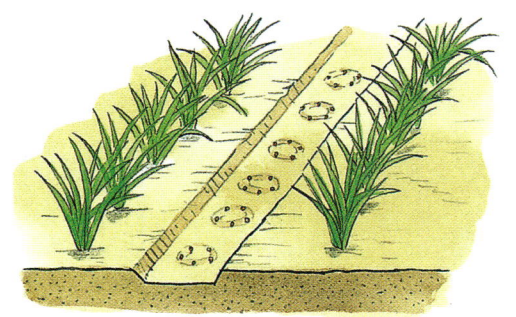

은색, 은색줄무늬 등의 반사성 필름으로 바닥덮기한다

50cm

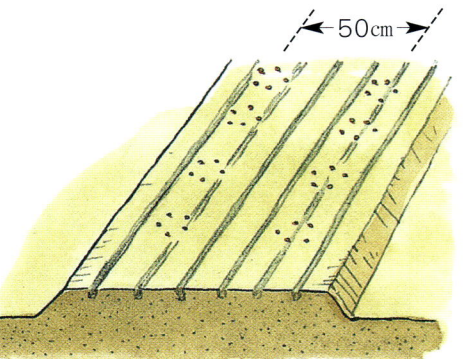

망류, 전체피복 자재 등을 씌운다

50cm

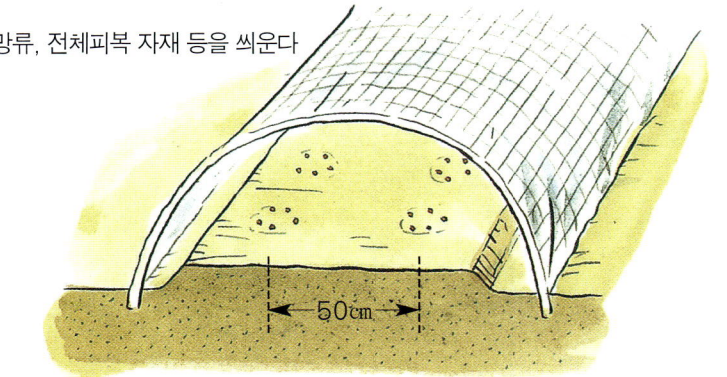

성공 포인트
고온기에 씨를 뿌릴 때는 진딧물이 날아와서 바이러스에 감염되기 쉬우므로, 날아와 붙지 못하게 대책을 세우는 것이 중요하다.

3 솎아내기

모두 발아

1회째
본잎이 1장일 때 3포기로

2회째
본잎이 3~4장일 때 2포기로

3회째(마지막)
본잎이 6~7장일 때 1포기만 남긴다

솎아낼 때 떡잎 모양이 좋은 것을 남긴다

○   ×

생육 초기에 떡잎모양이 좋아야 뿌리모양이 좋고, 그렇지 못한 것은 뿌리모양도 잘못되기 쉽다

성공 포인트
솎아내기는 시기가 늦지 않게 모양을 잘 보고 정성들여 해준다. 솎아내고 가볍게 포기 밑에 흙을 올려 흔들리지 않도록 한다.

4 웃거름

1회째   1포기당
화학비료 1작은술
깻묵 1작은술

2회째 솎아내기 후 포기 주위에 뿌려서 가볍게 흙에 섞는다

2회째 1포기당
화학비료 1큰술
깻묵 1큰술

3회째 솎아내기 후 두둑 한쪽에 흩뿌리고, 괭이로 흙과 섞으면서 북주기한다

3회째
2회째 웃거름을 주고 15일 후, 반대쪽에 같은 양의 비료를 주고 북주기한다

5 약제 살포

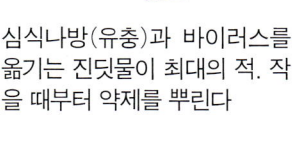

심식나방(유충)과 바이러스를 옮기는 진딧물이 최대의 적. 작을 때부터 약제를 뿌린다

잎의 뒷면부터 정성들여서 뿌린다

6 더위막이 · 추위막이 대책

- 비닐필름
- 따뜻해지면 밑자락을 열어서 환기시킨다
- 통기성 자재의 부직포 등
- 봄에 일찍 씨를 뿌릴 때는 터널을 덮어서 추위를 막는다
- 전체피복 자재를 잎 위에 바로 덮는다

7 수확

위쪽을 향하여 힘있게 뻗은 잎이 벌어지고, 바깥쪽 잎이 늘어지는 듯하면 수확적기

잎의 바람구멍

잎자루가 붙은 부분에서 2~3㎝ 되는 곳을 잘라본다. 그곳에 바람구멍이 보이면 뿌리도 바람이 든 것이다

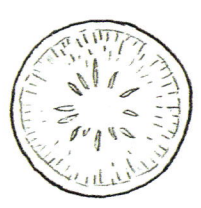

뿌리의 바람구멍

성공 포인트
수확이 늦어지면 뿌리에 바람이 들어 맛이 떨어진다. 바깥의 2~3장의 잎자루를 잘라보아 바람구멍이 있는 것 같으면 뿌리에도 바람이 들어 있다.

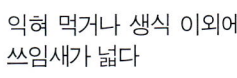

익혀 먹거나 생식 이외에 쓰임새가 넓다

건조시켜서 절임으로

썰어 말려서 무말랭이로

이럴 때에는 어떻게 하나? Q&A 이것을 알고 싶다

Q 가랑이 무를 방지하려면?

A 깊이 심고 이물질을 제거하며, 솎아내기·북주기도 중요

무의 뿌리가 흙 속에서 자랄 때, 그 끝이 단단한 흙이나 돌 또는 비료로 준 퇴비를 만날 경우에 가랑이 무가 된다.

또 솎아내기가 늦어져서 오랫동안 쓰러져 있거나 바람에 흔들리고, 흙 속 선충(네마토다)의 피해를 입었을 때도 가랑이 무가 된다고 알려져 있다.

먼저, 밭을 정성들여 갈아서 준비하는 것이 중요하다.

옛날부터 무밭은 깊이 정성들여 갈아주며, 씨앗 밑에 덜 썩은 퇴비를 주지 않도록 주의하여 만들라고 한 것도 이 때문이다. 퇴비는 앞 작물(무 이전에 재배한 작물)에 뿌려서 안전하게 분해된 후에 재배하도록 한다.

밭의 흙이 얕아서 깊게 갈아줄 수 없다면 뿌리가 짧은 성호원무나 땅 위로 뿌리부분이 많이 나오는 품종을 선택한다. 이 경우에 퇴비는 포기 사이에 준다.

솎아낼 때 비정상적으로 세력이 좋은 것은 뿌리가 순조롭게 자라지 않는 경우가 자주 있으므로 남기지 말고 모두 솎아낸다. 솎아내고 포기 주위에 북주기하여 쓰러지지 않도록 하는 것도 중요하다.

Q 잎이 오그라들어 누렇게 되고, 뿌리가 굵어지지 않는다

A 바이러스 감염이 원인. 진딧물에 대한 대책을 철저히 한다

모자이크병에 감염되었기 때문이다. 무의 병해 중 가장 피해가 큰 것이 모자이크병이다. 가을무의 산지가 오래가지 못하고 이동하는 것은 모자이크병 때문으로, 발생하면 큰 피해를 입게 된다.

병원 바이러스는 다른 작물이나 잡초를 통해 감염되고 진딧물에 의해서도 전파되므로, 진딧물의 활동이 왕성하고 무가 발병하기 쉬운 고온기에 피해가 특히 커진다.

진딧물을 막는 것이 발병을 피하는 첫걸음이다. 씨뿌리기 전에 디설포톤 입제나 치오메톤 입제를 처리해둔다. 이 때 솎아낸 모종은 먹지 않도록 한다. 생육 중에는 비펜스린 유제나 디디브이피 유제를 일찍이 규정농도액으로 뿌려서 방제해둔다.

약제에 의지하지 않는 방법으로는 한랭사를 터널모양으로 덮어주는 것이 가장 효과적이다. 이렇게 하면 진딧물을 거의 확실하게 막을 수 있고, 솎아낸 모종도 먹을 수 있다.

터널 이외에 지면에 필름을 덮어서 반사광으로 진딧물이 날아오는 것을 막거나, 키가 큰 작물, 예를 들어 보리나 옥수수 사이에 씨를 뿌려도 꽤 피해를 막을 수 있다.

무꽃

Q 일년 내내 수확할 수 있는 방법은?
A 파종시기와 품종을 잘 조합한다

무는 식생활에서 빠지지 않는 채소이다. 옛날부터 많은 품종이 있어서 잘 골라 쓴다면 여러 시기에 재배할 수 있다. 밭에 여유가 있으면 여러 시기에 재배해본다.

가장 키우기 쉬운 것은 가을파종으로 연내에 수확하는 것이 좋다.

일반적으로 청수계 품종을 이용하는데, 밭의 흙이 깊은 곳에서는 뿌리가 길게 자라는 품종들도 좋을 것이다. 토양이 중점질인 곳에서는 추근성(무 뿌리가 땅 위로 나오는 성질)인 궁중이나, 뿌리가 짧은 성호원 등을 키워본다.

겨울이 따뜻한 지방에서는 겨울수확의 익혀 먹는 무로 삼포나 도 등도 재배할 수 있다.

봄파종 초여름수확도 생육기간이 50~60일로 짧으므로 재배해볼 만하다. 너무 빨리 씨를 뿌리면 저온에 감응하여 꽃눈이 생기고 추대하므로 실패한다.

3~4월에 씨를 뿌리는 것은 저온에 잘 감응하지 않고 추대가 잘 안 되게 개량된 불추대계를 이용한다.

파종시기는 씨앗 봉지에 써 있는 품종 설명 등을 잘 읽고 결정한다.

그밖에도 그림과 같이 지방색 짙은 품종이 많이 있으므로 잘 검토해본다.

무는 지방색이 짙은 품종이 많다.
재배시기나 토양의 성질 등을 고려하여 좋아하는 품종을 재배한다

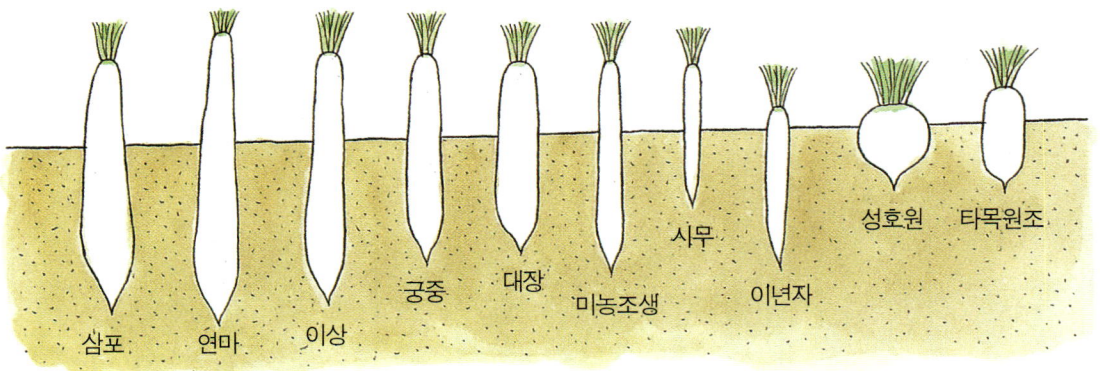

삼포 · 연마 · 이상 · 궁중 · 대장 · 미농조생 · 시무 · 이년자 · 성호원 · 타목원조

뿌리 채소류 · 무

비트

Table beet

순무같이 굵은 뿌리를 자르면 예쁜 진홍색의 소용돌이 무늬가 있다. 러시아요리 보르시티나 수프 등 쓰임새가 의외로 많다.

명아주과　　**원산지＝지중해 연안**

재배특성

- 차고 서늘한 기후를 좋아하고 여름의 더위에는 생육이 나빠지며, 겨울 추위를 만나면 품질이 떨어지므로 봄·가을을 중심으로 재배한다.
- 산성에 약하므로 밭은 미리 석회를 뿌려서 잘 갈아둔다.
- 씨앗의 특성상 배게 나오므로 늦지 않게 솎아준다.
- 수확이 늦어지면 섬유질이 발달하여 맛이 떨어지므로 수확이 늦지 않도록 주의한다.

○ 재배력

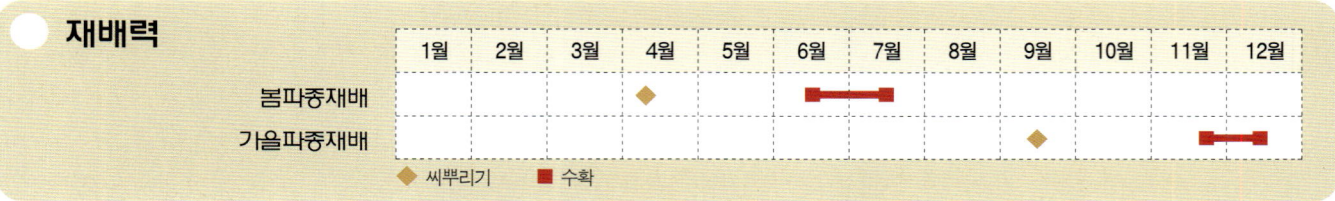

품종

둥근 계통과 긴 뿌리 계통으로 나뉘는데, 둥근 계통은 조생종·중생종, 긴 뿌리 계통은 만생종이다. 우리나라에는 디트로이트 다크 레드와 퍼펙티드 디트로이트·얼리 블로드 등이 도입되었다. 설탕용의 슈가비트, 잎을 먹는 잎비트는 같은 종류이지만 쓰임이 다르므로 주의한다.

비트

비트(백색종)

재배 방법

1 밭 일구기

- 두둑 길이 1m당
- 깻묵 5큰술
- 화학비료 2큰술
- 퇴비 4~5줌
- 미리 석회를 넣고 잘 갈아둔 밭에 구멍을 파고 밑거름을 준다
- 15cm / 50cm

성공 포인트
씨앗은 둥근 모양으로 물이 흡수가 잘 안 되므로 물에 담갔다 뿌린다. 씨앗 1개에서 3~4개의 싹이 나오므로 빨리 솎아서 1줄기로 만든다.

2 씨앗 준비 · 씨뿌리기

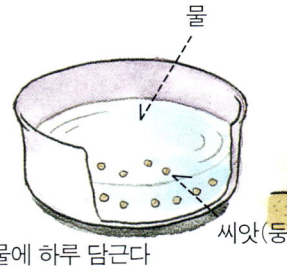

물 / 씨앗(둥근 모양) / 물에 하루 담근다

씨뿌리기
파종골이 건조하면 물을 주고 씨를 3~4cm 간격에 1개씩 넣는다

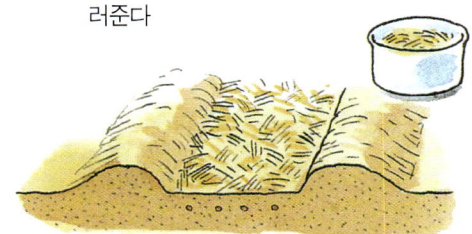

2~3mm 두께로 흙을 덮고 괭이 뒤로 눌러준다

완숙퇴비를 잘게 부순 것이나 자른 짚을 골 전체에 덮어서 건조하지 않도록 한다

3 솎아내기 · 웃거름

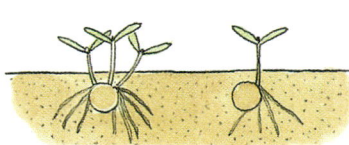

1회째 솎아내기
1개의 씨앗에 2~5개의 싹이 나오므로 솎아서 1개로 만든다

2회째 솎아내기
작물의 키가 5~6cm일 때 2회째 솎아준다

3회째 솎아내기(마지막)
10cm / 10~12cm

웃거름
2회째와 3회째 솎은 후에 웃거름을 준다

파종골 1m당
화학비료 3큰술
깻묵 5큰술

4 수확 · 이용

둥글고 울퉁불퉁하지 않은 것이 좋다

뿌리 지름이 5~6cm로 자랐을 때 수확한다. 자르면 붉은 즙이 나오고, 자른 면은 소용돌이무늬로 예쁘다

날것을 둥글게 잘라서 그대로 샐러드로

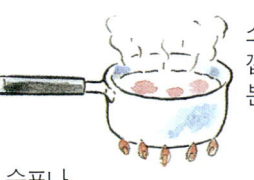
수프나 버터볶음

소금을 한 줌 넣은 물에서 껍질째 약한 불로 40~50분 삶아서 그대로 식힌다

손으로 껍질을 깐다

마요네즈무침 / 샐러드나 초절임

뿌리채소류 · 비트

생강

Ginger

살균작용과 약효가 있으며, 냄새를 없애는 데도 효과가 있다. 재배역사가 오래된 작물. 재배방법과 수확방법에 따라 일년 내내 이용할 수 있는 귀중한 채소.

생강과   원산지＝열대 아시아

재배특성

- 지난해에 수확한 생강을 저장, 월동시킨 씨생강을 이용하여 재배한다. 씨생강에 비축된 영양으로 생장하는 기간이 2개월 정도이며, 잎이 5~6장 되기까지가 매우 길므로 충실하고 병이 없는 씨생강을 구하는 것이 중요하다.
- 토양에서의 병해 전염도 많기 때문에 5~6년 생강을 재배하지 않은 밭을 골라서 재배한다.
- 고온성으로 생육 적정온도는 25~28℃. 충분히 따뜻해지지 않으면 싹이 트지 않으므로 다른 작물의 사이짓기로도 좋다.
- 생육 도중 차례로 눈따기 수확하여 오래도록 수확을 즐길 수 있다.

재배력

	1월	2월	3월	4월	5월	6월	7월	8월	9월	10월	11월	12월
연필생강재배	(고랭지나 한랭지에서는 20~30일 늦다)			●			■━━━━■				(상강 전)	
뿌리생강재배				●						■━■		

● 아주심기   ■ 수확

품종

덩이줄기의 크기에 따라 대생강·중생강·소생강으로 구분한다. 대생강에는 근강·인도, 중생강에는 황생강·중생강, 소생강에는 곡중·금시 등이 있다. 텃밭에서는 소생강이 적합하다. 우리나라의 경우 지방종으로 전주종·완주종·서산종이 많이 재배되고 있다.

일본에서는 연필생강·잎생강·햇생강 등 다양한 형태로 재배된다.

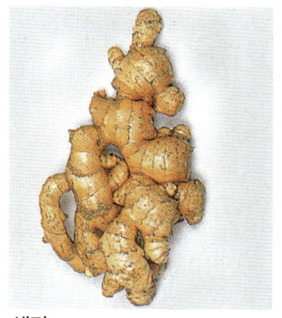
생강

잎생강

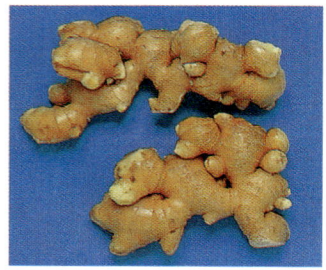
대생강

재배방법

1 밭 일구기

1㎡당
- 완숙퇴비 4~5줌
- 석회 2큰술

겨울철에 갈아서 흙을 찬바람을 쐰다

두둑 길이 1m당
- 화학비료 3큰술, 깻묵 5큰술
- 퇴비 5~6줌
- 10cm / 60cm / 4~5cm
- 흙을 다시 덮는다

2 씨생강 준비

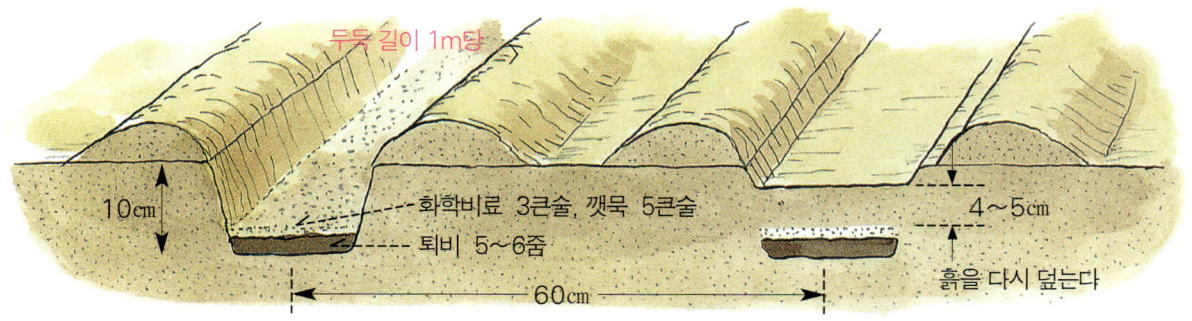

손으로 50g 정도의 크기로 나눈다

잘 저장하여 월동한 충실한 씨생강

성공 포인트
잘 저장해서 월동하여 좋은 싹을 갖고 있고, 껍질이 싱싱하며 윤기 있는 알찬 씨생강을 구한다. 일찍 구해둔다.

3 아주심기

싹틔우기
- 멍석
- 씨생강
- 전열선
- 모래

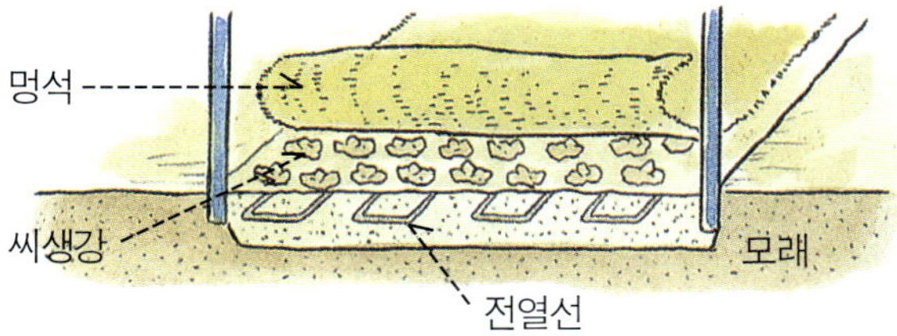

저온에서는 좀처럼 싹이 나오지 않으므로 조기수확하려면 싹을 내서 밭에 심는다. 적정온도는 25℃ 내외

8~10cm

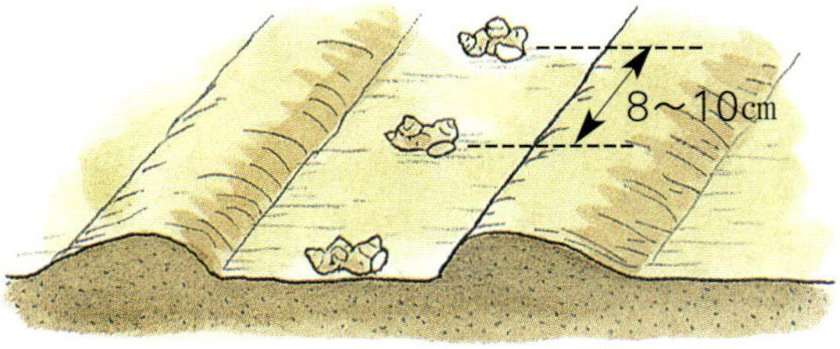

골에 직각으로 씨생강을 넣는다

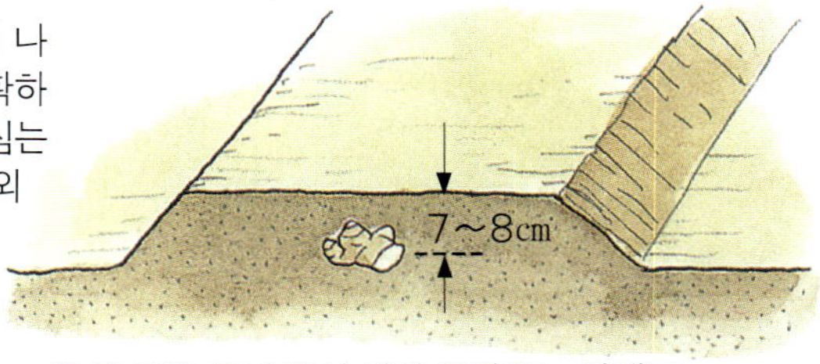

7~8cm

흙을 덮은 후에 흙이 약간 올라오는 상태로

뿌리채소류 · 생강

4 웃거름

1회째
작물의 키가 15cm 정도 되었을 때

두둑 길이 1m당
화학비료 2큰술

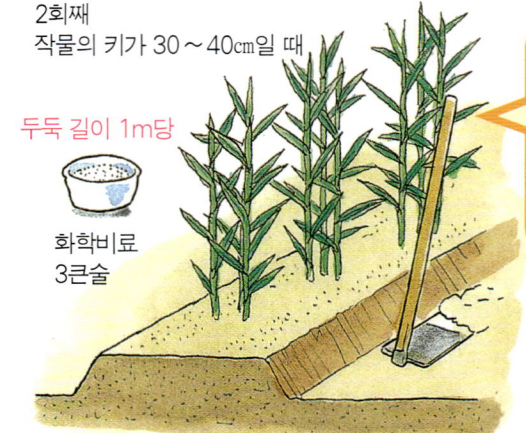

2회째
작물의 키가 30~40cm일 때

두둑 길이 1m당
화학비료 3큰술

3회째
2회째의 1개월 후에 전과 같은 방법으로

> **성공 포인트**
> 생강은 건조에 약하므로 여름이 되기 전에 밑동에 짚을 깔아주며, 건조가 심한 경우에는 물을 준다.

5 짚 깔기·물주기

건조에 약하므로 장마가 끝나면 밑동에 짚을 깔아준다

너무 건조할 때는 물을 준다

6 수확

굵어져서 새로운 생강이 된다

연필생강
잎이 3~4장 벌어졌을 때 묵은 생강을 땅 속에 남긴 채 뜯어서 수확한다. 차례로 수확할 수 있다

잎생강
곡중 생강이라고도 한다. 새로운 생강이 조금 굵어졌을 때 뽑아서 수확한다

묵은 생강
햇생강을 수확한 후의 씨생강

뿌리생강

햇생강이라고도 한다. 늦가을이 되어 뿌리가 충분히 커지면 파낸다

> **성공 포인트**
> 한번에 포기 전체를 파내지 않고 싹을 골라서 수확하며 오랫동안 생강맛을 즐기는 것이 좋다. 따라서 밭이 좁으면 아주 빽빽하게 심는다.

'이럴 때에는 어떻게 하나?' Q&A 이것을 알고 싶다

Q. 씨생강을 구하는 방법은?

A. 봄에 판매되는 씨생강을 구한다

생강의 뿌리는 저온에 약하므로 보통 상태로 땅 위에 그냥 두면 추위에 손상되거나 양분이 소모되어 싹이 잘 나오지 않는다. 그렇기 때문에 씨생강은 물이 잘 빠지는 땅 속에 묻어서 월동시킨다.

이렇게 저장한 씨생강이 4월경 판매되므로 이것을 구입하여 심는 것이 가장 좋다.

이런 씨생강을 구할 수 없다면, 채소가게에 씻어놓고 파는 중·소생강의 묵은 씨생강을 조금 구입한다.

이것은 농가에서 한 번 촉성재배에 쓰고 연필생강을 수확한 후에 출하한 묵은 생강이다. 씨생강용에 비해서는 양분이 많이 소모되었지만 이렇게 싹이 한번 나온 것이라도 땅 속에 묻으면 다시 한번 싹이 나온다. 씨생강에 비하면 매우 빈약하지만 이용할 수 있다.

그러나 씨생강이 너무 나쁘면 싹이 나오지 않고 땅 속에서 썩거나, 싹이 나와도 결국 자라지 않아서 실패한다.

좋은 씨생강은 병의 흔적이 없고, 선명한 황색으로 윤기가 있고 싱싱하다.

생강에도 여러 품종이 있다. 가정에서 재배하기에는 소생강이 적합하다. 대생강은 주로 절임용으로 사용하는 것이며, 잎생강이나 연필생강은 적합하지 않다.

Q. 수확기간과 수확방법은?

A. 차차 싹이 자라므로 장기간에 걸쳐 차례로 수확한다

6~7월이 되어 새싹이 나오면 씨생강이 올라오지 않도록 지면을 손끝으로 눌러주고 새싹만 수확하며, 어린 줄기부분을 연필생강 상태로 수확하여 이용한다.

씨생강에는 싹이 많이 나오므로 계속해서 수확할 수 있다.

싹을 거의 수확했을 때 밑동을 파보면 씨생강이 아직 건실한데, 이것은 묵은 생강으로 갈아서 이용한다.

싹을 전부 그대로 키운 것은 가을이 되었을 때 큰 포기가 되므로 차례로 파내어서 햇생강으로 쓴다.

이 때가 되면 씨생강이 상당히 소모되어 있지만 묵은 생강으로 이용할 수도 있다.

뿌리는 늦가을에 충분히 굵어지고 충실하기 때문에 서리가 오기 전에 전량 수확한다.

생강은 한번에 모두 이용하는 것이 아니므로 일찍부터 차례로 수확하여 이용하고, 최종 수확할 때까지 기르는 포기는 대량으로 이용할 계획이 없는 한 가정의 텃밭에서는 아주 적은 양으로 한다.

순무

Turnip

오래 전에 들어온 채소로, 색과 모양이 다른 다채로운 품종이 있으므로 가정의 텃밭에서 즐기는 방법도 다양하다.

배추과 원산지=아프가니스탄, 남유럽(지중해 연안)

재배특성

- 차고 서늘한 기후를 좋아하여 생육 적정온도는 15~20℃. 내서성은 약하여 한여름에 뿌리가 잘 굵어지지 않고 품질도 떨어진다. 약간 습기가 많은 비옥한 충적토에서 좋은 순무가 나온다.
- 내한성은 꽤 강하지만 품종간 차이가 크며, 대개 백색계보다 적색계 쪽이 강하다.
- 생육기간이 짧으므로 돌려짓기에 좋다.

● 재배력

	1월	2월	3월	4월	5월	6월	7월	8월	9월	10월	11월	12월
봄터널재배		◆──	────		■							
(한랭지)			◆──	────		■						
노지재배			◆──	──	■							
				◆──	──	■						
								◆──	──	■		
가을터널재배(난지)									◆──	────	■	

◆ 씨뿌리기   ■ 수확   ⬭ 터널 덮기

품종

크게 나누어 유럽형과 아시아형이 있다. 색에 따라서는 백색·적색·자주색 계통이 있으며, 모양에 따라서는 대순무·중순무·소순무로 나뉘는 등 품종이 다양하다. 우리나라에서 재배되는 대표적인 순무는 재래종인 강화순무로 적자색과 흰색이 있는데, 적자색이 맛과 질이 좋다. 그밖에 지방에 따라 소순무·황순무·비한홍순무·성호원 등이 있다.

일본에서는 대표적인 것이 관동의 토요시키·내병히카리, 관서의 성호원대환무·본홍적환무 등이다.

토요시키

성호원대환무

본홍적환무

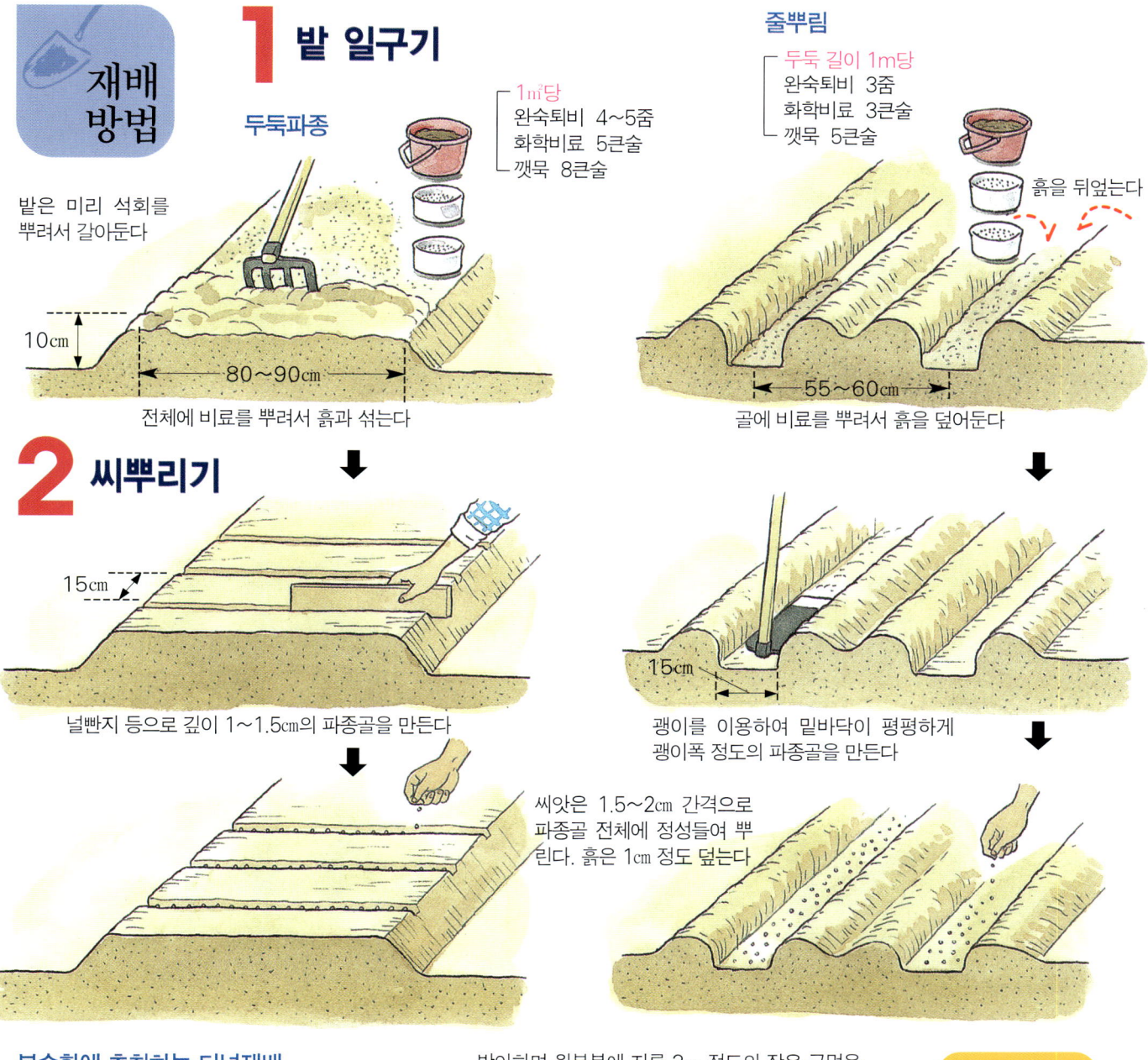

3 솎아내기

작은순무인 경우

| 모두 발아 | 1회째 본잎이 1장일 때 (3~4cm) | 2회째 본잎이 3장일 때 (6~7cm) | 3회째 뿌리 지름이 2cm 정도일 때 (10cm 내외) |

4 웃거름·중간갈이

2회째·3회째 솎은 후 두둑 사이에 웃거름을 주고 중간갈이해준다

1㎡당 화학비료 5큰술

두둑 길이 1m당 화학비료 5큰술

두둑파종인 경우, 줄 사이에 뿌려주고 대나무막대기 등으로 가볍게 흙과 섞는다

줄뿌림인 경우, 두둑 한쪽에 뿌리고 흙과 섞이도록 괭이질하여 포기 밑에 쌓아준다

성공 포인트

솎아내기는 언제나 잎이 많이 겹치지 않도록 간격을 만들어주는 것이 기본.
순무는 품종에 따라 크기가 다르므로 마지막 포기간격은 크기에 맞추어 달리한다.

5 수확

뿌리가 굵어지면서 솎음수확하여 먹는다. 어릴 때는 잎도 맛있다

지름 5cm 전후일 때가 제일 먹기 알맞다. 더 커져도 괜찮다

관리를 잘못하면 불량품이 많아진다 (예 : 금정계 작은순무)

 정상
 포기간격이 좁아서 너무 혼잡할 때 등
 토양의 건습이 심할 때
 한창 생육할 때 추워진 경우 등

'이럴 때에는 어떻게 하나?' **Q&A** 이것을 알고 싶다

키우기 좋은 파종시기는?

제일 좋은 것은 가을파종

순무는 절임 또는 국거리로 1년 내내 이용하는 채소 중 하나인데, 재배시기에 따라서는 토질을 선택해야 하거나 추위를 막기 위한 피복자재를 씌워야 하고, 해충의 피해를 막기 위한 방제에 손이 많이 가는 경우가 있다.

가정에서 재배하기에 가장 좋은 것은, 가을의 적당한 온도에서 키우는 8월 하순~9월 하순까지다. 8월에 씨를 뿌릴 경우에는 조생종을 이용한다.

9월에 씨를 뿌릴 경우에는 여러 품종이 가능하지만 금정순무가 대표적이며, 병에 대한 저항성 등 여러 면에서 개선된 개량종이 좋은 수확을 낸다.

3월 중순부터 4월 상순까지도 비교적 재배하기 좋은 시기이지만, 너무 일찍 씨를 뿌리면 저온에 감응하여 추대하므로 주의한다. 추대가 잘 안 되는 품종이 좋다.

뿌리가 갈라지는 원인과 대책은?

토양 수분의 급변, 수확 지연이 원인

순무 재배에서 가장 큰 문제가 뿌리가 갈라지는 것으로, 재배방법에 따라서 반 이상이 갈라져버리는 일도 있다.

원인은 주로 뿌리로부터 물이나 양분 흡수가 잘 이루어지지 않아서, 뿌리의 표피와 내부조직의 비대가 균형을 잃기 때문이다. 그러므로 밭의 수분이 갑자기 변하는 것이 가장 조심해야 할 점이다.

옛날부터 좋은 순무가 재배되는 적지는, 토지가 중점질로 잘 건조하지 않는 충적지라고 하는 것도 이와 같은 이유 때문이다. 보통의 밭이나 상자 재배에서는 물이 부족하지 않도록 주의해야 한다.

순무는 처음에 두껍게 씨를 뿌려두고, 도중에 2~3회 솎는 것이 보통이다. 솎아내기를 너무 일찍 하면 처음부터 너무 세력이 좋게 자라서 뿌리가 갈라지는 것이 많다. 뿌리가 지름 2㎝ 정도 자랐을 때 처음으로 적당한 간격(작은순무는 10㎝ 내외)으로 솎아준다.

수확시기가 늦은 경우에도 안이 너무 비대하여 갈라져버린다. 특히 봄에 씨를 뿌린 것은 성장이 빠르므로 수확이 늦지 않도록 주의해야 한다.

뿌리가 갈라지는 것은 작은순무에 많고, 중·대형의 순무나 붉은 순무에는 그렇게 두드러지지 않는다.

가정용이라면 늦은 수확으로 뿌리가 갈라진다고 해도 조리가 불편할 뿐이며, 충분히 이용할 수 있다.

올방게

Arrow head

덩이줄기에 어울리지 않는 훌륭한 싹이 나오며, 일본에서는 자손번영과 관련하여 정월요리로 빠지지 않는다. 얇게 잘라서 올방게칩이나 버터볶음으로도 만든다.

택사과　원산지=중국

재배특성

- 수생채소로 습지·반습지나 연못 주변의 물가에서 잘 자란다. 토양에 부식질이 풍부하고 용수를 확보할 수 있는 곳을 택해서 재배한다. 이어짓기는 피한다.
- 생육시기에 따라 물깊이를 조절하는 것이 중요하다. 물이 없어서 건조상태가 되지 않도록 한다.
- 생육 후반에 잎을 따주고 잔뿌리를 제거하여 줄기 수를 조절한다.
- 수확 1개월 전에 땅 윗부분을 잘라내어 떫은맛을 줄인다.

재배력 / 노지재배 / 1월 2월 3월 4월 5월 6월 7월 8월 9월 10월 11월 12월 / ◆ 씨올방게 심기　■ 수확

품종

우리나라에서는 잡초처럼 취급되고 있다. 일본의 주요 품종인 청올방게, 중국에서 재배되는 백올방게가 있다. 일본에서는 감청색으로 수확량이 많은 청올방게 이외에, 작고 쓴맛이 적으며 품질이 좋은 취전올방게(희올방게)도 재배된다. 중국요리에 많이 사용되는 대흑올방게는 올방게와 비슷하지만 사초과로 다르므로 혼동하지 않도록 한다.

청올방게

대흑올방게

재배 방법

1 밭 일구기

퇴비 조금
화학비료 조금

예정지에는 물을 넣어 논과 같은 요령으로 흙을 써레질한다. 11월과 2월에 2회 해준다

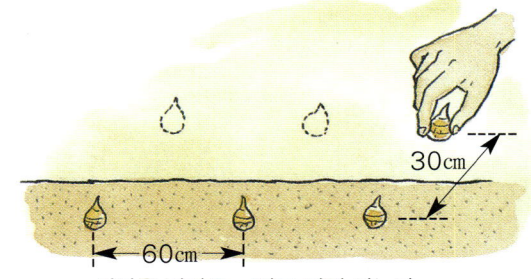

씨알을 깊이 5cm 정도 되게 심는다

2 아주심기

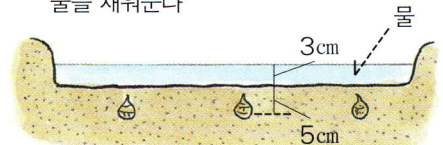

아주심기 후에 3cm 정도 깊이로 물을 채워둔다

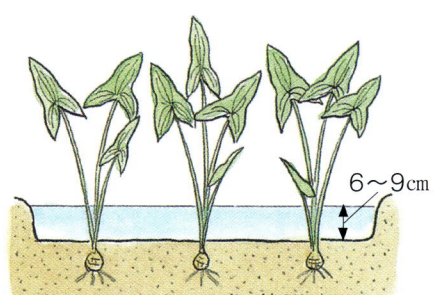

잎줄기가 자람에 따라 물깊이를 6~9cm로 한다. 특히 8월 하순~9월 상순, 비대하기 시작할 때는 물을 깊게 한다

한창 비대하기 시작하면 물을 얕게 하여 비대를 촉진한다

3 관리

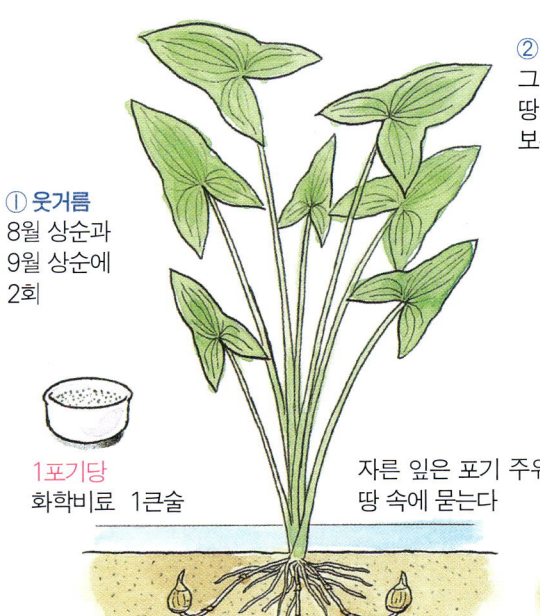

① 웃거름
8월 상순과 9월 상순에 2회

1포기당 화학비료 1큰술

자른 잎은 포기 주위의 땅 속에 묻는다

② 잎따기
그냥 두면 잎 수가 너무 늘어나서 땅 속 땅덩굴줄기의 발생이 나빠지기 때문에 보통 6~8장 남기고 나머지는 잘라낸다

③ 줄기자르기
11월 중순이 되면 땅 윗부분을 잘라준다. 이렇게 하면 속 껍질이 변하며 색이 좋아진다

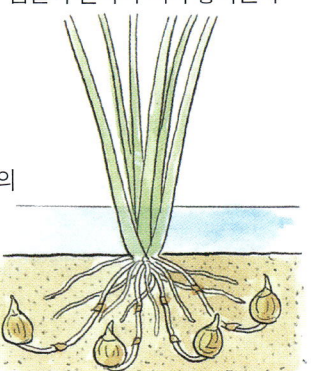

성공 포인트

큰 올방게를 수확하려면 9월 상순경 포기에서 30cm 정도 되는 곳을 낫으로 깊이 15cm 정도 되게 마구 내려쳐서, 빨리 나온 땅덩굴줄기를 잘라주어 덩이줄기 수를 줄인다.

4 수확

싹이 나온 것이 좋다

덩이줄기가 충분히 굵어지면 물을 빼고 덩이줄기를 파낸다

우엉

Edible burdock

일본에서 처음 식용으로 재배된 특이작물. 섬유질이 풍부하여 위장을 깨끗이 씻어주고, 몸에 좋은 양성의 세균이 증가하는 효과가 있다.

국화과　원산지＝지중해 연안, 서아시아

재배특성

- 온난한 기후를 좋아하고 생육 적정온도는 20~25℃. 여름 더위에 잘 자라고, 3℃ 이하가 되면 땅 윗부분이 시들지만 뿌리는 엄동설한에도 잘 견딘다.
- 토심이 깊고 물이 잘 빠지는 곳을 좋아하므로 밭을 잘 선택하여 깊게 갈고 재배한다.
- 가을파종한 우엉을 파서 옮겨 심은 후 다시 생육시켜서 수확하는 굴천우엉처럼 특수한 재배도 있다.

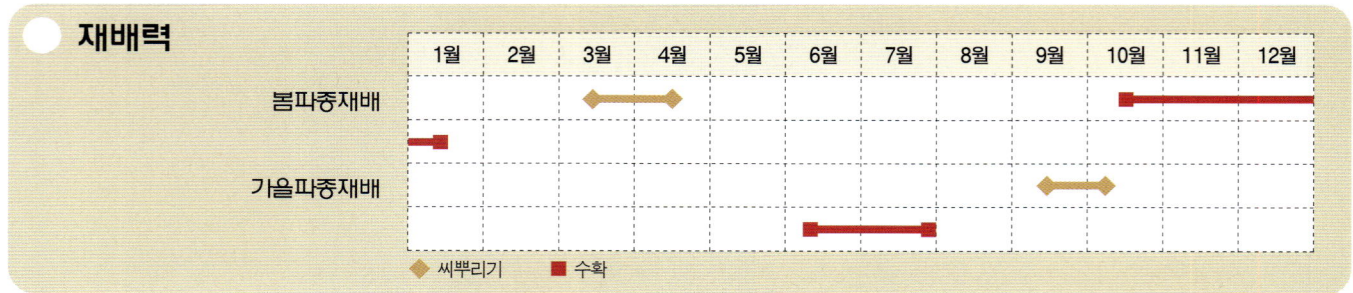

품종

뿌리의 길이, 줄기의 색깔, 조만성, 재배형태, 용도 등에 따라 구분한다. 뿌리의 길이로 나누면 장근종과 단근종이 있다. 일본에는 장근종에 용야천군의 용야천·도변조생·나카노마·사천 등, 단근종에 대포군의 대포·추·월전백경 등이 있는데, 우리나라는 일본 도입종을 이용하여 재배하고 있다. 일본에는 샐러드 무스메·다이어트 등 샐러드용으로 개량된 품종도 있다.

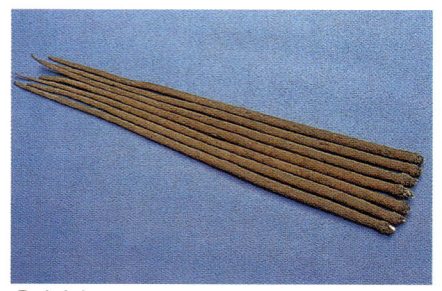

유천이상

샐러드 무스메

다이어트

재배 방법

1 밭 일구기(깊이갈이)

겨울에 밭 전체에 석회를 뿌려서 깊게 파 올려둔다

성공 포인트
모양이 좋은 우엉으로 만들고 수확 때 편하려면 밭을 깊이 잘 갈아둔다.

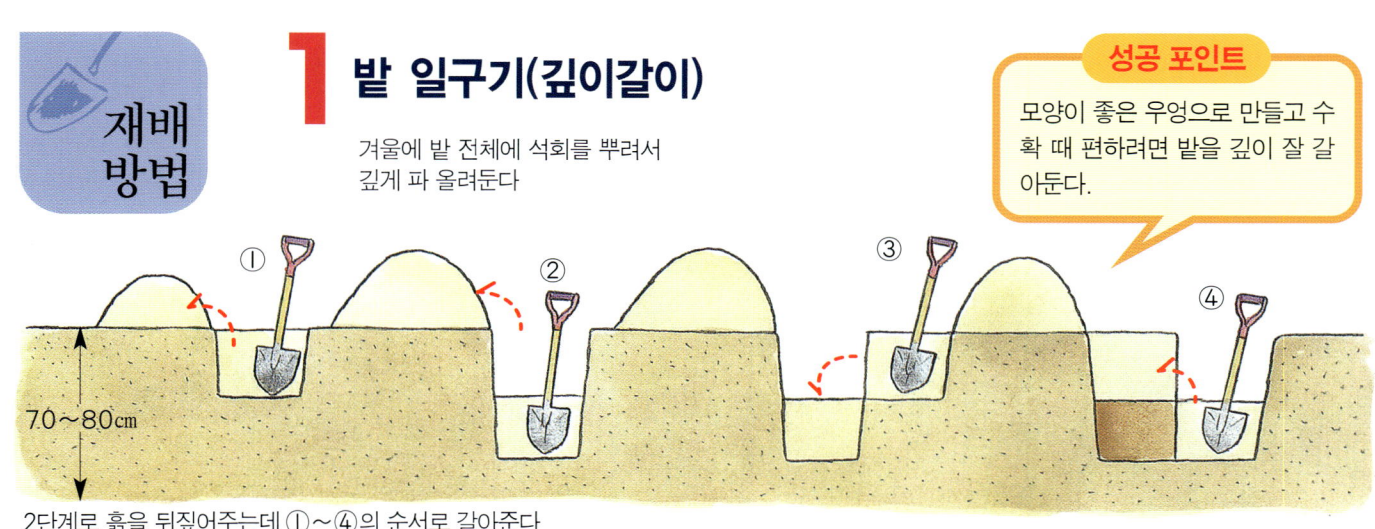

2단계로 흙을 뒤짚어주는데 ①~④의 순서로 갈아준다

2 씨뿌리기 준비

씨를 뿌리기 전에 비료를 넣어 가볍게 갈면서 평평하게 만든다

1㎡당
- 고토석회 5큰술
- 과인산석회 3큰술

깊이 7~8㎝의 파종골을 만든다

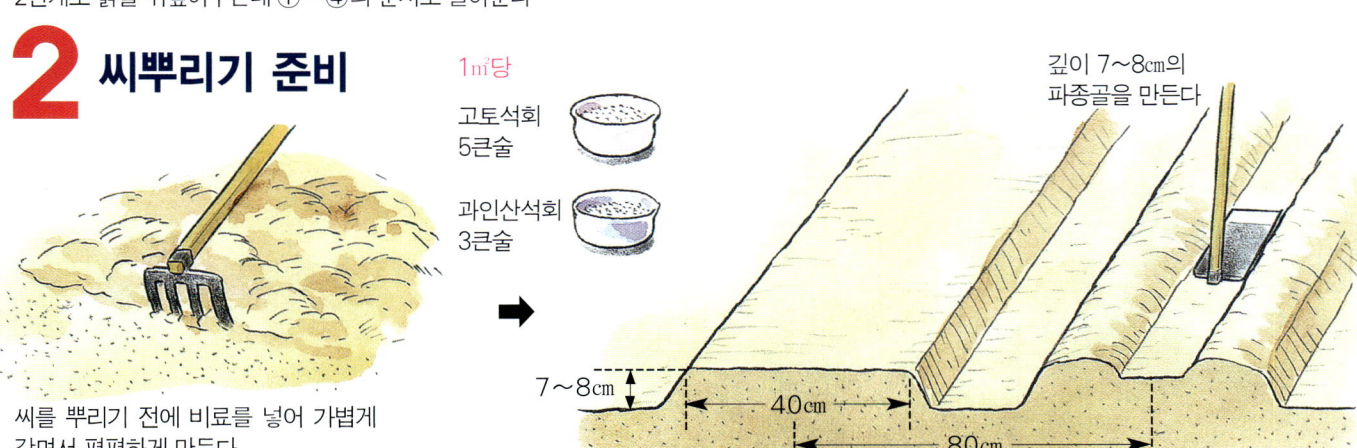

3 씨뿌리기

- 물
- 헝겊자루
- 씨앗

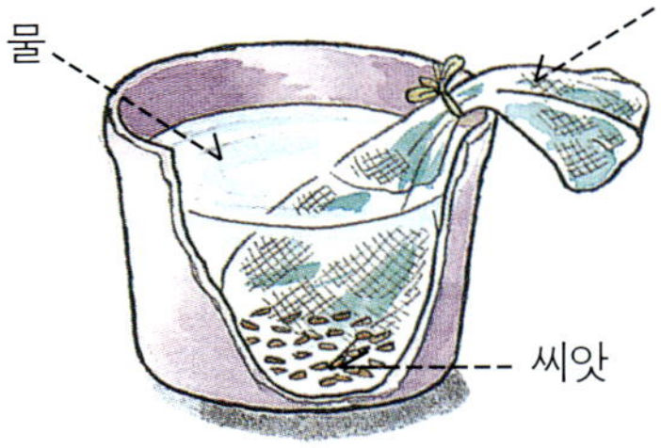

물에 하룻밤 담근다

씨뿌리기 전에 파종골 전체에 물을 잘 뿌려둔다

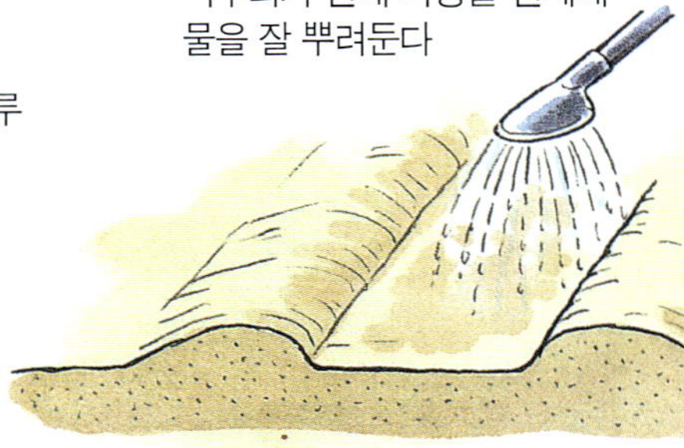

성공 포인트
우엉 씨앗은 발아가 잘 안 되므로 미리 침수처리한다. 또한 빛을 좋아하므로 흙은 너무 두껍게 덮지 않도록 조심한다.

10~12㎝ 한 곳에 6~7개 넣는다 → 씨앗은 빛을 좋아하므로 씨앗이 보이지 않을 정도로만 얇게 흙을 덮는다 → 흙을 덮고 괭이 뒤쪽으로 세게 눌러 씨앗이 비에 쓸려가지 않도록 한다

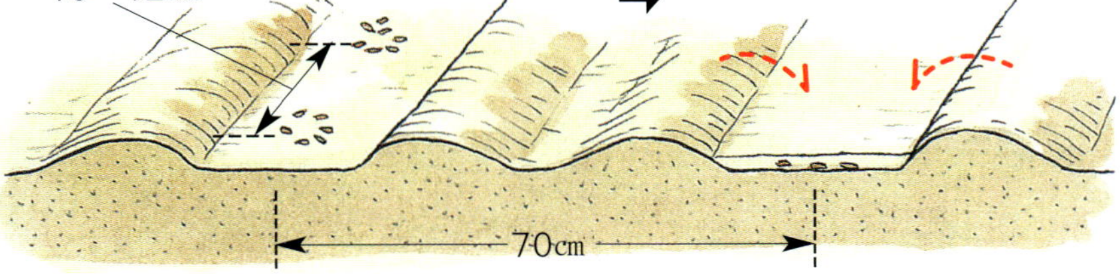

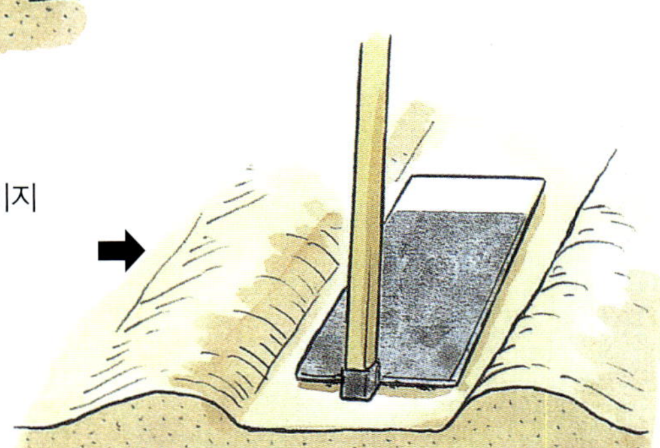

70㎝

4 솎아내기 · 웃거름

본잎이 1장일 때 솎아서 2포기로 만든다

1회째

두둑 가장자리를 파서 비료를 주고 파낸 흙을 다시 덮어서 두둑을 만든다

두둑 길이 1m당

완숙퇴비 5~6줌

깻묵 3큰술

화학비료 2큰술

두둑 길이 1m당

화학비료 3큰술

깻묵 3큰술

2회째

본잎이 3장일 때 1포기로

3회째

본잎이 5장일 때. 비료의 양은 2회 때와 같다

솎을 때 좋은 모종을 구분하는 방법

잎이 위쪽을 향하여 비뚤어지지 않게 자라는 것

잎이 넓고 성장이 느린 것과 세력이 너무 좋은 것

양호 — 뿌리도 똑바로 자란다

불량 — 뿌리가 갈라지거나 변형되어 있다. 뿌리가 굵지 않다

5 수확

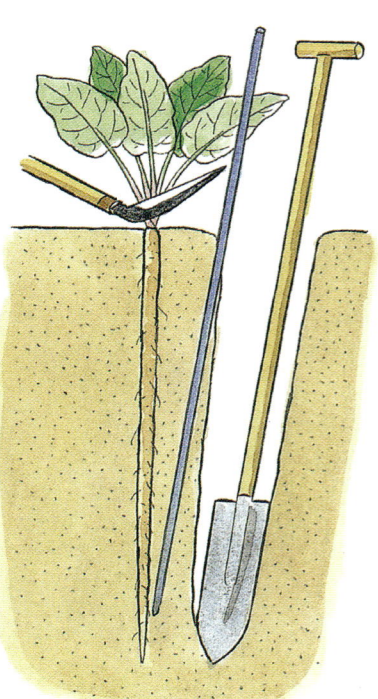

잎이 있으면 자르고 파낸다

10월 하순경부터 파기 시작한다. 잎이 시들기 시작하는 12월부터가 본격적인 수확기. 3월 경까지 수확할 수 있다

가능하면 뿌리 끝까지 파낸다. 그래서 도구도 있다. 대량일 때는 기계 (트렌처)로

어린 우엉   보통 우엉

 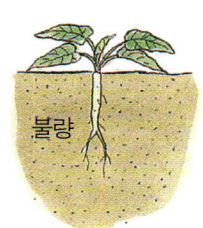

줄기 지름이 1cm 정도 되었을 때 어린 우엉으로 수확하여 이용할 수 있다

성공 포인트

텃밭에서는 일찍부터 어린 우엉으로 수확하며, 크게 기른 것도 겨울을 넘겨 차례로 파내어 장기간 수확을 즐긴다.

이럴 때에는 어떻게 하나? Q&A 이것을 알고 싶다

Q 수확하기 쉬운 밭 만들기는?

A 미리 밭을 깊게 갈아주는 것이 필수

우엉은 곧은뿌리가 길게 자라기 때문에 밭을 일구어 준비하는 것이 중요하다. 밭을 잘 만들어두지 않으면 뿌리가 갈라지거나, 갈지 않은 속흙(단단한 층)에 파고들어 수확할 때 아주 힘들다. 또한 좋은 우엉을 수확할 수 없다.

씨뿌리기 전에 밭 전체, 또는 파종골을 중심으로 70~80㎝ 깊이로 갈아준다.

이렇게 깊이 갈 수 없는, 속흙이 단단한 곳이나 지하수가 높은 곳은 우엉재배에 알맞게 만들어야 한다.

깊이갈이는 작은 밭이라면 삽으로 하지만, 넓은 밭은 땅을 파는 트렌처를 이용하는 것이 효과적이다. 깊이 갈아준 후 비를 맞혀 흙이 자리잡고 나서 씨를 뿌리도록 한다.

또한 퇴비는 충분히 시간을 갖고 주며, 파종골 밑에 직접 주지 않는다.

Q 수확하는 시기는?

A 어린 수확부터 겨울까지 수확기간이 길다

뿌리가 완전히 굵어지는 것은 씨를 뿌리고 4~5개월부터이지만, 2~3개월경부터 크는 상황을 보아가며 지름이 1㎝ 정도 되면 어린 우엉으로 차례로 수확하여 맏물 맛을 보는 것도 좋다.

본격적인 수확은, 봄파종하여 가을부터 겨울에 걸쳐 수확할 경우에는 10월부터이며, 가을파종하여 여름에 수확하는 경우에는 5월 말부터다. 뿌리가 굵어진 것을 확인하고 파낸다.

가을부터 겨울 수확은 땅 윗부분이 시들어도 뿌리는 괜찮으므로 겨울에도 계속 수확할 수 있다. 봄이 되어 싹이 트면 품질이 떨어지므로 4월 중순경에는 수확을 모두 마친다.

우엉꽃

칼럼 — 약초로 전해진 것이 시초

우엉은 유럽 대륙에서 아시아에 걸쳐 자생하던 국화과 식물이 일본에 약초로 전해져 식용으로 재배된 것이 오늘의 우엉이다. 그러나 우엉을 식용으로 하는 나라는 비교적 적어서 한국·일본 등 아시아의 일부 국가이다.

중국무

Chinese radish

중국 북부 또는 중부에서 토착, 개량된 작물.

배추과   원산지＝중국

재배특성

- 차고 서늘한 기후를 좋아하여 일반적으로 더위에는 약하지만 추위에는 강한 편이며, 강건하여 키우기 쉽다.
- 북방계는 대개 건조에 강하지만, 중부계는 저습지에 적합한 짧은 뿌리인 것도 있다.
- 중소형이 많아서 재배기간이 짧으므로 돌려짓기 재배에 이용하기 좋다. 바람이 잘 안 드는 것이 많다.

재배력

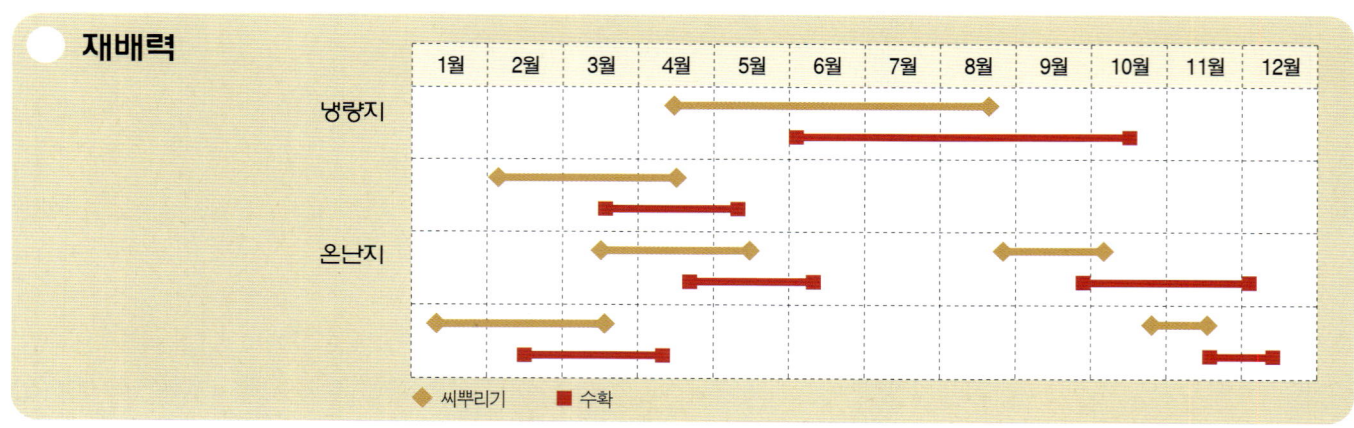

◆ 씨뿌리기   ■ 수확

품종

크게 화북형·화남형·중국소무 등으로 나뉜다. 화북형에는 청장·홍심·홍환, 화남형에는 에베레스트 등의 품종이 있고, 중국소무로는 우리나라의 알타리무가 대표적이다. 일본에는 천안홍심·강도청장·황하홍환·춘경적장수 등이 있다. 천안홍심은 안이 붉은 빛이고, 강도청장은 초록색으로 단맛이 많다.

천안홍심

황하홍환

춘경적장수

재배 방법

1 밭 일구기

씨뿌리기 15일 이상 전에 40~50㎝ 깊이로 잘 간다. 작은 돌이나 큰 잡초 뿌리 등의 이물질은 제거한다

석회를 뿌린다

2 씨뿌리기

지름 5~6㎝의 병 바닥으로 원형의 표시를 만들어 씨를 뿌리면 씨앗이 한쪽으로 치우치지 않는다

2㎝ 정도 흙을 덮고 괭이 뒤쪽으로 가볍게 눌러준다

1군데에 6~7개씩 넣는다

15~18㎝ 25~35㎝ 60㎝

3 솎아내기 · 웃거름

1회째 솎아내기   2회째 솎아내기   3회째 솎아내기(마지막)

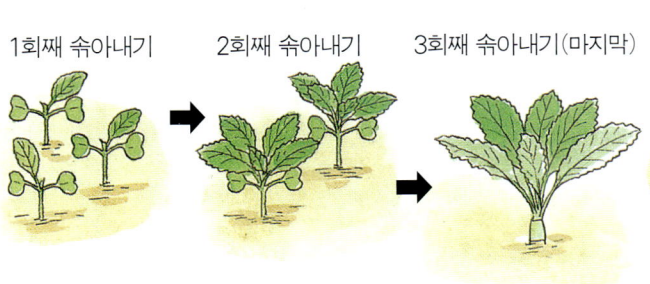

본잎이 1장일 때 3포기로

본잎이 3~4장일 때 2포기로

본잎이 6~7장일 때 1포기로 한다

1회째 웃거름
화학비료 1작은술
깻묵 1작은술

2회째 솎아내기 후 포기 주위에 뿌려서 가볍게 흙에 섞는다

1포기당

2회째 웃거름
화학비료 1큰술
깻묵 1큰술

3회째 솎아내기 후 두둑 한쪽에 비료를 뿌리고 괭이로 흙과 섞으면서 북주기한다. 다음에는 생육상황을 보아가며 같은 방식으로 차례로 준다

4 수확

시험적으로 뽑아보아 밑부분까지 굵으면 차례차례 수확한다

저장성 높은 것이 많으므로 밭에서 쉽게 보관할 수 있다

토란

Taro

오래 전부터 재배되어 온 작물. 마가 산과 들에 자생하였던 것에 비해 주로 마을에서 재배되었다.

천남성과 **원산지 = 말레이시아반도**

재배특성

- 줄기의 변형으로 덩이줄기다. 생장하면서 잎자루의 아랫부분이 비대하여 새 덩이줄기를 만든다. 새 덩이줄기는 눈이 많이 있어 아들덩이줄기, 손자덩이줄기를 만든다.
- 고온성으로 생육 적정온도는 25~30℃. 여름의 무더위에서도 잘 자라지만 서리에는 약해서 가을의 첫서리에 말라죽는다.
- 건조에 매우 약해서 한창 생육하는 여름에 비가 적으면 수확량이 눈에 띄게 줄어든다.
- 이어짓기장해가 나타나기 쉽기 때문에 밭은 2~3년간 토란을 심지 않은 곳으로 한다.

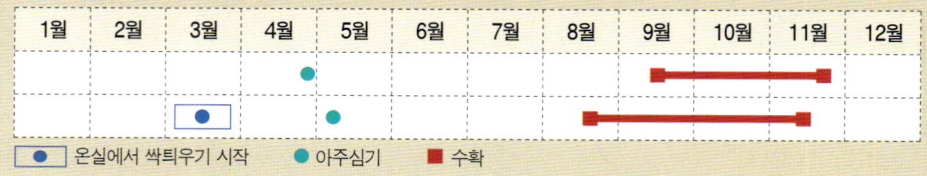

재배력 / 1월 2월 3월 4월 5월 6월 7월 8월 9월 10월 11월 12월 / 노지보통재배 / 싹틔우기재배 / ● 온실에서 싹틔우기 시작 ● 아주심기 ■ 수확

품종

일본에서 주로 재배, 식용되었던 작물로 우리나라에서는 생육기간이 짧아 자연적·인위적 교잡을 통한 신품종 성립이 어렵고, 아조변이에 의한 품종분화는 가능하지만 지금까지 알려진 것은 없다. 일본에서는 용도에 따라 어미토란용과 아들토란용으로 나뉘며, 어미토란용으로 적아대길·당아·입두, 아들토란용으로 석천조생환·조생연엽아·조생환토좌·중생환토·수·조파 등이 있다.

석천조생

적아대길

에그 이모

재배방법

1 씨토란 준비

성공 포인트
잘 저장해서 품종 특유의 모양을 하고 있으며, 상처가 나거나 썩지 않은 건강한 토란을 고른다.

씨토란은 통통하고 모양이 반듯하며, 싹이 상처 나지 않은 40~50g의 것이 최적(석천조생의 경우)

- 싹
- 양호
- 불량

2 싹틔우기

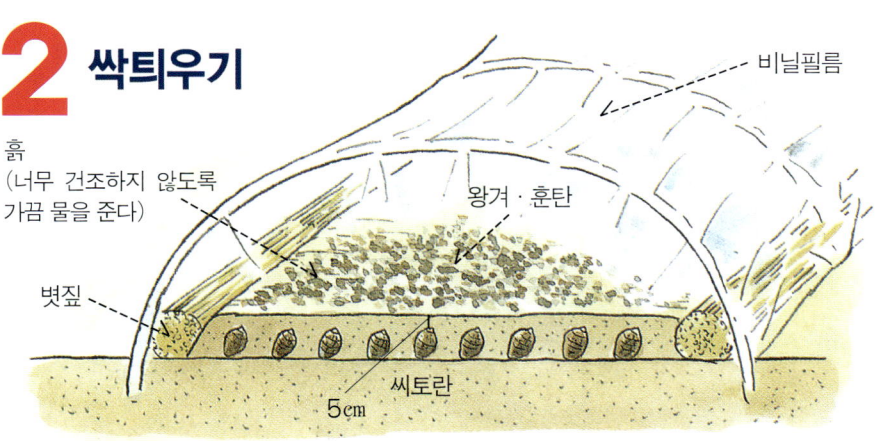

- 비닐필름
- 흙 (너무 건조하지 않도록 가끔 물을 준다)
- 왕겨·훈탄
- 볏짚
- 씨토란
- 5cm
- 잎은 아직 벌어지지 않았다
- 싹이 트지 않아도 좋지만 처음 재배하는 사람은 이 정도 싹을 틔워서 심으면 생육이 매우 빠르고 실패가 없다

3 밭 일구기

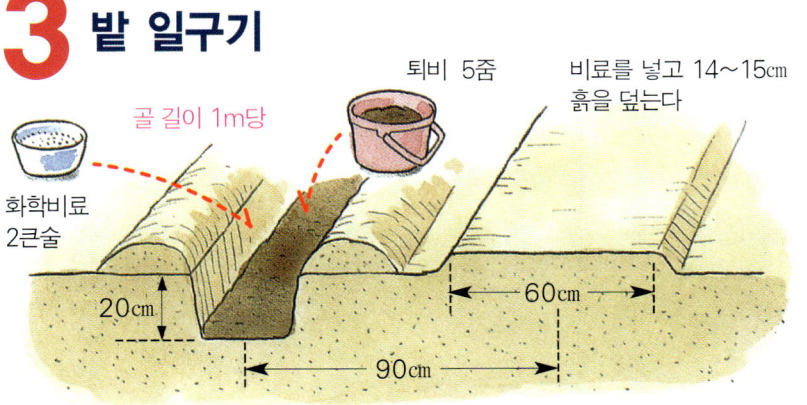

- 골 길이 1m당
- 화학비료 2큰술
- 퇴비 5줌
- 비료를 넣고 14~15cm 흙을 덮는다
- 20cm
- 60cm
- 90cm

싹이 나오지 않은 씨토란인 경우

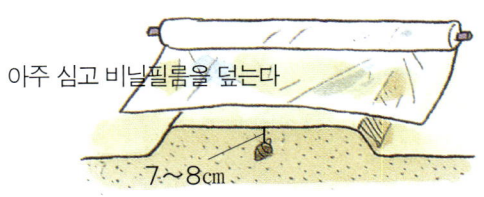

아주 심고 비닐필름을 덮는다
7~8cm

씌워놓은 비닐에 싹이 닿을 듯하면 비닐필름을 잘라 싹이 밖으로 나오게 한다

4 아주심기

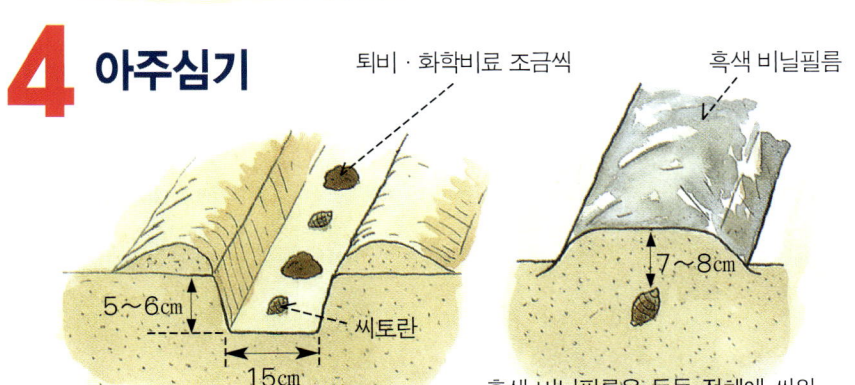

- 퇴비·화학비료 조금씩
- 흑색 비닐필름
- 씨토란
- 5~6cm
- 15cm
- 7~8cm

퇴비는 씨토란에 닿지 않도록 넣어준다

흑색 비닐필름을 두둑 전체에 씌워 지온을 높여주면 빨리 자란다

싹이 나온 씨토란인 경우

30~40cm

구멍이 있는 비닐필름은 구멍에, 구멍이 없는 비닐필름은 구멍을 내서 싹이 나온 씨토란을 심는다

5 웃거름

크게 자라면 비닐 필름을 벗겨준다

1포기당 화학비료 2큰술

북주기 전에 두둑 사이에 웃거름을 2회 준다

성공 포인트
새 토란은 씨토란의 위쪽에 생기므로 북주기가 부족하면 아들토란의 싹이 땅 위로 자라 잘 굵어지지 않고, 손자토란의 수가 증가하므로 작은 토란이 된다.

6 북주기

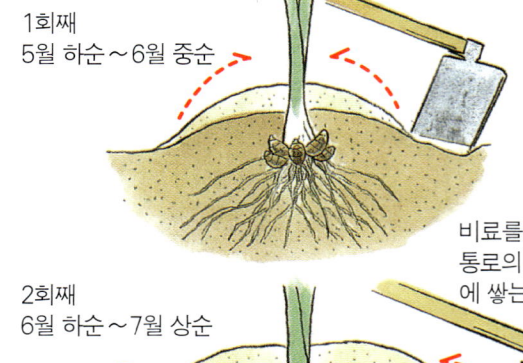

1회째 5월 하순~6월 중순

2회째 6월 하순~7월 상순

비료를 파묻듯이 통로의 흙을 밑동에 쌓는다

아들토란에서 나온 싹은 북주기할 때 쓰러져 흙에 묻힌다

 불량 ✕  양호 ○

북주기·순지르기가 불충분하면 가늘고 긴 불량품이 많아진다

7 수확

8월 중순, 토란이 지름 2㎝ 정도일 때 만져서 확인해보고 파내어 통째로 삶아서 토란을 맛본다

미리 땅 윗부분을 잘라내고 판다

충분히 굵어지면 차례로 파서 수확한다. 늦어도 첫 서리까지는 모두 수확한다

'이럴 때에는 어떻게 하나?' Q&A 이것을 알고 싶다

Q: 바닥덮기로 재배해도 북주기가 필요할까?

A: 깊이 심어서 1회만 북주기한다

토란의 비닐멀칭은 싹트기와 초기의 생육 촉진에 매우 큰 효과가 있으므로 꼭 해야 하지만 북주기도 빼놓을 수 없는 작업이다.

이와 같이 함께 하기 힘든 두 가지의 관리를 동시에 한다는 것은 아무래도 불가능하다. 그래서 심을 때 5cm 정도 깊이 심어서 초반의 북주기는 생략한다.

저습지에서는 심을 구멍을 깊게 파면 습해를 입으므로 흙을 쌓아올려 높은 두둑을 만드는 것이 안전하다.

한창 생육할 무렵에는 기온도 올라가고 지온도 올라가며 크게 자란 잎에 햇빛이 가려져 바닥덮기의 효과도 없어진다. 이 때 바닥덮기한 것을 벗겨내고 후반기의 북주기를 해준다.

최근 나오기 시작한 종이 바닥덮기 자재는 흙 속에서 분해되므로 벗기지 않고 그냥 북주기해도 된다. 그러나 지온 상승의 효과는 비닐보다 덜하다.

바닥덮기의 소재가 계속 개발되고 있기 때문에, 흙 속에서 분해되고 사용하기 쉬우며 온도 상승효과도 높은 필름이 나올 것이다.

Q: 씨토란의 저장방법은?

A: 밭이 커다란 저장고. 지표수의 물빠짐에 주의한다

늦가을이 되어 얕게 서리가 한 번 정도 내렸을 때 아들토란·손자토란이 떨어지지 않도록 조심스럽게 밭에서 캐낸다. 지하수가 적은 밭을 골라서 그림과 같이 큰 저장 구멍을 파고, 토란을 포기마다 아래쪽을 향하도록 하여 채워 넣는다.

땅 위에 나올 정도로 넣으면 위에 잘 썩지 않는 마른 갈대나 보릿짚으로 덮고 5~6cm 정도 흙을 덮는다. 그 후 혹한기가 되기 전에 한 번 더 흙을 덮어서 냉기를 막는다.

비가 올 때는 물이 많이 흘러 들어가지 않도록 지표수의 물빠짐에 유의한다.

어미포기에서 떼어 내지 않은 것

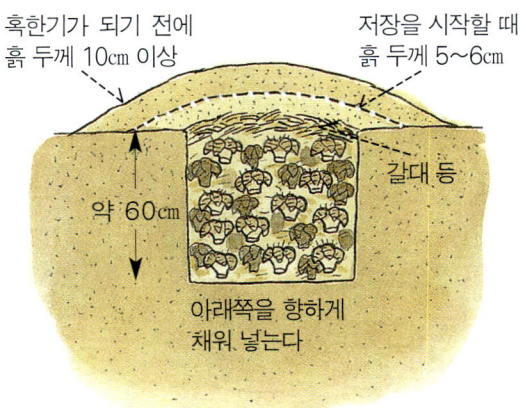

혹한기가 되기 전에 흙 두께 10cm 이상

저장을 시작할 때 흙 두께 5~6cm

약 60cm

갈대 등

아래쪽을 향하게 채워 넣는다

호스래디시

Horseradish

매운맛과 특유의 향이 있다. 고추냉이 대용으로 쓰여 고추냉이무, 밭에서 재배되어 밭고추냉이라고도 한다.

배추과　　**원산지=유럽 남동부**

재배특성

- 씨앗은 거의 수확되지 않기 때문에 봄에 뿌리를 파서 잘라 심는다.
- 추위에 강하여 포기는 어디에서나 잘 월동하고, 여름 더위에도 잘 견딘다.
- 조금 습기가 많은 땅을 좋아하는데, 아주 강건하여 그냥 두어도 잘 자란다.
- 뿌리에서 잎이 나와서 포기 주변에 온통 퍼지기 때문에 2년에 한 번 정도 정리하여 심지 않으면 굵고 좋은 뿌리를 얻지 못한다.

품종

잎모양이 다른 몇 가지 계통이 있지만 품종의 분화는 보이지 않는다.

생육 초기

생육 전성기

완전히 굵어진 뿌리

재배방법

1 씨뿌리 준비

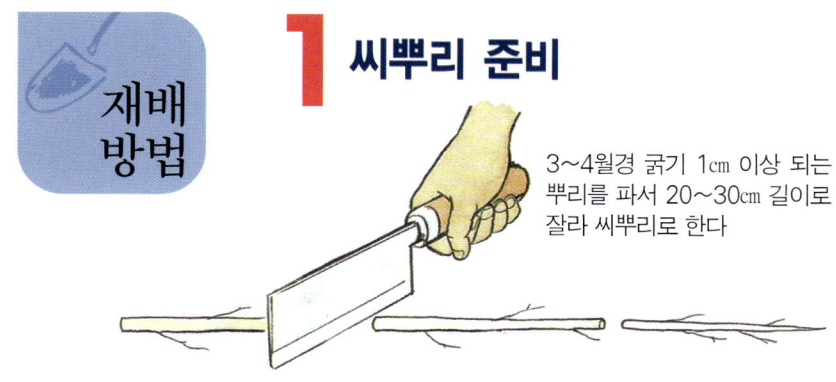

3~4월경 굵기 1cm 이상 되는 뿌리를 파서 20~30cm 길이로 잘라 씨뿌리로 한다

어린잎은 깃털모양으로 깊이 패여 있다

다 자란 잎은 오글오글한 모양의 주름이 나온다

2 밭 일구기 · 아주심기

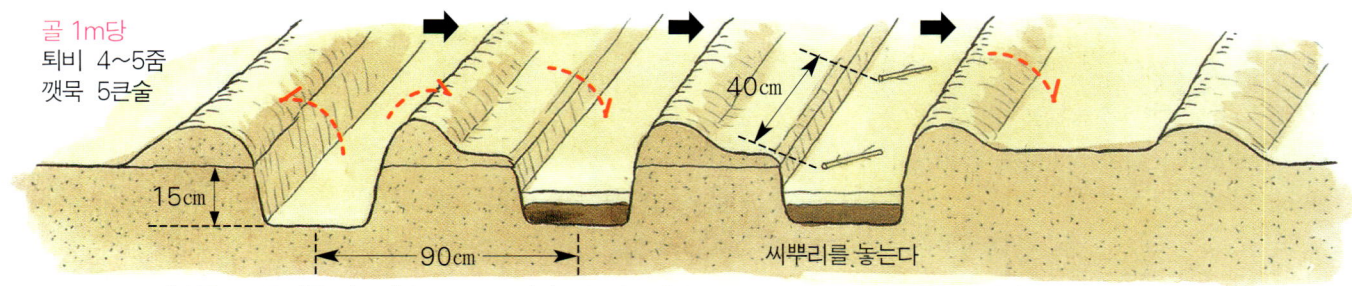

골 1m당
퇴비 4~5줌
깻묵 5큰술

15cm · 90cm · 40cm

괭이폭으로 구멍을 파고 흙은 양쪽으로 쌓아 놓는다

밑거름을 넣고 흙을 7~8cm 덮는다

씨뿌리를 놓는다

씨뿌리 위에 7~8cm 흙을 덮고 가볍게 괭이로 눌러준다

3 관리

눈따기

싹이 많이 올라오면 4개 정도 남기고 나머지는 따버린다

웃거름
1포기당
화학비료 1큰술

짚 깔기
여름의 건조를 막는다

5월과 9월경

성공 포인트

수확하고 남은 뿌리에서 싹이 나와 밭 전체에 퍼지므로 1년에 한 번 싹을 정리, 또는 다시 옮겨 심어서 적당한 간격을 만들어주어 굵은 뿌리로 만든다.

4 수확

텃밭용이면 생육 도중 차례로 일부 뿌리를 파서 이용한다

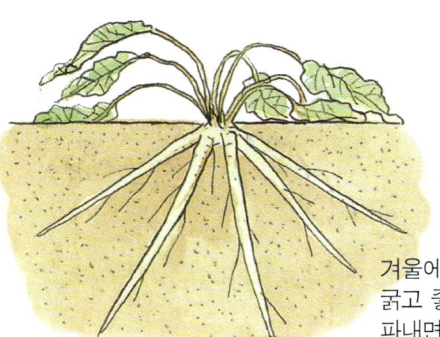

겨울에 땅 윗부분이 시들 때 굵고 좋은 뿌리가 된다. 이 때 파내면 가장 많이 수확한다

어릴 때는 회백색, 오래되면 황백색이 된다

뿌리 채소류 · 호스래디시

라벤더

Lavender

꽃이 아름다워서 특히 친숙한 허브. 꽃에서 나는 향기에는 진정 효과가 있어서 부케·드라이플라워·차·과자 등에 쓰인다.

| 꿀풀과 | 원산지=지중해 연안지방 |

재배특성

- 여러해살이의 사철 푸른 작은 나무로, 한랭한 기후를 좋아하고 겨울도 쉽게 넘길 만큼 저온에 강하다.
- 물이 잘 빠지고 건조한 토양을 좋아한다. 평탄한 저지대에서는 특히 여름의 고온다습한 시기에 물빠짐에 주의한다.
- 씨앗부터 기르면 수확까지 2년 정도 걸리므로 꺾꽂이나 포기나누기로 늘리는 것이 효과적이다.
- 플랜터재배용으로도 적합하다.

재배력

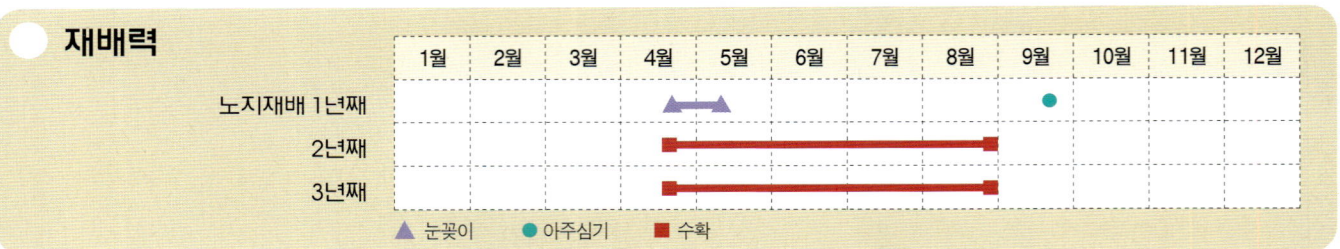

▲ 눈꽂이 ● 아주심기 ■ 수확

품종

잉글리시라벤더·스파이크라벤더·프렌치라벤더 등이 있다. 꽃도 보라색 이외에 백색·분홍색 등 여러 가지가 있다.

라벤더

잉글리시라벤더

스토에카스라벤더

1 모종 준비

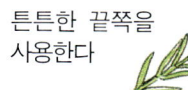
튼튼한 끝쪽을 사용한다
7~8cm

모종을 구입한다

적옥토 + 버미큘라이트

판매하는 포기 또는 잎줄기를 사서 포기나누기로 증식한다

직사광선을 피한다

유리창너머 들어오는 빛이 좋다

2 아주심기

골 길이 1m당
퇴비 5~6줌
깻묵 조금
20cm
30cm
80cm

낮은 곳에서는 두둑을 높게 하여 물이 잘 빠지게 한다

30cm
키 10cm 내외로 기른 모종을 아주심기한다

3 관리

개화기가 지나 장마에 접어들면 줄기 아래쪽 잎을 4~5장 남기고 위쪽을 잘라주어 무르는 것을 막고 재생력을 키운다

깻묵 조금

이른 봄과 수확 후에 약간의 비료를 포기 사이에 뿌린다

플랜터재배인 경우

긴 플랜터에 2포기를 심고, 생육이 왕성해지도록 한달에 한 번 정도 깻묵 2큰술을 웃거름으로 준다

4 수확 · 이용

6~7월 개화기에 꽃이삭을 붙인 채 잎줄기를 잘라서 기름을 짠다

한랭한 곳에서 그늘 말림하여 허브차나 드라이플라워 · 포푸리로 즐긴다

드라이플라워

꽃을 과자 장식으로

로즈마리

Rosemary

옛날부터 불로(不老)·미용 허브로 애용. 육류나 어류의 냄새를 없애고 향을 내주며, 두통·감기·통풍(痛風) 등의 약용으로도 중요시되었다.

꿀풀과 　 원산지=남유럽

재배특성

- 여러해살이의 작은 나무인데, 종류에 따라 잘 맞는 지역에서는 1.5~2m에 달한다. 잎은 가늘고 긴 선형으로 앞은 초록색, 뒷면은 은백색. 사철 푸르며, 시간이 지나면 목질화 된다.
- 한여름에는 연한 하늘색 꽃이 피며, 아름답게 샐러드 장식 등에도 사용한다.
- 온난한 기후를 좋아하지만 더위와 추위에도 강해서 재배가 쉽다. 꺾꽂이재배가 가장 간단하지만 포기나누기·씨뿌리기로 모종을 기를 수도 있다.
- 해가 잘 드는 곳, 물이 잘 빠지고 통기성이 있는 토양에서 잘 자란다. 메마른 땅에서도 잘 자란다.

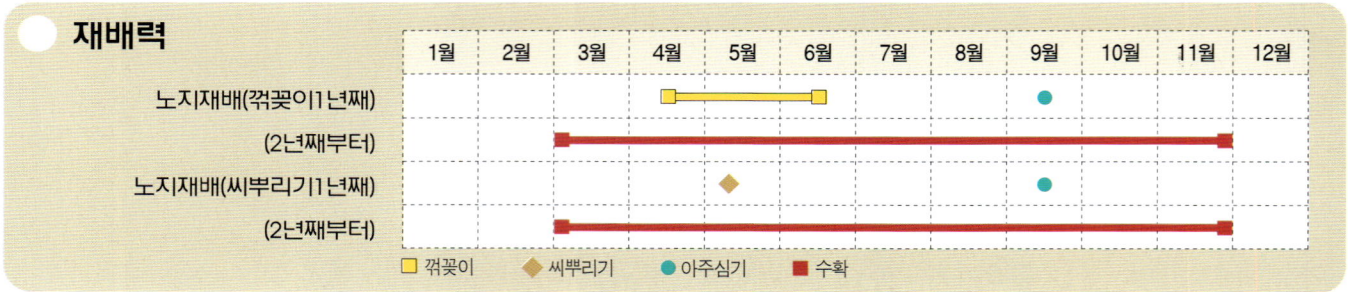

품종

직립성·포복성 품종이 있으며, 청색·백색 등의 꽃이 핀다. 허브로 많이 이용되는 것은 직립성이다. 종류로는 화이트로즈마리·그리핑로즈마리·프로스트레이트로즈마리 등이 있다.

로즈마리 댄싱워터

프로스트레이트로즈마리

재배방법

1 모기르기

① 원예점에서 구입한 모종
② 재배하는 것 중 지난해에 자란 가지 끝을 잘라서 꺾꽂이로 모종을 기른다
③ 씨앗을 사서 모종을 기른다

- 어린 가지 끝 7~8cm
- 가지의 반 정도 아래 잎을 딴다
- 씨뿌리기 전용 상토
- 시들지 않게 하여 꺾꽂이 모판에 심는다
- 뿌리를 내리면 3호 비닐포트에
- 적옥토
- 작물의 키가 6~7cm로 자라면 비닐포트에

2 아주심기

- 30~50cm
- 두둑을 높게 하여 물이 잘 빠지게 해서 모종을 심는다
- 아주심기에 적당한 거리는 품종에 따라 큰 차이가 있다
- 바닥덮기하여 과습을 방지한다
- 방풍망을 친다
- 부직포·망
- 추운 지방에서는 눈을 막아주는 것을 겸하여 터널을 씌운다

3 가지고르기

- 장마가 되기 전에 혼잡한 가지를 제거하여 통풍이 잘 되게 한다
- 꽃이 피기 직전에 많이 잘라서 새로운 가지로 바꾸어준다

4 수확·이용

- 포기가 커지면 수시로 위쪽에 자란 새잎을 따서 수확한다
- 생잎, 말린 잎을 육류요리의 향을 내기 위해 넣거나 수프·치즈에 넣는다. 작은 가지를 닭고기에 넣거나 고기 구울 때 밑에 깔아 냄새를 없애기도 한다. 허브차·허브비누·헤어린스·포푸리·염색·드라이플라워 등 쓰임새가 의외로 많다
- 화분이나 플랜터 재배로 가까이에 길러두면 쓸모 있다

허브류 및 기타·로즈마리

민트

Mint

박하라고도 한다. 상큼한 청량감은 요리·과자·음료수 이외에 포푸리 등으로 쓰임새가 폭넓다. 살충·구충 효과도 크다.

| 꿀풀과 | 원산지=유럽 남부, 유라시아, 아프리카 |

재배특성

- 여러해살이 식물로 겨울에 땅 윗부분은 시들지만 지하부분은 월동하여 봄이 되면 다시 싹이 나온다.
- 한랭한 기후를 좋아하지만 대체로 생육이 왕성하여 쉽게 여름을 나고 수확을 계속할 수 있다. 병충해 염려도 없다.
- 3년에 한 번 정도 뿌리포기를 파서 포기나누기를 하고, 다시 밭을 만들어서 바꾸어 심어주면 장기간 좋은 잎을 수확할 수 있다.
- 플랜터에 심어 가까이에서 여러 종류의 민트를 재배하면 좋다.

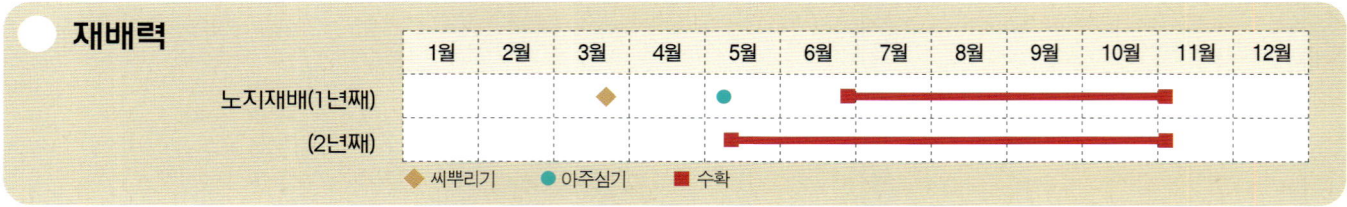

재배력 / 노지재배(1년째) / (2년째) / 씨뿌리기 / 아주심기 / 수확

품종

살균·살충 효과가 뛰어나 많이 재배되는 것이 페퍼민트인데, 감미로운 향이 있는 스피어민트, 사과향의 애플민트 등도 있다. 민트류에는 야생종이 많고, 또한 교잡이 쉬워서 각지에 매우 많은 종이 있다.

페퍼민트

스피어민트

애플민트

 **재배방법**

1 모기르기

 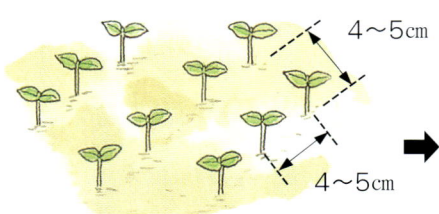 

씨앗이 작으므로 흙을 너무 많이 덮지 않는다

복잡한 곳은 차례로 솎아서 4~5cm 간격을 만든다

키가 10cm 정도 되는 모종으로 만든다

2 밭 일구기

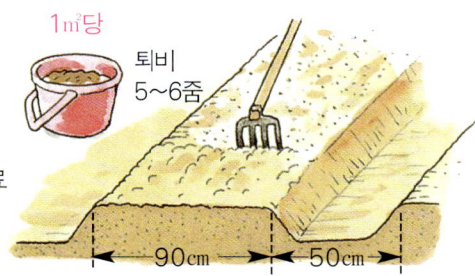 

깻묵 5큰술
화학비료 3큰술
1㎡당 퇴비 5~6줌

플랜터에 각종 민트를 섞어서 재배해도 좋다

3 아주심기 · 포기나누기

모종 아주심기

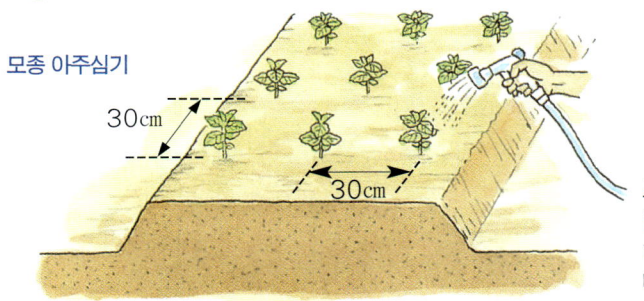

포기나누기

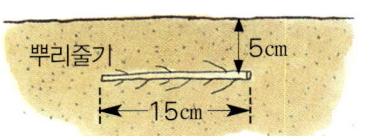

포기 주위에 물을 준다. 잎 색이 옅어지면 적당히 약간의 깻묵·액체비료 등을 준다

3월경 뿌리줄기를 15cm 정도 잘라서 깊이 5cm로 심는다. 2~3년에 한 번 포기나누기하여 포기를 바꾸어주는 것이 좋다

4 수확 · 이용

이용방법

잎 끝을 딴다. 봄부터 여름에 걸쳐서 한창 생육할 때는 가지고르기를 겸하여 계속해서 수확한다

 홍차에 넣는다

 아이스크림이나 과자 장식으로

 샐러드에 첨가

저장방법
꽃봉오리가 보이기 시작하면 땅 위 5cm 정도에서 줄기째 잘라 묶어서 그늘에서 말린다. 말린 잎은 밀폐용기에 보관해두고 이용한다

민트 차

 말린 민트 1작은술

 끓는 물을 넣어 5~10분간 둔다 컵에 따라 마신다

바질

Basil

상쾌한 향과 약간의 쓴맛이 있는 잎과 어린 꽃이삭을 육류나 생선요리 및 수프·샐러드에 사용한다. 생잎의 향기가 특히 좋다.

꿀풀과　원산지=인도, 열대 아시아

재배 특성

- 일조량이 충분하고 비옥하며 물이 잘 빠지는 곳에서 잘 자란다.
- 생육에 10℃ 이상의 온도가 필요. 최적온도는 20℃ 이상.
- 너무 건조하면 잎이 딱딱해져서 품질이 떨어지므로 건조하지 않도록 물을 준다.
- 꽃눈이 달리면 잎이 자라지 않고 향도 적어지므로 수확을 겸해서 일찍이 순지르기와 꽃봉오리따기를 한다.

재배력

품종

스위트바질이 일반적이지만 그밖에도 짙은 자주색 잎을 가진 다크오팔바질, 작은 잎이 무성하게 자라는 부시바질, 레몬향이 나는 레몬바질, 계피향을 가진 시나몬바질 등이 있다.

스위트바질

다크오팔바질

재배 방법

1 모기르기

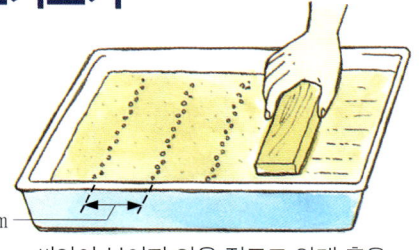
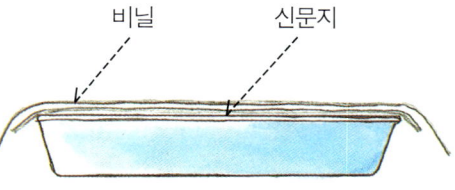

7~8cm

씨앗이 보이지 않을 정도로 얇게 흙을 덮고 널빤지로 가볍게 눌러준다

발아에 25℃ 정도의 고온이 필요하므로 신문지를 한 장 씌우고 위에 비닐을 덮는다

본잎이 나오기 시작하면 1~1.5cm 간격으로 솎아준다

본잎이 1~2장일 때 화분에 옮겨 심는다

3호 비닐포트

본잎이 5~6장이면 아주심기한다

성공 포인트
어린모 시기에는 10℃ 이하의 저온이 되면 생육이 되지 않으며, 일찍 꽃눈이 분화하고 수확량이나 품질도 떨어지므로 보온과 가온에 주의한다.

2 밭 일구기 · 아주심기

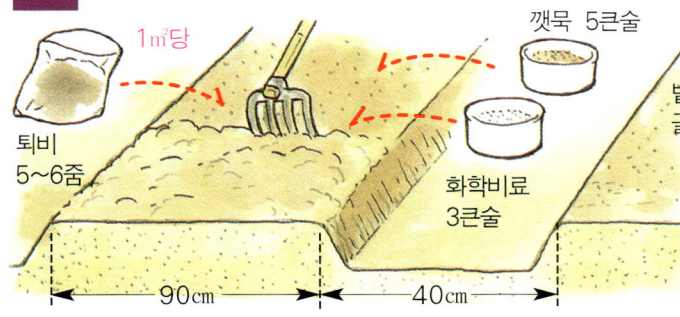
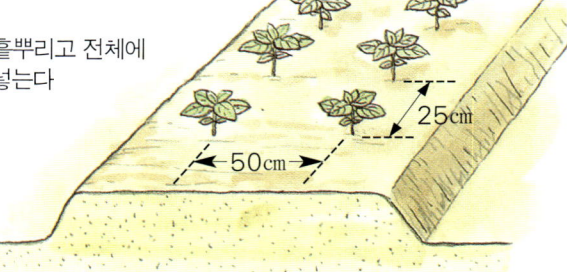

1㎡당
깻묵 5큰술
퇴비 5~6줌
화학비료 3큰술
밭에 비료를 흩뿌리고 전체에 골고루 갈아 넣는다
90cm 40cm
50cm 25cm

3 웃거름 · 순지르기

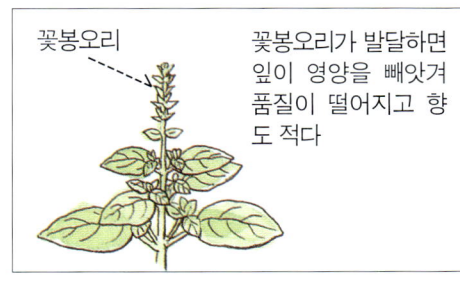

10~20일에 1회 정도의 비율로 약간의 깻묵을 통로에 뿌리고, 괭이로 흙을 두둑에 쌓아올린다

꽃봉오리
꽃봉오리가 발달하면 잎이 영양을 빼앗겨 품질이 떨어지고 향도 적다

4 수확

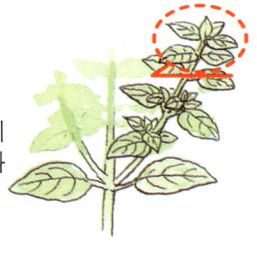

꽃봉오리가 피기 직전에 수확한다. 종이봉지에 넣어 말려서 잘게 부순 뒤 밀폐용기에 넣어두면 오래 이용할 수 있다

가지가 갈라지면 순지르기를 겸하여 끝을 따 준다. 잎만 따도 된다

허브류 및 기타 · 바질

산마늘

은방울꽃 잎과 비슷하며 잎자루가 길게 자라고, 어린잎이나 꽃대·꽃을 먹는다. 강한 마늘향이 있다. 강장식품으로도 인기가 높다.

백합과　　**원산지=** 시베리아, 한국·일본 산악지역

재배특성

- 여러해살이 식물. 물이 잘 빠지고 비옥한 경사지를 좋아하므로 밭을 고를 때 이러한 조건에 가까운 곳을 고른다.
- 씨를 뿌리고 1~2년은 잎이 1장인 상태. 4~5년 되면 초여름에 꽃대가 올라와 산형의 꽃이 달린다. 여름에 땅 윗부분은 시든다.
- 지하부분에는 갈색 섬유에 싸인 원통형의 비늘줄기가 형성되는데, 1년에 2~3개의 분구밖에 얻을 수 없으므로 인공 채종한 씨앗으로 번식하여 재배한다.

재배력

	1월	2월	3월	4월	5월	6월	7월	8월	9월	10월	11월	12월
노지재배(1년째)								◆				
(3년째)					●							
(5년째)					■———	——■						
(6년째)					■———	——■						

◆ 씨뿌리기　● 아주심기　■ 수확

품종

분포하는 지역마다 특유의 변종이 있지만 품종으로서의 분화는 나타나지 않는다. 자생종을 구하여 재배한다.

재배방법

1 씨앗 준비(채종과 보관)

노지 재배방법의 예

비닐필름　채종용 포기

비가림을 하고 씨를 받는다. 씨앗이 완숙되면 떨어지기 전에 받는다

오래된 물을 버리고 새 물로 채운다

씨앗은 건조하면 발아하지 않으므로 물에 담그고, 물을 갈아주면서 씨 뿌릴 때까지 보관한다

씨뿌리기 며칠 전에 물을 버리고 건조하지 않도록 적신 헝겊으로 덮어둔다

2 모기르기

잘 갈아준다

씨를 뿌리고 흙을 아주 얇게 덮는다. 파종골을 정성들여 만든다

씨앗은 겹칠 정도로 두텁게 뿌린다

갈대발이나 흑색 한랭사

여름에는 차광하여 강한 빛을 막는다

3 밭 일구기 · 아주심기

완숙퇴비 충분히
깻묵 약간

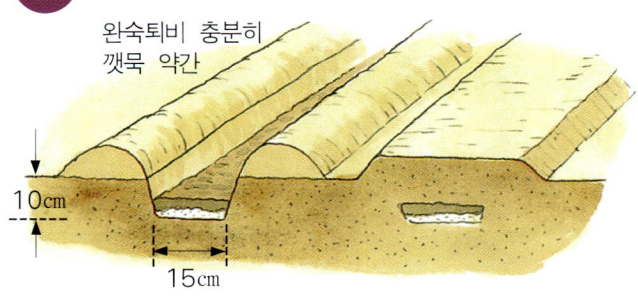

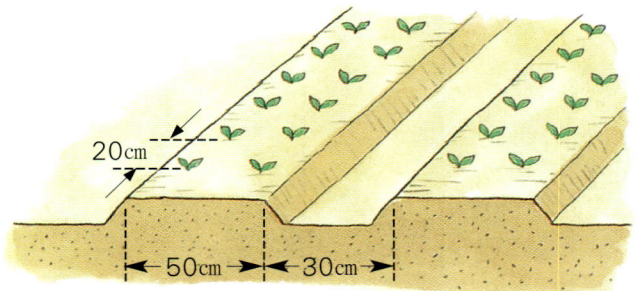

씨를 뿌리고 다음해 봄까지 모종을 길러서 밭에 심는다

4 관리

웃거름

이른 봄과 가을에 완숙퇴비와 깻묵을 약간 섞어 줄 사이에 뿌린다

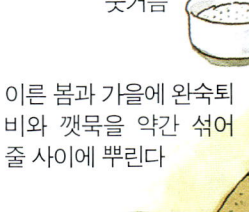

김매기
지면이 많이 드러나므로 잡초가 생기기 쉽다. 늦지 않게 뽑아버린다

포기를 나누어 증식
여름에 생육이 정지된 동안에 한다

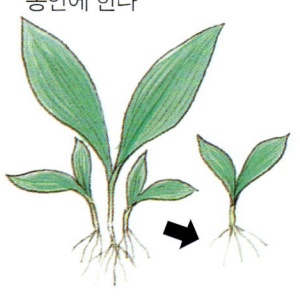

5 수확 · 이용

비늘줄기와 잎은 반드시 1장씩 남겨둔다. 이것으로 다음해에도 계속해서 수확할 수 있다

심고 2년 후 봄에 어린 잎 · 꽃대 · 꽃을 수확한다

꽃
꽃대

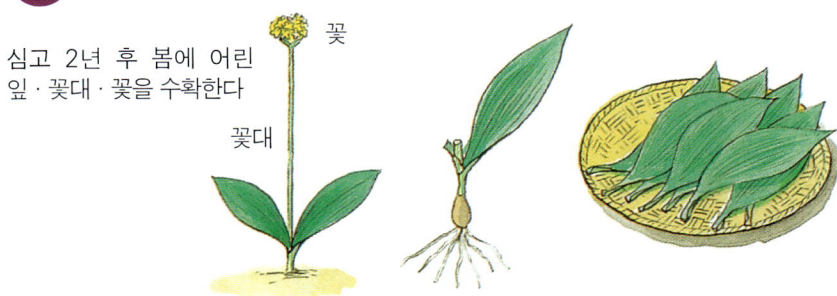

데쳐서 나물로 무치거나 볶음 · 국 · 튀김 · 초무침 · 절임 등의 요리에 사용한다

산초나무

Chinese pepper

가장 오래된 향신채소. 우리나라 전국에 자생한다. 어린 싹을 시작으로 잎, 꽃봉오리, 덜 익은 열매, 익은 열매를 요리에 폭넓게 사용한다.

꿀풀과　　원산지=유럽 남부

재배특성

- 원래 야산에 자생하는 높이 2~3m의 낙엽관목. 오래전부터 재배되었지만 최근에 본격적으로 촉성재배를 하고 있다.
- 햇빛이 잘 드는 장소를 좋아한다.
- 암수딴그루이므로 열매나 씨앗을 이용할 경우에는 수나무와 암나무를 같이 심는다.

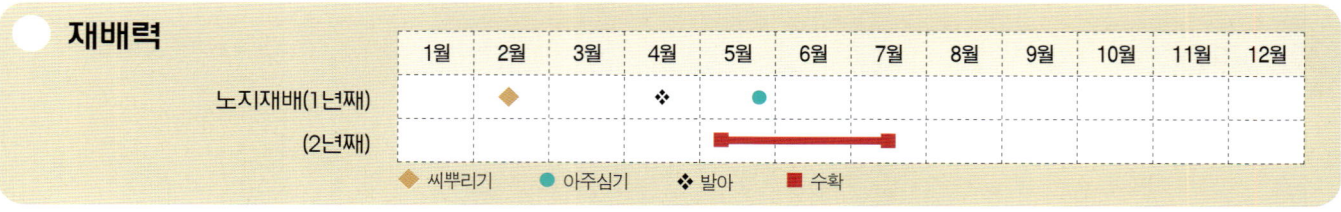

재배력 / 1월 2월 3월 4월 5월 6월 7월 8월 9월 10월 11월 12월 / 노지재배(1년째) / (2년째) / ♦ 씨뿌리기 ● 아주심기 ✣ 발아 ■ 수확

품종

가지에 가시가 있는 보통종과 짧은 가시가 있는 종, 가시가 없는 종(접목해서 가시가 없으며 종자번식하면 가시가 나온다)이 있다. 텃밭에서 취급하기 쉬운 것은 가시 없는 종이지만 수확량은 가시 있는 종이 많다.

산초

산초꽃

재배방법

1 모기르기

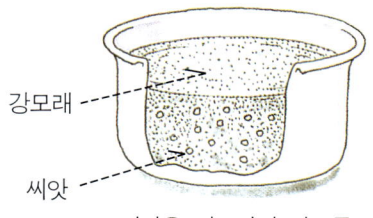
- 강모래
- 씨앗

씨앗은 건조하지 않도록 강모래 속에 넣어둔다

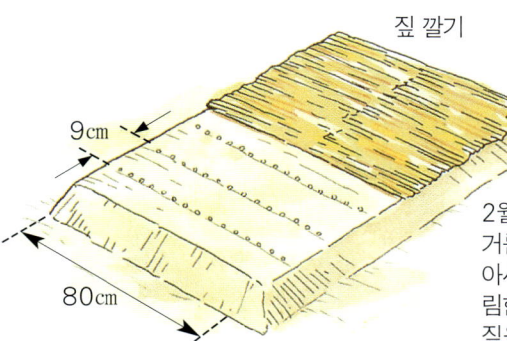
짚 깔기
9cm
80cm

2월 중순~하순경에 밑거름을 전체에 뿌리고 갈아서 두둑을 만들어 줄뿌림한다. 씨앗을 넣고 위에 짚을 깔아주어 건조하지 않도록 한다

2 밭 일구기 · 아주심기

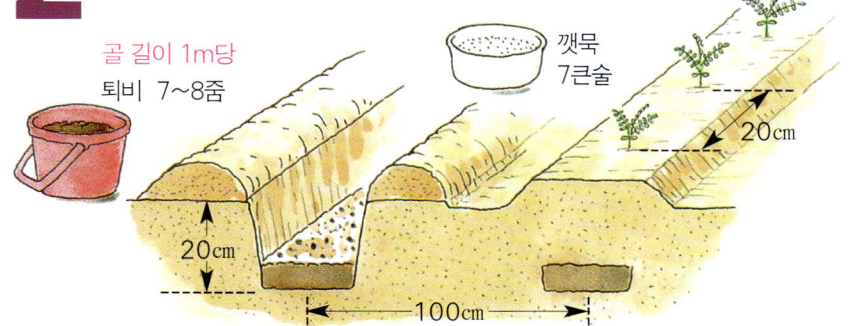
- 골 길이 1m당 퇴비 7~8줌
- 깻묵 7큰술
- 20cm
- 20cm
- 100cm

본잎이 2~3장일 때 밭에 옮겨 심는다

3 관리

짚 깔기

아주심기하고 짚을 깔아서 잡초 발생과 건조를 막는다

1포기당 화학비료 1큰술

생육 중 1년에 2~3회 정도 웃거름을 준다

4 수확 · 이용

- 어린 싹
- 3cm 정도 자른다
- 3cm
- 어린잎
- 어린열매

손으로 두드려서 향이 나오면 요리에 사용한다

무침이나 곁들임

덜 익은 열매는 간장조림

맑은국

잘게 썰어서 튀김옷에 넣는다

허브류 및 기타 · 산초나무

석잠풀

Chinese artichoke

독특한 모양의 채소. 한방에서는 초석잠이란 약재로 사용한다. 덩이줄기의 색이 황백색인데 매실식초에 절이면 붉게 물든다.

꿀풀과 **원산지=중국**

재배특성

- 작물의 키가 40~60cm로, 잎은 언뜻 차조기와 비슷하지만 타원형으로 두께가 있다.
- 봄에 심으면 늦가을 땅속줄기 끝에 여러 구슬모양의 잘록하고 재미있는 모양을 한 덩이줄기가 만들어진다.
- 비교적 서늘한 기후를 좋아하고, 건조하면 생육이 나빠지므로 조금 습기 있는 곳이 좋다.
- 건강한 채소라서 기르기 쉽고, 한번 심으면 매년 수확하고 남은 덩이줄기가 발아한다.

재배력

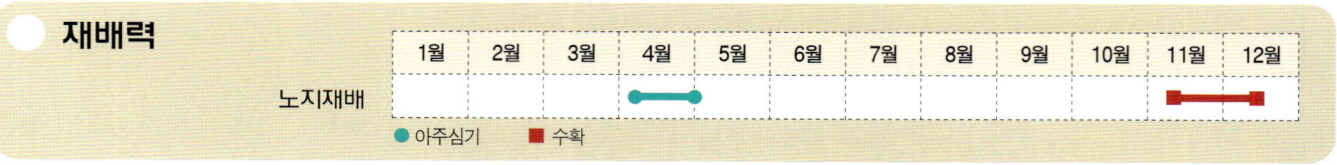

	1월	2월	3월	4월	5월	6월	7월	8월	9월	10월	11월	12월
노지재배				●――	――●						■―■	

● 아주심기 ■ 수확

품종

특별히 품종의 분화는 없다.

재배방법

1 밭 일구기

겨울에 밭 전체에 퇴비와 석회를 뿌려서 잘 갈아둔다

퇴비 조금   석회 조금

심기 전에 깊이 3~5cm의 골을 만든다

50~60cm

2 아주심기

싹이 조금 나온 덩이줄기를 골에 세워 찔러 넣듯이 아주 심기한다

아주심기 후 차광, 건조 방지를 위하여 퇴비로 지표면을 살짝 덮는다

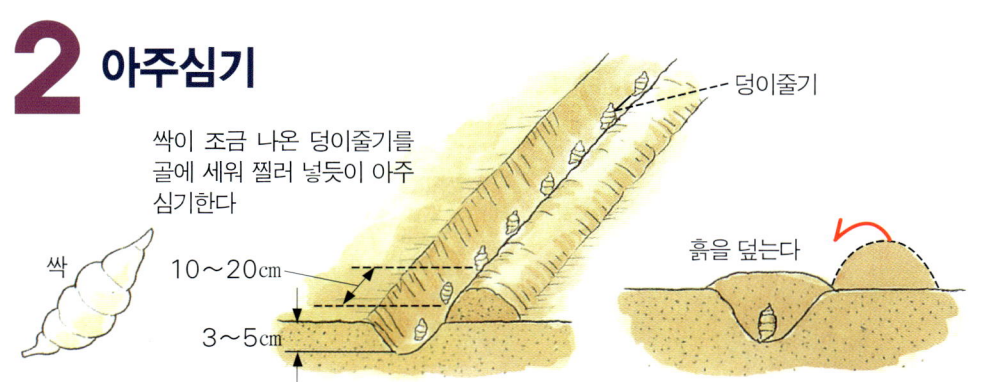

3 관리

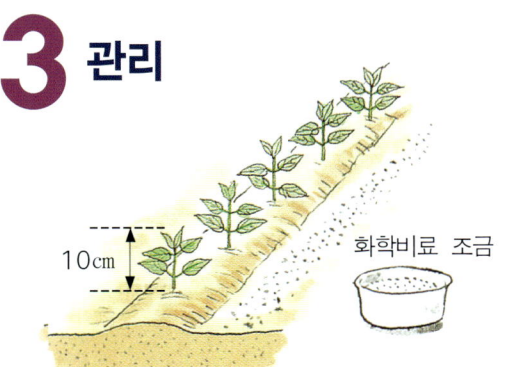

작물의 키가 10cm일 때 포기 주위에 화학비료를 준다

두둑 사이의 풀을 뽑으면서 밑동에 북주기한다

건조를 싫어하므로 여름이 되기 전에 밑동에 짚을 깔아준다

4 수확

11~12월 초, 땅 윗부분이 시들어버리기 전에 수확한다. 시들면 땅속줄기와 석잠풀이 따로 떨어져서 수확하기 힘들다

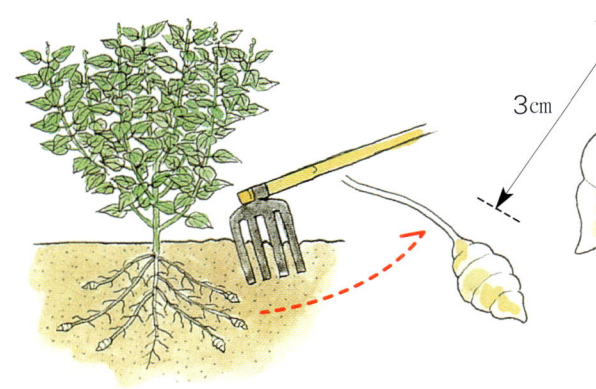

가능한 흐린 날이나 저녁때를 택해서 파내어 바로 물을 채운 양동이에 넣어 씻는다. 잘록한 부분의 흙을 떨어내는 것에 주의한다.
늦어지면 하얀 덩이줄기가 갈색으로 변색된다

5 이용방법

수확하면 바로 이용한다

절임(매실절임 · 쌀겨절임 · 소금절임 · 설탕절임 · 꿀절임)

끓인다

프라이

맑은 국 · 샐러드 · 버터볶음

스튜 · 조림

일본에서는 정월이면 붉게 매실식초에 절여서 콩자반에 넣어 먹는다

식용국화

Edible chrysanthemum

중국에서는 기원전부터 술과 차에 넣어 불로장생의 음료수로 만들었다. 꽃잎이 두껍고 향이 강하여 쓴맛이 적으며 열에 변색되지 않는다.

| 국화과 | 원산지=중국 |

재배특성

- 해묵이의 여러해살이 식물. 차고 서늘한 기후를 좋아하지만 더위와 추위에 모두 매우 강해서 일반 채소에 비해 재배하기 쉽다.
- 유기질이 풍부하고 물빠짐·통기성이 좋은 토양에서 좋은 품질이 나온다.
- 관상용 국화같이 4~5월에 눈꽂이하여 모종을 기르는데 6월경 포기나누기해도 좋다.
- 녹병·검은무늬병·진딧물·도둑벌레 방제를 잘한다.
- 꽃이 피는 시기가 비교적 길기 때문에 관상용으로도 충분히 즐길 수 있다.

재배력

	1월	2월	3월	4월	5월	6월	7월	8월	9월	10월	11월	12월
눈꽂이재배				▲		●				■——■		
포기나누기재배						●				■——■		

▲ 눈꽂이   ● 아주심기   ■ 수확

품종

식용을 목적으로 하는 국화로 품종은 별로 개량되지 않아 많지 않다. 우리나라에서는 감국이라 하여 약재 및 떡·술 등에 이용한다. 일본의 경우는 대륜종의 아방궁·명취천, 중륜종의 연명락·고사 등 다양한 종류가 있다.

연명락

아방궁

재배방법

1 모기르기
- 눈꽂이
- 6~8cm
- 잎을 2~3장 남기고 나머지는 따버린다. 상자 등에 강모래와 녹소토를 넣고 눈꽂이한다
- 포기나누기
- 5~6cm
- 12~15cm
- 작물의 키가 12~15cm 정도 되면 본 밭에 옮겨 심는다

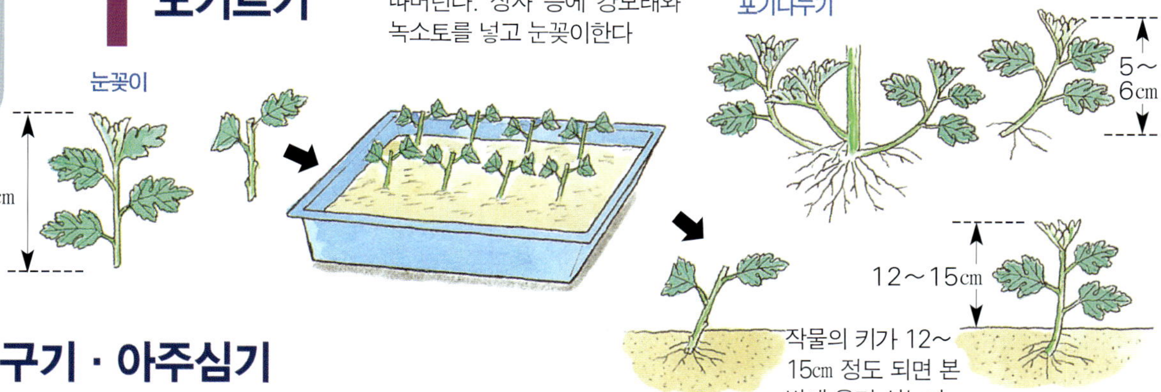

2 밭 일구기·아주심기
- 1㎡당
- 깻묵 5큰술
- 완숙퇴비 4~5줌
- 부엽토·피트모스 등 4~5줌
- 두둑 전체에 20cm 정도 깊이로 갈아 넣는다
- 아주심기 간격은 품종에 따라 다르다
- 20~40cm
- 70~90cm

3 관리
- 지주를 세워서 유인
- 웃거름
- 깻묵 조금
- 작물의 키가 30cm일 때부터 월 1회씩 준다
- 포기 주위에 깻묵 등을 조금 준다. 질소과다는 금물
- 지주
- 처지는 품종인 경우 (잎을 생략한 그림)
- 2회째 유인
- 꽃
- 50~60cm
- 20~30cm
- 1회째 유인
- 진딧물·도둑벌레·검은무늬병 등의 방제를 위해 약제 뿌리는 것을 빠트리지 않는다

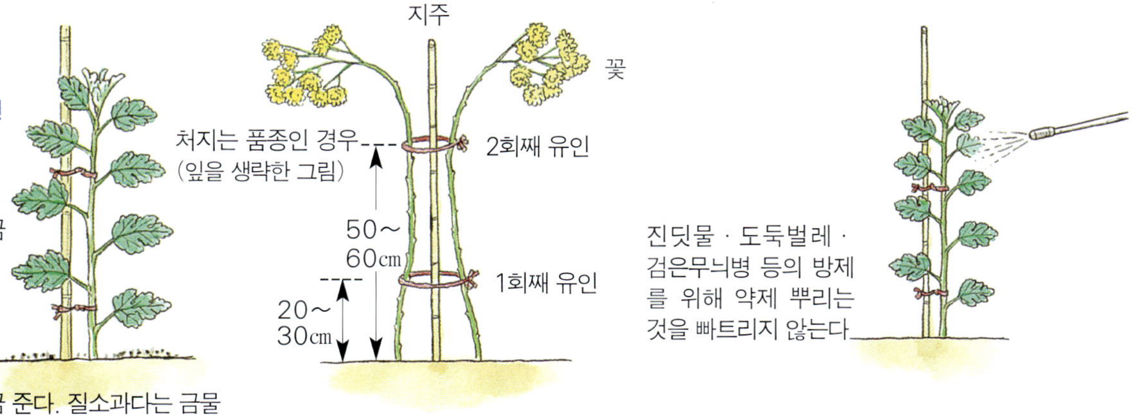

4 수확·이용
- 10월 이후 꽃이 핀 것부터 수시로 따서 수확한다
- 데치는 방법
- 식초 1큰술
- 뜨거운 물 5컵
- 꽃잎을 살짝 데쳐서 물에 넣어 식힌 후 소쿠리에 넣어둔다
- 물로 씻어서 꽃잎만 떼어낸다. 꽃심은 쓰므로 넣지 않는다
- 국화김
- 꽃잎을 소쿠리에 넣어 약 1분 찐 후에 햇빛이나 불로 건조시켜서 만든다. 사용할 때는 뜨거운 물에 넣어 풀고, 소쿠리에 건져 물기를 빼서 요리한다

여뀌

Water pepper

잎에 톡 쏘는 매운맛과 독특한 향이 있다. 생선의 독을 없애는 작용이 있다고 하여 생선회의 곁들임이나 여뀌 식초로 중요하게 쓰인다.

여뀌과   원산지=북반구

재배특성
- 본래 물가 등 습한 곳을 좋아한다. 채광·통풍이 좋은 곳을 택해서 재배한다.
- 싹여뀌 재배는 특히 발육이 좋은 씨앗을 고른다.
- 씨앗은 받고 나서 2~3개월 휴면에 들어가므로 휴면에서 깬 씨앗을 이용한다.

품종
식용여뀌는 버들여뀌로 잎이나 줄기가 붉은 베니여뀌, 좁은잎여뀌, 초록색의 푸른여뀌, 조릿대여뀌 등 많은 품종이 있다. 조릿대여뀌는 생선요리에 여뀌식초로 이용한다.

재배방법

1 씨뿌리기

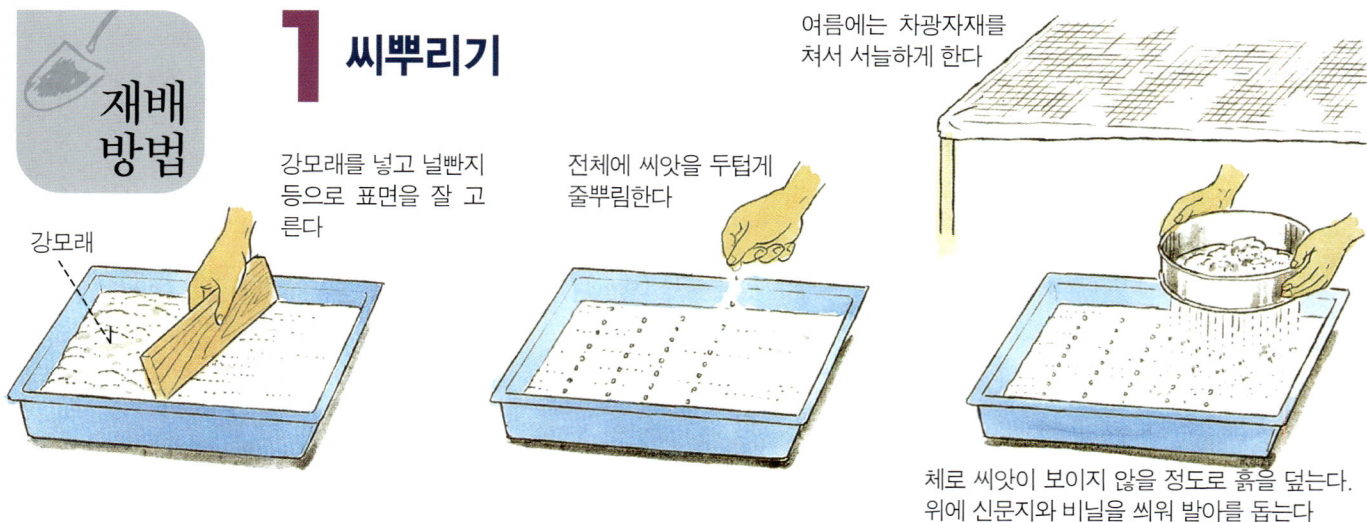

강모래를 넣고 널빤지 등으로 표면을 잘 고른다

전체에 씨앗을 두껍게 줄뿌림한다

여름에는 차광자재를 쳐서 서늘하게 한다

체로 씨앗이 보이지 않을 정도로 흙을 덮는다. 위에 신문지와 비닐을 씌워 발아를 돕는다

2 수확

여름에는 씨를 뿌리고 7~10일, 발아 후 3일째, 겨울에는 씨를 뿌리고 25~30일, 발아하고 10~15일 정도 지나 떡잎이 완전히 벌어져서 본잎이 나오기 시작할 때 면도칼로 밑동을 잘라 수확한다. 수확한 후의 모래는 체로 쳐서 남은 뿌리를 제거하면 다시 이용할 수 있다

허브의 효능

허브의 기초상식

레몬밤(lemon balm)

멜리사(melissa officinalis)라고도 한다. 강장작용으로 심장과 신경·소화기 계통 및 자궁을 튼튼하게 하는 효과가 있다. 또한 향은 마음을 진정시키고 편안하게 하며, 호흡과 맥박을 안정시키고 혈압을 내려준다. 열이 났을 때 레몬밤유를 사용하면 발한작용과 냉각효과가 있어서 감기에 효과적이며, 천식과 기관지염의 치료에도 효과적이다.

타임(thyme)

방부·살균 효과가 있고 곰팡이를 억제하는 작용이 뛰어나기 때문에 햄·소시지와 같은 식품 가공 및 저장에서 보존재로 쓰인다. 또한 특유의 강한 향을 내는 티몰 성분 때문에 구강청정제·치약·비누 이외에 남성용 로션 등에 많이 이용한다. 그밖에 차로 마시면 풍(風)이나 요통을 완화시키고, 목욕제품으로 이용하면 류머티즘·신경통 및 그로 인한 염증 등을 가라앉히는 효과가 있다.

로즈마리(rosemary)

집중력과 기억력을 높여주는 허브로 알려져 있다. 건강면에서는 혈중 콜레스테롤의 수치를 낮춰주고 동맥경화에 효과적이며, 소독작용 때문에 장내 세균 감염으로 인한 설사 및 소화기계통에 좋다. 차로 마시면 의식이 뚜렷해지고 원기를 회복시켜주며, 화장수로 사용하면 살균효과가 있고 피부에 탄력을 준다. 그밖에 항균·산화방지 작용이 있어서 음식물 보관에 유용하며, 냄새를 없애는 역할도 한다.

라벤더(lavender)

옛날부터 라벤더의 향은 신경을 안정시키는 효과가 있는 것으로 알려져 있다. 그래서 현대인의 스트레스·히스테리·두통 이외에 불면증·불안감 치료에 이용된다. 또한 살균·소독 및 항염 효과가 뛰어나므로 가벼운 화상이나 벌레에 물린 데는 물론 여드름 치료에도 좋으며, 탈모 개선과 냄새 제거에도 효과적이다. 꽃의 침출액은 살균·세정 등 미용효과가 뛰어나므로 화장품에 많이 이용한다.

차이브

Chive

가는 잎에 포기가 많이 나뉘는 작은 파. 향부추라고도 하며, 늦은 봄의 적자색 꽃이 아름답다. 유럽·아시아·북미 등에 널리 분포하며 오래 전부터 이용해왔다.

백합과　　**원산지＝유라시아대륙, 온대 북부**

재배 특성

- 파의 일종으로 가장 잎이 가늘며, 키가 30㎝ 정도이고 포기가 작다. 베란다재배에도 적합하다.
- 초여름에는 작고 옅은 보라색 꽃이 피고 가을에 씨앗이 여문다.
- 여러해살이로 땅 속에 비늘줄기가 생기며, 겨울에는 땅 윗부분이 말라죽고 봄에 싹이 튼다.
- 씨를 뿌려서 모종을 길러 포기를 늘리는 방법과, 비늘줄기를 나누어서 포기를 늘리는 방법이 있는데 후자가 재배하기 쉽다.
- 약한 빛에는 비교적 견디지만 건조에는 약하므로 보수력이 있는 비옥한 밭을 선택한다.

재배 방법

1 모기르기 · 씨알 준비

씨를 뿌려서 모기르기하는 경우

7~8㎝ 간격으로 줄뿌림한다

기르며 차례로 솎아내고 웃거름을 주며, 키가 15㎝ 내외인 모종으로 기른다

비늘줄기를 이용하는 경우

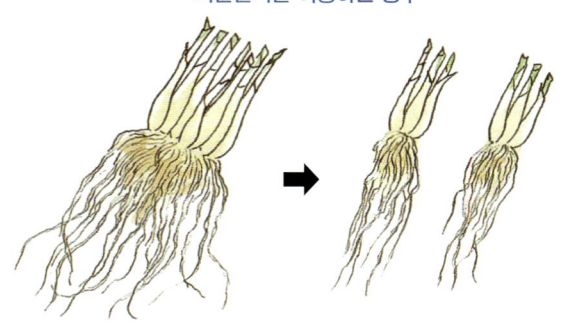

이른 봄 싹이 나오기 전에 땅 속 부분을 파서 알뿌리를 3~4개씩 나눈다

2 밭 일구기

골 길이 1m당
퇴비 4~5줌
깻묵·화학비료 각 3큰술
10cm 15cm 50cm 5cm
밑거름 위에 흙을 덮는다

긴 플랜터에 3포기 심는다. 꽃도 충분히 즐길 수 있다

3 아주심기

파종골이 완성된 상태
한쪽에 기대어 심고, 초록색 잎이 묻히지 않을 정도로 흙을 덮는다

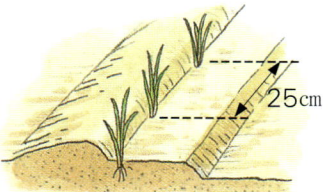
25cm
모종인 경우 한 곳에 3~4포기를 함께 심는다

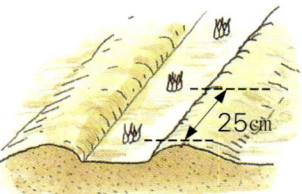
25cm
비늘줄기인 경우 한 곳에 6~7알을 함께 심는다

허브류 및 기타·차이브

4 웃거름·꽃봉오리따기

두둑 길이 1m당
깻묵 3큰술
화학비료 3큰술
1개월 후와 잘라서 수확한 후에도 같은 양의 웃거름을 준다

작물의 키가 10cm 정도 되면 1회째 웃거름을 준다

꽃이 핀 상태

꽃이 피면 잎의 품질이 떨어지므로 꽃봉오리를 빨리 따준다

5 수확·이용

한여름에 차례로 수확한다

1년째는 잎을 조금 수확하여 포기를 크게 키운다

2~3년째는 힘이 좋게 자라므로 베어서 수확한다. 3년이 지나면 비늘줄기를 다시 심어서 새롭게 재배한다

초여름이 되면 추대하여 끝에 옅은 보라색의 아름다운 꽃이 핀다. 꽃을 샐러드 등에 뿌려도 좋다

샐러드나 스테이크에 어울리는데, 빵에 넣거나 일본요리의 양념으로 써도 좋다

타라곤

Tarragon

쑥과 비슷한데 잎 가장자리에 톱니모양이 없다. 프랑스에서 개량된 것은 '에스트라곤'이라고도 하며, 소스·비니거 등에 빠지지 않는다.

| 국화과 | 원산지=시베리아 |

재배특성

- 차고 서늘한 기후를 좋아하여 남부지방에서는 서늘한 곳이 아니면 잘 자라지 않는다.
- 물이 잘 빠지고 통기성이 좋은 토양을 골라서 재배한다.
- 여러해살이지만 오래되면 포기가 혼잡하여 잎자람새가 약해지므로 1~2년 간격으로 포기나누기하여 다시 심어서 잎자람새를 회복시켜준다.
- 프렌치타라곤은 씨앗이 달리지 않으므로 눈꽂이나 포기나누기로 증식한다.

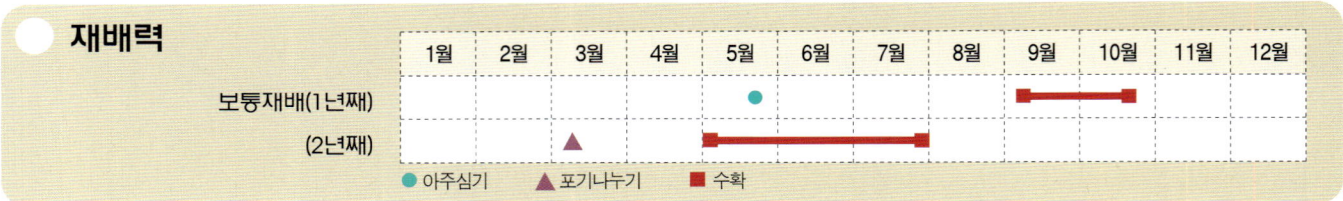

● 아주심기   ▲ 포기나누기   ■ 수확

품종

러시안타라곤은 강한 줄기가 1.5m 정도까지 자라고 잎에는 잔털이 많으며 잎자람새가 강하지만, 향이 약해서 요리에는 잘 사용하지 않는다. 프렌치타라곤은 프랑스에 도입되어 개량된 것으로, 밝은 초록색이며 잎이 가늘고 향이 강하므로 요리용으로 사용한다.

프렌치타라곤

러시안타라곤

재배방법

1 모기르기

프렌치타라곤은 씨앗을 얻을 수 없으므로 봄에 뿌리순을 눈꽂이 하여 모종을 기른다

포기 밑동에서 나온 아들모종(뿌리순)

12~13cm

12~13cm로 자란 아들모종을 잘라서 모종상자에 꽂는다

2 밭 일구기·아주심기

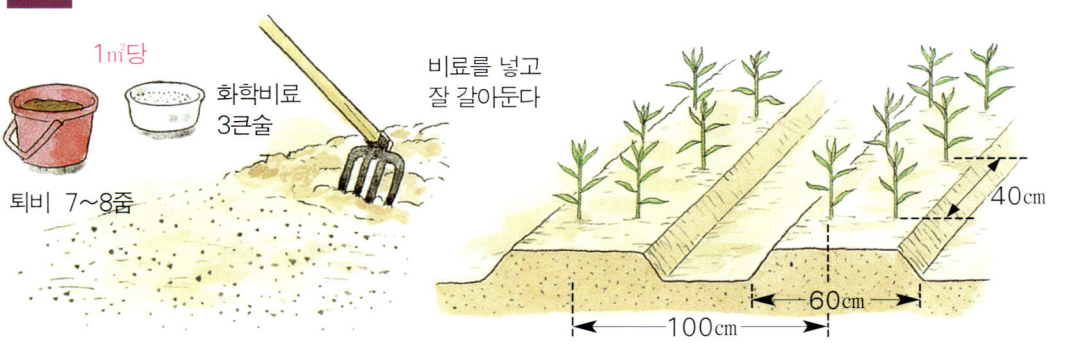

1㎡당
퇴비 7~8줌
화학비료 3큰술

비료를 넣고 잘 갈아둔다

100cm 60cm 40cm

화분이나 플랜터에 심어 가까이에서 기르는 것도 좋다

3 관리

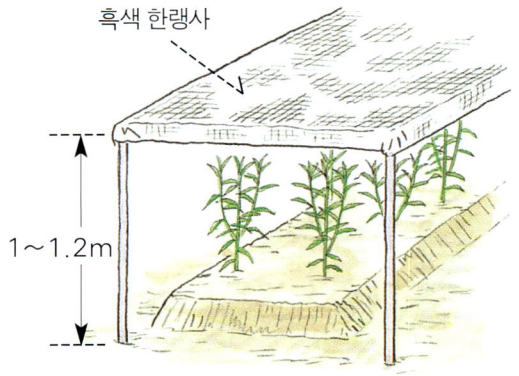

깻묵 조금

2~3년째 봄에 땅 윗부분을 베어 들인다

흑색 한랭사
1~1.2m

여름에 너무 강한 빛은 막아준다

4 수확

프랑스요리에 쓰인다. 버터나 치즈에 찧어 넣고, 허브비니거·허브오일로 드레싱의 맛을 내며, 에스카르고(달팽이요리)에 넣는다. 생잎을 차나 목욕재로도 사용한다

허브류 및 기타·타라곤

타임

Thyme

가늘고 작으며 둥근 잎에 강한 향이 있어 육류나 어류의 냄새를 없애주고, 맛을 더해준다. 작은 꽃도 귀엽다.

꿀풀과   원산지=유럽 남부

재배특성

- 해묵이의 여러해살이로 사철 푸른 작은 관목이며, 직립성과 포복성이 있다.
- 해가 잘 들고 물빠짐·통기성이 좋은 장소를 좋아한다.
- 씨뿌리기·꺾꽂이로 증식. 한번 심어두면 여러 해 계속하여 같은 장소에서 기를 수 있다. 병충해도 없어 재배가 쉽다.
- 가지가 무성하여 아래쪽은 엉키기 때문에 장마철이 되기 전, 가을의 큰비 전에 잘라주어 통풍이 잘되게 한다. 4~5년에 한 번 정도는 포기를 나누어 새 장소에 옮겨 심는 것이 좋다.

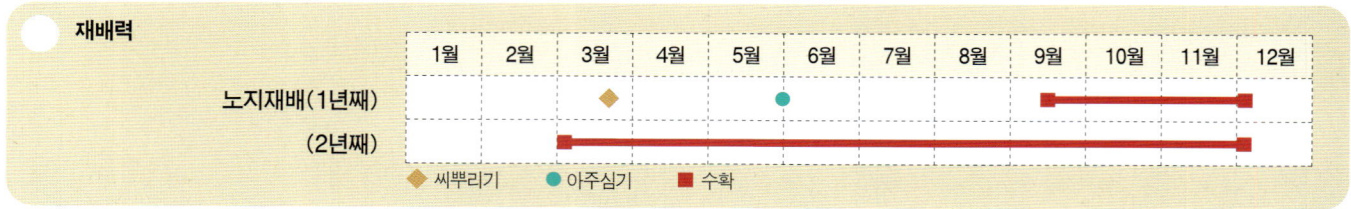

품종

직립성에는 일반적으로 많이 사용하는 코먼타임, 허브차로 많이 쓰이는 오렌지타임·레몬타임, 얼룩무늬 잎의 실버타임·골드타임 등이 있다. 포복성으로는 크리핑타임·캐러웨이·오레가타임 등이 있다. 용도나 취향에 따라 선택하여 사용한다.

타임

코먼타임

레몬타임

재배방법

1 모기르기

씨뿌리기하여 기르는 경우

7~8cm

발아하면 5~6cm 간격으로 솎아준다

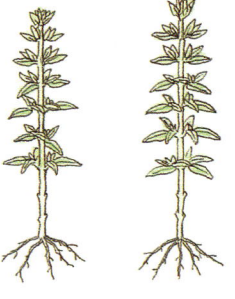
작물의 키가 7~8cm 되면 밭에 옮긴다

꺾꽂이하여 기르는 경우

어린 가지의 끝을 잘라서 흙에 꽂아 모종을 기른다

2 밭 일구기 · 아주심기

1m²당
퇴비 4~5줌
석회 4큰술
깻묵 3큰술

아주심기 15일 전에 밭 전체에 퇴비와 석회 · 깻묵을 넣어 간다

아주심기

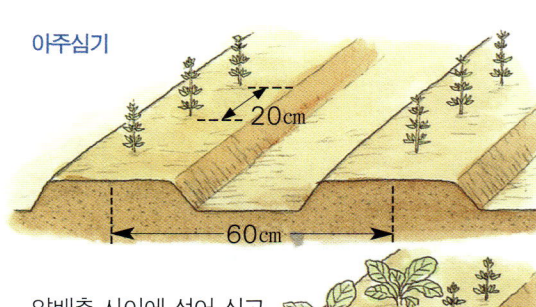
20cm
60cm

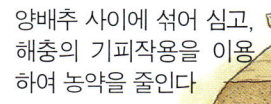
양배추 사이에 섞어 심고, 해충의 기피작용을 이용하여 농약을 줄인다

화분재배로 가까이서 기르기에도 적합하다. 꽃도 즐길 수 있다

3 관리

여름에는 건조하지 않도록 짚을 깐다

잎의 끝부분만 계속해서 수확하면 키가 자라고 혼잡해지므로 1년에 2~3회 베어서 아래쪽부터 다시 자라 나오게 한다.
장마철 전에 하여 포기 밑에 통풍이 잘되도록 한다

4 수확 · 이용

잎 끝부분을 손가락으로 딴다

육류나 생선요리 · 수프 · 치즈 이외에 차 · 향수 · 포푸리 등에도 널리 쓰인다

토마토 · 호박 등의 채소를 끓인 프랑스 가정요리 라타투유에 빠지지 않는다

허브류 및 기타 · 타임

펜넬

Fennel

생선과 잘 맞아서 생선요리에 많이 이용하는 허브.
잎·잎자루·씨방도 이용. 다이어트에도 좋다.

| 미나리과 | 원산지=유럽, 지중해 연안, 서아시아 |

재배특성

- 키가 1m 이상 되는 대형 해묵이식물. 7월경에는 우산모양의 작은 황색 꽃이 피어 아름답다.
- 물이 잘 빠지고 통기성이 좋은 토양을 좋아한다. 옮겨 심을 때와 매년 이른 봄에는 양질의 퇴비를 충분히 준다.
- 씨를 뿌리는 방법과 포기나누기하는 방법이 있다. 3년째부터는 포기 주위에 떨어진 씨앗이 발아하여 쉽게 많은 모종을 얻을 수 있다.
- 겨울에는 생장이 멈추지만, 온난한 평지에서는 푸른 잎이 달린 채로 월동한다. 추운 지방에서는 땅 윗부분이 말라죽는다.

품종

펜넬에는 줄기 밑부분이 굵은 플로렌스펜넬과 보통의 스위트펜넬, 잎이 청동색인 브론즈펜넬 등이 있다. 일반적으로 펜넬이라 하면 스위트펜넬을 가리키며, 채소로 쓰이는 것은 플로렌스펜넬이다.

스위트펜넬

브론즈펜넬

플로렌스펜넬

1 모기르기

3호 비닐포트에 5~6개 뿌린다

본잎이 3장이 되면 1포기솎기한다

곧은뿌리로 뻗어서 옮겨심기에 약하므로 화분에 직접 씨를 뿌려서 모종을 기른다

화분은 상자에 가지런히 넣어두면 관리·이동에 매우 편리

씨앗이 떨어져서 발아한 것을 모종으로 이용할 수도 있지만, 뿌리가 곧고 길게 뻗어서 잘리기 쉬우므로 크게 파내어 다시 길러서 밭에 옮겨 심는다

2 아주심기

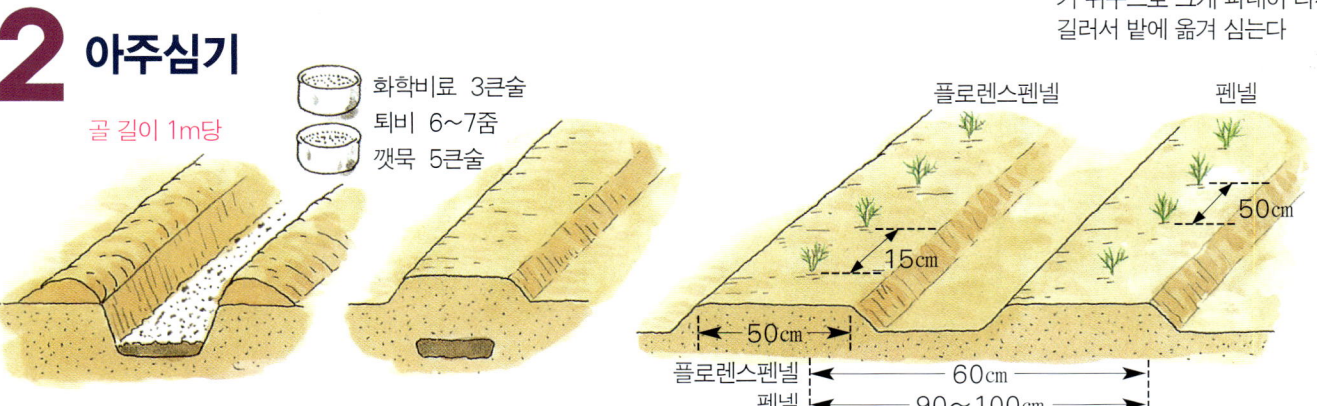

골 길이 1m당

화학비료 3큰술
퇴비 6~7줌
깻묵 5큰술

플로렌스펜넬   펜넬

15cm   50cm

50cm

플로렌스펜넬 ─ 60cm
펜넬 ─ 90~100cm

3 관리

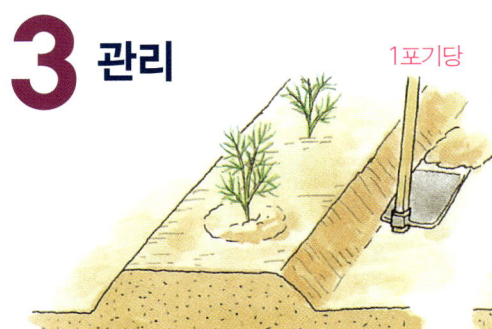

1포기당
깻묵 1큰술
화학비료 1작은술

전체를 모두 이용할 수 있다

꽃   잎

씨앗

포기 밑동

작물의 키가 20~30cm로 자라면 한달에 한 번 정도 포기 주위에 비료를 주고 밑동에 북주기한다. 이른 봄에는 완숙퇴비를 1포기당 2~3줌 준다

눈을 맞으면 잎이 상하므로 겨울에는 터널을 씌운다. 온난지에서 여러해살이 품종을 심는 경우에는 필요 없다

4 수확

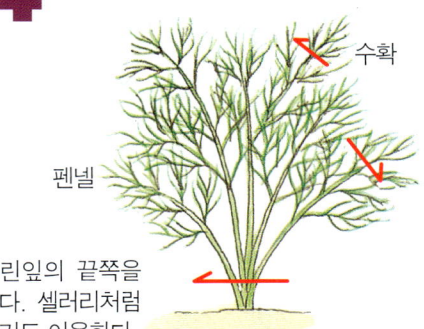

수확

펜넬

어린잎의 끝쪽을 딴다. 셀러리처럼 줄기도 이용한다

플로렌스펜넬

포기 밑동이 잘 굵어진다

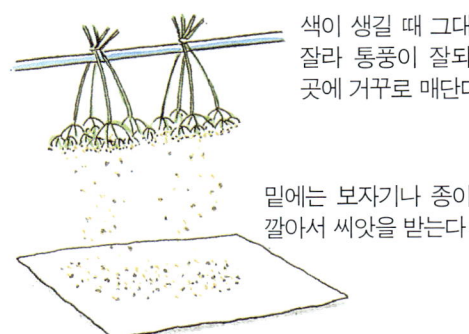

색이 생길 때 그대로 잘라 통풍이 잘되는 곳에 거꾸로 매단다

밑에는 보자기나 종이를 깔아서 씨앗을 받는다

 허브의 기초상식

허브의 이용

허브차

재료
허브(기호에 따라 약 10cm짜리 가지 2~4줄기, 잎 10장 정도, 꽃 8~10장 정도 중 한 가지를 준비), 뜨거운 물 2컵

만드는 방법
1 포트와 컵은 미리 뜨겁게 해둔다.
2 허브는 깨끗이 씻어서 물기를 뺀 후 포트에 넣는다.
3 물을 끓여서 30초 정도 두었다 포트에 붓고 뚜껑을 덮어서 3~5분 정도 우려낸다(꽃이나 잎을 이용할 경우는 약 3분, 열매나 뿌리를 이용할 경우는 약 5분).
4 포트를 2~3회 가볍게 흔들어서 농도를 고르게 한 뒤 컵에 따르고, 기호에 따라 레몬이나 꿀 등을 넣는다.

허브 오일

재료
올리브 오일(엑스트라 버진) 1ℓ, 로즈마리 2줄기(말린 것 1큰술), 바질 5~6장(말린 것 2작은술), 타임 4줄기(말린 것 1작은술), 오레가노 3줄기(말린 것 1작은술), 월계수잎 3장, 검정 통후추 4~5알, 붉은 고추 1개, 마늘 1~2쪽

만드는 방법
1 용기는 입구가 넓고 투명한 것으로 준비하여 열탕 소독한 후 완전히 건조시킨다.
2 허브는 깨끗이 씻어서 키친 타월 등으로 물기를 완전히 없애준다. 물기가 남아 있으면 곰팡이가 생길 수 있다.
3 1의 용기에 2의 허브와 준비한 나머지 재료들을 넣고 허브가 잠길 정도로 올리브 오일을 붓는다. 허브가 오일 밖으로 나와 공기와 접촉할 경우 곰팡이가 생길 수도 있다.
4 바질 등 상하기 쉬운 허브는 4~5일 후 향이 우러나면 허브만 건져낸다.

part 2

채소 재배의 기초지식

 가정 채소재배 대백과

채소의 선택방법 및 채소재배 포인트

채소는 세계적으로 종류가 많은데, 현재 우리나라에서 재배되고 있는 것이 150종 이상이며, 일상적으로 먹고 있는 종류만 해도 30여 종 이상이다. 또한 국제교류가 활발해지면서 새로운 채소도 다수 소개되어 점차 종류가 늘어나고 있다.

한편 채소는 이용하는 부분에 따라 크게 열매채소류·잎줄기채소류·뿌리채소류로 나뉜다.

식물학적으로 뿌리같이 보이지만 줄기가 변형된 것이 있고(토란·감자 등), 잎처럼 보이지만 잎이 아니라 꽃봉오리 덩어리(브로콜리·컬리플라워 등)인 것도 있지만, 편의상 3가지로 분류한다.

식물분류학으로 보면 겉모습으로는 알 수 없는 유연관계를 알 수 있으며, 유연관계가 가까운 식물은 같은 병해충이 많이 발생하므로 재배계획을 세울 때 알아두면 좋다.

이렇게 많은 채소 중에 어떤 것을 선택하여 재배할지를 결정하는 것은 가정에서 채소를 재배할 때 가장 먼저 생각해야 할 중요 문제다. 가족 전체가 좋아하는 것을 선택하는 것이 매우 중요하지만, 그 전에 일반적으로 가정 텃밭에서 재배하기에 적절한 종류, 쓸모있고 도움이 되는 종류는 어떤 특성을 갖는지에 대하여 생각해봐야 한다.

여기에서는 가정 텃밭에 알맞은 채소의 선택방법을 4가지로 정리하였다.

같은 종류 중에도 여러 특징이 있는 품종이 있다. 채소는

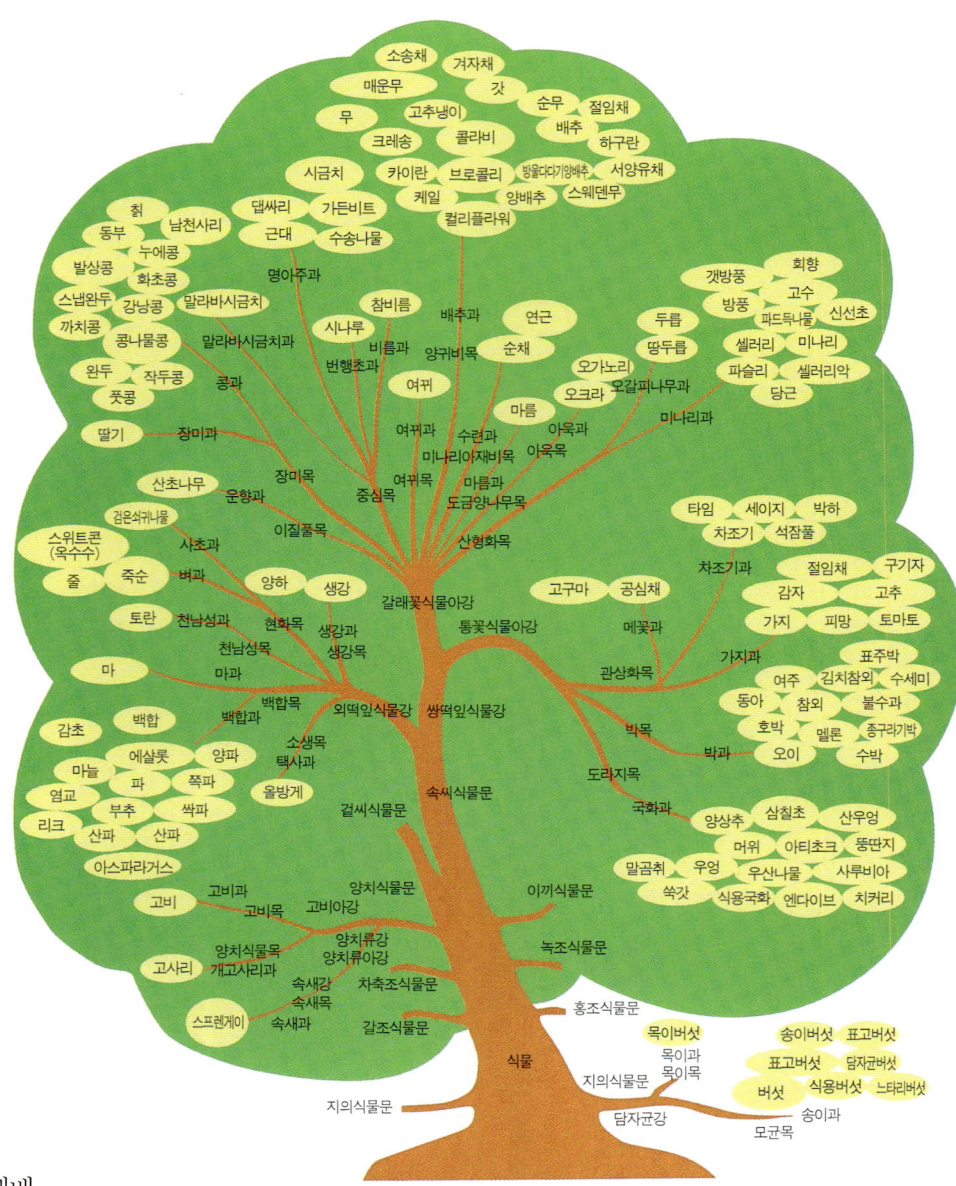

우리나라의 채소 종류

품종 개량이 활발히 진행되어 특성을 갖춘 품종(계절 적응성, 좋은 맛, 내병성, 강건성 등)이 매우 많다. 또 지역에 적합한 재래종도 많이 있다. 알맞은 품종을 골라서 재배하는 것도 채소 재배의 큰 즐거움이다.

유연관계에 의한 채소군 구분

종류	과(科)	작물					
열매채소	가지과	가지 토마토 피망 고추	잎줄기채소	배추과	갓 양배추 컬리플라워 브로콜리 방울다다기양배추 콜라비 크레송 순무채 소송채 냉이	잎줄기채소	국화과	양상추 엔다이브 샐러드볼 아티초크 민들레 서양우엉 카둔 머위
	박과	오이 표주박 김치참외 동아 호박 멜론 수박 수세미 여주		명아주과	시금치 근대 수송나물		꿀풀과	차조기 타임 세이지
							생강과	양하
							여뀌과	여뀌 루바브
	벼과	옥수수		미나리과	셀러리 파슬리 파드득나물 펜넬 미나리 신선초		두릅나무과	땅두릅
	아욱과	오크라				뿌리채소	배추과	순무 무 호스래디시 래디시 고추냉이
	콩과	강낭콩 동부 까치콩 풋콩 작두콩 누에콩 완두 땅콩		백합과	파 리크 쪽파 산파 부추 마늘 염교 양파 아스파라거스		가지과	감자
							메꽃과	고구마
							마과	마
							천남성과	토란
							국화과	우엉
							미나리과	당근
	장미과	딸기					생강과	생강
잎줄기채소	배추과	배추 다채 경수채 겨자채					택사과	올방게
				국화과	쑥갓		명아주과	비트

채소 선택의 4가지 포인트

① 많이 사용하는 주요 채소

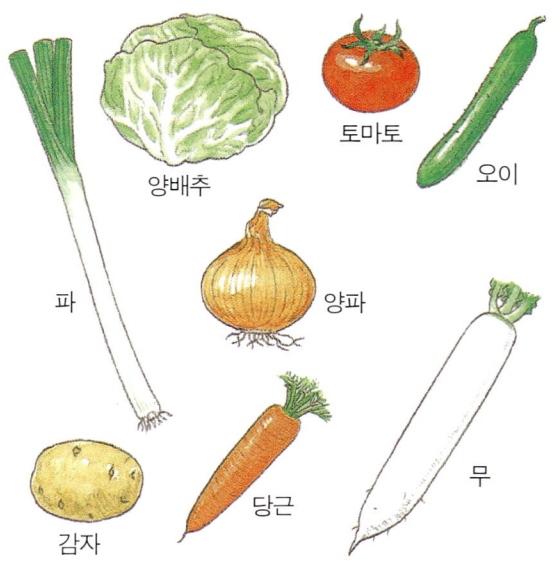

항상 많이 사용하는 채소는 집안 경제에도 큰 도움을 준다. 공간 여유가 있는 텃밭에서는 당연히 중심이 된다.

② 갓 따온 신선한 맛과 색을 즐기는 채소

채소의 최고 매력은 신선한 맛. 가정의 텃밭에서 빠질 수 없는 종류. 채소가 정말 맛있다고 느낄 것이다.

③ 쉽게 구할 수 없는 진귀한 채소

유행하는 서양채소. 예전부터 있었으나 유통이 잘 안 되는 색다른 채소도 가정 텃밭에서라면 자유롭게 재배할 수 있다.

④ 작은 공간에서 연중 자급할 수 있는 채소

플랜터 1~2개로 충분히 자급할 수 있는 채소도 많다. 부엌 가까이에 기르면 아주 유용하게 쓸 수 있다

채소 품종 선택의 포인트

재배시기에 맞는 품종을 선택

월동 재배에서의 내한성, 여름재배에서의 내서성이 중요한 것은 물론이며, 봄파종 시금치는 봄파종용 품종을 사용하지 않으면 고온·장일일 경우 추대해버린다.

가을에 씨를 뿌려서 봄에 수확하는 양배추, 봄에 씨를 뿌려서 여름에 수확하는 무 등은 저온 감응성이 낮은 품종을 사용해야 추대하지 않으므로 수확이 가능하다. 봄파종용·가을파종용에 특히 주의하여 품종을 선택한다.

저온이 되거나 장일조건이 되면 추대하는 종류가 있다. 그 성질은 품종에 따라 많이 다르다. 품종 선택방법이 틀리면 치명적일 수 있다.

새로운 이용법에 맞는 품종을 선택

같은 종류 중에도 새로운 식품에 대한 기호나 조리법에 맞는 품종이 개발되거나, 지금까지 없었던 색다른 품종이 외국에서 도입되고 있다. 이처럼 아직 일반화하지 않은 유행 채소를 재배해보는 것도 흥미로운 일이다.

정보지나 종묘 전문 카탈로그, 레스토랑 등에서 새로운 정보를 얻어서 씨앗을 구입하여 매년 조금씩 직접 재배해보는 것도 즐거울 것이다.

새로운 조리법, 식품 기호에 맞는 품종. 아직 일반화하지 않은 채소를 선택하는 것도 흥미롭다. 텃밭 한켠에 일부 시험적으로 재배해보는 것도 좋다.

지방색이 짙은 품종을 선택

토종이거나 일찍이 해외에서 들어와 각지에서 재배된 종류 중에는 그 지역의 풍토에 맞는 특징적인 재래 품종이 많다.

이런 채소들은 우리 식생활에 맞는 훌륭한 이용법을 통해 정착해왔다. 대량 생산·유통에는 적합하지 않지만 가정 텃밭이라면 충분히 즐길 만한 것이 많다.

씨앗은 여행할 때 현지의 종묘 전문점에서 구하거나 아는 사람에게 부탁하여 구하는 것이 좋다.

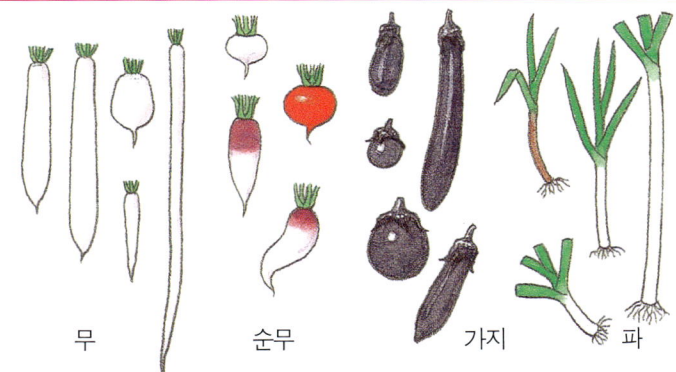

옛날부터 그 지방의 풍토와 식생활에 맞는 품종이 있다. 이들 중에는 다른 지방에서도 쉽게 재배할 수 있는 것도 많다.

채소 종류와 재배방법의 난이도

쉽다 → 어렵다

재배방법의 난이도를 구분하는 기준

1. 어린잎 상태로 수확하는 것인가?
2. 잎이 결구하는 것인가?
3. 꽃봉오리까지 맺혀야 되는 것인가?
4. 열매를 수확하는 것인가?
5. 열매의 당도를 높여야 하는 것인가?

채소재배에서 종류를 선택하는 것은 스포츠나 수예 등을 즐길 때와 마찬가지로 자신의 능력이나 밭의 조건에 따라 처음에는 초급, 중급, 상급 코스별로 채소를 선정한다. 실력을 쌓아가면서 재배하기 쉬운 것부터 어려운 것으로 순서대로 도전해가는 것이 올바른 자세다.

가장 재배하기 쉬운 것은 어린잎 상태로 수확하는 것인데, 잎의 수가 많이 필요한 결구하는 것, 꽃봉오리까지 맺혀야 되는 것, 열매를 수확하는 것, 더 나아가 열매의 당도를 높여야 되는 것으로 갈수록 점점 더 어려워진다.

계절에 따라 어떤 종류를 조합하면 좋을지 충분히 검토하여 계획을 세운다.

다음으로 중요한 것은 밭과 집과의 거리다. 그 외 텃밭의 규모, 밭의 햇빛이나 토질·수분 상태 등의 조건을 검토해야 한다. 정원 한컨이나 베란다에서 재배할 경우는 완전히 다른 조건이 된다.

채소 종류와 재배방법의 난이도

파종시기·이식시기	종류	밭재배			화분재배		
		쉬운 것	약간 정성이 필요한 것	꽤 정성이 필요한 것	쉬운 것	약간 정성이 필요한 것	꽤 정성이 필요한 것
봄	열매채소	강낭콩 오크라	가지·오이 피망	멜론 토마토	강낭콩 방울토마토	가지·오이 피망	수박·멜론 토마토
봄	잎줄기채소	시금치 차조기 크레송 등	양상추·파 양배추·펜넬 타임	결구상추 트레비소	무순·파슬리 차조기	양상추·파 파드득나물 부추	—
봄	뿌리채소	래디시	생강	올방게	작은순무	감자	—
여름	열매채소	강낭콩	오이		방울토마토	강낭콩	오이
여름	잎줄기채소	소송채	양배추 콜라비	셀러리 파드득나물	소송채	브로콜리 방울다기양배추	셀러리 파드득나물
여름	뿌리채소	—	당근	—		래디시	무
가을	열매채소	완두	딸기	—	—	완두	딸기
가을	잎줄기채소	시금치·쑥갓 소송채 절임채 양상추	양파 양배추 파 양상추	결구상추 배추	절임채 크레스 소송채	파슬리 쑥갓 샐러드채	브로콜리 양파
가을	뿌리채소	작은순무	무	마	래디시·순무	비트	—

소규모 텃밭에서의 섞어짓기

시금치·당근·순무의 섞어짓기(터널재배)

밭 조건에 따른 채소 선택의 포인트

먼 곳인가, 가까운 곳인가

집과 밭과의 거리는 채소 종류를 선택하는 데 매우 중요한 조건이 된다. 집과 가까우면 어떤 종류를 선택해도 좋지만, 멀리 떨어져 있으면 종류에 제약을 받는다. 특히 매일 수확하는 것은 무리이며, 도난당하기 쉬운 종류도 피해야 한다.

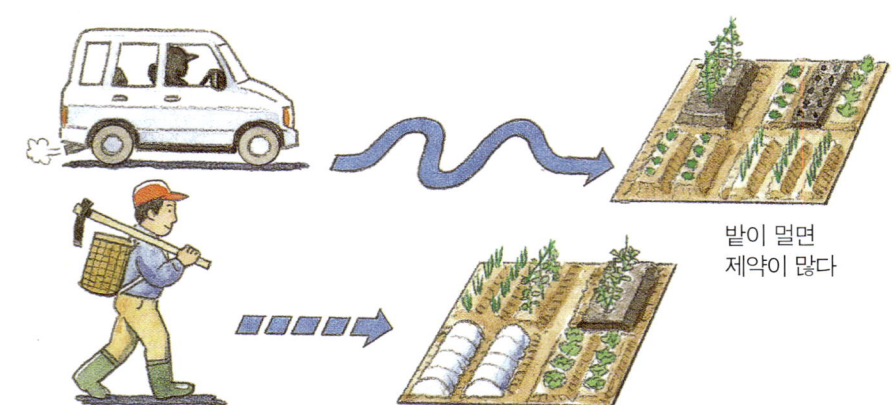

밭이 멀면 제약이 많다

1주일에 몇 번 왕래할 수 있는가

집과의 거리에 상관없이 어느 정도 자주 밭에 갈 수 있는지도 종류 선택에 직접적으로 관계가 있다.

매일이라면 어떤 채소도 상관없지만 1주일에 1회나 2~3회, 심할 경우 월 1~2회 가는 사람도 있다. 그러면 재배할 수 없는 종류가 그만큼 늘어난다. 특히 봄·여름 재배에서 제약을 받는다. 가을 재배라면 1~2주 걸러도 괜찮다.

배추 아스파라거스 양파 순무 옥수수 토마토 강낭콩 오이 딸기

텃밭 크기에 따른 차이

몇 ㎡(1~2평) 정도의 미니 텃밭인지, 10㎡(3평) 정도인지, 혹은 100㎡(30평)이나 수백㎡(200평) 되는 넓은 밭인지 밭 크기에 따라서 당연히 재배할 종류도 달라져야 한다. 좁으면 적은 양으로 충분하거나 새로운 채소, 진귀한 종류 등으로 한정되고, 넓으면 대량 소비적인 것, 저장성이 높은 것 등이 좋고 제약도 덜하다.

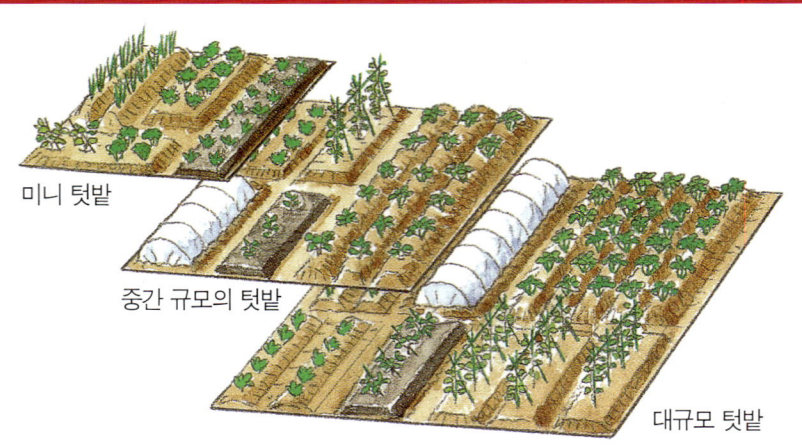

미니 텃밭
중간 규모의 텃밭
대규모 텃밭

밭과 베란다의 차이

밭은 면적이 넓다는 것 외에 토양이 깊어서 뿌리가 넓고 굵게 자랄 수 있다. 따라서 크게 자라는 종류, 뿌리를 충분히 굵게 하고 싶은 종류, 작은 모양의 종류 등 자유롭게 선택하여 재배할 수 있는 장점이 있다. 특히 넓은 밭인 경우에는 선택의 폭이 더 넓어진다.

베란다에서 플랜터재배를 하는 경우에는 '부엌에서부터 0분'이라는 말처럼 밭과 부엌이 바로 붙어 있다는 것이 편리하다. 면적이 작으므로 적은 양만 있어도 되는 양념·향신채소나 곁들임 채소가 적당하다.

가까이에 있어서 관리가 세심하고, 비바람을 막을 수 있다는 이점도 있으므로 밭과 연계시켜 재배해도 좋다.

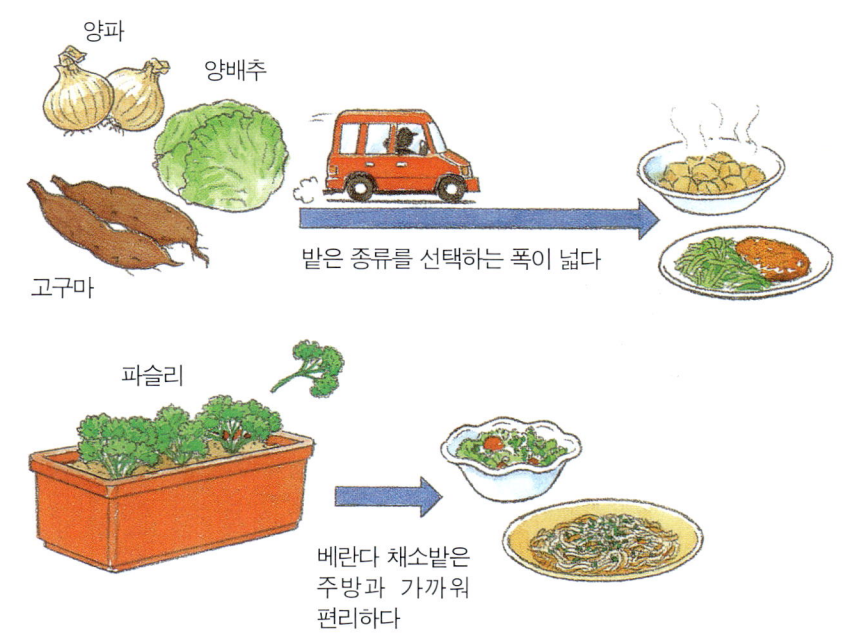

토양 수분에 따른 차이

토양의 건습에 따라 알맞은 채소 종류에 큰 차이가 있으므로, 수분 상태와 관련된 밭의 특성을 잘 파악하여 종류를 선택하는 것이 중요하다.

습기가 많아도 비교적 잘 자라고 건조에 약한 종류는 파드득나물·토란·셀러리·머위 등이다. 습기가 많은 곳에서 잘 자라는 미나리·크레송, 수분이 없으면 자라지 않는 연꽃·올방개 등은 가장 수분을 좋아하는 채소이다.

많은 습기에 약한 종류는 고구마·토마토·대파·무·우엉·호박 등으로, 물이 잘 빠지는 밭이 아니면 작황이 좋지 않다.

일반적으로 물빠짐이 안 좋은 밭에서는 두둑을 약간 높게 하는 것도 하나의 방법이다.

그러나 무엇보다 토양의 특성을 잘 파악하여 맞는 작물을 선택하여 재배하는 것이 가장 좋다.

빛에 따른 차이

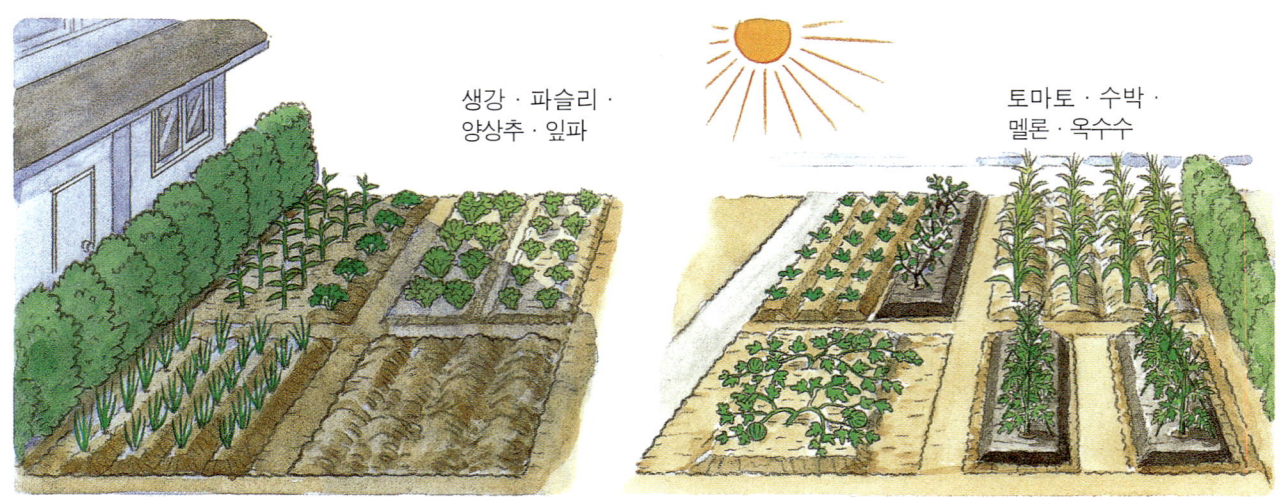

약한 빛에도 비교적 잘 견디는 종류는 열매채소류에서는 강낭콩 정도인데, 잎·뿌리채소류에서는 양하·머위·파드득나물을 비롯하여 생강·파슬리·셀러리·양상추·잎파·토란 등이다.

강한 빛을 좋아하여 그늘에서는 잘 자라지 않는 대표적인 종류가 수박·멜론·토마토 등의 열매채소류이다. 반음지나 그늘에서는 착과 불량, 당도 부족 등으로 수확이 좋지 않다.

옥수수·고구마 등도 강한 빛을 좋아하여 햇빛이 잘 드는 곳에서 맛이 좋은 것을 수확할 수 있다.

채소 종류와 생육 적정온도(℃)

종류	최고온도	최저온도	최적온도	종류	최고온도	최저온도	최적온도
토마토	35~40	0~5	15~25	수박	40~45	10~15	25~30
오이	35~40	5~10	20~25	배추	25~30	0~5	15~20
가지	40~45	5~10	20~30	양배추	25~30	0~5	15~20
피망	40~45	10~15	25~30	파	30~35	-7~0	10~15
호박	40~45	5~10	20~30	당근	28~33	-2~0	15~25

밭의 이용계획

실제로 재배를 시작하기 전에 선택한 채소 종류를 밭의 어느 곳에 어떻게 배치하며, 앞·뒤 작물을 어떻게 조합할지 결정해야 한다. 영리를 목적으로 하는 농가재배에서는 이것을 작부체계라고 하여 매우 중요시하는데, 가정 텃밭에서도 여러 가지 사정으로 취급하는 종류가 많아졌으므로 밭의 이용계획에 더욱 신경 써야 한다.

계절마다 종류를 결정하고, 이어짓기장해가 일어나지 않도록 일정 기간이 지나서 다시 재배하는 등 돌려짓기를 잘하여 지속적으로 좋은 작황을 얻을 수 있도록 연구해야 한다.

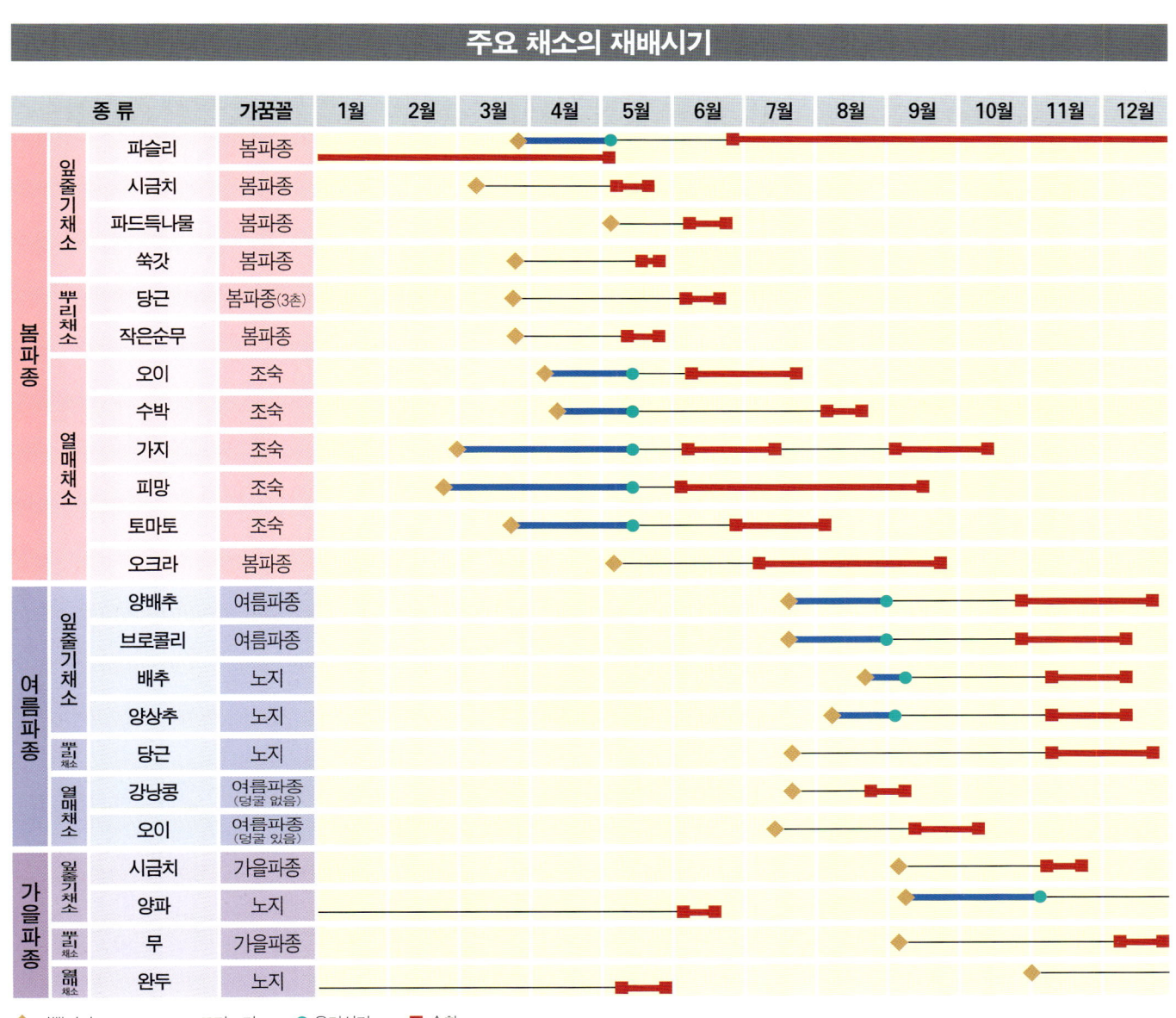

이어짓기장해

이어짓기장해가 잘 일어나지 않는 채소

이어짓기장해의 주요 원인은 토양의 병해충이며, 그밖에 뿌리에서의 생육 저해물질 분비 등이 원인인 경우도 있다.

이런 장해에 강한 작물은 매년 같은 장소에서 재배해도 잘 자라므로 이어짓기해도 되고, 밭을 이용하기도 매우 좋다.

이러한 특성을 활용하여 호박을 오이의 접목용 대목으로 이용하면 본래 이어짓기할 수 없는 것도 이어짓기할 수 있다(파 종류에는 이어짓기에 강한 것이 많아서 다른 채소와 섞어짓기하면 이어짓기 장해요인인 병해를 줄이는 것도 있다).

이어짓기해도 장해가 잘 일어나지 않는 채소	고구마 · 호박 · 소송채 · 염교 · 양파 · 머위 등

이어짓기장해가 일어나기 쉬운 채소

여러 종류에서 장해가 나타나지만 특히 두드러진 것은 완두·감자 등이다. 이것들은 뿌리에서 나오는 분비물에 자가중독을 일으키는 물질이 있다는 것도 하나의 원인이다.

토마토·가지·피망 등의 가지과 채소나, 수박·멜론·오이 등의 박과, 배추·꽃양배추 등의 배추과는 공통의 병해를 가지고 있으므로 이어짓기 장해가 나타나기 쉽다.

이어짓기장해가 일어나기 쉬운 채소일수록 돌려짓기에서 휴식 기간이 길어지고, 이어짓기장해가 잘 일어나지 않는 채소일수록 짧아진다.

이어짓기하면 장해가 일어나기 쉬운 채소	완두 · 수박 · 멜론 · 가지 · 토마토 · 오이 · 누에콩 · 토란 · 우엉 · 올방게 · 꽃양배추 · 배추 등

돌려짓기를 생각한 재배계획

휴식기한의 기준

돌려짓기 기한	채 소
1년 휴식	시금치 · 작은순무 · 강낭콩 · 경수채 · 갓 · 다채 등
2년 휴식	부추 · 파슬리 · 양상추 · 샐러드채 · 파드득나물 · 배추 · 비트 · 생강 · 셀러리 · 오이 · 딸기 등
3~4년 휴식	가지 · 토마토 · 피망 · 멜론 · 김치참외 · 누에콩 · 토란 · 우엉 · 컬리플라워 · 올방게 등
4~5년 휴식	완두 · 수박 등

텃밭 규모와 돌려짓기할 때의 주의사항

미니 텃밭

5~10㎡(1.5~3평) 정도의 작은 텃밭이다. 통풍과 일조량을 고려하여 종류를 선택하고, 생육기간이 짧고 한번에 먹는 양이 그다지 많지 않으며, 작은 면적의 수확으로도 한 가족이 이용할 수 있는 채소를 조합한다.

열매채소 이외의 이어짓기장해를 일으키기 쉬운 채소 종류는 집에서 플랜터에 재배하며, 밭의 흙이 오염되지 않도록 주의해서 계획을 세운다.

중간 규모의 텃밭

30~50㎡(10~15평)의 텃밭으로 흔히 볼 수 있는 규모이다. 많은 종류를 복잡하게 재배하는 것은 실패의 원인. 3구획 정도로 나누어서 해마다 채소 종류를 바꾸어가며 돌려짓기하는 것이 좋다.

오이 · 가지 등 열매채소류를 조합하는 경우에는 포기 수를 최소한으로 제한하고, 가능한 접목묘를 이용하여 병해를 피하도록 신경 써야 한다.

대규모 텃밭

330~500㎡(100~170평) 이상으로, 가정의 텃밭으로는 매우 큰 대규모 재배다. 집과의 거리가 문제지만 좋아하는 종류를 많이, 또한 품종이나 재배방법을 여러 가지로 바꾸어가며 채소 재배의 즐거움을 누릴 수 있다.

돌려짓기의 기본사항을 지키고, 생산물의 수확량과 소비 · 처분방법을 충분히 생각하여 각 종류마다의 재배면적을 결정하는 것이 중요하다.

5~10m² 미니 텃밭의 재배 사례

5~10m²인 미니 텃밭의 재배 사례

| 1월 | 2월 | 3월 | 4월 | 5월 | 6월 | 7월 | 8월 | 9월 | 10월 | 11월 | 12월 |

래디시 / 시금치 / 강낭콩 / 래디시 / 시금치 / 작은순무 / 크레송 / 쪽파 / 파슬리

◆ 씨뿌리기　● 옮겨심기　■ 수확

5~10m²인 미니 텃밭의 모습

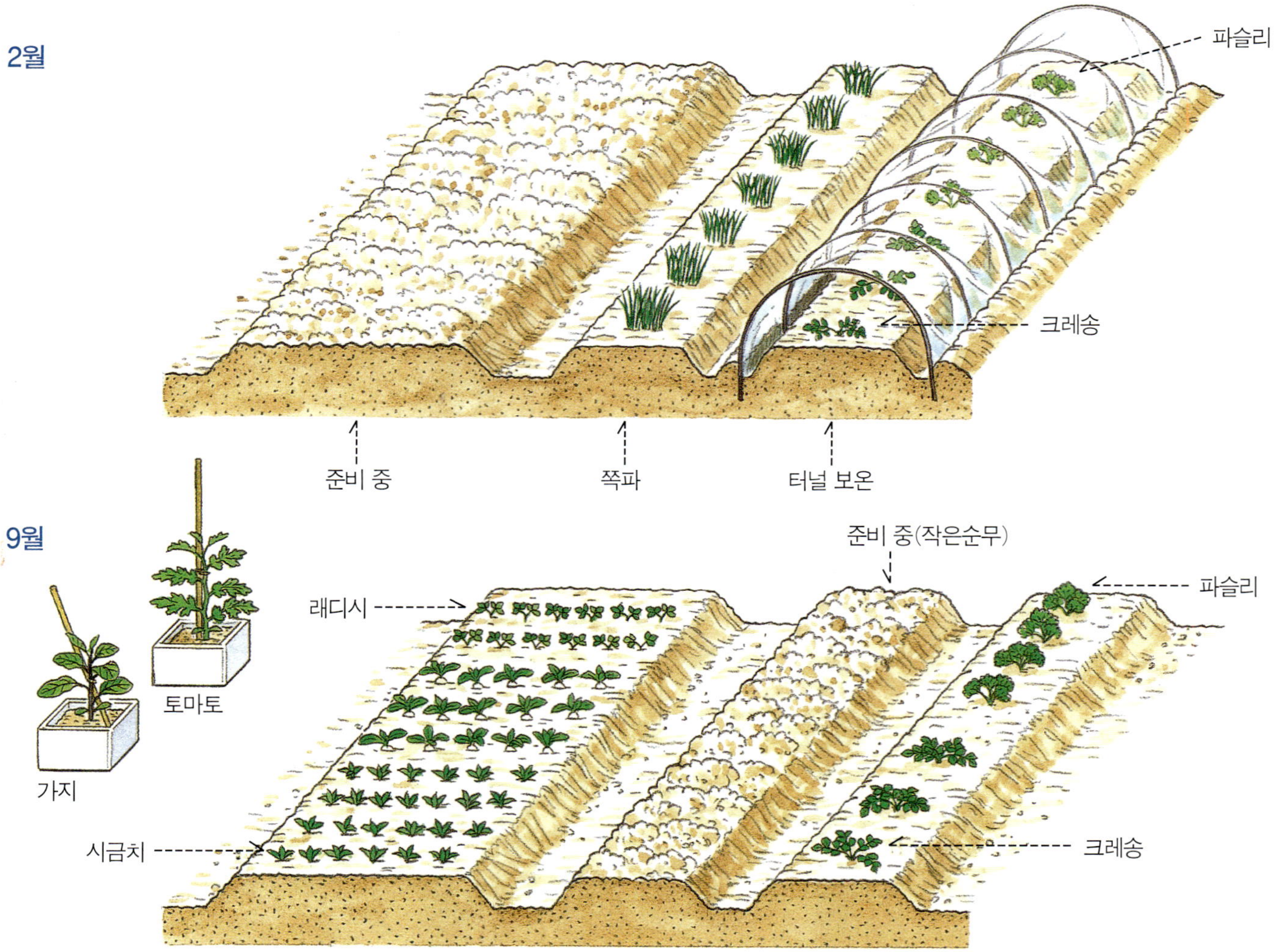

2월: 준비 중 / 쪽파 / 터널 보온 / 파슬리 / 크레송

9월: 가지 / 토마토 / 래디시 / 시금치 / 준비 중(작은순무) / 파슬리 / 크레송

30~50m² 중간 규모 3구획 텃밭의 재배 사례

30~50m²인 중간 규모 3구획 텃밭의 재배 사례

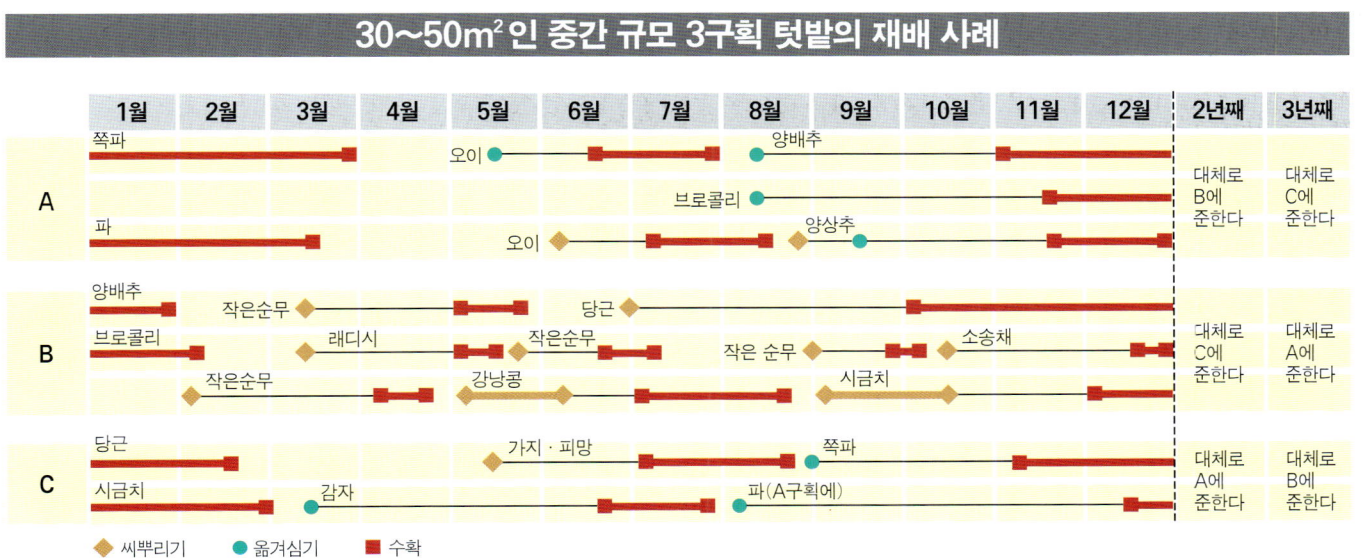

30~50m²인 중간 규모 3구획 텃밭의 모습

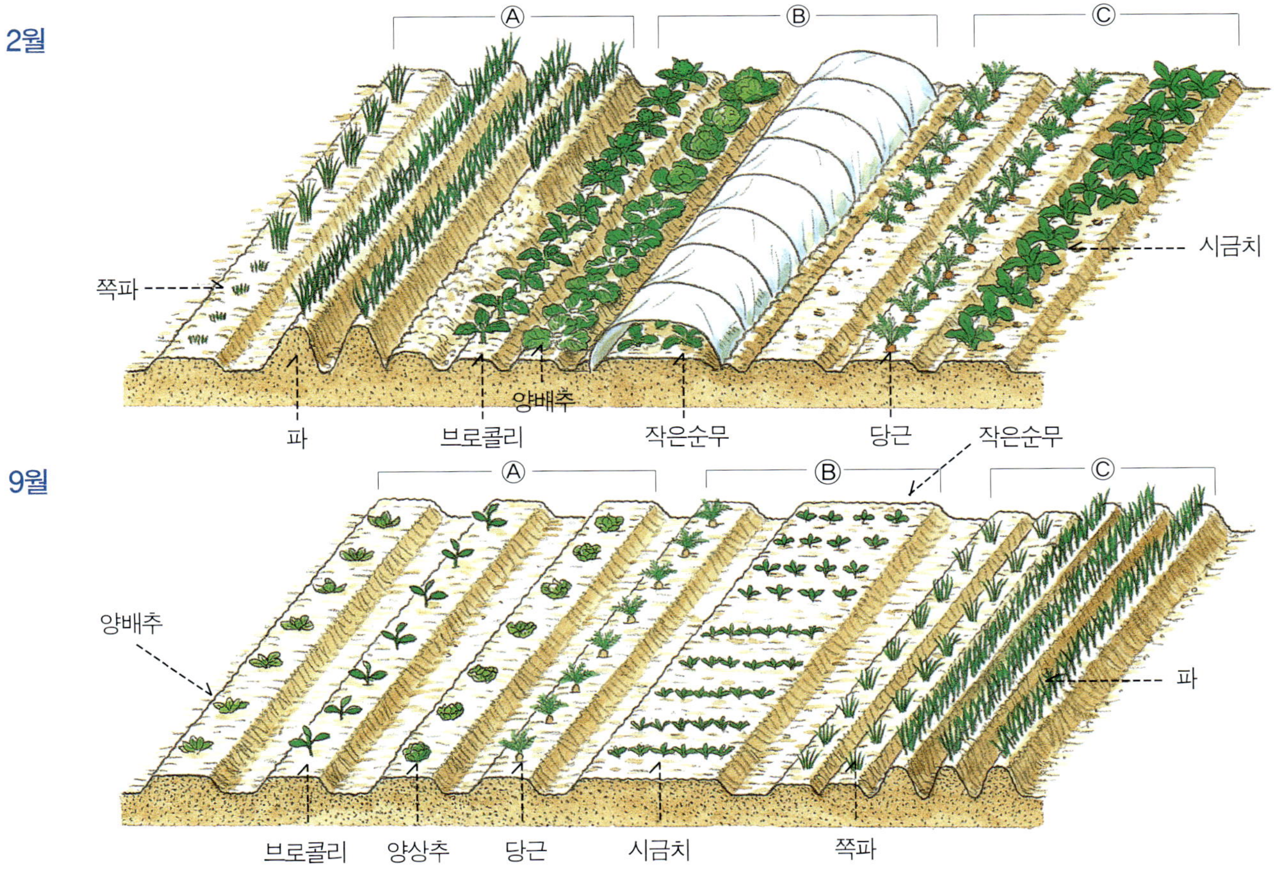

100m² 이상 대규모 텃밭의 재배 사례

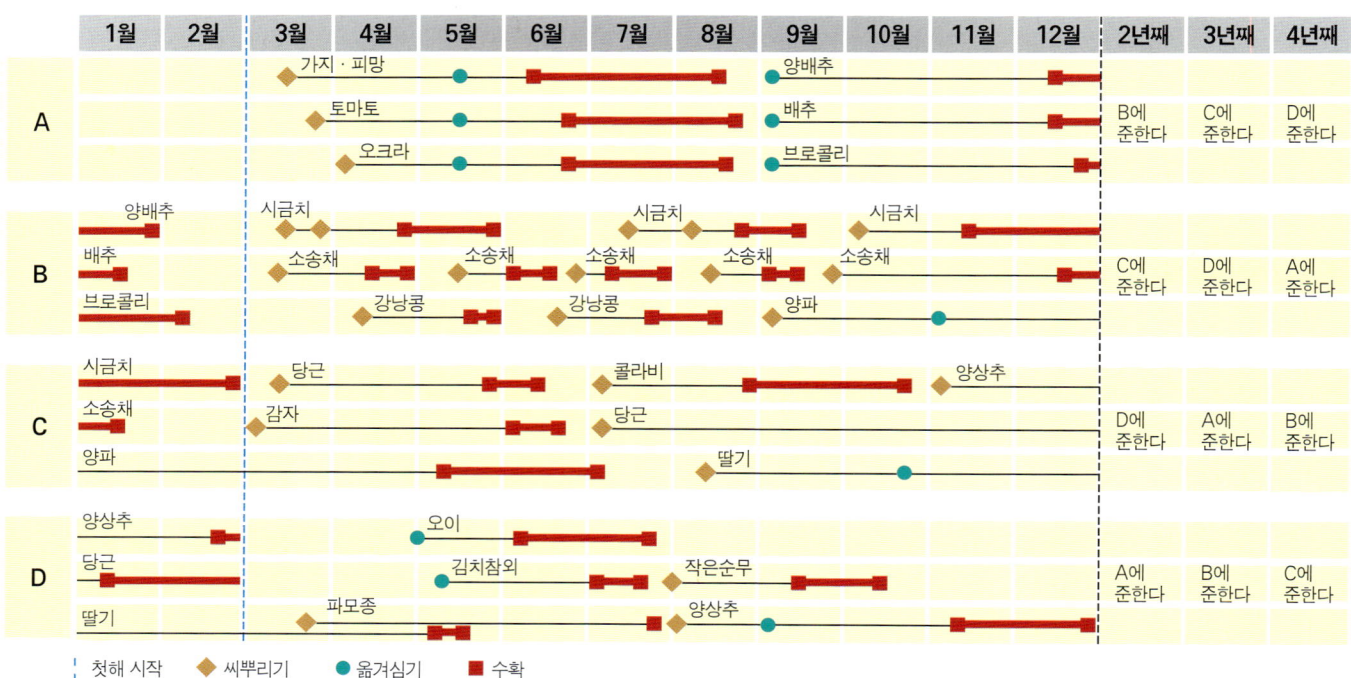

사례 소개 — 저자의 텃밭(6a)

63세 봄(1992년)에 친지의 도움으로 집에서 500m 떨어진 곳에 원하던 밭 600m²(6a)를 얻게 되어 대규모의 텃밭을 경영하기 시작하였다.

예정지는 오랫동안 경작하지 않고 방치하여 키를 넘는 잡초와 열매 달린 잡목이 전체를 덮고 있어, 정리하고 개간하는 작업에 집에 있는 많지 않은 날을 할애하여 약 1년이 걸렸는데, 그로부터 약 7년이 지난 지금은 무엇이나 재배할 수 있는 좋은 밭이 되었다.

밭은 원래 3그루의 과수가 있었고, 통로와 기타 용지를 마련했기 때문에 실제로 재배할 수 있는 면적은 약 500m²(5a)이었다.

밭을 지형과 일조량 등을 고려하여 크게 5개 구획(A~E)으로 나누었는데, A~C를 주요작물 재배에, D·E는 작은 면적으로 재배가 끝난 종류나 시험 작물, 모판 등으로 할당하였다(p.435 겨냥도 참조). 수목 아래나 울타리도 조건에 맞는 채소를 재배하는 데 이용하였다.

텃밭을 개간하는 모습

저자의 텃밭 재배 사례

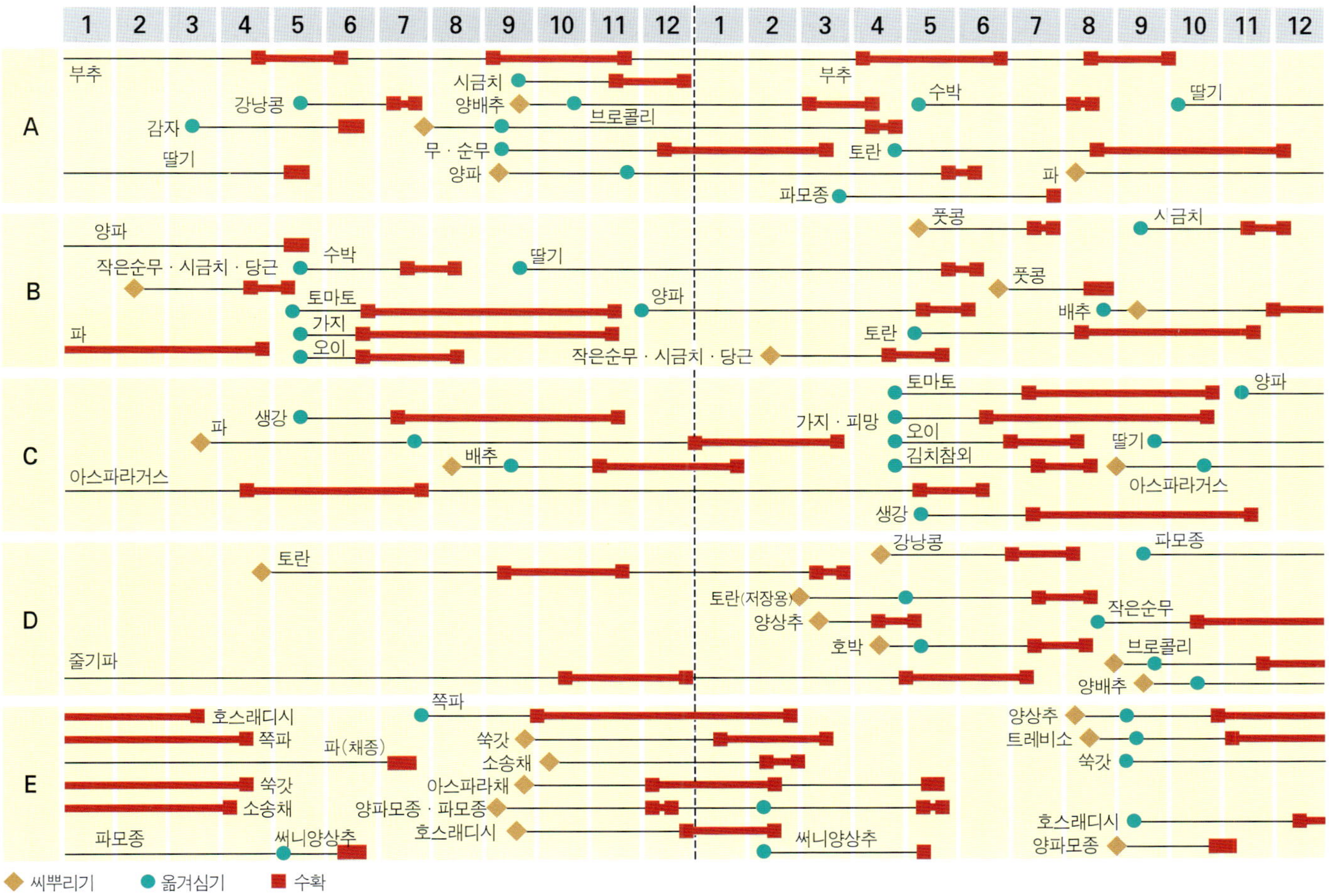

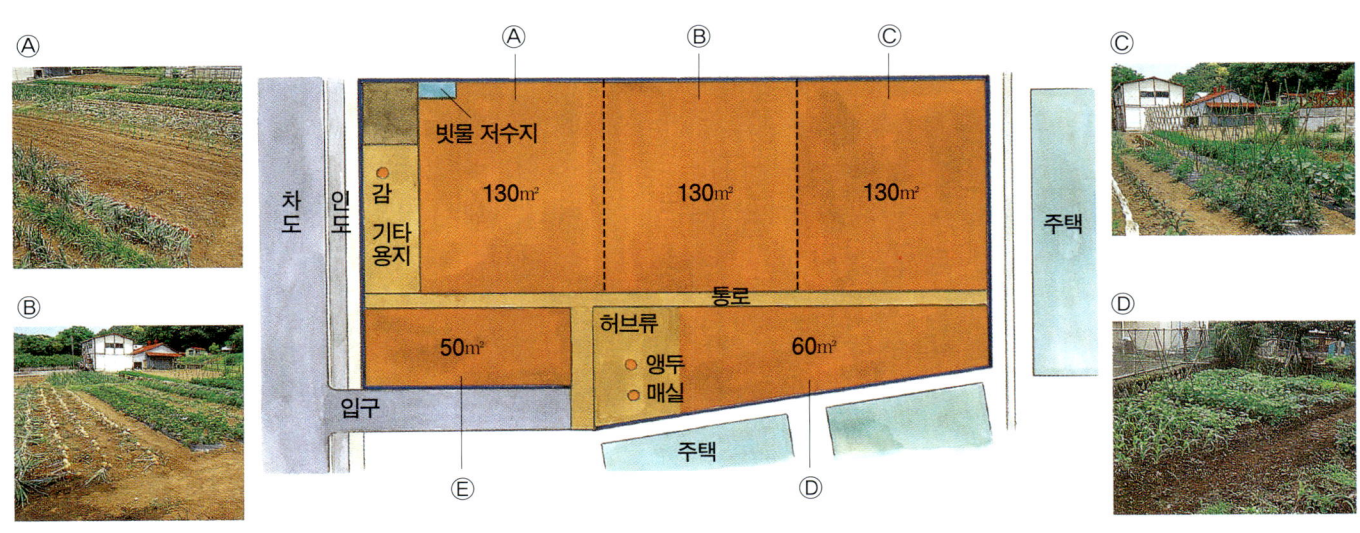

저자의 텃밭 겨냥도

저자의 텃밭 전경

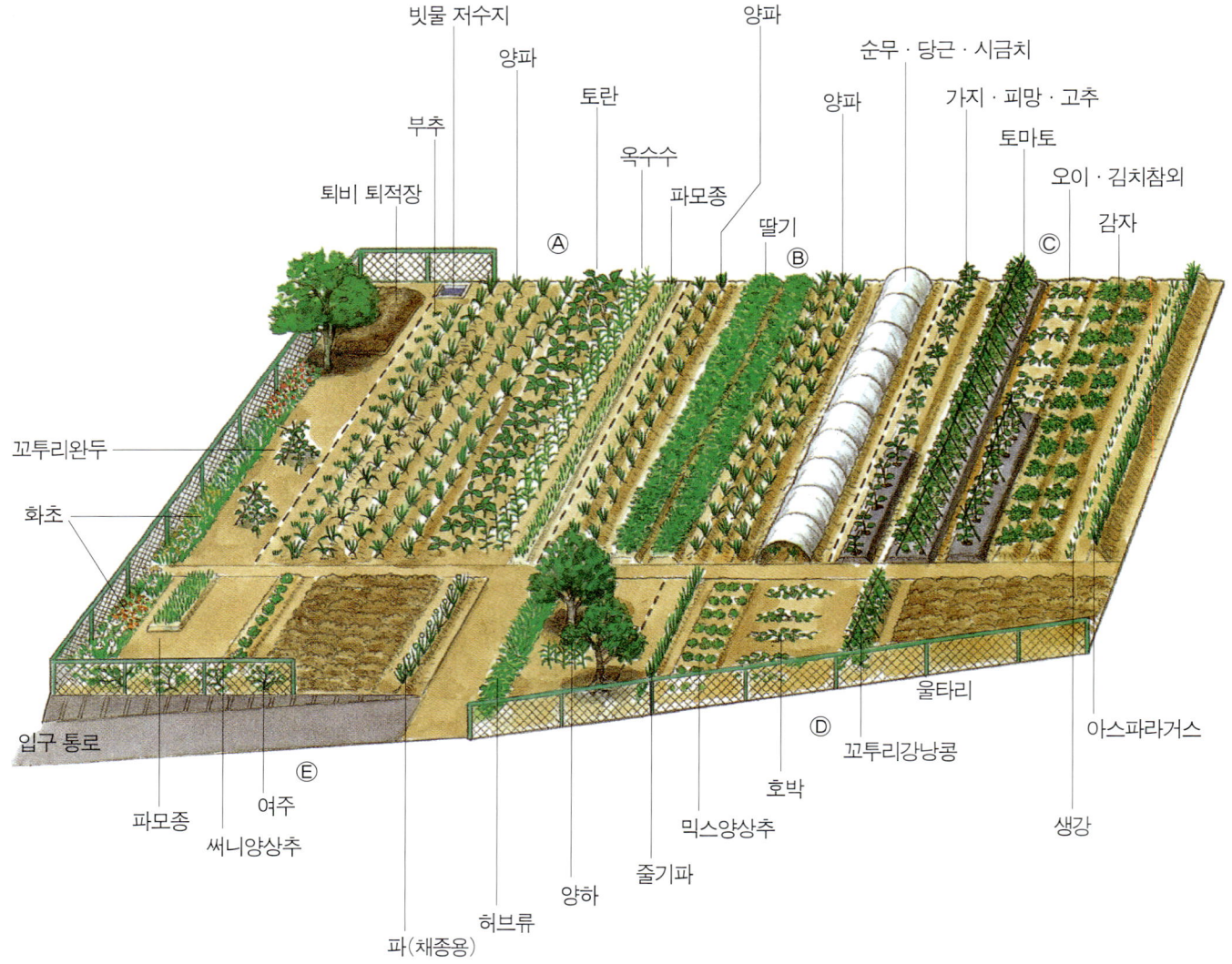

 채소 종류는 가능한 많이 선택하고, 같은 종류에도 조생·중생·만생종을 포함시키거나 파종시기가 긴 것은 서로 교차되게 씨를 뿌린다. 새롭거나 진귀한 채소, 새로운 품종, 지방색이 있는 품종 등 여러 가지를 선택하여 성공적인 텃밭이 되도록 연구한다.

 종류마다 재배면적을 결정하는 방법도 중요하다. 가정에서의 소비하는 양, 친척이나 친지·이웃에게 나눠줄 양도 고려한다. 저장할 수 있는 것(양파·호박·감자 등), 대량 소비하는 것(토마토·가지 등), 신선한 맛이 특히 인기인 채소(딸기·수박·옥수수·강낭콩·생강 및 작은 채소류)들은 많이 재배한다. 더불어 아이들에게 인기 있는 것도 중요하다.

 작업할 때 주의할 사항은 다음과 같다.
 ① 적기를 놓치지 않고 씨앗을 뿌려서 옮겨 심는다.
 ② 김매기·솎아내기는 특히 늦지 않도록 한다.
 ③ 포기 사이를 성글고 여유 있게 기른다.
 ④ 병해충 방제를 위한 약제 살포는 늦지 않게 하고, 횟수는 가능한 적게 한다.
 ⑤ 바닥덮기나 전체피복 자재를 효과적으로 이용하고, 터널을 씌워 수확기간을 늘린다.

사이짓기나 섞어짓기를 통한 밭의 효율적인 이용

돌려짓기의 조합 예

잘된 조합

옥수수	−	무	−	가지
오이	−	파	−	강낭콩
양파	−	브로콜리	−	토마토
가지	−	순무	−	시금치

잘못된 조합

오이	−	호박	−	멜론
양배추	−	무	−	순무
감자	−	가지	−	토마토

텃밭의 사계(10월, 오른쪽 위는 4월)

밭의 효율적인 이용 예

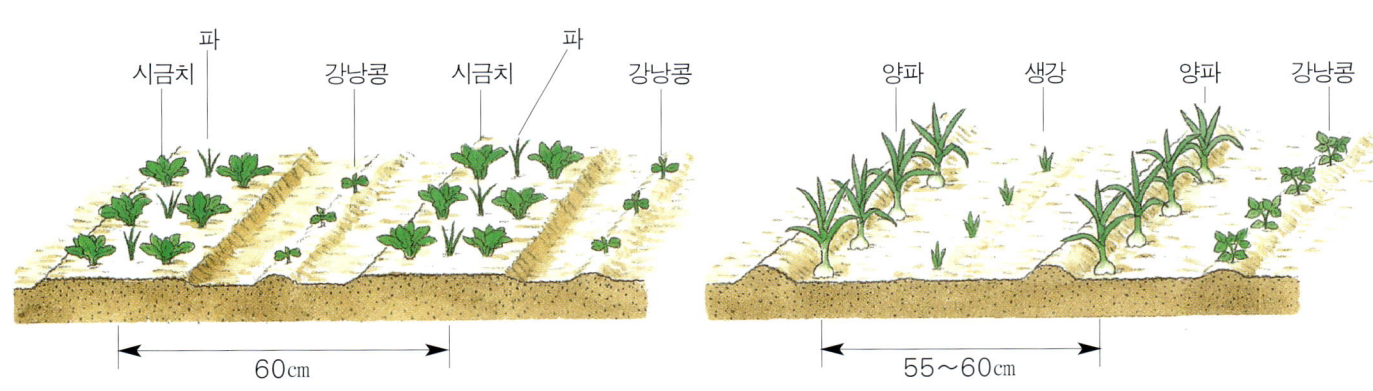

공간의 여유가 있으므로 쉬는 땅도 마련하여 땅심을 회복하는 것도 고려한다.

반대로 밭을 모두 사용할 때는 지금 재배하는 채소들 사이에 다음 채소의 씨앗을 뿌리거나 옮겨 심어서 효과적으로 사용한다.

평소 작업은 혼자 하지만 특히 수확은 가족이 도와야 한다. 제초제와 자동 농기계를 사용하지 않겠다는 생각이기 때문에 주1~2회(주로 반나절)는 많은 작업으로 바쁘게 쫓기기 쉬우므로 이용률이 낮아진다.

조금이라도 시간 여유가 있으면 밭을 완전히 다 이용할 수 있으며 잘 손질된 훌륭한 텃밭을 만들고 싶은 바람이다.

더욱이 500m라는 거리는 가까운 듯해도 '부엌에서 0분' 이라고는 할 수 없으므로, 부엌과 가까운 곳에 플랜터재배도 잊지 않고 한다. 이것으로 파슬리·파류·차조기·허브·오크라 등 꽃도 즐길 수 있으며 수확량이 정확해야 하는 것은 여기에서 조달한다.

플랜터재배에서 어려운 점은 여행 중 물주기인데, 이웃의 도움을 받으면 잘 대처할 수 있다.

흙 만들기

좋은 흙의 조건

홑알구조

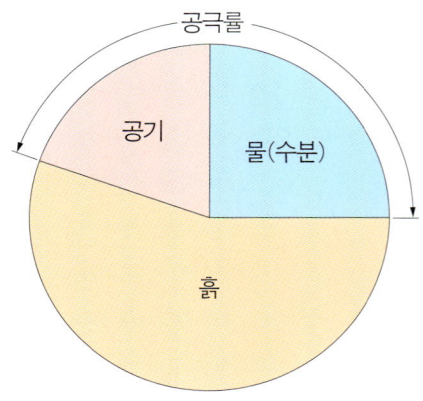

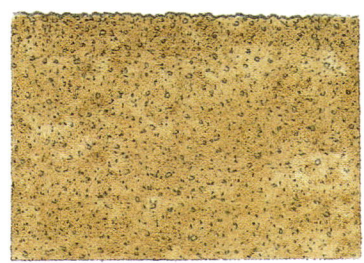

홑알구조의 흙은 공기나 물이 들어갈 틈이 적기 때문에 작물의 뿌리가 잘 뻗지 못한다

떼알구조

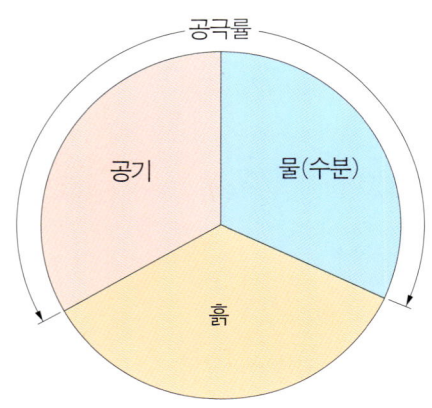

유기질을 넣어 흙을 떼알구조로 만들면 공기나 물을 적당히 함유할 수 있어서 작물이 잘 자란다

흙의 역할

채소한테 흙은 어떤 역할을 할까? 채소는 흙 속에 뿌리를 뻗어 자신의 몸을 지탱하고, 흙 속에서 수분이나 양분을 흡수하여 줄기나 잎 그리고 꽃이나 열매에 보낸다.

채소가 크게 자라기 위해서는 뿌리를 흙 속에 튼튼하게 뻗고, 그 뿌리가 흙 속의 양분과 수분을 충분히 흡수하는 것이 매우 중요하다.

그러기 위한 조건은 다음과 같다.
① 물빠짐과 통기성이 좋을 것
② 보수성이 좋을 것
③ 토양의 산도가 적당할 것
④ 비료성분이 풍부할 것
⑤ 병원균이나 해충이 적을 것

먼저 ①②의 조건, 즉 물빠짐·통기성·보수성을 개량하는 것이 기본인데, 그러기 위해서는 흙의 구조를 알아야 한다.

흙에는 입자 크기가 있어 작은 입자의 점토와 굵은 입자의 모래 비율이 흙에 따라 다르다.

양쪽을 균형 있게 함유한 토양이 채소가 가장 잘 자라는 좋은 흙이다.

흙의 성질은 쉽게 변하지 않는데, 점토와 모래 비율이 같아도 떼알[粒團]구조의 흙은 각각의 입자가 뭉쳐서 큰 알갱이를 이루기 때문에 입단과 입단 사이의 틈에 공기가 들어가 있다. 그러므로 입자가 흩어져 작은 알갱이로 구성된 홑알[單粒]구조의 토양보다 물이 잘 빠지고 토양 속의 산소도

떼알구조를 유지하는 흙 만들기

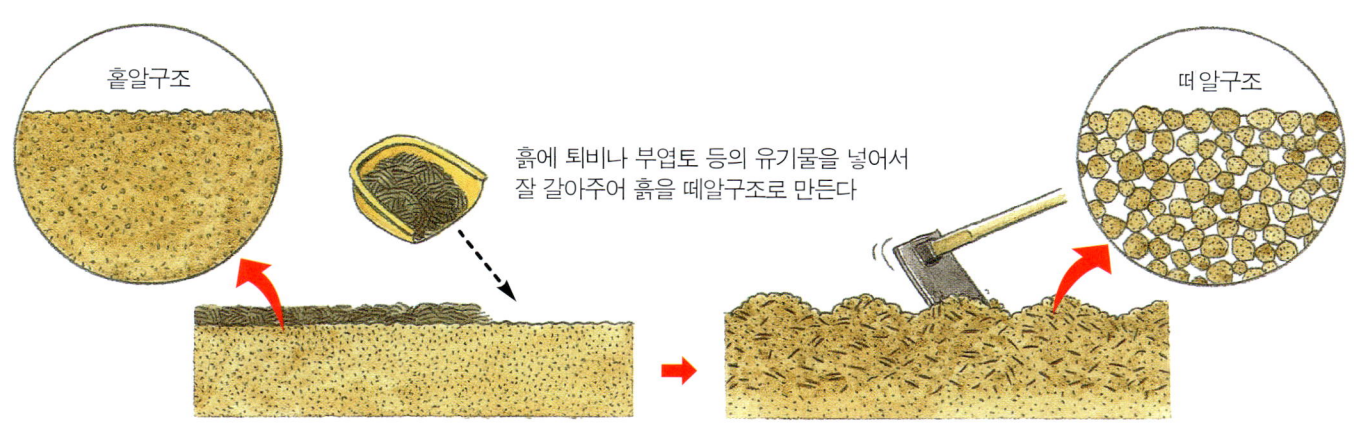

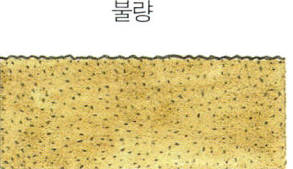

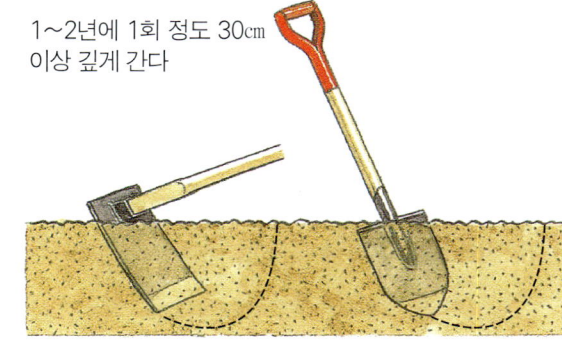

풍부하며 보수력도 뛰어나다는 장점이 있다.

많은 채소가 초본성(草本性)으로 식물체가 유연하게 개량되었으며, 다른 작물에 비해 뿌리가 약하고 산소 요구량이 많다. 또 식물체의 대부분이 수분이어서 건조에도 약하므로 흙을 떼알구조로 만들면 매우 잘 자란다.

입단화를 위해서는 퇴비 또는 유기질 재료(볏짚·소똥·부엽토 등) 등을 충분히 주어야 한다. 그것이 불가능한 경우, 특히 플랜터재배인 경우에는 흙을 개량하기 위하여 피트모스·야자껍질(코코비트 등)이나 펄라이트·버미큘라이트 등을 흙에 섞는다. 겨울 동안 흙을 잘 갈아 엎어 찬바람을 맞혀 풍화시키는 것도 물빠짐, 산소 보급(그 외 병해충 대책)의 수단으로 매우 효과적이다.

밭의 흙은 작업할 때 밟아서 뭉치거나 비를 맞으면 지표면에서의 공기(산소) 유입이 나빠진다.

이에 대한 대책으로 가끔 또는 김매기나 중간갈이를 겸하여 지표면을 괭이 등으로 가볍게 갈아서 통기가 잘되게 해준다.

물빠짐이 나쁜 것도 토양 중의 산소농도를 떨어뜨려서 뿌리썩음병을 일으키거나, 가는 뿌리의 끝이 말라죽어 병원균의 침입 또는 말라죽는 원인이 되기도 한다.

비가 온 후 밭에 물이 고이지 않도록 밭 전체의 울퉁불퉁한 것까지 생각하여 밭의 표면 배수에 유의하고, 주위에 배수구를 만들어 잘 흘러가게 하거나 주변으로부터 물이 유입되지 않게 한다.

밭의 흙 손질법

① 겨울 동안 비어 있을 밭을 손질한다. 우선 석회를 뿌린다
② 밭의 흙에 석회를 고루 잘 갈아 넣는다
③ 밭의 표면은 평평하지 않게 조그만 언덕모양으로 만든다
④ 흙을 풍화시킨다

⑤ 밭을 평평하게 만든다
⑥ 밑거름으로 화학비료와 깻묵을 준다
⑦ 밭 전체에 흩어뿌리는 것이 중요하다
⑧ 화학비료와 깻묵을 흙에 잘 갈아 넣는다

⑨ 끈을 묶어서 줄을 만들어 씨 뿌릴 준비를 한다
⑩ 씨 뿌릴 곳에 물을 충분히 뿌려준다
⑪ 씨를 뿌린다
⑫ 위에 흙을 덮는다

흙을 뒤집는 방법

처음에 파낸 흙을 다시 넣는다

이어짓기장해로 수확이 좋지 않은 밭은 위아래 흙을 뒤집어서 생기를 되찾아준다. 깊이 1m의 구멍을 파서 3회에 나누어 흙을 다시 넣는다

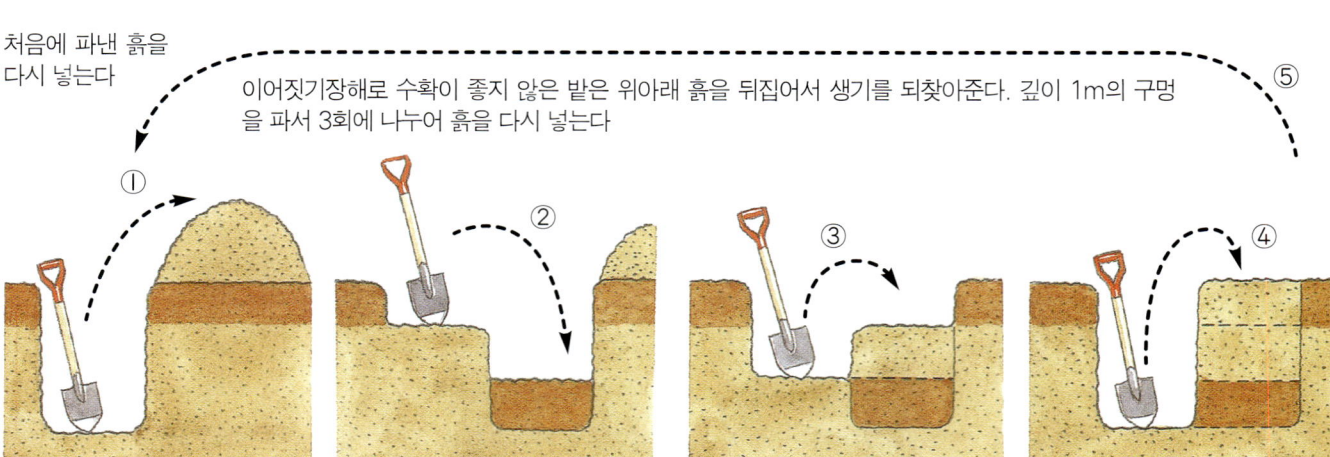

토양의 산도측정과 교정

토양 산도(pH)	산성		약산성		중성		알칼리성		
←	4	4.5	5	5.5	6	6.5	7	7.5	8	8.5	→

pH에 대한 반응	pH 기준	채소
산성에 약하다 (석회분을 좋아한다)	6.0~7.0	시금치·가지·양파·우엉·아스파라거스·생강
산성에 조금 약하다 (석회분을 조금 좋아한다)	5.5~6.5	오이·멜론·토마토·당근·완두·양배추·컬리플라워·셀러리·브로콜리·양상추·순무
산성에 조금 강하다 (석회분을 좋아하지 않는다)	5.5~6.0	고구마·토란·감자·파슬리·옥수수·무
산성에 강하다 (석회분이 거의 필요 없다)	5.0~5.5	수박

pH측정액 사용방법

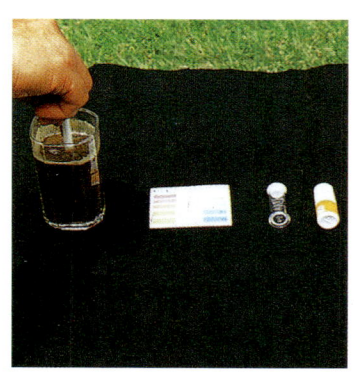

① 컵 용기에 측정할 토양 1에 대해서 물을 2의 비율로 넣어 잘 섞는다

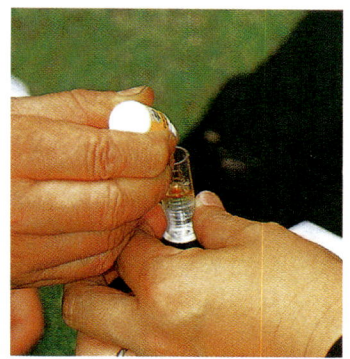

② 가능하면 티끌 등을 제거한 윗물 부분을 시험관에 2.5cc 넣고, 측정액을 3방울 넣어 시험관 마개를 막고 흔든다

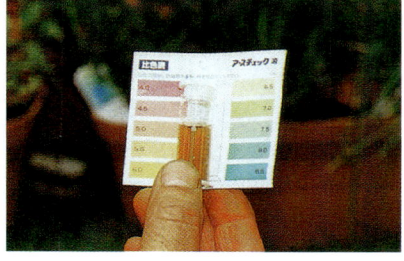

③ 토양 산도(pH)에 따라 색깔이 변하므로 색 비교표로 비교 측정한다. 측정 후 시험관 물을 바로 버리고 시험관은 수돗물로 잘 씻어준다

대부분의 채소는 토양 산도에 민감하게 반응하며, 종류마다 알맞은 산성도가 서로 다르다. 산성도가 맞지 않을 경우에는 생육 불량이나 재배 불능이 되기도 한다.

보통 밭에서 채소를 여러 번 재배하면 ① 채소가 석회를 많이 흡수하고, ② 넣어준 비료에 산성인 것이 많고, ③ 비나 물을 많이 주면 유실이 많아서 산성화되기 쉽다. 따라서 매년 2회 정도 앞 작물을 정리한 휴한기에 밭 전체에 소석회나 고토석회를 흩어뿌려서 갈아두어야 한다.

생육이 나빠서 산성도가 염려되는 경우에는 간단하게 조작할 수 있는 간이 pH측정기를 이용하여 직접 조사한다.

그 결과에 따라 산성이면 석회(알칼리성이면 과인산석회 등)를 사용하여 교정한다. 넣어주는 석회의 양은 토양의 성질에 따라 오른쪽의 표 '산도 교정에 필요한 탄산칼슘의 양'을 기준으로 더하거나 뺀다.

산도 교정에 필요한 탄산칼슘의 양

(1a당 kg)

현재의 pH값	희망하는 pH값		
	5.0	5.5	6.0
4.0	6	9	12
4.5	3	6	9
5.0	0	3	6
5.5	0	0	3
6.0	0	0	0

※ 소석회라면 탄산칼슘 80%의 양, 생석회는 60%의 양

토양의 성질에 따른 탄산칼슘 수정량
① 흙의 색이 옅은 회색~적갈색이며 사질토이면 기준량
② ①과 같더라도 점토질이면 50% 증가
③ 흙이 흑갈색이며 점토질이면 2배의 양

퇴비 만들기

퇴비의 작용과 효과

토지의 생산력을 지력(地力)이라고 한다. 지력이 크면 채소 재배에서 쉽게 좋은 것을 수확할 수 있다. 지력은 채소 재배를 되풀이하면서 소모되므로 이것을 항상 보강해주는 것이 중요하다.

지력과 밀접한 관련이 있는 것이 퇴비다. 퇴비는 동식물체의 몸이 미생물의 작용에 의하여 발효, 분해된 유체다. 이것이 토양을 떼알구조로 만들어 보수성과 물빠짐이 좋아지고, 서서히 효과적으로 균형을 잡으며, 미량의 비료성분이 있어 채소의 생육이 좋아진다. 또 퇴비를 먹이로 하는 미생물 중에는 식물 호르몬을 분비하는 것도 있어 뿌리의 생육을 돕거나, 병원균을 억제하여 병해에 대한 저항성을 갖게 한다.

퇴비 만드는 방법

재료가 되는 볏짚이나 마른 잎, 가축의 분뇨 등 유기질 재료부터 모은다. 유기질에는 미생물의 먹이가 되는 당류·단백질이 함유되어 있으며 이것들을 여러 미생물이 먹고 분해하여 퇴비가 된다. 그러므로 퇴비 만들기의 기본은 퇴비화에 관여하는 이들 미생물이 작용하기 쉬운 조건을 만들어주는 것이다.

그 조건으로서 중요한 것은 물과 공기의 균형, 그리고 미생물의 에너지원으로서의 탄소, 몸을 구성하는 단백질원으로서의 질소이다.

퇴비 만드는 방법은 재료에 물과 질소원(깻묵·황산암모니아·닭똥 등)을 넣어서 적당한 산소량이 되도록 밟아 다지고, 갈아서 뒤집어주어 물과 공기를 보급해주는 것이다.

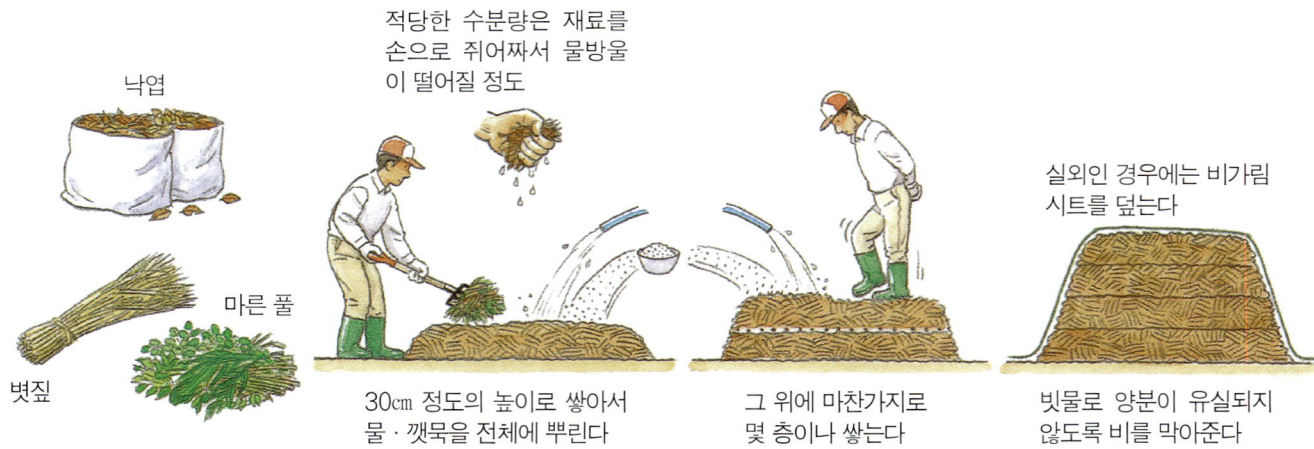

썩어서 거름이 진행되면 갈아엎어서 다시 쌓는다(2~3회). 중심부의 재료를 밖으로, 바깥쪽의 재료를 안쪽으로 쌓는다

발효가 끝나서 푸석푸석하게 다 익으면 완성

간단하게 퇴비 만드는 방법

각종 퇴비화 방법과 유기질 재료의 적합도

	퇴비화 방법	짚	마른 풀	푸른 풀	나뭇가지	낙엽	가정쓰레기	음식물쓰레기	가축분뇨
실외	거푸집 퇴비 쌓기	◎	◎	◎	◎	◎	△	△	△
	그물망퇴비만들기	◎	◎	◎	◎	◎	△	△	△
	음식물처리기	○	○	○	△	○	◎	◎	○
	지중발효방법	○	○	○	△	○	○	◎	◎
	연속퇴비만들기	△	△	△	△	△	○	○	○
베란다	양동이 이용	◎	◎	○	○	○	△	△	△
	망 이용	○	○	○	△	○	△	△	△
	비닐주머니 이용	○	○	○	△	○	△	△	△
	음식물처리기 이용	○	◎	△	○	○	◎	◎	○

◎ 최적 ○ 적당 △ 약간 문제가 있음

(자료: 『도해 베란다·앞마당에서의 간단한 퇴비 만들기』)

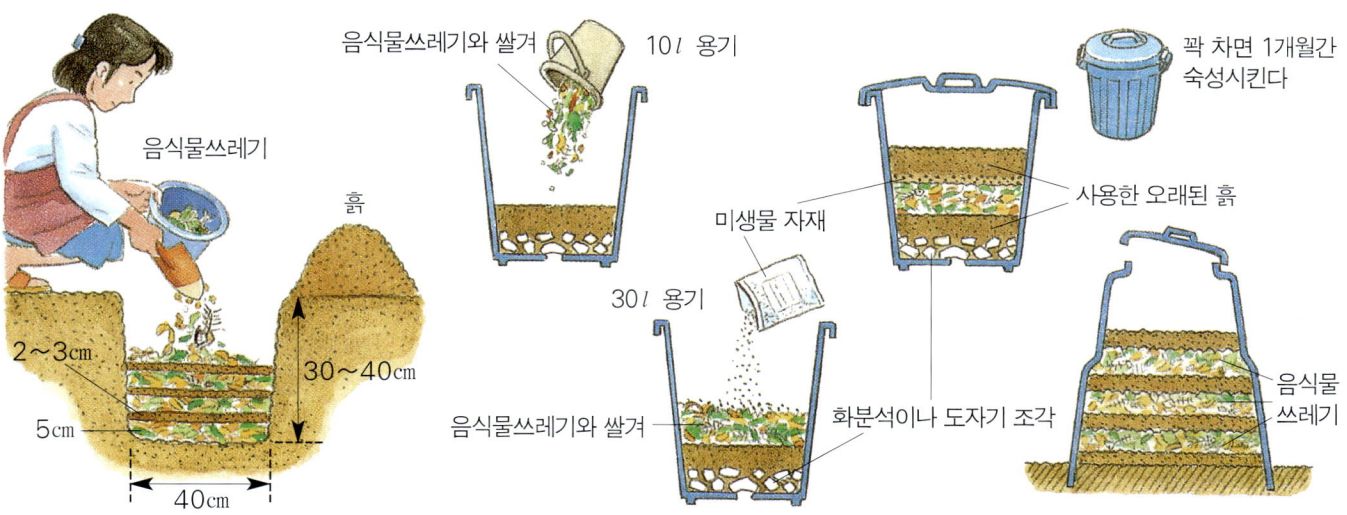

가정의 작은 텃밭에서는 사용하는 퇴비의 양도 적으므로 본격적으로 퇴비를 만들 필요가 없다. 퇴비 만드는 데 필요한 조건만 충족되면 주변에서 아주 간단한 방법으로 충분한 양의 퇴비를 쉽게 만들 수 있다.

재료는 가정이라면 부엌에서 나오는 쓰레기, 꽃꽂이 쓰레기, 정원수의 낙엽이나 가지를 다듬은 부스러기, 뜰의 잡초, 사용한 지 오래된 돗자리, 애완동물의 배설물 등 보통 쓰레기로 버려지는 것이 많이 활용된다. 넓은 밭이 있다면 잡초나 채소 찌꺼기 등을 활용한다.

단, 밭에서 수확한 것 중 병해충 전염의 우려가 있는 것은 사용하지 않도록 주의한다.

가장 간단하게 만드는 방법은 앞마당에 조그만 구멍을 파서 쓰레기류와 소량의 흙을 층층이 샌드위치모양으로 만드는 것이다. 재료는 식물류만 넣는 것보다 동물류를 조금 섞는 쪽이 분해가 잘된다. 앞마당이 없는 경우에는 양동이나 비닐주머니, 망 종류를 용기로 이용한다.

조금 많은 양을 처리하기 위해서는 플라스틱 통모양의 용기를 사용하는 방법이 적당하다. 음식물쓰레기에 쌀겨나 발효를 촉진하는 미생물 재료를 이용하거나, 전동식 기계로 섞어서 분해를 촉진하는 방법도 있다.

실외와 실내, 그리고 주로 사용하는 재료의 성질에 따라 방법이 적합하거나 부적합할 수 있으므로 만들기 전에 충분히 검토해야 한다. 또한 재료에 다량의 염분이나 유지류(油脂類)가 혼합된 것은 사용하지 않는 것이 좋다.

비료

채소재배와 비료의 역할

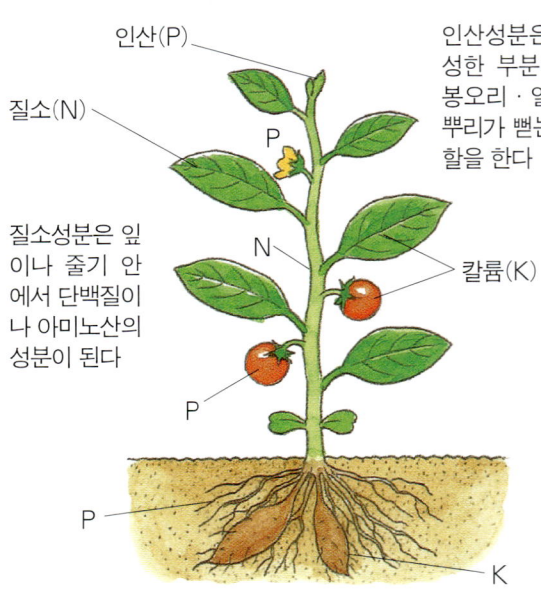

인산(P)

질소(N)

칼륨(K)

질소성분은 잎이나 줄기 안에서 단백질이나 아미노산의 성분이 된다

인산성분은 생장이 왕성한 부분이나 꽃·꽃봉오리·열매에 많고, 뿌리가 뻗는 데도 큰 역할을 한다

칼륨성분은 광합성을 왕성하게 하고 열매달림이나 생육을 좋게 하며, 감자류의 질을 좋게 한다. 또 질소 과다효과를 억제한다

잎줄기채소류 N P K

열매채소류 N P K

뿌리채소류 N P K
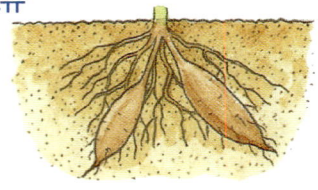

비료로서 필요한 원소

대량 요소	N P K Ca Mg S Fe
미량 요소	Mn Cu B Zn Mo

비료 결핍의 증상과 장해

		건강	결핍
질소 (N)	잎 색이 나빠지고 잎이 작아진다		
인산 (P)	잎에 안토시아닌이 발생, 보라색이 된다		
칼륨 (K)	잎 주변이 황갈색으로 말라죽는다		
칼슘 (Ca)	새로 생긴 어린잎의 끝이 흑색으로 변한다. 열매의 꼭지부분이 흑색으로 변한다(토마토)		
철 (Fe)	어린잎의 초록색이 나타나지 않는다		
붕소 (B)	잎이 무르고, 열매는 점액이 흘러 나와 연화한다(오이)		
몰리브덴 (Mo)	꽃봉오리를 만들지 않는다(컬리플라워)		

식물은 뿌리로 땅 속 양분을 물과 함께 흡수하며, 태양 에너지에 의해 잎이 공기 중에서 흡수한 이산화탄소와 결합한다. 그리고 광합성에 의하여 몸체를 생장시키고, 열매나 씨앗·뿌리·줄기·잎 등에 양분을 저장하여 이들이 커지고 충실해지도록 한다.

채소의 저장기관이 커지도록 개량되어 수확물을 많이 얻을 수 있기 때문에, 토양 속 양분으로는 흡수하는 양을 충족시키지 못하므로 많은 성분을 사람의 손으로 보충해주어야 한다.

비료성분에 따라 채소 내에서의 역할이 다르므로 채소 종류에 따라 보충해야 할 성분의 양도 크게 달라진다.

비료성분이 결핍되면 여러 가지 증상이나 장해가 나타나고, 수확량은 물론 품질도 크게 떨어진다.

비료 종류와 사용방법

비료에는 깻묵·쌀겨 등의 유기질비료와 황산암모니아·과인산석회 등의 무기질비료가 있다. 또 무기질비료 중에는 여러 성분을 합한 화학비료 같은 복합비료가 있다. 이밖에 물을 줄 때 사용하는 여러 가지 성분의 액체비료도 있다.

가정 텃밭에서는 깻묵과 여러 가지 성분을 함유한 화학비료를 혼합하여 사용하는 것이 가장 적당하다. 화학비료에도 3요소(질소·인산·칼륨)의 균형이나 성분 함량, 비료 효과의 지속성 등이 다른 제품이 많은데, 일반적으로 질소·인산·칼륨 함량이 같은 10:10:10 정도가 사용하기 좋다.

비료는 표준량의 1/2~1/3을 밑거름으로 하여 씨뿌리기나 모내기 전에, 웃거름 때에는 줄 수 없는 뿌리 아래쪽을 중심으로 주고, 나중에는 뿌리가 뻗어 나가는 끝부분에 준다.

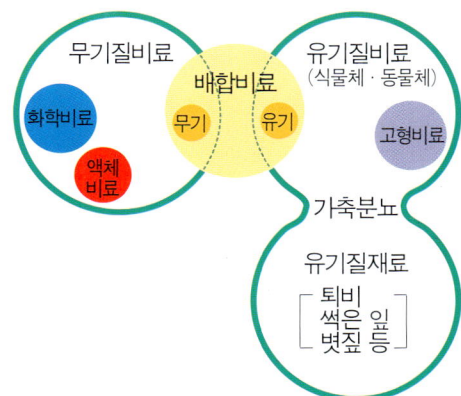

여러 가지 비료

비료 종류와 성분비

분류		비료명	산성도	지속성	성분(%)			용도
					질소	인산	칼륨	
무기질비료	질소비료	황산암모니아	산성	빠름	21	—	—	밑거름·웃거름
		요소	중성	빠름	46	—	—	웃거름에 최적
		석회질소	알칼리성	중간	21	—	—	밑거름
		질산암모니아	산성	빠름	33	—	—	웃거름
	인산비료	과인산석회	산성	빠름	—	17	—	밑거름·웃거름
		용성인비	알칼리성	느림	—	20	—	밑거름
	칼륨비료	황산칼륨	산성	빠름	—	—	50	밑거름·웃거름
		염화칼륨	산성	빠름	—	—	50	밑거름·웃거름
		재거름	알칼리성	빠름	—	3	6	밑거름·웃거름
	석회질비료	고토석회	알칼리성	느림	—	—	—	밑거름
		탄산석회	알칼리성	느림	—	—	—	밑거름
	복합비료	화학비료	중~산성	빠름	각		종	밑거름·웃거름
		하이포넥스	중성	빠름	6.5	6	19	웃거름
유기무기		고형비료	중~산성	약간 빠름	6	4	3	밑거름·웃거름
		배합비료	산~중성	빠름	6	6	4	밑거름·웃거름
유기질비료		깻묵	중성	느림	5	2	1	밑거름·웃거름
		닭똥	중성	약간 빠름	4	2	1	밑거름
		쌀겨	중성	느림	2	4	1	밑거름
		뼛가루	중성	느림	4	20	1	밑거름
		어박	중성	느림	8	3	1	밑거름
		소똥	중성	느림	0.3	0.2	0.1	밑거름
		퇴비	중성	느림	1	0.5	1	밑거름
액체비료		하이포넥스		빠름	각		종	웃거름
		론플라워		빠름	각		종	웃거름
		마감프		빠름	각		종	웃거름
		복합액체비료		빠름	2.16			웃거름

모종의 선택방법과 사용방법

좋은 모종을 선택하는 방법

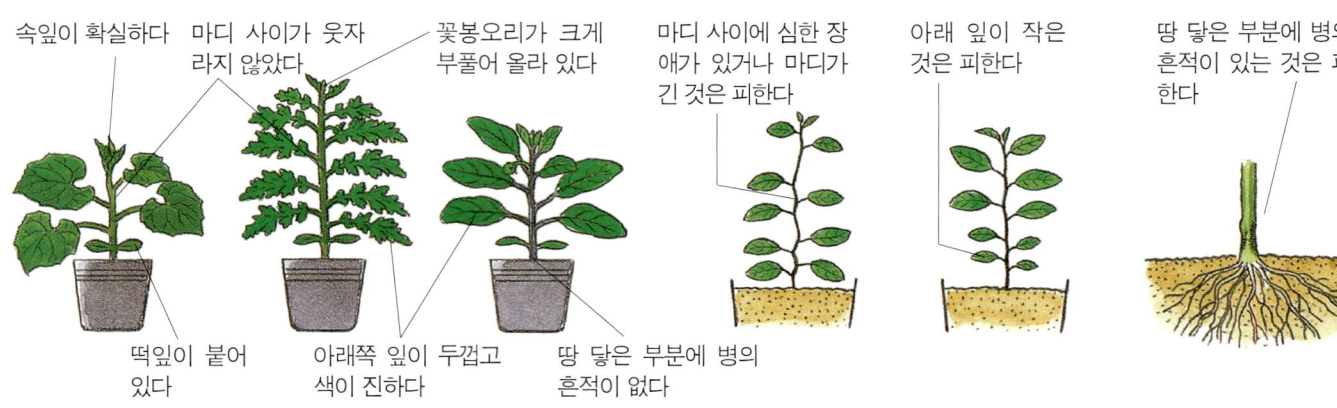

- 속잎이 확실하다
- 마디 사이가 웃자라지 않았다
- 꽃봉오리가 크게 부풀어 올라 있다
- 마디 사이에 심한 장애가 있거나 마디가 긴 것은 피한다
- 아래 잎이 작은 것은 피한다
- 땅 닿은 부분에 병의 흔적이 있는 것은 피한다
- 떡잎이 붙어 있다
- 아래쪽 잎이 두껍고 색이 진하다
- 땅 닿은 부분에 병의 흔적이 없다

모종의 마무리

토마토·가지·피망 등은 옮겨심기 적기보다 훨씬 이른 것을 작은 모종이나 작은 화분으로 판매하는 것이 많다. 화분에서 빼내어 큰 비닐포트로 옮기고 흙을 보충하여 따뜻한 곳에 두며 밤에는 비닐로 보온한다

정성들여 물을 주고 잎의 색이 나빠지면 액체비료를 주어 10일 정도 키운다

충분히 따뜻해지고 모종도 크게 자랐다면 밭에 옮겨 심는다

　가정에서는 모종 만들기가 어려운 채소를 원예점에서 모종을 구입하여 재배하는 경우가 많다. 특히 열매채소류처럼 높은 온도를 좋아하는 것은 이른 시기에 모종을 기르려면 70~80일간 보온 또는 가온하지 않으면 안 되어 많은 설비와 관리 노력이 필요하므로 유통되는 모종을 구입하여 재배하는 것이 유리하다.

　열매채소류는 모종일 때 앞으로 열매가 될 중요한 꽃눈이 많이 만들어지므로 모종이 좋고 나쁨에 따라 품질이나 수확량이 크게 좌우된다. 그 때문에 좋은 모종 구분방법을 잘 알아두어 정확히 확인하고 구입하는 것이 중요하다.

　또 일반 노지재배인 경우에는 충분히 따뜻해진 후에 옮겨 심는 것이 성공의 첫걸음인데, 최근에는 아주 빨라지는 경향이 있어 적기보다 15일 이상 전부터 모종이 상점에 진열되고 있다. 상점에 나와 있는 모종도 모종을 기르는 비용 때문에 덜 자라 작고, 또한 포기간격이 좁아서 연약한 것이 많다. 이런 미숙 모종을 일찍 옮겨 심으면 좋은 결과를 얻을 수 없다. 그래서 이런 모종을 구입하면 집에 가져와 큰 화분에 옮겨 심고, 충분히 모종을 길러서 마무리한 후에 밭에 옮겨 심어야 한다. 그러면 10일 정도 지나면 모종이 몰라볼 정도로 건강하게 커진다. 또 밭에 심은 후에도 생육이 순조로워서 좋은 열매를 많이 수확할 수 있다.

씨앗을 판단하는 주요사항

채종일을 보고 씨앗의 유효기간을 확인한다. 가능하면 지난해에 받은 것을 이용하여 발아율을 높인다

씨앗 보관방법

좋은 씨앗의 조건은 먼저 그 채소·품종 고유의 유전적 특성이 있는 것이다.

예를 들어, 품종을 잘 선정했어도 씨앗을 받을 때 다른 품종과 교잡하거나 취급 도중에 다른 씨앗과 섞이면 신경 써서 고른 노력이 소용없기 때문이다.

다음으로 매우 충실하여 발아율이 높은 것이다. 씨앗의 수명은 짧은 것이 1년(양파·파 등), 긴 것이 2~3년(콩류·박류 등)이다. 이것은 자연상태인 경우인데, 최근에는 종묘회사의 저장시설이 좋아서 발아력이 몇 년씩 유지된다. 그러나 원래 열매가 충실하지 않거나 발아가 약한 것도 있으므로 발아율이 어느 정도 보증되는지는 매우 중요한 조건이다.

또 병해충에 감염되어 있거나 불순물이 섞여 있지 않은 것이 중요하다.

판매하는 씨앗은 봉지에 들어 있어 볼 수 없으므로 일반적으로 씨앗봉지 뒷면에 적혀 있는 모든 사항으로 판단할 수밖에 없다. 잘 읽고 신용할 수 있는 것을 구입한다. 특히 발아가 불량하거나 고르지 않아서 실패한 경우에는 회사이름을 알아두었다가 다음 구매할 때 참고한다.

가정에서는 보통 씨앗의 양이 적어도 충분하므로 한 봉지를 구입하면 남는 것이 많다. 또 경우에 따라서는 쉽게 구할 수 없는 귀한 것도 있다. 이처럼 남은 씨앗은 빈 통을 이용하여 건조상태로 보관한다. 이렇게 보관한 씨앗은 용기 밖으로 꺼내면 발아력이 점점 떨어지므로 씨 뿌리는 날 꺼내도록 주의한다.

씨뿌리기 · 옮겨심기

줄뿌리기

괭이로 골을 만들어 골 전체에 씨앗을 뿌리는 방법이다. 시금치 · 소송채 · 쑥갓 · 작은순무 등의 작은 잎 · 뿌리채소류 등에 주로 이용한다.

또 좁은 밭을 쓸모있게 이용하기 위하여 두둑재배나 플랜터재배에서는 널빤지 등으로 1~2cm의 좁은 폭의 골을 만들어 씨앗을 뿌린다. 이것도 줄뿌림의 한 방법이다.

파종골의 바닥을 평평하게 만들고, 씨앗은 깊거나 얕지 않게 뿌리는 것이 잘 발아시키는 요령이다.

줄뿌리기 방법(예 : 시금치)

① 널빤지 등으로 파종골을 만든다

② 골을 따라 씨를 뿌린다

③ 골 양쪽의 흙을 덮는다

④ 널빤지 등을 사용하여 표면을 평평하게 고른다

점뿌리기

괭이나 모종삽 등으로 조그만 골 또는 구멍을 만들어 포기간격을 일정하게 두고 3~5개 정도씩 점점이 씨를 뿌리는 방법이다. 씨앗이 비교적 크고 한 포기 한 포기가 크게 자라는 콩류 · 옥수수 등에 이용한다.

무는 주스병 등의 병바닥으로 눌러서 원모양의 조그만 골을 만들어 원형으로 씨앗을 뿌리는 변형된 방법을 사용한다.

그렇게 하면 발아하고 난 후 솎아내기가 쉬워져 매우 편리하다. 근처의 흙을 발로 구멍을 묻듯이 덮어준다.

점뿌리기 방법

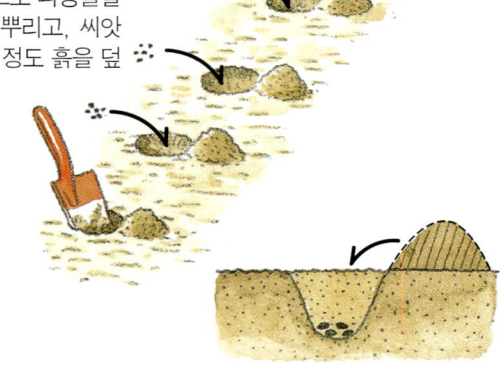

괭이나 모종삽으로 파종골을 만들어서 씨를 뿌리고, 씨앗 두께의 3~5배 정도 흙을 덮는다(콩류 등)

흩뿌리기

두둑을 만들어서 표면을 널빤지 등으로 주의 깊게 고르고, 전체에 깊거나 얕지 않게 씨앗을 흩날리듯이 뿌리는 방법이다. 작물을 작고 촘촘하게 기르는 것이 효과적인 소형 잎양상추나 싹 차조기, 양파의 모판 등은 이 방법을 이용한다.

씨앗은 조금씩 손가락 끝으로 비비듯이 흩어뿌리면서 구석구석 빠짐없이 뿌리는 것이 요령이다. 흙은 체를 이용하여 씨앗이 보이지 않을 정도로만 고르게 덮어주는 것이 중요하다.

흩뿌리기 방법(예 : 양파)

① 씨앗에 석회를 바른다

② 씨앗을 구석구석(주변에는 조금 두텁게) 뿌린다

③ 체로 씨앗이 보이지 않을 정도로 흙을 덮는다

④ 널빤지 등으로 표면을 위에서 누른다

모기르기 방법

열매채소류의 모기르기

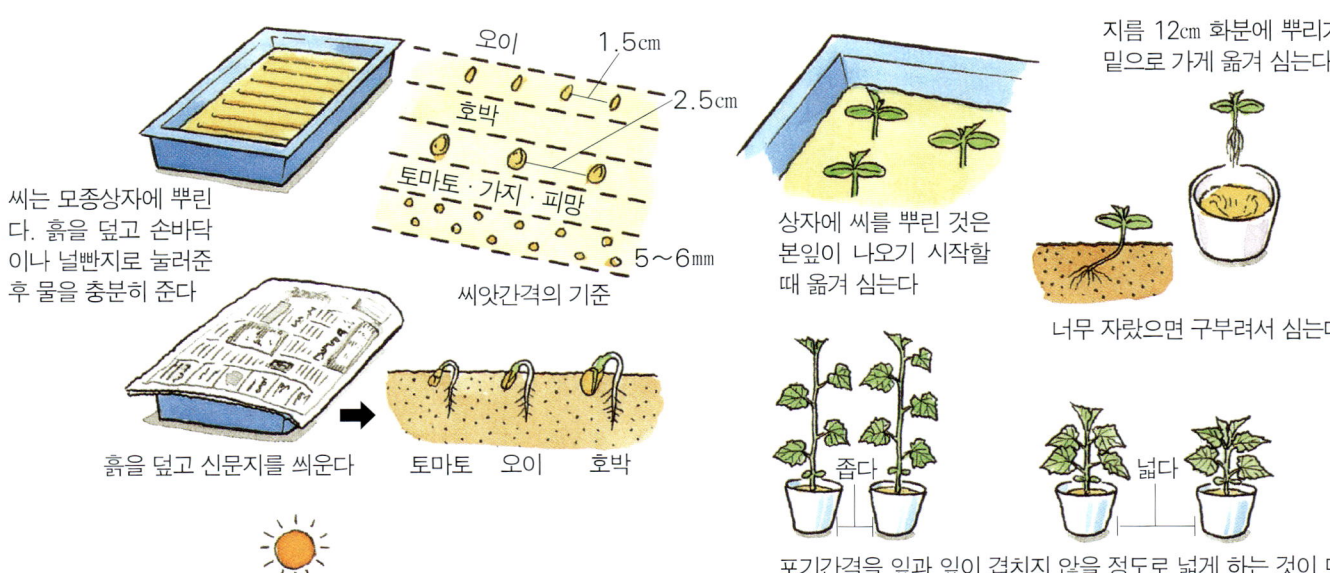

씨앗이 크고 성장이 빠른 것은 3~4호 비닐포트에 직접 씨앗을 3~4개 심어서 옮겨 심지 않고 그대로 모종으로 키우는 간단한 방법도 있다. 봄의 모기르기에서는 온도를 높이거나 보온하여 적당한 온도를 확보하는 것이 중요하다. 꽃이 피기 시작할 정도까지 크게 기른다.

잎줄기채소류의 모기르기

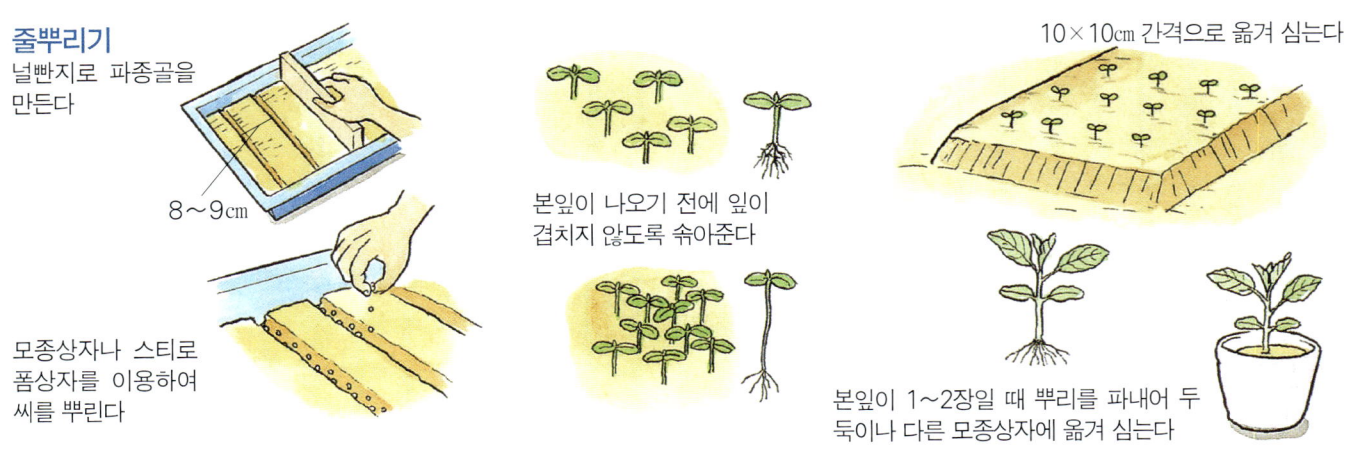

성장이 비교적 빠르므로 늦지 않게 솎아내며, 웃자라지 않게 하는 것이 중요하다.

포기 수가 적어도 괜찮으면 열매채소와 마찬가지로 비닐포트에 직접 씨를 뿌려도 좋다. 피트모스를 압축한 지피포트를 이용하는 간단한 방법도 있다. 물을 주는 것만으로 쉽게 기를 수 있다.

모기르기(예: 양파)

① 흙을 고른 다음 비료를 갈아서 주고, 씨앗은 수분을 충분히 함유하게 한다

② 씨앗을 뿌리고 씨앗이 보이지 않을 정도로 완숙퇴비를 두둑 전체에 뿌린다

③ 발아할 때까지 천을 덮어두어 항상 습한 상태로 한다

④ 키가 5~6cm 정도일 때 빽빽한 곳을 솎는다

⑤ 솎아내고 화학비료를 조금 흩어뿌린다

⑥ 골을 만들어서 퇴비와 화학비료·과인산석회 등을 넣고 흙을 덮는다

⑦ 같은 간격으로 모종을 옮겨 심는다

⑧ 모종을 가지런히 심은 후에 흙을 덮는다

⑨ 괭이를 사용하여 흙을 덮는다

⑩ 발로 밟아서 다진다

모종 옮겨심기

옮겨 심는 날은 가능하면 바람이 없는 좋은 날을 택하며, 모판 또는 화분에 물을 충분히 주어서 모종을 쉽게 뽑을 수 있도록 해둔다. 모종은 가능하면 뿌리가 끊어지지 않게 조심스럽게 빼내어 뿌리흙이 부서지지 않게 옮겨 심는다.

심는 구멍의 깊이, 흙을 덮는 높이에 주의한다. 접목묘는 접목 부위가 되도록 땅 위에 나오도록 한다. 이 부분이 흙에 너무 가까우면 나중에 접수(접붙인 나무)에서 뿌리가 나와 접목의 효과가 없어지므로 주의한다.

열매채소류

옮겨심기 요령
화분 흙 위에 겨우 흙을 덮고, 포기 밑이 약간 소복하게 올라올 정도로 심는다. 흙을 너무 많이 덮거나 깊이 심는 것은 금물. 옮겨 심고 포기 밑을 손으로 눌러주어 흙을 다진다.

옮겨 심을 때 주의점
말라 있으면 옮겨심기 전에 물을 충분히 준다

퇴비

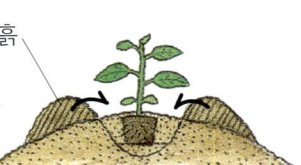

덮을 흙

심을 구멍을 적당한 깊이로 조절한 후에 모종을 넣는다. 심은 후에도 물을 준다

잎줄기채소류

잎줄기채소류(결구하는 것)
옮겨 심고 포기의 흙이 다져지도록 손바닥으로 가볍게 눌러준다

첫 번째 물주기는 포기 주위에 간단하게 둥근 골을 만들어서 준다

포기나누기

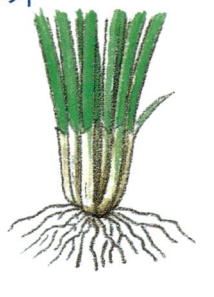
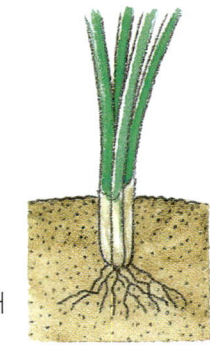

부추는 포기를 나누어 3~4줄기 심는다

파류
양파는 초록색 잎부분에 흙을 덮지 않고 약간 얕게 심는다

대파는 30cm 내외의 골에 세워서 심는다

골 안에는 퇴비나 자른 풀을 넣는다

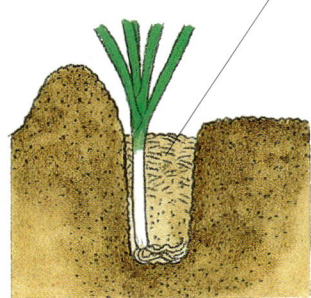

3~4cm

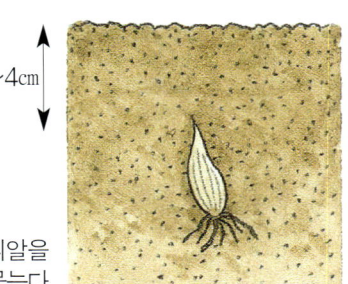

염교는 씨알을 땅 속에 묻는다

물주기

채소의 물 흡수량

맑은 날과 흐린 날의 흡수량은 6~8배나 차이가 난다

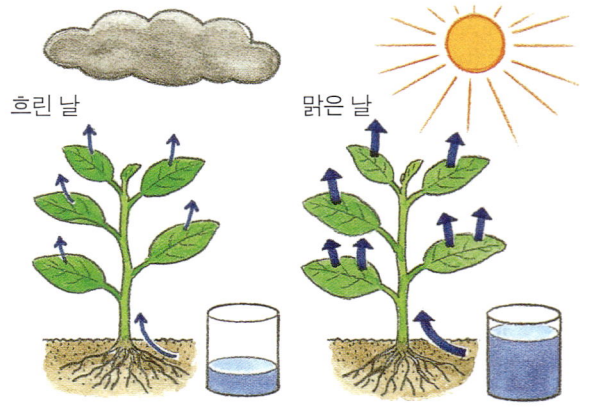

채소의 물 주는 양

지하수에서 물이 공급되는 밭재배와 뿌려준 물의 유실이 많은 상자재배는 물을 주는 양이 많이 다르다

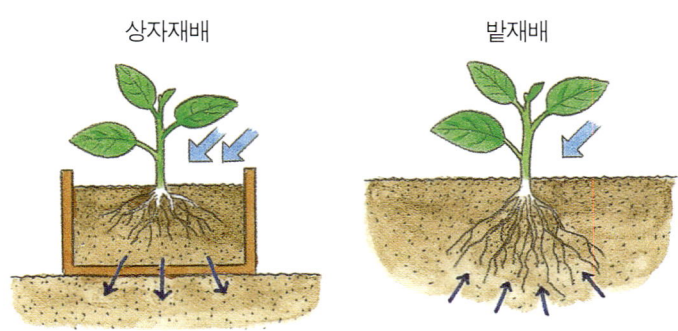

채소의 물 흡수량

	종류	흡수량(cc)
생육 초기	오이 토마토 피망 양상추 셀러리	100~200 50~150 50~100 20~40 50~100
생육 왕성기	오이 토마토 피망 양상추 셀러리	2,000~3,000 1,500~2,500 1,500~2,000 100~200 300~500

옮겨 심은 직후는 뿌리흙의 주변조건이 그때까지와는 많이 달라진다. 일시적으로 흡수 부족이 되므로 그것을 보충하기 위하여, 또는 뿌리와 흙을 밀착시키고 흙을 다지기 위하여 물을 준다. 그 후에는 뿌리가 활발히 활동하면 당연히 물 필요량이 늘어나므로 그에 맞춰서 물을 주지 않으면 안 된다. 물을 주는 양은 기후나 비가 오는 것에 따라 달라지므로 기후와 작물, 그리고 물 공급방식의 변화를 잘 연구하면서 주는 것이 중요하다.

플랜터나 스티로폼상자는 밭과 달리 지하수의 흡수를 전혀 기대할 수 없으므로 물주기에 대한 의존도가 매우 높다. 비닐필름으로 씌우면 지표면의 증발을 억제하므로 물을 주는 양을 최대한 줄일 수 있다.

씨뿌리기 전 물주기
골 전체에 널리 퍼지게 물을 준다

옮겨심기 후 물주기
포기 주위에 원형으로 물을 준다

비닐멀칭
밭 두둑내의 건조도 막는다

거름주기

거름주기란

밑거름은 웃거름으로 보충이 안 되는 곳에

웃거름은 뿌리 끝 부근에 주는 것이 가장 좋다. 골모양에 줄 경우 골을 팠을 때 뿌리가 조금 보이는 정도가 좋다

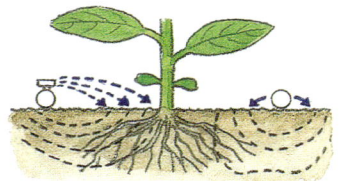
액체비료인 웃거름은 물주기를 겸하여 밑동 가까이에 준다

뿌리가 깊게 뻗는 채소는 깊게

뿌리가 얕게 뻗는 채소는 얕고 넓게

포기 사이에 밑거름을 준다 / 나쁜 예

뿌리가 깊게 뻗고 그 뿌리를 수확하는 무·마 등은 비료를 뿌리 바로 밑에 주지 않는다

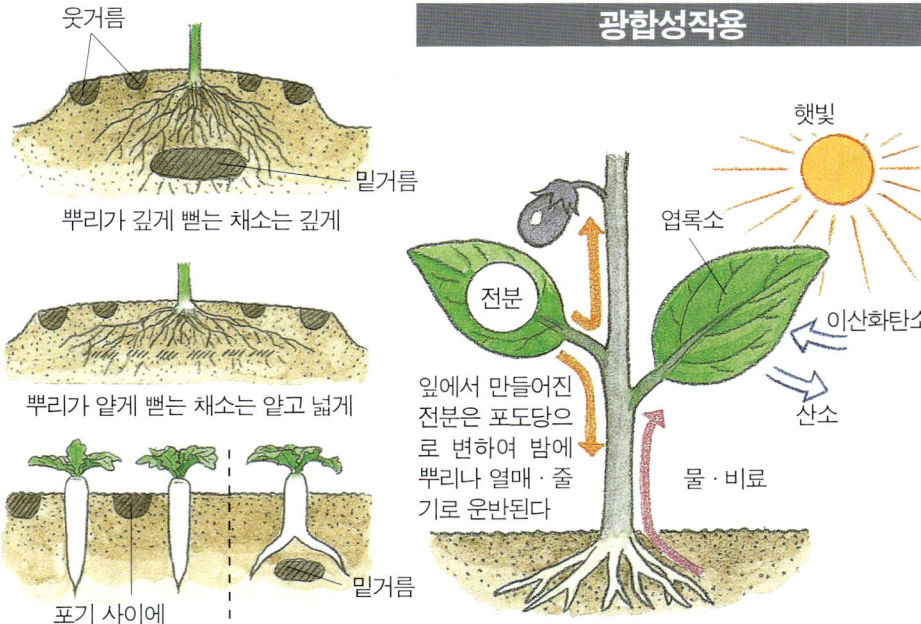

태양 에너지를 받은 엽록소의 활동으로 물·비료영양과 이산화탄소를 결합시키고 잎 속에서 전분을 합성한다

채소의 생육에 중요한 광합성작용을 순조롭게 하기 위해서는 뿌리에 비료영양을 충분히 공급하여 뿌리가 영양을 잘 흡수하게 한다. 비료영양이 부족하지 않게 공급하는 것과 같은 땅 속 부분에 관한 모든 관리를 '거름 주어 가꾸기'라고 하는데, 이것은 하나의 식물체를 적정상태로 유지하는 작물관리와 함께 채소재배에서 매우 중요하다.

비료를 주는 방법으로, 밑거름은 가능하면 옮겨심기 전에 빨리 주어 옮겨 심어서(또는 씨뿌리기 발아) 바로 비료를 흡수할 수 있게 하고, 웃거름으로는 닿지 않는 뿌리의 아래쪽에 묻어주어야 한다. 또 양질의 퇴비를 충분히 주어서 토양의 물빠짐·보수성·통기성을 좋게 하고 뿌리가 뻗기 쉬운 토양조건을 만드는 것도 중요하다.

채소가 생육함에 따라 비료의 흡수도 많아진다. 따라서 생육에 맞춰 비료가 부족하지 않게 웃거름을 주어야 한다. 웃거름은 채소가 흡수하는 것 외에 비나 물주기로 유실되기도 하므로 이것을 보충하는 의미도 있다.

웃거름을 주는 요령은 적정량의 비료를 뿌리가 바로 흡수하기 쉬운 곳에 주는 것이다.

비료, 특히 웃거름에 사용하는 많은 속효성 비료는 토양 표면에 흩뿌리기만을 하면 비 때문에 유실되거나, 심한 건조로 잘 용해가 안 되어 채소 뿌리에 흡수되기 어려우므로 비료효과가 충분히 나타나지 않는다. 두둑 옆쪽에 괭이로 간단하게 골을 만들어서 비료를 주고 흙을 덮는 것이 가장 좋다.

뿌리와 너무 떨어져도 바로 흡수되지 못하며, 반대로 너무 가까워도 뿌리에 장해가 일어나기 쉬우므로 미리 뿌리가 뻗어 있는 곳을 확인하고, 뿌리 끝에서 3~5㎝ 떨어져 바로 흡수하기 쉬운 곳에 준다.

웃거름 · 중간갈이 · 북주기

웃거름(예 : 써니양상추)

① 두둑의 한쪽에 간단하게 골을 만든다

② 골에 화학비료를 준다

③ 골에 흙을 다시 덮는다

북주기(예 : 파)

① 화학비료를 흩어뿌린다

② 비료를 흙과 섞으면서 북주기한다

③ 생장에 맞추어 웃거름을 준다

④ 비료를 주고 난 후 두둑을 따라 흙을 가볍게 섞어준다

⑤ 마지막에 조심스럽게 손으로 흙을 눌러 준다

토마토·가지 등의 열매채소류는 열매가 비대해지면서부터 웃거름을 준다. 바닥덮기를 한 경우에는 두둑 끝의 바닥덮기한 것을 벗겨 보면 뿌리가 어느 주변까지 뻗어 있는지 알 수 있으므로 그 끝 부근에 간단하게 골을 만들어서 비료를 흩어뿌리며, 바닥덮기 자재를 덮고 바로 흙을 올려서 눌러둔다.

생육이 왕성해지면 두둑 밖에까지 뿌리가 뻗어 나오므로 두둑의 통로에 비료를 흩어뿌리고, 발로 밟아 다져진 흙을 가볍게 괭이질하면서 비료를 흙과 섞어 넣는다.

줄모양으로 점뿌림하여 재배하는 옥수수·강낭콩·무 등은 작물의 줄 한쪽에 괭이로 골을 파서 비료를 뿌리고, 통로의 흙을 갈아서 비료와 섞어 골에 다시 넣는다.

씨앗을 두둑에 흩어뿌려서 모종을 기르는 양파·파 등은 잎이 통모양으로 서 있기 때문에, 잎 위에서 알갱이모양의 화학비료를 흩어뿌려도 잎에 붙지 않고 지면의 포기 사이로 떨어진다. 그러므로 모종 위에서 두둑 전체에 뿌리듯이 웃거름을 준다.

그대로 두면 비료가 건조한 상태로 있어 비료 효과가 나타나지 않거나, 반대로 비가 내려서 유실되기 쉬우므로 통로의 흙을 체로 쳐서 덮는다. 흙은 비료가 보이지 않을 정도로 덮는다.

대파처럼 흙을 북주기하여 연백하는 것은 웃거름과 북주기를 동시에 하는 것이 작업하기 쉽고 생육면에서도 합리적이다. 이 경우에 비료를 주는 것은 전반기에, 북주기는 후반기에 중점을 둔다.

지주세우기·유인

① 지주를 비스듬하게 기울여서 골에 꽂아 넣는다

② 반대쪽 골에도 지주를 비스듬히 기울여 세워 먼저 세운 지주와 교차하게 꽂는다

③ 지주와 지주가 교차해서 만나는 부분에 가로지주를 걸친다

④ 두둑 끝의 지주와 군데군데에 비스듬하게 지지대를 박는다

⑤ 지주가 만나는 부분을 확실하게 교차시켜 튼튼하게 만든다

⑥ 가로로 걸친 지주를 비닐끈 등으로 잡아 묶는다

⑦ 지주가 만나는 부분은 특히 단단히 끈으로 묶는다

⑧ 튼튼하게 고정된 지주

⑨ 옆에서 볼 때 지주가 완전히 줄지어 있는 것이 이상적

채소는 일반적으로 그 크기에 비해 줄기나 덩굴이 약한 것이 많고, 키가 큰 것은 바람에 꺾이거나 잎이 서로 스치기 쉽다. 그 때문에 휘둘리거나 덩굴이 더러워지지 않도록 지주를 세워서 유인해줄 필요가 있다. 지주의 재료는 대나무나 말뚝, 플라스틱을 입힌 색깔 있는 동파이프 등을 이용한다.

지주를 세우는 방법은 직립식·합장식·교차식 등이 있다. 직립식은 바람에 약하고, 보강하는 데 의외로 많은 재료가 들어가며 또 작업하는 데 손이 많이 가므로 1열로 세우는 경우로 한정되고, 보통은 2열로 심어서 합장식으로 하는 것이 합리적이다. 비스듬하게 지지대를 넣어서 지주가 만나는 합장부위를 단단하게 끈으로 묶는 것이 요령이다. 교차식은 키가 작은 작물에 이용한다.

지주를 세우는 것만으로는 줄기나 덩굴이 감기지 않는 작물이 많으므로 지주로 유인하여 균형 있게 배치해주어야 한다. 유인하는 경우에는 비닐끈이나 끈·짚 등을 이용하는데, 철사를 넣은 플라스틱제품의 유인 전용자재가 있으므로 이것을 이용하면 편리하다.

토마토나 가지처럼 생육하면서 줄기가 굵어지는 것은 줄기를 지주에 직접 묶어주는 것이 아니고, 줄기와 지주를 끈으로 이어주어 줄기와 지주 사이에 틈을 만들어주어야 한다. 또 오이나 강낭콩·꼬투리완두 등 곁가지가 잘 뻗는 것은 가로로 2~3단 비닐끈을 매서 덩굴을 걸치듯이 하여 덩굴이 늘어지지 않게 한다.

유인

① 토마토는 첫 번째 열매가 굵어지기 시작할 때 유인한다

② 줄기가 굵어지기에 충분한 여유 공간을 두고 유인한다

③ 오이는 덩굴이 뻗기 전에 확실히 유인한다

솎아내기 · 가지고르기 · 잎따기

솎아내기

① 순무 밀집해 있는 곳을 솎아낸다

② 솎을 때는 남은 포기가 상하지 않게 살짝 뽑는다

③ 주변의 포기와 잎이 겹치지 않을 정도로 거리를 둔다

④ 솎은 후에 웃거름을 주고 가볍게 포기 밑에 흙을 모아준다

솎아내는 시기를 판단

솎아내기는 몇 번에 나누어 한다. 1회째는 떡잎이 벌어져 잎이 빽빽할 때 한다. 2회째는 본잎이 2~3장일 때 한다. 그 후 생장에 따라 수시로 해준다. 모양이 나쁜 것이나 병해충에 감염된 것은 솎아낸다

① 시금치 1회째 솎아준 후 더 생장하여 솎아내기가 필요한 포기

② 포기와 포기 간격을 생각하면서 솎아낸다

③ 완전히 솎아내면 일조나 통기가 좋아지고 양분을 골고루 흡수할 수 있다

④ 솎아내고 웃거름을 준다

밭에 직접 씨를 뿌리거나, 모종을 기르려고 모종상자에 줄뿌림한 경우에는 상당히 두텁게 씨가 뿌려져 있으므로 보통 발아했을 때 매우 빽빽한 상태가 된다.

작을 때는 빽빽한 것이 함께 자란 현상(공존)으로 서로 보호해주므로 잘 자란다. 1포기가 고립되어 있으면 환경의 영향을 직접적으로 받으므로 스트레스가 많아서 잘 자라지 못한다.

그러나 빽빽한 채로 두면 곧 서로 방해(경쟁)하여 연약하게 웃자라므로 늦지 않게 솎아주어야 한다. 솎아내기는 한번에 끝나는 것이 아니라 생육에 맞추어 2~3회로 나누어 한다.

솎아낼 때는 주변에 있는 포기와 잎이 겹치지 않을 정도로 포기 사이를 벌린다.

가지고르기 · 잎따기

① 7월 중순이 지나면 지치거나 병해충으로 포기가 약해진다

② 작물의 키를 50~60cm 정도로 잘라준다

③ 웃거름을 준다

④ 짚을 깔아주어 더위를 피하고 보습 대책을 세운다

⑤ 잘라주고 1개월 후 힘을 회복한 가지

⑥ 가지 수확

열매채소류에서는 가지가 복잡하지 않게 하여 효율적으로 열매가 달리게 하는 가지고르기가 매우 중요하다. 가지를 치는 위치와 줄기 수를 결정하여 균형 있게 배치해야 한다. 원하는 마디에서 튼튼한 곁가지가 나오려면 근본 가지의 끝을 일찍 순지르기해야 한다.

순지르기는 가지고르기와 함께 하는 작물관리다. 노화하거나 병해충에 감염된 잎을 따내고 새잎의 역할을 촉진시키는 잎따기도 때로는 필요하다.

가지 작물의 갱신전정(更新剪定, 고침다듬질)은 쇠약한 작물을 다시 건강하게 만들기 위한 방법이다.

추위막이 · 더위막이 · 바람막이

추위막이

그물망 터널

한랭사를 씌우면 성장이 약간 늦어지지만 물을 위에서 줄 수 있다. 또 온도가 올라가도 증발하지 않는다

전체피복

부직포 등을 직접 잎 위에 씌운다

비닐터널

터널용 피복필름은 폴리에틸렌보다 보온력이 높은 비닐을 많이 이용한다. 따뜻한 지역이나 저온성 채소라면 폴리에틸렌도 괜찮다.

갈대발 덮개

북쪽에 반 지붕식의 서리 막는 덮개를 씌운다. 태양의 고도에 따라 각도를 바꾼다

비닐터널 만드는 방법

① 대나무나 플라스틱 등의 자재를 골에 같은 간격으로 꽂아 넣는다

② 꽂은 자재의 나머지 한쪽을 구부려서 두둑 건너편의 골에 꽂아 넣는다

③ 두둑에 자재를 설치한 모양

④ 비닐 끝을 흙 속에 묻어 고정한다

⑤ 터널용 피복필름을 자재 위에 덮는다

⑥ 씌운 비닐필름의 양옆도 흙으로 덮어 고정시킨다

⑦ 비닐터널 완성

가장 간단한 것은 한랭사나 부직포 등을 덮는 방법이다. 저온성인 소송채·쑥갓 등을 노지재배하는 것보다 훨씬 생장이 좋고, 겨울에도 좋은 수확물을 얻을 수 있다. 비닐필름을 터널식으로 덮으면 낮에 온도가 많이 올라가므로 보온력이 더 좋아진다.

이른 봄에 씨를 뿌리는 순무·당근 등이나 봄에 옮겨 심는 열매채소류 등의 생육이 매우 촉진되고, 조기수확에 효과가 있다. 낮에 온도가 너무 높아지지 않게 구멍을 뚫거나 터널 자락을 들어올려서 환기시키는 것이 중요하다. 갈대발은 옛날부터의 보온재배법으로 한랭사보다 보온력이 뛰어나다.

더위막이

여름철 더운 날에는 밭의 기온이 35℃ 이상, 지온은 40℃ 이상 올라가는 경우가 자주 있다. 이와 같은 온도는 대부분의 채소에 너무 높은데, 특히 연약한 작은 잎줄기채소류는 더위에 약하며, 또 양배추·브로콜리 등은 모종을 옮겨 심은 후에도 영향을 받으므로 차광하여 더위를 막아주어야 한다.

차광에는 폴리에틸렌 제품의 차광망이나 갈대발 등을 이용하며, 높게 쳐서 옆쪽을 열어두어 바람이 통하게 한다. 짧은 시간이라면 전체피복 자재를 직접 덮어주는 것도 효과적이다.

또 온도 상승을 억제하기 위하여 지면에 짚이나 풀을 깔거나 흑백으로 더블멀칭 하는 것도 효과적이다.

차광

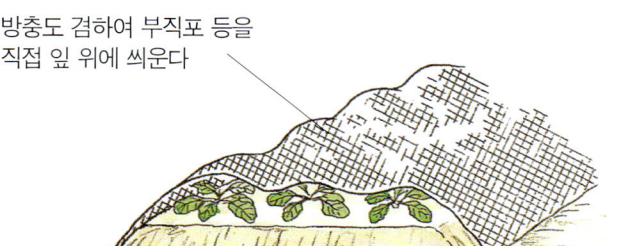

방충도 겸하여 부직포 등을 직접 잎 위에 씌운다

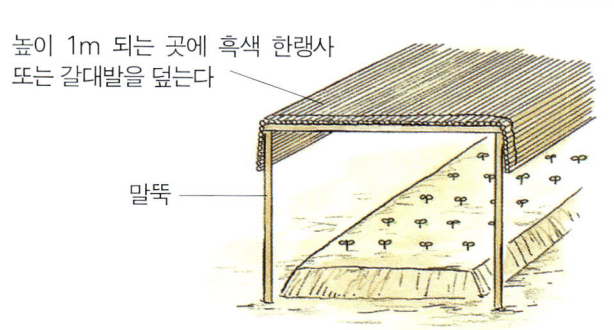

높이 1m 되는 곳에 흑색 한랭사 또는 갈대발을 덮는다

말뚝

바람막이

산들산들 부는 바람은 좋지만 잎이 휘둘릴 정도의 강한 바람은 잎줄기가 연한 채소류의 생장에는 안 좋다. 바람이 강한 곳에서는 바람을 막는 울타리를 설치하여 보호한다. 바람 부는 쪽에 방풍망이나 갈대발 등으로 바람을 막는 울타리를 설치한다.

태풍은 채소가 제일 견디기 어려운 상황으로 매년 큰 피해가 일어난다. 특히 가을·겨울의 채소 모종은 피해가 극심하다. 태풍예보가 있으면 모판 위에 직접 방풍망을 덮어서 날아가지 않게 단단히 묶어준다. 태풍이 지나가면 바로 제거한다.

그물망으로 강한 바람을 막는다

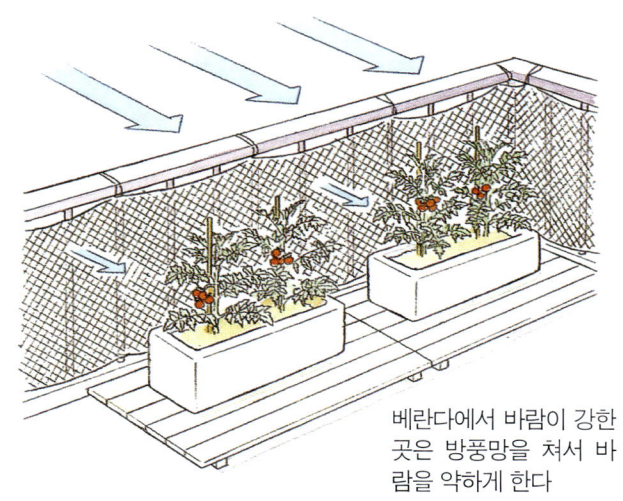

베란다에서 바람이 강한 곳은 방풍망을 쳐서 바람을 약하게 한다

밭의 바람이 강한 방향에 갈대발이나 방풍망을 튼튼하게 설치한다

수확

열매채소류의 수확

수박

시험적으로 따서 익은 정도를 본다

손바닥으로 두드려보면 탁음이 난다

꽃이 떨어진 부분을 손가락 끝으로 눌러보면 약간 연하다

오이나 가지는 잎자람새가 약하면 단념하고 미숙과를 따서 빨리 잎자람새를 회복시킨다

어린 열매

어린 열매

멜론

멜론이나 수박은 꽃이 피고 45~50일이 지나 시험 수확하며, 당도가 충분하면 그것과 같은 날짜가 경과한 것을 수확한다

토마토의 노지재배 12단 수확

적기를 판단하기 가장 어려운 작물은 완숙하여 과육의 당도가 올라가지 않으면 수확할 수 없는 수박·멜론이다. 교배일로부터의 날짜가 중요한 기준이 되므로 교배일을 알 수 있는 라벨을 붙여놓는 것이 좋다. 토마토·딸기 등은 겉모양으로 판별할 수 있으므로 잘 익혀서 수확한다. 덜 익은 열매를 이용할 수 있는 것은 어릴 때 따서 부담을 덜어주고, 잎자람새를 회복시키는 방법으로도 활용한다. 콩류는 결실을 꼬투리로 판단하는데, 적기를 틀리지 않도록 한다.

잎줄기채소류의 수확

브로콜리

① 꽃봉오리의 크기가 약 10cm가 되면 아래잎 3~4장을 붙여서 자른다

② 잘라서 수확한 후에는 조그만 곁꽃봉오리가 나오므로 오래 수확을 즐길 수 있다

파

두둑 옆쪽의 흙을 제거한다

차조기

펴진 잎부터 차례로 따서 이용한다

쪽파

잘라서 수확하면 다시 싹이 나온다. 3~4회 수확할 수 있다

아스파라거스

길이가 약 25cm가 되면 줄기의 부드러운 부분부터 수확한다

시금치·소송채·쑥갓·파류 등은 충분히 생장하지 않아도 먹을 수 있으므로 솎을 때 뽑은 채소도 이용한다. 일반 판매되는 것보다 약간 크게 키워서 수확하여 잘 익은 본래의 맛을 느껴보는 것이 좋다.

결구하는 양배추·배추·결구상추 등은 머리를 눌러보아 단단해진 것을 확인한 후에 수확한다.

뿌리채소류의 수확

고구마

① 고구마가 상하지 않도록 두둑 한 쪽의 흙을 파낸다
② 가족 모두가 즐길 수 있다

당근

자신이 수확하면 먹고 싶어진다

감자

일찍 찾아서 수확하여 어린 감자를 맛본다

감자·고구마·토란을 비롯하여 완전히 익지 않아도 어릴 때부터 먹을 수 있으며, 또 그 자체가 조기 수확물로 인기 있는 것들도 많으므로 굵어지기를 기다려 손으로 더듬어서 찾아보고 수확하여 맛을 본다.

깊이 캘 때는 두둑 옆쪽의 흙을 살짝 파내고 다른 고구마가 상하지 않게 주의하여 살짝 캐낸다. 생강도 일찍부터 어린 것을 수확하여 이용한다. 수확할 때는 씨알이 상하지 않도록 조심해서 작업한다.

채소의 건강진단(병해충에 의한 것 제외)

채소의 건강하게 자라는 모습을 정확하게 알고 이상을 조기에 발견하여 대책을 세우는 것이 채소를 성공적으로 재배하는 데 매우 중요하다. 특히 전체적인 생육 측면에서 지금 어떠한 상태인지를 잘 관찰하고 추측하여 적절히 대처해야 한다.

생육상태의 관찰, 즉 채소의 건강진단은 발아 초부터 가능한 자주 하는 것이 바람직하다. 이상이 생기면 가능한 빨리 발견하여 대처하는 것이 중요한 것은 사람의 경우와 마찬가지다. 성장이 빠르고 기후에 매우 민감하므로 소홀히 할 수 없다.

건강상태의 징후가 가장 민감하게 나타나는 것은 잎과 줄기다. 채소 고유의 잎 색이 짙고 정상적인 모양으로 크고, 병해나 해충의 피해를 입지 않는 것이 중요하다. 줄기가 뻗는 채소에서는 굵기나 마디 사이의 길이가 정상이어야 하며, 구부러지거나 금이 가지 않아야 한다.

꽃이나 꽃봉오리의 상태도 중요하다. 특히 열매채소는 크고 색이 진한 꽃봉오리나 꽃이 달리는지, 정상적인 위치에 붙어 있고, 좋은 모양이며 수도 적당한지 등을 본다. 생육이 지연되거나 시들 때는 뿌리 상태도 조사해야 한다.

잎·줄기·꽃으로 판단하는 방법

오이·수박

씨뿌리기한 박과류(특히 오이·수박·멜론)가 발아할 때 씨앗의 껍질이 붙어 있는 채 모자가 떨어지지 않은 것이 있다. 씨앗 위에 덮은 흙이 너무 얇을 때, 또는 흙을 덜 눌러주거나 수분이 모자랄 때 나타나기 쉽다. 천천히 조심하여 씨앗의 껍질을 벗겨준다.

씨앗의 껍질을 벗긴다

무

무가 발아할 때 잘 보면 떡잎의 모양이나 크기가 여러 가지다. 가능하면 좌우가 균형 잡힌 것을 남기고 다른 것은 솎아낸다. 그 중에는 비정상적으로 생육이 좋은 것도 있지만 이것들은 일찍 뿌리가 여러 갈래로 갈라진 것이 많으므로 솎을 때 뽑아버린다.

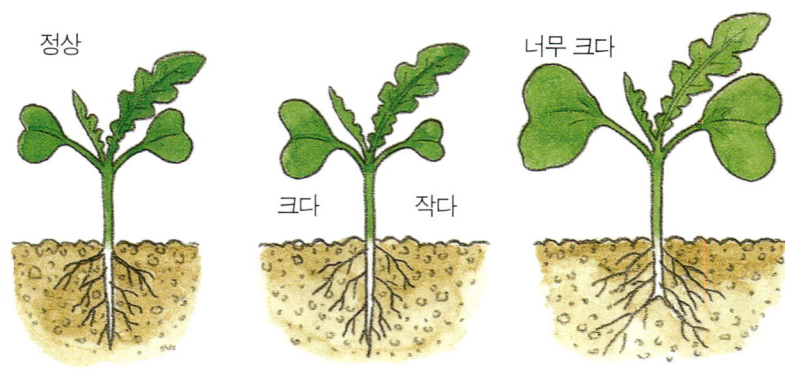

오이

오이가 모종일 때의 잎, 밭에서 자라기 시작했을 때의 잎(1~10장 정도)이 2~3쪽으로 갈라지거나 잘린 것처럼 되는 경우가 있다. 이것은 접목 등 인위적인 작업 때문에 나타난 것인데, 크게 생육 이상은 나타나지 않고 그 위쪽의 잎이 순조롭게 잘 자라므로 너무 걱정할 필요는 없다.

잎이 잘라진 듯한 상태

시금치 · 양파 · 양배추

보통 줄기는 밑부분이 짧고 잎만 매우 촘촘한데, 겨울의 저온에 감응하여 속에 꽃눈이 생겨 발달하면 꽃줄기가 자라 나와 마침내 꽃이 핀다. 이것이 추대(꽃줄기 오름 현상)로 봄에 나타난다. 가을에 씨뿌리기가 빠르거나 또 비료를 많이 주어 겨울이 되기 전에 너무 크게 자란 것이 원인이다. 빨리 발견하여 꽃대가 작을 때 수확하면 먹을 수 있다.

추대 현상

토마토

토마토의 줄기와 잎은 굵기와 마디 간격이 일정해야 하는데, 어떤 높이(3~4단 꽃송이 부근이 많다)에서 마디 사이가 짧아지고 줄기가 굵어지며, 중앙에 세로로 금이 가거나 갈라지는 경우가 생긴다. 질소성분의 일시적 과다, 열매달림의 불량, 그 후의 급성장 등이 원인인 생리장해다.

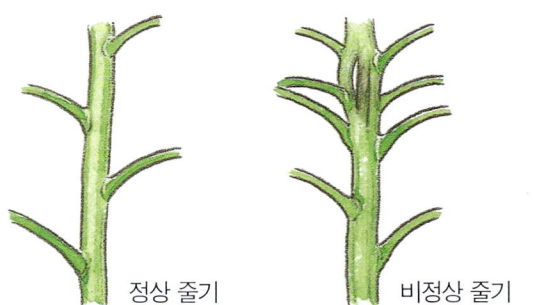

정상 줄기   비정상 줄기

가지

꽃이 작고 색이 옅으며 얼핏 보아 세력이 약해진 것이 있다. 건강한 꽃은 수술보다 암술이 긴데, 이런 꽃은 암술이 짧고 대부분 낙과해버린다. 나오기 시작하면 열매를 따주고 웃거름을 주는 등 빨리 세력을 회복시키는 대책을 마련한다.

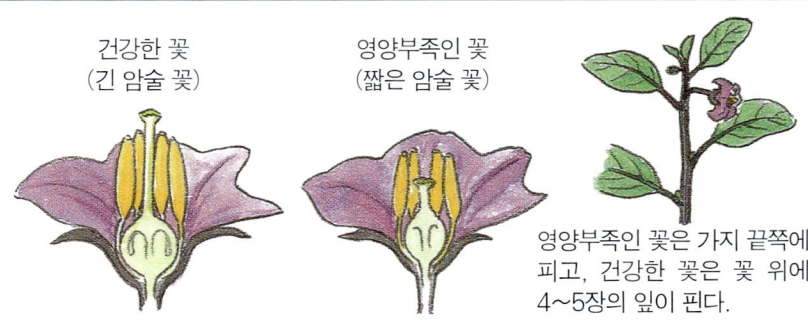

건강한 꽃 (긴 암술 꽃)   영양부족인 꽃 (짧은 암술 꽃)

영양부족인 꽃은 가지 끝쪽에 피고, 건강한 꽃은 꽃 위에 4~5장의 잎이 핀다.

열매나 꽃으로 판단하는 방법

토마토

토마토 열매에는 여러 가지 장해가 나타나므로 그 원인을 잘 알아두어 예방책을 찾는다. 꼭지 썩음은 꽃이 필 때의 칼슘 부족, 열매 터짐은 수분 흡수의 갑작스런 변화 및 열매 표면의 빗물 흡수 때문이며, 공동과는 착과호르몬의 효과가 지나치게 나타나거나 비료 과다로 너무 혼잡한 것 등이 주요 원인이다.

꼭지 썩음 열매 터짐 공동과

딸기

딸기꽃은 이른 봄에 피므로 암술이나 수술이 한해(寒害)를 입거나, 곤충이 날아오지 않아서 꽃가루받이 부족으로 변형과가 되기 쉬우며, 잎자람새가 너무 좋으면 첫 번째 열매가 기형으로 크게 변형되기도 한다. 시장에서 정상 딸기가 많은 것은 요즘에 하우스재배로 보온·가온하고 꿀벌에 의하여 충분히 수정되기 때문이다.

꽃이 필 때 저온에 의한 수술·암술의 변형

농약 살포 등에 의한 약해

잎자람새가 너무 좋은 경우로 첫 번째 열매에 많다

오크라

열매의 생장은 좋은데 가운데 배부분에 작은 돌기(혹)가 생기는 것이 있다. 먹어도 맛은 변함 없지만 보기에 좋지 않다. 상품가치도 약간 떨어진다. 햇빛 부족이나 포기가 약해진 것이 원인이므로 혼잡한 잎을 따주거나 웃거름이 부족하지 않게 주어서 성장의 피로감이 없게 한다.

햇빛 부족 등으로 가운데 배부분에 작은 돌기물이 생긴다

정상과 돌기과

뿌리로 판단하는 방법

작은순무

주로 위쪽에 작은 균열이 많이 생기는 것은 생육 중에 저온이 되었기 때문이다. 가을 파종시기가 늦은 경우 봄에 많이 볼 수 있다. 아랫부분이 크게 갈라지는 것은 토양의 건습이 심하거나 수확이 늦어지고, 바깥 껍질의 생장이 정지되었는데 안쪽이 비대해졌기 때문이다.

위쪽의 균열

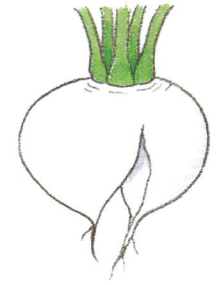
아래쪽이 갈라짐

당근

두 갈래 뿌리(가랑이뿌리)는 중심뿌리의 끝이 어떤 장애로 옆의 뿌리가 발달하여 나타난다. 흙을 잘 갈아 장애물을 없애고 비료를 뿌리에 닿지 않도록 잘 준다.

갈라진 뿌리는 세로로 갈라지는 것이 많다. 생육 초기에 저온이나 건조해서 생육이 나빴던 뿌리가 갑자기 잘 자랐을 때, 수확이 늦어졌을 때 생긴다.

두 갈래 뿌리

갈라진 뿌리

파

잎이 생기를 잃고 생육이 정지되어 마침내 말라버리는 포기도 생긴다. 대부분의 경우는 심한 비로 심은 골 속에 물이 고여 빠지지 않을 때 일어난다. 파종골에 고인 물을 흘려보내고 밭 주위에 배수구를 설치하며, 큰비가 온 후에는 바로 살펴보고 대책을 마련한다.

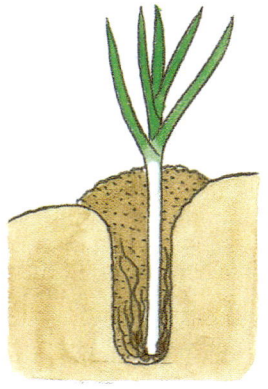
건강

파종골에 고인 물에 주의

병해충 방제

사람은 사람이 걸릴 수 있는 모든 병에 걸리지만, 채소 등의 식물은 식물에 발생하는 모든 병에 감염되는 것은 아니다. 어떤 채소는 몇몇 병원균에만 감염되고, 다른 병원균은 또 2~3종의 채소에만 기생하는 유전적 성질을 가지고 있다. 병원균이 채소에 붙어 있다가 기온, 습도, 채소의 생리상황 등이 좋은 조건일 때 침입하여 잎에 반점이 생기거나 마르고 전체가 위축된다.

인간은 혈액이나 임파액을 갖고 있고, 외부의 병원균에 대항하는 면역기능이 있어 병에 걸리지 않거나 회복된다. 그러므로 평소에 건강하면 이 면역기능이 활발해진다. 그러나 식물은 혈액도 임파액도 없고 면역기능도 없으므로 채소를 유기물로 길러서 비록 잘 생육하여도 병이나 해충 피해를 입는 것이다.

따라서 채소의 생육에는 영향을 주지 않지만 병원균이나 해충이 활동하기 어려운 환경으로 만드는 것이 중요하다. 이것이 친환경적 방제대책이다.

1. 병해 방제대책

(1) 건강한 모종을 사용한다
촘촘히 심거나 모종이 웃자라지 않게 하며, 채소 종류에 따라 저항성 대목에 접목한다.

(2) 토양 관리
밭은 깊이 갈아서 완숙한 유기물이나 석회를 뿌린다. 유기물을 많이 주면 씨고자리파리·풍뎅이가 많이 생기므로 주의한다.

(3) 토양 소독
약제에 의한 소독은 사용법이 복잡하다. 흙을 철판에 쌓아서 감자를 묻고, 젖은 멍석을 덮어 감자를 먹을 수 있을 때까지 밑에서 불을 피운다. 또 증기소독기에 흙을 넣어 증기가 나오기 시작하고 2~3시간 정도 둔다. 투명 비닐주머니에 흙을 넣어 여름에는 비닐터널 속에 3주 정도 두는데, 비닐주머니만으로는 부족하다.

(4) 평소 관리의 방제
시들음병이 발생한 밭은 다른 채소와 돌려짓기한다. 밭은 물이 잘 빠지게 두둑을 높게 하고, 비닐필름으로 덮어서 비 때문에 흙 알갱이가 튀어 오르는 것을 막는다. 시든 포기는 주위의 흙과 함께 파내고, 병에 걸린 잎줄기는 잘라내어 흙 속 1m 이상 깊이에 묻는다.

병원균은 습기를 좋아하므로 잎 위쪽에서 물을 주지 않는다.

2. 해충 방제대책

(1) 기생한 잎 따기와 해충 잡기
진딧물 등이 많이 기생하는 잎은 딴다. 배추흰나비(유충)·도둑벌레·민달팽이 등은 발견하는 대로 잡는다. 굴파리는 잎을 끝에서부터 손가락으로 눌러 압사시킨다.

(2) 은백색필름 덮기
반짝반짝 빛나는 은백색으로 덮어서 진딧물이 날아오는 것을 막는데, 잎줄기가 너무 무성하면 은백색 덮개가 가려져서 빛나지 않으므로 효과가 없다.

(3) 한랭사, 근자외선 차단필름
두둑 전체를 한랭사로 덮어서 날아오는 진딧물 등을 막으면 바이러스병을 옮기는 것도 방지할 수 있다. 근자외선 차단필름으로 터널 덮기하면 총채벌레가 날아오는 것을 막을 수 있고, 황화시들음병이나 잿빛곰팡이병·균핵병의 발생도 방지된다.

(4) 천적 이용
진딧물의 천적은 애꽃등에의 유충, 무당벌레 등이다. 잎응애를 잡아먹는 천적 응애는 작은 온실에서는 효과적이지만 노지에서는 효과가 없으므로 천적 이용은 그다지 효과적이지 않다.

(5) 성호르몬 이용
화학적으로 합성된 호르몬을 밭에 두면 교미가 교란되어 다음 세대의 해충 수가 줄어든다. 그러나 넓은 면적에서는 효과적이지만 가정 텃밭처럼 좁은 곳에서는 효과가 없다. 또 1,000종 이상의 해충 중 10종류 정도가 실용화되어 있는 정도이다.

※ 병해충별 방제법에 대해서는 p. 496 참조

주요 채소별 병해 판단방법

토마토

줄무늬마름병
줄기·잎·열매에 흑갈색 괴저 줄무늬가 생긴다

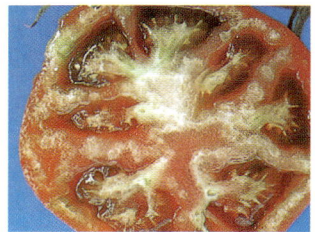

모자이크병
열매가 울퉁불퉁해지고 안쪽의 관다발이 백색이나 갈색으로 변하며, 잎은 진하고 연한 초록색의 모자이크 증상이 된다

황화시들음병
잎·줄기에 갈색의 괴저 반점이 생기고 열매에도 갈색 반점이 생긴다

역병(잎)
잎에 부정형이며 주변이 흐린 어두운 초록색 병반을 만들고, 병반 주위에 서리모양의 곰팡이가 생긴다

역병(열매)
열매에 부정형의 갈색 화상모양의 병반이 생긴다

겹무늬병
잎에 원형이나 부정원형으로 나이테모양의 암갈색 겹무늬 병반을 만든다

둥근무늬병
잎에 갈색으로 원형의 겹무늬모양 병반이 생긴다

잿빛곰팡이병
열매에 물에 잠긴 듯한 모양의 어두운 초록색 부정형 병반이 생겨서 썩는다

궤양병
줄기의 중심부가 갈색으로 부드러워져서 썩는다. 심하면 줄기 바깥쪽이 힘줄모양으로 갈변한다. 열매 표면에 새 눈 모양의 반점이 생긴다

풋마름병
잎이 초록색인 채로 갑자기 시들어서 2~3일 내에 말라죽는다. 줄기의 관다발이 갈변하여 탁한 백색의 즙이 흘러나오고 뿌리가 썩는다

시들음병
포기 아래쪽 잎부터 황색으로 시들고 곧 말라죽는다. 줄기의 관다발이 갈색으로 변하고 뿌리도 갈색으로 변하여 썩는다

반신위조병
처음에는 잎의 반이, 머지않아 포기의 한쪽 잎이 누렇게 시들어 차츰 말라죽는다. 뿌리가 갈색으로 변하여 썩는다

가지

흰가루병
잎에 흰 가루모양의 곰팡이가 원형으로 생기고, 곧 잎 전체가 하얀 곰팡이로 덮인다

잿빛곰팡이병
활짝 핀 꽃의 꽃받침이 썩고 얼마 안 있어 열매가 무르고 썩는다. 습기가 많으면 잿빛곰팡이가 생긴다

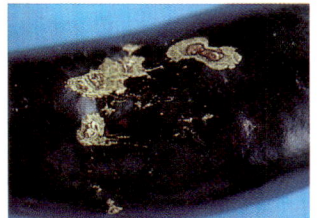

검은썩음병
열매 표면에 물이 스며든 듯한 약간 부풀어 오른 반점이 생기고, 잎에는 자갈색의 부정형 반점이 생긴다

반신위조병
잎의 반이 황색으로 되고 포기의 반이 시들며, 곧바로 잎 전체가 시들어 말라죽는다. 뿌리가 갈색으로 변하여 썩는다

피망

모자이크병
잎이 초록색의 진하고 옅은 모자이크모양이 되고, 잎이 가늘어지거나 열매가 울룩불룩해지며 전체가 기형이 된다

흰가루병
잎에 확실하지 않은 반점이 생기고 곧 흑색의 작은 반점이 생긴다. 잎 뒷면에는 하얀 곰팡이가 생긴다

역병
잎이 시들어 말라죽는다. 뿌리가 썩고 땅 닿은 부분의 줄기가 갈색이 되어 잘록해진다

흰비단병
땅 닿은 부분의 줄기에 하얀 비단실 같은 곰팡이가 생기고, 갈색으로 말라죽는다. 다음에 좁쌀알 정도의 갈색 입자가 많이 생긴다

오이

모자이크병
잎에 초록색의 진하고 흐린 모자이크 증상이 나타나고, 심하면 잎이 기형이 되거나 작아진다

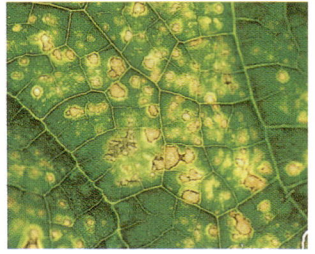
반점세균병
잎의 잎맥에 구획을 지은 듯한 약간 각진 모양의 물이 스며든 것 같은 병반이 생긴다

흰가루병
잎에 하얀 밀가루모양의 원형 병반을 만들고, 곧 잎 전체가 하얀 곰팡이로 덮인다

노균병
잎에 황색의 다각형 병반이 생기고 그 뒷면에 어두운 색의 곰팡이가 생긴다

탄저병
잎에 원형의 갈색 병반이 생기고 중심부에 구멍이 생기기 쉽다

잿빛곰팡이병
활짝 핀 꽃이 꽃받침부터 썩고 열매도 물러져서 썩으며, 습기가 높으면 잿빛곰팡이가 생긴다

줄기시들음병(잎)
잎의 초록색 테두리부터 안쪽에 쐐기모양의 갈색 병반이 생긴다

줄기시들음병(줄기)
잎이 갈색이 되어 점액이 생기고, 마르면 회색으로 되어 바늘로 찌른 것처럼 작은 흑색 입자가 많이 생긴다

덩굴쪼김병
처음에는 낮에 잎이 시들고 아침저녁에 회복되지만 곧 심하게 시들어 말라 죽는다. 뿌리가 갈색으로 썩는다

모잘록병
발아 도중이나 발아한 지 얼마 안 된 모종이 땅 닿은 부분이 꺾이거나 가늘어져서 쓰러져 말라죽는다

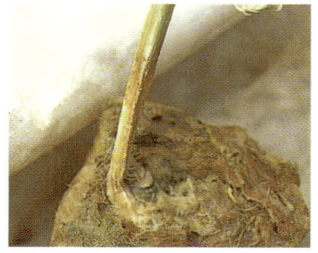
역병
땅 닿은 부분의 줄기나 뿌리가 갈색으로 되어 썩고 잎도 시들어 말라죽는다

갈색무늬병
잎 가운데에 회갈색으로 5~10㎜ 정도의 부정형 병반이 생긴다

딸기

흰가루병
잎·열매·덩굴이 하얀 밀가루모양의 곰팡이로 덮인다

윤반병
잎에 큰 나이테모양의 겹무늬 병반이 생긴다

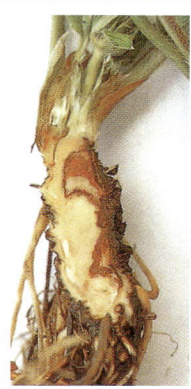
탄저병
잎자루·덩굴에 쐐기모양의 움푹 들어간 흑갈색 병반이 생기고, 크라운 안쪽이 갈색으로 변색된다

위황병
3장의 잎 중 1~2장이 누렇게 작아지고 크라운을 자르면 관다발이 갈색이며 뿌리도 썩어서 말라 죽는다

수박

탄저병
잎에 짙은 갈색의 나이테모양 겹무늬 병반과 갈라진 금이 생기고, 줄기에는 움푹 들어간 갈색 병반이 생긴다

줄기시들음병
줄기에 젖은 듯한 짙은 갈색 병반이 생기고 줄이 생긴다. 잎 뒤쪽의 잎맥에도 같은 병반이 생긴다

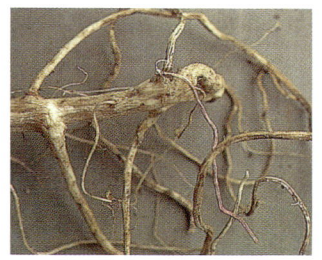
덩굴쪼김병
처음에는 잎이 낮에만 시들다가 나중에 말라죽는다. 줄기의 관다발이 갈변하고 뿌리도 갈색으로 썩는다

갈색부패병
열매에 어두운 초록색의 젖은 듯한 부정형 병반이 생기고 물러서 썩는다. 잎·줄기에도 마찬가지다

멜론

모자이크병
잎에 초록색의 진하고 연한 모자이크 증상이 나타나고 기형이 되거나 작아진다

흰가루병
잎 전체가 하얀 곰팡이로 덮인다

반점세균병
잎에 부정형이나 약간 각진 모양의 갈색 병반을 만들고, 가운데에 구멍이 생기기 쉽다

줄기시들음병
잎에 쐐기모양의 큰 황갈색 병반을 만들고, 줄기도 짙은 갈색의 물에 젖은 듯한 병반이 생겨 말라죽는다

호박

모자이크병
잎에 초록색의 진하고 연한 모자이크무늬가 생기고 기형이 되거나 작아진다

갈반세균병
잎 테두리 가까이에서 잎맥을 따라 나뭇가지처럼 갈변하거나 갈색의 작은 원형 반점이 생긴다

역병
잎·덩굴 일부가 초록색과 갈색으로 젖은 듯이 물러서 썩고, 열매도 물러서 썩어 흰 곰팡이가 생긴다

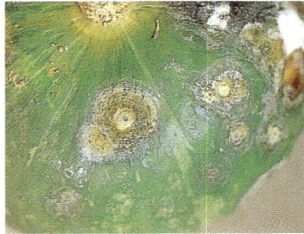
탄저병
열매에 움푹 들어간 흑갈색 원형 병반을 만들고, 연어 살색의 곰팡이가 작은 점처럼 많이 생긴다

강낭콩

모자이크병
잎에 진하고 연한 초록색의 심한 모자이크 증상을 보이고 잎이 기형이 된다

잿빛곰팡이병
꼬투리가 연한 갈색으로 젖은 듯이 썩고, 습기가 많으면 잿빛 곰팡이가 생긴다. 잎·줄기에도 생긴다

쑥갓

노균병
잎에 테두리가 확실하지 않은 연한 황색 병반을 만들고, 뒤쪽에 하얀 곰팡이가 생긴다

탄저병
잎자루에 타원형의 움푹한 병반이 생겨 부러지기 쉽다. 잎에는 연한 갈색의 작은 반점이 생긴다

양배추

노균병
잎에 테두리가 확실하지 않은 연한 황색 병반을 만들고, 뒤쪽에 서리모양의 하얀 곰팡이가 생긴다

검은무늬병
잎에 흑갈색의 테두리가 분명한 나이테모양의 원형 겹무늬 병반이 생기고, 흑색 곰팡이가 생긴다

뿌리썩음병
뿌리 표면이 썩어서 떨어지고 물관부가 연한 갈색으로 되어 섬유질모양으로 남으며 포기는 말라죽는다

뿌리혹병
뿌리에 크고 작은 혹을 만들고, 곧 갈색으로 썩어 포기가 시들거나 생육이 나빠진다

시금치

모자이크병
잎에 초록색의 진하고 연한 모자이크무늬가 생기고 잎이 작아지거나 기형이 된다

탄저병
잎에 연한 황색의 확실한 원형 병반을 만들고, 서로 붙으면 나이테모양의 큰 부정형 반점이 된다

시들음병
모종일 때부터 잎이 누렇게 시들어 말라죽는다. 뿌리가 갈변하여 썩는다

버티실리움시들음병
뿌리가 갈변하여 썩고 관다발도 갈변한다. 밭 전체의 생육이 고르지 않다

소송채

흰녹가루병
잎에 옅은 초록색의 작은 반점이 생기고 그 뒷면에 유백색의 약간 부풀어 오른 작은 입자를 만든다

흰무늬병
잎에 옅은 회갈색의 원형 반점이 생기고 서로 붙어서 부정형 병반이 된다

순무

노균병
잎에 연한 황색의 잎맥으로 나뉜 각진 모양의 병반을 만들고 뒤쪽에 회백색 가루모양의 곰팡이가 생긴다

뿌리혹병
뿌리에 다양한 크기의 혹이 생기고 잎이 시들거나 생육이 나빠진다

부추

시들음병
잎의 성장이 나쁘고 폭도 좁아지며, 초록색의 진하고 연한 찰과상 모양의 모자이크증상이 된다

흰잎마름병
잎에 원형의 길고 하얀 반점이 생기고, 서로 붙어서 커져 말라죽거나 잎 끝에서부터 말라죽는다

녹병
잎에 황갈색의 약간 부풀어 오른 작은 반점이 많이 생긴다

그루썩음세균병
바깥쪽 잎이 밑으로 늘어져서 썩어 말라죽고, 조금씩 말라 차츰 포기 전체가 작아져서 죽는다

당근

모자이크병
잎이 초록색의 진하고 연한 모자이크모양이 되거나 다홍색의 모자이크모양이 된다

흑색잎썩음병
잎에 갈색 또는 흑갈색 반점이 생기고 마른다

뿌리썩음병
뿌리에 물에 젖은 듯한 모양의 얼룩 같은 작은 반점이 생기고 넓게 퍼지면 갈색으로 패인다

뿌리썩이선충병
뿌리 끝에 침입하여 뿌리가 두 갈래로 갈라지고 기형이 된다

파

시들음병
잎에 황록색 심이 세로로 길게 생겨 있고, 한쪽이 오그라들거나 전체가 오그라든다

녹병
잎에 귤색의 약간 부풀어 오른 타원형 반점이 많이 생긴다

검은무늬병
잎에 옅은 갈색이나 약간 보랏빛이 있는 타원형의 나이테모양 병반을 만든다

노균병
잎에 타원형이나 부정형의 약간 패인 황백색 병반을 만들고, 표면에 하얀 곰팡이가 생긴다

양파

녹병
잎에 귤색의 약간 솟아오른 방추형 병반이 많이 생긴다

노균병
잎에 황백색의 부정형 병반이 생겨 말라죽는다

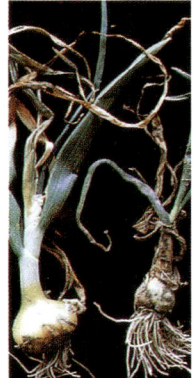

무름병
뿌리나 줄기 밑부분, 알뿌리 또는 잎집이 물러서 썩어 악취가 난다

마른썩음병
알뿌리 윗부분의 바깥쪽이 물러져 썩거나, 뿌리가 나온 부분이 썩어서 양파 속까지 무르고 썩어 악취가 난다

무

모자이크병
잎에 초록색의 진하고 연한 모자이크무늬가 생기며, 잎이 울퉁불퉁해지거나 기형이 되고 잎 전체가 위축된다

위황병
바깥쪽 잎부터 누렇게 시들어 말라죽는다. 자르면 관다발이 흑갈색으로 변하여 있다

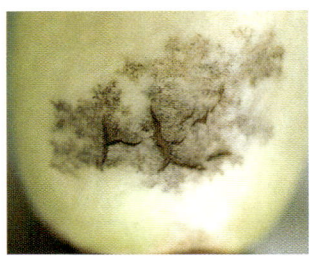

노균병
잎에 옅은 황색 병반이 생기고 무 표면에 옅은 흑색이 있어 먹모양의 반점무늬가 된다

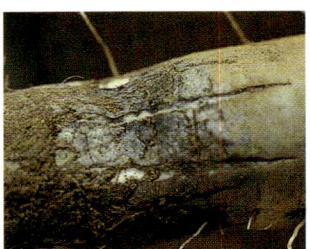

검은썩음병
잎이 황색으로 변하고 잎자루가 흑색으로 말라죽는다. 무 표면도 흑갈색으로 썩고, 자르면 안도 흑색으로 썩는다. 악취는 없다

배 추

모자이크병
잎에 초록색의 짙고 연한 모자이크무늬나 작은 흑색 반점이 생기거나, 잎이 오그라들어 기형이 된다

흰무늬병
잎에 회백색의 원형 병반을 만든다

무름병
배추가 결구할 때부터 땅에 닿은 잎이 황백색으로 물러져 썩고, 포기가 말라죽어 악취가 난다

뿌리혹병
뿌리에 여러 크기의 혹을 만들고, 잎이 시들거나 혹이 썩어서 생육이 나빠진다

고구마

대상조피병
덩이뿌리의 표면에 가느다란 띠모양의 줄이 생기고 고구마가 굵어지지 않는다

잘록병(포기)
잎이 황색 또는 붉은 보랏빛으로 시들고, 줄기에 원형의 패인 흑색 병반이 생긴다

잘록병(고구마)
덩이뿌리에 원형의 뚜렷한 흑색 병반이 생기고 패인다

덩굴쪼김병
잎이 시들어 말라죽는다. 줄기의 땅 닿은 부분은 세로로 쪼개져 덩굴쪼김증상이 된다

감 자

감자잎말림바이러스병
잎의 초록색이 점점 옅어지고 아래 잎부터 약간 두꺼워져서 숟가락모양으로 말린다

역병
잎 가장자리나 잎 끝부분에 회갈색의 불규칙하며 테두리가 확실하지 않은 대형 병반이 생기고 서리모양의 하얀 곰팡이가 생긴다

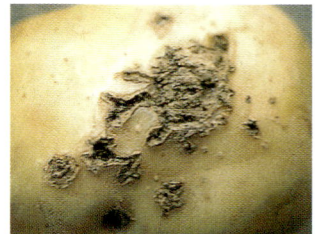

더뎅이병
감자 표면의 가운데가 패이고 주변부가 약간 부풀어 오른, 옅은 갈색의 부스럼모양의 병반이 생긴다

검은무늬썩음병
맨 꼭대기 잎의 가장자리가 약간 적자색으로 말리고, 땅 닿은 부분의 줄기에 흰 가루모양의 곰팡이가 생겨 포기 전체가 말라죽는다

옥수수

줄무늬오갈병
포기 전체가 오그라들고 잎에서는 잎맥이 솟아올라 힘줄모양의 줄이 생긴다

도복세균병
잎집 안쪽에 연한 갈색의 물에 젖은 듯한 부정형 병반이 생기고, 갈색으로 썩어서 쓰러져 말라죽는다

모잘록병
잎이 누렇게 시든다. 뿌리는 갈색으로 변하여 썩고, 땅 닿은 부분 근처의 줄기가 갈색으로 변하여 썩으며, 자르면 안도 갈색으로 변해 있다

깜부기병
보통 도깨비라고 하며, 처음에 하얀 막으로 덮인 균혹이 암이삭에 생기고, 터져서 검은 가루를 뿜어낸다

누에콩

균핵병
줄기나 잎집에 솜털모양의 하얀 곰팡이가 생겨서 썩으며, 나중에 쥐똥모양의 검은 균핵을 만든다

줄기썩음병
땅 닿은 부분에 가까운 줄기가 흑갈색의 물에 젖은 듯한 모양으로 약간 패여서 썩고, 잎은 시들고 심하면 말라죽는다

풋 콩

반점세균병
잎에 옅은 황갈색의 물에 젖은 듯한 작은 반점이 생기고, 주위가 황색으로 되어 약간 각지듯이 커진다

잘록병
잎이 시들어 말라죽는다. 뿌리는 갈색으로 썩고 땅 닿은 부분의 줄기에 세로로 긴 갈색 병반이 생긴다

차조기(자소)

갈색무늬병
잎에 크기가 다르고 경계가 확실치 않은 흑색 반점이 생기고, 약간 부정형의 각진 모양으로 커진다

녹병
잎에 귤색의 약간 부풀어 오른 알갱이모양의 작은 반점이 많이 생긴다

생 강

잎마름병
잎 가장자리가 암갈색으로 많이 마르거나 원형 또는 부정 원형의 갈색 병반이 생겨 잎이 마른다

뿌리줄기썩음병
잎집·뿌리줄기·어린 모나 뿌리가 갈색으로 물러서 썩으며 쓰러져 말라죽는다.

양상추

위황병
잎이 황색으로 되고 생육이 나빠져 순멎이하며, 또는 황색으로 된 작은 잎이 빗자루모양으로 되는 것도 있다

반점세균병
잎에 거의 원형인 작은 갈색 반점이 생기고, 작은 반점들이 결합하여 부정형의 큰 병반을 만든다

썩음병
결구 후부터 수확기에 바깥쪽 잎이 옅은 갈색 또는 갈색으로 물러서 썩지만 악취는 없다

밑둥시들음병
땅에 닿은 잎자루에 갈색으로 부정형의 패인 병반이 생기고 심하면 시들어 말라죽는다

채소 재배의 기초지식

473

해충 피해의 판단방법

도둑나방 유충(배추)
잎에 다양한 크기의 구멍을 뚫어 해를 입힌다. 배추흰나비 유충과 비슷하지만 몸을 〈모양으로 구부리고 있다

도둑나방 유충(오이)
잎을 갉아먹어 크고 작은 구멍을 만든다

담배거세미나방(피망)
잎이나 열매를 갉아먹으므로 여러 가지 크고 작은 구멍을 만든다. 몸 앞쪽에 한 쌍의 검은 무늬가 있다

담배거세미나방(가지)
잎을 갉아먹는다. 1년에 4~5회 발생하고, 눈에 띄는 것은 8~10월경으로 심하면 잎을 모두 갉아먹는다

흰도둑나방(양상추)
심하면 두꺼운 잎맥만 남기고 잎을 거의 다 갉아먹는다

배추흰나비 유충(양배추)
나비의 유충으로 잎에 하나씩 알을 낳고, 잎을 갉아먹어 여러 가지 크고 작은 구멍이 생긴다

배추좀나방(양배추)
고온과 저온기 이외에는 언제든지 발생하며, 잎 뒷면의 잎살만 갉아먹으므로 반투명의 먹은 흔적을 남긴다

배추좀나방(부추)
뒷면의 잎살만 먹어서 먹은 후에 회백색이 된다

담배나방(피망 잎)
봄부터 가을까지 계속해서 몇 번이나 발생하여 잎이나 열매를 갉아먹는다

담배나방(피망 열매)
열매에 5cm 정도의 구멍을 뚫어 안쪽을 마구 먹어치우고 새로운 열매로 옮겨간다

왕담배나방(양상추)
초여름경부터 발생하기 시작하여 잎을 갉아먹고, 작물이 죽으면 다른 작물로 옮겨 피해를 입힌다

왕담배나방 성충
성충은 나방이며, 교미한 후 토마토 등에 알을 낳아서 부화한 유충이 갉아먹는 피해를 준다

조명나방(생강)
1년에 2회 발생하며, 줄기나 잎집 안에 침입하여 안을 갉아먹는다. 작은 구멍에서 배설물이 나오는 것으로 생긴 것을 알 수 있다

무당벌레붙이(토마토)
잎의 껍질만 얇게 남기고 잎 뒷면부터 잎살을 갉아먹어서 먹은 부분이 반투명이 된다

무당벌레붙이(가지)
잎맥을 따라 갉아먹어서 가는 잎맥을 남기므로 먹은 흔적이 계단 모양이 된다

무당벌레붙이(피망)
어린 열매를 갉아먹으면 성장이 정지 또는 변형되거나 깨진다

오이잎벌레(오이)
성충이 잎 표면을 남기고 둥근 모양으로 갉아먹어 일 원짜리 동전 크기의 구멍이 뚫린다

오이잎벌레(멜론 뿌리)
유충은 황백색의 구더기이며, 흙 속에서 뿌리를 갉아먹어 잎이 갑자기 시든다

오이잎벌레(멜론 열매)
열매에도 기생하여 피해를 준다

벼룩잎벌레(무)
유충은 흙 속에서 생활하며, 무 표면을 갉아먹어 먹은 흔적이 갈색이 된다

목화진딧물(오이)
봄부터 가을까지는 교미하지 않고 직접 유충을 낳는다. 잎에서 즙을 빨아먹으므로 잎이 오그라든다

목화진딧물(딸기)
진딧물이 잎에 기생하면 그 배설물에 개미가 모여든다

복숭아혹진딧물(가지)
진딧물이 즙을 빨아먹으므로 생육이 나빠지거나 배설물에 검은 곰팡이가 번식한다

애못털진딧물(딸기)
봄~가을에는 계속해서 성충이나 유충이 발생하여 집단으로 즙을 빨아먹는다

채소 재배의 기초지식

점박이응애(딸기)
잎 뒷면에 약 1㎜의 작은 벌레가 무리지어 살며 즙을 빨아먹어서 황백색의 찰과상이 되며, 심하면 잎에 거미집 같은 막이 생긴다

뿌리응애(부추)
알뿌리의 기부나 부추 등의 뿌리에 무리지어 살며 갉아먹어 안쪽이 썩으므로 생육이 나빠져서 말라죽는다

차먼지응애(가지)
벌레가 매우 작아서 그냥 보면 알 수 없으므로 초기에는 발생한 것을 알지 못한다. 생장점 부근을 갉아먹어 순멎음한다

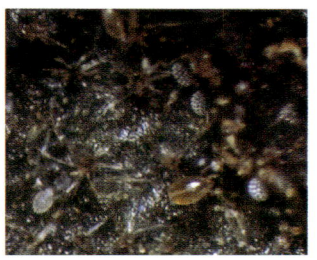
차먼지응애(가지)
꽃봉오리나 열매를 갉아먹어 꽃이 기형이 되거나 열매 표면이 회백색으로 거칠어진다

총채벌레(오이)
유충은 약간 황색이며, 잎·열매의 즙을 빨아먹어서 찰과상 모양으로 색이 바래거나 뒤틀리고 기형이 된다

굴파리(꼬투리완두)
잎 조직을 터널을 파듯이 갉아먹어 하얀 줄무늬의 흔적을 남긴다

뿌리혹선충(당근)
뿌리에 크고 작은 혹을 많이 만들어서 생육이 나쁘고 당근도 굵어지지 않는다

민달팽이(배추)
잎이나 열매에 기생하며 갉아먹어 구멍을 만든다. 구멍 주위에 점액물질이 조금 붙어 있으므로 알 수 있다

농약 사용을 줄이는 방법

석회를 뿌려 갈아준다

석회를 뿌려 흙에 갈아 넣는다

작은 산처럼 만들어 찬바람을 쐰다

흙 표면을 울퉁불퉁하게 만들어서 찬바람을 맞혀 풍화시킨다

배게심기(일조량·통기 부족)를 피하여 적당한 간격으로

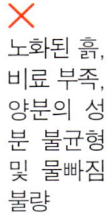

✗ 노화된 흙, 비료 부족, 양분의 성분 불균형 및 물빠짐 불량

○ 건강한 흙, 균형 잡힌 비료, 두둑 만들기(물빠짐), 짚 깔기 등

토양 병원균에 주의

세찬 비로 인해 아래 잎에 흙이 튀어서 붙는다

채소는 대부분 초본성이며, 사람이 이용하기 쉽게 다수확, 좋은 맛으로 개량하기 때문에 병해충에 걸리기 쉽다. 그 때문에 병해충으로부터 보호하는 수단은 채소재배에서 빼놓을 수 없는 중요한 일이 되었다.

병해충에 감염된 채소의 피해 부분을 살펴보면 동물의 경우와 달리 대부분이 몸 바깥으로부터의 전염이나 해충의 식해, 그에 따른 전파로 일어나는 것을 알 수 있다. 그러므로 대책은 ① 병해충의 발생원·감염원을 가능한 적게 할 것, ② 병해충에 잘 감염되지 않게 건강한 채소를 만들 것, ③ 해충이 날아오는 것과 접촉을 물리적으로 피할 것, ④ 병해충 기피작물의 도입 및 사이짓기 등을 할 것, ⑤ 피해의 조기발견에 힘써 적기에 농약을 뿌리고 잘 방제할 것 등이다.

우선 ①의 병해충 발생원·감염원을 가능한 적게 하려면 밭 주변의 잡초를 제거하거나 자라지 못하게 한다. 잡초에는 유해한 해충이 많이 서식하고 있기 때문이다. 또 수확을 마친 채소의 찌꺼기를 잘 처리하고, 밭 밖에서 퇴비로 만들거나 소각하는 것도 중요하다.

휴한기에는 밭을 깊게 갈아주는데, 특히 겨울 동안 비어 있는 밭은 석회를 뿌려서 깊이 갈고, 토양 표면을 울퉁불퉁하게 요철을 만들어서 찬바람을 맞혀 흙을 풍화시킨다. 이렇게 하면 토양 병해의 병원균이나 잡초의 씨앗이 많이 줄어든다.

②의 건강한 채소를 만들려면 파종적기를 지켜서 씨를 뿌리고 옮겨 심으며, 포기 사이는 비교적 넓게 하여 각각의 잎에 빛이 잘 들고 통풍이 잘되게 한다. 비료가 떨어지지 않게 밑거름·웃거름은 물론, 때로는 액체비료 등도 주어 건강하게 키운다.

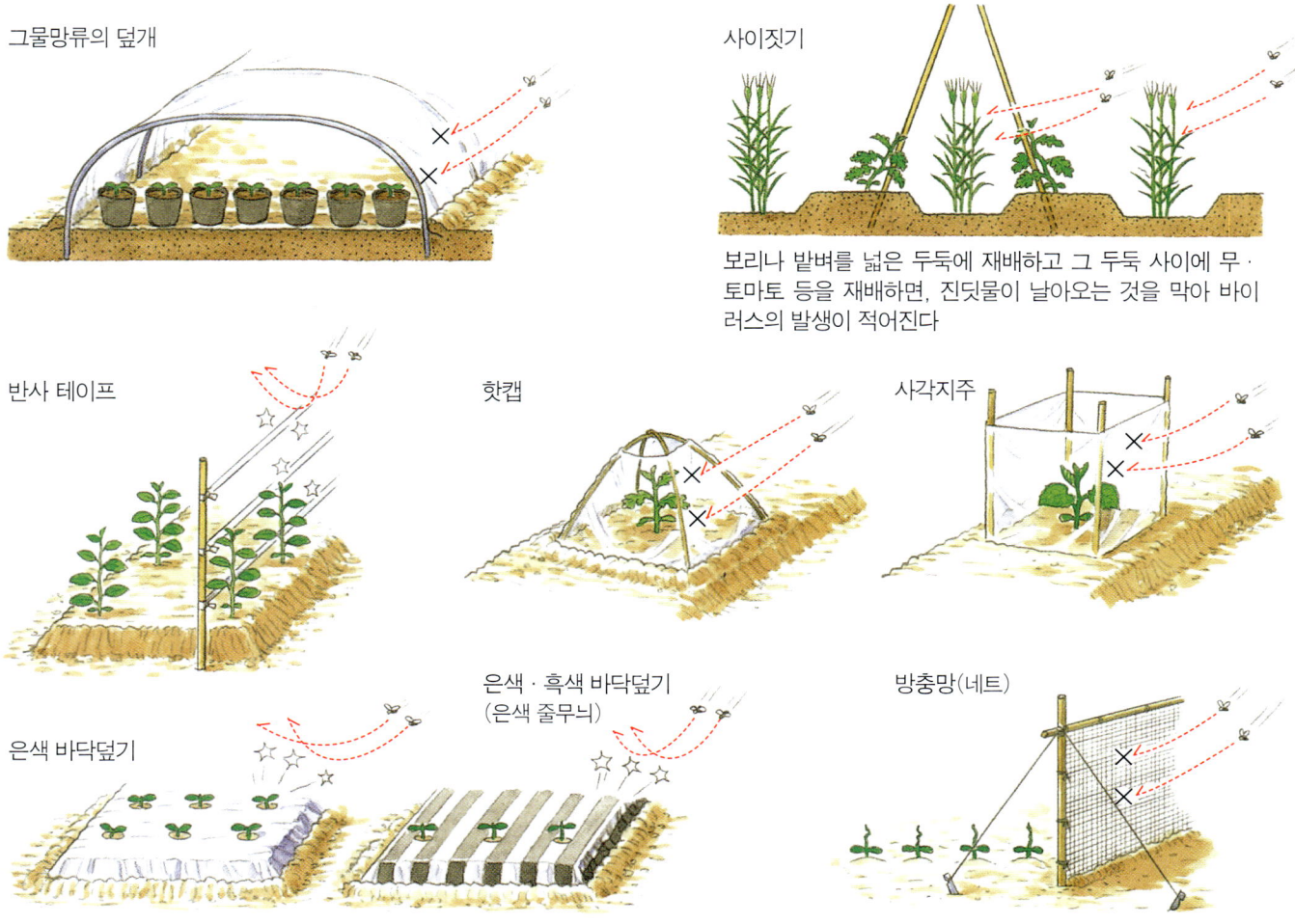

③의 해충이 날아오는 것과 접촉을 막는 방법은 바이러스병을 예방하는 데 매우 중요하다. 바이러스병은 매우 많은 채소에 발생하여 잎이 오그라들거나 황변시키는 등 큰 피해를 주지만, 실제로 그들을 전파하는 것은 진딧물인 경우가 많다.

진딧물류(복숭아혹진딧물·목화진딧물·콩진딧물·파진딧물 등)는 봄부터 가을까지 계속해서 성충이나 유충이 발생하고, 그것이 나무의 싹이나 나무껍질 사이, 채소나 잡초의 싹 사이에서 월동하여 봄이 되면 날개가 달린 성충이 되어 채소에 붙어서 피해를 주고 바이러스를 전파한다.

진딧물이 날아오는 것을 막는 가장 효과적인 방법은 그물망류를 채소 위에 씌워서 물리적으로 차단하는 것이다. 그물망류나 전체피복 자재를 터널모양으로 덮거나, 채소 위에 직접 씌운다. 밑자락은 빈틈없이 잘 눌러주어 옆으로 들어오지 못하게 한다.

이 방법들은 진딧물뿐만 아니라 매년 발생하여 유채과 채소에 피해를 주는 배추좀나방 방제에도 매우 효과적이다.

보리 등 키가 큰 작물의 두둑 사이에 채소를 심는 사이짓기나, 밭 주변에 그물망류를 벽모양으로 설치하는 방법도 바람을 타고 날아오는 해충류를 줄이는 효과가 있다.

진딧물은 반사광을 싫어하므로 채소의 잎 위에 두둑을 따라 반사 테이프를 치거나, 두둑 위에 반사성 은색 필름이나 백색 필름 또는 은색과 흑색의 줄무늬 필름을 씌워서 진딧물이 날아오는 것을 줄이는 방법도 널리 이용한다.

바이러스병 중에는 즙액을 통해 전파되는 것도 있으므로 순지르기나 눈따기·잎따기 등을 할 때 인접한 포기에 전파되지 않도록 주의하여 확대를 막는 것도 중요하다.

토양 선충의 기본대책

피해상황

뿌리혹선충은 뿌리에 혹을 만들거나 뿌리를 썩게 한다

기본대책 1
저항성 품종을 이용하고 퇴비를 충분히 주어 뿌리가 빨리 깊게 뻗도록 한다.

기본대책 2
물주기나 짚 깔기·비닐멀칭 등을 하여 토양이 건조하지 않게 한다

기본대책 3
뿌리가 깊게 뻗고 뿌리를 수확하는 무·마 등은 비료를 뿌리 바로 밑에 주지 않는다

기본대책 4
매리골드·활나물 등을 재배하면 토양 선충이 매우 적어지며, 효과가 약제소독보다 오래간다

많은 채소류의 뿌리에는 뿌리혹선충이나 뿌리썩이선충이 기생하여 생육을 나쁘게 하는 경우가 많다. 특히 피해를 입기 쉬운 것은 오이·수박·멜론·김치참외·토마토·당근·무 등이다.

뿌리를 뽑아보지 않으면 기생 여부를 알 수 없지만 왠지 모르게 생육이 나빠지거나 말라죽는다. 피해 정도가 약한 경우에는 수확을 마치고 정리하며 포기를 뽑았을 때 알게 되는 경우가 많다.

기본대책은 퇴비를 충분히 주고, 흙 만들기를 확실하게 하는 것이다. 특히 건조하기 쉬운 모래땅 지대나 화산재 지대에서 발생하기 쉬우므로 주의한다. 물주기나 짚 깔기 등으로 피해를 줄일 수 있다.

돌려짓기할 때는 발생하기 쉬운 채소끼리의 조합을 피하는 것도 생각해야 한다.

선충의 서식밀도를 낮추어 피해를 줄이는 저항성 식물을 도입하는 방법도 있다.

매리골드는 일찍부터 뿌리썩이선충에 대한 방제 효과가 인정되어 무 산지에서 실용화되었다. 일반 화단용 품종이 아니라 키가 크게 자라는 멕시칸매리골드·아프리칸톨 등이 적합하다.

외국의 경우에는 이밖에도 뿌리썩이선충에 효과가 있는 결명자·귀리 등이 있고 뿌리썩이선충·뿌리혹선충에 효과적인 활나물·뿌리혹킬러 등이 판매되고 있다. 대상작물과 선충의 종류, 재배시기(고온기 혹은 저온기) 등을 잘 검토하여 선택하는 것이 중요하다.

또 수박의 포기 밑에 파를 심어두면 토양의 병해를 억제하는 효과도 알려져 있어 실제로 이용되고 있다.

병해 저항성 품종

토마토의 병해 저항성

품종명	육성자	병해 저항성						
		담배모자이크병	위조병	근부위조병	반신위조병	점무늬병	잎곰팡이병	뿌리혹선충
도태랑요크	다끼이	○	○	○	○			
감태랑Jr	무사시	○	○				○	
감복	가네코	○	○					
자아키	원연	○	○					
해피로드	사카타	○	○					
메리로드	사카타	○	○					
도태랑8	다끼이	○	○					

양배추의 위황병 저항성 품종

품종명	육성자	품종명	육성자
YR강길	미카도육종농장	YR연로	협화종묘
스위트볼	아지노모토도카이시드	YR약봉	다끼이
휘길	일본농림사	YR춘춘	도변채종장
계류	복종	YR추우	사카타

멜론의 덩굴쪼김병·흰가루병에 대한 저항성 품종

품종명	육성자	병해 저항성	
		흰가루병	덩굴쪼김병
안데스	사카타	○	○
아무스	원연	○	△
다카미	원연	○	○
구이신	우에키	○	○
얼스모네성하계	협화	○	○

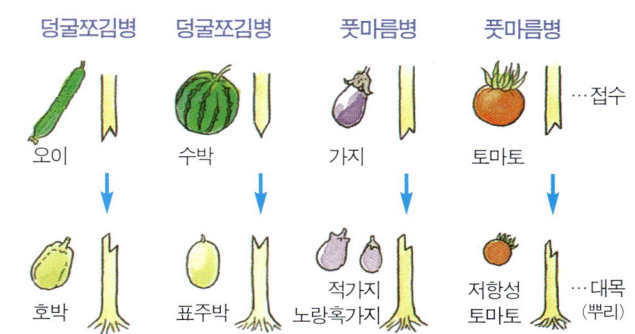

강건한 내병성 대목에 접목하면 토양전염성 병해를 피할 수 있고, 이어짓기도 가능하다

최근 채소의 품종 개량이 두드러지게 진행되어오고 있지만, 토양전염성의 지하부 병해(해충)나 지상부의 잎줄기에 발생하는 병해에 대한 저항성 품종 연구도 점차 활발해졌다. 일본의 경우 우수한 저항성 품종이 많이 육성되어 우리나라에 수입되고 있다.

이것들을 이용하는 것은 농약을 사용하지 않고 병해충을 방제하는 제일 효과적인 수단이라고 할 수 있다. 특히, 토마토·멜론·양배추·배추·시금치·무·순무 등에서 내병성 품종이 많이 실용화되어 있다.

단, 저항성·내병성 품종들은 씨앗 값이 비싸서 가정용의 소포장으로는 거의 출하되지 않으므로 지금으로서는 소규모 텃밭재배에서 이용할 수 없다. 대규모 텃밭으로 어느 정도의 양을 사용하는 경우에는 큰 종묘회사나 종묘상을 통해서 구입하여 이용할 수 있다. 남은 씨앗은 잘 저장해두었다가 다음해에 이용하면 비싼 씨앗도 낭비 없이 사용하고 실익을 올릴 수 있다.

열매채소류의 토양 병해는 내병성 대목에 접목함으로써 피할 수 있다. 특히 환경오염 때문에 토양소독이 점차 문제가 되므로 접목묘의 이용이 한층 많아지고 있다.

가정 텃밭에서도 수박·가지·오이는 접목묘가 많이 이용되기 시작하였지만 토마토·피망 등에는 아직 거의 사용되지 않고 있다.

이것도 접목 생산에 많은 노력과 기술을 필요로 하고 모종 가격이 비싸기 때문인데, 접목을 하면 이어짓기를 할 수 있다.

또, 강건성이 높아지는 등의 효과도 있으므로 앞으로는 가정 텃밭에서도 접목묘의 이용이 한층 늘어날 것으로 예상된다.

농약의 올바른 사용방법

농약

유제의 원액은 뚜껑으로, 수화제는 작은 숟가락으로 양을 잰다. 작업은 고무장갑을 끼고 한다

규정량의 물에 농약을 넣는다

농약을 넣고 막대기 등으로 잘 저어준다

살충제

해충이 있는 곳을 겨냥하여 집중적으로 뿌린다

약물이 잎에 빠짐없이 구석구석 안개 모양으로 붙게 뿌린다. 흘러내리는 듯 하면 잘 붙지 않는다

잎·뿌리채소의 경우

살균제

먼저 잎 뒷면에 뿌리고 나서 표면에 충분히 뿌린다

열매채소의 경우
아래 잎부터 차례차례 위로

대부분의 채소는 거의 모든 종류가 병해충이 발생하고, 그냥 놔두면 치명적인 피해를 입는 일도 적지 않다.

재배하기 전에 주의해야 할 병해충의 종류나 발생의 징후, 발생시기 등을 염두에 두고 항상 관찰을 게을리 하지 않는다.

병해충은 결코 한꺼번에 발생하지 않고, 처음에 특정 포기와 잎에 발생하여 며칠 지나면 전체에 퍼지므로 초기 발생단계에서 빨리 약제를 뿌리는 것이 가장 효과적이다. 또, 약제 사용량도 줄일 수 있다.

약제에 따라서 적용 병해충과 작물, 농도, 사용 가능한 횟수, 수확 며칠 전까지 사용할 수 있는지 등이 다르므로 설명서를 잘 읽고 틀리지 않도록 주의한다. 또, 설명서를 버리지 않고 잘 보관해두었다가 잊어버리면 다시 읽고 주의해야 한다.

수화제·유제의 사용방법

살포에 필요한 물의 양에 약제를 넣고 잘 혼합하여 사용한다. 필요량은 채소 종류나 생육단계에 따라 많이 다른데, 한창 자랄 때의 오이·토마토는 1포기당 약 100~200cc, 양배추·배추는 약 30~50cc 정도이다.

뿌릴 때는 분무기의 압력을 충분히 높여 병해의 경우에는 병원균이 가장 침입하기 쉬운 곳, 병반이 나타나기 시작한 곳에 중점적으로 뿌린다. 그 부위는 빗물 때문에 흙이 튀어 오르기 쉬운 아래쪽 잎의 뒷면이고, 병해에 따라서 줄기의 기부 등이 해당된다. 분무하는 입구를 위로 하여 아래쪽 잎의 뒷면을 겨냥하고 차례로 위쪽의 잎으로 올라가며, 마지막에 잎 전체의 표면에 골고루 뿌린다. 이 때 주의할 것은 고운 안개가 잎 전체에 구석구석 빠짐없이 붙어 있는 듯한 상태가 바람직하며, 물방울이 바로 떨어지는 것은 오히려 잘 붙지 않으므로 안 좋다.

살충제 뿌리는 방법

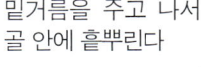
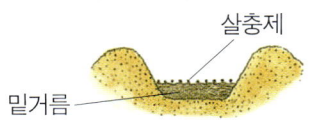

밑거름을 주고 나서 골 안에 흩뿌린다

3~5cm 흙을 덮고 옮겨 심거나 씨를 뿌린다

포기 주위에 점점이 흩뿌린다

분무기 보관

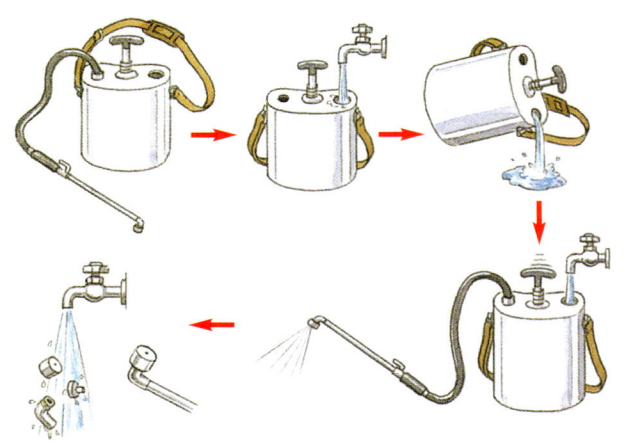

사용 후에 통 안을 물로 잘 씻고, 다시 물을 넣고 노즐을 뺀 후 물을 내보내면서 잘 씻는다. 노즐도 하나하나 분해해서 물로 잘 씻는다

농약 보관장소

뚜껑을 잘 닫고 서늘하고 어두운 곳에 보관한다

아이들 손이 닿지 않는 곳에 보관한다

해충의 경우에는 해충이 발생하면 발생부위(대부분 잎 뒷면)를 겨냥하여 중점적으로 약제를 뿌린다. 응애나 진딧물류 등은 1회 살포로는 효과가 없다. 이 해충들은 세대교체가 빠르고, 또 바로 성충이 되어 피해를 주므로 4~5일 간격으로 2~3회 뿌려야 한다.

또, 파류·양배추·브로콜리 등과 같이 잎이 납 물질로 덮여 있는 것은 살균제·살충제 모두 잘 붙지 않으므로 전착제 넣는 것을 잊지 않는다.

토양 처리 살충제, 유인 살충제의 사용방법

흙 속이나 뿌리 표면, 줄기 속에 사는 해충이나 진딧물 등을 예방하기 위해 사용하는 침투성 살충제는 알갱이로 되어 있으므로 옮겨 심기 전에는 골 안, 생육 초기에는 포기 주위에 뿌려서 흙과 섞어준다.

민달팽이 등의 유인 살충제는 밤에 돌아다니는 피해부분 근처의 지면에, 두더지의 기피제는 행동하는 통로에 놓아 효과를 얻는다.

분무기 보관과 농약의 보관상 주의

많은 약제가 금속을 부식시키거나 고무패킹 등을 못 쓰게 하기 쉬우며, 분무기는 보관이 잘 안 되면 의외로 쉽게 손상된다.

사용이 끝나면 바로 물로 씻는다. 노즐을 빼서 수압을 세게 하여 물이 완전히 깨끗해질 때까지 잘 씻는다. 노즐의 분수판도 빼서 청소한다. 또한 노즐은 마모되어 분무 입자가 커지므로 적기에 바꾸어야 한다.

가정 텃밭에서 사용하는 농약의 1회 분량은 소량이다. 그래서 용기를 개봉한 채 창고 등에 보관한다. 사용하고 남은 농약은 확실하게 뚜껑을 닫아 햇빛이 닿지 않는 서늘한 장소에 보관하면 1~2년은 충분히 효과가 지속된다.

보관할 때는 반드시 아이들 손이 닿지 않는 장소여야 한다. 또, 사용한 용기도 규정에 따라 처분하고, 어린이들이 놀이에 사용하지 않도록 엄격하게 관리한다.

재배도구 · 자재 (기계)

관리도구 · 경작도구

경작용 농기구와 관리용 도구

괭이 · 제초괭이 · 낫 · 제초낫 · 삽 · 모종삽 등은 가정에서 텃밭을 처음 시작할 때 필수품이다. 농가라면 완비되어 있겠지만 처음 텃밭을 만들 때는 제일 먼저 준비해야 한다. 준비해야 할 재배용 관리도구는 물을 주는 물조리개, 호스, 노즐 등이다. 물조리개에는 플라스틱 · 철 · 스테인리스 · 동 제품이 있으며 후자로 갈수록 물 나오는 방식이 보다 균일한데, 최근에는 플라스틱제품이 많다. 호스에는 고무 · 비닐 제품이 있으며, 고무제품이 쭈그러들지 않지만 무게가 있어 운반에 어려움이 있다.

물을 내뿜는 부분인 노즐에는 아이디어제품이 많아서 손잡이로 살수범위를 바꾸거나 수량 조절, 또는 물을 멈추게 하는 것도 있다. 밭이 넓으면 고르게 뿜어져 나오는 물주기용 튜브를 사용하는 것이 편리하다.

약제 살포용 분무기도 필수품이다. 일반적인 것은 등에 메는 배부식으로 플라스틱과 스테인리스 제품이 있으며, 플라스틱은 가벼워서 취급하기 편리하지만 내구성이 있고 물이 균일하게 나오는 것은 스테인리스제품이다.

토마토 · 가지 등의 착과 호르몬 살포용으로는 소형 분무기를 사용한다. 이외에 수확용 가위도 준비해두는 것이 좋다.

모기르기용 자재

전열가온 매트

연질 비닐포트

채소용으로는 토기 화분보다 연질 비닐포트가 훨씬 사용하기 편리하다. 3호(지름 9㎝), 4호(지름 12㎝)를 준비한다

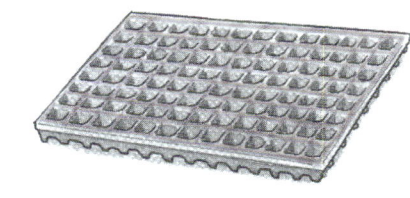
셀 트레이

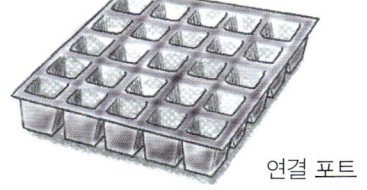
연결 포트

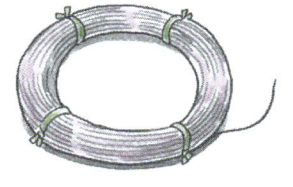
농업용 전열선

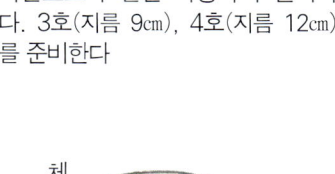
체

눈 크기가 다른 몇 종류가 세트로 판매된다

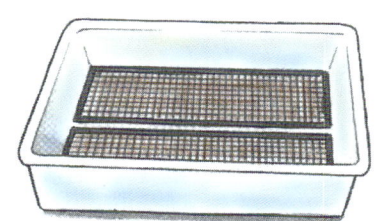
플라스틱 모종상자

자동온도조절기

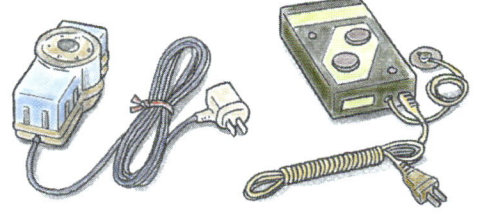

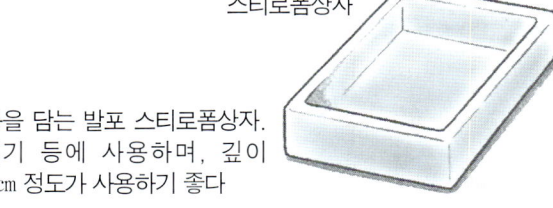
스티로폼상자

생선 등을 담는 발포 스티로폼상자. 씨뿌리기 등에 사용하며, 깊이 8~10㎝ 정도가 사용하기 좋다

저온기에 모종을 기르기 위한 가온용 발열체로는 전열가온에 사용되는 농업용 전열선이나 평면의 전열매트가 판매되고 있다. 일반적으로는 농업용 전열선이 사용되며 220V, 1.5kW, 길이 80m 정도로 10~12㎡의 모판을 데울 수 있다. 평면 전열매트는 아주 소규모 면적(1㎡ 내외)에 이용하기 좋다. 자동온도조절기는 온도를 임의로 제어할 수 있고 전기료도 절약된다. 일반적으로 단상 500W용을 많이 사용한다. 전기 용량에 맞추어 적당한 규격을 선택한다. 발아용이라면 전구를 이용한 발열도 효과적이다.

모종상자는 깊이 8~10㎝, 35~40×45~50㎝ 정도의 크기가 사용하기 쉽고, 각종 경질 플라스틱제품이 판매된다. 밑바닥이 망모양이어서 물빠짐이 좋고, 상토가 빠지지 않는다. 생선용 스티로폼상자도 크기나 모양에 따라 여러 가지가 있으므로 밑에 구멍을 뚫어서 모종상자 대신 이용할 수도 있다.

모기르기용 포트는 연질 폴리에틸렌제품이 여러 가지 있다. 최근에는 연결 포트, 셀 모종용의 셀 트레이도 여러 종류가 판매되고 있다. 78구·128구인 것이 사용하기 편리하다.

단, 여기에는 전용 피트모스가 들어 있는 균질의 상토를 사용해야 한다.

지주세우기 · 바닥덮기 자재

유인이나 결속용 폴리에틸렌 테이프나 끈은 200m 정도가 1두루마리로 판매되고 있다

지름 4~5㎜의 유리섬유파이버

지름 10㎜ 정도의 경질 플라스틱파이버

터널용 골재

지주
강관에 플라스틱을 표면 처리 한 것. 플라스틱 파이프 등 몇 가지가 있다

필름은 길이 50 · 100m 단위로 판매된다. 폭 · 두께 등이 다른 여러 종류의 규격제품이 있다

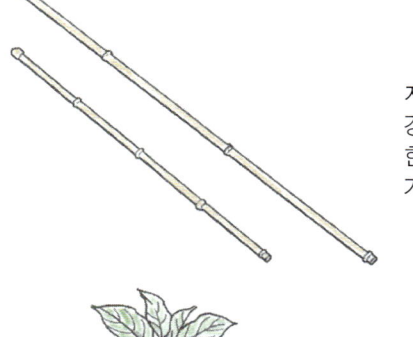

키가 작은 가지 · 피망 등은 1~1.2m의 것을 사용

오이 · 토마토 등 키가 큰 채소에는 1.8~2.3m 정도의 것을 세운다

터널용 피복필름으로는 염화비닐이 많이 이용된다. 폴리에틸렌보다 보온력이 있다. 따뜻한 지방, 저온성 채소라면 폴리에틸렌도 괜찮다

    대나무를 구할 수 있으면 대나무를 지주로 활용하면 좋다. 대나무를 구할 수 없으면 강관에 플라스틱을 씌운 지주(컬러강관 등)를 사용한다. 대나무보다 더 비싸지만 오래 사용할 수 있으므로 1년당 경비를 비교해보면 비교적 싼값이다.

    열매채소용으로는 지름 10~12㎜, 길이 1.8m의 지주가 좋다. 표면에 대나무같이 마디나 혹모양의 작은 돌기가 있는 것은 미끄러지지 않아 묶는 데 편리하다.

    터널이나 텐트용 필름 지지재로는 유리섬유파이버나 강철로 만든 철사, 가는 파이프 등을 사용한다. 유리섬유파이버는 값이 비싸지만 오래 사용할 수 있고, 또 사용하지 않을 때 작게 묶어둘 수 있으므로 수납도 편리하다.

    터널이나 비닐하우스의 보온에는 염화비닐이나 폴리에틸렌 등의 필름을 사용한다. 재질은 물론이고 폭(넓이) · 두께 · 투명도 · 색깔 이외에 물방울이 흘러내리는 성질 등이 다른 다양한 상품이 개발되어 있지만 가정에서 구입할 수 있는 상품은 한정되어 있다.

비닐필름 등 간편한 피복자재

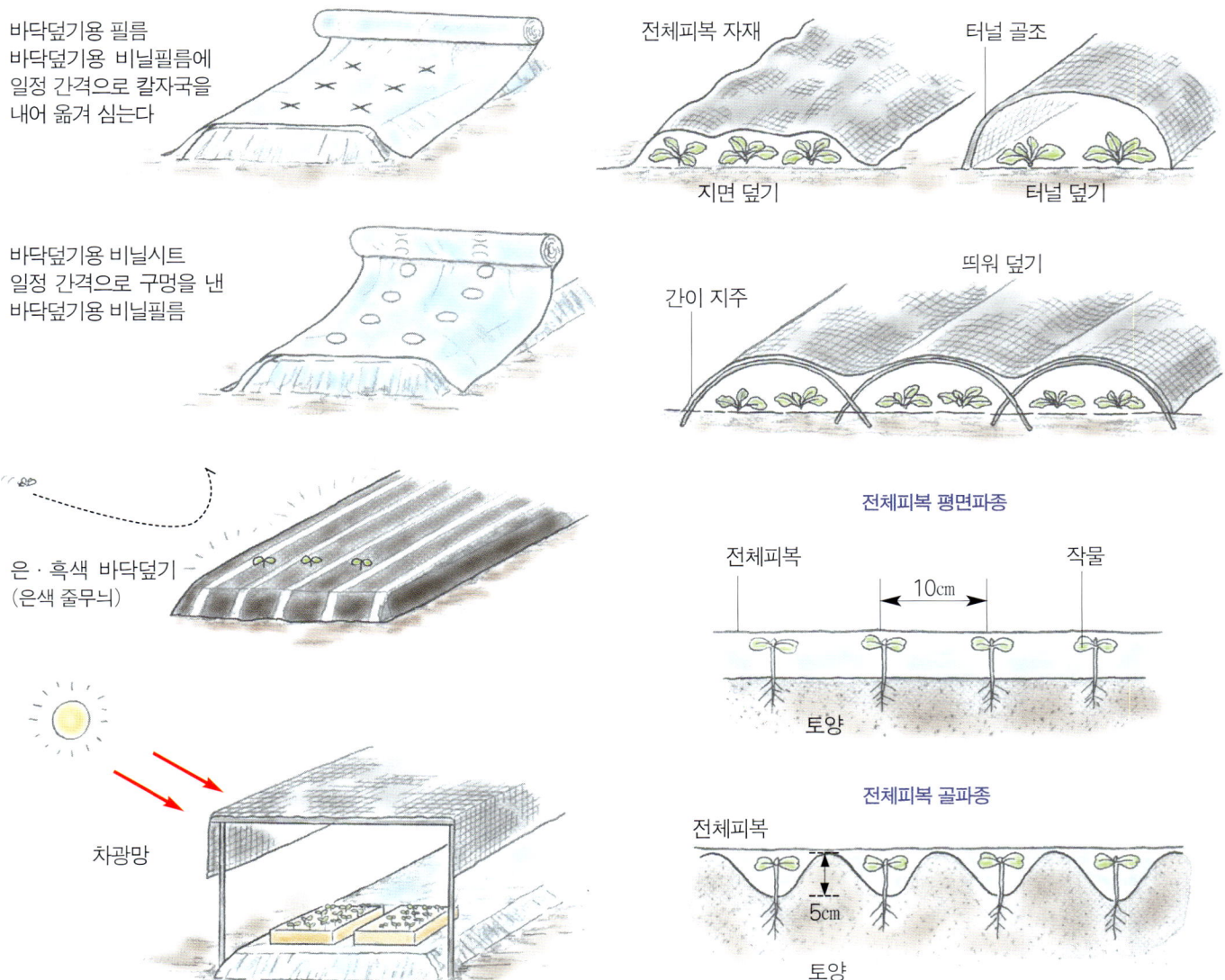

 터널재배용 필름으로는 보통 폭 180cm, 두께 0.075~0.1mm의 투명제품을 사용한다. 염화비닐의 보온력이 조금 우수한 경우가 많은데, 폴리에틸렌은 가격이 싸지만 바래기 쉬운 성질이 있다.
 지면에 필름을 까는 바닥덮기재배는 지온 상승의 주된 목적 이외에, 지면에서의 수분 증발을 억제하여 토양 수분을 유지하고, 흑색 필름은 잡초를 억제하는 등 일석삼조의 효과가 있으므로 가정 텃밭에서 가장 간단한 조기수확 방법으로 널리 이용할 수 있다. 바닥덮기용 필름은 폴리에틸렌의 두께 0.02mm 내외의 아주 얇은 것을 이용하므로 가격도 매우 싸고 실용적인 면에서 효과가 크다. 바닥덮기용 필름에 구멍을 내어 씨를 뿌릴 수 있게 한 비닐시트, 반사율을 높여 진딧물이 날아오는 것을 줄이는 기능이 있는 반사멀칭 등도 판매되고 있다.
 빛을 차단하기 위한 차광망이나 작물의 잎 위에 직접 씌우는 전체피복 자재 등도 보온이나 방충 자재로 이용되며, 한랭지에서는 골파종이라는 새로운 재배법도 생겨났다.

용기재배

뜰의 한쪽 구석이나 테라스·베란다 등에서 즐기는 플랜터나 스티로폼상자 등을 이용한 채소 재배는, 밭을 갖고 있지 않은 사람은 물론이고, 밭이 있는 사람도 밭과는 다른 채소재배의 매력을 맛볼 수 있다.

장점은 신선한 것을 아주 가까운 곳에서 수확할 수 있다는 것 외에 다음과 같이 많다.

① 가까운 곳이므로 부족한 여가시간을 활용하여 매일 채소를 손에 넣을 수 있다.
② 채소 하나하나의 모양·색·생장상황을 가까이에서 즐길 수 있다.
③ 사용하는 흙이 최소한이므로 재료를 인위적으로 배합하여 좋은 조건의 흙을 언제든지 간단하게 만들 수 있다.
④ 이어짓기장해에 구애받지 않고 매년 같은 장소를 이용할 수 있다.
⑤ 생육에 좋은 장소, 안전한 장소를 찾아서, 또는 생장상황에 따라서 위치나 놓는 장소를 임의로 변경할 수 있다.

여러 가지 용기

플랜터
용기재배에서 가장 일반적인 플라스틱 성형용기다. 보기에도 깨끗하고 보기 좋을 뿐 아니라, 바닥을 이중으로 만들어서 안에 바닥망을 넣어 물이 잘 빠지게 하는 등의 기능적인 면도 있다. 대부분은 직사각형인데 둥근 모양의 무늬 화분도 여러 종류가 있다.

스티로폼상자
생선가게 등에서 흔히 볼 수 있는 발포 폴리스티로폼을 재료로 한 생선상자로 줄여서 스티로폼상자라고 한다. 종류는 매우 많다. 판매되지 않으므로 생선가게 등에서 사용한 것을 얻을 수밖에 없다. 바닥에 구멍이 없는 것은 바닥에 지름 3cm 내외의 구멍을 3~5개 뚫는다.

이밖에 비료포대 등 여러 가지 재료를 사용할 수 있다. 토기 화분은 너무 잘 건조해져서 물주기를 감당하지 못할 정도이므로 아주 작은 채소 이외에는 사용하지 않는 것이 좋다.

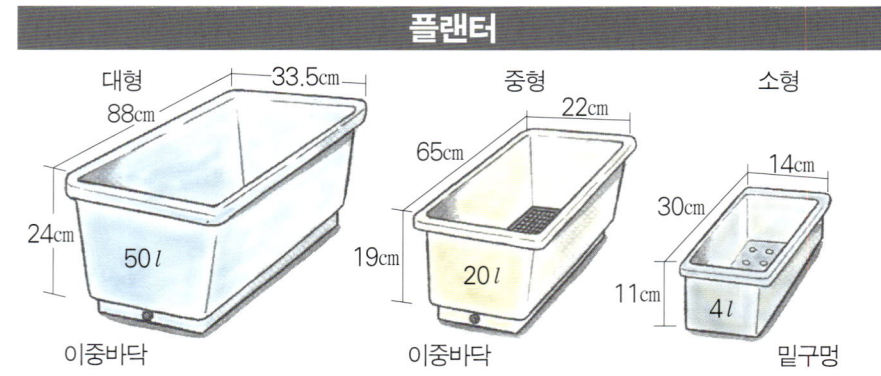

플랜터재배가 가능한 채소와 재배방법의 난이도

종류		쉬운 것	조금 정성을 들이면 가능한 것	꽤 정성을 요하는 것
봄파종 (옮겨심기)	잎줄기채소	무순·파슬리·차조기·크레송	양상추·엔다이브·파드득나물·파·시금치·부추·샐러드채·펜넬	
	뿌리채소	래디시·작은순무	감자·비트·생강	토란
	열매채소	강낭콩·방울토마토	가지·오이·피망·풋콩·여주·오크라·김치참외·동아·주키니	수박·토마토·멜론
여름파종 (옮겨심기)	잎줄기채소	무순	브로콜리·콜라비·양상추·엔다이브·방울다다기양배추	셀러리·브로콜리·파드득나물
	뿌리채소		20일무·순무	당근·무
	열매채소	방울토마토	강낭콩	오이
가을파종 (옮겨심기)	잎줄기채소	무순·절임채류·크레송	파슬리·양파·샐러드채·쑥갓·쪽파·산파	브로콜리·방울다다기양배추
	뿌리채소	래디시·작은순무	비트	
	열매채소		딸기·완두·누에콩	

용기재배에 알맞은 채소

플랜터나 스티로폼상자 등의 크기를 정하고 놓을 위치만 찾으면 대부분의 채소를 재배할 수 있다. 일반적으로 누구나 쉽게 기를 수 있고 성공률이 높은 채소와 그렇게 간단하지 않은 채소도 있다. 또 가까이에서 기르는 것을 원칙으로 하는 플랜터나 스티로폼 재배는 밭에서의 재배와는 달리 보기에도 아름다운 관상가치도 기대할 수 있으므로 종류가 한정된다.

용기재배에 적당하다고 생각되는 채소 종류를 재배방법의 난이도에 따라 나누어 정리해보면 위의 표와 같다.

역시 생육기간이 짧고 크기가 작은 종류는 관리 시간과 수고가 적게 들며, 용기도 비교적 작아도 되고 만족도도 높다. 이에 비해서 생육기간이 긴 것, 특히 꽃이 펴서 열매를 맺고 그 열매들이 성숙해야 하는 것은 키우기 어렵고 성공률도 낮다. 더구나 작물이 매우 크게 자라거나 덩굴이 길게 뻗는 것은 용기에 맞는 그 나름대로의 가지고르기 방법이 필요하다. 예를 들면 가지나 피망의 곁가지 신장을 주로 한 가지고르기 방법이나, 완두·강낭콩 등의 순지르기하여 곁가지를 신장하는 방법, 수박이나 멜론의 사각지주 세우기 등의 방법이 있다.

그러나 각각 관리방법을 연구하여 정성들여 기르면 밭 재배와는 다른 즐거움을 맛볼 수 있다. 생장도 자세하게 관찰할 수 있으므로 채소의 아름다움이나 꽃의 향기로움 등을 새삼 발견할 수도 있을 것이다.

또한 가까이에서 재배하므로 갓 수확한 신선도가 높은 채소로 식탁을 풍요롭게 할 수도 있다. 특히 신선도를 중시하는 허브나 향신채, 샐러드나 반찬용의 연약한 잎줄기채소류 등은 반드시 함께 재배해본다.

상토 만드는 방법

① 야자껍질을 물에 적신다

② 흙에 퇴비·야자껍질 등의 유기물을 넣는다

③ ②에 다시 버미큘라이트 등을 넣는다

④ 전체를 잘 섞어서 떼알구조를 만든다

⑤ 두꺼운 필름 등의 위에 놓고 두 사람이 위 아래로 움직이면 쉽게 잘 혼합된다

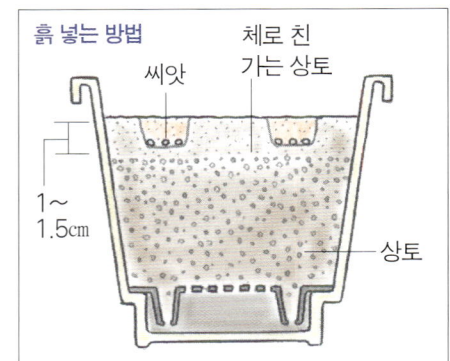

흙 넣는 방법

밭은 뿌리 주위에 흙이 많지만 플랜터나 스티로폼상자는 상토의 양이 제한된다. 따라서 이처럼 적은 상토에서 뿌리를 잘 뻗게 하고, 잦은 물주기에도 표면이나 흙 속이 굳지 않으며, 비료의 유실도 적은 우수한 성질의 상토를 준비해야 한다.

기본 재료는 다음과 같다.

① 밭흙 : 같은 종류의 채소를 3~4년 이상 재배하지 않은 밭흙이나, 밭의 50cm 이하의 하층토 또는 산의 하층토 이외에 논흙 등에 석회를 넣고 쌓아두어 풍화시킨 것도 좋다.

② 부엽토 : 낙엽을 쌓아서 발효 분해시킨 것. 집에서 만든 완숙퇴비(병이 없는 것)나 피트모스·야자껍질을 대신 사용해도 좋다.

③ 녹소토 : 화산지대의 알갱이 모양의 붉은 흙으로 구할 수 없으면 펄라이트나 버미큘라이트 등을 대신 사용해도 좋다.

재료들의 배합 비율은 채소의 종류에 따라서 약간씩 달라진다.

단기간에 재배하며 크기도 작은 시금치·쑥갓·소송채 등의 채소는 밭흙 : 부엽토(유기질 재료) : 녹소토의 비율을 7 : 2 : 1 정도로 하고, 매우 오랫동안 생육시키고 뿌리도 잘 뻗는 토마토·가지·피망 등은 5 : 4 : 1, 그밖에 뿌리의 산소 요구량이 가장 많은 오이·멜론 등은 4 : 5 : 1의 비율로 혼합한다.

재료들을 혼합할 때 깻묵과 화학비료, 그리고 밭흙에 석회를 미리 넣지 않은 경우는 석회도 함께 넣는다. 각각의 양은 일단 완성된 혼합상토 1 l 당 깻묵 2g, 화학비료 1g, 석회 0.5g을 기준으로 하고, 비료가 많이 필요한 것은 약간 양을 늘린다. 소량이므로 잘 섞어야 한다. 판매하는 채소용 상토는 그냥 사용한다.

씨뿌리기 · 아주심기

파종골 만드는 방법 (예 : 소송채)

널빤지를 눌러서 골을 만들고 씨앗을 뿌린다

모종 아주심기

① 감자는 상토를 화분의 반 정도 넣고 씨감자를 심는다

토마토 · 가지 등은 용기 모양이 길어도 2포기 심는 것이 한계

② 싹이 15~20㎝ 자라면 흙을 더 넣어 가득 채운다

깊고 표면적이 작은 용기는 가운데에 1포기 심는다

파종구 만드는 방법 (예 : 콩류)

깊이 1㎝ 정도의 구멍을 만든다

3~4개씩 씨를 뿌린다

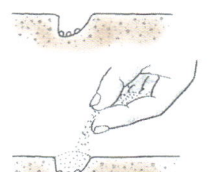

5㎜ 정도의 두께로 흙을 덮는다

③ 씨감자의 위쪽에 자라나온 줄기 끝이 굵어져서 감자가 된다

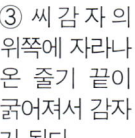
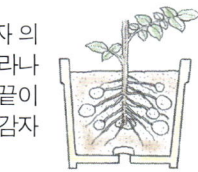

오크라 · 강낭콩 등은 크고 긴 모양이면 3포기 심는다

씨뿌리기 포인트

소송채 · 시금치 · 쑥갓 · 작은순무 · 래디시 등의 연약하고 작은 채소는 긴 모양의 플랜터나 스티로폼상자를 이용하여 길이로 2줄 줄뿌림하면 좋다. 그러면 가운데에 공간이 만들어져서 통풍도 좋고, 솎아내기나 웃거름 · 중간갈이 등의 작업이 쉬워진다.

씨앗이 고르게 잘 발아하려면 흙을 표면에 1~1.5㎝ 정도 체로 곱게 쳐서 넣고, 널빤지 등으로 파종골을 폭 1.5~2㎝, 깊이 1㎝ 정도 되게 만들어서 씨를 뿌린다. 흙은 5㎜ 정도의 두께로 덮고, 널빤지 또는 손바닥으로 가볍게 눌러준 후에 물을 충분히 주고 신문지(저온기에는 신문지 위에 비닐까지)를 덮어서 발아를 촉진한다.

콩류나 옥수수 등 씨앗이 크고 큰 포기로 자라는 것은 포기간격을 넓게 잡아야 하므로 2~3군데에 3~4개씩 점뿌림한다.

아주심기 포인트

모종 : 토마토 · 가지 · 피망 등 모종을 옮겨 심어 크게 키우는 것은 플랜터나 스티로폼상자도 되도록 큰 것을 사용하며, 깊고 표면적이 작은 용기라면 가운데에 1포기 심고, 긴 모양도 2포기 심는 것이 한계다. 소형인 방울토마토나 잎이 작고 옆으로 퍼지지 않는 오크라 등은 긴 모양의 중형에 2포기, 크고 긴 모양이라면 3포기 심을 수 있다. 화분에서 빼낸 뿌리흙 위에 겨우 흙이 덮일 정도로 심고 깊이 심는 것은 피한다. 또 포기 아래의 지면이 약간 올라올 정도로 심어 포기 밑동 부근이 너무 습하지 않게 한다. 특히 접목한 것을 깊이 심는 것은 접수 자체의 뿌리가 자라므로 안 된다.

덩이뿌리 · 덩이줄기 등 : 감자는 긴 모양에서 2포기, 깊은 모양에서 1포기가 한계다. 생강은 5㎝ 정도의 간격으로 전체에 씨생강을 심는다. 흙은 용기에서 5~6㎝ 떨어지게 넣고, 다음에 흙을 더 넣어 가득 채운다.

베란다재배에서 중요한 점

베란다재배에 알맞은 채소

분류	채소
잎줄기채소	소송채 · 쑥갓 · 파드득나물 · 샐러드채 · 실파 · 쪽파 · 파슬리 · <u>차조기</u> · 크레송 · 각종 허브
열매채소	가지 · 피망 · 고추 · 방울토마토 · 오크라 · 강낭콩
뿌리채소	당근 · 작은순무 · <u>생강</u> · 래디시

―― 은 빛이 조금 약해도 성장

물을 흡수하는 양은 일사량과 거의 비례. 같은 채소라도 맑은 날과 흐린 날은 6~8배의 차이가 있다. 물을 주는 양도 여기에 비례하여 정한다.

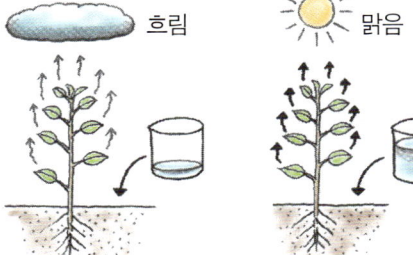

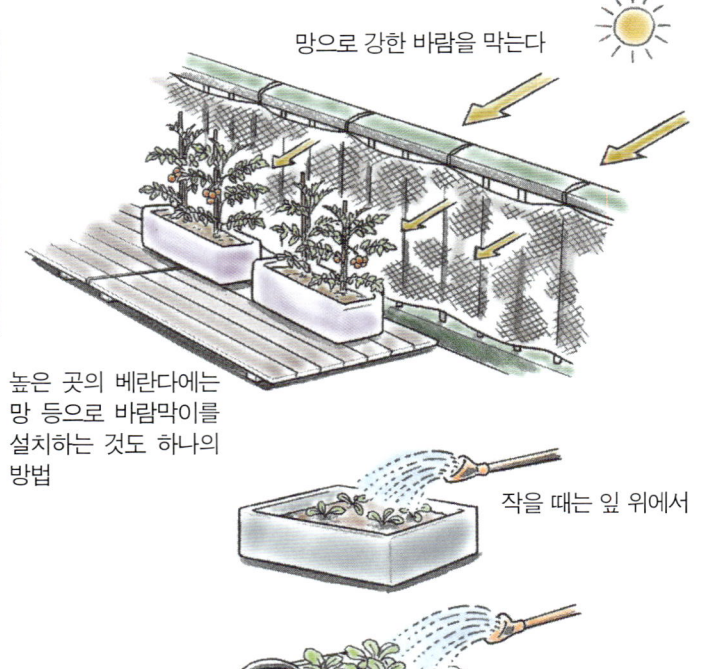

망으로 강한 바람을 막는다

높은 곳의 베란다에는 망 등으로 바람막이를 설치하는 것도 하나의 방법

작을 때는 잎 위에서

1주일에 1회 정도 밑바닥에서 물이 흘러나올 정도로 충분히 주어 상토 전체를 적신다

용기재배는 밭재배와는 달리 운반이 가능하고, 필요에 따라 장소를 이동할 수 있다는 큰 장점이 있다. 놓는 장소의 햇빛 · 바람 · 온도 · 습도 등의 조건과 계절마다의 변화를 평소에 잘 관찰하고 파악하여 채소의 종류 · 생육단계 등에 맞춰서 장소를 바꾸어준다.

특히 생육기간이 긴 것, 예를 들면 일년 내내 걸리는 파슬리 등은 봄에는 햇빛이 잘 드는 곳에, 여름에는 반음지에, 겨울에는 처마 밑 등으로 옮겨서 계절마다 밭보다 좋은 것을 수확할 수 있다. 키가 큰 것과 작은 것의 배치도 일조량과 시선 등을 고려하여 때때로 바꾼다.

또 태풍이나 폭우 때에는 잎이 연한 채소가 제일 많이 피해를 입으므로 안전한 장소에 우선적으로 피난시킨다. 이것은 밭에서는 결코 할 수 없는 일이다.

햇빛이 조금밖에 비치지 않더라도 단기간이라면 실내에 들여놓을 수 있는 채소도 있고, 작은 용기에 옮겨 식탁에서 관상하면서 먹는 것도 있다.

물주기 방법을 제대로 안다는 것은 어렵지만 재배면적이 넓지 않은 용기재배에서는 특히 물주기에 따라 성공이 크게 좌우된다. 그것은 작물의 크기, 기상조건에 따라 흡수량 · 증발량이 많이 다르므로 거기에 맞는 물주기 양의 기준을 파악하기 어려우며 물을 주는 작업 자체에 비결이 있기 때문이다.

중요한 점은 너무 건조하다는 것은 알기 쉽지만 과습은 판단하기 어려우므로 너무 습해지지 않는 상토를 사용하고 물을 충분히 주어야 한다. 잎과 줄기가 커서 화분 흙의 양이 적은 것이나 성장이 빠른 것은 특히 물이 부족하기 쉬우므로 때때로 밑에서 물이 흘러나올 정도로 준다. 또 그때마다 너무 많은 물주기로 흙의 표면이 금방 단단해지므로 막대나 나무젓가락 등으로 부드럽게 만들어준다. 재배기간이 길어지면 때때로 가느다란 봉 등으로 군데군데를 밑에 닿을 정도로 찔러주어 물과 공기의 통로를 만들어주는 것도 중요하다.

웃거름을 잘 주는 방법

제한된 양의 흙에 자주 물을 주기 때문에 용기재배는 밭보다 비료성분이 녹아서 유실되기 쉽고 비료성분이 없어지기 쉽다는 특징이 있다.

그 때문에 상토에 보비력이 좋은 유기질 자재를 많이 이용하고, 깻묵 등 효과가 오래가는 유기질비료나 경우에 따라서는 완효성의 화학비료를 사용한다. 그래도 많이 부족하므로 웃거름을 신경 써서 주어야 한다.

웃거름을 줄 때 주의할 것은, 상토가 한정되어 있으므로 완충작용이 적다는 것과, 건조하기 쉬우므로 비료를 너무 많이 주면 뿌리가 비료장해를 일으키기 쉽다는 것이다. 따라서 웃거름은 한 번에 주는 분량을 적게 하여 여러 차례 나누어준다.

또 웃거름을 주고 바로 물을 충분히 주어 가볍게 흙과 혼합하는 등 비료의 효과가 나타나기 쉽게 해주는 것도 잊어서는 안 된다.

웃거름은, 온도가 높고 생장이 빠른 시기의 잎자람새가 크고 흡비력이 강한 채소는 10일에 한 번, 겨울철의 생장이 늦은 월동채소는 1개월에 한 번 정도 주는 것이 적당하다.

비료는 효과가 빠른 화학비료나 발효된 깻묵 등이 좋고, 재배기간 전체를 통하여 화학비료와 깻묵을 모두 주듯이 조합한다.

한 번에 주는 양은 상토 1l 당 화학비료는 0.5g, 깻묵은 1g 정도이다. 보통 플랜터에 상토가 10~18l 들어갈 수 있으므로 화학비료라면 가볍게 1큰술 정도가 된다.

전체적으로 옅게 주는 것보다 줄뿌림이라면 줄 가운데에, 포기심기라면 손가락으로 집어서 4~5군데에 흩어뿌리듯이 준다.

빠른 효과를 원할 때에는 성분을 많이 함유한 속효성이 뛰어난 액체비료를 규정농도로 희석하여 물과 같은 요령으로 준다.

지주세우기 · 보온

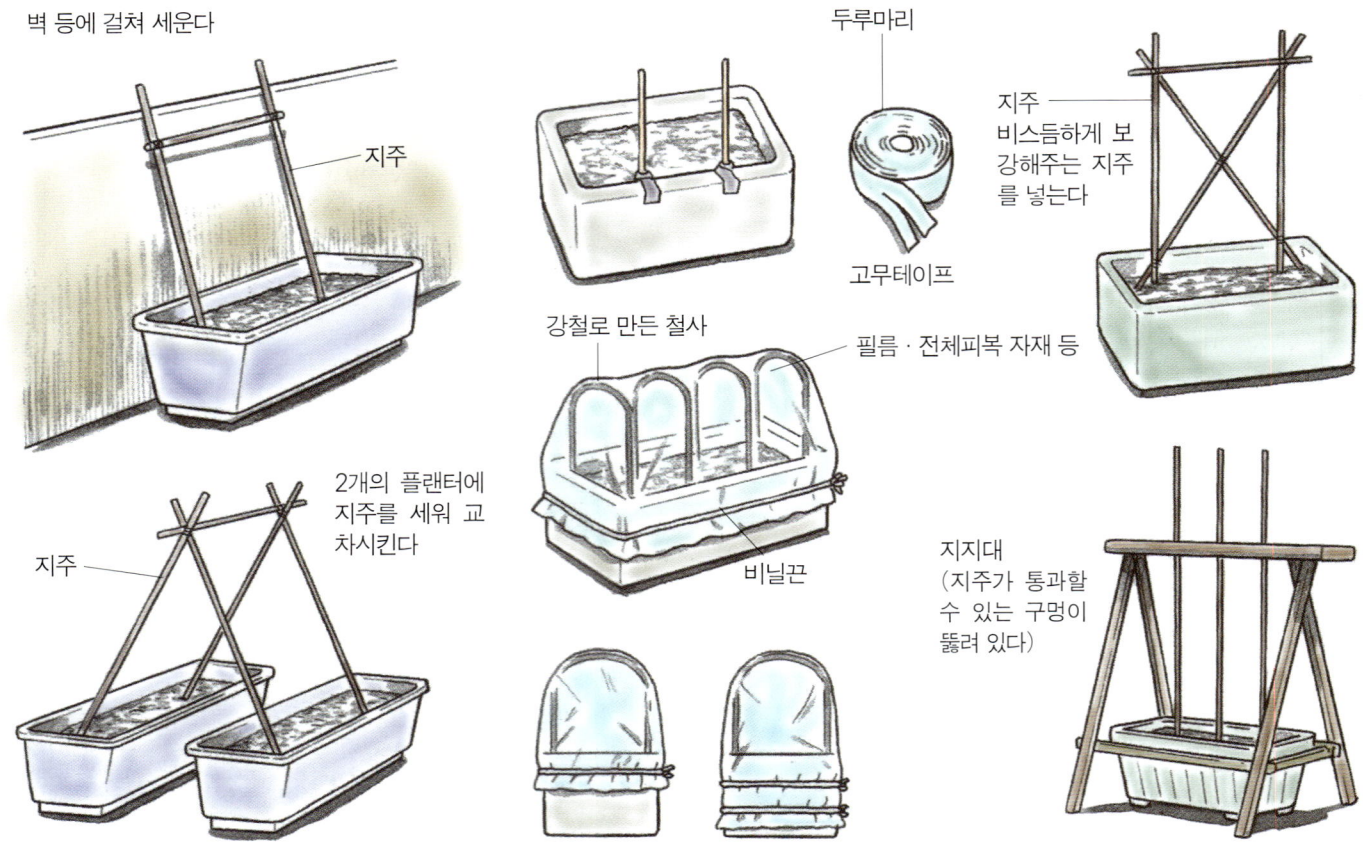

 토마토·오이·덩굴강낭콩 등처럼 줄기가 높게 자라는 열매채소류는 지주가 필요한데, 용기재배에서는 밭과 같이 쉽게 세울 수 없고 힘들다.
 상토의 양이 적은 용기에서는 거의 무리이므로 처음부터 상토의 양이 많고 깊은 용기를 선택하는 것이 전제조건이다.
 근처에 기댈 벽면이 있으면 의존할 수 있지만 플랜터 자체적으로 지지해야 할 때에는 2개의 플랜터에 지주를 세워서 교차시키는 방법이 있다.
 1개인 경우에도 대형 플랜터라면 지주를 한쪽 면에 붙여서 흙에 찔러 넣고 지주를 플랜터에 점착테이프(고무테이프 2줄)로 고정하며, 비스듬하게 또는 가로로 보강하는 지주를 넣어서 함께 묶어 고정하는 방법으로, 상당히 튼튼한 지주를 만들 수 있다. 7~8단 수확하는 토마토 등에서도 충분히 지지가 된다.
 이른 봄이나 겨울 추위에 들어서면서부터는 채소를 필름이나 보온용 자재로 보온하거나, 망 종류나 가벼운 부직포로 날개가 있는 곤충이 날아오는 것을 막을 수도 있다.
 이와 같은 경우에는 플랜터나 스티로폼상자 위에 비닐 필름 터널을 설치하거나, 밤에만 위에 보온자재(공기층이 있는 비닐시트나 모포 등)를 씌운다. 지지자재로는 꽃의 지주로 이용하는 피복 강철재나 강철 철사를 자른 것이 유용하다. 피복자재를 고정시키는 데는 비닐끈이나 점착테이프를 이용하면 좋다.
 수박이나 멜론, 작은 수박 등의 유인에는 각진 모양의 두둑 네 귀퉁이에 지주를 세우고 테이프를 2~3단 걸쳐 사각 지주를 만들어 이용하면 좋다. 최근에는 목재로 지주의 지지대를 깔끔하게 만든 전용 도구도 판매하고 있다.

상토의 재사용, 간단한 수경재배

안이 깊은 뚜껑 있는 스티로폼상자를 구하여 뚜껑에 15㎝ 간격으로 지름 3㎝의 구멍을 뚫는다

비닐주머니에 흙을 여유 있게 넣고 공기가 들어 있는 상태로 입구를 묶는다. 가능한 평평하고 표면적이 넓게 놓는다

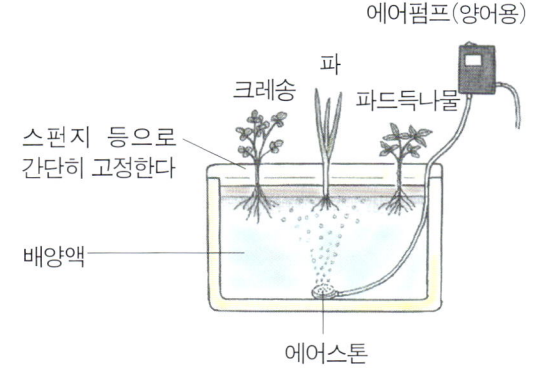

크레송 / 파 / 파드득나물 / 에어펌프(양어용) / 스펀지 등으로 간단히 고정한다 / 배양액 / 에어스톤

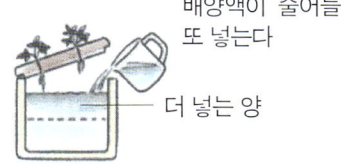

배양액이 줄어들면 또 넣는다 / 더 넣는 양

샐러드채의 수경재배

완전히 뻗은 뿌리

    채소의 플랜터재배는 상토가 많이 필요하므로 한번 사용한 흙도 반드시 재사용하게 된다.

    재사용할 때의 문제는 앞 작물의 남은 뿌리와 병해충이 늘어나 실패하지 않을까 하는 걱정이다. 그러므로 재배가 끝나면 물을 끊고, 흙이 건조한 곳에서 체를 이용하여 가능한 뿌리를 걸러낸다. 그리고 물을 충분히 주어 흙의 염류를 가능한 제거하고 투명도가 높은 비닐주머니에 습한 상태의 흙을 넣고 입구를 단단히 묶어서 햇빛 아래에 둔다. 한여름 더운 날에 하는 것이 가장 효과적이다.

    기상에 따라 다르지만 약 10~15일간 햇빛을 쬐면 대강 소독효과를 낼 수 있다.

    온도는 70℃ 이상 높이면 좋으므로 온도계로 재본다.

    '흙을 사용하지 않고 채소를 재배하고 싶다'는 생각으로 가정에서 수경재배를 해보고 싶은 사람이 늘고 있다. 수경재배에 성공하기 위해서는 배양액을 이용하고, 배양액 속에서 뻗는 뿌리에 적당히 산소를 공급해주며, 포기 아래를 확실하게 지지해야 한다.

    이런 조건들을 만족시키는 아주 소규모의 스티로폼 수경재배를 해보는 것은 어떨까?

    우선 배양액을 구입한다. 장치는 뚜껑 있는 스티로폼상자를 구하고, 산소 공급은 양어용의 소형 에어펌프로 한다. 또 사진과 같은 전용 펌프를 사용하지 않고 간단하게 재배하는 방법도 고안되었다. 채소는 잎상추 또는 샐러드채·소송채·크레송·파 등을 상점에서 구입하여 쓰고 남은 뿌리를 이용한다.

    뿌리가 뻗어 나오면 수위를 낮춰주며, 위쪽 5㎝ 이상 공중에 나오게 하는 것이 포인트이다.

주요 채소에 들어 있는 영양성분

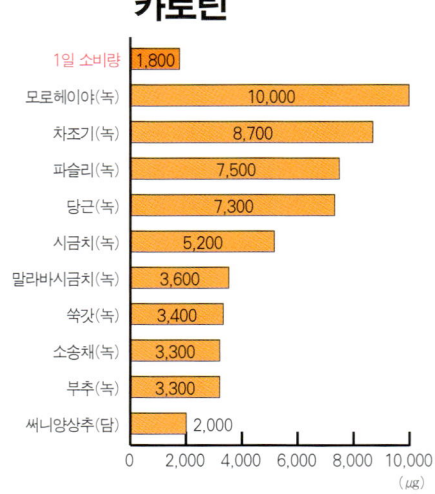
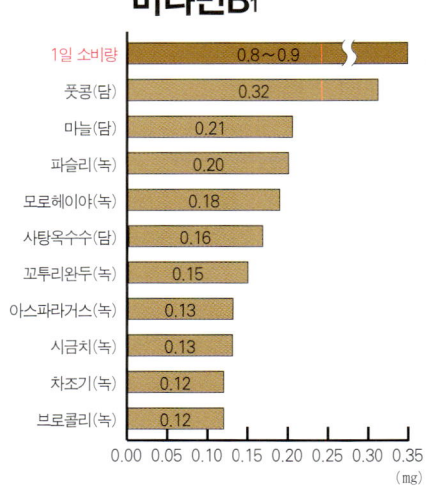
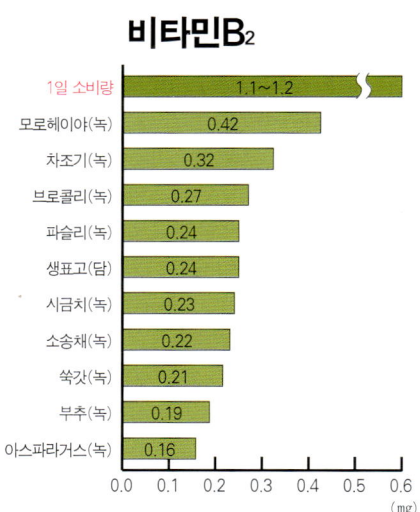

		칼슘 mg	철 mg	칼륨 mg	카로틴 µg	비타민B₁ mg	비타민B₂ mg	비타민C mg	식이섬유 g
	1일 소비량	500~600	12	2000~4000	1800	0.8~0.9	1.1~1.2	50	20~25
녹황색채소	토마토	9	0.3	230	390	0.05	0.03	20	0.7
	방울토마토	12	0.4	290	960	0.07	0.05	32	1.4
	피망	10	0.6	200	270	0.04	0.04	80	2.3
	황색피망	8	0.3	200	160	0.04	0.03	150	1.3
	적색피망	7	0.4	210	940	0.06	0.14	170	1.6
	소형 단고추	12	0.5	370	290	0.07	0.07	90	1.3
	호박	24	0.6	370	850	0.10	0.08	39	2.8
	꼬투리완두	65	0.9	220	630	0.15	0.13	55	2.3
	꼬투리강낭콩	60	1.0	280	480	0.11	0.13	9	2.4
	브로콜리	49	1.9	530	720	0.12	0.27	160	4.8
	시금치	55	3.7	740	5,200	0.13	0.23	65	3.5
	소송채	290	3.0	420	3,300	0.09	0.22	75	2.5
	쑥갓	90	1.9	610	3,400	0.09	0.21	21	3.2
	쪽파	70	0.5	270	900	0.07	0.12	44	3.8
	부추	50	0.6	450	3,300	0.06	0.19	25	2.0
	모로헤이야	260	1.0	530	10,000	0.18	0.42	65	5.9
	파슬리	190	9.3	810	7,500	0.20	0.24	200	5.8
	아스파라거스	21	0.6	270	340	0.13	0.16	12	1.7
	파드득나물	40	1.4	390	1,800	0.04	0.10	20	2.1
	차조기	220	1.6	470	8,700	0.12	0.32	55	0.0
	말라바시금치	200	1.5	420	3,600	0.04	0.12	80	0.0
	청경채	130	1.1	320	1,500	0.04	0.09	29	1.4
	당근	39	0.8	400	7,300	0.07	0.05	6	2.4
담색채소	가지	16	0.4	220	41	0.04	0.04	5	1.8
	오이	24	0.4	210	150	0.04	0.04	13	0.8
	사탕옥수수	3	0.6	300	44	0.16	0.14	10	3.4
	풋콩	90	1.7	690	110	0.32	0.16	301	0.1
	양배추	43	0.4	210	18	0.05	0.05	44	1.9
	컬리플라워	24	0.7	380	7	0.10	0.10	65	2.6
	배추	35	0.4	230	13	0.04	0.04	22	1.1
	파	47	0.6	180	150	0.04	0.06	14	2.3
	양파	15	0.4	160	0	0.04	0.01	7	1.4
	마늘	15	1.0	720	0	0.21	0.11	19	8.4
	양상추	21	0.5	220	130	0.06	0.04	6	1.4
	써니양상추	65	1.8	410	2,000	0.10	0.10	17	2.0
	셀러리	34	0.2	360	290	0.03	0.03	6	1.3
	무	30	0.3	240	0	0.03	0.02	15	1.2
	순무(뿌리)	37	0.3	230	0	0.03	0.03	17	1.4
	우엉	49	0.8	330	0	0.04	0.07	4	8.5
서류	감자	5	0.5	450	0	0.11	0.03	23	1.1
	토란	22	0.8	610	0	0.09	0.07	5	1.9
	생강	12	0.3	340	0	0.03	0.03	2	2.5

· 먹는 부분 100g 기준의 성분 함유량

병해충 방제방법

병해충	방제방법과 주의사항	비고
바이러스병 황화시들음병	많은 바이러스병은 진딧물로 매개되고, 황화시들음병은 총채벌레로 매개되므로 이들 해충을 방제한다.	황화시들음병은 토마토·피망·땅콩에 발생한다.
풋마름병	이어짓기를 피하고 토양의 물빠짐이 좋게 하며 토양을 소독한다.	토마토·가지·감자에 발생한다.
세균에 의한 반점성 병	비가 계속 오거나 상처를 입거나 잎에 물을 주면 발생한다. 무기동 수화제, 유기동 수화제, 가스신보르도 수화제를 뿌린다.	궤양병·반점세균병·무름병 등 많은 작물에 발생한다.
모잘록병	캡탄 수화제를 물뿌리개로 준다.	대부분의 모종에 발생한다.
사상균에 의한 반점성 병	타로닐, 지오판 수화제, 만코지 수화제를 1주일~10일 간격으로 뿌린다.	겹무늬병·탄저병·검은무늬병·갈색무늬병·흰무늬병·잎마름병·줄기시들음병 등
흰가루병	지노멘 수화제, 마이크로부타닐 수화제, 지오판 수화제를 뿌린다.	많은 작물에 발생한다.
잿빛곰팡이병	이프로 수화제, 지오판 수화제를 뿌린다.	많은 작물에 발생한다.
역병 뿌리썩음병	메타실동 수화제, 옥사딕실-염기성염화동 혼합수화제, 캡탄 수화제 80을 뿌린다. 뿌리나 땅 닿은 부분의 줄기가 감염되었을 때에는 물뿌리개로 포기 밑에 뿌려준다.	토마토는 잎과 줄기, 감자는 잎, 오이는 뿌리가 피해를 입는다.
노균병	메타실동 수화제, 옥사딕실-염기성염화동 혼합수화제, 타로닐을 뿌린다.	오이·쑥갓 등
덩굴쪼김병 시들음병	지오판 수화제를 발생 초기에 물뿌리개로 포기 밑에 뿌려준다.	오이·토마토 등
잘록병	토로스, 지노멘 수화제를 물뿌리개로 포기 밑에 뿌려준다.	많은 작물에 발생한다.
진딧물	아세페이트 수화제, 치오메톤TD 입제를 포기 밑의 흙에 처리한다. 이들 수화제를 뿌리는 외에 퍼메쓰린 연무제, 피레쓰린 연무제를 뿌린다.	대부분의 작물에 발생한다.
잎응애류	에톡사졸 액상수화제, 치아스 유제를 교대로 뿌리는데, 효과가 적으면 다른 살응애제와 교대로 뿌린다.	기온이 높고 건조할 때 많이 발생한다.
총채벌레	아세페이트 입제, 이미다크로프리드 입제를 포기 밑의 흙에 처리한다.	
도둑벌레	아세페이트 수화제, 비티 수화제를 뿌린다.	양배추·배추·시금치 등에 발생한다.
거세미류	다수진 입제, 카바릴 먹이제를 포기 밑의 흙에 처리한다.	토양 속에 숨어 있다.
풍뎅이	다수진 입제, 카보설판 입제를 포기 밑의 흙에 처리한다.	유기물이 많으면 발생한다.
굴파리	아세페이트 수화제를 뿌린다.	

· 약제 포장지에 표시된 규정농도로 희석하며, 주의사항을 잘 읽고 안전사용기준에 따라 뿌린다

가·정·채·소·재·배·대·백·과

용어해설

ㄱ

가을파종재배 | 가을에 씨를 뿌려서 겨울부터 봄에 걸쳐 수확하는 재배.
가지고르기 | 정지(整枝). 순지르기나 눈따기·열매솎기·지주세우기 등 재배와 관련된 일련의 작업.
가지벌기 | 분지(分枝). 곁눈이 자라 가지로 된 것.
가짜수술 | 꽃밥과 꽃실(수술대)이 퇴화되어 있는 수술. 자웅이화인 식물의 암꽃 중에 수술이 퇴화하여 가짜수술로 된 것이 있다.
강전정(强剪定) | 된다듬질. 다듬기 방법의 하나로 줄기나 가지를 짧게 자르는 것.
격세유전(隔世遺傳) | 부모에게 나타나지 않던 조상의 유전형질이 갑자기 자식에게 나타나는 것.
겹잎 | 복엽(複葉). 하나의 잎자루에 2장 이상의 작은 잎이 모여 있는 잎.
경사접(傾斜接) | 대목과 접수를 각각 약 30° 각도로 잘라서 지지 튜브 등으로 고정하여 접목하는 방법.
경엽(莖葉) | 땅 위 줄기에 붙은 잎. 반 근출엽(根出葉).
곁눈 | 측아(側芽). 가지 중간에서 나온 싹(눈). 가지 꼭대기에 나는 싹은 끝눈이라고 한다.
고토석회 | 산성이 강한 토양을 중화시키기 위한 비료로 미량요소인 Mg[마그네슘, 정확히는 산화마그네슘(Mgo)]이 첨가되어 있다.
공극률(孔隙率) | 토양 전체 용적에 대한 토양에 있는 틈의 양.
광발아종자(光發芽種子) | 양상추 등 발아할 때 빛을 필요로 하는 씨앗.
광합성 | 초록색 식물이 햇빛과 물·이산화탄소를 이용하여 녹말·당 등의 유기물을 합성하는 과정.

교배 | 유성생식을 행하는 것.
교잡 | 유전형이 다른 계통, 다른 품종, 다른 종류, 다른 속 사이에 행하여지는 교배. 식물에서는 품종을 개량하기 위한 방법으로 이용한다.
구과(毬果) | 소나무·삼나무·단풍 등의 공모양이나 원뿔모양의 열매. 가운데 축을 중심으로 쪽이 많이 붙어 있고, 쪽의 안쪽에 씨가 있다.
근출엽(根出葉) | 뿌리에서 잎이 나와 땅 표면에 거미줄모양으로 뻗은 것처럼 보이므로 이런 이름이 붙여졌다. 실제로는 땅속줄기에서 잎이 나온 것이다.
꽃이접 | 삽접(插接). 대목의 떡잎이 붙은 뿌리에 작은 구멍을 뚫어 뿌리를 자른 삽수의 배축을 끼워 넣는 접목방법. 수박에 이용한다.
꽃눈 | 화아(花芽). 장래 꽃이 되는 눈(싹).
꽃밥 | 약(葯). 수술 끝에 꽃가루를 만드는 주머니.
꽃봉오리 | 화뢰(花蕾). 꽃눈이 발달하여 겉모습으로 보아 꽃이 될 것을 확실히 알 수 있을 때 일컫는 말.
꽃송이 | 화방(花房). 방모양으로 된 꽃의 모임.
꽃줄기 | 화경(花莖). 잎 없이 꼭대기 부분에 꽃만 있는 줄기. 양파·무 등.

ㄴ

내병성(耐病性) | 병에 잘 안 걸리는 성질.
내서성(耐暑性) | 고온에 잘 견디는 성질.
내한성(耐寒性) | 저온에 잘 견디는 성질.
노지조숙재배(露地早熟栽培) | 온상에서 기른 모종을 노지에 옮겨 심어서 시기를 앞당겨 재배하는 방법.
녹소토 | 일본 도치기현 카누마시 근처에서 나는 화산 모래자갈이 풍화한 산성토. 배수성·통기성·보

수성이 좋아 난석(蘭石)으로 많이 사용한다.
눈따기 | 원줄기를 키우기 위해 곁눈을 제거하는 것.

단일성(短日性) | 가을에 일조시간이 짧은 조건에서 꽃이 피는 성질.
단주화(短柱花) | 암술의 암술대가 수술보다 짧은 꽃.
대목(臺木) | 접목할 때 접수가 붙여지는 쪽의 작물. 일반적으로 병충해에 강한 박, 호박 종류를 쓴다.
덧거름 | 수확 후 또는 꽃이 지고 난 후에 약해진 포기에 원기를 주거나, 다음의 뿌리나 싹의 생장을 위하여 비료를 주는 것.
덩이뿌리 | 괴근(塊根). 저장기관의 하나. 뿌리가 덩어리모양으로 커져서 전분 등을 저장하고 있는 것. 고구마·달리아 등.
덩이줄기 | 괴경(塊莖). 땅속줄기의 하나로, 땅속줄기의 끝이 전분 등의 양분을 저장하여 덩어리모양으로 커진 것. 감자·뚱딴지 등.
돌려짓기 | 윤작(輪作). 전염성 유해 생물이나 병해충을 억제하고, 경작지의 땅심이 없어지는 것을 막기 위하여 매년 장소를 바꾸어가며 재배하는 방법.
두줄기재배 | 토마토 등에서 원줄기를 빨리 순지르기 하여 곁눈을 2개 키운 후 두 줄기를 기르는 재배법.
둔덕 만들기 | 안축(鞍築). 씨뿌리기나 아주심기 전에 흙을 만들어서, 포기마다 산모양으로 쌓은 이랑.
땅가림현상 | 특정작물을 재배한 밭에서 계속 같은 작물을 재배하면 발아되지 않고 뿌리가 썩어 고사하는 등 생육장애가 일어나고 잘 자라지 않는 현상.
떼알구조 | 단립구조(團粒構造). 흙의 입자가 여러 개 뭉쳐져서 작은 덩어리를 만들고, 그 덩어리가 빽빽하게 모여 있는 토양. 입단구조.

로제트(rosette) | 줄기의 마디 간격이 줄어들고 잎이 겹쳐 나와서 거미줄모양으로 되어 있는 것. 당근·무·양상추 등.

만생종(晚生種) | 작물 중 일반적인 것들보다 늦게 성숙하는 품종.
맞접 | 호접(呼接). 접목의 한 방법으로 대목과 접수 모두 떡잎 바로 밑의 배축을 칼로 비스듬하게 1/3 또는 1/2 정도 잘라낸 후 양쪽을 합하여 전용 클립 등으로 고정시킨다. 둘 다 뿌리를 잘 내리면 접수 쪽의 뿌리를 잘라낸다. 대목과 접수의 뿌리를 그냥 둔 상태에서 할 수 있으므로 실패가 적다.
멀칭재배 | 땅 위에 필름 등을 덮어서 작물을 재배하는 것. 땅의 온도를 높이고 땅의 수분이 증발하는 것을 막아주며 잡초를 억제하는 효과가 있다.
무수정꽃 | 수꽃. 꽃이 피어도 결실을 맺지 않는 꽃.
밑거름 | 씨를 뿌리거나 옮겨 심을 때 미리 뿌려 두는 비료.

ㅂ

바이러스 프리 | 식물체가 바이러스를 가지고 있지 않은 상태.
반음지 | 햇빛이 하루 낮시간 중 반 정도 비치거나, 나뭇가지 사이로 새어 들어오듯이 비치는 정도.
배축(胚軸) | 씨앗 속의 배, 또는 어린 식물의 떡잎과 뿌리와의 사이.
버미큘라이트(vermiculite) | 운모모양의 질석을 1천도에서 단시간에 구운 것. 보수성·보비성이 좋다.
본밭 | 본포(本圃), 제밭. 작물을 수확할 때까지 재배

하는 장소.
봄파종재배 | 봄에 씨 뿌리고 여름 전에 수확.
부엽토 | 활엽수가 낙엽이 되고 부패하여 흙과 같이 된 것. 보수성·보비성·통기성·배수성이 좋다.
북주기 | 포기 밑에 흙을 북돋우는 작업으로 사이갈이할 때 해준다.
분구(分球) | 알뿌리 종류에서 자연적으로 알뿌리가 나뉘어 그 수가 많아지는 과정을 말한다. 인위적으로 나눌 때도 있다.
비늘줄기 | 인경(鱗莖). 땅속줄기의 하나. 잎이 양분을 저장하여 다육질로 되고, 겹쳐져서 공모양이나 계란모양으로 된 것. 껍질이 있는 것과 없는 것이 있다. 양파·파·백합 등.
뿌리순 | 흡지(吸枝). 포복줄기의 하나. 곧게 뻗은 줄기 아랫부분에서 나와 땅 속에서 옆으로 뻗어나가며, 여러 군데서 뿌리를 내리고 끝의 싹은 생장한다.
뿌리흙 | 모종을 옮겨 심을 때 그 모종의 뿌리와 주위에 붙어 있는 흙덩어리.

ㅅ

사각지주재배 | 화분에 사각 테두리모양의 지주를 세워서 덩굴식물이 휘감기게 재배하는 방법. 열매는 작으나 당도가 높은 작물에 해준다.
사이짓기 | 간작(間作). 이랑 사이나 포기와 포기 사이에 다른 작물을 재배하는 것.
3배체(三倍體) | 체세포의 염색체는 보통 2쌍인데, 3쌍의 염색체를 가지는 경우를 말한다. 꽃이나 잎이 크고 좋은 품종이 되는 것이 많지만, 정상적인 2배체의 씨앗은 거의 만들어지지 않는다.
삽수(插穗) | 수목(穗木). 꺾꽂이(삽목)를 하기 위하여 어미포기로부터 분리한 어린 가지나 뿌리.
새끼치기 | 분얼(分蘗). 벼과 식물에서 뿌리 가까이 있는 줄기의 마디로부터 가지가 갈라지는 것. 분얼

이 갈라져 나온 가지 자체를 가리키기도 한다.
생식생장(生殖生長) | 영양생장에 이어서 꽃이나 열매가 생장하는 것.
섞어짓기 | 혼작(混作). 동일 토지에 다른 2종류 이상의 작물을 동시에 재배. 벼과와 콩과식물은 자주한다.
셀 모종 | 뿌리의 흙이 일정한 모양이 되도록 작은 용기에서 기른 모종. 셀 모종을 이용하면 옮겨심기를 간단히 할 수 있다. 성형모종·셀성형모종·플러그모종이라고도 한다.
소엽(小葉) | 겹잎을 구성하는 하나 하나의 잎.
속효성 비료(速效性 肥料) | 뿌리에서 흡수되어 효과가 바로 나타나는 비료. 주로 웃거름으로 사용한다.
솎아내기 | 발아 후 빽빽이 모여 있어서 생육이 늦거나 빠른 것, 모양이 일그러진 것 등을 제거하는 작업.
수술 | 수꽃술이라고도 한다. 꽃밥과 꽃밥을 떠받치는 수술대로 이루어진다.
순지르기 | 적심(摘心). 가지벌기, 또는 키를 조정하기 위하여 가지 끝의 싹을 따내는 것.
식물덮개 | 간단한 지주를 이용하여 모종에 닿지 않을 정도로 자재를 가까이 덮어주는 방법.
싹틔우기 | 최아(催芽). 발아가 잘되도록 씨를 뿌리기 전에 수분이나 온도를 최적으로 맞추거나 씨에 상처를 내는 등의 처리를 하는 것.
씨방 | 암술의 일부로, 수정하면 안에 씨앗을 만들고 열매가 되는 곳.

##

아주심기 | 정식(定植). 모종이나 알뿌리를 밭이나 화분에 정식(正式)으로 심는 것.
암술 | 암꽃술. 암술머리·암술대·씨방으로 구성.
암술대 | 암술머리와 씨방 사이에 있는 기둥모양의 부분.
암술머리 | 주두(柱頭). 암술의 끝에 있으며, 꽃가루

를 받을 수 있는 부분.
액체비료 | 물거름. 효과가 빠르므로 웃거름으로 사용. 작물마다 정해진 비율로 희석하여 사용한다.
양액재배(養液栽培) | 흙을 사용하지 않고, 식물 생장에 필요한 영양소를 넣은 배양액으로 재배하는 방법.
여러해살이 | 다년생(多年生). 생육하여 꽃이 피고 열매를 맺은 뒤에도 죽지 않고 여러 해에 걸쳐 생장을 계속하는 식물.
여러해살이식물 | 영년식물(永年植物). 한번 심으면 여러 해 동안 수확할 수 있는 작물.
연화(軟化) | 줄기나 잎을 먹는 채소를 재배할 때 인위적으로 빛과 바람을 차단하여 색을 연하게 하고, 섬유조직을 부드럽게 하는 것. 연백(軟白)이라고도 한다. 아스파라거스·땅두릅 등.
열매꼭지 | 과경(果梗). 씨방의 기부에 있는 막대모양의 부분. 즉 꽃이 피어 있는 꽃대와 연결되는 자루(짧은 가지) 부분을 말한다.
염화석회 | 석회보다 물에 잘 녹아 잎이나 꽃 등에 수용액을 뿌려서 칼슘을 보급할 때 사용한다.
영양번식 | 식물이 꺾꽂이·휘묻이 등 인위적 행위에 의하여 번식하는 것. 영양생식이라고도 한다.
영양생장 | 씨앗의 발아부터 꽃눈이 형성될 때까지의 생장. 주로 잎과 줄기의 생장을 가리킨다.
영여자 | 주아(珠芽). 줄기의 곁눈이 양분을 저장하여 커진, 지름 1~2cm의 작은 알뿌리. 포기에서 떨어져 발아하므로 번식에 이용된다. 마 등.
완효성 비료(緩效性 肥料) | 거름을 준 후 효과가 서서히 나타나고, 장기간 효과가 지속되는 비료.
왜성종(矮性種) | 작물 키가 크지 않게 개량된 품종.
웃거름 | 추비(追肥). 식물의 생육 중에 영양을 보충하기 위하여 주는 비료.
웃자람 | 도장(徒長). 빽빽하거나 약한 빛, 다습의 원인으로 식물이 보통보다 약하고 가늘게 생장하는 것.
유기질비료 | 깻묵·어박(魚粕)·뼛가루·닭똥·퇴비 등 동식물을 원료로 한 비료.
유인(誘引) | 가지나 줄기를 지주 등에 매서 작물의 생장 방향이나 모양을 조절하는 것.
이삭잎 | 포(苞), 포엽(苞葉). 잎이 소형으로 변형된 것. 꽃눈이나 잎눈을 둘러싸는 것 중 비교적 큰 잎.
이식 적온 | 작물을 옮겨심기에 적당한 온도.
이어짓기장해 | 같은 토지에 매년 같은 작물을 심어 장해가 일어나는 것. 주요 원인은 토양 병해충이다.
이탄(泥炭) | 토탄(土炭), 피트모스(peatmoss). 한랭하고 습기가 많은 지역의 이끼류가 오랜 세월에 걸쳐 퇴적, 분해된 유기물 토양으로 보수성이 좋다.
인공수분(人工授粉) | 수꽃 수술을 암꽃 암술머리에 가볍게 묻혀주어 인위적으로 꽃가루받이를 하는 것.
인산비료 | 비료의 3요소 중 하나. 꽃이 피는 것과 열매 맺는 것을 촉진한다. 알거름이라고도 한다.
일번화(一番花) | 포기 중에서 제일 처음에 피는 꽃.
임성(稔性) | 다음 세대에 생육될 식물의 씨앗을 만드는 성질.
잎새 | 엽신(葉身). 잎의 넓은 부분.
잎자루 | 엽병(葉柄). 잎새가 시작되는 곳의 막대기 같은 모양.
잎집 | 엽초(葉鞘). 잎새와 마디 사이에 줄기를 둘러싼 꼬투리모양으로 되어 있는 부분. 벼과나 미나리과 식물에서 나타난다.

ㅈ

자웅동화(雌雄同花) | 하나의 꽃에 암술과 수술을 모두 가지고 있는 꽃.
자웅이화(雌雄異花) | 하나의 꽃에 암술이나 수술 하나만 있거나, 있더라도 퇴화되어 있는 꽃. 박과 식물, 옥수수 등.
장일성(長日性) | 봄에 일조시간이 긴 조건에서 꽃이 피는 성질.

장일처리(長日處理) | 인공적인 빛을 이용하여 작물에 빛을 오래 쏘이며 재배하는 방법.
장주화(長柱花) | 암술의 암술대가 수술보다 긴 꽃.
재거름 | 초목회(草木灰). 풀·나무 등을 태운 재.
저온내성(低溫耐性) | 저온에서 잘 견디는 성질.
저온 싹틔우기 | 상추·양상추 등의 씨앗은 고온에서는 살기 어렵기 때문에 냉장고 등에 넣어 저온에서 발아시킨다.
저항성 품종(抵抗性 品種) | 특정 병해충에 대하여 강한 품종.
적옥토(赤玉土) | 적토를 건조시킨 후 체로 쳐서 입자를 대중소로 분리하여 떼알구조화한 것. 보수성·통기성이 좋다.
전착제(展着劑) | 농약 등의 약제를 뿌릴 때, 약제가 물에 녹아서 식물이나 병해충에 붙어 효력을 지속시키도록 혼합하는 보조 약제.
전처리 | 씨뿌리기나 아주심기 전에 씨앗이나 알뿌리 등에 미리 병해충 방제나 발아촉진을 위한 처리를 하는 것.
전체피복 | 추위나 바람을 막기 위하여 부직포를 작물에 직접 덮거나, 약간의 틈을 만들어 재배하는 것.
점뿌림 | 점파(點播). 씨앗을 정해진 장소마다 일정한 간격으로 뿌리는 방법. 콩류·무 등.
접목묘(接木苗) | 병해충이나 저온에 강한 식물을 대목으로 하여 접수를 접붙인 모종. 호박이나 박의 모종을 대목으로 하여 수박의 모종을 접목한다.
정단배양(頂端培養) | 경정배양(莖頂培養). 식물 조직 배양의 한 방법이다. 경정은 줄기 끝으로, 줄기 끝을 잘라서 무균상태에서 배양하여 새로운 식물체로 성장시키는 것을 말한다. 줄기 끝에 병원균이나 바이러스가 없으므로 감염되지 않을 수 있다.
주년재배(周年栽培) | 사철가꾸기. 가꿈꼴(작형)을 조합하여 작물의 한 종류를 1년 내내 재배하는 것.
줄기웃자람 | 질소비료의 과다 사용이나 일조 또는 물빠짐이 나쁠 때 덩굴이 지나치게 뻗어 나가는 것.
줄뿌림 | 조파(條播), 골파종. 땅 표면에 골을 파서 씨를 뿌리는 방법. 우엉·시금치·양상추 등.
중간갈이 | 중경(中耕). 작물의 생육기간 중에 주변의 흙을 갈아주는 것.
질소비료 | 엽비(葉肥). 비료의 3요소 중 하나. 잎·줄기·뿌리를 자라게 하고, 잎색을 좋게 한다.
쪼개접 | 할접(割接). 대목이 굵고 접수가 가늘 때 사용하는 접목방법. 대목의 본잎을 2~3장 남기고 줄기를 자른 후 위에서 아래로 쪼개어 사이에 쐐기모양으로 자른 접수를 넣는다. 이 때 접수는 아랫부분을 양쪽 모두 비스듬하게 만들고, 대목은 칼을 이용하여 원줄기의 중심을 지나도록 위에서 아래로 쪼갠다. 쪼개는 길이는 접수에 만들어진 비스듬한 면의 길이와 비슷하게 한다. 토마토·오이·가지 등.
쭉정이 | 불임립(不姙粒). 꽃은 피웠으나 다음 세대에 생육할 수 있는 식물체의 씨앗을 만들지 못하는 열매.

ㅊ

착생(着生) | 수목 등에 붙어서 생육하는 것.
촉성재배(促成栽培) | 식물을 자연상태에서 생육하는 것보다 빨리 꽃이 피거나 수확할 수 있도록 재배시기를 앞당겨 키우는 방법.
추대(抽臺) | 로제트 모양으로 생육한 식물이 꽃눈을 만들면 로제트 상태에서 벗어나 줄기가 빠르게 자라는 현상. 즉 꽃눈의 분화가 갑자기 빠르게 이루어져 꽃대가 올라오는 현상.

##

칼륨 | 비료의 3요소 중 하나. 뿌리의 발육을 촉진하여 뿌리비료라고도 한다.

크라운 | 딸기 등에서 땅과 가까운 비대한 단축줄기와 그 아래의 뿌리줄기를 합친 부분.

ㅌ

터널재배 | 기온이 낮을 때 비닐필름을 터널모양으로 덮어 그 안에서 작물을 키우는 재배방법.

ㅍ

펄라이트(pearlite) | 진주암이나 흑요석을 분쇄하여 약 1,000°에서 구운 것. 통기성·배수성이 좋다.
pH값 | 수소이온 농도지수로, 용액의 산성도나 알칼리성의 정도를 나타낸다. 순수한 물의 pH7을 중성이라고 하고, 7보다 높으면 알칼리성, 낮으면 산성이다.
포기나누기 | 한곳에 몰려 있는 포기를 튼튼하게 만들거나 포기를 늘리기 위하여 한다.
포복성(匍匐性) | 덩굴모양으로 뻗어 나가서 땅 위를 기는 성질.
포복줄기 | 러너(runner). 어미포기에서 뻗어 나온 줄기로, 끝에 아들포기가 생겨서 땅 표면에 닿으면 뿌리를 내리고 그 수가 늘어난다. 딸기·무늬접란 등.
품종 개량 | 종래의 종류·품종의 성질이나 형태를 교잡이나 돌연변이 등에 의해 보다 좋은 특성을 가지게 하는 것.

ㅎ

한랭사(寒冷紗) | 차광이나 추위막이·방충·바람막이 및 증산 방지 등을 위하여 사용하는 자재. 대부분 플라스틱제품의 평직(平織)으로, 색은 흑색·백색·회색·은색 등이 있다. 목적에 따라 구분해서 사용한다.
1포기솎기 | 모종을 솎아서 1포기만 기르는 것.
핫캡재배(hot cap 栽培) | 아주심기 등을 한 후에 폴리에틸렌 자재로 작물을 덮어 보온과 방충·바람막이를 해주면서 재배한다.
해묵이 | 숙근성(宿根性). 여러 해 동안 생육과 꽃이 피는 것을 되풀이하는 성질. 해마다 묵은 뿌리에서 움이 다시 나와 생장한다.
호르몬 살포 | 인공교배의 하나로 암술머리에 착과 호르몬제(생장조절제)를 뿌린다.
홑알구조 | 단립구조(單粒構造). 흙의 입자 하나 하나가 그 상태 그대로 쌓여 있는 토양.
홑열매 | 단위결과(單爲結果). 수정하지 않고 씨앗도 생기지 않고 열매가 되는 것. 바나나·오이 등.
화학비료 | 화학적으로 합성하여 만든 비료. 질소·인산·칼륨을 2종 이상 화학적으로 합성하여 배합한 복합비료가 있고, 효과가 빠른 것(속효성)과 느린 것(완효성) 두 가지가 있다.
활착(活着) | 뿌리내림. 아주심기나 접목·꺾꽂이 등을 한 식물이 뿌리를 내려 순조롭게 생육하는 것.
훈탄(燻炭) | 왕겨를 태워서 탄화된 알칼리성의 검은 흙. 통기성·배수성이 좋으며, 토양을 중화시키는 데 사용한다.
휴면(休眠) | 알뿌리·씨·싹·모종 등이 생육하기에 적합하지 않은 시기를 지나기 위하여 생장이나 활동을 일시적으로 멈추는 것.
흙뒤집기 | 위쪽과 아래쪽의 흙을 갈아엎는 것. 겨울에 한다.
흩뿌리기 | 산파(散播). 씨를 뿌리는 방법의 하나로, 씨앗을 땅에 흩어뿌린다. 소송채·당근·순무 등.

가·정·채·소·재·배·대·백·과

채소색인

ㄱ

가지	16
감자	340
갓	122
강낭콩	22
겨자채	126
경수채	130
고구마	346
고추	26
공심채	134
김치참외	28
까치콩	32
꽃부추	138

ㄴ

날개콩	34
누에콩	36

ㄷ

다채	140
당근	350
동아	40
두릅	144
딸기	44
땅콩	50

ㄹ

라벤더	392
래디시	354
로즈마리	394
로켓샐러드	148
루바브	150
리크	154

ㅁ

마	358
마늘	158
말라바시금치	162
머위	166
멜론	54
모로헤이야	170
무	362
무순	174
미나리	176
민트	396

ㅂ

바질	398
방울다다기양배추	178
배추	182
배추상추	186
부추	188
불수과(하야토우리)	58
브로콜리	192
비트	368

ㅅ

산마늘	400
산초나무	402
상추	196
생강	370
석잠풀	404
셀러리	198
소송채	204
수박	60
수세미	64
수송나물	208
수프셀러리	212
순무	374
시금치	216
식용국화	406
신선초	220
십육동부	68
싹기름채소	224
쑥갓	228

ㅇ

아스파라거스	232
아티초크	238
양배추	242
양상추	248
양파	252
양하	256
에샬롯	260
엔다이브	262
여뀌	408
여주	70
염교	266
오이	74
오크라	80
옥수수	84
올방게	378

완두	88	청경채	292	**ㅍ**	
우엉	380	치커리	296		
유채	270			파	324
잎양상추	274	**ㅋ**		파드득나물	330
				파슬리	334
ㅈ		카이란(개람)	300	펜넬	416
		컬리플라워	304	표주박	106
자바완두	92	컴프리	308	풋콩	108
주키니	94	케일	310	피망	112
죽순배추	276	콜라비	312		
중국무	384	크레송	316	**ㅎ**	
쪽파	280				
		ㅌ		호박	118
ㅊ				호스래디시	390
		타라곤	412	홍채태	338
차이브	410	타임	414		
차조기(자소)	284	토란	386		
참깨	96	토마토	100		
채심	288	트레비소	320		

종묘회사

회사명	전화번호	회사명	전화번호	회사명	전화번호
경농종묘	(051)245-1944	(유)명산종묘	(042)822-5724	㈜코레곤	(02)561-3822
경신종묘㈜	(054)832-6601	사카타코리아	(02)3474-6671	태양종묘사	(02)407-7193
㈜고농종묘	(051)941-6157	삼성종묘㈜	(031)668-8381	태우종묘㈜	(02)443-2497
고려농산종묘사	(02)409-7147	세미니스코리아㈜	(02)3393-3700	평화종묘사	(02)563-6150
기아그로	(031)247-3337	신젠타종묘㈜	(02)3985-650	한국다끼이㈜	(02)552-6288
꾸이코리아종묘(유)	(055)335-8609	씨덱스㈜	(043)838-9922	㈜해성종묘	(051)973-9697
㈜농우바이오	(031)213-4321	아시아종묘	(02)443-4303	현대종묘㈜	(031)708-0622
농협종묘개발센터	(031)652-5526	자선종묘원	(031)972-6393		
뉴서울종묘㈜	(041)857-5656	장춘종묘사	(054)976-5642		
대농종묘㈜	(031)973-5456	정농종묘	(02)403-6255		
동부한농화학㈜	(02)3484-1500	J아그로(영광)	(053)584-3327		
㈜동서농예	(053)423-3451	제일종묘농산(유)	(043)838-1173		
동원농산종묘㈜	(031)339-6150	진흥종묘㈜	(031)664-6505		